SITTING
IN JUDGMENT

**THE WORKING LIVES
OF JUDGES**

坐堂审案

英国法官的职业生活

［英］佩妮·达比希尔 (Penny Darbyshire) 著

韩永强 译

社会科学文献出版社
SOCIAL SCIENCES ACADEMIC PRESS (CHINA)

《坐堂审案》一书最初为英文版，由布鲁姆斯伯里出版集团旗下的哈特出版社于 2011 年出版。

坐堂审案

法官的公众形象一直停留在久远的过去，媒体通常将法官们描述为"上过私立学校、读过牛津剑桥的那类人"，通常"不接地气"，而且往往是"老男人"。这在全国的公共酒吧里都被嘲讽。对于法官的这些成见——以及其他成见，比如认为其变态、是右派怪物——从其不再具有任何事实基础时起就已经困扰司法界很久。二十世纪六十年代和七十年代被允许进行的一些有限的研究确实似乎强化了一些这样的成见。而且，法院偶尔发生的、高度曝光的一些事件经过小报杂志《私眼》（Private Eye）和系列喜剧《蒙蒂·派森》（Monty Python）的讽刺渲染之后，更是确保"老人、白种人、保守派"这一法官素描形象不仅延绵不绝而且被认为是难以反驳的。

自从二十世纪八十年代晚期以来，司法界已经发生了变化。这在很大程度上是由于引入了培训制度，以及采用了新的、透明的招录与任命方式。但这种变化有多大？在经历几十年的司法改革之后，如今的法院是什么样子的？佩妮·达比希尔用七年的时间对此进行了研究。她前所未有地被允许出入从基层的治安法院到最高法院的全部法院。在这些法院，她研究了法官们，旁观他们的日常工作、倾听其言谈、观察他们如何处理案件以及如何应对在其面前的人们，并向他们提出坦诚但扣人心弦的关于其生活、工作和雄心的提问。由此浮现出来的关于英格兰和威尔士的现代司法界的图景无疑是最现实、最令人信服的。从这些图景中，我们得知那些旧式的成见非但不成立，出生在"婴儿潮"年代的现代法官们反而更是代表着其服务的公众，而且改革正在起成效。此外，本书也客观呈现了法律制度在现代法庭中面临的压力、资源匮乏，以及不断增长的案件数量。如果有人想要了解法官们的现代审判经历、受教育背景、培训和职业生活、英格兰和威尔士的法院与司法界现状，本书堪当必读之作。

中文版推荐序言

上海交通大学凯原法学院教授/院长　季卫东

要真正理解实践中的法律，必须对司法行为，特别是法官的工作方式和内在动机进行直接观察和实证分析。但这是非常困难的。因为审判独立原则和法院权威指向酿成了某种拒人于千里之外的孤高氛围，把判断者与外部社会区隔成不同的世界。少数法官出身的学者，例如美国现实主义法学的旗手杰罗姆·弗兰克、法国司法高等研究院的专家安托万·加拉邦，虽然曾经触及司法行为的深层问题，但都语焉不详，也缺乏充分的经验素材作为佐证。在这样的不毛之地，佩妮·达比希尔教授的著作《坐堂审案——英国法官的职业生活》于 2011 年横空出世，顿时引起一片惊艳之声。

不久前，在法社会学协会的年会上，我曾经与本书作者有一面之缘。当时我在心里暗暗感叹，那小鸟依人般轻盈的身影里竟然蕴藏着如此强大的学术力量，竟能成就这项可谓前无古人，可能也后乏来者的伟业！达比希尔教授的确堪称奇女子，她从 1971 年就开始像观察花鸟虫鱼那样，长时间地、近距离地、专心致志地观察那些被视为"古板的白种老男人"的法官们的言行举止。近些年，她又通过对法院日常生活的参与式调查以及对几十位法官的深度访谈，揭开了英国法院内部各种角色及其精神活动的神秘面纱。

这本书的内容涉及法官的自我认知和社会形象、出身背景、入职门槛、职业构成、家庭生活圈和社交关系网、各种类型审判工作的案件负荷、法官与律师以及陪审团之间的互动、巡回办案和上诉审、法院餐厅里的花絮等。作者描绘的英国法院众生态，有具体情节，有心理刻画，比小说还要引人入胜，同时始终保持了学者的客观性、平衡感和精确度，得到了作为研究对象的法官本人以及法学界的充分认可和高度评价。

　　韩永强博士在英国留学期间就关注到这本难得的法社会学著作，并在新加坡国立大学法学院工作、研究期间利用业余时间精心将其翻译成中文，几经修改锤炼，译稿即将付梓，他希望我也能为他这本译书作序。对我来说，无论从专业兴趣的角度，还是从校友感情的角度来说，写这个序都是义不容辞的。何况中国的司法员额制和责任制等改革举措正在全面铺开，部分地区法官辞职问题也已经成为舆论热点，这本关于法官职业生涯和司法行为的专著理应引起各方面的关注，因而我也认为有必要向读者郑重推荐。

　　通过达比希尔教授的精彩作品，中国法官也许能在英式法袍和假发的背后找到某些同病相怜之处，有关当局也许能为以庭审为中心的诉讼制度改革找到活生生的参考材料或者解决人性难题的灵感。我更寄希望于中国的青年一代法社会学研究者，但愿他们能借鉴这本书的调查方法和写作技巧，为身处大变局之中的法官们描绘出一幅幅等身大的、栩栩如生的审案肖像，进而全面记述多层多样的司法行为以及适当限制裁量权的机制。

写于 2016 年 8 月 4 日沪上雷雨之际

作者中文版序

我有幸从 2002 年到 2009 年对法官们的职业生活进行了亲身近距离的独特研究。在研究过程中，我在英格兰和威尔士的每一类法院和案件审理中都坐在法官身旁进行观察。这种观察体验美好而激越。由此我会见过千百位法官；他们都对我的研究非常有帮助和教益。这项研究的最终成果作为专著在 2011 年以英文出版。我很高兴告诉大家：本书自出版之后便吸引了广大国际读者。

韩永强博士向我提出来要将此书翻译为中文。我对此深感荣幸。我们俩都希望中文读者们觉得本书趣味盎然且开卷有益。

Penny Darbyshire

2016 年 6 月 22 日

Kingston University

译者前言

我在赴英国留学前夕以及留学期间已经出版过一些译著，因此深知"译事难"，从而在 2010 年之后对翻译法律/法学作品避之不及。后来，我 2013 年初冬在英国苏格兰东北部古老的阿博丁大学（University of Aberdeen，1495 年建校）顺利完成博士学位论文答辩不久偶然看到本译作的英文原著。当时我初读便深觉其趣味盎然而且学术价值不菲，并萌生了将其译为中文的念头：我一直有一种情愫，即自己应该为多年来关爱、教育、支持和默默关心我的亲人、法学界内外的老师和朋友们奉献一部兼有大众阅读价值和法学学术价值的读物。这样的作品不可能来自我多年从事的保险法研究，而本书原著的题材正好与此情愫相宜。

鉴于此，本书的目标读者是对英国司法和法治有兴趣的普通人士——这也是我这次选择综合型出版社进行出版合作的原因——以及法律界人士（包括法律专业学生、法官和检察官、律师、法学研究者等群体）。本书原著使英格兰和威尔士法官们的职业生活通过法社会学的研究而跃然纸上，因此曾在英国《卫报》等主流媒体获得好评。本译著有助于汉语法律界和法学界深入了解总体上具有浓厚的神秘色彩的英格兰司法的实际运行状况。那种神秘主要源于古老独特的英格兰法律历史与传统。但令我们吃惊的是，一些传统已然发生变化。比如，广为人知的法官身穿仪式感极强的法袍这一做法从二十一世纪初开始已经远远不那么频繁，因为其如今主要适用于刑事审判。再比如，几百年来作为英国终审司法机构的上议院上诉审委员会已经被 2009 年 10 月成立的英国最高法院所取代——这项改革在约二十年前开始被提出和反复讨论，最终在 2005 年通过议会立法得到了确定。

但是本译作并非旨在仅仅为读者提供知识方面的消遣；其同时也是旨在向以司法研究为旨趣的人士展示一种司法研究方法，并为法律学界和实务界对英国司法制度的宏观运行状态提供鲜活生动的认知素材。多年来，我国已有一些关于英国法律具体制度层面的介绍与研究。同时，学界对美国司法和法院制度的译介与评论更是颇为丰富和蓬勃，但对英国司法/法院的译介极少。这方面的法社会学研究在英国比较丰富，却似乎很少进入我国法学译介出版的视界。但需要指出的是，虽然中国法治学习域外社会先进法治经验与原则的步伐不应停止或者放慢，但本书并非旨在鼓励或暗示中国应该学习英国的司法或者法官制度，即使二者面临一些共同的难题。这是因为本书原著并非主要关注具体的体系化制度，而是对制度运行现实的管窥式呈现。

本书原著虽然颇为易懂，但篇幅极长、独自翻译工作量极大，而我主要在白天日常研究与教学工作之外利用晚上以及部分周末时间进行翻译。译文自然需要准确通达，同时我也尽力确保其风格与原文一样平实通俗。欢迎读者就阅读中的疑惑向我提出询问或者批评。我的工作邮箱 abdn. han@ sjtu. org 特用于在这方面与读者进行交流。在此，我先行就翻译过程中的几方面技术处理予以说明。第一，除非特别说明，本书副标题以及正文中的"英国"只是沿袭汉语读者的习惯理解，但其实际上指代的并不是英国全境，而是仅仅合指英格兰和威尔士，并不包括苏格兰和北爱尔兰。这是因为苏格兰和北爱尔兰的法律传统和司法制度由于历史原因而与英格兰和威尔士有不小的差异，且通常属于需要单独研究的主题，因此也不在原著研究范围之内。第二，就原文中大量引用的访谈发言，我也大体按照原著排版格式保留为单独的引文段落。第三，原文中的访谈发言中多有省略号，但仍保持了语句连贯，中译本按照要求基本保留了原著的省略号。但读者可以忽略这些省略号，以确保阅读中文语句时的连贯性。第四，英国律师界区分 solicitor 和 barrister。严格来说，前者应该被译为"事务律师"或"非诉律师"，后者为"诉务律师"；在通俗用语中，二者分别被称为"小律师"和"大律师"（但是这种明显具有阶层高下区分的称呼恰好是英国律师界的裂痕，且为前者群体所憎恨）。为了最佳表达效果，我将 solicitor 译为"非诉律师"，将 barrister 译为"大律师"。第五，就一些司法职位的英文名称，主要按照其职位功能予以翻译，而不拘泥于传统的直译。

我真诚感谢友人利连在本项目早期给予我的巨大支持；并感谢上海交通大学凯原法学院季卫东老师再次倾情为我作推荐序。我也感谢西南政法大学民商法学院校院两级领导同事曾经给予的支持和理解！我尤其感谢季卫东教授特别是中国社会科学院法学所冉昊教授/研究员分别协力斡旋帮助解决出版延宕问题。最后，也最重要的是，感谢多年来关心和支持我的亲人、许多老师、一些朋友，以及我的妻子。

韩永强

新加坡国立大学法学院

2015 年 10 月 19 日

2017 年 1 月 12 日、7 月 7 日

原著序言

贾奇法爵，英格兰和威尔士司法总管

(Lord Judge, Lord Chief Justice of England and Wales)

　　这部著作以引人入胜和非常富有启迪性的方式研究了英格兰和威尔士境内法官的实际工作。它展现的是法官日常工作中的现实，而不是神秘兮兮的传说，也不是理论，也不是误解。它告诉人们司法运作中的压力与紧张，并以透彻深邃的观察力展现了法官对其职责的态度及其履行司法职责的方式。

　　这样的研究在英国可以说是前无古人，而且可能后无来者。作者提出研究计划时，我基于个人意愿给予了支持。我的支持意愿有一个必要的特点，即作者必须以开放的头脑和不带成见的方式进行此项研究。这是前提条件。但是，一旦这些前提条件得到满足，则不允许存在任何对研究结果的内容进行控制的企图。我与作者第一次会面便明显发现她的研究目标在于发现事实和展现事实，而不是为了支持任何已经存在的偏见而寻找材料；同样，她也不允许任何形式的内容控制。正如她理解的那样，一旦确立了这项研究的基本规则，她便被给予无限制的机会去大量接触法官。她所说的"绝对透明"的最好例子也许是这一事实：在上诉法院和最高法院，当法官们之间进行案件评议时，她同座旁听。

　　这种研究方法是直接观察。作者在过去几年中投入了大量时间在法院与审理刑事、民事和家事案件的法官——不包括裁判所（Tribunals）的裁判官——进行交流。这些法官有的来自最高法院，有的则是在郡法院坐堂的巡回法官（审理民事案件），有的则是治安法官（审理刑事案件）。她与法官们讨论相关话题，因此亲身观察到了司法思维如何运作。她记录了与其讨论的那些法官的回应，也记录了她（比如在法院餐室）遇到的这些法官的同僚们对影响司法界的一些更广泛问题的回应，因此她也亲自看到了法官们遭遇的问题。作者也注意到对司法界的有些批判在她看来具有正当性，并且注意到法官个人对其工作体制的一些方面表达的担忧。

我认为这项研究在英国实属首创，对研究结果的描述与展现既生动又公允。我相信任何愿意更好地了解当今法官及其职责实现方式的读者都会喜欢这本书。

原著致谢

值此著作出版之际，我由衷感谢如下人士的帮助。贾奇法爵大人、地区法官迈克·沃克、地区法官蒂姆·沃克曼花了很多时间帮助我构建一个广泛的研究样本并帮助我接近被选中的法官们。我们的勤勉的司法总管阅读了本书的所有文稿。凯特·玛勒森教授和斯蒂芬·塞德利爵士是本研究的顾问；他们俩也阅读了几乎所有文稿，并且也提出了有益的建议。本研究的开始也得益于试研究阶段的两位匿名法官不经意之间提供的灵感，而早在很多年前我就旁听过他们审案。此外，与纳菲尔德基金会副主任莎伦·威瑟斯庞的一次偶然但非常鼓舞人的谈话也促使我将旁听审案这一爱好发展为一个研究项目。我感激她以及基金会的受托理事们——在我为此研究的延宕而道歉的多年里，他们的耐心和慷慨从没有减少过。本研究的独立性和公正性是基于一个事实，即资助者纳菲尔德基金会是一个十分有益的慈善机构。尼古拉·海高效地输入了全部八十个详尽的访谈计划，娜塔莎·斯拉巴斯为家事司法那一章制作了脚注。我也非常感谢哈特出版社的独立评阅人给予的警示型评论。荣休教授约翰·博德温提供的快捷、精细、指示型的报告引导我将突然的焦虑转化为重写。我感激我首选的哈特出版社负责人理查德·哈特及其团队成员梅尔·哈米尔、乔·莱杰等人，他们提供的服务会让其他出版社的作者嫉妒。金斯顿大学资助了早期的三个试研究项目以及后来的评议报告。最重要的是我衷心感谢那些为我此项研究作出贡献的几百名匿名法官，尤其是其中八十位法官同意接受漫长的访谈，还有一些允许我在几天的长时间里（有时候从早餐时开始到就寝时为止）观察并询问其在司法过程中的每一个行动。

原著资助声明

本研究受到纳菲尔德基金会（The Nuffield Foundation）的资助。该基金会为受赠慈善信托机构，旨在通过研究改善社会福利。其支持在教育和社会政策领域的研究与创新，同时也致力于在教育、自然科学和社会科学研究方面塑造能力。本研究中表达的观点属于作者且不必然反映纳菲尔德基金会的观点。关于该基金会的更多信息，敬请访问其官方网站：www. nuffieldfoundation. org。

目　　录

第一章　导言

高等法院的一位法官对其同事说："她正在写一点人类学作品，研究的是法官生态圈。"

"任何人在任何时候都能对司法行为进行观察。只不过很少有人实际这样做。"

——黑兹尔·吉恩女爵教授
（Professor Dame Hazel Genn）2008 年[①]

我想弄清楚法官在法院内和法院外是怎样的、做哪些事情，也想弄清楚法官的职业形象实际上是什么样子的。过去在我看来，喜剧和媒体对法官的妖魔化描述——古怪、有时和善、迂腐耆老、脱离真实世界——与我过去遇到的一些高级法官并不相符。他们并不装腔作势而且都机智敏锐、观察力强，还总是对我的学生给予亲切的鼓励。他们的下班时间也绝不是下午四点，反而在周末和晚上也加班工作。我早在过去就已经用了八年时间对巡回法官和地区法官的工作进行近距离的现场观察（work-shadow），并对他们进行了访谈；而且我从 1971 年起就开始观察许多法官。这些法官总体上都像法律职业人士。我对各类法官在其工作中的不同方面进行现场观察；这样的观察涵盖英格兰和威尔士的六个司法巡回区。在进行了三个试验研究（涉及地区法官、巡回法官和高院法官）之后，我进一步观察了四十位法官的工作，对每位法官的观察持续至少四天，并对这四十位法官以及另外三十七位法官进行了访谈。我还另外遇到了其他几百位法官。

公众对法官们知之甚少。大多数人从来没有去过法院。虽然古代比如切斯特（Chester）和林肯（Lincoln）两地的巡审法院（assize courts）可以

---

① H Genn, *Judging Civil Justice* (Cambridge, Cambridge University Press, 2009) 137.

容纳数以千计的观众，但现代人从《约翰·蒂德法官》（*Judge John Deed*）这样的影视剧中会获得更多的乐趣。学者们已经生产了关于法官的大量文献。但这些文献几乎都是关于法官的判决本身，而判决只构成审判过程的一部分。吉恩（Genn）在 2009 年指出学界对上诉判决的集中关注反映了学者们对法律的着迷，然而日常审判工作能以更可信的方式反映司法界的职业态度。但是在英国，这方面的研究极少，对初级法院的研究尤其少。[②] 即使在美国，著名学者理查德·波斯纳（Richard Posner）法官在其著作《法官如何思考》中也说过："大多数人对法官的认识都不符合现实。而且这种与现实的不符合程度让我吃惊。持这种不符合现实的认识的人包括执业律师和著名法学教授，甚至包括一些法官自己。"[③]我的目标是描绘一幅关于各类法官以及司法业务（包括日常业务）[④] 的图景。我通过对法官的大量访谈和对其职业生活的评价，使本书成为法官发声的一个平台。正如波斯纳所说，法官不是智识上的巨人，不是永远正确的权威，也不是计算机：法官运用的是人力；他们对其所处的境况和条件作出回应。[⑤] 过去没有人通过现场观察这种方式研究法官，也没有人研究过类别如此丰富的法官。[⑥]

1

研究目标

本书的研究目标已经被概要列举在研究计划中，这些目标至今没有变化，即

● 通过观察式研究来描述当代法官（以四十位法官为核心样本）的职业生活……具体考察如下方面：这些法官的职业背景与职业追求以及他们与其他法官和其他的法院相关主体之间的关系；法官的日常工作、工作量以及工作效果；审判业务；业务支持以及培训的充足

---

② ibid 131 – 36. As R Moorhead and D Cowan also said, introducing their collection, *Legal Studies*：'Judgecraft：An Introduction'（2007）16（3）*Social and Legal Studies* 315 – 20. 波斯纳的书是关于判决。

③ RA Posner, *How Judges Think*（Cambridge, Mass, Harvard University Press, 2008）2.

④ 不包括裁判所（tribunal）的法官们。

⑤ Posner, above n 3 at 7.

⑥ 这项研究的设计是在 2002 ~ 2003 年。

性，会见和观察其他法官的机会；司法系统内群体组织的成员资格以及法官们对这些组织的态度；法官对近来的诉讼程序改革的看法以及这些改革对法官业务活动的实际影响或可能影响；法官对审判结构方面以及法官与陪审团关系方面的可能变化的看法。

具体细节已经包括在纳菲尔德基金会资助申请书中。⑦

研究方法

我重复运用了自己以前研究治安法院（magistrate court）书记员⑧时使用的方法，即在法院内和法院外都坐在法官身边，请求他们大量回顾思考自己的工作和办理的业务。在伦敦进行的试验研究是由金斯顿大学资助的。这些试验研究对于形成详细的研究计划、访谈计划和成功申请纳菲尔德基金必不可少。

接触研究对象和获取资助

在 2003 年，一位在上诉法院任职的法官告诉我一件令人担忧的事情。在 1990 年代，他请求时任司法总管（Lord Chief Justice）允许其在自己的研究假期里写一部关于司法界的书而且不会花费法院的经费。但是法官理事会（Judges' Council）拒绝了这一请求。英国的学者们⑨很清楚法官们过去总体上是将研究者拒于门外的。⑩玛勒森（Malleson）是以法官为题材的主流英国作者，她在 1999 年的著作⑪中提到：与其他法域（尤其是美国）

2

---

⑦　作者在金斯顿大学（Kingston University）的网页上有该研究计划的摘要版。

⑧　P Darbyshire, *The Magistrates' Clerk*（Winchester, Barry Rose, 1984）.

⑨　这一点已经成为课本知识一样的常识；见 J Baldwin, 'Research on the Criminal Courts' in RD King and E Wincup, *Doing Research on Crime and Justice*, 2nd edn（Oxford, Oxford University Press, 2008）。

⑩　虽然斯特里特（Shetreet）在其著作中指出认为"需要被责怪的不是英国的法官们，而是英国的学者们，因为英国学者对司法系统的社会学方法研究起步很晚（这一点与美国学者不同），而且他们强烈认为法官们可以免受学者们的询问，而不是努力去对法官进行访谈"。S Shetreet, *Judges on Trial*（Amsterdam, North Holland, 1976）196. 吉恩也批评英国学者缺乏学术好奇心，见前注 1 中吉恩著作第 135 页。

⑪　K Malleson, *The New Judiciary: the effects of expansion and activism*（Aldershot, Dartmouth, 1999）.

相比，英国关于法官的研究是何其稀少。⑫ 正如哈洛（Harlow）在 1986 年⑬以及阿贝尔－斯密斯（Abel-Smith）和斯蒂文兹（Stevens，也译史蒂文斯）在 1968 年⑭指出的，这种情况的部分原因是英国司法界对这种研究并不友善。哈洛指出，相比而言，司法计量学/计量法学——对司法判决过程的分析——在 1996 年之前就已经在美国牢固确立了。⑮ 帕特森（Paterson）在其 1982 年关于上议院法爵（Law Lords）的经典著作⑯中指出英国在这方面有五个研究计划被放弃了，因为司法界或者律师界撤销了研究合作关系。在 1970 年代，律师界竭力阻止博德温（Baldwin，也译鲍德温）与麦康维尔（McConville）关于辩诉交易的著作出版，这一事件至今依然臭名昭著。⑰ 在 1981 年，司法总管莱恩（Lane）法爵终止了阿西沃斯（Ashworth）关于量刑的研究，即使这项研究是受内政部资助也无济于事。法官们明显觉得研究者关于他们在当地组织的成员资格以及关于他们差旅方面的提问冒犯了他们。莱恩法爵甚至为此举行了一个媒体见面会。⑱ 玛勒森还给出了两个例子。其中之一是胡德（Hood）关于种族和量刑之间关系的研究被停止，因为虽然有些法官同意参与这项研究，但司职管理的法官指示这些法官撤回其同意。这导致沪德在 1992~1993 年的博士论文研究

3

---

⑫　ibid 196 – 97.

⑬　'Refurbishing the Judicial Service' in C Harlow（ed），*Public Law and Politics*（London，Sweet & Maxwell，1986）.

⑭　B Abel-Smith and R Stevens，*In Search of Justice*（London，Penguin，1968）. See P Rock，*The SocialWorld of an English Crown Court*（Oxford，Clarendon Press，1993）2 – 5；D Pannick，*Judges*（Oxford，Oxford University Press，1987）10 and J Baldwin，*Small Claims in the County Courts in England andWales*（Oxford，Clarendon Press，1997）48 fn 7. See L Blom-Cooper and G Drewry，*Final Appeal*（Oxford，Clarendon Press，1972）3. 几乎没有人试图"运用社会学研究其他领域中被广泛使用的方法论和统计学的方法"去分析英国任何法院的功能。

⑮　波斯纳将这种缺乏理解归因于一个事实，即大多数法官对于他们所做的事情以及他们的秘密评议"慎言少语"，这造就了法官们的职业神秘感，见 Posner，above n 3 at 2 – 3. 大多数学者以及几乎全部法官都忽视了关于法官行为的理论的文献，见 Posner，above n 3 at 7。

⑯　A Paterson，*The Law Lords*（London，Macmillan，1982）.

⑰　Baldwin，in King and Wincup，above n 9 at 388 – 90；J Baldwin and M McConville，*Negotiated Justice*（London，Martin Robertson，1977）.

⑱　此信息由阿西沃斯（Ashworth）教授提供；也见 A Ashworth et al，*Sentencing in the Crown Court，Report of an Exploratory Study*，Occasional Paper no 10，Oxford Centre for CriminologicalResearch，cited by Harlow，above n 13 at 189 fn 29. 罗克（Rock）认为 Ashworth 的研究遭到阻挠也整体上意味着犯罪学家群体的法庭研究被阻止了，见 P Rock，above n 14 at 4 – 5；这个事情臭名昭著，见 T Gifford，*Where's the Justice？A Manifesto for Law Reform*（London，Penguin，1986）31。

项目受到影响。由于司法总管不同意在任法官参与该研究，后来胡德只好对已经退休的法官进行访谈。⑲

　　过去在这方面也有一些非同寻常的成功案例。帕特森的著作包含对法爵们进行的大量访谈。这些接受访谈的大法官没有受司法总管的影响。他引用了先前运用访谈的三项研究。的确，我们对高层级法院了如指掌，本书关于英国最高法院的章节也表明了这一点。英国也存在一些运用访谈和/或现场观察法研究特定法官群体的研究，比如博德温对审理小额诉讼案件的法官的研究⑳、其与麦康维尔的合著《初审程序中的陪审团》㉑、菲尔丁（Fielding）的专著《追求暴力》㉒（与家事法官一起进行的研究），以及皮艾（Peay）在《裁判所的审理》㉓ 一书中对一些高级法官的访谈、赞德（Zander）在王冠法院研究项目㉔中对初审法官的访谈、德鲁里（Drewry）与布洛姆－库珀（Blom-Cooper）和布雷克（Blake）三人在2007年的著作《上诉法院》㉕中对上诉法官的访谈。斯特里特在1976年也运用访谈方式㉖对法官的任命、惩戒、开除以及法官的政治进行了研究，但他没有研究法官们的自我认知。法务部（Lord Chancellor's Department）和宪法事务部也曾经委托学者进行过一些有赖司法界的配合的研究。但是与美国相比，这些实证研究项目㉗实在是太少。帕特森指出，美国到1978年时早已有一百多个项目运用访谈或问卷方式对上诉审法官进行研究。㉘

　　在我与法官们非正式同座观审的时间里，我注意到他们都热切接受有

---

⑲　Malleson, above n 11 at 197 fn 13.

⑳　见本书第十一章。

㉑　J Baldwin and M McConville, *Jury Trials* (Oxford, Clarendon Press, 1979).

㉒　N Fielding, *Courting Violence: Offences Against the Person Cases in Court* (Oxford, Oxford University Press, 2006).

㉓　J Peay, *Tribunals on Trial* (Oxford, Clarendon Press, 1989) and Genn's interviews with tribunal judges in *Tribunals for Diverse Users*, DCA, Research Series 1/06, 2006.

㉔　M Zander and P Henderson, *Crown Court Study*, for the Royal Commission on Criminal Justice, Research Study No 19 (London, HMSO, 1993).

㉕　G Drewry, L Blom-Cooper and C Blake, *The Court of Appeal* (Oxford, Hart Publishing, 2007).

㉖　Shetreet, above n 10 at xix. 该书主要是编辑整理了此前已经出版的材料。在该书第195页，斯特里特说其联系的全部法官都慷慨匀出时间并回答了大部分提问。

㉗　墨赫德和考恩（Moorhead and Cowan, above n 2）重复呼吁"按照更加严肃认真的计划对法官们进行研究"。

㉘　Paterson, above n 16 at 5 fn 26. But see Tamanaha, below n 56. 美国法官可能不像英国研究者认为的那么容易接触。

人陪同，而且几乎对每件事情都愿意合作。我本以为可以继续与这些法官保持个别联系并能找到足够数量的受试者（研究对象），但是我向纳菲尔德基金会提交的研究计划第一稿被退回。基金会要求我获得法务部的"官方"许可。我不太情愿这么做，因为一旦司法部拒绝给予许可，则我的整个研究计划都将终止。我认为在这方面由司法行政部门给予同意或者撤回同意会有悖于司法独立，因此我咨询了博德温和阿西沃斯两位教授。其中4一位告诉我这方面已经存在官方程序，因此我应该联系高级主任法官。于是我将研究计划和问卷草案发送给伊戈尔·贾奇（Igor Judge）爵士。他反问我："什么程序？"但在对我进行四十五分钟的互动式提问之后，他表示愿意尽力帮助我。本研究项目的成功也因此归功于伊戈尔·贾奇爵士以及其他为此慷慨付出好几天时间的法官们。机缘巧合的是，在我开始本项目之前，我已经参与了罗宾·奥尔德（Robin Auld）爵士的《2001 年刑事法院评议》的一些工作。他已经将我在该著作中的论文给包括伊戈尔·贾奇在内的许多高级法官传阅。这样看来，我向伊戈尔·贾奇爵士寻求帮助实在是天时、地利、人和。

本项目的成功也归功于纳菲尔德基金会以及莎伦·威瑟斯庞（Sharon Witherspoon）的耐心鼓励。在 1970 年代，我曾经将自己对治安法院书记员的访谈计划交给内政部的一位研究员过目（她也在研究治安法院）。她的访谈计划中包含了一些提问，但这些提问与内政部 C2 科（C2 Division）删除的提问几乎完全相同，因此也必须被删除。这位内政部研究员很羡慕我的学术自由。我也知道有些学术研究由于政府资助机构不喜欢其研究结果而搁浅。我过去也有过这样的经历。[29] 在实地研究期间，受研法官们向其同事解释说我不是"政府部门的巡视员"。每每如此，我便感怀和感激我这项研究的资助者是慈善机构（而不是政府部门，因此我的研究较少受到政府部门的影响）。

研究样本

学者们在过去几十年里在不同法院的观察研究表明每一个法院都有

---

[29] 我在 2001 年研究陪审团的论文由《刑事法院评论》资助，这项研究受到资助者的赞扬，但资助者解释说不会出版该研究成果，"因为政府认为该研究结果很敏感"。我在研究中揭露了在伦敦很容易逃避陪审义务，因为伦敦地区没有预算资金用于追查那些逃避陪审的人。一位地区法官鼓励其朋友对陪审感到勉强时干脆逃避之，我引用了这位法官提供的这一信息。然而，资助人还是希望看到研究成果被发表，于是建议将其上传到金斯顿大学的网站并添加一个来自《刑事法院评论》的网址链接。

独特的文化。法院的使用者群体、案件量以及案件处理的速度会由于法院规模、法院文化、法院所处的地理位置以及管理方式的不同而有差异，㉚因此我对受研法院的选择尽可能广泛和多样化。然而，本项研究发现，由于司法界采用自上而下的方式进行培训和管理以及电子交流的运用，不同法院之间以及不同法官之间的差异已经不像几十年以前那么大。

早先的研究成果（尤其是统计调查）的问题在于其关注高级司法人员，而且认为众多法官具有同质性。㉛本研究选择的四十位法官尽可能广泛代表职业经验、职业层级以及管辖区域。这四十位法官包括六位来自郡法院的地区法官、三位来自治安法院的地区法官、一位高等法院的地区法官、㉜十六位巡回法官（含家事、刑事和民事领域，其中一些兼有法官管理职责）、八位高院法官（各有一位来自商事庭、劳动争议上诉裁判所、衡平部、家事部；还有几位来自行政庭，其中有些是巡回区主任法官或同级别法官）、四位上诉法院法官（都具有商事法、家事法和行政法背景，个别兼有管理职责），以及两位大法官（来自英国最高法院及其前身上议院上诉委员会）。

我临时绘制了一份法院网络图。巡回法官的选取是在高级主任法官和肖恩·利昂兹（Shaun Lyons）法官的帮助下完成。他当时担任巡回法官协会的秘书长。他们二人能接触到法官的职业履历、职责和法院方面的信息。地区法官迈克·沃克（Michael Walker，时任地区法官协会㉝秘书长）帮我选定了郡法院的地区法官。他还加进了一些当时正在试用案件管理新软件的法院。治安法院地区法官的选取是在蒂姆·沃克曼（Tim Workman，时任治安法院和高级地区法官）的帮助下进行的，但我特地将一位地区法官纳入——他是我三十年前的博士阶段研究中的一位受研者，当时是治安法院的一名书记员。我这次的研究对象样本还包括了一位公开的男同性恋法官，因为他曾经有这方面的著述。在我的核心样本中，女法官和曾经当

㉚ In researching *The Magistrates' Clerk*, n 8 above. See RB Flemming, PF Nardulli and J Eisenstein, *The Craft of Justice* (Philadelphia, University of Pennsylvania Press, 1993) 1，"在美国，州初审法院之间差别很大……甚至同一法院楼内的不同法庭之间差异也会很大"。

㉛ 见后文。

㉜ 我后来意识到郡法院的地区法官们不知道高等法院的地区法官做了些什么，于是添加了一位高等法院地区法官。

㉝ 现为"女王陛下地区法官协会"。

过非诉律师的法官的比例高于其在司法界实际所占的比例，而且我的研究对象包括一名曾经担任巡回法官的高等法院现任法官。我对这些法官的经历都感兴趣。核心样本中的威尔士法官比例很高。我选取了一位地区法官、一位高院法官和两位巡回法官，其中三位讲威尔士语。有时候我是纯粹出于好奇而选定特定法官的。比如，受研法官中有一位来自高等法院的法官被选定是因为其出生日期比我晚两天。

伊戈尔·贾奇爵士为我向地区法官和巡回法官们致函表示其非常支持我的研究，而且他还为此联系了我选定的高院法官和上诉法院法官。法官们的回应率很高。他们全部愿意作为我的研究样本，只有一位地区法官表示拒绝。这意味着我的研究样本的实际规模比计划规模要大。例如，我曾经向十六位巡回法官致函，但我本来只期待得到十二人的回复，结果十六人都回复了。

我还另外选取了三十七位访谈者作为附加样本。这个样本对象的选取通常具有随机性，但这也为样本提供了多样性。就地区法官和巡回法官而言，我通常会去接触核心样本内法官的隔壁办公室的法官，但这也是以这些隔壁的法官与核心样本中的地区法官和巡回法官之间具有充分的相异之处为前提。假如我现场观察的是一位年轻的女法官，那么在随机选取访谈对象时我会选择一位经验丰富的男法官。假如我现场观察的是一位巡回区常驻法官（resident circuit judge），则会选一位新近获得这种任命的法官作为访谈对象。这些附加的访谈对象不会事先获得我的访谈请求，也不会有机会审阅我的研究设计，而只会得到我对研究项目的口头描述和访谈时间表。令人高兴的是，在那些只有两位法官的法院，第二位法官总是同意接受访谈；只有一位地区法官和两位巡回法官表示拒绝。高级法官访谈对象的选定也是在伊戈尔·贾奇爵士的帮助下完成的，而且我同样也考虑了法官们在级别、经验和管辖业务方面的广泛性。除此之外，就是在一串名单中随便选；换句话说，这个高级法官样本也是从具有阶层性的样本中随机选取的。我同时采用个别征询意见和随机选定这两种方法确定附加样本或访谈对象的原因在于我不想自己被批评为研究样本的选取受到为我提供帮助的司法界朋友们的操纵。

我选取受研样本的标准在两个王冠法院（Crown Courts）受到了质疑。有人怀疑伊戈尔·贾奇爵士帮我选定了一些"软柿子"。他们解释说，"我们这里有位法官会让大律师们在法庭上哭"。于是我请求这位法官接受访谈，而且很容易地得到了其同意。㉞ 在两个巡回法院中，我很快从法官（以及在大律师行的我以前的学生）那里得知哪些人是“怪物”，但发现伊戈尔·贾奇爵士已经让我避开了其中一位（这位法官任职于我临时图表中的一个法院）。他们是如此臭名远扬，以致根本不需要我在研究中对他们进行报告和描写，因为当地媒体每星期都会曝光他们的说教。在伦敦的一个治安法院，一位在我的核心样本内的新任法官说地区法官们都已经讨论过我的研究，并一致认为如果我现场观察过一位具有“严重法官炎”的老法官，则我“从他们那里就收获不多了”。他们还建议我访谈一位更年长的女法官，以便保持样本平衡。我接受了这个建议。

法官们为什么想被研究？

“婴儿潮”时代的法官似乎理解社会学研究和学术自由，而且他们多数人相信学者的行为不像新闻记者那样。在七十七位研究对象中，有六位曾经是学者（许多法官以前是学者，只是我们以前对此并不是很了解）。另外有好几位法官的配偶是学者，还有一些法官则拥有研究生学位（其中一位研究过犯罪学）。他们在成长的过程中对彼得·库克（Peter Cook）和“憨豆先生”以及格瑞弗斯（Griffth）演绎的司法界形象㉟很熟悉，而且他们每天都受到负面媒体报道的轰炸。因此他们都欢迎本研究提供的将司法界向外界公开这一机会。我开始进入他们的世界时，他们刚刚配备了新闻办公室和网站。司法总管菲利普斯（Philips）法爵曾经是如此急切于展示法官的人性化和友善的一面，以至于有一次不惜抱着一个婴儿拍摄形象照。㊱

至于现场观察这一研究方法，我遇到的法官们对此已经比较熟悉。在此之前，大律师们也已经作为随从秘书（marshals*）而伴随过他们。他们

㉞ 本书关于王冠法院的那章有关于他的事迹。本研究为其使用的代名为“吃诉讼代理人”（Eats Counsel）的法官。

㉟ 见第二章。哈摩斯勒夫（Hammerslev）认为不将法律人或者法官们看作一个连贯的群体会更加有用，因为对他们的界定乃是基于其与诉讼过程中其他参与者的关系而进行。见 Hammerslev，‘How to Study Danish Judges’ in R Banakar and M Travers, *Theory and Method in Socio-Legal Research*（Oxford, Hart Publishing, 2005）。

㊱ 新一代法官们对研究者持欢迎态度。在 2010 年，有二十四位法官出席了伦敦大学学院（UCL）司法研究所的成立仪式。

* 这是英格兰和威尔士法院中的一个职位，通常由初级大律师担任，其主要职责是伴随巡回审案的法官从事一些秘书工作。——译者注

7　也习惯于招待身旁的那些来观察其工作的孩子们或者来法庭参观的学生团体。审判是一项孤独的事业。这些法官对我的信函的回复如同巡回法官们的回复一样热情和迅速：

> ● 你的研究项目有意思而且引人入胜。如今，法官们苦苦抱怨媒体对司法界各方面的不实报道。你的研究将是就我们的角色、职责和能力向世人进行告知和教育的机会。
>
> ● 我很乐意尽我所能帮助你。你的研究很有意思。我本人也一直想了解我的法官同行们！

前面我提到的那位男同性恋法官也欢迎研究者。他认为人们应该了解很重要的一点，即司法界是由各类人组成的。

样本外法官的反应

在第一个法院，我遇到了一位直率的法官。这位法官说他本来可以不同意我的研究。他对我说："你不会得到司法界高层的合作。"他还说我会找到那些"与其他人相同"的法官，但法官与社会其他成员之间应该存在界分，"正如你的医生一样，法官们没什么毛病"。他也反对这项研究，因为在他看来这项研究"没有内容控制"。我将此与另一个巡回法院的常驻法官联系起来。这位法官说"二十年前的反应本来如此"。这位法官已经退休了。

我在法院餐室通常会受到热情接待。法官们会唠叨我的安逸，并为我沏茶和咖啡。在三个法院中，我的出现成为餐室里享用低度酒或者香槟的理由。在另一家法院，法官们不断对我未能参加一名法官的退休告别聚会而感到遗憾。还有一个法院的常驻法官每天午餐时都安排两位不同的法官坐在我旁边，以便我能有最大机会与尽可能多的不同法官交流。虽然如此，在一些场合，有法官认真地提示我不得将听到的内容报告给其他人或者写进书里。曾经两次有受研法官在其第一天决定是否允许我进入餐室时想要弄清楚我到底是什么样的人。法官们对我正在进行的研究普遍有一些一般的兴趣。我经常成为他们的话题，甚至有时成为他们取乐其他法官的引子。比如他们对一位兼职法官（他的案件每天都很少，因此下班也很早）说："当心！那位学者会把你的事儿记在她的书里！"

研究样本之外的法官想要表达其观点时会努力引起我的注意。比如，一位法官曾经三次跟我说："我小学毕业考试没及格，中学念的是国立学校。你把这事儿写进你的书里面！"高等法院家事庭的法官也以类似的口吻向我抱怨工作量太大。那些想要得到非传统口碑的法官也会以类似的风格与我谈一些事情。

在高等法院、上诉法院以及上议院/最高法院，我的工作似乎很快就得到了法官们的理解，而且没有人对我在他们合议案件时在场表示质疑。只有一次我被禁止观看上诉法院刑事合议庭的组成过程。在皇家司法院*，我加入台面下的一般插科打诨式的交谈。在上议院/最高法院大法官面前，我是个新鲜人物。除了与两位作为我研究样本的大法官交谈过之外，我与其他多数大法官们都交谈过。我本来可以再加入几十位法官作为研究样本。法官们（包括大法官以及上诉法官）经常问我是否轮到他们被访谈或者被现场观察。有一位上诉法官之所以被纳入访谈样本，是因为他经常问我其是否能参加访谈。

有几位法官与我多次会见过。由于我在几个巡回区之间流动进行研究，我多次见过几位法官，其中包括一位高院法官，我在三个巡回区都遇到过他。在治安法院，我遇到的一位法官曾经阅读过我关于书记员的著作。在另一个法院，我的一位核心样本内的地区法官的同事提醒那位法官说："她会再次对司法界予以严厉批评。"我还遇到两位曾经在我任职的金斯顿大学举行过讲座的法官、两位金斯顿大学的毕业生、一位曾经给我上过课的法官，而且我还傻乎乎地选择了一位与我同期毕业于法律专业的法官。

研究伦理

前文提到一位巡回法官责难这项研究没有内容控制，这让我反思了研究伦理。由于担心不准确，也由于相信将法官作为受研（究）主体而不作为客体是一种适当的方法，我将几个章节的草稿发送给几位在稿件中被突出描写的法官，并请他们评论。这种做法在社会学研究中不仅非

---

*　皇家司法院（Royal Courts of Justice）不是指法院，而是指位于伦敦的英格兰和威尔士高等法院（England and Wales High Court）与上诉法院（Court of Appeal）所在的法院楼群。其是维多利亚女王时代的哥特式建筑，建造于 1870 年代，于 1882 年由维多利亚女王揭幕投入使用。——译者注

同寻常，而且也很耗费时间。但是法官们是具有高度智慧的受研主体，因此我认为这样做会有助于我向其澄清研究目标，也使他们能对我的研究进行更正与更新，从而提高我的研究成果的真实性和可信度。我也将章节草稿发送给受研样本法官之外的其他法官。比如，在关于上诉法院和大法官的章节中包含了案件合议的例子，而且我在这些章节中也描述了样本外法官的行为，所以我也向这些样本外法官发送了我的文稿。我还将全部章节草稿的后续版本都发送给了伊戈尔·贾奇爵士，这样也增强了研究结果的准确性。没有法官试图审查我的作品，但他们也的确更正了我在文字记述方面的一些错误，并增加了一些描述。比如，样本外的两位大法官对一份文稿的评论实际上有助于我就英国最高法院的判决形成过程呈现更丰富的图景，而且使我更加留心大法官之间的法律意见差异。我还允许核心样本内的法官将文稿转发给其他利益相关者。比如，高等法院的几位法官问我是否可以将文稿发给其同事，高等法院家事部的法官也问我能否允许其将关于家事法庭的章节转发给家事部部长。在核心样本之外的三个王冠法院，我允许常驻法官将关于王冠法院的章节在大约三十位王冠法院法官之间传阅。法官们对早期版本稿件的无数口头和邮件评论都让我的研究受益颇多。伊戈尔·贾奇爵士怀疑我那些关于王冠法院的章节内容的第一稿是否会得到广泛认同，因此我将王冠法院纳入实地研究之中。本书中有六章的草稿曾经在法社会学协会和法学家协会的会议上报告过，并得到了一些反馈。我也努力使用明白易懂的语言进行写作，以确保对受研主体、资助者以及读者具有透明度和负责。我请法官们自己选择供研究使用的假名，以便他们阅读时可以很容易地在文稿中找到自己。

9

我还邀请了三位项目咨询专家。凯特·玛勒森教授和上诉法官塞德利（Sedley LJ，其将咨询费捐给了慈善机构）就访谈计划提出了非常有益的修改建议，并对草稿给出了十分睿智的评论。我对他们十分感激和亏欠。我也十分感激出版社独立评阅人的中肯评论，以及荣休教授约翰·博德温先生提出的修改意见。

令人羡慕的实地研究

在过去几年里我收集到了大量信息。我可以不受限制地接触受研法官、其他许多人以及对他们工作有影响的事情。几乎没有我不能参加的活动或者我不能接触的文件。㊲ 我连续在法官们的工作日对其工作进行现场观察，或者在不同的日期和不同的法庭现场对法官的许多工作进行观察。这种观察长达三年。例如，我现场观察了治安法院的一位地区法官在三个伦敦郊区法院的工作，也观察了伦敦内区（Inner London）一个家事法庭法官的工作。高等法院法官方面，我与他们在皇家司法院的简要审理程序和初审程序中同座，也曾与他们在上诉法院同座。我在观察工作日整天陪同法官（我通常在审判席就座），㊳ 而且我也在巡回法官小舍住宿观察、陪同巡回法官从早餐开始直到晚餐结束。核心样本内的每一位法官都事先阅读过我的研究设计和访谈安排。我鼓励他们开放思维、鼓励他们解释和评价自己工作中每一件对其业务有影响的事情，比如法院建筑、资源、法院使用者、法院同事（包括辅助人员和法官同行）。法官们通过谈话让我了解到其文书处理工作，并让我浏览全部信函和法院文件（例如庭辩概要、最高法院的诉状文本、文件集、量刑方面与家事方面的机密报告，以及来自被告人、证人和陪审团的信函，还有监狱服刑犯的申诉）。他们还向我展示自己如何撰写判决书和陪审指令。上诉法院法官和最高法院大法官们允许我观看其案件评议过程，从而使我有机会接触到通常将研究者拒绝在外的那些司法过程。纳菲尔德基金会的一位匿名评审人曾建议我缩小法官样本并在较小的样本上花更多研究时间。但是我这里实际运用的研究方法并没有导致信任缺失或者信息短缺。正如我在纳菲尔德基金申请书的最终版本中指出的：

> ● 第一个星期的试验研究使我认识到对每位法官进行四天的现场观察已经足够，而五天则会令人疲惫，因为法官和我在法庭内外都在不停地交谈，而且我们双方都需要在全部时间保持精力集中……法官们……也赞同观察四天已经足够了。我没有发现与我会面的法官在向我表达其观点时有所保留。博德温过去也发现地区法官们都很坦率，而且他对他们每个人进行现场观察的时间大大少于四天。

至于访谈，由于样本规模和研究的广度，访谈提问的设计比在那些精

㊲ 博德温在 2008 年说："在法院坐堂听审的研究者普遍不安地意识到在大多数情形中真正重要的判决是在其他地方形成的。" 见 Baldwin, above n 9 at 383。

㊳ 在上诉法院没有位置，因此我坐在旁边或者天井里。大法官们也是如此。

英访谈中的提问更加具有结构层次性。访谈安排[39]是为地区法官设计的，并随着研究向司法界上层的深入而修订。每一个访谈平均长达一个半小时，短则四十二分钟，长则三小时。

考虑到法官们过去对类似研究项目的不友善，本项目的研究深度和对上诉案件合议过程的现场观察显得更加突出。美国法官哈里·爱德华兹（Harry Edwards）和波斯纳认为学者们关于判决过程的著述存在先天性缺点，因为这些学者未能接触到案件评议过程。[40] 但这两位法官自身的司法职业经历无疑丰富了他们对判决过程的学术分析。我列席过法院的一些管理会议和其他会议（比如法院使用者会议、司法研习局的培训日会议）。我通常与受研法院的所有法官一起在法院内吃午饭，或者与个别法官在大律师学院所在地单独进餐。我有机会与上百名法官、法院员工、法官书记员、法官的朋友、法官的配偶或伴侣会面和交谈。受研法官有时会和我互相邀请参加社交活动或者学术活动。大法官和上诉法官们也曾邀请我参加"英国—加拿大司法界交流会"以及 2010 年最高法院一周年纪念时的闭门研讨会。我曾与两位女法官一同购物，并与另一位女法官一起参加普拉提体能训练班（Pilates Class）。有一位法官曾经请我到他家吃午饭，并两次带我到他家与他和他夫人同住。除了观察核心样本内的法官审案之外，我还观察了访谈样本内的部分法官以及同一法庭内的其他法官审理案件的过程。例如，有一位法官为了向我表明其处理家事案件的手法与其同事的手法不同（他自己的更加主动和更多干预）而邀请我现场观看其审理案件。在大多数现场观察结束后的多年里，我和多数法官还保持着联系，而且每年都会对几位核心样本内的法官再多观察几天，对样本之外的位于伦敦的两个王冠法院的常驻法官也多观察了几天。我与他们能形成融洽关系，也许是因为我也和他们多数人一样出生于"婴儿潮"时代。我们共同体验的不仅仅是 1970 年代的法学教育，还有如今督促家中的学龄子女（尤其是不在孩子们身边时）准备中考的痛苦，以及参加孩子们毕业典礼时的骄傲。有一位法官甚至和我碰巧在同一天把女儿嫁出去了！

11

---

[39]　见我在金斯顿大学的个人网页。

[40]　Posner, n 3 above, and H Edwards in 'The Effects of Collegiality on Judicial Decision Making' (2003) 151 University *of Pennsylvania Law Review* 1639.

实地研究的危险

在我研究样本之外的一位法官提醒我注意霍桑效应（Hawthorne effect），即我的公开现场观察会影响被观察者的行为。所有的观察研究都容易存在这种缺陷，但利益相关方能够通过隐匿在法庭背后进行观察来衡量本研究中关于法庭的叙述的典型性。

更大的危险是对被观察活动的潜在干涉。弗拉德（Flood）在对其2005 年研究的叙述中表明人们会发现观察者有时候不知不觉地会被吸引到项目参与者（也就是被观察者）的观察中去。受研法官们无论何时走出法院都会问我："你怎么看？"这种情况在大多数日子都发生，但我通常将这种提问推回给提问者。有一次，这一问题十分突出（参见关于上诉法院的章节）。我的评论和提问有时候会影响到法官。在高等法院商事庭，我曾问法官："我们的这个破产的国家如何向原告支付其请求赔偿的八千万英镑？"法官回到法庭之后向原告提出了同样的诘问。在一个郡法院，我问法官："为什么这个当事人在已经被治安法院判定造成污染之后还在这里为其污染行为辩解？"法官很快成功说服当事人基于这一原因而让步。我还问高等法院衡平部的一位法官："为什么两个辩词糟糕至极的简单案件分别被分配了高等法院的四个和两个工作日？"法官后来将这两个案子的审理时间都削减了。在关于王冠法院的那章，我描写了我与常驻法官之间的一个分歧：由于证人突然情绪失控，一个非常耗费成本的案件初审程序"崩溃"，我认为证人的这种情况在这个案子中可以被预见，但法官不这么认为。

本研究也影响到受研者在其他方面的行为。访谈中关于法官晋升的提问促使两位地区法官申请兼职法官岗位。在威尔士，当事人及其律师本来被安排参加一场用威尔士语进行的审理，但考虑到我不懂威尔士语，于是改用英语审理。另外一种危险也会影响法院使用者。在高等法院时，我有一次与没穿法官袍的法官邻座。这样的结果是当事人的律师以为我是法官，因此不断对我使用敬语。在任何审理过程中都存在一个自然而然的危险，即与子女有争议的家长、亲自打官司的无律师当事人以及沮丧的陪审员们都会努力吸引我的注意，在法官低头做记录时尤其如此。

本书的性质以及前人研究的情况

我没有运用任何分析模型。模型在法社会学分析中，或者在关于特定

12　法律制度之要素的历史分析，或者对这些要素的当前政策分析中通常不可或缺。[41] 但没有一个模型有助于本研究或者足够全面。例如，波斯纳在其2008 年的著作中研究了司法行为的九种实定描述或模型，发现其都不充分，因为这些模型都未能承认法官们是有血有肉有情感的工作人员。鲍姆（Baum）早就提出了这一点。他说研究者们都把法官描绘得与斯波克（Spock）先生一样。[42] 而且，所有这些模型都是关于判决，尤其是关于上诉案的判决的。但判决并非本书的关注焦点。甚至菲利（Feeley）与路宾（Rubin）在其论文《创造法律教义》[43]（关注焦点是现象，即生活的体验）中提出了"司法造法理论"。本书当然是关于现象的，但司法造法理论可能仅仅有助于分析本书关于上诉法院和英国最高法院的章节中的部分研究结果，因为这两个法院的法官是仅有的能造法的法官。所有的"裁判"模型都由于其语境而对本书更加没有用处，比如，在美国，法官们的政党政治是一个主导因素，但在英国并非如此。

　　法官们偶尔会问我"你的假想是什么？"或者"你采用什么研究视角？"尽管如此，弗拉德指出"在人类志（ethnography）研究中并非总是有可能先建立一个理论框架"，而且"如果社会科学有信心不去试图复制自然科学的研究方法，则其对世界的影响力可能更大一些"。[44] 从方法论（关于方法的科学）来看，本书并不具有实定意义上的"科学性"。大多数现代法社会学研究都具有实证性（这可以理解）。政府资助的、能检验试行政策变化或者为政府咨询提供信息的那些研究尤其如此。一些实证主义者和一些法律人显然不熟悉社会科学的不同哲学，因此他们认为收集统计数据或者提出假想是进行社会学研究的唯一方法。[45] 本书会受到他们的批判。在本书第十五章，我认为帕特森的著作是法社会学的杰作，但哈洛在1986 年认为其只是"轶事风格"和"印象派风格"。然而，到2010 年时，

---

[41]　经典作品包括 M King, *The Framework of Criminal Justice* (London, Croom Helm, 1981)（该著援引 Packer 的模型以及其他模型）和 P Parsloe, *Juvenile Justice in Britain and the United States* (London, Routledge and Kegan Paul, 1978)。

[42]　L Baum, *Judges and their audiences* (Princeton, Princeton University Press, 2006). 二者的关注焦点都是司法心理。

[43]　M Feeley and E Rubin, 'Creating Legal Doctrine' 69 (1996) *Southern California Law Review* 1989.

[44]　In Banakar and Travers, below, 2005, 47.

[45]　See R Banakar and M Travers, *Theory and Method in Socio-Legal Research* (Oxford, Hart, 2005) 14 – 15.

帕特森的著作仍然被广泛认为尚未被超越，因为其对法爵们进行了深入的观察和分析。哈洛的观点则孤掌难鸣。本书也可能会被认为属于轶事性质，但它的确就法官的日常工作提供了一个广泛、丰富和坦荡的观察，而观察者本人有幸史无前例地接触到了大量法官及其工作场所，以及通常只有他们自己才能接触到的材料。由于我与受研法官们如此接近，这项研究必然会失去一些客观性，但这是现象研究以及人类学领域一切研究中已经被认可的情形。这类研究不可以也无法装作客观无瑕、具有纯科学性且在定量方面精准（就像化学那样）。已经存在关于法官的大量统计学研究，但其仅仅是提供人口学方面的信息。这些数据通常助长对司法界人员构成（以白人、老人和男人为主）的批判。对于 2006 年之前的法官选任制度和被批评为国际尴尬[46]的法官构成结构而言，这样的研究固然很有价值，但这样的"研究"很容易，而且新闻记者们从 1950 年代起就在做这样的研究。

本研究旨在发现事实并解释现象，因为其首要（但并非唯一）焦点在于研究法官们对其职业世界的有意识的体验。[47]它很接近于弗拉德在 2005 年描述的法社会学人类志，但这一标签太华丽，而本研究则太大。本项目是观察式研究。[48]帕特森在研究大法官时运用了角色分析法。但我在本研究中没有这样做。法院支持文化研究，这尤其是因为他们在 1970 年代及以前曾经拥有独特的文化，但这方面的差异已经减弱了。然而，我们仍然能看到不同层级的法官群体仍然认为自己所属的司法阶层在一定程度上具有独特的文化。

有一部关于一个法院的人类志研究是罗克的《英格兰王冠法院内的社会生活》。[49]人类志研究者往往在几个月甚至几年时间内研究一个微观小社会内的每一个要素。本书研究的是法官，而不是法院，而且研究规模与罗克的研究规模很不相同。虽然本书也有部分内容研究了法庭内的活动，但其与比如卡伦（Carlen）的《治安法官的司法》这类的人类志

13

---

46 See P Darbyshire, *Darbyshire on the English Legal System*, 10th edn（London, Sweet & Maxwell, 2011）.

47 See Posner, above n 3 at 40："现象学研究第一人称的自我意识，即自我体验在有意识的思维面前的自我表达。因为我们可能会问作判决是什么感觉。"

48 类似于博德温对小额诉讼的研究，但研究规模更大一些。

49 P Rock, *The Social World of an English Crown Court*（Oxford, Clarendon Press, 1993）, referred to in ch 9.

研究⑤⁰和对话分析式的法庭活动描述⑤¹极少有共同之处。

但本书的确与特拉弗斯（Travers）所称的对"日常生活的实际特点"进行的研究有共同之处。本书回应了特拉弗斯对这类研究的批判。特拉弗斯列举了十二种关于法律人和法院的人类志研究，但他认为这类研究过于依赖访谈或者依赖在法院活动背后的观察，因为"它们没有就法律人的实际行为提供充分的见解"。特拉弗斯还认为，"即便那些在法院观察了好几个星期甚至好几个月的研究者似乎也没有说清楚工作对于干工作的人意味着什么。这对于那些大言不惭的具有反常识立场的研究者来说尤其如此。这导致人类志路径的研究有时候成为一种用以推出特定世界观理论的工具"。⑤² 我已经尽力让自己的观察更加深邃一些。我与法官们的接触再近不过了。⑤³

关键在于，本书研究的不是司法判决过程或者量刑过程。英国已经存在数量可观的量刑研究，这些研究是基于治安法官（主要的量刑者⑤⁴）的司法活动的。除了帕特森的法社会学作品和洛伯逊（Robertson，也译罗伯森）的多变量分析（本书关于英国最高法院的章节对这些作品进行了评论）以及对大法官就具体主题的分析⑤⁵之外，英国鲜有关于司法判决过程的研究。美国关于司法判决过程分析的文献则很多。塔玛纳哈（Tamanaha）在1999年对这些文献的评述⑤⁶很有用。"由于司法判决过程的突出重要性，许多社会科学研究项目对美国最高法院的司法判决过程进行了分析。"⑤⁷ 大多

---

⑤⁰ P Carlen, *Magistrates' Justice* (London, Martin Robertson, 1976). Coined by Garfinkel in the mid-1990s. See M Travers, *The Reality of Law: Work and Talk in a Firm of Criminal Lawyers* (Aldershot, Ashgate: Dartmouth, 1997) 19.

⑤¹ See also J Maxwell Atkinson and P Drew, *Order in Court: The Organisation of Verbal Interactions in Judicial Settings* (London, Macmillan, 1979); M Lynch, 'Preliminary Notes onJudges' Work: The Judge as a Constituent of Courtroom "Hearings"' in M Travers andJF Manzo, *Law in Action—Ethnomethodological and Conversation Analytic Approaches to Law* (Aldershot, Ashgate/Dartmouth, 1997).

⑤² Travers, above n 50 at 7-8.

⑤³ 我认为我符合这一描述："对社会生活具有无限的好奇心，并受此驱动……有如受威胁的物种"，见 Banaker and Travers, above n 45 at 11. 弗拉德（Flood）在同著第34页说："人类志的研究过程不同……它是多质的、开放式的、讨论式的，并且是始于学习和探询过程中的一个节点。"

⑤⁴ 见 Baldwin, above n 9 at 386 中的列举。

⑤⁵ 成立伦敦大学学院（UCL）司法研究所的原因之一正是这种研究一直很缺乏。

⑤⁶ BZ Tamanaha, *Realistic Socio-legal Theory—Pragmatism and a Social Theory of Law* (Oxford, Oxford University Press, 1999) ch 7.

⑤⁷ ibid 205.

数研究是运用行为主义方法，也就是确认判决模式并将这些模式与诸如政治等独立变量关联起来。但是对这些美国的研究成果的阅读必须基于一个认识，即"法律与政党政治交织在一起"。[58] 但在英国并非如此。我在后文会指出，英国对司法独立的理解与美国颇为不同。我遇到的每一位法官在法院外的谈话中全然没有政治性。大多数受研法官与政党没有关系，这与一百多年前他们的前辈们不一样。[59] 如果我向英格兰和威尔士的法官谈论其政治观点，那可能根本不会被允许。我的访谈计划中唯一被审查的一个提问是关于法官的政治背景。很重要的是塔玛纳哈抱怨对法官进行研究的缺陷。这种缺陷是由美国法官的难以接触（这与一些英国作者的印象认识相反）而造成的。塔玛纳哈说：

15

> ● 最大的问题……是一个核心缺陷。大量的现有司法判决过程的研究都存在这一缺陷：只有不足五个研究项目真正检验了法官对其司法角色的认知对其司法判决行为的影响……造成这一令人吃惊的缺失的一个原因是法官们通常难以接触。[60]

换言之，对司法判决的分析仅仅以美国法官的个人履历信息为背景而进行。[61] 塔玛纳哈的评述的点睛之处在于：虽然法官们的个人态度对于美国最高法院的一些大法官以及大多数情形下其他联邦法院法官的判决有主导影响，但"法官的背景和态度并不具有决定性影响"。[62] 有一种流行的观点认为法官的相似背景（中年白人男性精英阶层）是催生统一判决意见的因

---

[58] 比如，美国法官哈里·爱德华兹（Harry Edwards）刚到联邦上诉法院就任时，有人对他说："我是自由主义者。我能指望你的投票吗？"爱德华兹对此感到非常震惊。见 Posner, above n 3 at 9。前注 30 所指《司法的技艺》（*The Craft of Justice*）开篇指出："这些关系的特点……是在地方政治事件中形成的"关于美国上诉法院法官的票决表现和司法任命的政治化，见 L Epstein, *Courts and Judges*（Aldershot/Burlington, Ashgate, 2005）。但这些因素在英国司法中都不重要。

[59] 在二十世纪前半叶，法官任命通常是对律师的政党政治服务的回报。见 JAG Griffith, *The Politics of the Judiciary*（London, Fontana, 1977）。

[60] Tamanaha, above n 56 at 211.

[61] 塔玛纳哈（Tamanaha）认为有一点具有反讽意味，即行为主义者相信自己发现了法官造法，却没意识到霍尔姆斯、卡多佐、哈特在二十世纪早期已经在英国和美国认识到这一点。ibid 204.

[62] ibid 221.

素。塔玛纳哈认为这一观点难以经受近距离审视，而且有些"愚蠢"，因为它没有考虑到美国最高法院内部的分歧程度，而且已经有研究表明女法官与男法官并无重大不同，黑人法官与白人法官也无重大不同。法官们的确拥有一个共同的理念和制度背景，也都相信自己受法律约束且法律在很大程度上决定其判决。法官个人的态度虽然会影响其对法律的解释，但塔玛纳哈认为这种情形"并不突出"。㊿ 虽然如此，我并不否认案件由哪位法官审理很重要。㊽ 但本研究并非旨在探究法律是否在按照人们企划或者期望的方式运行。政府部门已经越来越喜欢且擅长这种探究，自 1990 年代以来尤其如此。㊾ 然而，本书一些章节的确也对照法律的既定目标而记录和评论了这些法律过程，比如民事案件中令人惊诧的比例失衡问题和案件处理电子化的完全失败，而这些曾经是伍尔夫（Woolf）民事诉讼程序改革所追求的目标。

已经出版的前人的其他各种研究成果都在本书相关章节被援引了。英国已经存在许多关于法官的书籍和论文，其中一些甚至是由法官们撰写的。本书也援引或者注意到这些研究成果。但这些研究很少以实证研究为基础。

本书结构

第二章研究法官的公共形象，主要是将其与真实的法官及其业务工作进行对比。第三章至第六章研究法官们的职业背景，包括职业动机、兼职法官的聘用、全职法官的聘用、法官培训。第七章研究法官的工作个性和特色。第八章至第十五章是本书的真正核心，它们主要描绘不同类型的法官（从地区法官到大法官）在其职业世界中的工作状态。最后两章研究一些一般问题，即司法界不同级别法官之间的关系，以及法官的行业之器或者行业装备。

㊿ ibid 222 - 24. 他的结论与十年前哈洛（Harlow）的结论形成鲜明对比。

㊽ 见 R Hunter, C McGlynn and E Rackley (eds), *Feminist Judgments* (Oxford, Hart Publishing, 2010)。

㊾ 哈洛（Harlow）曾经喟叹政府司法部门对研究的态度不积极。现在的司法部及其前身都热衷于试行政策调整，并在全面推行其政策调整时评估这些试行政策的效果。博德温（Baldwin）提到政府热衷于"证据主导型"的刑事司法政策。见 J Baldwin, 'Research on the Criminal Courts' in RD King and E Wincup, *Doing Research on Crime and Justice*, 2nd edn (Oxford, Oxford University Press, 2008) 376。更多可见摩根（Morgan）与霍夫（Hough）在该书中的论文。

第二章　法官的形象

　　具有讽刺意味的是，最频繁和最强烈抱怨说司法界过于自由化和宽容的是在二十年前斥责"资本主义式的法院"和"权贵化法律"的那些人。这正好表明有一种情形并非不可能，即一个人从极左游走到偏右之后仍然是愚蠢的。

——罗伊·哈特斯利（Roy Hattersley）评说
2005 年的工党政府内阁①

　　高等法院的一位法官明确告诉我说电视剧《约翰·蒂德法官》中的这位法官主人公给他们带来了很大好处：过去当他们乘坐加长豪华轿车时，他们常受到人们指责，如今他们被人们吹口哨。

——某位巡回法官

　　我喜欢那些对证人作隐名处理的案子，但这种做法在这里并不适当。

——（高等法院）商事庭法官（戴着假发如是说）

　　大多数人从没见过法官；即使见过，他们自己可能也不知道，因为法官们倾向于不表露或者不承认自己的法官身份。② 那些不得不上法院的少数人在更多情况下遇到的是业余的治安裁判官（lay magistrate）而不是专业法官。法院（审案）在过去是一种可以免费观看的场面。奢华和刺激感官的巡审法院（assize courts）曾经可以容纳三百多人。在这种法院里，君王的法官在扈从和吹鼓手以及标枪手（javelin-men）的簇拥下登堂进

---

① 下文脚注 128 提到的英国《卫报》2005 年 10 月 17 日的文章。
② 七十七位受访谈的法官中有五十六位像这样。

入巡审所在城镇（assize town）。这种场面会吸引许多观众。但是这种法院在1971年被王冠法院（Crown Courts）全面取代了。③ 在1970年代，每个治安法院都有常规的观众，但如今已经没有那种即兴的看客。法院向公众免费演示其日常工作。治安法院和一些王冠法院甚至设立了"开放日"来进行模拟审判，以便吸引民众进入法院进行观察。在2009年，治安法官抱怨说记者们几乎从不到访他们的法院。④ 少数的参观者则被打发到伦敦的老贝利*（中央刑事法院所在地）这样的旅游景点。审判程序也不可以被播放。⑤ 攀尼可（Pannick）说："英格兰的法官不是公众人物。法官的行为是基于这样一个原则，即最好的法官在《每日邮报》见报最少，也最少为小报读者所知。"⑥ 当法官未能秉持公众对其期待的中立（或者训诫职责）和对人性弱点的超级抵抗力时，媒体很善于让公众的愤怒发酵。大多数人心目中的法官形象都属于虚拟或者源于新闻报道。我们将会发现，这样的公众认知已经形成了对法官的强烈负面成见，并将法官的形象妖魔化。本书描绘的真实的法官形象将与这些成见形成对比。

法官形象的要素

●法官就是些老头儿、老古董、步履蹒跚的老先生、傻帽儿、自负的怪老头儿，戴假发，真的很过时。⑦

---

③ 根据《1971年法院法》，王冠法院在1972年取代了以前存续长达几个世纪的巡审法院（assizes）和季度裁判所（quarter sessions）。

④ *The Media Show*, BBC Radio 4, April 2009. L Mu 法务部长 ahy 描述了法院如何已经从开放的公共空间转移到专门的室内，导致公众在法院被局限在有限的公共区域，而且"2004年的《指南》建议标准的法院公共区域只提供25个座位"。见 L Mulcahy, 'Architects of Justice: The Politics of Courtroom Design' (2007) 16 *Social and Legal Studies* 383。

* 老贝利（Old Bailey）是位于伦敦的一条街，是英格兰和威尔士中央刑事法院所在地。该地名常被用于直接指代该法院。——译者注

⑤ 2004～2005年的一次咨询与试验项目停留于此，没有走得更远。See P Darbyshire, *Darbyshire on the English Legal System* 10th edn (London, Sweet and Maxwell, 2011). 这一问题在2011年被重新考虑过。

⑥ D Pannick, *Judges* (Oxford, Oxford University Press, 1987) 169.

⑦ H Genn, *Paths to Justice: what people do and think about going to law* (Oxford, Hart Publishing, 1999) 241 and 244.

　　吉恩曾经问过人们"感觉"法官怎么样,[8] 她得到的是上面那些评价。说法官们都是些老男人（白人）,还真没冤枉他们。英国司法界官方网站（www. judiciary. gov. uk）关于法官背景多样性的数据也表明了这一点。法律专业人士在成为法官时通常都已经四五十岁了。新闻通常报道的是高级法官和巡回法官,但这两个法官群体中的女性和非白人很少。上述过时的法官形象更是由于一些被公开报道的事件而显得更加糟糕。比如"法官的鼾声伤害了'千年穹'珠宝抢劫案*的陪审员们"。[9] 在 2001 年,一起强奸案的初审法官在庭审时睡着了。[10] 在哈曼（Harman）法官迟延二十天才给出判决时,媒体的报道是"法官裁决延迟太久,以至于法官自己都忘记了证据"。[11] 吉恩得到的回答表明如下描述的法官负面形象已经深入人心。

　　喜剧或者短片中的法官通常是头戴长度齐胸的假发、穿蕾丝立领、紧身裤以及配有装饰扣的鞋子。但在现实中,法官们只在司法礼仪活动中才会戴这种假发。人们并没有意识到法官们的工作礼服并不是他们的日常工作服。英国最高法院的大法官们并不穿法袍和戴假发。地区法院、家事法庭的民事法官、刑事法官也不戴假发、不穿法袍。民事庭的法官根本不再戴假发。在审理刑事案件的王冠法院,法官只在不到 5% 的案件中戴短假发,但其重要性在于王冠法院的法官是公众心目中的法官典型。在我看来,假发会使男法官看上去老十岁。吉恩发现"很少有人支持穿法袍戴假发。人们以为假发和法袍强化了法官的年龄及公众对其产生的距离感以及一定程度的威胁感"。[12] 自 1980 年代以来,诸如司法总管泰勒（Taylor）法爵这样的高级法官一直在努力废除戴假发,因为他们认为假发损害了法官的形象。在 1999 年,斯科特（Scott）法官说假发使法律显得"陈旧和愚蠢"。[13] 宾厄姆（Bingham）法爵在 2002 年说:"法官的传统服装样式……疏远了普通人,因为一个人走进法庭之后便突然发现自己仿佛进入了一种

19

⑧　ibid 240.

*　伦敦"千年穹"珠宝展抢劫案（未遂）发生于 2000 年,涉案金额当时为 3. 5 亿英镑。——译者注

⑨　London *Evening Standard*, 21 January 2004.

⑩　Lord Chancellor's Department Press Release 226/02.

⑪　F Gibb, *The Times*, 2 December 1997.

⑫　Genn, above n 7 at 244.

⑬　'Wigs give law a bad name, says judge', *The Times*, 12 January 1999.

十八世纪的童话剧中。"⑭ 黑尔女法爵（Lady Hale）在 2004 年说："法官和律师们一方面坚持要穿得像老头儿一样，另一方面却困惑于公众认为他们是一群老头儿。这种现象显得很奇怪。"⑮ 攀尼可还抨击了法律语言与司法着装的"神秘主义"，他说：

● 假发和法袍以及其他类型的司法仪式助长了法律的奢华排场，并且使法院远离通常标准和常识。它们暗示……法官不是普通人……司法着装……是一种交流障碍……难怪法官们被误解和受到不公允的批评。⑯

法务部曾在 1992 年就"法官着装"进行过咨询。但改革者法务部长玛可（Mackay）法爵和泰勒法爵决定暂不就此采取措施，因为在 520 位提供咨询意见的人中有高达 67% 的人赞同保留传统着装。在 1993 年就同一问题接受问卷调查的陪审员中，有 88% 的人也赞同保留传统。⑰ 法务部长额文（Irvine，也译欧文）法爵在 2003 年再次启动了咨询。⑱ 他的继任者福尔克纳（Falconer）法爵在一千四百年来首次坚持要求法官在宣誓就职时不穿法袍不戴假发。在媒体的新闻照片中，并排站立在福尔克纳法爵两侧的是司法总管伍尔夫法爵和司法次长（Master of Rolls*）菲利普斯法爵。三人都面带笑容，没穿法袍。这显示出现代主义的法官形象。⑲ 虽然 2003 年大多数参与咨询的人都赞成保持现状，但在 2002 年的一次公众意见调查中，支持保留法袍和假发制度的人是少数派。⑳ 菲利普斯法爵后来担任

20

---

⑭ Radio 4, *Inside the Judiciary*, 2002.

⑮ F Gibb, ' "Softline feminist" would do away with wigs and robes', *The Times*, 6 November 2003. 一些法律人也对此反感："我感觉自己在二十一世纪的刑事法院工作时穿着十八世纪的服装是一件非常愚蠢的事情。翼状白领巾表明其佩戴是英国国教中的低层人员，而黑袍则象征着大律师界依然在悼念安妮女王。" M Sylvester, Letter to *The Times*, 8 August 2003.

⑯ Pannick, above n 6 at 143 – 44.

⑰ M Zander and P Henderson, *Crown Court Study*, *Research Study No 19* for the *Royal Commission on Criminal Justice*（London, HMSO, 1993）221.

⑱ *Court Working Dress in England and Wales*, CP 03/03.

* 该职位在英国司法界的地位仅次于司法总管。担任该职务的法官同时兼任上诉法院民事部主官。——译者注

⑲ H Rumbelow, 'Lord Chancellor dresses down for his swearing-in' *The Times*, 19 June 2003.

⑳ 对 2003 年咨询文告的回应于 2007 年被发表在司法部网站。见 Ministry of Justice website, 'Court working dress in England and Wales: consultation response'。回应者过多代表了法官群体。有一位法官告诉我他的策略：他让朋友和家人以及我以反对意见进行回应。

司法总管期间更是不顾 2003 年的咨询结果而迫不及待地筹划设计㉑民事法官法袍，并计划在 2008 年开始使用；但在刑事案件中仍保留传统。㉒

老男孩圈子：权贵构成的教育精英

自从二十世纪中期以来直到《2005 年宪法改革法》颁行，法官选任制度一直受到广泛批评。法官们在选任过程中具有重要作用，其监督机构"司法任命委员会"则严厉谴责选任过程中存在制度层面的偏见。自 1956 年以来，学术界和新闻界已经从《名人录》中轻而易举获得的统计数据发现司法界高层主要是牛津大学和剑桥大学的毕业生。这在英国便是司法界受抨击的口实。这是因为司法界许多人也曾经接受过私立中小学教育，这是司法界在人员构成方面存在阶层/阶级偏见的证据。这样对精英教育阶层的钟爱是英国社会浓厚的阶层意识的产物。坎尼定（Cannidine）认为英国是一个非同寻常的、受阶层意识束缚同时偏执于阶层身份的国家。㉓ 国外也这么看待英国。斯密斯和斯蒂文兹的评论指出，1955～1965 年，公众对法律和法官的态度发生了变化，而且"评说法官来自一个狭小的社会阶层已经成为一种时髦"。㉔ 1956 年，《经济学家》杂志社的报告指出，53％的高级法官是"一些伦敦最著名的私人俱乐部会所"的成员，其中 26％是著名的雅典娜俱乐部（Athenaneum）的会员。同样根据报道，法官们的娱乐休闲项目包括狩猎、射击、垂钓和帆船。㉕ 法官们的"权贵阶层"形象更是在一些新闻标题中被永久化，比如"前任法官说做爱时用拉丁文更好"㉖、"法官被指控解雇怀孕的新娘"㉗ 以及"高等法院的免费住宿制度每年耗费纳税人 500 万英镑"㉘。

㉑ 由时装设计师 Betty Jackson 免费提供。

㉒ 司法界网站（www.judiciary.gov.uk）：'Practice Direction Handed Down For Court Dress Working Reforms', 31 July 2008。关于司总管菲利普斯（Phillips）穿着新法袍的照片，见 F Gibb, 'Model judge and his funky new gown', *The Times*, 13 May 2008。

㉓ D Cannadine, *Class in Britain* (London, Penguin, 2000) 1. Modern examples include the Labour 2009 paper, *Unleashing Aspiration*, discussed below in ch 3. 现代的例子包括工党在 2009 年的报告《释放上进心》，下文第三章对此有讨论。

㉔ B Abel-Smith and R Stevens, *Lawyers and the Courts* (London, Heinemann, 1967) 299.

㉕ Cited by Abel-Smith and Stevens, ibid 300.

㉖ R Verkaik, the *Independent on Sunday*, 29 September 2002.

㉗ H Johnstone, *The Times*, 6 January 1998.

㉘ B Roberts, *Daily Mirror*, 20 October 2003.

具有阶层偏见或者政治偏见，不接地气，或者在普通民众面前自以为是权威

1979 年，自由党前任党魁、伊顿公学毕业生杰瑞米·索普（Jeremy Thorp）受到了审判。彼得·库克（Peter Cook）对坎特利（Cantely）法官在这场审判中的小结进行了恶搞，从而反映出英格兰法官偏向于与自己同属社会高阶层的当事人。索普曾经中学毕业于著名的贵族学校伊顿公学、是自由党前任党魁。㉙ 他被讽刺为"最潇洒……最杰出的政客之一，但被一个'所谓的职业杀手'进行了'荒唐的指控'，……但这个杀手没有能力实施一个简单的谋杀计划"，"一个骗子、丢脸的家伙、寄生虫"。请注意，与憨豆先生一样，库克也戴齐胸假发来增加喜剧效果。格瑞弗斯在《司法界的政治》一书中说：

> ● 司法界反映了它自身所属阶层的利益……其倾向于呵护私有财产、憎恨工会组织、强烈支持维持秩序、讨厌少数派的观点、憎恨游行和抗议、支持政府秘密行动、关心维持自己习惯了的道德行为和社会行为……法官们并不会作为自由、人权和弱势群体的保护者而挺身而出。㉚

格瑞弗斯的著述出版于 1997 年。㉛ 该书当时具有历史准确性，但其至今仍未脱版，因此其提供了一个当前的法官形象。作为一本畅销的平装书，它可能是许多法律专业之外具有知识好奇心的读者读过的唯一的一本关于法官的书。吉恩的访谈对象心目中的法官形象是"有偏见""观念狭隘""大多数法官都来源于极好的社会背景……因此法官们就其面对的案件可能不那么客观"。㉜ 然而，这与现代法官的固化形象——弱势群体的

㉙ 题为《完全是你的事情》，在 1979 年 6 月 29 日的慈善义演喜剧节目《秘密警察的舞会》中表演过。在 *You Tube* 网站的"皮特库克的有偏见的法官的素描及其背景"节目中点击观看次数最多，口述者为 Dawn French，并由 John Cleese，Terry Jones，Stephen Fry，Michael Palin 进行解释和分析（这些人都是英国当时和当代的著名喜剧演员。——译者）。

㉚ JAG Griffith, *The Politics of the Judiciary*, 5th edn (London, Fontana, 1997) 336 and 342.

㉛ 其他人在著作中也表达了同样的观点，比如 T Gifford's *Where's the Justice? A Manifesto for Law Reform* (London, Penguin, 1986) 第 35 页中提到"在流浪状态这事情上对法律的无情的、机械的理解"。

㉜ Genn, above n 7 at 242 – 43.

人权保护者——相矛盾。哈特斯利（Hattersley）也提出了这一点（见上文）。

至于法官们的与世隔绝，"在 1963 年以前，大律师协会（Bar Council）的一位前任主席指出，一个成功的律师或者法官的人生需要生活在一个封闭的专业群体之内。这个职业群体与'外部令人不怎么快乐的世界'极少联系"。③③ 吉恩发现三分之二的访谈对象一致认为大多数法官不接地气、与普通人的生活脱离；访谈对象体察到的距离感是基于社会阶层差序、量刑不一致以及媒体报道的一些冷漠的司法意见。③④ 一位访谈对象认为"大多数法官来自于权贵阶层，而且接受过私立学校教育；他们没有经历过他们在工作中要面对的那些人所遭遇的生活"。③⑤ 访谈对象一致认为如果从更广泛的社会范围内选任法官，则法官们便不会如此偏狭。但格瑞弗斯不这么认为；他指出"多年的工作实践和人到中年之后的富足感会消除法官政治面貌中的任何棱角与偏离正轨"。③⑥

喜剧中的法官们都是严苛、滑稽而且对现代生活无知的老头儿。憨豆先生在《非九点新闻》中演绎的 1980 年代法官必须经过人们解释才能弄懂什么是"数字化钟表"和"录影机"，但这位法官自己却很乐于解释说"豪华"的充气娃娃是有毛发的那种——这更是佐证了法官们的"香艳"形象（见下文）。法官们不知不觉催生了这一形象。当在任法官和退休法官在电台节目中发表评论时，他们的语调和用词就表明了他们在私立学校和/或大律师行的经历。他们说话时听起来显得他们在对听众屈尊俯就。在 2006 年，著名记者艾丽斯·迈尔兹（Alice Miles）说：

> ● 代表司法界发言的是奥利弗·珀普维尔（Oliver Popplewell）爵士。他是一名退休法官。他来到《今日》节目组说话的时候让人听着觉得他像那些被漫画讽刺为爽朗金贵的老家伙的法官。法官们其实真的不擅长与媒体打交道。③⑦

---

③③　Abel-Smith and Stevens, above n 24 at 300.

③④　ibid 240.

③⑤　ibid 243.

③⑥　ibid 338. 1970 年代 Hazell（哈泽尔，也译哈泽欧）的著作《审判中的大律师界》充满了这种信息。如今的高级法官们都是那个年代的大律师。见该书第 28～92 页"一个封闭的行业"。

③⑦　*The Times*, 14 June 2006. 下文关于量刑"偏软"的争论也引用了这一新闻。

一位法官在 2006 年《今日》访谈节目中谈论限酒法律时因为使用十分正式和十分古旧的词语而被一位听众发邮件批评。这位法官的用词表明其接受过被告人不可能接受的那种教育。㊳ 一位地区法官在 2006 年评论一位巡回法官的自传时说："贝克（Baker）在开篇便对那些乐于对法官具有成见的人提出了合理的批评。但他每次使用'rugger*'（意为'棒球'）这个很不正式的词并告诉我们他属于哪个俱乐部时，他自己便破除了那些可能适用于自己的成见。"㊴ 广为人知的是，哈曼法官在保罗·戛斯括因（Paul Gascoigne）为英格兰队出场时问戛匝（Gazza）是谁，而且否认自己知道凯文·基根（Kevin Keegan）或者布鲁斯·斯普林斯廷（Bruce Springsteen）或者欧西斯（Oasis）是谁。** 有人可能觉得这是矫情造作。珀普维尔爵士法官问林佛德·克里斯缇（Lindford Christie）的"午餐盒饭"是什么***，但声称这只是一个"轻口味的幽默"。㊵ 记者们总是对法官的无知很警觉，因此有些法官的言语有时候会被误解。奥彭肖（Openshaw）法官多年来都喜欢使用笔记本电脑，但他在审判一起网络恐怖嫌疑犯时却说"我真的不懂网站是啥东西"。他这样说明显是为了陪审团。㊶ 法官们通常会为了陪审团而明知故问，但这种做法产生了持久的损害，并且在一年多之后被提到。

23

性别歧视者、种族主义者、同性恋恐惧狂、容易"大嘴巴"、没礼貌、尖酸刻薄

1982 年，贝川德·理查兹（Betrand Richards）法官对一个强奸犯处以罚金刑，原因在于法官认为那个十来岁的受害者"自己本身也有很大的过失"，因为她半夜三更搭便车回家。媒体对此大加鞭挞，而且有五十

---

* BBC Radio 4, 9 August 2005.

* Rugger 是 rugby（棒球）的俚语或非正式名称。——译者注

㊳ P Firth, review of J Baker, *Ballot Box to Jury Box-Life and Times of an English Crown Court Judge*

** (2006) 156 *New Law Journal* 1228.

** "戛匝"是保罗·盖斯括因的绰号或诨名。凯文·基根（Kevin Keegan）是英格兰足球运动员。布鲁斯·斯普林斯廷是美国歌星和作曲家。欧西斯是一个乐队。——译者注

*** Lindford Christie 是男子短跑健将，'Linford's lunchbox'是花边新闻媒体评论其短跑时穿紧身衣裤而炮制出来的用语，指他穿紧身裤时其生殖器凸显的状态。——译者注

㊵ Popplewell, 'Legal legend and the 'lunchbox' question', *The Times*, 20 May 2003.

㊶ F Gibb, 'Judge halts terror trial to ask: what's a website?', *The Times*, 18 May 2007 and 'Just a case of playing Devil's advocate for website judge', *The Times*, 19 May 2007.

位议员联署提出议案要求解除其法官职务。但是梅尔佛德·斯蒂文森（Melford Stevenson）爵士身为高等法院的前任法官（其出名的事件之一是将 1967 年对同性成年人之间的性行为予以合法化的议会立法称为"鸡奸者宪章"）为贝川德·理查兹法官辩解，指出女孩子在深夜独自寻求搭便车是"自找苦吃"。㊷ 由此而产生的对强奸案受害者的成见如今依然存在。在 2008 年的英国广播公司节目《自由问答》（Any Questions）中，专家团被要求对高等法院一位法官的大声嚷嚷进行评论。蒂姆·斯密特（Tim Smit，"伊甸园项目"的创始人）就此说："法官们倾向于就针对女性的性犯罪行为大声嚷嚷……总是有一种评论认为女性受害者是自找苦吃。"㊸

1983 年有报道称布恩莱·吉布兹（Brian Gibbs）法官在谈到一个对七岁儿童实施性侵害的男人时说："这种事情几乎可能发生在任何人身上＊。"㊹ 一位法官 1990 年在审判一起强奸案时："当女人说'不要'时，她并非总是真的不想要。"㊺ 另一位法官在 1993 年也变得广为人知，因为他将一位涉嫌强奸的嫌疑人释放，只是判决其向受害人支付五百英镑赔偿金"以便受害者能通过度假来克服心理痛苦"。还有一位法官则裁定一名性侵八岁女孩的男人取保候审，因为法官认为那小女孩"本身并不完全是个天使"。㊻ 1996 年，一名警官被指控抓摸两名女警员的乳房，但法官停止了对此案的审理，说这名警官本来应该被"好好训诫"。㊼ 1997 年，一名法官在审判一起强奸案时对十四岁的受害女孩儿说："如果你老是像婴儿一样吮手指头，那这个审判就很难持续下去了。"另一位法官在被告人递交一份医疗说明时说："我知道那些有十二指肠溃疡的人像黑鬼

㊷ Obituary：'His Honour Bertrand Richards', *The Times*, 1 September 2000.

㊸ BBC Radio 4, 15 August 2008.

＊ 潜台词是说性侵儿童事件司空见惯，不一定是什么大事儿。——译者注

㊹ Unattributed, *The Times*, 18 December 1983. 法官抱怨说他自己得到的是不实信息，但后来在公开的法庭上自己以同样的言语解释说"这是几乎发生在每个人生活中的事故"。Pannick, above n 6 at 34.

㊺ S Boseley, 'Judge tells "rape" girl to dilute Pimms', *The Independent*, 21 January 1998.

㊻ Editorial, 'Judicial Discretion' (1994) 144 *New Law Journal* 889.

㊼ K Alderson and J Bale, 'Outcry as judge halts police sex assault case', *The Times*, 24 July 1996.

（niggers*）一样工作。"[48] 还有一位法官则将一名女性的被迫口交经历比作去看了一次牙医。一位法官还认为课程导师对学生的猥亵并不是什么"大不了的事儿"。[49] 1998 年，柔杰（Rouger）法官告诉一名十四岁的枪击案受害人如何稀释她的鸡尾酒，[50] 而且他在 1999 年暗示说一个被黑人殴打并因此害怕黑人的亚裔应该回到自己的国家去。[51] 一名巡回法官则在晚宴后的致辞中讲了一个同时具有种族歧视、性别歧视和同性恋恐惧狂的低劣笑话。[52] 法官们持续激发关于他们自己的负面新闻标题，比如 2006 年有"法官判决司机无辜，因为'中国人看上去都长得一样'"，[53] 2007 年则有"法官让猥亵儿童犯逍遥法外，还说'买个自行车让受害人高兴起来'"。[54] 2005 年，女性主义群体谴责高等法院一位法官在审判一起强奸案的过程中对陪审团发出指引意见时说"（女性）醉酒后的同意仍然是同意"，从而误解了《2003 年反性犯罪法》。[55] 2007 年，辛格（Singer）法官在一桩离婚案中对一个锡克族人作出了令人震惊的评论，其中一句是说这个人可以"乘坐飞毯离开"，而且说他的证据"有点油滑……像土耳其式的欢乐"。[56] 报纸对于法官使用的一些在它们看来属低级趣味的词句很警惕，在这些词句似乎是由对性犯罪受害人的负面看法而引起时尤其如此。比如 2007 年《太阳报》和另一处的报道是"法官让一个强奸十岁少女的男人逍遥法外……因为这名少女穿戴了挑逗性十足的多褶胸罩和丁字内裤"。[57]

---

* 称黑人为 niggers 是禁忌，因为这个词有强烈的种族歧视意味。——译者注

[48] Boseley, above n 45.

[49] F Gibb, 'Judge compares woman's sex ordeal to visit to the dentist', *The Times*, 14 November 1997.

[50] Boseley, above n 45.

[51] S Steiner, 'Move into the country, judge tells man who fears blacks', *The Times*, 19 February 1999.

[52] F Gibb, 'Judge in dock as joke falls flat', *The Times*, 28 April 1999.

[53] D Lister, *The Times*, 23 October 2006. In 2010, Judge Trigger 'received formal advice' from the LCJ, following a complaint about remarks on immigrants（OJC announcement 09/10）. 在 2010 年，Trigger 法官关于移民的言论被投诉，然后他就收到了来自司法总管的"正式建议"。

[54] D Kennedy, *The Times*, 3 February 2007.

[55] F Gibb, 'Judge's Ruling Dubbed a Green Light for Rapists', *The Times*, 24 November 2005 and F Gibb, 'Rape case judges fail to abide by consent rule', *The Times*, 29 November 2007.

[56] F Gibb, 'Divorce Case Judge Tells Sheikh to Take Off on His Flying Carpet', *The Times*, 16 November 2007.

[57] 25 June 2007.

新闻记者们收集了梅尔佛德·斯蒂文森法官的一些言论，比如"这是半推半就、说不清楚的强奸；强奸都是这样子"。哈曼法官的一些言论也被收集了；他就是那个"踢人的法官"，因为他将一位出租车司机误认为是记者而对其踢了几脚。[58] 2004～2005 年，三个有罪判决由于巡回法官的粗鲁和干涉而被撤销，这些事件曾被广泛报道。[59]

花边丑闻、变态或者醉态、轻易逃脱惩罚

2006 年，一名巴西裔清洁工被指控以一张性爱光碟敲诈两名移民与难民事务法官。这个在老贝利（中央刑事法院）开庭的案子为媒体提供了猛料。案件初审涉及当事人所称的自制的法官性爱光碟。法官在其撰写的电子邮件中称这个清洁工为"实在是火辣的爽妞"，也涉及法官非法雇用她。早在 2004 年，移民裁判官便被称为"法官"。此举的目的在于对法官多样性的背景进行操作。[60] 2007 年，就一名上诉法院法官的露阴行为进行的审判也激发了媒体的关注。媒体对此事的报道比以前显得中立，不过其以手绘素描勾勒了这名法官如何将自己的内裤举起来作为证据予以出示；虽然只是勾勒出来的手绘素描而已，但这个素描还是极大地吸引了读者的眼球。[61] 法官对此案的判决说理则有些含糊："由于证据不足，这位高级法官在火车上的露阴罪不成立——证人则有模范风度。"[62] 2003～2007 年则断断续续流传着一个没有结局的故事："通奸的男法官在花园的杂物间被烧死，

[58] See F Gibb, 'Retired judges rally to defence of Melford Stevenson', *The Times*, 1 November 1994 and F Gibb and K Knight, 'Fast exit for the slowest judge', *The Times*, 14 February 1998.

[59] F Gibb, 'Convictions are quashed following trial judge's bad temper', *The Times*, 22 July 2005.

[60] Headline 'Sex Case Judge Suicide Threat', *The Evening Standard*, 22 September 2006. See also S Bird, 'Judge's mistress "feared hired hitman"', *The Times*, 26 September 2006 and 'Blackmail case judge was "lover's puppy"', 27 September 2006. See also D Pannick, 'Why a judicial inquiry into "real chilli-hot stuff" is not needed', *The Times*, 10 October 2006. 根据 *The Times*, 23 February 2011（作者不详），男法官在 2009 年退休次日死亡，女法官在 2006 年已经因病退休。

[61] F Gibb, 'Judge gets his briefs out to prove a point', *The Times*, 13 June 2007.

[62] F Gibb, *The Times*, 14 June 2007. See *The Times* on 12 June and 22 January 2007；O Koster, 'Judge flashed at me twice in eight days on rush-hour train', *Daily Mail*, 12 June 2007；O Koster, 'I can't be the flasher, says judge—check out my briefs', *The Mirror*, 13 June 2007；J Clothier, 'Flasher judge gets briefs out', *The Sun*, 13 June 2007；'Appeal Court judge "flashed at me twice"', *The Telegraph*, 12 June 2007.

其妻靠为别人洗衣谋生。”(63) 1993年对一起阴谋论事件的调查涉及一个由苏格兰法官、公诉员、律师、犯人组成的神秘的同性恋圈子。这方面的报道吸引了公众的关注，而不是消除了关注。(64) 纯粹就其涉黄的程度而言，此事因2010年《世界新闻》曝光的另一事件而黯然失色。据《世界新闻》独家报道，一位高级巡回法官包养了一名男妓，并让其在法官席上坐堂判案。(65)《每日邮报》则被法官们视若芒刺，因为这家报纸经常以其右翼论调来抱怨法官们的判决。《每日邮报》会报道一些比较独特的婚外情事件，比如“法官因妻子与高尔夫球友有一腿而伤心不已”，(66) 而且多次报道高等法院格洛斯特（Gloster）法官与奥利弗·珀普维尔（Oliver Popplewell）爵士有一腿。(67)

法官醉酒的故事也是媒体的好新闻素材，(68) 但这方面的报道总是让那些真正的法官觉得窝火，因为这些事件中的“法官”通常只是由律师兼任的非全职法官。这方面的报道比如“法官因为酒驾（超标五倍）而锒铛入狱”、(69) “醉酒法官在晚上大闹监狱”、(70) “醉酒法官强吻律师之后被送出法院”(71)（《太阳报》就此事件进行报道的新闻标题为“醉酒法官在法庭长吻”）。《太阳报》在2007年让读者触目惊心的新闻包括“戴假发的猪：花心法官”（讲的是一名法官与好友的妻子私奔，而他自己的情妇则有孕在
26 身(72)）。另一个兼职法官则是“法官与犯罪家族有关联”(73) 一文中的主人

(63) S de Bruxelles, *The Times*, 9 October 2007 and ‘Judge who died in garden shed fireball “was being blackmailed by his lover”’, *The Times*, 12 October 2007.

(64) Unattributed, ‘Not proven verdict on Scots judiciary’ (1990) 140 *New Law Journal* 78 and ‘Gay Scots judges; no magic circle’ (1993) 143 *New Law Journal* 155.

(65) D Evans, ‘Court in the Act’, 21 June 2009, and links from the online version: ‘M’ LUDDY DISGRAC’, ‘Rent Boy Judge in Dry Dock’, ‘NO COURT FOR JUDGE IN RENT BOY SCANDAL’, and ‘Gay fling judge quits’, 18 July 2010.

(66) 20 May 2004.

(67) R Kay, ‘Court out’, 5 April 2004 and ‘What reduced a top woman judge to tears’, 22 June 2004. 指控似乎来自戴绿帽子男人或者其支持者。

(68) 布鲁斯·麦克米伦（Bruce Macmillan）法官在2009年辞职，随后就酒驾罪的指控认罪。见 News Media, 30 September 2009。

(69) F Gibb, *The Times*, 2 May 1997.

(70) A Norfolk, *The Times*, 24 September 2003.

(71) *The Mirror*, 14 January 2009.

(72) C Hartley, *The Sun*, 2 March 2007.

(73) S Hughes, *The Sun*, 17 November 2006.

公，还有一个兼职法官则被报道为"孩子般的换妻法官……位于被指控的性玩乐的中心"。⑭ 最极端的错误报道例子则涉及一名兼职法官（甚至不属于全职法官中的最低序列）在 2008 年被报道为"著名法官因骚扰前妻和新女友而被判处强制提供社区服务"。⑮

另一个不断出现的主题是"法官逃避惩罚"。安格斯·麦克阿瑟（Angus MacArthur）在 1997 年辞任巡回法官。此前则有新闻报道"法官因三次酒驾而锒铛入狱——但在抗议者认为二十八天刑期过于宽松时才开始服刑"。⑯ 1998 年，所有媒体都报道了"法官诈骗案被撤诉"，⑰ 涉案的是一名巡回法官，他在被捕之后还领取了二十五万英镑的薪水，而且据传与其富豪妻子在度假。政府的总法律顾问因为此案撤诉而受到谴责。但证据表明这名法官的确不宜受审。巴特勒－斯洛斯（Butler-Sloss）女法爵因过失驾驶而造成交通事故并致使一位司乘人员脸部受伤，但她并没有因此被起诉，而是被强制重新接受驾驶培训。她因此受到公众批评。⑱ 还有一名前任巡回法官犯有猥亵儿童罪，但只是被判处强制提供社区服务。这也引起公众的道义愤怒。《每日快报》就此发问："这个猥亵儿童犯是因为他是王冠法院的法官而被轻判吗？"⑲《每日邮报》还报道称，"法官在自己的电脑中保存儿童色情图片，但免于牢狱之灾（而且仍坚持自己应该继续被称为'法官大人'）"。《太阳报》的评论则是"变态至极：持有儿童色情图片的法官逍遥法外……其他色情狂则入狱"。《泰晤士报》的口吻则比较克制："性犯罪分子黑名单注册处为持有儿童色情照片的法官感到羞耻。"

不胜任工作：量刑畸轻

公众对司法界的最普遍的批判是法官们"在量刑时手软"。在这方面，

---

⑭　J Askill, *The Sun*, 3 Nov 2006.

⑮　V Soodin, 'Community rap for judge', 21 July 2008 and 'Stalker judge is let off jail again', 22 July 2008.

⑯　D McGrory, *The Times*, 13 November 1997.

⑰　F Gibb, *The Times*, 8 October 1998. 媒体报道的丑闻说他力图获得诉讼费用补偿和养老金。

⑱　'Public figures and the law' (1998) 148 *New Law Journal* 1701.

⑲　14 July 2004.

27　吉恩发现量刑不一致是"司空见惯"。⑧ 来自《每日邮报》的例子⑧包括："让民众判法官"，以此呼吁"曝光"，⑧ "为什么我们的法官们不相信惩罚？"，⑧ "手软的法官、可笑的监狱刑与对正义的颠覆"，⑧ "法官对猥亵儿童犯判轻刑"，⑧ "法官谋杀了正义"，⑧ 以及对司法总管伍尔夫关于无期徒刑的观点的批判、对死刑被废除的懊悔、"对高级法院呼吁对杀人犯缩短刑期的愤怒"，对司法总管菲利普斯的严厉批评。⑧ 还有更多类似的批评。但是在 2008 年至 2009 年间，《每日邮报》高调赞扬司法总管菲利普斯的继任者贾奇法爵"大幅度偏离"其两位前任所追求的政策。这方面的报道有"新任高层法官呼吁更严厉的刑罚，说犯罪分子必须畏惧司法"，⑧ "你的家就是你的城堡：高层法官说必须重判入室盗窃犯"。⑧

　　《太阳报》也对那些在其看来量刑畸轻的法官大加鞭挞，在涉及性犯罪时尤其如此。比如"法官因猥亵儿童犯患有抑郁症而将其释放"，⑨ "法官允许没风险的犯有猥亵儿童罪的移民继续留在英国"，⑨ "量刑畸轻的法

---

⑧　Genn, above n 7 at 243. 在 2007~2008 年，77% 的受访者觉得量刑太宽，但许多人低估了量刑实践。参见司法部 2010 年 7 月发布的报告《公众对刑事司法制度的信息：基于 2002/2003 年和 2007/2008 年的英国犯罪研究》另见 A Lovegrove,（Australia）, in ' Public Opinion, Sentencing and Lenience：An Empirical Study Involving Judges Consulting the Community' [2007] *Crim LR* 769. 作者在该文说这种形象在其他法域也普遍。他的试验表明法官并不比普通民众更加宽恕，而普通民众的想法及其表达并不统一。因此其对增加量刑以迁就民粹主义观点这种做法的智慧表示怀疑。判刑更严厉的人"抱怨更强烈"，从而造成了一种虚假的印象。另见 JV Roberts, MHough, J Jacobson and N Moon, ' Public Attitudes to Sentencing Purposes and Sentencing Factors：An Empirical Analysis' [2009] *Crim LR* 771, 该文反驳了"公众执迷于惩罚型量刑"这一成见（该文第 781 页）。报界呼吁民粹式量刑的经典例子是 2010 年 1 月 21 日的《泰晤士报》文章《评判法官》。该文赞扬贾奇法爵就对抢劫犯的报复型攻击行为减低量刑，但同时批评其对一位出于怜悯而杀害其儿子的母亲判刑九年，文章指出"如果法官们要守护一个独立的未来，则他们必须留心其在司法界之外的声誉"。

⑧　And *Mail on Sunday*.

⑧　3 February 2003.

⑧　M Phillips, *Daily* Mail, 15 May 2003.

⑧　M Phillips, *Daily Mail*, 12 May 2005

⑧　22 February 2008.

⑧　27 June 2005.

⑧　Doughty, *Daily Mail*, 9 March 2007.

⑧　S Doughty, *Daily Mail*, 6 November 2008.

⑧　M Hickley, *Daily Mail*, 17 January 2009.

⑨　K Lister and T Bonnici, *The Sun*, 30 September 2006.

⑨　C Spratt, *The Sun*, 7 June 2008, 批评霍尔（Hall）法官。他经常被这个小报批评。

官两次让猥亵儿童犯逃脱法律制裁"。^⑫此外还有对司法总管菲利普斯的一些言论的报道，比如"高层法官说让杀人犯出狱……犯罪受害人非常生气……菲利普斯法爵已经失去了是非判断力"。^⑬法官们因此成为关联在一起的群魔。^⑭与此形成对比的是，贾奇法爵的一些感叹则在媒体报道时没有受到批评。^⑮

大多数其他报纸定期加入这股对法官的批评潮中。比如《镜报》报道，"猥亵儿童犯可以是裸体主义者……可以仍然是裸体主义者俱乐部的成员并可以去参加一些以裸体为主题的公园活动……警署对此'深感失望'"。^⑯《太阳报》和《邮报》对法官盯得最紧。这种趋势在 2006 年 6 月发展到警觉的程度。《太阳报》在当时连续三天以"让法官接受评判：我们要求停止畸轻的量刑"作为头版主题，并配发了一些法官的个人图片。法官在这些图片中戴着齐胸假发。报纸详述了他们的量刑情况并配以带有"罪过"字样的图章。^⑰这种报道长达九个版面。第二天和第三天则是以整个头版报道"三岁被猥亵儿童的父亲"的"愤怒"以及大写字母标题"受指控即为有罪——开除那些软蛋法官"。根据实践中的通常做法，法官被要求解释为什么犯事者克雷格·斯维尼（Craig Sweeney）在五年后可以被假释。法官本来已经对斯维尼判处强制的十八年刑期，但因其承认有罪（辩诉交易）而减刑三分之一。这样减刑的依据是工党执政时的《2003 年刑事司法法》和量刑指引理事会^⑱的建议。法官解释说斯维尼有资格在六年后获得假释，其中扣除一年的拘禁。时任内政部长、工党重量级人物约翰·瑞德（John Reid）公开批评这一量刑"宽松得不恰当"，而《太阳报》则声称布莱尔首相"格外支持"其呼吁运动。^⑲当法官们辩解说他们受到复杂的量刑规则和政府政策的约束时，大部分报纸，比如《地铁报》，

28

---

⑫　G O'Shea, *The Sun*, 30 November 2007.

⑬　G Pascoe-Watson, *The Sun*, 10 March 2007.

⑭　在 Stanley Cohen, *Folk Devils and Moral Panics*, 3rd edn（London, Routledge, 2002）一书的导论中，作者 Cohen 概览了对性侵儿童犯的妖魔化的文献，并评论指出社工人员也由于未能成功保护儿童而被妖魔化了。本章援引的新闻报道表明法官们也同样被妖魔化了。

⑮　17 January 2009.

⑯　16 January 2009.

⑰　12 – 14 June 2006.

⑱　Created by the same Act.

⑲　G Pasco-Watson and J Coles, 'OUT – RAGE', *The Sun*, 14 June 2006.

抓住了"量刑制度规则本身有问题"这一要点。但《太阳报》依然对法官们不依不饶、狂轰滥炸，比如说"胆小的法官发怒"，并将司法总管素描为戴着齐胸假发。[100] 一些信息比较充分的报纸，比如《泰晤士报》，则解释说"关于认罪的规则束缚了法官们的手脚"，[101] 并反驳说"瑞德先生，请拿出一些政策来，别再躲在臭不可闻的性犯罪分子背后"。[102] 他们援引专家戴维·托马斯（David Thomas）的观点解释说王冠法院的量刑判决中只有千分之二被上诉法院裁定为"宽松不当"。同时，法务部长的副手维拉·贝额德（Vera Baird）御前律师也批评斯维尼案的量刑。但法务部长福尔克纳法爵斥责这位副手违反了生效才一年的《2005年宪法改革法》中规定的内阁部长确保司法独立之义务。为此，维拉·贝额德不得不公开为其对斯维尼案的批评表示道歉。在接下来的几个星期里，司法总管和巡回法官理事会则发声为司法界辩护。高等法院王座部部长为此参加了《问答时间》（Question Time）现场电视节目。[103] 法官们则抱怨说量刑规则太复杂。而另外一个情况则为其招致负面形象。这个情况是法官们有义务解释假释会使量刑减半，而给罪犯佩戴跟踪设备（tagging）则可使量刑再进一步减半。

29　后来，量刑指南被审查并得以修订。

2003年第四频道电视台的节目《被告席上的法官》中也有对法官的类似批评。[104] 这个节目的片花是"谁保护公众免受无能法官之害？"，然后便以一种阴郁的风格对戴着齐胸假发的法官们作如下特别介绍：

> ● 他们年薪高达数十万英镑，职务是终身制。他们不需要对任何人负责，而且没人有那心思去查看我们的法官们是否真的好……我们对一错再错的法官指名道姓并羞辱他们，因为他们的无能判决会毁掉别人的生活……这种丑闻的根源是那种无须对别人负责的权力。

这个节目点名指出了那些量刑判决在上诉法院的改判次数高出平均改

---

[100]　19 June 2006.

[101]　F Gibb, *The Times*, 13 June 2006.

[102]　A Miles, *The Times*, 14 June 2006.

[103]　F Gibb, 'Chief Justice hits back in row over ' soft sentencing', *The Times*, 19 June 2006.

[104]　Dispatches：Judges in the Dock, 18 December 2003. Channel 4.

判次数的法官，并让几位律师点评可以预见哪些法官在量刑时会手硬或者手软——司法因此显得像彩票。被点名的法官则拒绝参加节目。其中一位法官写信给节目组说他每年给两百个刑事犯量刑，其中2%的量刑判决在上诉后被推翻。这个节目的关注焦点支持我在下文的一个论断，即"法官总是输家"。一位受到批评的法官在过去七年中有五十八个过于严厉的量刑判决被推翻。一名律师对此评论说"这位法官与《每日邮报》的报道一致。他可能会说上诉法院错了，他才是对的，而且公众支持他"。律师重复关于公众支持这一观点，但这与节目要传达的信息矛盾。这个节目在承认上诉法院在更正判决方面的作用的同时，也抱怨缺乏问责机制：那些量刑判决不断被上诉法院推翻的法官的判决情况并没有被整理为现成的统计数据，也没有关于这些法官遭遇的后果的数据。[105] 在这个节目播出的两天前，《卫报》也发出了持类似观点的文章。[106] 一年半之后，政府总法律顾问公布了那些"量刑不当"的法官的姓名。司法新闻署（Judicial Communications Office）试图缩小这个名单对司法界的损害，于是解释说这些数据具有特定的事实背景。但最终获得媒体关注的是政府总法律顾问，相关的新闻标题有"量刑不当的法官被揭露"。[107] 自贾奇法爵在2008年接任司法总管职务之后，法官们的量刑畸轻形象略有改观，因为他支持从严量刑。到2009年1月时，他两次提倡的量刑从严这一观点得到了媒体的广泛正面报道。《每日快报》与其他报纸一样欢迎"你的家就是你的城堡"这样的判决，并援引安·威都康贝（Ann Widdlecombe）的评论（说这是"极好的消息"）以及另一位保守党议员的评价（"很高兴听到这一消息"）。[108]《太阳报》则欢迎贾奇法爵就任司法总管，其报道标题为"新法官将认真处理持刀入室抢劫案"。[109]

关于量刑畸轻的报道也满足了一些读者对司法界的复仇欲望。这种欲望不可低估。中央刑事法院的公开绞刑之所以被废除，仅仅是由于维多利亚女王认为人山人海观看绞刑实在是品位太低。《太阳报》和其他一些报纸专门报道对猥亵儿童犯的量刑。《邮报》、《太阳报》和《快报》在2009

---

[105]　攀尼可说委员会应该对这样的法官问责。见 above n 6 at 101。

[106]　A Wade, 'When justice is caught napping', *The Guardian*, 16 December 2003.

[107]　June 2006. 这些统计数据如今每年都会受到传媒的负面评价，比如"杀人犯和强奸犯""获轻刑了事"，见 *The Mail*, 29 August 2008（作者不明）。

[108]　J Chapman, 'Judge: your home is your castle', *The Daily Express*, 17 January 2009.

[109]　G Rolling, *The Sun*, 10 July 2008.

年至 2011 年的读者博客文章包含了一些呼吁，比如呼吁允许受害人在自卫时杀死抢劫者、呼吁重新引入监狱劳工制和死刑。这些博客表明，虽然法官们定期指出量刑幅度在 1990 年代以来已经增加，[⑩] 但"量刑畸轻"这一司法形象在民众心中已经根深蒂固。法官和学者们都知道公众在参与量刑研究项目中的模拟量刑时判处的刑罚与真实的量刑一致或者比其宽松。[⑪] 量刑的真正意义和刑期的长度并不在司法界的掌握之中。媒体批评司法界量刑畸轻，政府却为了减轻监狱内的拥挤程度而设计了提前释放制度。这意味着犯人可能还没有服满最低刑期就被释放出狱了。法官们不会为了考虑政府行政部门可能的干预而改变整个关于量刑幅度的制度。2009 年，一位在本书研究样本之外的巡回法官说他认为提前释放是对公众的欺骗，量刑必须透明，六个月的刑期实际上意味着六个星期。

不胜任：为起诉方着想、司法冤案

这一旧形象在 1980 年代之前很突出，但在 1989 年至 1991 年重新浮现。当时一些爱尔兰人被错判为须对北爱尔兰共和军的一些犯罪行为负责。这些错判在不久之后便被撤销，但旧的司法形象因此再现。鉴于这一形象已经由来已久，这种形象界定在当今可能依然适用。在十六年冤狱、三次上诉和高调的申诉活动之后，著名的"伯明翰六人"（Birmingham Six）终于在 1991 年被释放。媒体严厉批评了上诉法院，尤其具体批评了时任初审法官的布里奇（Bridge）法爵主持的初审，并以讽刺的口吻批评了司法总管莱恩法爵早期的上诉审。《观察者报》、《独立报》和其他大报以双页大版面突出报道"法官如何错判"[⑫] 以及"不利于上诉法院的强有力证据——八十年了，上诉法院仍然在心理或者思维上裹足不前"。[⑬] 莱恩法爵先前驳回上诉的那个判决被到处引用，他说："与内政部长提交给本院的许多案件一样，本案在法院的时间越长，本院就越是相信陪审团的裁决正确。"两天后，一百位议员跨党派联名提议弹劾司法总管莱恩法爵，而

---

⑩　F Gibb and R Ford, 'Law chief attacks longer sentences', *The Times*, 11 October 2006.

⑪　See above n 80 and JV Roberts and others, ' Public Attitudes to the Sentencing of Offences Involving Death by Driving' [2008] *Crim LR* 525 and the 'myth busting' section of the Judiciary website.

⑫　C Mullin, *The Observer*, 17 March 1991.

⑬　P Wynn Davies, *The Independent*, 15 March 1991.

且在最终上诉翻案成功的当天，刑事司法皇家特别委员会成立。[⑭]　31 从这个案件中得到强化的司法形象并没有因为最民粹的法官丹宁（Denning）法爵而得到改善。丹宁法爵不断重复说"伯明翰六人"和"威切斯特三人"（Wichester Three）实际上真的有罪。

法官与政府（行政）部门的关系

媒体经常报道法官与行政官员之间存在冲突，因为这种冲突确实存在。学术界对这方面的宪法上的难题已有分析。[⑮] 这种冲突随着撒切尔夫人在 1980 年任命改革者玛可为法务部长而重新开始。司法界与行政部门在量刑政策、法院资金、难民资格案件、恐怖主义嫌疑犯等问题上都存在分歧。政府部门官员认为自己是经过民主选举因而代表民意的，而法官不必对民意负责。法官们则认为自己守护法治和普通法，并守护那些超越短视政府的恒久的价值观。1997 年之前保守党政府中的一些例子包括：

——"司法总管莱恩驳斥法务部关于法官人数短缺的说法"；[⑯]

——1989 年，玛可法爵与司法界就律师的出庭权许可发生争议。媒体将一位法官的会见描述为"法官的还击"，而司法次长（Master of Rolls）有所节制的训话则是"别给我压力！"；

——一群法官与政府就《1999 年犯罪量刑法（草案）》在议会发生激烈辩论，媒体就此报道"司法总管领衔抨击政府的量刑立法计划"；[⑰]

——伍尔夫法爵批评撒切尔夫人内阁的内政部长霍华德（Howard）的论调（说"监狱起作用！"），[⑱] 说"监狱既堕落又昂贵"；[⑲]

——在 1996 年关于难民申请者的争论中，上诉法院以尖刻的评论

---

⑭　1993 年的报告导致其扩张上诉权力，并成立"刑事案件复查委员会"，以调查被指控的《1995 年刑事上诉法》中的司法不公。

⑮　主要是 Stevens and Griffith 的作品。

⑯　The Law Society's *Gazette*, 17 July 1991, reporting a speech at the Mansion House.

⑰　F Gibb, *The Times*, 28 January 1997.

⑱　源于 1993 年的保守党年会，但后来经常被重复。

⑲　Quoted in 'Politics and the judiciary' (1993) 143 *New Law Journal* 1486.

抨击政府部门停止对申请者发放生活补贴实在是苛刻。

这使得《新法杂志》下结论认为司法界与行政部门的关系"处于史上最低谷时期"。[120] 但是戴维·布兰科特（David Blunket）成为工党政府的内政部长时，这一情况有所缓和。2003 年，一位法官判决认为剥夺难民申请者的生活补助违反了《欧洲人权公约》，因此便有了"戴假发的独裁者"和"是什么让我们自己的法官反对英国"这样的媒体报道。布兰科特抱怨说法官们正在"伤害民主"。一名退休法官则认为布兰科特是一个打着哭腔满嘴牢骚的家伙。但是布兰科特与警察会谈时说他自己被那些以司法推翻政府政策的法官们"烦死了"，并且希望"法官们与我们其他人生活在同一个世界……我就喜欢那些帮助我们和你们工作的那些法官"。布兰科特还抱怨说大律师界主席已经头脑不清醒了。[121] 这之后很快便是司法总管对政府提出的严厉的最低量刑政策进行抨击。媒体对此报道为"司法总管伍尔夫法爵抨击（行政部门）对法院的政治干预"。[122] 这场争论持续到2004 年。在这一年里，两场抨击《难民与移民法（草案）》（旨在努力排除司法审查在这类案件中的作用）的法官演讲被媒体广泛报道。[123] 布兰科特以自己的经历将自己描绘为受害者和警察的守护者。虽然普通的大众媒体对此多有报道，但更严肃的报刊则邀请重量级的知识界人物来解释诸如"法治"、"民权"以及由"司法独立"予以保护的"不成文宪法"中的"议会至上"原则等概念。[124] 2004 年 12 月，媒体也广泛报道了上议院的法爵们以无节制的语言批评工党政府的"后 9·11 时代"允许无期限拘押恐怖活动嫌疑犯的立法，称"是对我们国家生活的真实威胁"。[125] 一些严肃的

[120] Editorial, 'Mutterings in Whitehall' (1996) 146 New Law Journal 941.
[121] S Tendler, R Ford and F Gibb, ' "Whiner" Blunkett assaults judges in front of 1,000 PCs', The Times, 15 May 2003.
[122] F Gibb and G Hurst, The Times, 17 June 2003.
[123] Lord Woolf 's Squire Centenary Lecture at Cambridge and a speech by Lord Steyn, both 3 March 2004.
[124] A Howard, 'Lord Woolf v the Home Secretary', The Times, 9 March 2004，该文突然对"流氓式的小报"发起抨击。另见 H Kennedy, 'A good brand: is that all the Lord Chancellor is?', The Times, 24 February 2004。
[125] A (FC) and others v SS for the Home Department [2004] UKHL 56, per Lords Scott and Hoffmann.

报纸再次为法官们辩护。⑫⑥ 布莱尔首相支持他的内政部长，并在 2005 年呼吁法官们回应公众对自杀式炸弹攻击的担忧。但是当时的首相夫人切丽·布斯（Cherie Booth）大律师则发表演讲敦促政府不要侵蚀民权与自由。她的观点也像其丈夫（首相）的呼吁一样受到公众关注。伍尔夫法爵的继任者司法总管菲利普斯法爵对布莱尔喊话说"不要把我们的法官们推来推去"，⑫⑦"我们在努力做好我们的事情"。司法界关于难民申请者问题的观点也得到工党的另一位谢菲尔德（Sheffield）人罗伊·哈特斯利的拥护（本章开篇引用了其言论）。哈特斯利批评了自己所属的工党，他说："现在是时候由法务部长查尔斯·克拉克（Charles Clarke）向他那些不那么有头脑的同事们解释他们对司法界适用法律的批评让他们自己显得滑稽可笑了。"⑫⑧

33

对法官形象的掌控：无用功

> 看呐！公众并不需要真相与正义。他们需要的只是丑闻和谎言，而且越邪恶越好！
>
> ——弗若斯特（Frost），⑫⑨ 警探

在二十世纪的最后几十年里，治安法官们已经停止用那些设计出来吸引媒体注意的方式⑬⑩去抨击流氓无赖。除了丹宁、斯戛曼（Scarman，也译斯卡曼）和皮克尔兹（Pickles）之外，法官们也基本不再和媒体交流。1955 年，法务部长基尔穆尔（Kilmuir）便禁止这种交流，因为"让这个国家的司法界与当代的争议话题隔绝开来非常重要"。⑬⑪ 反过来，媒体也不得对法官进行批评。1958 年，博纳德·莱文（Bernard Levin）因为对戈达德（Goddard）法爵提出批评而遭到刑事起诉威胁。⑬⑫ 这些"基尔穆尔规

---

⑫⑥ A Sampson, 'As Parliament has failed to protect our democracy, we must turn to the judges', *The Independent*, 18 December 2004.

⑫⑦ A Travis, *The Guardian*, 12 October 2005.

⑫⑧ 'Borderline failure', *The Guardian*, 17 October 2005.

⑫⑨ *A Touch of Frost*, 18 July 2009, ITV1.

⑬⑩ Conclusion drawn from observation. 基于观察而得出的结论。

⑬⑪ Cited by Pannick, above n 6 at 174.

⑬⑫ ibid 122.

则"（Kilmuir rules）直到 1987 年才由法务部长玛可予以废除。他的前任黑尔什姆（Hailsham）阻挠法官们为自己辩解，而如今的法官们也不怎么为自己辩解。2003 年在第四频道节目中被批评的几位法官没有一个接受上节目出镜的邀请。令人惊奇的是，虽然高级法官的"工会"即"法官理事会"（Judge's Council）在 1873 年成立时就明确表示要就法律制度的缺陷发表其集体意见，但后来被弃之不用，而且这个协会的法定开会义务也在 1981 年被废除。⑬ 这个团体组织直到 2002 年至 2003 年才恢复。黑尔什姆法爵在 1986 年驳斥了两名上诉法院法官对一项法律草案的批评。⑭ 在 1987 年，攀尼可批评了对法官言论的压制。⑮ 记者们于是质疑那些已经退休了的法官。⑯

1955 年以来的司法界淡漠期恰好与开始浮现的公众对法官的批评耦合。在 20 世纪前半期，法官们在创制法律方面并不主动。这一时期的英国司法被肯定为"世界上最精致"。法官们也陶醉在这种荣耀之中。休厄特（Hewart）法爵在 1936 年的伦敦市长宴会上说"国王陛下的法官们对自己受到的几乎普世的崇拜感到满意"，⑰ 但是阿贝尔－斯密斯和斯蒂文兹指出，1955～1965 年"公众对法官和法律的态度发生了明显的重要变化"。与其他机构一样，司法界"被猛然推到了公众的眼前"。⑱ 司法界在许多方面受到口诛笔伐：他们狭隘的社会背景、过时的支持死刑和人身刑、⑲ 量刑不一致、在发展刑法和处理民权案件与工会案件方面以及应对丑闻方面显得道德保守，还有其总体上的严重右倾。虽然法官们自己的态度和表现、随之而来的批评和他们自己的形象都发生了转变，但他们从那时候起就一直遭受批评。

晚近在 1990 年，洛森伯格（Rozenburg）指出法官是极少数没有新闻

⑬　ibid 183.

⑭　ibid 185.

⑮　ibid 181.

⑯　Sir Melford Stevenson, Sir Frederick Lawton and HH James Pickles; M Berlins, *The Guardian*, 14 October 1990.

⑰　Cited by Canadian Justice Beverley McLachlin, 'The Role of Judges in Modern Commonwealth Society' (1994) 110 *LQR* 260. 不过有不同文字的版本。

⑱　Abel-Smith and Stevens, above n 24 at 299.

⑲　法务部长戈达德（Goddard）法爵是身体刑和死刑的维护者，他也因此饱受争议。他 1952～1953 年在克瑞格和本特利（Craig and Bentley）审判中的角色以及本特利被处以绞刑激发了"公众的暴风雨般的愤怒"。见 M Lewis, 'Lord God-damn', the Law Society's *Gazette*, 30 May 1990。

发言人的大型群体之一。他对上诉法官彼得·泰勒（Peter Taylor）进行了访谈。正是彼得·泰勒倡议对上诉审进行电视直播以及废除在法庭戴假发穿法袍这种做法。[140] 彼得·泰勒在1992年被任命为司法总管之后很快就举行了一个媒体见面会。他的一些继任者也延续了这种做法，不过首次吹起这股新风的人是他。他们的这种做法"是为了向社会表明当今的司法界比以前更值得公众信赖"。[141] 泰勒还参加了《质问进行时》（Question Time）节目，并发表了与法官有关的公开演讲和声明。同时他也呼吁采用新形式的媒体见面会。他说，如今的法官们比他们的那些居身高远、脾气暴躁、跋扈武断的前辈们让人感觉舒服多了，不过依然饱受批评。[142] 1996年，为了消除法官们不接地气这一广泛存在的认识，他鼓励法官们对听众评论法制、回应批评、解释政策。[143] 宾厄姆法爵在1996年接任泰勒的职务之后继续锐意改革，也举行媒体见面会、赞成废除假发和法袍以及对上诉审进行电视直播。他把自己的法庭引入人们中间，为此他到伦敦之外的地方去审案。他尽量利用每一个机会向公众进行演讲。但负面的媒体成见挥之不去。1997年，宾厄姆法爵要求法官们就他们自己的量刑裁决向媒体提供简报。1998年，英国犯罪调研表明80%的受访者认为法官不接地气或者过于宽容。调研也发现人们对量刑了解很少，小报读者尤其如此。司法界于是考虑设立新闻署。[144]

伍尔夫法爵延续了宾厄姆法爵大量进行演讲和举行媒体见面会的做法。他最终在2005年设立了司法新闻署。[145] 从那以后，法官们时不时会在司法界网站为自己的量刑裁决进行说明。[146] 其继任者菲利普斯法爵向网站上传了法官们穿便装时的笑脸照片。在他的进一步推动和最终决策下，到了2008年，法官至少在民事审判中被禁止戴假发或穿法袍。2006年，菲

---

[140] 'Packaging the Judges', *The Guardian*, 14 October 1990.

[141] Editorial, 'In defence of the judiciary' (1992) 142 *New Law Journal* 1673.

[142] 'What Do We Want From Our Judges?' 17th Leggatt lecture, University of Surrey, 1993.

[143] (1996) 146 *New Law Journal* 542.

[144] R Ford and F Gibb, 'PR campaign to polish judges' image', *The Times*, 6 January 1998.

[145] 依据《2005年宪法事务改革法》。

[146] 当《每日邮报》（*Daily Mail*）的编辑批评伊迪（Eady）法官关于隐私权的判决"自大而且缺德"时，法官们是否应该维护他们的判决这一辩论在2008年又被提出。见 D Pannick, 'Should judges respond to criticism?', *The Times*, 27 November 2008. 在本研究中，我发现王座法院的一些常驻法官与地方报纸的编辑有常规的联系，以试图影响报界对司法界的新闻报道。

35　利普斯法爵以牛仔装形象现身媒体，并放下身段去体验本来适用于一些罪犯的社区劳动。但是他在《邮报》以及《太阳报》并非赢家。《观察者报》对他进行了访谈，但《每日邮报》社评认为这是对非监禁刑的"赤裸裸的宣传"。专栏作家米雷恩·菲利普斯（Melaine Philips）认为这次访谈安排是"一个怪异的方案"和"对政治的胡乱搅和"，认为法官们应该"远离幻想、回到现实"。攀尼可就此回应说那些抱怨法官不接地气的报纸不应该动辄谴责法官。攀尼可也指出，如果菲利普斯法爵做一个演讲呼吁保留人身刑，那么《邮报》会赞扬其智慧。⑭ 正好《邮报》在 2008～2009 年就菲利普斯法爵的继任者贾奇法爵发表的倡导量刑更严厉的观点表示了赞赏。上议院宪法委员会在 2007 年回应内阁对斯维尼案量刑的批评和媒体就该案歇斯底里的态度时严厉批评了法官们与法务部长之间关系的"系统性失灵"。宪法委员会指出："高级法官们本来应该更加快速地采取主动，以避免火烧火燎般的媒体报道。"委员会还敦促司法新闻署在应对媒体时更加"主动和果断"。⑭ 因此，菲利普斯法爵在 2007 年招录了五名法官来将他们培训为新闻发言人。⑭ 2010 年，上诉法官利文森（Levenson）在介绍新成立的"量刑理事会"时说，"在提升公众对量刑活动的信心的过程中，与媒体进行对话是量刑理事会将要努力应对的领域之一"。⑮

　　这种措施以及上述为了掌控法官的形象而进行的全部努力当然不会有成效。这是因为司法总管不能掌控以下方面：

　　　　——个案中的量刑。虽然初审量刑高低可以在上诉审得到纠正，但最初的报道以及由此带来的受害者及其家属和评论者的歇斯底里早已经对法官形象造成持久的、不成比例的破坏。

---

⑭　'Community service? The Chief Justice knows more than most', *The Times*, 24 October 2006.

⑭　*Relations between the executive, the judiciary and Parliament*, HL 151, July 2007, 也见英国议会网站以及媒体在 2008 年 10 月的跟进报道。

⑭　司法总管贾奇法爵在 2009 年的年度报告中说，"少数这几位媒体组法官接受培训以应对一些重要方面的采访。我们觉得有必要在这些方面促进公众对司法界和司法制度的信心，尤其是对量刑业务方面的信心"。

⑮　在 2010 年 5 月 18 日刑事大律师协会（CBA）会议上的开幕讲话。他说："量刑理事会会确保其工作既寻求公众在量刑方面的观点，也在这方面对公众提供更多信息。我们将以更广泛的策略通过一系列沟通渠道向公众提供更好的信息，以便与媒体共同工作。与媒体共同工作是这种策略的一部分。"

——法院内外的评论。只要有法官继续发表一些离谱的评论，即使这种情形很少，其他所有法官都会为此丧气，因为这样的评论会根深蒂固存在几十年。

——虽然法官们很容易成为公众批评和抨击的对象，但从历史上和国际上来看，法官们往往是自惹麻烦。

36

——接受访谈的法官有一种令人生厌的大律师腔和公学腔。这更强化了公众的成见，即法官属于权贵阶层。

——退休法官的形象更糟糕，而且司法总管们管不着他们。

——媒体的选择式报道。虽然贾奇法爵可以恳请媒体编辑们高抬贵手停止发表对司法界的负面评论，[51] 司法新闻署也能够在自己的网站发布一篇又一篇的简报，但新闻界选择对这些视而不见。他们以不成比例的数量和篇幅报道儿童性侵害案件。在他们印出来的法官图像中，法官们都戴着及腰的长假发，而不是"身穿牛仔装、笑脸灿烂的司法总管"。

——法官并不是唯一受到批评的人。在杂乱的新闻报道模式中，法官成了软柿子。英国广播集团前任总裁伯特（Birt）曾经抱怨英国知识界生活的"花边小报"格调。传媒界也已经变得过于依赖"轻易的残忍"和"羞辱他人"而过活。[52]

——法官们赢不了，因为他们没能力取悦，也不可能取悦迎合每个人。《快报》和《太阳报》的读者博客呼吁恢复死刑，但《卫报》的读者以及专栏作家——比如珀莉·汤因比（Polly Toynbee）——则持相反观点。

法官界就其形象的自我认识

接受我访谈的七十七位法官都能敏锐地意识到法官群体的形象如何。有些法官辩解说他们并非"不接地气"或者有成见。还有些法官则认为媒体刻画的法官群体形象正在以一种邪恶的方式对社会造成破坏。他们有如下一些说法：

[51]　'Heroes and villains', 13 October 2003.

[52]　O Gibson, 'Birt attacks "easy cruelty" of tabloid Britain', *The Guardian*, 27 August 2005.

● （传媒界的批评者是）一些势利和自以为是的娱乐工。（高院法官）⑬

● 人们对我说"你看起来太年轻，不会是法官"。他们就这么看一位拄拐杖的 77 岁的老先生。（上诉法官/大法官）

● 他们以为我通常住在专门为法官提供的雅舍内。

● （他们）认为法官是白人、男人、老人、牛津/剑桥毕业生。但事实上我爹是海员，我妈是家庭主妇。（牛津/剑桥毕业，巡回法官，女）

● 法官们肥、老、臭，完全不接地气……是一群白痴。（巡回法官）

● 法官们很怪异……戴着长长的假发，有人开加长轿车接送，住在专用的小舍里。（巡回法官）

● 法官们是替罪羊……传媒界显然是要提高报纸销量。（高院法官）

● 人们对医生和护士的认识浪漫化……对法官则饱含偏见。（高院法官）

37

● 我们正在努力让中小学生参与进来以便了解我们……但他们似乎不感兴趣。（巡回法官）

● 法官不接地气……似乎我们法官不用还房贷、没孩子上学似的！（巡回法官）

● 人们认为法官是社会观念落伍的老人……他们的上班时间是10：00 到 16：00。（上诉法官/大法官）

● 如今典型的电视节目描绘的是三十年前的法官。（高院法官）

● 挖掘六个相同的案子……一群又老又蠢的男人对强奸案的量刑低得愚蠢。（上诉法官）

● 对法官的法庭言论进行的报道与其实际所说的毫无相似……好像做笔录的是傻瓜。（巡回法官）

● 穿着长丝袜装模作样走来走去……政客们真有可能严重妨碍社会对法官的认识。（巡回法官）

● 我妈是爱尔兰一个农夫的女儿……我父亲曾经当兵，我奶奶则

---

⑬ 缩写说明：DJ = 郡法院地区法官；DJMC = 治安法院地区法官；CJ = 巡回法官；HC = 高等法院法官（简称"高院法官"）；CA/UKSC = 上诉法官/（英国最高法院）大法官。

是来自匈牙利的难民，而我爷爷则是裁缝。我没有上过私立学校。

● 烦恼在于法官的工作令人惊奇……人们认为法官不过是上帝眼皮底下的一员……认为法官对人们的生活产生影响的方式……几乎经不起推敲。但我希望公众将我们的工作和我们的为人区分开来。（高院法官）

● 审理刑事案件的法官比公众以及媒体从业人员更加接地气……因为法官在审判过程中必须深入细节去探查关于人们生活的证据。（高院法官）

● 许多法官说话和自我表达的方式与普通人很不一样……因此人们会认为法官……不理解他们。（地区法官）

● 法官们是胖子……白人、中产阶层、高傲，而且不知道凯文·基根是谁……每次只要有一位法官说了蠢话，就似乎可以证明全部法官都愚蠢。但我知道凯文·基根是谁。我了解当今的东西，因为我家里有两个十来岁的孩子。（地区法官）

● 我来自工薪阶层……我曾经管理过一个博彩店。如今社会以为我们法官坐着吃鹌鹑蛋，而且穿着棉拖鞋。（治安法院地区法官）

● 家事法庭的法官只要稍作努力就可以显得很接地气……我村子里的人发现我是一个十分正常的人之后感到很惊奇。（巡回法官）

● 人们认为法官老、呆、聋、不接地气……《每日邮报》……促成的……这种法官形象令人很伤悲，而且对社会构成损害。（高院法官）

● 人们说我们法官不接地气简直是荒谬。我在工作中体验到的生活之残酷比传媒界人士要多得多，而且正是这些传媒界的人抱怨我们不接地气。……这样的认识对社会有害，也损害了我们的自由。（上诉法官/大法官）

我问这些法官是否认为他们的媒体形象已经发生了变化。四十九人认为有变化。三十人提到社会更加动辄抨击法官。很多接受访谈的法官认为这是一种趋势的一部分，这种趋势即如今的人们不再那么服从权威。这本非坏事，但如果涉及错误的报道就不是这样了。法官们的一种典型的反应是：

38

●传媒界越来越挑剔，也越来越不谨慎。他们远不如以前那么恭顺。这不是坏事。传媒界在大多数情况下都不专业。如果你曾有机会看他们对你所卷入的事情的报道，你会发现其与事实几乎没啥关联。

十四位受访者提到了《约翰·蒂德法官》（*Judge John Deed*）这个节目。其中一人认为这个节目"是对法官的侮辱，简直是胡言乱语"。但高等法院的一位法官认为这个节目"好极了"。其他受访者则认为节目主人公约翰·蒂德法官的性魅力和个性特色是积极的人物表现方式。一位巡回法官说："在这个节目中，一个法官能在业务上击败检察官，而且还开奥迪车。我认为这主意不错。"

我还问他们怎么看待戴假发和穿法袍，三十二人赞成，二十六人建议将其在民事审判中废除，十五人则表示希望废除戴假发或者将两者都废除。㉞ 这些反应与其他特征没有关联。那些一度被认为十分现代和/或激进的法官在这个事情上很传统。许多法官认为在刑事审判中戴假发代表着法官的职务，其象征性将法官个人与其职务隔离开来，而且实际上"构成一种可变的掩饰"（一位高院法官这么说）。好几位法官认为假发（有助于）保护其安全。

●我审的一个家伙杀了十人……媒体像马戏团一样降临法院门外……带着十台卫星直播车……我作出了量刑判决……我后来换穿一件软领的衬衣和一件旧雨衣就走出去了。一群疯狂的记者在采访这个采访那个……但他们都没认出我。感觉真是好极了……我又回到了自己，成了一个与案子无关的个体。刚才在法庭里履行职权的人是法官。（高院法官）

●有一天我在邮局排队，紧挨着我的一个人是我那段时间审判过的被告人，但他没认出我。（巡回法官）

●人们即使在超市碰见我也不一定能认出我来。（巡回法官）

●假发是脱离躯体的正义之脸……有一次在布里斯托（Bristol），11月的某个周五晚上，陪审团裁决被告人没犯强奸罪之后……（其实我倒是希望他被判有罪）……在火车站就只有我和被告人两人，

㉞ 从马后炮的角度来看，我本应该就假发和法袍分别提问。好几位法官指出他们不知道有哪个国家的法官没有法袍。

但他完全没意识到我是谁。我对此感到格外高兴。（上诉法官/大法官）

  ● 将个人与工作、权威以及假发区分开来。就这一点而言，假发是很重要的标志。戴上假发之后你就不再是你自己⋯⋯不戴假发不穿法袍我就不觉得自己像法官⋯⋯有好几次我带着国外来参访的法官同行去西敏寺大教堂。[55] 这些人很聪明，很有修养⋯⋯他们对以这种方式来向法律致敬感到印象十分深刻⋯⋯司法工作对于个人而言是一项很难、很愚蠢的工作。（高院法官，被认为激进）

39

桑达拉·伯恩斯（Sandara Berns）已经强调指出假发和法袍象征性地抹去了法官的个人身份。[56] 她指出，澳大利亚一个法院曾经试行废除穿法袍，但由于"反复的暴力威胁"而停止了。然而，正如本研究中的民事和刑事案件地区法官很快指出的，他们与法院使用者的接触最频繁，而且在坐堂审案时不穿法袍。因此即使法袍具有保护作用，这种作用对他们也没有效果，虽然他们最需要保护。其他人则认为法庭上的司法着装是一种必要的"道具"，可以彰显"法院的尊严"或者用来维持秩序。

  ● 初审过程很脆弱⋯⋯任何有助于人们尊重法院的措施都会有助于初审，而且可能也有助于证人告知真相⋯⋯我是在基督教法院⋯⋯我懒得戴假发穿法袍⋯⋯但我很快意识到人们以为庭审是一场公平会议！（高院法官）

  ● 在法庭上很难确保得到尊重和控制力⋯⋯法官通常面对的是一些很凶恶的人，这些人不习惯于服从指令。（巡回法官）

  ● 保持尊敬和良好秩序。我刚开始做大律师的时候，每个法院都有两位导引员、一位书记员，以及至少一名穿制服的警察。如今我有时只看到一个导引员，没有书记员，没有警察，但有一位被告人席看守，不过他（她）属于第四组（Group 4）⋯⋯而且有时候在打瞌睡或者看报纸。

其他人则捍卫假发，认为它是一种传统。一位具有外国血统的巡回法官

---

⑤　去参加当时的法律年开张仪式。

⑥　S Berns, *To Speak as a Judge* (Dartmouth, Ashgate, 1999) 30, 202 and 208.

说："戴假发这种温馨的事情既是典型的英格兰风格……也是其古怪之处。但古怪万岁！"而那些反对戴假发的法官则往往以强烈的语言表达其反对意见：

- 简直是胡闹！（巡回法官）
- 他们需要用假发在自己的客户面前遮掩自己，简直是荒诞。（地区法官）
- 怪异的装备……你可以把假发在房间里扔来扔去，但它仍然会像帽子一样坐在你头上……而且贵死了！（地区法官）
- 怪异的设备……如果你得依赖假发、法袍和橡树板来给你所做的事情增添重要性或者提升形象，那你就入错行了！（地区法官）
- 不过是催发了对法官们的那种负面认识……让我们显得可笑透顶。（上诉法官）
- 如果我们不能维持法庭秩序，那就不该坐在这个位置上……假发还弄乱我发型。（巡回法官，女）
- 戴着十八世纪的假发绝对是荒诞。（巡回法官）
- 我在技术和建筑法庭⑤审理一个涉及电脑的案件，头上却戴着十七世纪的马毛，这有些不协调吧。（巡回法官）

40

对法官有好评吗？

陪审员对法官的印象通常不错。本研究观察到的法官对陪审员非常礼貌和体谅。赞德和亨德森的《王冠法院研究》⑱表明八千名陪审员中85%以上的人认为法官在公平控制程序和向陪审团解释方面做得很好。⑲玛修斯（Mathews）、汉考克（Hancock）和布瑞戈兹（Briggs）⑩发现：

- 一些缺乏语境的研究声称法官普遍"不接地气"……但是我们

---

⑤　（高等法院）技术与建筑法庭。

⑱　Zander and Henderson, above n 17.

⑲　见本书第七章。

⑩　《陪审员在陪审制中的认知、理解、信心以及满意程度：基于六个法院的研究》，内政部在线报告05/04 号第30～31 页。

的研究发现法官在案件管理和小结方面的工作得到了极大程度的支持和肯定……陪审员们会因为社会成员对法官的抨击以及大众媒体对法官形象的刻画而觉得受到冒犯。

我在进行本项研究的过程中还注意到一点：尽管学界总体上与传媒界以及公众一样对法官的评价比较负面，[⑩] 但为数很少的那些与法官接触过的学者会像陪审员那样为法官说公道话。[⑫] 罗克指出：

> ● 法官对待证人和被告人时明显既礼貌又持平。他们对证人都会以适当的称呼讲话，而且总是彬彬有礼……法官与民众之间的关系在很大程度上都有序、平和、清楚且准确……公诉方证人也承认法官们不偏不倚……对法官的主流评价是他们是"非常好的人"。[⑬]

自 1983 年以来，因波斯·莫里（Ipos MORI*）一直以民意调查的方式向公众询问他们最信任哪些专业人士。法官接近第一序位。2009 年，法官位居医生与教师之后，排名第三。[⑭] 市场调查公司舆观（YouGov）问公众"你在多大程度上相信这些人会说实话？"，法官在 2010 年排第五位。[⑮] 英国法官的不腐败自然而然。菲利普斯法爵在 2007 年说："我很幸运来自一个不可想象被告人会试图贿赂法官的国度。"[⑯]

41

结　论

法官的媒体形象负面到了极点——白种老男人（的确如此）、权贵、

---

⑩　这些作为会议论文发言讲述过的章节在当时激起了学界的一些敌意或者质疑。

⑫　吉恩认为民事法官们是"英雄"。见 H Genn, *Judging Civil Justice*（Cambridge, Cambridge University Press, 2009）127。

⑬　P Rock, *The Social World of an English Crown Court*（Oxford, Clarendon Press, 1993）153 – 54。他援引了 Raine and Smith 的类似的研究发现。

*　英国第二大市场调查研究机构。——译者注

⑭　*Ipsos MORI* 网站。

⑮　*YouGov* website. See also Genn, above n 162 at 144 – 45. 与斯特里特一样，吉恩也评述说英格兰司法界的全球美誉在于其智识和不腐败。她说对英格兰法律和法官的新任使得高等法院商事庭更加具有全球重要性。

⑯　Speech, 'Judicial Independence', September 2007.

精英、不通人情（insensitive）和不接地气。公众直接接受的是这种形象，因为普通人几乎没有机会通过其他途径去认识法官，除了比如在法院遇到法官、担任陪审员，或者刻意在法院之外会见法官。陪审员们对于自己接触过的法官通常都有好评。这正好与法官的一般形象相反。法官们都很清楚这种负面的成见，并力求通过指出自己的普通之处和平淡的家世来让自己远离那种成见。对法官们的批评始于二十世纪中期。与此同时，"基尔穆尔规则"（Kilmuir Rules）禁止法官们对媒体发言为自己辩解。这个规则在 1990 年之前便不再实施，但如今的法官们仍然不愿意为自我辩解，而是情愿保持低调。到了 1990 年代早期，司法总管们已经作了一些努力去改变法官的公众形象。这些努力包括举行媒体见面会、进行公开演讲以及设立司法新闻署。司法新闻署如今会为法官的特定裁决进行辩解和说明，并会在网站上展现法官的友好、普通和平易近人，还会以让读者容易阅读的形式提供一些简要的信息。现任（本书写作时）司法总管已经呼吁媒体更加公平地展示法官的形象。有些法官也已经开始接受应对媒体的培训。

然而，法官们要与这种狄更斯时代（十九世纪）的形象切割开来几乎是不可能实现的目标。这是因为媒体能随意歪曲法官的形象。有些报纸会详细报道每一桩猥亵儿童案，但这些报道也会对法官的不当评论穷追猛打，而且有时候还会就此发出错误的报道。就一些很直观、不复杂的案子而言，一个公正的法官的适当量刑会得到中立的报道，但法官的姓名很少被提及。媒体（尤其那些以报道花边新闻为主的小报）会自由地纵情于残酷懒惰的新闻风格。他们会把法官界（人们所认为的精英界）当作软柿子来捏。他们很清楚这个群体不会像其他群体那样——比如那些收入更高、更权贵的体育明星和影视明星动不动就利用超级禁令、反诽谤法以及隐私法来保护自己——为自己辩护。媒体对法官们的抨击在最近已经恶化，而且更加频繁，其背景是那些内阁部长们忘记了司法独立原则而与媒体一起批评法官量刑宽松，但这种宽松是政府的政策造成的。

虽然如此，的确有一些法官（尤其是兼职担任法官的一些律师）以自己在法庭上的不当言辞和在法院外的不得体行为（他们无疑因此永远都没能转任全职法官）而对全职法官的整体形象造成了极大的负面影响。这样的个别现象被媒体放大和反复提起，从而在几十年里给公众留下了挥之不去的记忆。尽管全世界的法官都穿法袍，但高级法官长期以来就指出，英国的法官们在头上戴一堆十八世纪风格的马毛（假发）来从事司法活动对他们自己并没有好处。虽然如今假发仅限于王冠法院刑事案件审判，民事审判中的法袍是精品常装，而且数以千计的法官既不戴假发也不穿法袍，但公众对法官形象的认识当然还是源于那些虚拟的、喜剧型的法官，以及真实法官的每一张穿着小腿罩和戴着齐胸假发的照片。有人已经意识到法官继续穿戴得像童话剧里的人物会被抨击为"娇宠的权贵精英"。[167] 本书描述的真实的法官在司法职业世界里的表现，将会与大众媒体描述的他们那种老掉牙的"妖魔化"形象形成平衡和对比。

42

43

---

[167] 议员奥斯汀·米切尔（Austin Mitchell）于 2009 年 3 月 16 日在议会设立的公共账户资金审查委员会（Parliamentary Public Accounts Committee）就王冠法院管理对一位证人进行质证时所说。

第三章 英格兰和威尔士的
法官身出何处？

　　我在少女时代曾经有两个梦想，一个是当一名女邮差，另一个是成为一名修女。修女们穿黑衣，邮差需要填写很多表格。我是那种闲不住的人，于是我成了一名地区法官，从而兼有修女和女邮差的特点。

　　本章①研究了七十七名法官的身世背景。他们的口述以一种前所未有的方式展示了其身世。这与从《名人录》中获取的数据形成对比。通过《名人录》获取的关于司法界高层人士身世背景的数据表明高级法官大多数接受的是独立（私立）学校高质量的中小学教育和牛津/剑桥的大学教育。这种数据是公众能获得的关于法官的唯一常规信息，因此也就为他们对法官的成见提供了素材。轻轻松松制作这种数据的通常是媒体从业人员，或者比如萨腾公益信托（Sutton Trust）这样的游说团体。工党政府在 2009 年以及联合政府在 2010 年都使用过这些统计数据来讨论社会阶层流动性。自 1950 年代以来，类似的数据就一直被用来抨击司法界人员缺乏背景多样性。但是，本章会表明这样的数据既肤浅又误导公众。本章将以具有深度的方式考察法官们的教育背景，职业背景，以及促使他们学习法律的因素。

人口学信息

年龄、种族、性别

　　我的研究样本内的法官年龄跨度较大。在参与本研究时，他们的年龄

_____

①　本章的早期版本曾于 2007 年发表在《剑桥法律学刊》第 66 卷（第 2 期）第 365 页上。

为 45～68 岁，出生于 1936～1958 年。四十位核心样本法官是白种人，但参与试验研究的三位法官中有一位不是白种人。十四位是女性（其中九位在核心样本内）。女性法官在样本中的比例高于当时女性在全部法官中所占的比例。

44

表 3-1　女法官比例及人数

单位：%

地区法官②	5/19	26.3	22.42	130/580
巡回法官	6/32	18.9	11.39	73/641
高院法官	3/16	18.9	10.29	11/107
上诉法官/最高法院大法官	0/10	0	8.33	4/48

三位女法官嫁给了男法官，其中两位的职位高过其法官丈夫。

中小学和大学教育

高级法官们的教育背景通常会引人关注，并且人们会认为所有法官都不接地气。③ 这种认识非常具有误导性。大多数案件的当事人面对的法官是地区法官或者业余（非法律专业）的治安裁判官。95% 的刑事案件以及许多家事案件是由治安裁判官处理的。有三万名治安法官是不领薪水的业余人员。只有一百四十三位治安法院地区法官。大多数民事案件以及少部分家事案件是由四百四十八位从事民事审判业务的地区法官在郡法院处理。这些地区法官不会上《名人录》。他们大多数人都当过非诉律师。与高级法官相比，他们的背景更加多样化。

在作为本研究样本的七十七位法官中，有四十人在中小学阶段接受的是私立学校教育。其中的高级法官更通常上独立（私立）中小学。少数法官获得过免费或受资助的入学资格，比如唯一那位上过伊顿公学的

---

② 包括治安法院地区法官(DJMCs)和高等法院的地区法官(HC DJs)。

③ 调查结果由工党研究部发布。萨腾公益信托在 2005 年发布了一份调查结果，题为《顶尖的非诉律师、大律师以及法官》。这项调查表明 75% 的司法界高层读过独立（私立）学校，而且 81% 毕业于牛津大学或者剑桥大学。《经济学人》杂志在 1965 年也发布过类似的调查，其发现的上述两个比例都是 76%。这组数据被引用在 B Abel-Smith and R Stevens, *Lawyers and the Courts* (London, Hienemann, 1967) 第 299 页中。

法官。在六位治安法院地区法官中，没有一位上过私立学校；他们中的五位上的是国立文法中学，还有一位上的则是一所"糟糕的"综合中学。在十三位地区法官中，五位上过私立学校。在三十二位巡回法官中，有一半以上曾经上过私立学校。在十六位高院法官中，有十一位上过私立学校，八位上诉法院法官全都上的是私立学校，两位最高法院大法官也是如此。一位地区法官和一位巡回法官未通过小学毕业考试，此后读的是普通的所谓"现代中学"。剩余的其他法官上的都是国立文法中学或者直接拨款的中学。本书研究样本中的所有法官都毕业于1959～1979年。"法官源自牛津/剑桥"这一公共形象是指高级法官们。在全部七十七位法官中，有三十五位曾经就读于牛津大学或剑桥大学，他们集中处于法官阶层金字塔的顶端。

45

表 3 – 2　样本法官受教育情况

	牛津/剑桥	传统大学	新兴大学	理工学院	无学位	总计
治安法院地区法官	1(16.7%)	1	1	2	1	6
地区法官	2(15.4%)	4	1	3	3	13
巡回法官	11(34.5%)	15	4	0	2	32
高院法官	12(75%)	4	0	0	0	16
上诉法官/大法官	9(90%)	1	0	0	0	10
总　　计	35(45.5%)	25	6	5	6	77

注：六位没有学位的人在成为法官之前都担任过五年的非诉律师书记员。

批评法官们的教育背景狭隘

我认为高级别法院的法官们在精英大学接受过教育并不令人惊奇，也不该遭受批评。高院法官的有些工作时间是在上诉法院，或者要处理非常复杂的初审案件。上诉法院的案件很多，因此需要法官能快速有效地处理大量十分复杂的信息。这对于法院确立判例和发展法律非常关键。最高法院的大法官的司法工作主要是对公众具有普遍重要性的法律争议进行判决。如果高级法官教育程度不高且智识不高，那必然令人担忧。研究表明，其他地方的高级法官通常也是知识精英。在2006年本研究进行时，美国最高法院九位大法官中有六位毕业于哈佛大学，两位毕业于耶鲁大学，两位也有牛津大学的学位。2009年被任命的索尼娅·索托梅额（Sonia

Sotomayor）是耶鲁大学的毕业生。2010 年获任的以埃琳娜·卡根（Elena Kagan）则先后从普林斯顿大学、牛津大学和哈佛大学获得过学位。④ 加拿大最高法院的大法官们也多毕业于加拿大的顶尖大学。其中一名是第一位当选为剑桥大学学生会（Cam Union）主席的加拿大人。⑤ 贝尔（Bell）在研究欧洲大陆的法官时⑥作了如下解释：法国最高行政法院（Conseil D'etat）的成员属于精英群体，毕业于法国国家行政学院，这是一所精英学校；德国的司法界文化传统上属于知识精英。⑦ 瑞典的司法选任是基于个人本领的竞争，注重教育背景，而且瑞典只有少数大学提供法学教育。德·葛儒特－范·厉务文（De Groot-Van Leeuwen）解释说，法律教育在荷兰是少数最精英的专业之一。最近对荷兰全部法官的问卷调查表明，80% 的法官具有精英家庭背景。⑧ 　　46

　　公众通常批评法官们的牛津/剑桥大学和独立（私立）学校教育背景。对这种批评需要研究。这种批评的背后有一种指责，即出钱读私立学校得到的不仅仅是更好的中小学教育，而且是买到了更多就读牛津/剑桥大学的机会。这样的批评有其合理之处，但其应该指向英国的教育制度本身。问题是这样的：牛津和剑桥是英国的精英大学，但是它们现在没有，过去也没有垄断招收那些非常聪明的学生。在那些法官们上大学的年代尤其如此。在那个年代，牛津/剑桥大学本科生来自独立（私立）学校的比例高于现在。⑨ 在 1960 年代，牛津/剑桥大学的一些学院公然与一些指定的私立学校联络招生。具体是通过"封闭式奖学金"进行的。因此，司法界如果过多招收牛津/剑桥大学的毕业生，则会导致其慢慢靠近那些具有权贵背景和接受私立教育的人，并且会将那些毕业于其他大学的很聪明的法律人排除在司法界之外。牛津/剑桥大学和私立教育与社会阶层之间的关系是有问题的。这部分是因为两者之间具有历史关联，也是因为英国的教育

④　美国最高法院网站。

⑤　加拿大最高法院网站。

⑥　J Bell, *JudiciariesWithin Europe—A Comparative Review*（Cambridge, Cambridge University Press, 2006）.

⑦　德国的法律职业者总体上的受教育程度非常高。

⑧　'Merit Selection and Diversity in the Dutch Judiciary' in KMalleson and PH Russell（eds）, *Appointing Judges in an Age of Power*（Toronto, University of Toronto Press, 2006）.

⑨　萨腾公益信托在 2007 年的报告《基于不同中学的大学招生》中说 30% 的牛津大学和剑桥大学学生来自 100 所精英中学。

制度和社会风气。在这样的制度和风气之下，许多中产阶级人士认为用钱购买到的私立中小学教育会比国家公立学校教育要好，而且觉得这种购买没有什么不妥。这样就催生了具有阶级分化作用的教育制度。在其他国家（比如德国、法国和斯堪的纳维亚地区）的欧洲人看来，这样的教育制度不可理喻。在这些国家，中产阶级的能量被用于改善国家的公立教育系统，而不是用于私人支付购买另一种替代性的教育服务。⑩

我认为应该把批评的矛头指向教育制度而不是法官。这种观点也可得到事实的支撑。这个事实是：受过精英教育的人也存在于英国经济体中的一些其他强有力的部门，比如公务员群体和私企。以促进社会阶层流动为目的之一的教育慈善机构萨腾公益信托的常规调研也表明了这一点。比如，其在 2005 年的调查发现西敏斯特宫 25% 的议员毕业于牛津/剑桥大学。执政党政府内阁和反对党影子内阁中的牛津/剑桥大学毕业生和受过私立教育的人所占比例也很大。即使在最有名的喜剧演员（笑星）娱乐圈里，牛津/剑桥大学毕业生的比例也高。政府内阁办公室报告《释放上进心：职业公平专家组最终报告（2009）》探讨了社会阶层流动性、职业机会与家庭、社区、家庭收入、父母上进心等背景因素之间的复杂关系。这47 份报告表明，7% 的英国人口接受的是私立教育，专业（职业）人士中超过 50% 的人以前读过独立（私立）中小学。但是这并不意味着独立（私立）学校教育能买到就业优势。报告还指出，75% 的法官在独立（私立）学校念书过，但没说明是哪些法官。这明显又是萨腾公益信托在 2005 年的统计数据。⑪

我详细解释这些，是因为法官们对那种批评非常清楚。有些法官为其接受精英教育感到歉疚，也有些法官就此为自己辩解。有一位高院法官希望我注意到一个事实，即为了能够支付他上独立（私立）学校的学费，他

---

⑩ *From Our Own Correspondent*, Radio 4, 31 July 2010 and J Vasagar, 'No league table, no inspections, no private schools', *The Guardian*, 6 December 2010.

⑪ 2010 年大选前的政府内阁办公厅（Cabinet Office）网站，如今在国家档案馆（National Archives）网站。尤其其中第一章（有统计数据）和第二章。议员伊恩·邓肯·斯密斯（Iain Duncan Smith）创立的"社会正义研究中心"（Centre for Social Justice）也使用了同样的统计数据。2010 年联合政府在其政府内阁办公厅网站发布了非常类似的文件，其中使用了关于社会流动性的类似数据。该文件题为《国情报告：英国的贫穷、失业与福利依赖》（*State of the nation report: poverty, worklessness and welfare dependency in the UK*, 3 June 2010）。

母亲自己"拼命"工作而且省吃俭用。很明显的是，无论法官们的家庭背景如何，他们大多数人具有的一个共同因素是父母的期待以及父母在教育方面的投入和参与。这种因素在 2009 年被确认，并被作为"文化资本"的一部分而予以讨论。⑫ 这样的"文化资本"是教育成就和成为专业人士的一个主要的"驱动力"。⑬

然而，对具有牛津/剑桥大学教育背景的法官的第二个也更有效的批评是：2006 年之前的法官选任⑭有赖于时任法官们的评价意见，因此涉及裙带关系，其中包括偏向于青睐具有牛津/剑桥大学特定学院背景的人。这种批评在 2005 年重新出现，而且指向的是时任法务部长福尔克纳。2005年，法官任命委员会指责他偏向具有牛津/剑桥大学背景的候选人，而不看重那些以客观方式选任出来的、在专业能力方面更合适的人。我会在关于司法选任的章节中对这种批评予以详细分析。⑮

对具有牛津/剑桥大学背景的法官们的抨击通常以一种具有误导作用的语言表述出来，从而暗示一切具有牛津/剑桥大学背景的法官都具有权贵背景。但情况从 1950 年代中期开始就不是这样了。当时一些非常著名的法官的家庭背景很平常。比如丹宁法爵是一个布匹店老板的儿子，法务部部长额尔文－琼斯（Elwyn-Jones，也译埃尔温－琼斯）则是威尔士地区一个钢铁厂的喷锡工的儿子。研究样本中的七十七位法官也不都具有权贵背景。⑯ 有一位御前大律师小时候没通过小学毕业考试，于是被送到一所普通中学上学，直到他"显得有前途"时才被转学到一所公立的文法中学。48

那些上过其他传统型大学的法官也不具有权贵背景。有两位地区法官

---

⑫ BBC 电台第四频道在 2009 年 8 月的三集节目《大胆想》（*Thinking Allowed*）讨论此主题。2008～2009 年媒体对《释放上进心》（*Unleashing Aspiration*）的评论中也总体上讨论过此主题。

⑬ 《释放上进心》第二章。

⑭ 由于《2005 年宪法事务改革法》的规定，从 2006 年开始司法任命委员会代替了以前一直实行的由法务部长进行选任的做法。见 P Darbyshire, *Darbyshire on the English Legal System*, 10th edn（London, Sweet & Maxwell, 2011）。

⑮ 在其《2004～2005 年度报告》中及其对中部巡回区兼职法官（recorder）竞争选任的评议中，独立组织司法任命委员会（CJA）批评了法务部长与政府官员的两次分歧导致选任牛津/剑桥大学背景的人增多。在卡迪夫（Cardiff），法务部长否决了一个专门领域巡回法官的候选人。见 2005 年 9 月 18 日的新闻报道。

⑯ 一位高级法官在读了本论文之后给我发邮件，提醒我注意他的"完美的工人阶层出身背景，而且自己的小学毕业考试三次不及格"。这位高级法官是在酒吧被抚养大的，曾经当过卡车司机和面包师以支付自己的高等教育（包括博士阶段）费用。

上的是"卢塞组"（Russel Group）大学，⑰ 其中一位小时候住在英格兰中西部地区的煤炭与钢铁工业区附近的政府保障房里；另一位的父亲则是失业者，而且全家那时候住在伦敦东边的贫民区。有一位巡回法官（具有御前大律师身份）小时候全家住政府保障房，但他后来上的也是"卢塞组"的一所大学。与其父辈和后代人相比，婴儿潮⑱那代人在社会阶层方面过去和现在都很具有流动性，这是由于二战后的职业发展和福利国家发展所体现出来的对平等社会的追求。⑲ 婴儿潮一代的法官们大多数在 2011 年时还在任。他们当时上大学的学费以及职业发展的费用通常由地方政府资助，而且家庭收入偏低的人在那时还获得了慷慨的生活费资助。许多法官认为这有助于他们获得如今这一代人所不具有的社会阶层流动性。那位伦敦东边出生和长大、后来上伦敦大学的法官说：

> ● 我非常走运，因为在 1970 年代……是工人阶层子女上学的大好时代。那时的藩篱正在被打破。虽然大律师的富贵形象那时候依然存在，但其正开始破碎。

在七十一位大学毕业生中，有六十一位获得法学学位或者联合的法学优等学位；十位有研究生学位，其中三位有博士学位。地区法官和治安法院地区法官都没有读过研究生。四位法学毕业生以法学作为他们的第二个本科学位。二十六位高级法官和十三位地区法官（DJs）在受教育成就方面具有重大不同。一位出身于非诉律师家庭但学习成绩不好的地区法官说：

> ● 我的 A 水平（A-level）考试成绩很不好……有两个 D 级，一个 E 级。我重新参加了一门 A 水平考试……结果更差……后来我上了理

---

⑰ 英国领先的十九所研究型大学。

⑱ 根据政府的统计数据，有 760 万人属于"婴儿潮"一代，即出生在 1945～1957 年以及 1958～1963 年。见 A Grice, 'Labour and Tories target the "baby boomers"', *The Independent*, 20 October 2006, 29. See also *Unleashing Aspiration*, above.

⑲ 《释放上进心》第一章第 17 页指出，最终结果是史无前例的社会阶层流动性增强的时期。1900 年以后出生的每一代男性都有积极的社会阶层提升，而二战结束后几个年代里出生的人的提升程度最高。出生在 1940 年代、1950 年代及以后的女性的社会阶层提升也加速了。

工学院，拿了一个法学学位，同时在很长时间里就是盯着窗外发呆。我意识到自己绝不会成为学术界的人，最后跌跌撞撞拿了个二等二级学位。*

与其相比，二十六位高级法官中至少有十一位在牛津/剑桥大学获得二等一级学位，并且/或者获得牛津/剑桥大学的奖学金，或者获得大律师公会的奖学金（通常是多个奖学金），并且/或者具有博士学位。我说"至少"，是因为他们有些人很谦虚，不愿意列举全部成绩。至于巡回法官，司法界通常认为这个群体在能力方面参差不齐。本研究中的三十二位巡回法官也是如此。其中六位巡回法官的学业成就可以与那些高级法官相媲美。有五位巡回法官则获得过竞争激烈的大学奖学金或者大律师学院奖学金。

49

专业/职业资格

七十七位受访法官中有十八位担任过非诉律师，其他是"大律师"。与全国的情况相同，地区法官大多数当过非诉律师。十三位地区法官中有十二位当过非诉律师。六位治安法院地区法官中有两位当过非诉律师。十六位巡回法官中有五位当过非诉律师（其中一位先前是大律师，但后来放弃大律师资格转而成为非诉律师）。二十六位高级法官中没有一位当过非诉律师。十九位具有大律师资格的法官以及一位具有非诉律师资格的法官学习过函授或者业余职业课程，或者是自学课程。这二十位法官中大多数人曾经当过中小学教师或法学讲师从而有专业方面的支持。其他人则脱产学习过传统的职业课程。1960 年代获得法律专业资格的老法官们说得更直接：

　　●我没有参加过任何课程……我只是在家里读了几本书，然后来参加考试，而且像通过夹缝一样通过了考试。（上诉法官/大法官）
　　●考试很简单。考试地点在衡平法院巷（Chancery Lane）的吉布森（Gibson）和威尔登（Weldon）。我当年是 6 月从牛津南下到伦敦

---

* 二等二级学位在英国学位体系中是属于比较低等的。A 水平考试是英国的中学（相当于高中）毕业考试。大学招生主要看该考试成绩。——译者注

的。我 9 月参加第一部分即刑法考试，12 月考完大律师终考……就这样。我的职业教育由一些像鹦鹉学舌一样的学习构成。（上诉法官/大法官）

一些法官还评论说在 1979 年以前他们的职业考试需要机械性的学习：[20]

> ●我讨厌考试过程，简直像动物一样……你得记住很多很多内容，然后再复述出来。（非诉律师）

有些具有大律师资格的法官当初选择大律师考试是因为这个途径更快捷而且相对比较容易。[21] 他们说起这个来有些差评：

> ●这事儿有些好笑……我当时对法律一窍不通……那考试要求根本不高。说实话，这就是我选择这个考试的原因。我在 1963 年成为大律师。（高院法官）
> ●当时的考试标准介于中等和极容易之间。我想如今情况已经变了。我是在 1971 年成为大律师的。（巡回法官）

下面这位地区法官则是那种典型的非诉律师——他们没有学位，但是做过五年的见习律师。这个地区法官说：

> ●我中学毕业后就直接开始了……我从沏茶和数印章开始，我以非全日制的方式学过一些法学课程。

50

为什么学法律?

大律师家族、法官世家以及一家几代非诉律师这类情况并非不常见。因此我原以为这些法官当初中学毕业后有很多人是受亲属的影响而

---

[20] 在当时，职业课程已经被重新设计过了。
[21] 而且更便宜。见 Abel-Smith and Stevens, above n 3 at 358。

选择学法律的。但是我发现实际并非如此。[22] 只有两位法官的父亲也是法官，另一位的父亲是大律师，以及五位法官（其中四位具有非诉律师资格）的父亲当过非诉律师，还有三位法官有在法律行业工作的亲属。剩下的六十六位法官压根儿没有法律行业的亲属——和许多普通人一样，在一个法律教育扩张[23]和法律职业快速成长[24]的时代，他们是家族中的第一位律师。他们选择学法律的原因很多。有些人认为这个行业看起来荣耀：

● 我七岁时就决定要成为一名大律师……当时我看了一个节目……名叫《御前大律师勃义德》（Boyd QC）……在节目中，这个人是富豪大律师。作为一个很穷的犹太小男孩……我当时想我也想要既盎格鲁－撒克逊化又富有。于是我问自己当时是出租车司机的老爸："大律师是干啥的？"他回答说："赚钱啊！他们是靠争吵来赚钱的。"于是我花了大半生时间来与许多人争论。（地区法官）

● 我十一岁时看了一部由哈姆弗瑞·波夏特（Humphrey Bogart，也译汉弗莱·博加特）主演的电影，于是决定当一名大律师，并为此着了迷。我家里没有人在法律行业，他们都是工程人员、农夫或矿工。（巡回法官）

● 那时我十五或十六岁。我看了电视，就喜欢上了当出庭律师的浪漫。现在看来那纯粹是因为虚荣。（巡回法官）

● 上学时看电视剧《佩瑞·梅森》（Perry Mason），我总是喜欢课堂上的辩论……在我看来辩论非常刺激。（巡回法官）

● 受电视上佩瑞·梅森的影响。（巡回法官）

● 这行业有荣耀，而且能赚很多钱。（地区法官）

● 与人争论，有人为此付钱，何乐而不为？（巡回法官）

[22] 见 L Blom-Cooper and G Drewry, *Final Appeal*（Oxford, Clarendon Press, 1972）。该书的研究发现五十三位法爵中有十八位的父亲曾经有一些法律行业背景。在该书第 158 页，作者们指出，法律趋向于成为家庭职业，再加上大律师界的经济压力，这似乎使得法律行业成为富人和天资聪颖的人的专门领地。但这种情况正在慢慢变化。

[23] Abel-Smith and Stevens, above n 3 at ch XⅢ. 可将此与现代法国的法官进行比较。贝尔（Bell）在前注6的著作中援引了1993年的一份调研报告。该调研报告表明10%的法官出身于法官家庭，20%的法官出身于律师家庭，而43.6%的法官与法官同行结婚。

[24] 《释放上进心》第一章。

● 能说会道。（巡回法官）

● 因为我固执己见，而且我喜欢自己的嗓音。（巡回法官）

有三位法官是受法官传记的影响和鼓舞。另外有三位法官则在年少时
51　遇到过真正的法官。

● 我们学校那时候有个讲演。演讲者是一个刚刚成为高院法官的
人……这个人非常有领袖气质，非常能鼓舞人……他就是后来的斯夏
曼法爵。他当时是高等法院最年轻的法官之一。

还有三位法官则在年少时去参观过法院。其中一位还有着不寻常的经
历。这位法官说：

● 我有一次去治安法院……我坐在里面……尽量只干自己的事
儿，但后来一位证人指认我是在街上攻击他的那个小流氓。这让我大
为吃惊，也让我意识到指证并非总是令人信服。（巡回法官）

还有几位法官是在父母的反对下坚持选择学法律的。但也有人是接受
了父母的建议：

● 不是我自己决定的。我妈在预科考试前为我决定的。（高院女
法官，如今被列为未来的司法总管人选）

● 我爸经常说我将来（在学习法律方面）不会得到支持。（高院
法官）

对于有些人而言，选择学法律则很偶然：

● 我撕去了大学申请书的页边。因为这个，我想我是不能上大学
了。于是我随手填了一个当时我脑子里首先想到的专业，那正好是法
律。（巡回法官）

● 我填写第一套大学申请表时选的是经济学，但后来改变了主
意，转而选择了法律。（巡回法官）

还有些法官起初学法律是为了以其为"备胎"，但后来热爱上了法律实践。有一位起初想成为戏剧导演，但在他作为实习大律师的第一天：

● 在一两个小时之内我就着迷了。这工作棒极了，简直是一场考验人的复杂的高级棋赛。（巡回法官）

但有一位法官则是漠然地开始了其法律行业生涯：

● 说实话，我刚进入这行时没有那种炽热的事业心……实在是因为我真的想不出我还适合做其他什么事情……但我成为大律师之后，一两年内我就确定无疑地对这个职业上瘾了。（高院法官）

有些法官是当年受朋友的影响而选择改变：

● 预科考试，我所有的朋友都选择了法律。（地区法官）
● 我起初在读经济学，但在第一学期时我就退出了。我认识一两个已经开始学法律的朋友……他们鼓励我学法律。（地区法官）

有六位法官（其中三位以前是备感无聊的科学家，一位是警官）是经历职业改变之后进入法律行业的。有一位曾经在银行业工作，还有一位是出租车司机。他们似乎认为那山更比这山高：

● 有一天晚上，我正在步行回家，但是心里很不高兴。正好碰到一位朋友……他刚开始律师执业……他向我描述了大律师的工作情况，听起来好像使徒圣保罗在前往大马士革的路上。我有一种醍醐灌顶的感觉，立刻认为这就是我真正想要做的事情。（上诉法官/大法官）

52

● 二十岁时我在开出租车……有一次搭载了几名学法律的学生之后，我决定自己要干这行。我听他们说了做的事情、他们如何去伦敦以及在大律师学院里怎样醉酒和玩得开心。（巡回法官）

有七位法官则似乎是为了完成近亲属的未实现的职业夙愿。其中一位法官解释说她的兄弟姐妹和她自己都成了律师。她是三位来自难民家庭或战争移民家庭的法官之一。她说：

> ● 我父亲在战争结束后来到英国。他在煤矿工作，完全浪费了他自己曾经接受过的教育。他来英国是为了赚些钱然后回奥地利上大学。他已经有了大学入学资格，但再也没有回去过。于是他在工厂里度过余生……他在智识方面能力不错……（他会讲好几种语言）。他荒废了自己的人生，所以我想我们子女应该有所成就。（地区法官）

> ● 当我大概十四岁时，我就对法律行业有兴趣。这是与我爸谈话之后促成的兴趣。他是一名现代语言老师。他在战后就开始学习校外的法律课程。但当我出生时，他就放弃了课程学习。他后来似乎跟我提到过这一点，于是引发了我对法律的兴趣。（高院法官）

> ● 我爸在 1930 年代就想当大律师，但由于经济原因未能如愿。于是他成了经济学家。他很早时就鼓励我关注大律师行业，而且无疑在我十一二岁时就引领我朝那个方向发展。我那时候就开始读一些关于律师生涯的书，而且对这一行产生了相当大的兴趣。（巡回法官）

有两位法官在其年幼时他们从事法律职业的父亲就去世了：

> ● 我父亲当过非诉律师，我十三岁时他去世了……我决定自己要成为非诉律师……从那以后我没再考虑过其他职业。（巡回法官）

除了本章提到的这些经历过家庭逆境的法官之外，另外还有七名法官遭受了丧子之痛。第七章会讨论这一点。[25]

社会阶层流动性

没有一位法官具有贵族背景。但七位法官的父亲以及三位法官的弟兄

---

[25] 见英国广电集团（BBC）第四频道 2010 年 4 月 5 日的节目"奋进者的伤口"（'The Entrepreneur's Wound'）。在这个节目中，一系列卓有成就的人讨论了父母的去世或者跨国的家庭分离对其职业伦理和职业雄心的影响。巴黎 INSEAD 商学院 Kets de Vries 教授指出这些人遭受不幸童年的比例畸高，但他们受到的鼓励也是其成功的一个因素。见 INSEAD 商学院网站。

由于在产业界、学界、宗教界、医疗界或法律界的卓越成就被列入《名人录》。[26] 对于二十一位法官而言，以律师身份（更别说作为法官）进入中产阶层意味着社会地位的重要上升。这包括自己曾经当过出租车司机的那位法官，父亲是出租车司机的那位法官，还有身出矿工家庭的女法官，以及小时候住在政府保障房里的四位法官。有些法官在跻身中产阶层之前的人生有过坎坷遭遇：

53

- 我爸是一位非诉律师的管理文员。我没通过小学毕业考试。他不赞同我在中学毕业之后依然在学校里接受教育。我们达成了妥协：我去学习一个文秘课程，然后去他的办公室上班。然而在付诸实施之前，我亲眼看见他身亡。我没钱也没工作，当地文法中学那位很有远见的校长让我在学校当初级秘书，并允许我旁听预科课程。这不是一个理想的情形。十八岁时我去了北美，在那里学习文秘技能。（巡回法官、御前大律师）

- 我的大律师生涯开始时，我爸失业了。他一直身体不好，但工作很忙。我想办法弄到了几笔紧急借款、几个奖学金，而且还教了一些课。我第一次参加中学毕业考试时失败了。因此我后来有两年时间在一个博彩店当经理，这样我就存了点钱。我二十一岁上大学时，要不是有补助金，我想我不可能渡过难关，因为我家里正好是完全没有收入，只有我前几年赚的那点钱。我真是幸运。（地区法官）

- 我……十六岁……就离开学校了……我本来想成为一名大律师，但父母没钱再支持我上五年大学，因此我选择先成为一名代理人，然后上大学的夜校。我从下午五点到晚上十点学习文学学士课程……但就法学学士课程而言，我是早上七点半到八点一刻学习，然后又在下午五点到晚上七点半学习，所以我最后获得了比勒陀利亚（Pretoria，位于南非共和国）大学的文学学士和法学学士学位……在一个周末的板球巡回赛上，我和队友们在德兰士瓦（Transvaal）渡过了一个愉快的周末。但我的队友中有两位被捕了。他们是在比勒陀利

---

[26] 丹宁法爵的两位同胞兄弟，一位是陆军高级将军（而且多次被女王授勋表彰），另一位是海军副元帅。他们兄弟三人都在 Andover 文法中学念书过，但只有丹宁一人接受过大学教育。见 *Who's Who 2009 and Who Was Who* online。

亚监狱大门外面被捕的，而且被拘留了九十天。我们在当时的戒严法之下还是把他们捞出来了。我想我可能是下一个被捕的人，于是我重新拾起我的志向。在二十三岁时我已经放弃了就读剑桥大学的机会。我于是寄信问剑桥"请问我还能来上学吗？"搞笑的是，剑桥大学居然重新接收了我！

这位法官在 1960 年代与南非共和国反目。他当时在英格兰和威尔士各级法院工作的一些同胞也是如此。在宾厄姆主管司法系统的时候，也就是本项目的初次访谈时，上议院的十二位终审法官中有三位曾经是南非人：斯旦因（Steyn，也译斯泰恩）、斯科特和霍夫曼（Hoffmann）。

根据《2005 年宪法改革法》，司法任命委员会的法定义务之一是促使司法界法官群体背景多样化。但即使不考虑这种法定义务，在今后几年里，法官们的社会地位流动性也将增加，因为 1950 年代晚期以及 1960 年代早期出生的那批人是当代社会里职场成年人中社会地位流动性最强的群体之一。[27]

54

法律生涯

在七十七位受访法官中，有五十五位曾经是大律师，而且他们除了三位之外都有个人执业经历。在 1960 年代和 1970 年代，当大多数人进入大律师界时，能否在大律师行取得培训生机会或者签约机会取决于你认识谁。一些要价高、声誉不错的大律师行会获得非诉律师推荐的一些重要的、报酬高的案件，从而业务和收入来源很好。许多法官坦承他们当时运气好。下面这位法官得益于父辈：

> ● 我当时直接进了我父亲以前在的大律师行。要是在如今，这种做法会令人深恶痛绝。我们那一代人的生活无疑已经被定格了，比现在人们的日子要好过得多。（高院法官，1963 年成为大律师）

大多数人得自己找关系。有些人是千里马遇上了伯乐。好心的支持者

---

[27] "1950 年代和 1960 年代早期出生的人成为职业人士的概率是二战期间或者二战前出生的人的三倍。"引自《释放上进心》第 16 页。

发现了一个聪明的学生后会帮助其进入大律师行。比如下面的四位法官谦虚说自己是运气好，但他们在大学或者大律师资格考试中成绩很好。那位出租车司机的儿子便是如此。

> ●然后，很幸运的是，我的实习指导（我上大学时上过他的课）让我进了几个大律师行，都是有些左派的大型律师行，只做辩护业务。（治安法院地区法官，1976年成为大律师）

还有那位印刷工人的聪明的儿子：

> ●我当时很幸运，某人（2011年时此人已成为最著名的上诉法院法官）成了我的实习导师……人生就是要开始于适当的地方和遇到适当的时机。正巧伦敦大学的一名讲师知道我对大律师行业感兴趣，而且他也认识那人……那时候的实习资格没什么公正的选拔机制或在线申请机制，一切都是自己安排。我给那人打了个电话……那人就说："你过来我这里，我们聊聊，看看我们能做点啥。"见面时，根本没有一个设计好的面试……他说他会给我一个实习名额，于是我在1976年1月开始实习了。（高院法官）

也是在1971年，那个出生在政府保障房的孩子从一所卢塞组大学毕业后就加入了大律师行。他说：

> ●这个大律师行是一个主要的刑事业务所，面向伦敦和东安格利亚（East Anglia）地区。主任……后来成为政府总法律顾问和法务部长。（巡回法官和御前大律师）

那个曾经在埃塞克斯（Essex）读文法中学的孩子（他如今说话带着很明显的大律师腔）在1972年的大律师考试中也成绩很好。他说：

> ●我大概用了六个月时间就找到了大律师实习机会……我在这一行没有关系……在我家当地的酒吧我碰到了一个碰巧是大律师的倔老头儿。他对我说："找个时间来见我……"大律师行的主任是那个后

来成为财政部长的人。他说："我们可以接收你实习。走廊那边的那位正好缺一位实习生……"所以我真是走运……后来我在那里度过了一段时间，并想看看他们是否想完全接收我入职大律师。那个年代有一百五十人申请的话有大约六十人会被接受，所以我又走运了。那时候这个行业几乎人人都是哈罗公学、伊顿公学或者牛津/剑桥大学的学生。我是被接收的人中第一个来自国立学校的人……我真不知道我到底是怎么进这行的，而且那时候这个行业没有女性。（巡回法官）

找实习机会可能也是一件考验毅力的事。比如那位身为外国人的单身母亲的儿子在1970年就遇上了这种情况：

● 我围着中殿律师学院转悠，谁也不认识。最后我到了一幢大律师行的房子前……我对文员说："我实在没辙了，怎么办呢？"他说："我们这里已经不要实习生了。我们刚不久前已经接收了一位牛津的二等一级毕业生。他老爸是一名内阁部长。"这看起来是没戏了。但这位文员说："试试某某先生，他已经很多年很多年没带过实习生了……"我去见这位先生时，他正好从法院回来，所以有点迟到，然后得知有个可怜的家伙在等着他。我走进他的办公室，发现他是个绝对有魅力的先生。他直接跟我说："你周一就来（开始上班）吧。"（巡回法官）

有些中产家庭的年轻人得益于父母的关系网。比如有一位医生的儿子说他父母认识的一位非诉律师引荐了他。另外一位上过私立学校的小伙子（现在是大法官）的父亲在《名人录》中的医学成就令人惊叹（并且有着有用的关系网）。但他还是花了不少工夫才在大律师行找到正式工作。他说：

● 我在大律师界只认识一位大佬。他是我朋友的父亲……在那个年代，大律师行的实习机会就是通过这种老男孩圈子得来的。因此他接收我为实习生……但后来很明显被正式接收的将是别人……后来我遇上了我妻子的朋友的老公。总共有四位实习律师……其中一位被正式聘用……然后我遇到了一位中学同学……我又实习了三个月……但仍然没获得正式岗位。所以我几乎山穷水尽，而且存下来的钱也快用完了……我实习所在的大律师行的头儿一直在说我这事儿……他们正在招人,于是我就过去了……我在衡平大律师行时的导师恳请我不要去那家,说那家做的是低端业务,是郡法院的案子……是垃圾工作,但是我最终还是明白乞丐不能挑来挑去,所以这次的结果令人高兴。如果这次(结果)依然令我不开心,我想我当时肯定会离开这个行业。

获得正式岗位进入大律师界只是第一步,因为所有私人执业的大律师都是自己给自己干活,大多数人在头十年内会被淘汰出局,因为他们没有充足的案源来养活自己。很多人提到自己只能维持最基本的生活。有一位法官的父亲是高级法官;他当年和一位大律师结婚,但没有寻求父母的帮助:

●我们当时穷得像教堂里的老鼠。每星期领报酬的那个人买食品。我记得我办的第一个案子,买书的钱比我收的案件简报费还高,所以那天结束时我已经崩溃了。(地区法官)

如果所在的大律师行比较弱,则自己前几年的生活会是一种磨难,比如这个曾经在北部一个文法中学念过书的孩子:

●我在 X[某地]开始实习,以便能住在家里,因为我没有收入……我实习结束后继续在家里待了一年,然后决定回到 Y 处,并在那里的一个大律师行有了工作。同时我还在当地的大学和立功学院教过课。我当时并不确信自己最终是否会在大律师行谋生。我觉得头几年非常艰难,因为我加入大律师行简直是个灾难。(巡回法官)

56

很多人由于做高收入的案子或者著名的案子而在职业方面逐渐上升,因此他们认为自己在这个阶段行大运了。

●我有好几次走运了。比如有一次在梅尔佛德·斯蒂芬森(Melford Stephenson)法官面前辩护一个强奸案的初审……我说服他判缓刑,如果我能扭着我客户的胳膊让他认罪的话,他将指控的强奸描述为最说不清楚的、半推半就的强奸,并作出了缓刑判决。

●我谁也不认识。我对这行完全陌生。但我的一位牛津大学毕业的朋友有点关系……他们给了我实习机会……但我不够富有，所以没能在那里久留，因为我是一个来自南非的鲁莽家伙。于是我被打发到第二或者第三部门。在那里我是一个普通的法匠。慢慢地，由于在长假期间有不少离婚案件需要处理，而且在我上班的时候主任不在，于是我必须临时顶替他接手了一个巨额的希腊船运老板的离婚案。后来我开始接越来越多的离婚案件，也取得了御前大律师资格，并且算是成了家事法方面的专家。（大法官）

●我与地方政府关系很好，因为我擅长和年长的女性打交道。因此她们会让我负责一些司法审查案件，这简直是不同寻常。由于为她们工作，我后来成为一个巨大灾难的调查委员会的委员。（巡回法官）

●我那时候非常幸运。首先是因为这份工作适合我。其次是因为这个工作涉及房东与租客关系事务。这类案子听起来很无聊，而且在大律师界不受待见，因此每个人都觉得自己能做这类案子，以为不过是去郡法院跑腿而已。但做这类案子是最好的训练。有很多这样的小案子准备不充分，审案的法官也并不总是最好的法官。因此这类案子能教你自己独立思考，教你如何成为一名好律师，以及如何不经提示而直接对专家进行交叉质证。（大法官）

他们也承认自己在法律服务需求扩张的年代进入大律师界让自己受益很多。好几位讲到他们如何进入规模小的大律师行。这些小规模的大律师行后来从提供全方位的法律服务转变成为提供专门领域的法律服务。

●在几年之后，这个大律师行成为很专业的工程法律事务人才集中的地方。因为其中一位高级成员写了一本关于这方面的书，也是在这个时候工程法的发展突飞猛进，于是我很快也做这一领域，虽然我从未往这方面考虑。我过去实际上对技术方面的东西不是很感兴趣，也从来不擅长技术。生活就是这么变幻莫测。（大法官）

他没有提到的是，尽管他对技术不感兴趣，但他后来成了高等法院"技术与建筑庭"的庭长。

●我当初加入了一个地方上很小的一个大律师行，现在已经是当

地最大的了。我加入时只有几个人……我们这里产生了那个年代三位 57
著名的律师。当然这对于与他们有关联的人自然是好事。（治安法院
地区法官）

● 我在 1986 年获得御前大律师资格时，《集资会法》（Building
Societies* Act）由于议会颁布了一部新法律而发生了巨大变化……这
意味着突然有很多这方面的咨询需求，甚至代理需求。这大大影响了
我当时作为一名年轻的御前大律师的生涯。（高院法官）

● 我加入了……一个主要是做全类法律业务的大律师行，但其依
然倾向于侧重离婚案件。有位同事（后来成为这个律师行的主任）是
精勤的建筑合同法专家。他在这方面的书如今是工程法领域的主流教
材。很快，这个大律师行就发展成了工程法专业所。（高院法官）

● 大律师行的业务重点发生过很大变化……其业务范围曾经比较
混杂，但我们向商事案件方面发展……我获得御前大律师资格时，我
的执业领域主要是在国际银行法方面。（高院法官）

然而，更多人的职业导向是朝着收入更高的领域。五十九位大律师中
只有八位从一开始就专注于商法、专利法、竞争法、衡平法（三位）、家
事法和海商法。但总体模式是先做全方位的业务，最终做专门业务。

● 每个人开始时都是啥业务都做，因此我常往治安法院和季度裁
判所等地方跑。但对我们的期待是最终基于被告人的保险公司的业务
来做民事案件。在那个年代，这都设计好了。我加入时只有十三位大
律师。其中至少五位后来成为高院法官。

● 早些年主要是做治安法官处理的案件以及一些婚姻案件……此
外还有王冠法院的小刑事案件……层级高的人几乎都是在做人身损害
赔偿案件以及工业事故损害案件。我也通过大量的当洛普（Dunlop，
也译邓洛普）轮胎案……而进入这一领域。后来……刑事业务量减
少，因为大律师行的管理文员致力于照顾那些做过大型保险公司的业
务的非诉律师的利益。（巡回法官）

---

* Building Society 是一种互助（mutual）金融组织。其在英国起源于 1775 年，宗旨是，由会
  员集资，以便在会员需要时为其提供现金支持。这种金融组织后来发展成提供更多金融服
  务的金融机构。——译者注

● 我是从一个全面的大律师行开始，那里有许多刑事业务。后来我决定去做民事业务，因为有人告诉我说做民事业务成为御前大律师的机会要更大。我很快就做上了城乡规划业务和议会事务……后来我去了一个专做城乡规划法务的大律师行。我换了两次（大律师行）……我后来成为御前大律师，接着又干了七到八年。（巡回法官）

● 我做全面的法律业务……我热爱出庭，喜欢跟陪审团讲话。我可以劝说驴子的后腿脱离驴身……后来许多人都跟我说"真别这样啥业务都做了……专长于一两个领域可以过上好日子"。刑事业务收入不高；家事案件也不行，所以后来我做了很多建筑工程方面的案子，还有一个商事案子，但我并不很享受做这方面（的案子）。（巡回法官）

有六位法官曾经在学术界，其中三位已经具有教授身份。但大律师行更加有钱：

58

● 我那时候是讲师……在大律师行也做一些实务……我意识到在大律师行一个星期的收入相当于我在学术界三个月的收入。虽然上大学时有人提醒我说在大律师行里面如果没有关系网就永远都不会成功……我后来还是成功了……而且我很喜欢。（巡回法官）

有两位法官先是在学界，然后当过大律师，后来又回到学术界，但最终厌恶学界之后还是回到了实务界。两位曾经是非政府组织的法律顾问，其他人则曾经是私人执业的非诉律师。

总体而言，非诉律师对自己的生涯描述得很直接。比如一位说："从见习律师开始，然后是助理律师，再然后是合伙人，最后三年是管理合伙人。"没有人说有多艰难或者运气。三位进入了自己家里人运营的律师事务所，但一位由于是同性恋而被父亲的管理合伙人勒令离开。还有一位与自己的业务合伙人分道扬镳了，因为这位业务合伙人非常不满他担任兼职法官。

职业生涯履历

地区法官和治安法院地区法官

有十三位地区法官当了十七到二十五年的非诉律师，但其律师生涯并不出色。例外的是其中有一位是大律师，而且在 1977 年是她所在大律师行的首位女性。还有一位先是在本地律协很有名，后来在全国律协也很有名。六位治安法院地区法官中有四位曾经有私人执业经历，其中两位是大律师，两位当过非诉律师。他们私人执业时间长达十九到二十五年。治安法院也审理家事案件，但大多数是刑事业务，而且两位法官以前当律师执业时专门偏重于刑事业务。

- 我真不喜欢……做民事业务……那对我而言是如鱼缺水。我很不喜欢客户每两分钟就来见我或者给我打电话……于是有一天我决定做刑事业务，我以为我能直接就在家里工作。我那时已经建立了够用的关系网……因此能够这样转变……我做过皇家公诉署的起诉业务……也做了许多辩护业务。（非诉律师）

- 我在大律师行的业务很混杂。我那时很懒，因此经常会把民事业务的一些文书放在饭桌上不管，直到最后我的室友（现在是巡回法官）跟我说："这些活你得干啊！"但最后往往是他替我干了并给我，然后我拿报酬。我开始觉得愧疚，于是跟他说："这活儿是你干的，报酬也该归你。"我把这些活儿都拱手让给他了，因为我只对做刑事业务有兴趣。

两位曾经是法官的书记员，也就是治安法院的主要法律顾问。这两人后来在做书记员时成为受薪的治安法官，即治安法院地区法官。 59

巡回法官

三十二位巡回法官的情况有些复杂。有些人的职业履历与高院法官类似。有一位巡回法官在本研究进行期间成为高院法官。在二十七位具有大律师身份的巡回法官中，有十位已经取得御前大律师资格。比较典型的是前面提到的那位城乡规划法律事务专家。他写过两部面向实务界的教材，而且在专事规划法务之前是贸易与工业部的常任刑事业务律师。有一位御前大律师曾经是教授。三位御前大律师和一位非御前大律师曾经是好几个公开调查团的法律顾问，或者参与过这些调查。另外七名不具有御前大律师身份的人过去也在其他方面具有可以提升自己的履历。这七人中，两位是税务总署的常任律师；一位是大律师协会职业准则委员会成员；一位在年轻时就被任命为大律师公会管理委员；还有一位则领衔律师出庭技能培训，而且是其所属的大律师协会巡回法官小组的积极组织者；一位是君王代表（Sheriff*），并且后来成为所在郡的君王副代表；一位是她所在大律师行的主任，而且年轻；一位没想成为御前大律师，而是安于通过办理大量的家事案件来赚大钱。

巡回法官中还有五位具有非诉律师资格。其中一位在三十三岁就成为伦敦一家律所的合伙人。她曾经在专家评审的期刊以及行业期刊上发表过文章、做讲演促进其律所的业务，并解释说自己"长脑子了"。另外一位在二十五岁时就成为当地律师事务所的诉讼部主任。这个律师事务所参与过一个巨灾事件的调查。他后来成为地方非诉律师协会的会长和司法部法律援助咨询委员会成员。另外两位是具有出庭资格的非诉律师。还有一位曾经是郡法院登记官（地区法官），后来升任巡回法官。

高级法官

二十六位高级法官都成就非凡。如果前面说的有些巡回法官履历"灿烂"，那么十一位高级法官的履历简直是"炫目耀眼"。其中四位会被同一时代的大多数法律行业人士在新闻媒体上认出。二十六位都有御前大律师身份，在各自的领域都是大名鼎鼎。例外的是其中三位曾担任过财政部第一初级律师㉘，并在当时有望被任命为高院法官。另外三人曾被列入财政部律师名单，两位是兰卡斯特公爵领地（Duchy of Lancaster）*的总法律顾问。一位主持过一个重大的公共调查，一位则是这个调查的法律顾问。四位曾是皇家特别委员会、政府咨询委员会或者法庭规则委员会的成员。三位曾经在学界，而且著作等身。另外五位曾经写过或者参编过面向实务界的主流教材。还有一位则有许多文学作品。五位曾经主持或者创立过专业领域内的大律师协会，并且/或者曾经在大律师公会十分活跃。每一位都有长达二十到三十四年的法律职业经历。

60

---

* 这在英格兰和威尔士只是一个荣誉职位，由君王依据枢密院等机构的提名而任命（但在苏格兰，Sherrif 是法官，具有实际的司法权）——译者注

㉘ 在重大诉讼中代表政府的私人执业大律师名单中的第一位。

* 这是英国皇室的专有信托土地，面积约 188 平方公里，是英国君王的收入来源之一。兰卡斯特公爵与英国君王（国王或者女王）历来是同一个人。英国另一块类似的信托土地是康瓦尔公爵领地（Duchy of Cornwal），面积约 570 平方公里，是英国王储的收入来源之一。——译者注

法律界非主流群体的经历

身为女性

样本法官中只有十四位女性，因此很难从这么小的样本中进行抽象概括。1960 年代以来已经有人对法律界的种族与性别歧视进行了深入研究，[29]但我在此还是引用一些女法官的话，以便让她们的"声音"能被听到。我在研究中并没有问女法官她们自己在法律职业生涯中是否遭受过性别歧视，如下引用的女法官都是自愿主动提及这个话题。此后我打电话询问其他一些女法官这个问题，她们确认自己没有受到过歧视；相反，有人还补充说自己的女性身份为其职业生涯加分了。有两位认为她们的女性身份阻碍了其早期的职业发展。

● 我费尽辛苦才成为实习大律师，但只做了一年……因为那时候（1976 年）女性很难融入那个圈子。（治安法院地区法官）

下面这位巡回法官说她在"实实在在的性别歧视"年代在伦敦做过实习大律师。

● 我发现自己永远都不会被实习的大律师行录用。他们后来录用了一位女性。我的指导大律师为此大为恼火。他们安排了一个面试，但没告诉我的指导大律师。于是他们又补充安排我接受主任的面试。这位主任直接说位置已经满了……说我会很乐意知道我的腿比他们录用的其他女性的腿要好看许多……我想做刑事业务。女孩儿们根本不该做刑事业务，因为她们可能没能力对警察进行质证……每次来一个男实习生，在他被录用之后我的业务就被管理书记员交给他。那么我就必须争斗一番才能把业务要回来。那个年代糟透了。我与管理书记员吵过无数次，但每次我都赢了。最后我作为小辈接手了一个重大的刑事业务。我有四次或者五次申请成为御前大律师。我的同僚认为我

---

[29]　比如，P Thomas, *Discriminating Lawyers* (London, Cavendish, 2000); C McGlynn, *The Woman Lawyer—Making the difference* (London, Butterworths, 1998) 及其援引的材料。

应该有资格，但我没背景……他们后来觉得一个男同事有这方面的潜力，于是为了这个而培养他。（1975 年进入大律师公会）

下面这位巡回法官没说她在职业中遇到这方面的阻碍，但是她觉得大律师行业内的性别歧视态度令她恶心，因此她离开了这个行业，转而成为非诉律师：

> ●我觉得很旧派……那个年代，大律师行业内女性很少。如果一位女大律师去一个县法院，一个中年男人会向她走过来。如果她运气真差的话，这个男人会抱住她，然后肯定会说："我们今天过得咋样？我想我自己今天不会有什么困难。女人啊，女人，女人……"而且还带着那种私立学校出来的腔调。我过去会为此打架。我心里会想："臭男人，我今天要让你趴在地板上，用你来擦地板。"我很喜欢传统，比如大厅内的晚餐，但我不喜欢私立学校男律师的那种做派。（1997 年）

这种经历的背景是，英格兰和威尔士大律师公会直到《1990 年法院与法律服务法》出台之后才认定种族歧视和性别歧视非法。下面这位法官被催促申请成为御前大律师，是因为她担心女律师的地位低，但她后来乐见惊喜。她的态度典型地反映了长期以来被确认存在的一个问题，即女性习惯于低看自己：

> ●法律界女性的人数之少和地位之低让我觉得恐惧……我从没想过申请成为御前大律师。我认为自己不够优秀。但另一位获得御前资格的女大律师……说："女性那么少，如果你不想表明你有争取的意愿，……那么女性会继续那么少。"我后来很吃惊，因为我首次申请就成功了。

男同性恋

有一位法官详细叙述了作为男同非诉律师和男同法官的情形。由于他的性取向，他被迫离开了他父亲所在的律师事务所：

● 我是男同，我父亲知道……但我的雇主不知道……我跟与我共事的合伙人说这个，他说这不成问题……但当其他人也知道我这情况后……问题就来了。他们的应对不好……这个局面很难，因为其中一位还是我的教父。这些人我从小就认识，因此我很恼火……最终我只对其中一位保留尊重。他直接跟我说了原因，说他不确信在律所名字和我的名字相同的情况下，我继续留在所里会有什么好处……我发现自己在那里没有前途，因为他们永远都不会让我成为合伙人。

在他那个年代，公开的男同法官不具有代表性，人数不多。1980 年代早期继续执行不任命同性恋法官这一政策。

非诉律师

有些大律师比较傲慢。大律师行业的礼仪和做法很讲究级别。这就使非诉律师显得有点档次不高。非诉律师们很烦这一点。比如，大律师在法庭上通常将同行称为"我博学的朋友"，但将非诉律师称为"朋友"。[30] 直到最近为止，出庭的非诉律师仍不被允许戴假发，尽管他们多次向好几任法务部长申请过戴假发。非诉律师协会最近反对保留御前大律师这一职衔，因为传统上它不向非诉律师开放。

62

有一位曾经当过非诉律师的法官以前在作为律师出庭时在这方面有过一段痛苦的经历。本书后面会提到。大律师的傲慢以及由此引发的非诉律师的憎恨将在本书中反复出现。

结　论

本章以一种史无前例的方式考察了一个不小的现代法官样本群体的身世背景。这种考察比基于《名人录》对高级法官的背景研究更加具有代表性。《名人录》收录的简要履历会将民事地区法官排除在外，但公众可能接触的法官主要是这个群体。《名人录》也不会包括那些不愿意被收录的人，这些人认为这不过是催生势利和自吹。

---

[30]　J Boyle, 'When solicitors take the role of barristers', *The Times*, 12 December 1989；J Gordon, 'A solicitor born to suffer' (1995) 145 *New Law Journal* 1345；R Hazell（ed），*The Baron Trial* (London, Quartet, 1978).

本章让法官们自己说话。以这种方式进行的研究表明当代大多数法官并不具有司法或者法律方面的家世。令人吃惊的是，有些法官小时候家庭贫穷或者住在政府保障房里。不考虑其家庭背景的话，大多数人选择学习法律是因为父母认为这是个安全的选择，或者是因为小时候看了电视剧《佩瑞·梅森》，或者是因为他们认为自己在论辩方面有天赋。有些人不过是在最后时刻才决定转向法律学习，或者因为偶然的谈话而受到影响，从而改变了职业。与全国统计数据一致的是，低级法官，尤其是地区法官在人员构成方面比高级法官更具有多样性。他们中许多人小时候上的中小学是公立学校，上的大学也不是牛津/剑桥。与全国的情形一样，地区法官，尤其是地区民事法官更多可能当过非诉律师。他们更加具有多样性，并代表了法官界90%的人。然而，大多数参与本研究的法官曾是大律师。他们进入大律师行业时正好是这个行业扩张的年代。这意味着当时进入这个行业比现在（2011年）要容易。但进入大律师行的机会有时候依然是基于运气、偶然的谈话或者毅力。随着大律师行业的发展，有人认为他们当时能进入成长型的、最终发展为专业型的著名大律师行实在是有幸。有些人则进入一些报酬更丰厚的业务领域发展。

虽然十位法官的父亲或弟兄在各自的领域很有成就，但没有一位法官具有贵族身世；这与大众媒体描绘的司法界权贵形象相反。与这一代人中的其他民众一样，许多法官经历了很大幅度的社会阶层流动。三分之一的人因为做律师（更别说做法官了）而提升了自己的社会地位，这种提升是其他几代人所享受不到的。据此，我们可以发现人们总体上认定的司法界权贵形象既不合理也不准确。

参与本研究的高级法官大多数在小时候上过私立中小学，而且后来上牛津或剑桥大学。正如本书第二章所说，在这个特别注重社会阶层的国家，这种教育背景是人们对法官进行抨击和批评的理由。然而，世界各国顶层法院的法官大多数也具有顶尖大学教育背景。巡回法官中有一半的人成就非凡。高级法官中有许多人具有明星般的法律背景，是同辈中最著名的法律人。每个法域（国家或地区）在其顶层法院都需要头脑最聪明、受教育最好、工作勤奋、卓有成就的法律人士处理那些在智识方面具有挑战性的案子。英格兰司法界的精英主义根源于受阶级束缚的英国教育制度。与其他欧洲国家的人们不一样，英国的一些中产阶层愿意花钱给孩子购买精英教育。在其他国家的欧洲人看来，我们的这种风气不可理喻。由于私

63

立学校班级规模小，教学设施好，而且在家里也能得到父母的更多支持，私立学校的学生自然有更多机会考入牛津/剑桥大学。在有些法官上大学的 1960 年代，牛津大学和剑桥大学的一些学院的确与一些选定的私立学校直接有招生合作关系。所有这一切都意味着应该把批评的矛头指向这个具有社会分裂效果的教育制度。

　　本书中这些法官描述的这种社会阶层流动不会发生在将来几代法官身上。这是因为当代人在离开中学之后不会像二战后那一代人那样具有社会阶层流动性。因此，那些家庭背景一般但想得到顶尖工作的人（有些是来自高成就家庭的人）需要把社会地位标尺调低一点。社会学家劳丽·坦勒（Laurie Tanglor）在 2009 年的电视节目《大胆想》中已经指出这一点。　64

第四章　法官之阶的第一步：
成为兼职法官

　　我的确申请过……我曾经的实习导师怀疑申请时机（1979 年）是否适宜。在大律师行工作的人看到其前辈同行成为法官……并追随他们的脚步，这是很自然的职业成长过程。我不记得有面试程序……我当时是收到一份确认信函，然后我就成为当时人们称呼的代理巡回法官……那年代没有上岗培训。

　　我是眼含着泪水走回家的，因为我很高兴自己被允许审案。

　　　　　　　　　　　　　　　　　　　　　　　　——某位巡回法官

　　所有的七十七位法官都在兼职法官的职位上被"考验"过。这是 1970 年代以来的政策。第三章讲过了是什么因素让他们选择学习法律。在这一章，他们需要回答的是什么原因促使他们申请担任有薪酬的兼职法官，或者说明他们如何受邀*成为法官。我问了他们的招录经历和选任程序。由于研究样本中的法官担任兼职法官的时间跨度很大（早的在 1970 年代，晚的则在 1990 年代晚期，三位在 2004 年被任命为全职法官），因此这里包括了很多经历。这也反映了法官录用方面的逐渐变化。我还问他们第一次坐堂审案时感觉如何，这引发了许多不同的情感。有人觉得在那种熟悉的环境中"很令人高兴"，有的则觉得第一次也是唯一一次主持的陪审简直"恐怖"。

---

　*　此处原文为'pat on the shoulder' invitation. 其中'pat on the shoulder'在日常英语中的字面意义为"轻拍肩膀"，引申指以此动作进行的随意、亲近的友好表示。作者在本书中以比喻意义使用该短语，并不表示实际上有轻拍肩膀的动作，而是表示以前有些律师会以非正式的方式被法务部官员或者法官邀请担任法官或者申请担任法官。这种情形在 2003 年以后已经不再发生。本书中关于受邀担任法官的描述，都是指这种情形。就该比喻短语的翻译，基于译者向作者的说明及其认可，对该短语不必拘泥于其字面意义或者比喻意义进行翻译，只要在此说明这种情形即可。——译者注

有争议的选任制度

2006 年之前的法官选任制度很不公平。从 1970 年代以来这种制度便是法科学生的教科书经常批评的问题。在《2005 年宪法改革法》将选任制度常规化和设立司法任命委员会之前的几十年里，就法官选任制度一直存在一些用词激烈的批评。外国律师、法官和专业人士、与法律职业无关的人士都曾被要求研究法官选任工作。他们觉得这难以置信。司法总管菲利普斯在 2007 年说：

> ● 这个选任制度明显是要确保被选任为法官的人是好人。但是它未能确保好人被选任为法官。人们批评说在这个选任机制下就是一群牛津/剑桥大学毕业的白种男人选另一些牛津/剑桥大学毕业的白种男人。①

在 2007 年之前，选任法官的资格是基于律师的出庭权。② 出庭律师越是精英，在过去（以及现在）就越有可能进入并继续在司法界发展。但四十年里一直有一种批评声音认为成功的出庭律师具有的技能和气质并不能保证候选人具有法官的技能和气质。司法界的级别反映了法律职业界的级别。几乎所有的高级法官以及许多巡回法官都是御前大律师，他们是大律师界顶端 10% 的精英。其他大部分巡回法官是从剩余的 90% 的大律师中招录进来的。地区法官通常主要来自非诉律师。非诉律师占执业律师群体的 90%。

在任法官会被邀请就法官岗位申请任人提供咨询意见。在近至 2004 年，有一些巡回法官向我出示了申请任兼职法官的人的名单，并解释他们如何选择对哪些申请人给予评价。这种制度对非诉律师十分不利，因为大多数非诉律师都没有机会在级别高一点的法院的巡回法官和高级法官面前

---

① Judicial Studies Board Annual Lecture, March 2007, Judiciary website.

② 在《2007 年裁判所、法院和执行法》（Tribunals, Courts and Enforcement Act 2007）放宽资格条件之前都是如此。从 2010 年起，法务管理人员能申请地区法官和治安法院地区法官等岗位。

出庭。③ 有些没有在"适当"的高级法官面前出庭的大律师也批评这种制度。非诉律师协会说这些做法是"秘密事先打听（soundings）"，④ 并谴责这是"老哥们儿的圈子"。⑤ 非白人裔大律师以及女大律师也这么认为。研究表明，许多高院法官就是从少数几个大律师行里招录过来的。⑥ 在第三章中，的确有许多法官说自己是在顶级大律师行被录用为法官的。而且，当时所有的司法任命在程序上都是基于一位政治人物即法务部长的推荐。这里面的裙带关系和主观性危险很明显，但法务部长的这种推荐权对三权分立原则的违反直到 2003 年才被公开承认。当时欧洲理事会告诉英国议会说在面对英国的这种怪异的司法选任机制时向转型中的东欧民主国家解释司法独立原则就很尴尬。⑦

66

法务部长黑尔什姆法爵在 1980 年就列出了其选任办法，并表示潜在的候选人的资料会被保留。但直到 1994 ~ 1995 年，时任法务部长玛可法爵才在其网站公布全部选任标准、工作说明和申请表。虽然申请表可以公开获得，但从这里仍然可以看出整个选任制度还是混淆不清和不够专业。高等法院直到 1998 年才引入法官岗位申请系统。甚至在那之后，大多数高级法官的选录还是通过那种主动邀请的方式进行，但这种选任制度在 2006 年才终于寿终正寝。

尽管最终建立了面试制度，但本章中的叙述仍然能直观地表明旧的选任机制是多么不专业。这也证实了司法任命委员会对旧制度直言不讳的批评。司法任命委员会由外部的工商业人士组成。这批人习惯于透明公平的

---

③ 非诉律师从 1938 年起有资格主持季度审判。受薪裁判官从 1949 年开始有此资格，但其直到 1972 年才有资格担任兼职法官。在 1977 年，五位非诉律师率先成为巡回法官，当时已经有二百六十五位大律师担任巡回法官。见 S Shetreet, *Judges on Trial*（Amsterdam, North Holland, 1976）58; Courts Act 1971; Hazell, *The Bar on Trial*（London, Quartet, 1978）25。

④ Law Society（代表非诉律师群体）在 1991 年发布了一份讨论报告，其中对此有怨言。他们在这方面的立场后来慢慢变得强硬。见 'Society Urges Lay Involvement in Appointments', Law Society's *Gazette*, 13 March 1991, at 6。

⑤ 见上述所指 1995 ~ 1996 年对下议院内务委员会呈送的证据。

⑥ Hayes 的研究发现 1986 ~ 1996 年获任的高级法官有 28.8% 来自 1.8% 的大律师行，而且这些大律师行都在伦敦。司法任命委员会（JAC）在 2009 年的报告表明来自达到大律师界杰出标准（Barmark）的大律师行（即 690 个大律师行中的 43 个）的大律师更加有可能晋升到司法界。本书最后一章参考了该报告。

⑦ 欧洲理事会（Council of Europe）在 2003 年 4 月发布了一份措辞严厉的报告。该报告的作者厄瑞克·于尔根（Erik Jurgens）早前于 2003 年 2 月在英国议会下议院法务部长委员会的听证会上表达了这种尴尬。

招聘制度，但他们的调查发现过去的司法岗位选任犹如丑闻。他们认为在任法官对申请人的评价体现了"司法界和法律职业界存在的广泛的、系统性的偏见。这种偏见在任命御前大律师和司法任命方面对女性申请人、少数族裔申请人以及非诉律师构成了不利影响"。⑧ 在包括两名上议院大法官在内的众多批评者的巨大压力下，政府才在 2003 年宣布将会把法务部长的三重角色分离开来，并会改革司法任命制度（以及改革御前大律师任命制度、设立英国最高法院以取代上议院大法官的司法功能）。政府发布了一系列咨询文件。⑨ 在经过艰苦卓绝的沟通与妥协之后，《2005 年宪法改革法》终于确立了新制度的构架。⑩ 司法任命委员会也继续努力使司法界人员构成多样化，⑪ 这是在其成立之前就在做的事情。然而，改革后的选任制度依然受到法官的批评。这些法官认为他们对申请人的评价应该有分量和起作用。

67

是什么让这些律师去尝试做审判？

考虑到全英格兰和威尔士大约十五万律师中的大多数人永远不会去坐堂审案，我们需要了解是谁或者是什么使得其中一些曾经的律师去申请当法官。

郡法院（民事）地区法官

有十二位当过非诉律师，他们定期在郡法院登记官面前出庭，因此能准确地知道地区法官的工作情况。其中九位的申请是基于法官的建议。有三位在发现自己暂时不可能被接受（年龄不到三十五岁）后，又等了几年才基于法官的建议而申请。

---

⑧　尤其是 2003 年和 2004 年的年度报告。在 2003 年的报告中，他们指出在其二十年的经历中没有听闻过像秘密事先打听过程中的法官和律师们作出的那么模糊和主观的评价。当新的司法选任制度建立时，司法任命委员会被解散了。

⑨　Department for Constitutional Affairs, *Constitutional Reform: A New Way of Appointing Judges*, *Constitutional Reform: a Supreme Court for the United Kingdom*, *Constitutional Reform: the future of Queen's Counsel* (2003), archived website.

⑩　一些教材以及司法任命委员会网站对现行制度有解释。

⑪　比如任命像 Sylvia de Bertodano 这样的兼职巡回法官。'I hope my new role will encourage others', *The Times*, 4 June 2009. See further, P Darbyshire, *Darbyshire on the English Legal System*, 10th edn (London, Sweet & Maxwell, 2011) ch 14.

● 当时的法官是本地的另一位非诉律师……他跟我说他是一个代理兼职法官。我都不知道有这么个职位，但我还是很感兴趣……他说"那就申请吧！"于是我在1981年申请了。

那位同性恋非诉律师则是接受一位在法院工作的同性恋朋友建议而申请法官职位的：

● 我想我俩可能都暗自认为要是有个同性恋法官来审案子会不错……但是我的第一反应是"当法官？荒唐啊……"这是五十多岁的老人才干的事。

有两位是自己主动申请的。"我认为我能干你们法官干的活儿。"（1992年）。五位认为当法官比当非诉律师更有生活气息。还有一位认为当法官会让自己成为"更好的非诉律师"。高等法院的那位地区法官是在1996年看到了《泰晤士报》上的法官招聘广告。另外一位地区法官是因为生育孩子而出现了职业断层。

● 很少有大律师去申请……大律师行的一位女性友人以前申请过……这事儿听起来比较理想。我想……"这事儿能让我重返工作岗位"。

治安法院地区法官

申请人对治安法院的业务都很熟悉。他们曾经在那里出过庭或者担任过治安裁判官的书记员（法律顾问）。有两位非诉律师在伦敦时目睹受薪治安裁判官的工作后受到鼓舞。在两位大律师中，一位女性是受到另一位女性受薪治安裁判官的鼓励，但后者以后成了一位有名的巡回法官。另一位大律师发现大律师行的工作"糟糕"时接到了一位在任受薪治安裁判官的欢迎和建议。在第八章我们会发现他热爱治安法院的安逸，认为那是一个"没有法律的地带"。

● 大律师行的那些人都非常精明……我在那里很紧张，于是我申请到这个后来干了二十二年的工作之后离开了大律师行……居然没人发现。由于我是个喜剧人物……这种事对我而言完全是折磨……我给人的印象是这活儿很简单……我会一坐下来就是好几个小时，写结案陈词，凌晨三点钟起来改改文字……我那时候憎恨法律，现在仍然如此。

68

他憎恨大律师行业，却热爱当法官。这正好说明对法官的气质与技能的要求与对出庭律师在这方面的要求并不相同。

巡回法官

虽然上述人士有机会观察他们将来的司法工作角色，但有些人没有这种机会。有三十二位巡回法官曾被任命为助理兼职法官，或者过去所称的代理巡回法官。他们在这个位置上如果能证明自己令人满意，则会自动升任兼职法官。[12] 在任职时间最长的巡回法官中，有八位大律师是在 1980 年代早期被直接邀请去任兼职法官的。这通常是在他们成为御前大律师的时候。他们的叙述与下文将要提到的高级法官的经历类似。在 1979 年，哈泽欧（Hazell）说由于司法界经历了一个巨大的扩张而同时很少有非诉律师被任命为法官，于是

> ●任何执业满十五年的大律师……只要能大体胜任法律职业而且职业名声没有受损……则其就有可能成为巡回法官……实在是很难找到合适的人选。[13]

所以当时的法务部邀请大律师兼职任法官并不奇怪。下面这些叙述说明当时招录法官是多么急切，也说明当时的法官招录制度随意得让二十一世纪的申请人难以想象——如今竞争很激烈，申请过程很复杂。

> ●1984 年时我三十四岁……我所在的大律师行有三个人收到了同样的一封信。我们琢磨那信上说的到底是啥意思……信的大意是：

---

[12]　助理兼职法官在过去是一个非正式的任命或者岗位，可以被免职。但后来这个岗位被废除了，因为其违反了《欧洲人权公约》第六条规定的司法独立原则。

[13]　Hazell, above n 3 at. 25.

"假设我们邀请您进入某种职业，您是否会在将来某个阶段准备好……"这样的信很怪异。我们三人一起才琢磨出来："啊！他们是要我们去当助理兼职法官。"这事儿不错吧？（御前大律师1993年）

● 我收到一封信，信上说："能否请您过来会见巡回法官主管？"（1970年代末，御前大律师1983年）

● 我接听了一个电话。电话来自当时的法务部秘书长。他说："你有没有想过当助理兼职法官？"我说"没有具体想过"，因为我不做刑事业务。（1986年，御前大律师1981年）

● 有一位法官说，无论成败我都应该试试。于是在那一年我获得了任命。那时候我三十四岁。我在那个位子上干了六年之后升任兼职法官。被邀请当法官，我真的很受用，尤其是发出邀请的人是你曾在他面前出庭办案的法官。这标志着他认为你适合审判工作……这改变了一个人的职业生涯。

● 我在1985年收到了一封来自法务部的信。这封信邀请我去当兼职法官……我给法务部打电话问："你是否知道我才三十五岁？"于是他们让我三年以后再来。

有五位大律师是根据一位巡回法官的建议而申请的。有两位非诉律师成了代理兼职法官，他们是接受了一位全职法官的建议。还有一位非诉律师"很高兴"成为首批兼职巡回法官的非诉律师之一。他的情况就是自己的名字上了替补名单，就那么简单。

● 《1971年法院法》通过之后，非诉律师第一次有机会成为王庭法院和县法院的法官。我与大律师行的关系很紧密。其中一位建议我去申请成为当时的代理巡回法官……你只要把自己名字报上去……管理者就会邀请你去审案一到两周。

剩下的十八位的申请没受到外在因素的推动，完全是自发申请。

● 我觉得当兼职法官会有助于我以后成为御前大律师。

● 我是为了拓展自己的经历，也是为了以后可能当法官而作投资或者准备。（御前大律师1994年）

- 我很喜欢当全职法官这个想法，因此得从兼职法官开始……这主要是一个身份地位方面的事。如果你不申请，别人就会纳闷了。
- 我很多朋友都在申请。
- 我觉得自己急需一些改变，需要一些新鲜的刺激。

有三位提出申请是因为他们觉得自己会比那些本地的兼职法官干得好。还有一位认为当兼职法官是他做大律师业务过程中"一个很好的卖点"。

高级法官

有二十六位高级法官是在成为御前大律师或者财政部首席大律师（Treasury Counsel）那段时间被任命为法官的。与巡回法官们相比，他们之中更多的人是接受邀请而申请当法官。这部分是因为当时（1970 年代和1980 年代）的情况，也是因为这个律师群体更多可能被认为是"高成就的人"注定会成为高院法官。他们中间有二十位受邀担任或者申请高等法院的代理法官。其他六人则是受邀担任或者申请助理兼职法官岗位或代理巡回法官岗位。有些人还记得自己或者法务部期待他们会担任兼职法官，这既是"公共义务"也是为高院法官岗位做准备。英格兰和威尔士过去和现在都没有出现过进入法律职业后终生任法官的情况。高院法官通常是从大律师中而不是从巡回法官中选任产生。哈泽欧指出，到 1979 年时，高院法官人数在二十年里已经增长到原来的两倍。由于这种机会是给大律师的保留地，"大律师在其职业生涯末期进入司法界担任受薪法官的概率高得非同寻常"。[14]

70

- 我收到了邀请，而且被说服了。我认为担任法官是一种公共义务。（1980 年代初）
- 我被告知有人要求我担任助理兼职法官一职。（1974 年）
- 我所在的大律师行里的每个人似乎都在其临近四十岁或五十岁时成为兼职法官。我也被催促着去申请。（1979 年）
- 哈里·伍尔夫（Harry Woolf）打电话给我。这完全出乎意料。他们在巡回法官这一块一定是缺人了。我可能填过一个表格，但是没

⑭ ibid 27.

有面试。（1980 年代初）

● 我们专利大律师行的六位御前大律师都收到了邀请。（1980 年代末）

● 我之所以申请，是因为这是社会对我的期待……这听起来很装腔作势……但确实有这样一种责任（义务）感。（1987 年）

● 我被任命为财政部首席大律师后不久就被邀请担任法官。我只是收到了一份申请表，于是知道了其中的意思。我感激他们对我的期待。如果你成为财政部首席大律师，那么通常接着干六年左右之后就会成为高院法官。当然不会有这种保证，但我被任命为财政部首席大律师时这一点已经很明显了。……高等法院的每位法官都这样，只有一位目前在任的法官除外。（1982 年）

● 大律师协会的会长把我们几个新近获得御前大律师资格的三个或者四个人叫过去。他说他希望我们这一代来自衡平法业务大律师行的人申请成为兼职法官，以有助于衡平法业务大律师们的职业发展。因为他认为当时有一种感觉，就是一个人如果是在衡平法业务大律师行，那么他唯一能去做业务的地方就是高等法院衡平部（而不是业务更全面的王座部）。（1993 年）

有三位收到邀请后大吃一惊。第一位现在是最高法院大法官。

● 不是开玩笑啊，我当时真的给法务部长办公室回电话说："你们确信不是指另外两个人吗？"因为另外两个人和我姓名相似。（1980 年代初）

● 我收到了一封来自巡回法官管理处的信件……后来没有面试，完全是基于事先秘密打听。我想在当时被邀请是被认为出庭能力强的一个标志……因此这的确像在业务领域的业绩积分。（1980 年代初）

有六位是自发申请担任法官的。他们之中也有人说这是"自然而然"的职业发展方向。一位非常成功的大律师获任御前大律师，在适当的时候他可能成为高院法官。为了实现这一点，他得先有一些审判经历。为此他当了一段时间受薪但报酬不高的兼职法官，从而满足了法务部的要求，并与法务部建立了一种象征性的关系。

● 我申请是为了让我的职业生涯更上一层楼。我下一年想成为御前大律师……我的申请完全没有利他的原因，完全是为自己。（1988年）

● 我在1986年申请御前大律师资格，但没能成功。我的见习指引大律师……说："别灰心。大多数人第一次申请都这样。但是如果你先申请当助理兼职法官的话可能会有一些好处。"这就是说我过去不过是勤勉尽职于我的职业生涯。那时候他们急于招录法官，负责这一块的是沃格诺尔（Ognall）法官……他后来跟我说："恭喜你们五个人，你们在成为御前大律师之后通过申请走这条发展路子来巴结法务部。"我是其中之一。

只有两位只是单纯为了兼职工作本身而申请当法官。

选任的经历

整个选任制度逐渐变得正式。如前所述，1970年代申请的那批人只需要请求把自己的名字加入一个候补名单就行了。在1995年之前，每年都会有一个竞赛。这个过程首先对代理巡回法官申请人，然后对兼职法官申请人逐渐严格起来。从2002年开始，这两类申请人需要到评估中心接受一整天的评审。

地区民事法官

有三位非诉律师是在1980年代申请担任法官的，他们没经过面试就获得了任命。有五位在1993年前申请，他们在法务部参加了一个时间不长的面试。主持面试的是同一个人。

● 在去伦敦的火车上……我紧张得喘不过气来……然后我突然意识到人们第一次上法庭估计也是这种感觉……后来我与法务部的海伦·贝克（Helen Baker）女士会面了。她把所有的地区法官都看作她的孩子，因为所有的面试都是她一个人主持的。

从1990年代中期开始，选任过程变得更具有挑战性。

●需要填写一份申请表。从本地司法界找两位评议人……后来对我进行面试的是一位高级地区法官、一位法务部的工作人员，以及一位非专业的治安法官。面试没有固定的模式，但如今有固定模式了……地区法官当时问了我许多法律规则。那位非专业的治安法官和法务部的工作人员则给了一些一般提问。就这样持续了大概半个小时。几个月后我收到了一封信。（1996 年）

也是在 1996 年，那位因为生育孩子而中断执业的女大律师经历了一场"噩梦一样"的面试。后来她向法务部投诉说面试不公平：

●参加面试的地区法官不断向我抛出法律方面的提问……我不断地回答说我不知道，这让我觉得很羞辱。我后来查看了关于面试的相关说明，其中并没有说会有具体的提问。于是我联系了法务部……法务部回复我说下次申请之前可以先参加一个关于担任代理地区法官的介绍课程……我后来去参加这个课程时知道自己没有获得任命，因此很尴尬。后来我又申请了，然后也获得了任命。（1997 年）

治安法院地区法官

任职治安法院地区法官时间最长的人是在 1970 年代末期提出申请的。那时的选任过程缺乏透明。

●我三十岁出头时就表示对这个工作有兴趣……但我等了很长一段时间。因为那时候只需要一封信、一个面试。没人知道这个过程到底是怎么回事儿。（1981 年）

●我记得那时候需要有四位评议人。我受邀接受伦敦大都会首席治安裁判官（Chief Metropolitan Magistrate）的第一轮面试……然后又接受法务部工作人员的面试。面试中除了面试官之外还有一位做笔录的女秘书。但很明显，她不仅仅是做笔录而已，因为她与我有一些具有意义的眼神交流和点头示意。（1987 年）

●我南下去了伦敦……穿的是我的幸运正装（当时熨烫时烫焦了）。我去参加面试时裤子已经被烫焦了，这很糟糕。但面试本身很轻松，只有一位笔录人员和一位男士……他们来自法务部。因此我暗自想："那男的说啥我都赞同就行了。"于是当他问我"你愿意在英格兰任何地方任职吗？"时，我说"行，我愿意在任何时候任何地方审案子……"面试持续了十到十五分钟，我不是非说啥不可。（1994年）

下面这位非诉律师是在1990年代末提出申请的。这个时候的选任过程已经明显更加严格，竞争更加激烈，这是因为这时候适逢法律援助要被削减，许多律师觉得法官是一个收入稳定的有吸引力的职业。由于她当时担任非诉律师，所以很担心没有适当的"关系网"来为自己提供评议和推荐。她进行了两年的申请准备，后来她得到了移民裁判官岗位，再后来甚至获得在王冠法院出庭的资格，以便被可能会为她写推荐评议的巡回法官"认识"。她说这个过程很漫长。在这方面，巡回法官的经历更糟糕。

● 简直是辛苦。申请表需要花费精力。我做了十份草稿。很难找到适当的、有分量的推荐评议人。因为非诉律师与高院法官不会有联系……能联系到王冠法院的法官已经是幸运了。虽然你可以得到本地治安法官或者本地受薪法官的推荐评议，但这仍然很难与能够接触到许多种法官的大律师们竞争……我在申请之前的两年里的确获得了王冠法院出庭资格，而且在那里实际出过几次庭。我确实不喜欢这么做，但不得不做。因为我得让他们认识我。有几位法官对我评议不错，对我的表现表示高兴。其实我就是整天坐在王冠法院，做一些我不得不做的事情。说实在的，我不得不让自己给他们留下印象。后来我问他们"您能支持我申请吗？"，他们就支持了……申请表送出去之后很长时间没有回音。这种拖延让人无法忍受……你甚至不知道他们是否收到了申请表或者表格在邮寄过程中丢失了。然后突然在某个时间，你收到一封信要你去参加面试。

巡回法官

有九位在1970年代末或在1980年代初受邀申请的人是"被加到巡回法官名单上"的，根本没有面试。玛可法爵在2010年解释说所有在职十年以上的大律师和已经申请法官职位的非诉律师都会被考虑任命到助理兼职法官岗位。在那个年代提出申请的人都填写过一个表格，但没有面试。有五位大律师认为这个招录过程不透明。他们的经历说明这个过程在当时多么令人困惑、多么不公平，而且有些令人厌恶和吃惊——即使在1990年代，也仍然有一位申请人等了六年之后才得到答复。

    ●没有被任命为助理兼职法官我感觉很失望……当我投诉之后，得到的答复居然是"噢，你根本没申请过！"（1979年）

    ●在1980年代初的新选任制度下，我所在的大律师行里几乎每个同龄人都收到了申请邀请。我当时太年轻，但我最终发现必须得申请，但这一点当时并没有公开。

    ●我两次申请当兼职法官，第一次是在1990年。那时候邮寄一封信过去就是递交申请了。六年里没有回音。后来让我去面试。我去了，然后又没回音了。

    ●我申请过……但两到三年里我都被晾在一边了……后来有一位前辈级御前大律师提醒法官说我申请过，然后我就有机会去参加面试了。

    ●我那时候搞不懂那个选任制度是怎么运作的。我在1989年1990年之交给法务部写了一封非正式的信询问他们能否告诉我这一点。我现在都不敢相信我当时脖子那么硬敢那样做。他们给我回信说那是对刑事大律师的要求。但我明确说过我不是刑事律师。后来他们打电话问我是否愿意参加他们的一个对申请者进行面试的试验计划。我会成为面试官的小白鼠，而且不能从中有所猜测吗？我去了上议院。在那里会见了一位很好的公务员和北部巡回区的一名法官，然后我们就模拟面试。他们拒绝了我，因为他们说"在与我们谈话的所有大律师中，你的材料中没有任何突出的情形。对于我们而言，你并不存在。为什么是这样子？"他说"这并不是坏事。这意味着没有人投诉过你或者说你的坏话。"后来我就离开了，以为这事儿就到此为止了……但不久之后我收到一封信说"我们已经任命你为助理兼职法官"。这是1991年初。我对此完全吃惊得说不出话来。（御前大律师1993年）

有三位是在1986年提出申请的。他们在法务部接受了同一个人的面试。下面这位大律师也担心没有合适的法官认识他。

●我从头到尾都很担心。我得去法务部见一位带着两位秘书的女士。她丈夫是一名法官……她本人很聪明。她向我提问了许多问题，而我像猫一样紧张，但这个过程还算顺利。于是我成了助理兼职法官。（他被要求提供评议推荐人）这就困难了。我只在一名高院法官面前出过庭……我给他写信问"您是否愿意作为我的评议推荐人？"他回答说他不记得我，但是让我去见见他。我一去见到他，他就想起来我是谁了。（1988 年）

十年后，当下面这位大律师获得任命时，选任制度更加专业了。　74

●那是个新鲜的经历。填申请表，琢磨自己适合哪些标准……后来就是面试了……我认为这个程序透明、公平，而且实施得当。

让我们看看那五位曾经当过非诉律师的巡回法官。其中一位在申请成为助理兼职法官之前正经当过兼职地区法官。有一位认为自己作为伦敦金融城律所的合伙人不可能会兼职担任法官，于是在申请之前离开了律师事务所。两位觉得在那些通常的大律师申请者中自己感觉像局外人。他们也担心自己没有适当的司法界人际关系网。

●我是一个小律所的非诉律师。因此没什么人能供我去求助或者去询问可能发生的事情……他们要求我提供推荐评议人，我能提供的是法官的书记员以及一两个我认识的高级治安法官。我没能力让法官做我的评议人，因为我想许多巡回法官都不认识我。（1993 年）

下面这位之前已经担任过代理地区法官。这位新任的非诉律师的法官在本书其他章节提起了他作为具有出庭资格的非诉律师时以及后来担任法官时，被势利的大律师歧视。尽管地区法官是在法官阶梯的底层，却是被看作"低人一等"的非诉律师们所向往的常规职业路径。这位法官继续维持着他的雄心，即成为王冠法院的兼职法官——这是大律师们的"自然而然"的职业路径。他觉得自己起初是被晾在一边了。后来即使他的申请成功了，他也发现像他这样的非诉律师被怪异地当作局外人看待。

●有好几次我被提供了全职地区法官的岗位，但那不是我想要的工作。我曾申请成为兼职法官……那是在 1980 年代初期。我那时真的认为一个非诉律师只有在被律师协会熟知的情况下，才会去申请成为法官。除非你有对路的关系网……否则很困难。后来我打电话给他们说我没收到任何回音。他们说"噢，我们似乎没有收到你的申请"。当时就这么荒诞。但我在 1980 年代末又申请担任兼职法官，然后我大概在 1990 年参加面试，在 1991 年上任。即使那时候也只有三位非诉律师走在这条职业道路上。他们在我们的名字旁边加了一个字母"S"（solicitor，非诉律师）以示区别。这就像给犹太人标记的大卫之星！

我没有向高院法官询问他们的申请经历，因为他们大多数人都是受（法务部的主动）邀请而担任法官的。

坐堂审案感觉如何？

我问他们的兼职法官工作是否符合他们的预期。许多人觉得还习惯，并且对于被赋予的责任而感到兴奋。但也有人是进入了一个如此陌生的领域，以至于他们觉得先前的预期不现实。

地区法官

十二位具有郡法院出庭资格的非诉律师很清楚自己的期待。三位说审判"具有挑战性"。一位喜欢审判，但觉得难以在律师执业期间兼职从事审判工作。他们对审判经历了不同的情感。两位觉得对此有激情——其中一位说超出了预期，另外一位感觉像在家里一样。四位说审判工作"令人非常紧张"。[15]

---

[15] 见 L Alpert, 'Learning About Trial Judging: The Socialization of State Trial Judges' in JA Cramer (ed), *Courts and Judges* (Beverly Hills, Sage, 1981)。阿尔珀特（Alpert）提出了法官社会化的一种模式的五个阶段，其适用于佛罗里达州的初审法官们。但同一本书中的另一论文作者外斯（Wice）发现这种模式不适用于宾夕法尼亚州费城的法官们，这两位作者的研究与本书都不具有可比性，因为他们研究的法官都是直接担任全职法官，而且在费城"所有接受访谈的法官都认为司法选任过程的高度政治化并没有问题"，而且他们任职五个任期。阿尔珀特的有些研究发现对本章以及接下来两章具有重要性。他谈到了"现实震惊"（"reality shock"）、自学以及边干边学。

● 你以为自己以前出过庭，一切都见过……然而，当你真正坐在法官席上时，你处理的事情对别人性命攸关。这不是在完成书面任务而已，因为你的判决可能会让当事人破产，或者房屋被收走，或者孩子被带走。

● 我觉得有难度……这年头我们当律师都是专注于自己的业务领域。但从事审判则涵盖的法律面很广。

● 自己申请，每次都是一种学习……我过去会向其他法官请教；在这方面没遇到过任何障碍……你得学习，而且得学得快。

● 我的第一反应是"为什么我要这样自作自受？"……但不久之后我就觉得轻松了，而且喜欢上审判工作。不过，坦率地说，审判工作确实真的难。我想做好审判，而且想继续干下去。第二，我不想与其他人疏远。因此，比如在午餐时我会听到其他法官就同性恋说一些冒犯的话，我会忽略这些，闭嘴不说……此外，你得尽量多干活儿。过去我经常做办案文书直到晚上六点才下班，然后回律师事务所。这样可以努力维持自己作为非诉律师能给律师事务所创收的形象。但我的合伙人们对我兼任法官并不感到高兴。

他在午餐时沉默不语，而且对于与全职法官疏远而感到焦虑（这些全职法官将决定他以后的全职岗位申请）。我在研究期间看到的其他兼职法官也是这样。全职法官们并不认识新任的兼职法官，因此这些新人们通常会默不作声、低头吃饭，只在应答别人时才会说几句话。那些不想成为法官的有经验的兼职法官则是法官们以前当律师时的同事。他们会与法官们分享来自大律师行的八卦。

76

治安法院地区法官

代理的治安法院地区法官通常会被分派到远离家门的地方从事审判工作。虽然他们不曾提及，但是可能会认为那里的审判业务不像地区民事法官的业务那么具有多样性和压力。因为治安法院地区法官的独特优势是他们有经验丰富的法律顾问辅佐他们。四位法官很快就对审判很有热情，觉得"真的很有趣""很享受""令人高兴极了"。

● 有点像说喜剧段子。你在法庭上更加伶牙俐齿，而且会意识到法院的动态，会回应公众的需求。

> ● 审判工作令人高兴……我是作判决的人，不必再像以前那样用几个小时等待非专业裁判官作判决。我能掌控这里。但这个工作也有不好的方面，比如管理差劲得令人吃惊……在有些日子里，我的印象是他们管理人员完全忘了我要过来进行审判……这真令人沮丧……他们从没有让法院充分超负荷运转，因此没能考虑到这里只有一位法官、而不是三位非专业裁判官……我花在购物上的时间比做审判的时间多……我也知道这个工作乏味的一面……许多案子都是关于电视收视费……罚款……以及交通的，简直是没完没了。

> ● 这工作不错……我一生都在期待这样不难但比较刺激的工作，因为这个工作涉及许多事情。我不能长时间集中精力做事……这个工作很适合我，因为包括审判在内的每件事情都可以三分钟内搞定。在我看来这里适用的并不是严格意义上真正的法律……比如不需要对陪审员提供小结指引。简化是这里的行事原则。非诉律师（他所在法庭的出庭律师）基本上都是商业人士。他们希望快来快去和速战速决。

还有一位法官和上面这位一样很敬畏责任。

巡回法官

三十二位地区法官中有二十一位已经在大律师行做过刑事业务，因此理解法官的量刑和陪审指引工作。九位提到他们很喜欢审判工作，认为这个工作教他们懂得了良好的出庭技能的价值。

> ● 真的不错。有时候我会带着家人去……然后我们占用一整栋房子……孩子们喜欢在海边。

> ● 我开始轻松并享受这个工作……可以集中关注一个具体的案件或者少量关注多个案件……没有律师执业的那种压力……做律师时你得老是想着下一个案情汇报会是什么时候。当法官就可以按照自己的节奏和自己的能力来。

> ● 我立马就知道当法官这个主意不错……我那时候做的一些事情是当今的兼职法官们碰都懒得碰的。我受托审理了一起祖父性侵其孙女的案件。如今这种案件可能会由擅长办理强奸案（rape-ticketed）的

法官来审判。因为审理那个案子，那个周末我有点伤心……但整个工作和我期待的一样。

　　●我非常享受自己进行的第一次审判……在我面前出庭的是两位同龄人。他们表现得比较规矩……那是一个街头抢劫案。书记员后来出来对我说……"我难以相信这是你审理的第一个案子"。

　　●超出了我的预期……我把第一周写进了日记……那感觉就像我在等待我一生都要做的事情……完全没有压力。

　　●我首先感到的是自己出庭时的那种压力被大大释放了……作为法官……你主要是坐在那里听别人陈述，并且自己判断，然后给出判决就完事了……你也会认识到律师出庭的价值，即使在毫无希望的诉讼中也是如此。大律师的优质努力让我看到被告人席上那可怜的家伙时可能会倾向于给他少判三个月刑期。

　　●让我对法院和初审过程有了完全不同的看法……耳目一新……也能让我看到案子的方方面面，还让我学到了一些作为出庭律师你绝不会做的事情。从那以后，我再也没有斜靠发言席。

有一位法官虽然之前已经做过十七年的刑辩业务，但在法官的位子上依然有浴火重生的感觉。他成了一位著名的巡回法官，而且在培训新任兼职法官方面领衔推出了一些激进的完善措施。他会让受培训的兼职法官经历一场有问题的模拟初审。关于培训的那一章会对此有生动描述。

　　●一个十三岁的女孩开始推翻她自己先前的陈述。她变得很有敌意。这时候作为法官就会想"我该怎么处理？在这种情况下，不能让她进监狱——她才十三岁"。这种情况是如今我所说的毫无价值的初审情况。但这当时对我非常重要，而且我敢说这对其他人也很重要。正是在那一时刻，我意识到那是多么大的一个挑战。我知道……现在听起来有点装腔作势。有时候真的很吓人。

另外一位经验丰富的大律师说他的第一个判决是"胡说"。有五位已经多年没做刑事业务了，因此他们将审判描述为"可怕""吓人""伤脑筋"。

五位曾当过非诉律师的巡回法官的体验不一样。其中两位已经担任郡法院登记官，一位曾是代理巡回法官，还有一位曾是全职法官，因此他们都至少有一些审判经历。但其中的一位对"法官工作的广度"感到吃惊。他是郡法院的登记官。但他认为下一个岗位，也就是王冠法院的助理兼职法官，"令人兴奋"。他说：

> ● 向陪审团讲话，我以前作为律师出庭时从来没这么做过，后来作为法官这么做时觉得很有趣。这对我来说是一个大问题，但也担心，因此不会出错。最大的收获是置身于案件所涉争议之外。当你面对的出庭律师不进行一些答案明显的提问时尤其如此。

第二位发现转行从事不熟悉的刑事业务"具有很大的压力，但如果你想继续当法官就必须审理一些刑事案件"。其他人以前没有审判经历。两位已经出过庭。

> ● 那些比较忙的非诉律师过去并不经常去王冠法院……因此对法院的整个过程都感觉新鲜。
>
> ● 我以前不知道当法官和当出庭律师的不同。如果你是出庭律师，那么你与案件同在……你控制着案件……不过你也得留意对方当事人那边的情况……但作为法官时你就超脱许多了……这完全是不同的体验。

下面这位非诉律师被分配去担任民事案件的助理兼职法官。他以前在类似案件中做过诉讼业务，而且还在法院参加过大律师的案子。法庭对她而言并不陌生，而且她的情况符合其预期。但工作环境让她吃惊，那就是孤独的法官席上的孤单的法官。在餐室里时，她在那些以前是大律师的法官们中间感到自己像一个局外人。

> ● 我是哭着走回家的。我本来很高兴自己能进行审案，这似乎是许多追求累积的结果。我的指引法官多次对我说……"要记得你自己是在一个金鱼缸里面。"……这形象听起来不错。我喜欢事情在我这里得到解决……也许我不像大律师们那样很熟悉程序方面的规定。那天晚上我很乐于坐下来读书，并在后来边做边学。唯一让我震惊的是

那种寂寞感。我以前都是在一个团队里做事。当我一个人在办公室……一个人出一个人进时……我真的觉得惊悚。以前当律师时有大家一起的午餐时间。法官餐室里大家谈论大律师行里的其他人以及其他法官，但是我不参与这些社交闲聊，因此我一是觉得寂寞，二是觉得有点像局外人，而且愚蠢的是我以前没想到这一点。

高级法官

有八位高级法官的司法生涯的早期是在王冠法院审理严重的刑事案件，但在这之前他们并没有刑事业务经验。第一位说了一句有名的但看起来来源不明的话："我听到对陪审团的指引小结是我自己说出来的。"另外一位说："在那以前，我从没上过刑事法院。"但是他们喜欢那种经历。两人说他们原以为刑事审判会无聊，但吃惊地发现其实很有趣。有一位说刑事审判"有挑战性——每天都有出乎意料的事情"。下面几位都得益于1980年代或者1990年代密集的培训课程，因此并不太胆怯。

- 弄清楚如何一分钟一分钟地逐步进行刑事案件的初审确实是一个费神的学习过程。

有九位以前就是刑事业务律师，四位有一些刑事业务经历，五位喜欢刑事审判，一位认为刑事审判"可怕"。

- 我第一次宣布量刑的经历很带劲，背后有法律的全部力量。

有一位刑事律师认为刑事审判具有威胁性。

79

- 没有人教你如何进行陪审指引小结或其他事情。我第一次审判时……排期审理的案子全部"崩溃"了。我记得那次是11:15结束……那时候我走出法庭，却完全不记得我刚刚审理的那个案子。

有三位被任命在他们熟悉的民事领域进行审判，具体是在高等法院衡平部业务和专利纠纷方面。但其中一位仍然觉得有些惊奇。

● 有些事情出乎我的意料。比如……我发现我是法庭里唯一的一个法律职业人士。双方当事人都是亲自出庭，都没有请律师。

这个评论与本书的骨干章节（第八章到第十五章）非常相关。这些章节表明民事和家事案件法官是多么频繁地直接面对当事人本人（无律师当事人）。法官们认为这是其工作中最具有挑战性和最有压力的部分。当然，也有人第一天就遭遇了一场灾难。

● 第一天真可怕……陪审团太固执。他们认为那位女被告人就其面临的六项指控都无罪，但顽固地认定其就一项一般指控有罪。我努力把他们向相反的方向指引和劝说，他们没听。判决作出之后控方立马就上诉了。上诉状中说"我们博学的助理兼职法官已经竭尽其不胜任的最大努力，但是……（如何如何）"。我当时想我的职业生涯就到此为止了。

结　论

参加本研究的全部七十七位法官都在任兼职法官时接受了考验。本章展示了他们在录用和入职上岗审案方面的多种经历。这取决于他们什么时候获得司法任命、任命到什么级别，以及他们担任过非诉律师还是大律师，还有他们是否熟悉自己将要任职的法院。

由于大多数律师永远不会担任法官，因此探究这些人为什么选择当兼职法官就很有意思了（虽然很多人是被要求去申请担任法官的）。一部分人是受全职法官的鼓励，这些全职法官知道这些律师的出庭表现。有些是受到已经担任兼职法官的律师同事的鼓励。大多数地区法官和治安法院地区法官在一种法院中的一种法官面前出过庭，因此认为他们自己也能胜任法官工作。但是有一位大律师很乐于逃避在王冠法院担任刑辩律师的苦楚，而选择在治安法院从事没有压力的简易审判程序。在这种审判中，他不必多理会法律。与其他人不一样，六位代理治安法院地区法官或者代理"受薪裁判官"在申请成为兼职法官之前就知道自己是为以后全职从事审判工作做准备。

1980 年代巡回法官匮乏，使得法务部主动写信邀请一些大律师申请成为助理兼职法官。这种邀请函用词有时候比较神秘。这样的邀请让一些年轻的律师高兴雀跃。那时候的高等法院也缺人，于是那些法律界的大成人士，也就是御前大律师和财政部首席大律师会更加有机会被推上法官的位子。这些人接受我的访谈时会用"期待"和"使命感"这样的词汇。这两个群体中有好几位是受在任法官的催促而申请担任法官的。有一位大律师，尤其是似乎注定要成为高院法官的那位，在内心深处认为担任法官是他的使命。这是一种共生关系。大律师行业为法务部提供了方便、快捷、　80灵活的法官候选人名单，以便解决法官人数短缺问题。同时他们也经历过受薪审判工作，这是大律师职业生涯中一种自然而然的发展。这种发展也是为其以后成为御前大律师或全职法官而积累履历。十八位主动申请审判岗位的巡回法官也认为这是一种职业提升，或者认为这是社会对他们的期待，或者就是复制了他们朋友的发展路子。只有六位高级法官当初是自己主动申请的，但申请的动机与前面十几位法官一样。全部二十六位高级法官和许多巡回法官后来迟早会意识到他们在成为御前大律师或者财政部首席大律师的那段时间前后就被强烈期待去申请担任兼职法官。

他们的体验有很大不同。这也直接反映了他们被招录到法官岗位的那个年代的情况。从 1970 年代开始，司法任命制度就受到了非常严重的批评。那时及以前的法官任命制度被批评为极端精英化、对大多数执业律师不利、充斥着裙带主义。其由一名政府部长具体实施，而且过于受到在任法官的影响。本研究进行的访谈生动地再现了一些被排斥在外的律师群体对这种制度的长期批评。这些群体包括非诉律师、女大律师以及少数族裔大律师。1970 年代和 1980 年代被任命的巡回法官和地区法官在招录过程中只需要把自己的名字添加到替补名单中就行了。随着法官选任制度逐渐变得正式化，想当法官的律师从 1980 年代开始得申请并接受面试。但申请制度令人困惑不清。这种情况直到法务部在 1994～1995 年将职位说明和申请表放到其网站上时才有所改观。然而，兼职法官的申请经历表明甚至在 1990 年代，律师们申请法官职位之后可能要经过六年才能得到回复。即使在引入面试环节之后，他们的经历也表明这样的面试甚至在 1990 年代中期都很不专业。

更糟糕的是，在代表非诉律师的律协（Law Society）看来，法务部长所谓的与在任法官进行的"咨询"是"秘密事先打听"。那些受排挤的律师群体批评说这种制度不仅是令人惊悚的腐败，而且其与外部人所习惯的正规招录制度相左。然而，这种制度在本研究进行期间（已经是 2003 年之后了）仍然在运行。本章叙述的一些经历更是让这些批评有血有肉有根据。我们一再看到非诉律师和其他人如何急于让"合适／对路的"法官认识自己，以便让这些法官在事先秘密打听的过程中支持他们或者至少给予推荐。到 2004 年时，竞争的激烈程度正好与 1980 年代相反。这时候有成千上万的律师想进入司法界。法官选任制度也逐渐变得现代化和透明，并且运用了一些花费时间的表格和评估中心。大律师们称赞这样的制度公平。但非诉律师仍然因需要认识"合适／对路的"法官而觉得有压力。他们有些人要为此准备好几年，比如，为了在合适的法官面前出庭而先获取出庭资格，以及承担更多的初级司法工作。大律师们（他们没有充分合适的理由认为自己所在的行业比非诉律师高级）正在被青睐或通过培养获得兼职法官资格而成为巡回法官。与此同时，至少两位非诉律师似乎将目标调低到地区法官职位（这种职位被认为是当过非诉律师的法官的天然安身之处），另外也向上瞄准巡回法官职位。他们最终也成了巡回法官。

81

本章中的访谈也显露出一个隐藏的、不位外界所知也显然不为申请者所知的政策，即律师们在三十五岁之前不会被考虑作为兼职法官的人选。由于人们学法律的话通常会在大约二十一岁时毕业，然后在二十三岁或二十四岁成为非诉律师或者大律师，这意味着他们成为兼职法官之前有十一年的时间担任律师。七十七位法官在兼职岗上被考验了至少五年，因此他们在三十三岁或者三十四岁时本来可以成为法定合格的全职法官。最近几年不断有人研究为什么我们的司法界人员背景缺乏多样性。[16] 这里显露的其中一个造成司法界老男人居多的原因是在成为律师和获得全职司法职位之间长达十五年的间断期。本章引用的访谈笔录暴露了这个三十五岁年龄槛规则，也确认了这种漫长时间的原因。

无论对其所处的环境怎么熟悉，当这些新上任的兼职法官第一次坐堂审案时，他们还是为其职责所触动。许多人觉得兴奋。有人觉得有些吓人，因为正如一位地区法官所说，审判"处理的是人命攸关的事情"。代理地区法官们在郡法院虽然舒服，但其也面对着广泛的法律与事实裁决的挑战，同时他们依然承受着作为非诉律师的工作压力，而且冒着由于兼职

---

[16] DCA, *Increasing Diversity in the Judiciary*, 2004, CP 25/04, on the archived DCA website, in the consultation papers.

审判而惹恼律师事务所合伙人的风险。与此相反，所有的代理的治安法院地区法官很快就爱上了审判工作。他们处理案子一般快捷、简明、简易，程序也比较轻松。虽然他们是离开家庭所在地进行审判，但他们对治安法院很熟悉。他们是业余法官群体中特殊、新颖、唯一客座的职业者。他们独特地配有法律顾问。这些人可能是大律师或者像他们一样的非诉律师。这些法律顾问帮助他们在审判全程中不偏离轨道、为他们提供法律解释、向他们展示其量刑权力的范围，并在总体上去除这种审判工作的吓人之处。

虽然三十二位巡回法官中有二十一位对王冠法院"熟悉"，但只有九位说他们喜欢起初的裁判工作经历，因为没有律师执业的那种压力。其他人则由于没有受过培训或者由于陪审案难以预测和量刑过程复杂而感到害怕。有一位经验丰富的刑辩律师说他第一次主持陪审案件时的经历很惊悚。因此，当他后来成为著名的培训法官之后，他确保每一位新兼职法官都会经历一次浴火重生式的模拟审判。我们在关于司法培训的那一章会讲到这一点。他那可怕的经历催生了这个高度实用和技能性的兼职法官培训。这种培训被誉为"超越了时代"，而且依然令受培训的人惧怕。曾任非诉律师的巡回法官则觉得其不熟悉的王冠法院审判工作非常具有挑战性。有一位曾经习惯于团队工作的巡回法官对于郡法院审判工作的寂寞以及在法院餐室与一群年纪更大的具有大律师资格的男法官为伍感到很吃惊。

尽管高级法官们是在一连串挑战中还生龙活虎的集大成者，而且多数人也享受在新职位上的挑战，但他们也有一些不同的感想。八位过去并不熟悉其在王冠法院担任兼职法官时必须处理的刑事业务。那些接受过那种令人生畏的模拟审判训练的人在第一次实际审判时感到不那么糟糕。但由于陪审团的不可预测性，有一位的第一次审判经历简直是噩梦。有一位高等法院衡平部的法官很吃惊地发现他是法庭里唯一的专业法律人士，因为双方当事人都没有聘请律师代理出庭。但他们以前作为律师出庭时通常不会遇到许多这样当事人双方都没有律师代理的案子。在接下来的第五章和第六章，我们将了解七十七位法官如何描述他们的司法培训经历，并研究他们是如何成为全职法官的。

82

83

第五章　成为女王陛下的法官

> 我本来想成为一名法官，但是我的拉丁文根本没达到那个水平。这不足以让我通过严格的法官资格考试。这种考试很严格。参加考试的人从考场爬出来后都说"我的天啊，这考试真难！"于是我就成了一名矿工，一名煤矿工人。煤矿工资格考试不那么难。这种考试只问一个问题"你是谁？"我得了 75 分。
>
> ——威斯提（E L Whisty）*（彼得·库克创作和饰演）
>
> 《女王剧场之夜》，1976 年

我们需要知道这七十七名研究对象是怎样成为全职法官的，因为很多律师在力争成为法官的路上最后止步于兼职法官。这些没能"更上一层楼"的律师要么是被认为不适合当法官，要么是他们意识到自己并不喜欢当法官。比如，那位著名的财政部首席大律师受邀去担任过高等法院的代理法官，但发现自己"讨厌成为关注的焦点"。[①] 本章的一位独立评阅人就下文的一些访谈实录进行了评论。他认为"许多高级法官说他们从没想过升职到层级更高的法院"这种说法不靠谱。他认为"这是一种群体型的矫情，他们装作自己从来没有想那么多"。但这真不是矫情。许多人的确承认自己是想得到法律界的一个任命，但大多数律师没想过要申请司法岗位，而且高院法官完全知道上诉法院法官描述的那种吓人的工作量。既然如此，为什么这会被认为是"升职"？的确，需要解释的是，一个自由自主的御前大律师可以每年给自己安排漫长的假期，可以自己选择案件，可以收入几百万英镑，却选择了薪水低很多、工作时间长很多的高等法院和

---

* 这是英国当代喜剧作家彼得·库克（Peter Cook）创作并饰演过的喜剧人物。其在剧中曾经努力想当法官，但由于拉丁语太差而未能如愿通过法官选任考试，后来去当煤矿工人了。——译者注

① 一位朋友。

上诉法院审判岗位。更让人困惑的是：她为什么选择成为收入更低、工作条件更令人惊悚（第十七章有描述）的巡回法官？我们之前提到过，律师们在1970年代和1980年代要被招录到高等法院和巡回法官岗位上比较困难。撒切尔夫人的法务部长玛可法爵以及后来工党的额文法爵不遗余力地进行法官招录（尤其是面向少数族裔律师）的"路演"并作讲演，而且在媒体上刊登大型招聘广告。然而到2006年时，宪法事务部*仍然觉得有必要研究为什么大多数律师，尤其是少数族裔律师和女律师不愿意申请成为法官。一个关键的发现是"大多数接受问卷调查的人根本从来没有认为司法界是一个可能的职业路径"。律师界对当法官"普遍没兴趣"。② 在2007年，司法界也委托吉恩教授研究为什么那些非常合格的候选人不申请成为高院法官。一位女性御前大律师说：

● 不当法官很爽。那样可以赚很多钱，可以自由地开玩笑，而且能干一些有趣的活儿。（不当法官的话）可以与自己喜欢的人在一起做一些不同寻常但美妙的事情。而且工作很灵活，可以有许多休假，没有官僚主义。干嘛要停下来呢？

吉恩教授发现，

● 大多数接受访谈的执业律师没有意愿立刻申请成为法官，而且认为将来也不会申请。在二十一位在该研究中接受访谈的大律师中，有四位至少有一次得到法务部邀请其担任法官的示意，但都拒绝了任命机会。男律师和女律师都给出不少理由说明为什么对当法官没兴趣，而且这些理由都类似，比如
——工作负荷量和工作条件；
——巡回——缺岗和环境；
——薪资——差异和人口变化；

---

* 即Department of Constitutional Affairs，但这并非一个常设的政府内阁部门。英国政府于2003年6月设立该部门，以取代法务部（Lord Chancellor's Department）。在2007年，宪法事务部获得了原来属于内政部的一些权力，并改名为司法部（Ministry of Justice）。——译者注

② *Judicial diversity*：*findings of a consultation with barristers，solicitors and judges*，DCA archived website.

——失去自主；

——更喜欢的是出庭而不是判决；

——性情更适合在大律师行而不是在司法界；

——孤立和缺乏支持。③

本书研究的七十七位法官都被我问过他们第一次想成为全职法官是什么时候，以及被邀请申请或者进行申请时的感受。他们回顾的经历发生在1980年代到2004年。高级法官中除了一位之外，其他都是受邀请成为全职法官的。许多经验丰富的地区法官和巡回法官收到了法务部长的邀请。最近那批人的经历则与其前辈们大为不同。这批人经过了竞争激烈的申请过程，这是1994年之后的事情。此后的申请程序已经逐渐变得更加漫长、精细和具有挑战性。有一位高级法官是经申请程序而成为全职法官的。我让他们每个人都对当时受到研究的选任过程进行了评价。④

他们最早啥时候想成为全职法官？

地区法官

有五人在申请担任兼职法官之前就想有朝一日成为全职法官。另外五人喜欢兼职法官职位。

* 我觉得这样的生活很好。
* 审结我的第一个案子之后我就觉得这就是我要做的事情……从那以后我做的每件事都是为了让我脱离私人执业律师工作。
* 我喜欢像发动机机师一样。也许是因为我比较有控制欲……当律师时你永远都是在为别人争辩……却不必作出能影响情况的决定。

---

③ H Genn, *The attractiveness of senior judicial appointment to highly qualified practitioners* (London, Directorate of Judicial Offices for England and Wales, 2008) 16–17. 主要的吸引力是压力比较小、能自己决断、"能给社会一点回报"，以及获任高院法官后的声望。见该书第15页。

④ 波斯纳说影响司法行为的一个因素是"司法生涯，其影响司法选任以及入职后很快产生的职业激励和限制"。见 R Posner, *How Judges Think*, (Cambridge, Mass, Harvard University Press, 2008) 11。

85

有三位具有非诉律师资格的地区法官发现他们的合伙人很讨厌他们担任兼职法官，或者发觉自己难以与律师执业融合。⑤

　　● 我的生活就是围绕着本地执业、我的客户以及当地社区而运转……我起初带进律所的那些合伙人开始为难我……他们说总是看不到我在律所。他们似乎不理解一点，即我的兼职法官工作对律所的业务有潜在的好处……从那时起我才考虑担任全职法官。说实话，我当律师已经赚了太多钱。但成为法官后，我的收入少了一半……但我从未回头看，一分钟都没后悔过。

治安法院地区法官

他们的招录方式不同。他们自己一经招录都会认为一旦他们获得兼职法官职位，他们最终都会成为全职法官。

巡回法官

面向巡回法官的面试比较独特。他们的经历表明过去曾经存在一种非常强烈的认识（至少在有些大律师行里如此），即成为巡回法官是那些明显不会成为高院法官的大律师们的一条"自然而然"的职业道路。在1970年代和1980年代，巡回法官明显是申请成为御前大律师失败之后一条变通的、可转轨到达的职业道路。有些大律师行里的大律师在轮到自己时就会去申请担任法官，除非他们已经成为御前大律师。地方巡回区的律师和法官过去联系很紧密，现在也是这样。在法院的餐室里，法官们会告诉我他们的同事中哪些人是从他们自己工作过的大律师行里招录过来的。法律界大多数人似乎认为与御前大律师相比，巡回法官的地位和工作稍逊一筹。因此招录巡回法官比较困难。哈泽欧在1979年对法官短缺问题了解不充分，但是律师们当时已经意识到：如果自己想进入司法界，则应该在五十岁之前进入，这样才能享有全额养老金。因此对于那些不太可能成为御前大律师的大律师而言，他们必须获得全职任命。这对他们也是一种压力。

三十二位巡回法官中有十二位是受邀申请，其中三位是故意让别人知

86

⑤ 根据本书前一章援引的司法任命委员会的研究，这个问题依然在妨碍非诉律师申请法官岗位。

道自己对这方面有兴趣。令人惊讶的是，有四位在申请成为御前大律师时，被提供了公务员岗位作为替代选择。有二十位自己主动申请，其中八位是对此职位期待已久（有一位从十二岁开始就想成为法官）。有七位提到律师私人执业对其已经失去吸引力，说"律师工作已经失去了乐趣"，"我觉得担任法官的生活比担任律师行主任的生活更有意思"。

- 在律师界就会有一个基本的不安全感……你得担心自己度假回来之后是否还有业务可做……此外，我还喜欢掌控法庭的那种感觉。
- 与高院法官不同，我每晚都可以吃得好……而且这个工作有养老金。

有八位从未想成为御前大律师（take silk）。有一位曾经申请过，但总觉得巡回法官的生活看起来具有吸引力时，他就改变了主意。

- 我开始喜欢担任兼职法官……我那时候已经四十多岁了。在那之前我想成为一位著名的御前大律师。但你突然意识到你和老婆孩子在乡下生活也不错，于是发觉"法官这份工作也不差，完全不用像以前那么忙碌"。

有四位在1988～1995年成为大律师。他们也申请成为御前大律师，但政府公务员劝说他们担任法官。我以前不知道存在这样的招录方式。第三位则担心他没有遇到合适的法官来支持他申请成为御前大律师。

- 我两次申请成为御前大律师，但后来我收到一封信邀请我去参加一个会谈来讨论我是否愿意成为一名巡回法官。（1989）
- 我一直想成为御前大律师……后来我被问到是否愿意考虑当一名巡回法官时，我说没兴趣……再后来我就收到了一封令人讨厌的信问"您没有成为御前大律师，但是否愿意过来和我们讨论一下您的职业发展？"……他们说"你没成为御前大律师，我们也对此感到难受。但你是否愿意当法官？"我说："谢谢你们，我没这方面的意愿。"我仍然想成为御前大律师。（后来申请又失败了，而且又收到同样的邀请信）那时候你不得不进入司法界，但他们指出说你已经超过四十九

岁了，如果你想赚养老金，那么这正好是机会。（1990）

●我去法务部询问为什么我的御前大律师申请没成功……我在律师界的问题是我几乎所有的案子都以和解结束……不用到高等法院出庭……因此获得御前大律师资格的概率严重降低。我问自己"这究竟是怎么了？"因为我已经五次申请成为御前大律师，他们说我当时得到的评价中没有一个 A 级，大多数是 B 级，但有一两个人还给你定了 C 级。我不知道这些级别意味着什么……他说决定在于我自己。我可以继续申请御前大律师资格，或者申请担任巡回法官，但两方面都没有保证，不过我确实可以申请。我当时不知道 A 级意味着申请人在申请当年可以成为御前大律师，B 级意味着下一年，C 级意味着下一年之后。（1995）

那些法官来自三个不同的巡回区。下面这位接受访谈的法官来自另一个巡回区。他当年想过放弃律师执业业务并自信会得到司法任命。他向我解释巡回法官在许多大律师心目中的形象以及为什么法务部会那么具有劝服能力。

●当巡回法官……不是一件低难度而高报酬的工作，因此他们急于把能劝进来的人都招录成为巡回法官。当然，这个工作得到的评价并不高……收入也不高……我的两位大律师同行……曾经接到过申请邀请，但他们直接拒绝了。（1988）

这些法官是因为没有得到御前大律师资格而被任命到巡回法官职位上的，这算是一个不太受欢迎的安慰奖，但也有人把这当作一种可以互换的职业道路变化。

●我是慢慢朝御前大律师资格靠近。如果有人在我获得这个资格的当天给我一个巡回法官职位，那么我会接受。周围的人说我当时已经到了职业发展的一定阶段，因此应该去申请御前大律师资格。这是他们的建议，我对此感到紧张，因此我只是随波逐流成为御前大律师而已。

这提出了一个问题：为什么研究样本中的三十二位巡回法官中有十位成功的大律师愿意放弃收入颇高的执业生涯？尤其是吉恩的研究样本中那些成功且合格的律师列出了一系列不申请成为高院法官的原因，更别说是去当收入更低的巡回法官了。一位高收入的大律师说他在 2000 年时已经"在这个工作上停滞不前了"。到了 1990 年代末期时，由于竞争激烈，法律界对巡回法官的评价也发生了变化。这不再是一个安慰奖，御前大律师们也不再看低这个职位。

> ● 我觉得在大律师行业里我会早死……我得经常出差，工作压力很大，简直是压力山大……我原以为我会喜欢这个行业，但后来意识到我不能永远干这行……晚上九点收到一堆六英尺厚的资料，然后第二天就得出庭。于是我就告别了那种生活方式。（2001 年获任为巡回法官）
> ● 我需要新的刺激。我曾经办理过许多诈骗案，那经常得花许多时间准备庭辩概要……我错过了在法院每天都有的那种生龙活虎的场面。虽然去法院工作的话收入会一下子少很多……但是时候有变化了。

高级法官

要问高级法官们起初为什么想成为法官会有些不现实，因为他们二十六人中有二十五人是受邀请才申请审判职位的。其中九位坚持说自己从来没想过当法官。下面这位高级法官好接近也很实在、谦和，而且内向自省。他似乎仍然对自己在上诉法院拥有高级管理职位而感到吃惊（在本次访谈之后，他被任命为大法官，这可能让他更加吃惊）。

> ● 说实话，我在接受法务部长常任秘书的召见之前根本没想过要当法官……我觉得没人会要我去当法官。

有一位认为考虑成为法官是个危险的想法，因为这可能不会实现。另一位说他很高兴自己曾经担任过兼职法官。还有一位在上诉法院的法官则说：

●真是的……我知道我会在一个县法院里工作，但我从没想过自己会成为高院法官。我曾经为是否申请成为巡回法官而犹豫，后来我想还是要获得御前大律师的资格……事情变化很快……在我当了四年助理兼职法官之后，时任法务部副部长问我是否愿意到高等法院任职……这听起来像童话一样。

有四位认定自己会获得邀请，因为他们的律师执业成就很突出。有十位曾经想要得到法官职位，其中一位在中学时就想了。有一位当初考虑过申请。还有一位转而从事一些主流的执业活动，但也担忧没有机会在合适的法官面前出庭。

●我曾经的执业领域意味着我几乎不会有机会成为法官……那个领域非常专业，不需要到法院解决问题，因此我也没机会去认识一些重要的人。

我还问了为什么做商事法律业务或衡平法律业务的御前大律师们会放弃大律师执业的高收入和闻名的职业。

●我在成为法官之前处理过一些非常棘手的案件。我意识到如果你一生都当御前大律师，你可能受诱惑而一路走下去太久。我认为这是一种危险。

●在大律师行业再干二十年，重复同样的事情？我受不了这种想法……人们会愿意退出一个系统之后再对这个系统有所回报和投入。

许多高级法官都提到过"回报"心态或者"公共服务"这种利他的奉献精神。这些高级法官放弃大律师执业之后收入从每年几百万英镑下降到每年十七万五千英镑。那位因申请而成为法官的人"一贯认为当法官是终结法律职业生涯的好办法。我在学生时代就开始朝法官职位努力迈进"。有三位在成为御前大律师后作了一个积极的决定，即如果他们受邀担任法官，他们不会去担任巡回法官。有两位两次受邀都拒绝了。有一位在意外接受法务部长召见时已经是一位著名的巡回法官。他的如下反应可以表明其复杂的感受。在本研究快结束时，他依然在抱怨工作量大、案型众多、经常出差以及远离家人。的确，他的巡回法官朋友在本研究中也以他为例子说明为什么很多人不愿意成为高院法官（他们并不知道这位高院法官也在本研究样本中）。

89

主动邀请

下面将要描绘的是那些老男孩圈子的故事。那些就永久职位进行的随意且简短的"面试"，以及急于招录法官的心态对于当代律师而言是难以想象的。1980年代的法务部长玛可法爵最近描述了他在1990年代中期之前运用的制度。政府高官、高级法官以及大律师协会主席会就高院法官任命举行常规会议。法务部会在推荐人选之前咨询高等法院各部部长以及高级主任法官。法务部长手下的官员会就兼职法官和巡回法官的任命进行年度评议。这种评议以视察巡回区为基础，目的是向主任法官、高级法官以及"当地的法律界头领们"⑥征集评估意见。

高级法官

有二十五位是受邀请的，包括前面那位。法务部长约见了他。

> ● 我接到会面通知时很惊讶，因此都没想到问问为什么会面……会面之前好几天我很紧张。有三种可能：一是他要你做一个研究项目……二是训话斥责……三是给我一份新工作……我和妻子讨论过，但我仍不知道该说啥……我当时不想成为高院法官。我在大律师行的工作很好。我们做的是当地的高级刑事业务……我因此有些影响力……而且我每天晚上都可以在家里，我有四个孩子……因此离家去伦敦或者其他地方进行巡回审判对我而言没有吸引力……我最终接受了任命，但也差点儿拒绝了。

有两人收到邀请时以为是个玩笑，其中一人为此还通过电话黄页服务查证了邀请方的电话号码。另外一个则已经习惯于朋友们的玩笑。

---

⑥ *Judicial Appointments—Balancing Independence, Accountability and Legitimacy*, 2010. 这是ILEX、大律师协会、非诉律师协会以及司法任命委员会联合发表出版的论文集。

● 我够自负，因此希望自己是被邀请去申请法官岗位……我和一位老朋友为此有了一个艰难的讨价还价过程。这位老朋友名叫彼得·弗瑞斯克（Peter Frisk）……他是这世界上最喜欢开玩笑的人。他给我打电话从来不报自己的名字，而是经常声称自己是税务检查官或者是杰曼·格瑞尔（Germaine Greer），或者是阿瑟·斯卡基尔（Arthur Scargill）等等……幸运的是，我当时占线，而且我的秘书说"法务部长想和你聊聊"，并且给了我他的电话号码。现在回想起来，如果当时他们立即给我接线，我肯定会说"弗瑞斯克，一边儿去！我不会接受你的邀请！"我觉得惊悚……我跑到我妻子那里，双膝发抖。

另外一人则觉得"非常惊讶"，但要求暂缓三年：

● 这听起来有点贱……但在 1993 年时我被时任法务部副部长约见……我收到了一个标准格式的短笺，问我是否愿意去与常任秘书谈谈……我觉得自己只是一个处在职业发展中段的御前大律师……但是我被领过去见到了法务部长。他问我是否愿意成为高等法院的一名法官……我不得不告诉他我很吃惊。我完全没有这方面的规划……会面结束，我离开后的确仔细考虑过经济收入方面，我那三个上学的孩子，以及没有真正的经济保障……于是我最后说"现在还不行"。我跟妻子和会计也谈过。我算出了可能的最早时间，然后跟他们说"如果再过三年你们来找我，我可能接受"。令我感到受宠若惊的是，将近整整三年之后他们真的又找我了。（1996）

他的描述也表明了政府公务员说话委婉含糊的习惯。

● 常任秘书召见了我……那是一个奇怪的会谈……他开始就问我是否考虑过如何发展我自己的职业。
● 我遇到了负责会面安排的公务员……他来见我，我问他哪些门是开着的，哪些门是关着的，他说"没有门会被关闭"。
● 我接到了一个神秘的问话……他们问我"如果你被要求了，你是会回答'现在'、'以后'还是'决不'？"我回答说"现在！"于是在三个月内我接到一个电话问我"能否下周来会见法务部长?"

这种试探式的谈话习惯给另一人造成了困惑。不过业界的小道消息使他没有失去机会。

> ● 我们的聊天扯到了一个问题,说是如果有职位空缺……我是否可能会有兴趣成为高院法官。(我说行。)第二阶段是在7月。有人叫我去见法务部长……我们会谈的开始阶段并不那么令人满意,部分原因是谈话很迂回不直接。这事儿差点黄了。因为我后来从一位法官那里得知虽然我已经回答说……我可能会(would)对此任命有兴趣,但托马斯·勒格爵士(Sir Thomas Legg)的理解是我对此没有(wasn't)兴趣!

有一位当年颇为犹豫的法官但愿自己利用过这种微妙的方式:

> ● 常任秘书提了一些问题……其中一个是"你是否在过去有一些可能会让法务部长感到尴尬的事情?"有一位(但不是我自己)回答说"那得看法务部长有多容易觉得尴尬!"

律师在被秘密打听之后被确定为意向人选,然后收到会见法务部长的邀请。被确定为意向人选与收到邀请之间存在时间间隔。这样的间隔期会给候任者的律师业务带来一些实际问题。有一位说那中间的四个月"令人痛苦",另外一位则认为这么长的间隔期"令人不安"。

> ● 我曾经在一位高级法官面前出过庭。有一天他找到我,问我如果我被提名到法务部长那里,我可能会有什么反应。给我的考虑时间很短。这种经历很是令人不安,因为我很快想到先前没考虑到的种种可能性……接下来的四五个月里没什么消息。而其他人已经被任命为高院法官……那段日子真难,因为我无法集中于我的大律师业务。

大多数人爽快地接受了邀请和任命。有一位说自己的感受是"兴奋不已"。还有一些人则说有一种使命感。有一位延缓了三年。两位则有"极大怀疑",因为其中一位"当时已经在赚大钱,而且还有经济负担"。另一位则用了六个星期"考虑自己是否会喜欢法官工作以及是否会因为公共使命感而接受"。

令人好奇的是,上面最后这两位虽然经历了一些曲折,但还是致力于成为优秀的法官。他们分别在 1988 年和 1992 年上任。此后便将自己的司法生涯奉献给了法律以及他们专长领域的诉讼当事人。他们因具有同情心和人性化、高瞻远瞩的判例发展方式以及推动改革而闻名。他们的工作时间都很长,而且热心致力于在自己的专长领域促进国际司法合作与程序和谐化。他们两人都说自己是在服务公众,而且大多数其他法官和律师也认为他们已经为英格兰法律制度服务,虽然他俩起初进入司法界有些勉强。其中一位收入大大降低,意味着他的生活方式发生了巨大变化。从奢华的生活方式到致力于公共服务和法律改革,在我看来也伴随着个人性格的变化。他曾经是一个花天酒地的大律师,后来转变成一位工作狂一样的、饱含热情的改革者。这位改革者的肩上似乎担着整个世界。如果他停下来吃午餐,那也是工作餐。他组织的国际法律改革研讨会议占据了他的暑假。

上诉法院与上议院/最高法院

八位上诉法院法官和两位大法官被我问到他们从高等法院向上升迁的经历。在本研究过程中,有四位高院法官升到上诉法院,之后又有两位也获得了升迁。有一位法官第一次与我见面之后第二天就接到了司法总管的电话。当时他告诉我他是多么热爱在高等法院当法官,可以外出巡回审判,但在第二天他就作出了决定。我们第二天会谈时,司法总管又给他打电话了。他嘟囔着匆匆离开。于是几分钟后我把他对自己的反应的描述录音如下:

> ● 我几乎已经作出了决定:万一我被邀请,我就拒绝……但这很难……我知道他们缺人审理刑事案件……但是我跟司法总管说我真心有所保留。我只能忧虑不安地接受邀请。我完全很享受在高等法院的工作。如果你上周问我,我可能会说我做梦也没想过接受……我只希望双方都能正常运作……已经没有回头路了。

他为啥不喜欢升迁到上诉法院呢?

　　●在上诉法院没有机会像在高等法院那样可以在全国各地巡回办案。我上下班两头跑……我决定不在伦敦给自己买公寓。在伦敦买房不仅昂贵,而且会摧毁我的灵魂。

有五位没有接到过征求个人意见的电话,但其他人在他们之前已经知道了。第三位的直接上司已经知道他被邀请了,因为这位上司已经被征询过意见。

　　●我收到了一封来自首相的信。这完全是意料之外。首相在信中问我是否愿意成为上诉法院的一员……我说愿意……我觉得改变和休息一样好……上诉法院的工作很多样化,而过去我做的民事审判主要是商事案件和海商案件。

　　●我收到了来自首相的信……人们已经暗示过这事儿……但我还是很兴奋。兴奋得头晕。我一直认为司法界高层每个人都很聪明。我后来发现当你到了那个层级,你会发现有些人绝对是出类拔萃,但也有许多人和我一样是有能力、有良知的,因此能做好自己的事。

　　●我收到了一些关于我的评论……接下来就是司法总管问我:"你是否收到过来自首相府的信?"我说没有。我欢迎这种邀请。后来我就不再巡回审案……因为我身陷高等法院的一个专业法庭。我不是天生的管理能手。虽然我过去做得很愉快,但我并不怀念那样的日子。

　　●庭长打电话来问我是否收到一封信。我说没有……我很吃惊。许多法官都比我资历老,或者至少和我一样好。

　　●我的书记员是个大八卦……他不断问我是否收到过来自首相的信。我不断说"别胡扯,傻瓜!"后来我还真收到了首相的信。梅杰首相问我"可否与您约谈?"后来我毫不犹豫地接受了任命。这是一种服务。我们在司法职位上就是要服务。

这位法官(前面部分提到过)展开游说,希望能升迁到上诉法院,以实现他的法律改革蓝图。

●我希望自己能在家事法的判例法发展中发挥更大作用，因此我很急切填补上诉法院的一个职位空缺……我当真跟家事法领域的一位上诉法院法官讲过这事儿。他当时还在考虑我的情况。我必须去说服他。因为他们不一定打算任命一位家事法专家到那个空位上……为了确保对成文法的解释和适用能适合社会的变化和发展，必须由法官来推动这项工作……因为议会是不会这么做的。

我还向两位大法官询问了他们被召入上诉法院和上议院时的情形。

●我真不觉得吃惊。我在高等法院已经干了八年了。我想如果我没机会升迁到上诉法院，那么我一定会觉得很失望。

我又问他是否为自己被任命为大法官而感到吃惊。

●那倒真令人吃惊……之前有许多人跟我说"你要升迁了"，但时间一年年过去，我自己都越来越不热衷于升迁了。我说"我倒情愿自己被邀请，如果我能拒绝的话"。当任命的消息真的被一位关系好的同行泄露给我时，我说："你可能会以为我会高兴得要死，但实际上我只能说你把我扔进了昏暗的深洞里。"上诉法院对个人生活的扰乱已经很大，我所有的朋友都在上诉法院。我们每天一起吃午饭，一起聊法律八卦……我喜欢大家这样在一起。我已经掌握了上诉法院的日常工作。这里的工作很费神，但我已经学会了如何处理。我在上诉法院已经主持工作多年，因此能够决定自己在哪些案件中发表判决主审意见。

我问他："没有回头路了吗？"他说：

●不能拒绝……过去有一两个人问我是否愿意考虑做这做那。对此我绝对、完全并突出强调自己不愿意，因为我讨厌行政事务。这种事务是诸如庭长/部长这样的特殊岗位的一部分，而且越来越繁重。我对这方面没有兴趣，而且对这样的可能性感到害怕。

第二位解释说他在被邀请加入上诉法院时感到吃惊，但自己"从未听说过有人会拒绝升迁。我从没想到过拒绝是一种选项"。至于他后来升任为大法官，他说：

> ● 我后来收到了首相的来信。信的末尾说"请绝对保密此事"，但这信本来就是用首相府专用信封送过来的……我很吃惊，也很高兴，因为凭我的经验我就知道这信是怎么回事。但是甚至直到现在我都觉得自己能成为大法官不可思议，而且还那么快。

巡回法官

有十七位在 1994 年之前获任的巡回法官指出当时的招录制度不怎么透明。在那种制度下，大律师会在闲聊中得到关于自己职业发展的委婉暗示，或者他们会故意公开自己对法官职位的兴趣，或者他们在徒劳的御前大律师申请历程中被吸引到司法道路这边来，或者是高收入的御前大律师被"忽悠"进了司法界。访谈表明，全职巡回法官的任命制度比招录兼职巡回法官没正式多少。

前面我们已经看到，有一位御前大律师在申请成为巡回法官时已经是志在必得。四位是在 1988～1995 年从御前大律师申请历程中转向申请成为法官的。两位在非诉律师时收到了邀请。有一位被指定为自己所在地区的民事法官，主要审理高等法院的案子。他获任所有司法职位时——助理兼职法官、兼职法官、巡回法官或者专业巡回法官——都没有接受过面试。有一位大律师知道自己注定要去高等法院，但是由于家庭原因他转而担任了十年巡回法官，因为他必须住在家里。有一位为了摆脱不断的邀请索性答应接受司法任命。有两位高收入的大律师是经过很强大的说服工作之后才同意担任专业法官的。有一位已经得到了去香港担任法官的任命。五位长久以来就想担任法官。第一位喜欢不断前进。我们也可以再次发现（前面一章中已经讲到过）面试都比较随意，而且政府方面急于把大律师任命到人手不足的司法界。

> ● 我给法务部的人打电话说我想知道自己的任命情况……对方说"如果不出意料，我几年后再联系你"……果然，我在 1991 年收到了他们的来信……然后就有了一个比较规范的面试。面试官就是那个人

和一位退休了的上诉法院法官，而且没有竞争者……我想我这只是在等着快速办理和速战速决了。（1992年）

●我收到了信……接受了面试……面试官是托马斯·勒格……还有一位笔录员在座。我们三人围着一张桌子坐下讨论了我的背景以及我是否在国家财政局有欠账。面试结束时他说："如果法务部长有意向女王陛下推荐你担任巡回法官，你的反应会是什么？"我说："我会有意接受。"他说："你理解我们不能保证什么，但是以防万一，也许你可以去见一下巡回法官主管。"我去见了那位主管……他说："行，你啥时候开始工作？"（1986年）

有一位具有御前大律师资格的巡回法官说他自己担任一所中学的校监时花了三天时间对一位校长职务申请人进行多种测试，但他自己获任全职法官职位前的面试只有十五分钟。他说这真是"令人气愤"。

地区法官和治安法院地区法官

对于在任时间最长的地区法官，只要他们表示自己想获得全职任命，那么他们几乎会自动获任。

●我兼职法官工作开始后不久就表示以后想要全职。他们说在我四十岁之前他们不会任命我到全职岗位。

关于治安法院地区法官，前面已经说过他们绝大多数推定自己会获得全职。

新时代法官经历的岗位竞聘过程

从1994年到1995年开始，报纸以及法务部网站都发布了司法岗位招聘信息，并且法务部长还举办了几场招聘"路演"。地区法官和巡回法官岗位申请从此变成了正式的竞争。申请逐年变得更加激烈、精细、严格和正式。当然，其中的拖延仍然会让人抱怨。本书前几章已经提到过这样的拖延。

●申请表格比以前的更长、更详尽……交上去之后好几个月都没有消息……我在评估中心做了一些案件管理文书工作和一个判决，但觉得这个流程过于仓促。在面试环节你给出判决，然后面试官向你抛过来许多法律方面的提问……这个过程持续约一个小时。（地区法官，1999 年）

● 申请表简直是庞大……申请人得先做一个自我评估……填写得越多越好……仅仅擅长法律不够……还需要许多有用的经验和经历，比如把好几个孩子抚养长大，管理过许多婴儿组，在周日班上过课，以及那些其他能为你加分的事项。面试过程相当费脑筋，结束后你会觉得精疲力尽。也有一些关于政治正确的提问，这是要确保申请人不会做一些出格的事情。（地区法官，2000 年）

● 面试是个噩梦……你得作出一个判决，然后地区法官将你批得体无完肤，让你显得处于劣势。我想我搞砸了……那是 10 月。我直到第二年 2 月才得到回音。（地区法官，2000 年）

这位 2002 年获任的巡回法官描绘了先前申请兼职法官和后来申请全职法官的经历：

● 漫长、压力大、高度不确定……申请兼职法官岗位时，我有两年是悬在那儿的，不知道结果。巡回法官职位我申请了三次（第二次申请之后被列入候补名单，但没得到任何信息）。我认识的一个人是第三次进入候补名单……如果他还不能获任，我觉得那真是残酷至极。

法官们通常抱怨从申请到出结果以及到最终任命之间的时间太长。吉恩在 2008 年的研究中也指出了这一点。本研究中的好几位法官对于别人比他们先得知结果都很惊讶。[7] 那位唯一申请过的高级法官先前已经担任高等法院代理法官。

● 我看到报纸上有个招聘广告……起初我以为那不过是做个样子而已，因为人选可能已经确定了。我在 1999 年提交了申请。那时的申

---

[7] 与此类似，吉恩的受访者也抱怨缺乏保密性。

请表不像现在这么复杂……我那时候没有进行面试。我从 1993 年开始已经担任法官多年了。当然，我申请兼职法官岗位时接受过面试。那时候本来可能需要一些关于我的司法工作的履历。我认为后来没有面试是因为司法界高层已经很了解我过去的工作。

招聘过程中的拖延和不确定性已经不仅仅是不专业，而且是残酷。有一位访谈者在前面就这么说了。有一位巡回法官申请高等法院岗位，她在 2004 年得到通知说其适合申请。但是，尽管她已经申请了许多次，几年后却依然没有被任命到高等法院。这种情况不仅会加剧申请人的沮丧和导致其丧失自信，而且选任之后的拖延会扰乱律师们的职业事务。这是因为如果他们后来得知自己成功获任，就不能接受任何大案子或新案子了。如果其他人发现他们获得司法任命，就不会再给他们案子做。下面的评论也会表明这一点。

法官们对选任过程的评论

本研究主要是在 2003～2005 年进行的。2003 年 7 月，政府宣布其将设立一个司法任命委员会。到 2005 年时，《宪法改革法》已经通过，司法任命委员会也正式成立，同时就司法界人员构成的多样化进行了咨询。[⑧]因此大多数法官可以从三个角度评论：他们自己以及同事的经历、他们自己作为申请人的咨询对象或推荐人的立场、对改革咨询进行回应的其他利益相关方的立场。

六十六位法官进行了评论，其中七位长期任职于司法岗位的地区法官和巡回法官说他们庆幸自己过去不用经历如今年复一年的竞争和那种高要求的评估过程。有一位巡回法官说这种制度真是"十分糟糕"。下面的评论很典型。

　　● 现在的选任过程太难。我很高兴自己不必受这种折腾。我有六位朋友现在都收到这样的信："你得到了申请的工作，但你在等候名单上。你属于 B 级，因此请留意空缺。"一旦我知道我将要成为法官，我就再也不能出庭了。这些收到这种信的人知道自己在接下来的两年

96

---

⑧　DCA，*Increasing Diversity in the Judiciary* and responses（2004，DCA archived website）。

里随时可能接到电话要求他们走马上任当法官。这两年里他们如何出庭谋生？我不知道。

十三位批评 2006 年前的制度是几乎从在任法官那里秘密打听和确定的。有一位在 1990 年代末期获任的地区法官先前得到了差评。像司法任命委员会中被丑闻缠身的那些人一样。

> ●我后来发现有一位地区法官因为私人原因对我评价非常负面……我们关系不怎么好，他从没有在法庭上见过我。他对我并不了解，却不惜笔墨给我写出了非常不好的评价。我能够阻止其继续，因为我能确定这是谁干的。我问法务部为什么我申请不成功。他们告诉我说是收到了对我的一个评价。从行文我就知道那人是谁。于是我给他写信，问他能否让我列席他的庭审以便我能向他学习，以及他能否列席我的庭审以便给我一些建设性的批评。他完全避开了我，但再也没有给过我差评。

这个具有监督功能的司法任命委员会是由招聘专家组成的。这个委员会在 2003 年发布的报告中公开了一些法官对申请人给出的不恰当评论。这吸引了广大媒体的报道。这些不当评论有：

> ●她太冷峻，像个嫁不出去的剩女。
> ●她像个女校长，很不讨喜。
> ●上上下下、里里外外都邋遢。

有一位资深的巡回法官从受邀对申请人进行评估的人的角度说：

> ●过去的做法是几张纸一次传递给评论人，让大家勾选 A、B 或者 C 级……如今已经不这么做了。我不知道这样能提供什么有价值的信息。我觉得自己在真正能填写那些表格时只有给申请人评定 A 级。因为如果给 B 级就不如干脆不填那些表格。

97　但是另一位资深的巡回法官对这种改革感到遗憾。

● 我觉得这很难真正有助于挑选申请人，因为现在任何关于申请人的一般声誉的事项都不能包括在申请表中。我很理解那样不好，因为人们不该由于鸡毛蒜皮的传闻而被否决。

有一位巡回法官告诉我有一次事先打听而如何适得其反了。我从其他人那里也听说过这件事。

● 我们的巡回区流传着一个在业界广为人知的故事……高等法院某位法官在大律师行见到斯密斯时就喜欢他的样子。恰好他也是一个很好的巡回法官。然而他把斯密斯的名字弄错了。他跟别人说："琼斯（Jones）这个人会被任命。"他不认识也不知道真正的琼斯是斯密斯的对头。最终是琼斯获任，斯密斯那次没有获任。这位高院法官后来过来巡回审案时发现与他同座听审的是琼斯。他于是惊诧地问："是谁把他任命过来的？"结果发现正是他自己。

三位曾经当过非诉律师的巡回法官对事先打听这种做法持批判态度，认为其只让大律师们获益，因为法官们能随心所欲对许多申请人进行评价。他们自然经常与大律师（不与非诉律师）打交道。这又回到了以前多次提到的那一点，即"认识适当的法官"。

● 这对于非诉律师和地区法官来说很困难，因为他们都没有许多人可以作为他们的推荐人……许多高级法律顾问或高院法官都不了解你作为非诉律师的业务工作。这就是为什么很少有非诉律师获得司法任命。我认为这个过程有失偏颇。

● 有个人在晚宴上和我妻子闲谈。显然他不认识她，所以说了这样的话："那些申请人——我们并不认识他们，不是吗？大律师行就像一个俱乐部……"后来约翰（John）把我介绍给司法任命委员会的主席……我们晚上出来见了几次面，喝了点酒。后来我去面试时就至少知道主持面试的人是谁。其实不应该这样……昨晚我在伦敦参加一个聚会，参加者有很多都是位高权重的人。他们可以打开一些我根本不可能接近的机会之门……这都只是因为有非常小的一群人能掌握许多权力。我认识的高院法官屈指可数。在那个年代，他们根本没受过训练，却坐到了司法裁判的岗位上，因为他们有共同的兴趣，比如一起打过漂亮仗！

下面这位高级法官也批评当时的选任制度。

> ● 每个公职任命过程都有适当的标准，合理的选任程序……非常复杂的岗位适应测试……司法选任程序在很大程度上却基于事先打听，这样导致人们对法官的评价不过是说"他是个大好人"，或者"被搞定了"。但如今的程序正经严格起来了。有了适当的选任标准……法官们根据这个标准对每一位申请人进行评估。问题是法官们没有接受过招录评估方面的培训……因此在评估过程中他们自然而然会选择与自己相似的人，因此最后选上来的永远都是白人，虽然这些人无疑是有能力的。

有五个人（包括一名巡回法官）为事先打听制度辩护。那位巡回法官说："只有法官才知道什么人适合当法官。"五个人（包括本研究的一名访谈者）都认为如今的选任过程过于看重申请人在面试中的表现。这位访谈者意识到人们有时候在面试时的表现不如自己平时本来的表现，因此她欢迎司法任命委员会在2006年成立，以及此后的进一步改革。

最近经历过这种选任程序的八位法官都认为如今的竞争过程很公平。一位认为这种过程"真的很好"，另一位认为其"尽善尽美"。三位在任已久的法官也对这种选任程序表示赞扬。一位参加过2005年高院法官选任的上诉法院法官也赞扬了这种程序。有七名法官认为这个过程应该"快一些"，一位认为其"混乱"，还有一位认为其"可怕"。以下最近获任的法官发现其他人比他们自己更早知道结果后相当惊讶。这种获任信息在他们的巡回区内流传，导致他们的执业活动被冻结。

> ● 本地大律师行的每个人以及所有的法官都知道谁去面试了，谁申请了但没有面试机会。到了三四月份的时候让我继续执业已经不怎么可行，因为人们总是跟我说："你不会做这个案子的最后一次出庭，因为到那时候你已经变成法官了。"我心里想："你怎么知道的比我还多？"我还没有被任命呢……所有的法官都会把任命决定泄露给别人。

巡回区的头儿也会向其同事们透露。所以有一次在一个大律师行举行的婚礼上，一位大律师在现场向在场的所有人宣布谁获得了司法任命。我想任命者要求保密会很困难。我自己做到了。我甚至没有向我所在的大律师行通报此事，但全世界都早已知道了。这个过程让人不愉快。我丈夫也经历过类似的情形。这对他的收入和工作造成了不可估量的不利影响，因为没有人会继续把案子交给你做。（2001 年、2004 年）

十三位法官说无论他们自己是否赞成改革计划，他们都认为过去的以及现行的选任制度都运作良好，而且造就了称职的法官。一位巡回法官说："我认为当全世界看重英格兰时会说这里的法官能力很高。"十一位对进一步的改革表示担忧。他们提到了"政治正确"，或者反对员额制，并且/或者反对选任过程中的外行人士参与，并且/或者担心人员多样化会导致质量被牺牲掉。但同时，十八位法官（包括前述批评者）都欢迎进一步的改革，或者认为改革不可避免，并提到有必要增强人员构成的多样性和增强公众对司法的信心。有一位高级法官说他"以最糟糕的方式"得益于法务部邀请担任法官这种招录方式。另一位则认为旧的招录制度"令人愤怒"。这两位都认为，即使强调人员构成的多样性，自己在新招录制度下也将难以获任。尽管如此，有一位上诉法院法官指出琳达·多布斯（Linda Dobbs）是高等法院最后一位通过（法务部）主动邀请这种方式招录的法官，也是第一位黑人法官；但是她明确表示如果再给她机会，她肯定不会申请当法官。因此这位上诉法院法官对通过这种机制使司法界人员构成多样化的努力之不成功感到遗憾。这些法官的观点典型地反映了和我交谈的许多法官的混合感受：旧制度造就了好法官，但在民主方面无可辩护（说不通）。 99

●旧制度既不现代也很难说得过去。这正如一个现代的非民主国家，无论其运行得怎么成功，在西方人的观念中都难以为其辩护。但是，现存制度的确似乎造就了一个很好的司法界。如今的司法界受到高度的尊重。这是两种不可调和的冲突。

●这个旧制度的确运作得很好，但改革的必要性已经很明显。我的担忧是一些大力促进司法界人员构成多样化的方法可能有损于质量标准。

最后这一点是司法界对司法任命委员会的普遍担心。根据《2005 年宪法改革法》第 64 条，司法任命委员会有义务鼓励和推动司法人员构成多样化。当然，牺牲能力而片面追求多样化是任何组织在朝着多样化方面进行招聘改革时都会出现的经典担忧。司法界的人员构成多样化是为了招聘一些没有被充分代表的社会群体，比如非诉律师（他们占法律执业者的90%）、女性、非白种人、法学研究者，以及不为"适当的"法官所知的大律师们。经典的反驳论点则是一个组织如果歧视非主流群体，则会让自己以及自己的客户（在这里即公众）缺乏来自被排斥群体的有才人士。为了以本书稍后提出的一个问题来例证这一点，我们可以看到在英格兰最大的王冠法院，两位以前当过非诉律师的巡回法官与陪审团的交流方式受到当过大律师的法官们的一致好评。非诉律师与客户互动更多，然而我们在前几章已经看到非诉律师获任巡回法官的难度有多大。本书后面部分会介绍非诉律师遭遇偏见的情形。

2006 年之后的申请过程依然受到批评。令人吃惊的是，司法任命委员会组织的第一场竞争性选任不得不重新进行，因为法官们在没有机会以事先打听的形式进行评论之后发现他们的意见如今不再被考虑。他们对此感到愤怒。有些在 2009 年提出申请的人也对此持批评态度。我问一位以前申请过治安法院地区法官的律师为什么不再申请试试，她说："我不会成功的，因为那仍然是一个老男孩圈子。"她还指出在任法官们要求重新组织年度选任，是因为没有征询他们的意见，而且他们支持的人没有被选中。她说代理法官的招录如今"全部以考试方式进行，因此第一个障碍是考试技巧"。这对她有不利影响，因为这种考试不会让她有机会展示自己的判案技能。她说有八百人参加了考试。她的一位朋友是地区法官，后来向她出示了试卷。有许多提问需要的只是一行字的答案。试卷后面的答案分值分别为总分的 30% 和 40%，因此应试技巧好的人很容易通过考试。许多人意识到这一点后就从应试技巧开始准备。⑨ 到2009 年时，她说那些已经知道自己通过了年度竞争选任的人要等两年

100

---

⑨　佩奇（D Page）在参加书面测试之后并未得到入围的机会。他因此提请司法审查，说起司法技能没有得到检验，而且认为那是选任程序的一部分，但实际上是用于从八百五十名申请者中挑选六十人进行面试。他认为司法任命委员会无权运用书面测试。他主张这不是一个整体全面的选任方法，而且对更加成熟和更加有经验的申请人构成歧视和不利。见 F Gibb, 'Written tests are no guide to your ability to be a judge', *The Times*, 29 January 2009。

才能有机会上任法官岗位。"在这两年里，非诉律师怎么做自己的业务？"

结　论

需要解释这七十七位法官是如何成为法官的，因为大多数律师都不会成为法官。他们坦诚叙述的经历表明 2006 年之前的老男孩圈子对一些人来说是多么封闭和狭小。老一辈法官和后起之秀的法官的经历有很大不同。不同层级的法官的经历也大不相同。

治安法院地区法官在管理上和文化上都与主流司法界不同。他们被看作是裁判官（magistrate）。代理法官会想当然地认为自己会成为全职法官。至于郡法院的地区法官，他们在白天的审判工作结束后还承受着晚间工作的压力。有些人是因为其非诉律师合伙人对他们兼任法官的恼怒而最终选择担任全职。

除了一位高级法官之外，其他高级法官以及许多任职多年的地区法官和巡回法官都经历过受邀担任法官这种司法选任方式。有一位非诉律师晋升高级巡回法官，却从没有参加过任何阶段的选任面试。在某些地方的大律师行的确存在本书前一章提到过的使徒式的（Apostolic）法官职位承接。在轮到自己时，一位大律师要么成为御前大律师，要么成为法官。在职业中一起成长起来的大律师们发现如今他们又作为同事（法官）同在一个法院，而在他们面前出庭的则是曾经的同事和见习律师。最令人吃惊的是，那些申请御前大律师屡战屡败的大律师会被给予一个巡回法官职位作为安慰奖。⑩ 同样搞笑的是，这种被伪装为选任制度的"忽悠"是那么业余，其中的面试环节只有十五分钟。主持面试的公务员说话隐晦，并将律师们评为 A 级、B 级、C 级。这种评级是基于一种正式化的先前打听制度。这种先前打听制度的本意是为了看起来更体面一些，但有些律师显然并不理解这一点。

有些法官确实对受邀担任法官这种司法选任方式感到吃惊。他们突然不得不算清楚如何在等待期里过紧巴巴的日子。现任法官对这种选任升职方式反应不一。那位通过这种方式升职到高等法院的巡回法官对此很高

---

⑩　这在访谈中完全出乎意料，因此我大笑，并不得不请他们重述。

兴。与许多巡回法官一样，⑪ 他非常恋家。在我的整个研究期间，他都在抱怨出差以及高等法院王座部（QBD）的业务范围之广泛与业务量之大。有一位高院法官告诉我他热爱到不同地方进行巡回审判，但这时候他已经要升迁到上诉法院刑事部了，并不存在不想升迁到高层法院这种"集体的矫情"。可以类比的是，无论收入方面的激励如何，大多数大学教授都不愿意担任法学院院长。的确，就法官招录和升迁而言，法官们之间基本不存在任何"集体"态度。与之形成对比的是，高等法院的有些法官说他们欢迎升迁，而且有一位通过游说而升职到上诉法院。至于大法官们，我们在后续章节会看到他们多数人希望回到上诉法院的那种同僚关系。纽伯格（Neuberger）大法官的确在 2009 年（从最高法院）返回上诉法院任职。

101

旧式申请过程和面试的随意性超出新一代法官的想象。新一代法官经历了 2000 年之后那种"漫长、压力巨大的"、竞争非常激烈的评估过程和 2009 年的考试。然而可以看到的是，这种新招聘制度仍然受到批评。比如有些申请兼职法官岗位的地区法官认为司法任命委员会急于追求平等而不考虑他们的高级审判技能。而且，2009 年以后的情况和面试表明，"老男孩圈子"很有韧性，似乎难以很快被彻底打破。非诉律师是"老男孩圈子"的局外人，因此他们依然担心没有适当的法官认识自己。司法界成功干预了（本来该）独立的司法任命委员会的运作。至少一位有才干的治安法院地区法官对于这种"老男孩圈子"的牢固程度和新考试形式的脱离现实感到绝望，因此其在 2010 年没有再申请兼职法官岗位。法官选任程序中

102 的拖延和不确定性依然存在。

---

⑪　见本书第十六章。

第六章　培训

在上诉法官布里奇 1978 年的《司法研习与信息工作组报告》①中，一位法官说："职业培训至多不过是一种公共关系手段而已。"

本章②分析作为研究样本的七十七位法官的受培训经历。法官们在这方面的经历也有许多不同。在任时间最长的法官任职开始时是"直接两眼一抹黑"。新时代的法官们则从以下高难度的、技能型的培训课程中受益很多。设计这种培训课程的就是那一群因没有被培训而辛苦过的法官。对地区法官和巡回法官的初始培训和继续教育培训已经比较发达，但对新进的高院法官的培训和导引仍处于起步阶段。

令人关注的是，那些在任时间很长的法官（比如这里有十九位）以及三位在 1990 年代获任的法官在正式坐堂审案之前都没有接受过培训。③ 这对现代法官而言似乎是一种讽刺。许多人乐于指出这种情形自 1979 年成立司法研习局（Judaical Studies Board）以来已经逐渐改观。凯特·玛勒森在《新司法界》④ 一书中讲述了这段历史。许多 1970 年代的法官反对司法培训，认为其对司法独立是一种威胁。那时候，司法培训被认为没必要，因为法官们以前都是经验丰富的大律师或非诉律师，这意味着其出庭应诉技

---

① 转引自 K Malleson, *The New Judiciary: The Effects of Expansion and Activism*（Aldershot, Dartmouth, 1999）。

② 与现行政策和培训有关的详情在 2010 年 9 月与司法研习局的培训主任约翰·菲利普斯法官阁下（HH Judge John Phillips CBE）核对过。我非常感激其提供帮助。

③ 外斯评论说："美国法官……在就职之前几乎很少接受任何培训。"阿尔珀特在 1979 年采访过佛罗里达州的法官们，发现他们完全是自学的。见 PB Wice, 'Judicial Socialization: The Philadelphia Experience' in JA Cramer（ed）, *Courts and Judges*（Beverly Hills, Sage, 1981）149, 以及同书 L Alpert, 'Learning About Trial Judging: The Socialization of State Trial Judges'。

④ Malleson, 前注 1。

能已经足以使他们胜任审判工作。对司法培训反对最强烈的人是德弗林（Devlin）法爵。《法官》⑤ 一书中有二十页的篇幅是他的反对观点。他很自信即使自己没经验也能完全胜任对大多数严重刑事罪行的审判和量刑（包括死刑判决）。

103

> ● 我在 1948 年被任命为高院法官……我从进入大律师行的早期开始就没有在刑事庭出过庭……获任两天后……我在纽卡斯尔（Newcastle）审理刑事案件。几个世纪以来，司法任命的一个基础就是在法官的独立性被触动的情况下其在大律师行的执业经历会给予法官必要的司法技能准备……有个共识规矩很好。我认为这个规矩应该规定法官应该使用自己的技能去获取背景信息。

司法培训是欧洲大陆的实践。玛勒森援引了黑尔什姆法爵的类似反对意见。黑尔什姆在 1983 年是法务部长。他当时对司法培训的反对观点"在某种程度上是漠然，却也接近鄙视"。⑥ 普通法系的其他国家和地区对司法培训也有类似的恶意。其中有些直到远在 1979 年之后的很多年才承认有必要对法官进行司法培训。

为了应对部分人士认为的对司法独立的威胁，司法研习局没有像布里奇起初建议的那样设在某所大学里。培训的设计和提供都由法官来进行。如今依然这样。不过同时也利用了一些专业式的帮助。在 2003 年本研究开始时，司法研习局网站引用布里奇的原话（但标点符号改变得很怪异）声称司法培训的最重要目标在于"以密集的课程形式传授经验丰富的法官们在审判活动中形成的经验"。⑦ 司法研习局的主席、管理委员会和主任们都是法官。秘书处工作人员是公务员。培训规划组由课程主任（法官）、培训顾问和员工组成。所有授课人员都是受过培训的法官，他们通过公开招聘而来。学者和执业律师可以作为讲座嘉宾参与进来。

司法研习局不断扩大培训范围、增加培训形式，并由此提升了培训质

---

⑤ Baron P Devlin, *The Judge* (Oxford, Oxford University Press, 1979).

⑥ Malleson，前注 1 at 158。

⑦ 见法官学院（Judicial College）的年度报告。

量。其在 2011 年 4 月发展成为"法官学院"（Judicial College）。⑧ 这是欧洲职业司法界在二十世纪使用的形式。这个"学院"是虚拟性质的——由于缺乏资金而不能设立一个真正的实体学院。1980 年代早期的第一个培训内容是量刑。这是对司法总管帕克（Parker）在 1963 年的提议的延续。司法研习局很快开发了面向审理刑事案件的助理兼职法官的驻校学习课程，但对郡法院代理登记官的民事审判的培训指引 1985 年才开始。在七十七位法官中，有二十三位曾经是或者当时正好是培训授课法官。其中一些还是早期的先驱者，继续教育培训最终也形成。在本项目研究进行时，地区法官和巡回法官以及兼职法官都必须每三年⑨驻校学习"继续培训研习课程"。这些课程针对刑事审判、家事审判和民事审判。受训人员必须根据自己的审判业务范围或者"排号"审案的类型来选择课程。那些专门审理诈骗案、严重性犯罪案和涉及儿童的公法案件的法官必须参加这些领域的 104 专业培训课程。培训过去主要是面向初级司法人员，但如今（虽然有点晚）也面向高级法官。所有的法官都必须就重要的立法接受培训课程。专业领域的会议，比如高等法院技术与建筑庭的会议，或者最高法院院长组织的家事法官会议也会邀请各级法官参加。除了法官学院的培训之外，法官们也参加巡回区的研讨会，以及同时面向本地区律师的会议。有些法官还参加国际会议。任何人都可以参加实务界或学术界的研讨会。许多高级法官会在培训活动和会议上讲课或者做讲演。我在本章主要运用访谈实录，并列席观察了面向新任兼职法官的会议以及高等法院技术与建筑庭的年度会议。

初始培训经历

我请七十七位法官描述他们就任兼职法官之前的培训经历，并问他们是否欢迎更多的培训。

1975～1982 年：两眼一抹黑

有二十二位法官没有接受过初始培训，他们讲了一些不寻常的经历。

---

⑧ https：//www. judiciary. gov. uk/。第一步是 2010～2011 年的年度学术讲座文案，"法官们可以从中选择最适合自己的个人要求的内容"。这是对吉恩女爵教授（Professor Dame Hazel Genn）提出要求的回应。此处缺乏更早的参考文献，这表明这方面的确乏善可陈。在 1999 年之前存在《司法研习局学报》（JSB Journal）。

⑨ 但从 2010 年开始，这变得灵活起来。下文对此有论述。

● 我们拜访了皇家司法院（Royal Courts of Justice，高等法院和上诉法院所在地的合称），然后在司法总管的法庭里待了一上午。司法总管对我们说："伙计们，欢迎你们！很高兴见到你们，祝你们健康，那么现在我就给你们小结一下我要讲的要点。"……然后说："这就是你们要做的事情。别担心量刑，你们会感觉上手的。再见！好运！"对我有巨大帮助的是大律师们。他们自己的陈词对我有许多帮助……我在量刑方面很小心，因此我会看看现行法律中有没有例子……我也会向其他人询问量刑的幅度。（巡回法官，非诉律师，1975年获任，是首批获任代理巡回法官的非诉律师之一。一位高院法官也讲述了同样的经历）

● 如果你所在的大律师行有人是……比方说是索尔佛德（Salford）地区的兼职法官，他说"下周我不能坐堂审案子"，他然后会对他的书记员说"有人愿意代我坐堂审案吗？"如果正好有人愿意，那么这个人会作为主审在季度裁判所坐堂审案。一位朋友这样干过。他的准备就是在一张纸上写了几句，然后交给他，并让他"闭嘴！"（巡回法官，1979年获任代理巡回法官）

● 我在老贝利（中央刑事法院）开庭审案……非常紧张……而且觉得愚蠢。现在回想起来，我当时肯定令我的职位蒙羞了。（最高法院大法官，1979～1980年为兼职法官）

● 有一位很好的导引员照看着代理法官们，他曾经是古典文学老师……他说："这是你的笔记，周末时交给我。"（最高法院大法官，高等法院代理法官1978～1980年）

● 一位很好的书记员在我第一次开庭前的一个周五晚上找到我说："你最好看看登记处，然后就明白我们该怎么办了。"接下来的两个小时就是我接受过的最有价值的培训。（治安法院地区法官，司法培训师，1982年任代理受薪裁判官）

● 没有任何培训。我记得自己开庭的第一个案子。被告人在洗手间已经与陪审团的一位成员见过面，并且说"朋友，为了我而尽量！"我完全不知道该怎么办。（巡回法官，1979年任代理法官）

● 你通过阅读教材而学习。另一位地区法官和我是第一次为代理法官引入培训的人，那是1984年前后。（巡回法官，1978年成为代理登记官）

105

早期的司法研习局初始培训——1980 年代

三十位法官参加过 1980 年代的司法研习局初始培训项目。主要是面向助理兼职法官的为期三天的驻校刑事业务课程。他们还需要列席巡回法官的庭审，这需要一到两星期时间。新任兼职法官们如今仍然需要经历这个过程。三位认为这种培训"很基础"，一位认为其"很原始"。六位给予积极评价："好极了！"，"很好"，"严谨、严厉、很好，而且越来越好"。没有刑事业务经验的大律师们对此尤其有热情。

- 对于像我这种情况的人是必要的。我后来有一周时间列席一位巡回法官的庭审。如今是需要两周了。对于曾经只做民事业务的人来说，一周不够。
- 对于从未做过刑事业务的人来说，这样的培训很好……我第一次审理刑事案件时非常紧张……如果没有那次培训……我可能直接逃离法庭了。（上诉法官）
- 在那之前我从未到过刑事法庭。培训课程简短、鲜明、紧凑，有许多同行能提供建议。一年半内还有更新课程，然后就是继续教育了。（高院法官）

但一些经验丰富的刑事律师则更加怀疑。

- 培训主讲人是高等法院的一位法官，名叫黑斯蒂·欧格瑞尔（Hasty Ogrel）。这人不讨喜，弄得每个人都受他惊吓。听课的人有些是很有影响的民事律师。我那组中有某人，他现在年薪几百万。当我们做量刑练习时，他认为任何性犯罪的刑罚都是罚款十英镑，但偷窃公司一千英镑的公司董事都应该判有期徒刑四年……因此这些人显然需要用一周的时间一页一页翻读《阿奇博尔德论刑事答辩、证据与实务》（Archbold Criminal Pleading, Evidence and Practice），然后才可能成为优秀的刑事律师。但对于我们这些常规的普通律师来说，那样的培训帮助有限，我们能得到的不过是被欧格瑞尔吼个不停。

这个课程包括一些实践练习。这些练习是为了向新招录进来的法官提示刑事审判中的一些陷阱。

• 我们必须准备一份陪审小结……涉及的是一个非常严重的过失犯罪案件……有人告诉我说这得当场写出来，但我注意到其他人都早已经写好了。于是我开始即兴写作。我完全一头雾水，十分紧张，也觉得笨拙。另外某个非常有风格的法官名叫奈杰欧（Nigel），他拿起来就写，而且写得很好很高大上。我自己却写得令人觉得毫无希望。所以我觉得自己成为法官的机会比较渺茫。（巡回法官，现在是培训师）

• 在那个年纪，你觉得自己啥都懂。我记得另外一个接受培训的和我一样年轻。我俩都以为我们啥都会了……因为我们已经做过模拟审判，这个过程中出现了各种情况，比如，有人拒绝宣誓；而且我们在过去十年大律师生涯里也没遇到过那样的事情，所以我们认为那样的事情并不真实。后来呢，这位同僚审的第一个案子的被告人是一位女性，这位女被告人在法庭上大吵大闹，然后突然撕开她自己的贴身衣服，裸露在法官面前！（同上）

106 下面这位地区法官在法官学院有些名气。

• 我是自学成材……我就是那位首次在司法培训课中使用 PowerPoint 软件的法官，因为当时司法授课的业余程度让我吃惊。目前，我正在做一个 DVD。我还是一名接受过训练的培训师以及一名团组领袖（Syndicate Leader）。

从 1990 年代到 2000 年以后

这个年代的初始培训变得更加具有挑战性，需要法官住下来学习，而且需要做许多准备和作业，但大家都喜欢。下面的第一个评论来自一位地区民事法官，其在 1997 年获任成为代理法官，2001 年获任助理兼职法官（刑事）。

• 学员被分成小组……学员们来的时候已经醉醺醺了，但已经掌握了相关审判技能，而且得到了许多信息。这也是一个与其他法官轻松见面的好机会，也能向他们请教。上兼职法官培训课有点像加入特工队，因为唯一不做的事情是在帐篷里睡觉（其他方面都比较类似）。我们从早上九点开始学习。由于要作报告，可能半夜两点才能睡觉，离开时几乎不能开车了，但这种培训学习很好。

● 熬夜到三点……但发现住宿酒店的其他房间都亮着灯。（巡回法官，御前大律师，1998 年初始培训）

● 就像又在准备期末考试。（巡回法官，1997 年初始培训）

● （1）很好……课程材料棒极了。（2）法官们非常乐于提供帮助，尤其是我的指导老师……（3）轮到你开始审判时，到手的不会是某个糟糕的案子。

● 绝对很好，真的出色！从我上学时起我从来没有在三天里学到那么多……最后是与一位经验丰富的巡回法官同堂旁听他审案子，并参观了监狱。这使我很好地开始走上审判岗位……我起初可能有点慢，也可能有些装腔作势。（高院法官，1993 年初始培训）　107

有些法官觉得这种培训比较吃力。下面是四位女法官的叙述。她们在1990 年代接受培训。其中三位是巡回法官。最后一位是高院法官，她觉得刑事案件实在令人崩溃，于是拒绝刑事业务。

● 糟透了，我回来时觉得自己不该做审判工作。我觉得自己就是不胜任，虽然值得做。

● 很糟糕。培训的内容是我很长时间都没做过的领域。培训老师真的会吓唬你，但培训（结果）很不错。

● 有点混乱，因为我似乎是唯一的女性，其他是四十五位自大的男人。我真想开溜。但幸运的是后来又有一个女的也来参加培训……课程不错……那位高级法官默默支持我，因为我不和那些男同僚一起，而且我对刑事业务一无所知……有点令人头晕，竞争也激烈。有一周的时间我旁听一位巡回法官审案。他对我说："你太娇气了。我要把你送到内伦敦（Inner London）去体验一下艰辛。"我认为我难以对辅导法官们表示同情。我很担心暴露自己极大的无知，担心自己连提问也很傻不拉几。

● 真的是很糟糕……都是刑事业务。我不得不去维伊（Wey）这个小地方。那是下雪天，住的酒店也差劲。由老惯犯给助理兼职法官现身说法的课程也在同时进行。没有一个同僚来自我的巡回区……真是可怕。

害怕的不仅仅是女法官们。

● 那是我最后一次期末考试以来最可怕的三天。（巡回法官，非诉律师）

● 有一个模拟审判弄得让我们承受了难以置信的压力……真可怕……简直是来自地狱的审判，但从长远来看很有用。（大律师，巡回法官）

● 我有生以来感觉最有压力的经历，因为你发现第二天该你做小结，或者模拟审判，那么就很有必要在一晚上之内获得许多知识和技能。即使是非常能干的行政法业务律师也学到脸色苍白。（上诉法官）

● 令人紧张……这些都是要成为大法官的人。我们是专门领域的出庭律师，被这群聪明的未来的大法官围着。模拟审判很可怕。我得做全部的小结陈词。我熬夜到凌晨四点。司法总管布拉格姆（Bragham）走进了教室后面。我当时想我会晕倒。（治安法院地区法官，兼职法官）

尽管培训如此令人恐惧，但二十六位在 1990 年以后就任的法官中仍有十二位对其接受的培训予以积极评价（七位说其"优秀"或"好极了"），六位觉得其令人满意。令人吃惊的是，其中三位兼职的治安法院地区法官是由一位全职法官督导，却没有经历过任何初始培训。这听起来有些可怕，但别忘了他们有全职的法律顾问/咨询员（legal advisors）在旁边为其服务。这些法律咨询员已经习惯于代表非专业法官处理刑事案件程序和提供法律咨询。有一位治安法院地区法官说他不需要初始培训，因为他已经是一位法官的书记员。这并不令人惊奇。法官的书记员是非专业裁判官的主要法律顾问，他们就法律程序、量刑权和量刑行为给出建议，并对非专业法官进行培训。七十七位法官中有三十四位说他们欢迎更多的培训。四位地区法官认为培训应该更加个性化，应该考虑学员们先前的知识和技能方面的差异。从 2010 年到 2012 年，这是一个明显的目标。三位地区法官表示在培训项目中可以安排更多的时间观察其他法官在不同业务中的做法。但如今已有审判观察项目，任何一个律师都可以不限次数地请求与不同类型的法官同堂观审案件。

虽然获任日期不同，也有不同的想法，但十九位法官评论说"只有在实践中才能学到东西"。因此，新的兼职法官甚至一些有经验的法官也会在审判中停下来向法院中的常驻（resident）法官或者指定（designated）法官征求建议。自 1990 年代早期开始，他们已经运用内部网络聊天室来交流问题和更新信息。大多数地区法官和巡回法官至少每天登录一次聊天室。有些法官认为自己作为出庭律师的经历已经能使其胜任法官角色。

> ● 我当了十五年大律师，每天看着法官们进进出出。我知道哪些法官不错……也能近距离观察律师们的出庭表现。这样就可以学到这个行业的本领，然后自己也会了……律师和法官在法庭上是在同一个环境中工作……只不过二者的角色不同。

代理地区法官和非专业治安裁判官有既定的、由受过培训且有经验的全职法官进行评估和辅导的制度，但这方面针对兼职法官的制度则比较业余，而且容易被滥用。我在观察常驻法官时得知他们的部分工作是就新任兼职法官的工作进行报告。由于这位法官并不观察兼职法官在法院的工作，我问参与我试验研究的法官这位常驻法官会用什么事实证据作为其报告的依据时，我得到的回答是"书记员们的闲言碎语"。

对证据和程序的初始了解

我问七十七位法官起初是否相信自己在证据和程序方面的知识，以及回头来看他们这方面的知识是否充足胜任。我问这个是因为如下背景：1979 年以前的非诉律师培训不包括证据知识；1990 年代中期以后的民事程序和证据规则变得更为直接，但刑事证据和程序规则变得像噩梦一样复杂。我的提问引发了一些有趣的回答。一位新任的高院法官说，如果不自信就不该申请担任法官。三十位法官认为自己当时这方面的知识不够。十位高级法官，包括一位上诉法官解释说：

- 不……在民事业务方面，没人在乎证据和程序。在刑事方面，人们很在乎程序和证据。由于我没有刑事业务背景和经历，我一度处于非常不利的境地。

有两位巡回法官（都是大律师）尽管当时有自信，但回头来看，当时的知识并不够。"我太自信了。"三位曾经当过非诉律师的巡回法官说自己缺乏足够的训练。一位巡回法官说自己作为大律师时利用过一些曾经担任非诉律师的法官在这方面的弱点来耍了一些花招。

- 我们最喜欢民事案件的地区法官作为兼职法官审案。因为他们没有掌握证据规则，因此如果你去做刑事案件，可以糊弄这些法官。

在七十七位法官中有十三位认为应该对司法岗位申请人进行证据和程序方面的考试。但也有些法官认为应该加强这方面的培训。从我在法院的观察来看，我支持如下评论。的确，法官们有时候经常忽视或者误解证据规则的适用。

- 显然要多注意证据规则……比如我认为传闻证据规则的适用很不严谨……先前定罪和被告人品行规则的适用不符合标准。（御前大律师，巡回法官）
- 应该有某种评估。在我们这个层级的法院，出庭律师没有很好地出示证据。（治安法院地区法官，以前担任法官的书记员）

大多数人的回答是否定的。以下回答比较典型：

- 控制法庭程序和适用证据与程序规则具有很强的实践性。一个法官不能在出庭律师提问时才想到"这是否违反了某个特定的规则？"因为按照这个速度思考的话，证人已经回答了律师的提问。那么问题已经发生，于是法官不得不解散（discharge）陪审团。（大律师，巡

回法官)

●如今任何坐到法官位子上的人都已经在担任非诉律师或大律师时一直接受证据和程序规则方面的继续教育。（非诉律师，民事案件地区法官）

对全职法官的培训

我问地区法官、巡回法官和高院法官："你是否觉得你就目前的工作接受了充分的培训？或者你认为在哪些方面可以有更多的培训？"对上诉法官和最高法院大法官，我的提问是他们是否认为自己在获任高院法官时得到了充分的培训。

地区法官和巡回法官

没有人就其全职法官工作接受过培训。许多错过了初始培训的人后来参加了其他课程。有一位治安法院地区法官在就任五年之后才去参加初始培训。大多数接受过继续教育。五十一人中有三十八位认为继续教育已经提供了充分的准备。十一位认为担任兼职法官期间的出庭业务已经是一种很好的培训。另外一些人则认为向全职法官请教使自己学到了很多。　110

●你可以从同僚那里学到很多。这么多年可以观察到许多好法官和糟糕的法官。

●作为一名大律师，你在做完一个杀人案或者强奸案的辩护之后，法官在进行小结的时候……你实际上也在寻思自己如果作为法官会如何处理这个案子。这就是一个自学的过程。

有十三位法官认为自己接受的培训不够，其中两位认为完全不够。后者包括那位对培训的每一阶段都进行批评的高院法官。当她在1996年被任命为兼职法官时只接受过两个晚上的培训。两位法官希望当年有更多时间与更有经验的法官们一起同堂审案。其他人则表示他们希望当年能就具体领域得到更多帮助，比如电脑与信息技术、成本、住房或者民事程序规则。四位说他们觉得应该在司法界人际交往技能、法庭控制以及如何应对无律师当事人方面得到一些培训。后面几章内容会表明这些技能是多么必要。

高级法官

二十六位高级法官中有二十三位在获任现职时已经担任过兼职法官（其中一位曾任巡回法官），因此他们大多数已经接受过培训。但高院法官的工作差异很大，因此我很想知道他们当年是否想要得到更多的培训。高等法院专门部门（家事部和衡平部）的法官都是大律师和精英，他们在这些领域不需要任何法律方面的培训。一位家事部的法官提出：

> ● 这一行是我的世界。我对业务从头到尾、从尾到头都熟悉……因此只是一个调整与适应的过程，毕竟角色差异不是很大。在作为大律师出庭时，你坐在第一排，任务是抓住唯一的那个裁判员的思路，得用你全部的出庭技能说服他赞同你……因此从第一排移到法官席之后，你可以不需要任何初始培训。

培训和准备不足问题出现在业务更广泛的王座部（QBD）。高等法院的大多数法官以前都是在专门领域执业，但在王座部就得应对各种各类的案件，包括严重的刑事案件、民事案件初审以及参与上诉法院刑事部的案件审理。许多人还得参与行政法院的审判，因为那里总是没有足够的行政法领域法官。[10] 有一位法官描述了这一问题：

> ● 我在我工作过的大律师行开了一个告别聚会，而且邀请了法律圈外的朋友。其中一位对我说："我估计接下来的三个月你得去接受培训？"我说："事实上，我不会。"他问："那你什么时候开始坐堂审案子呢？""明天上午十点半。"他说："我估计他们会让你审一个你过去在大律师行常做的那类案子，因为你对那类案子很熟悉。"我压着嗓子跟他说："不是那样的；实际上我要去行政法院审一个难民申请案子。"他问："你以前做过多少这样的案子？""一个也没有。"我

111

---

⑩ 在2010年，七十四位王座部法官中有四十四位曾在行政庭审案。很少人有在行政法领域执业的经历。2011年才开始有对行政庭高院法官的入门介绍项目。但那位准备得最不好的高院法官直接从巡回法官岗位上升任过来。

知道这听起来可怕，但以一种学业型的方式就王座部的全部业务领域对法官进行培训会花很长时间。

最后这一点说得不错，但需要记得的是高院法官处理的不是琐碎的案子。他们的判决影响着人们的生计、自由以及生死前途（比如难民案）。我在陪同一位参与试验研究的法官时，他在没有获得事先通知的情况下，被要求去处理一个渎职案的审前事宜。这是一种他从未听说过的侵权行为。我在观察审判时与下面的一位法官同堂。他具有刑事业务背景。当时分配给他处理的案子涉及一名跨国公司高管被其前雇主起诉违反了约定的竞业禁止义务。这位法官说自己碰到这个案子时就像出水的鱼儿一样。二十六位高级法官中有十五位（包括那些被任命到专门审判部门的人）觉得自己应该接受一些初始培训，而且有些人强烈地这么认为。王座部有位法官在意识到培训不足之后自己采取措施来进行准备。

> ● 我能胜任我的工作，因为我竭尽全力。我曾经一直找人寻求建议……我曾经将自己写的判决书（当时是代理法官）发给我的主任法官，请他像评论希腊诗歌那样评论。我还请高等法院的一位法官在我坐堂审案时坐在我法庭内的后面观察和指引。因此我认为如今的培训并不充分。但我认为自己做了许多准备，也认为应该有更多培训以及某种形式的"传帮带"（mentoring）制度。

另外一位觉得高院法官应该得到更多帮助，而不能被指望在每件事上都能力均等。

> ● 关于高等法院，有一种神话认为这里的法官是啥都能干的全能型……书记员向你演示与有人对你传帮带不同。让我去处理我完全一无所知的领域的诉讼没有什么意义。我可能不会出错，但得花两倍于懂这个领域的法官所用的时间。让一个审理商事案件的法官去花两周时间审理一个杀人案有啥意义呢？

后文关于高院法官的那一章会讨论这一问题。有两位衡平部法官与一些地区法官和巡回法官一样认为他们应该在应对无律师当事人方面得到更多指引。这些当事人很多需要帮助。除此之外，有一位家事法庭法官抱怨说，他在处理高等法院的紧急申请案方面缺乏指引。有两位说他们过去需要在判决书誊写方面得到指引，并希望有更多机会与有经验的法官一起坐堂审案。还有几位法官指出他们在担任兼职法官时审理刑事案件获得的经验不足以应付高等法院需要处理的非常严重的案件。

> ● 我记得第一次审理杀人案时我绝对比被告人更觉得害怕。（最高法院大法官）
> ● 我在接受初始培训之前已经审理了三个月的杀人案。（上诉法官）

三位（其中一位很强烈）认为，对行政法不了解的法官不应该在行政法院审案。在我研究期间，我曾问高等法院王座部的一位法官他的初始培训怎么样。但是高院法官任命的人数比较少，因此不可能对他们进行像面向兼职法官那样的全面课程培训。

> ● 我去拜访一位王座部的法官，他给我讲当法官的事情。他给我一个类似工具包的东西。里面有许多标准化表格，以及诸如国际长途电话地区代码之类的信息。后来我去见上诉法官梅（May LJ），其真是一位时间管理能手。我们谈到了我自己想要做的业务。我觉得有趣的是他们都曾经接受过初始培训。如果我那时有这种培训，我一定会参加。我在4月29日宣誓上任，另一位法官在第二天宣誓上任。如果开班培训的话，就只有我们俩学员。

继续教育（在职教育）

我问法官们他们多频繁地参加继续教育讲座以及他们是否欢迎更多这样的讲座和/或更广泛主题的培训。所有的地区法官和巡回法官都参加过驻校的继续教育培训会，会期一般两到四天。参加的次数取决于法官们需要审理的案件的类型。因此那些需要审理全部三类案子（民事、家事、刑事）的法官每年都会参加一次继续教育，也会参加巡回区以及专门法庭的在职培训会。⑪ 带教法官会在其培训过程中完成这种学习。五十一位巡回法官和地区法官中只有一位没有接受在职继续教育，即高等法院家事部的那位地区法官。

> ● 我觉得我们的继续教育不够。我们每三年才有一次继续教育培训会，内容是儿童保护的公法方面。我今年应该去，但由于院长决定要快速完成公法案件的审判（由于偶然，并未成功），我就不能去了。我们六个人都没被允许去……这意味着我四年里都不会去了。我认为这完全不对。

大多数人珍惜在职培训。

> ● 遇到其他地区的法官真是很好。因为如果没有这样的见面交流的机会，你就会觉得很孤立，就会觉得寂寞。

有九位法官称赞了他们从司法研习局网络上下载的材料。十九位说在职培训项目可以缩短，但应该每年都有。只有三位希望培训主题能更广泛一些。

继续教育培训对高级法官并不具有强制性，但有十三位高级法官选择参加巡回法官和地区法官的培训会。十五位则提到了皇家司法院的专门领域夜间培训讲座（2008～2009 年有六场）。只有三位说他们希望有更多。与其他人中的十九位一样，他们建议这种培训每年更新。三位王座部的法官认为高级法官也应该必须接受继续教育培训。许多人参加过国际司法界的交流以及专门领域的研讨会，并在其中进行讲演、吸收其他国家和地区的观念。比如下面这位专利法官。

> ● 我参加司法研习局的晚间培训会，以及每年持续三天的欧洲专利法官与欧洲商标法官的专门会议。我经常去纽约参加知识产权法研讨会……而且时不时也去参加其他会议或者进行讲座。

---

⑪ 如今，"对所有受薪的法官都有每年至少四天的培训要求，但 HCJs 除外。司法研习局希望对交费的法官们也实行相同的制度，但他们自己没这方面的意愿。对他们来说，培训要求要少一些"（司法研习局培训主任，2010 年 9 月，电子邮件提供）。

当前的培训提供

从 2009 年开始，法官学院每年都会在其年度报告和文案册中公布培训规划和详情。⑫ 其承认难以对培训的效果进行评估。2010～2011 年的文案册提到以向法官提供个性化的、可选择的而非标准式的继续教育培训为目标，并且将重点从关注白纸黑字的法律转向关注司法技能的获取。但是从上文的描述中可以看出，对新任兼职法官的模拟审判培训早已超越了这一目标；其具有挑战性，也是以技能为基础的。关于法律的更新则转变为在线学习。⑬ 地区法官和巡回法官被要求每年参加一个全国性的培训会，还有所在巡回区每年一天的培训。他们已经试行了一个很成功的研讨会，主题是"判决的技艺"，而且包括同行评议，⑭ 但并非强制。至于那些审理刑事案、民事案和家事案的巡回法官，他们每年要有四天时间的在职继续教育培训。他们每三年可能会就这些领域的案件把这四天用完，因此如果他们想参加判决技艺培训课程就得放弃前面提到的那些培训领域中的一个。如何应对无律师当事人的培训则包含在许多培训训练中。司法研习局在 2008 年公布了一份报告，题为《高等法院、巡回法院以及地区法院法官司法能力与质量框架》。这个整合的框架取代了先前只适用于巡回法官和地区法官的那个旧框架。新框架增加了选任标准。法官可将其作为一个自助指南。它强调审判各个环节的公平处理，并解释如何将其融入培训中。⑮

司法研习局高级法官委员会在 2009 年提议高等法院新任法官在第一年接受五天培训，此后每年接受两天培训。这个提议得到一致认可。司法研习局在 2010 年试办了一个为期三天的关于严重刑事案件的培训会。这个培训会也对审理这类案件的第一类（Class 1）巡回法官开放。2011～2012 年的计划也包括民事案件和家事案件方面的培训（也对具有高等法院审判业务的巡回法官开放）。最后还设置了高等法院培训主任这一职位。代理地

114

---

⑫ https：//www. judiciary. gov. uk/.

⑬ 司法区的具体信息升级通过邮件发给法官。

⑭ 根据 2011～2012 年文宣册，其包括"评估可信度、进行决断、给出结构层次分明的口头判决、恰当处理法庭内出现的意外和冲突情形、管理案件并作出结构层次分明的口头裁决、处理法官在法院内外遇到的职业伦理事务和其他问题"。

⑮ 法官版本在网站上可以找到，附有更简短的公众版。其内容是在与五百位法官以及执业律师讨论后确定的。

区法官从 2002 年以来就开始享受传帮带并接受评估。他们之前的非专业治安裁判官也是如此。面向兼职法官的传帮带计划从 2009 年开始。面向高院法官的类似计划已经在发展中。有一个信息包已经发给他们。司法研习局的法官们已经与高等法院家事部和王座部的部长们讨论过如何满足高级法官们的培训需求。司法研习局在 2010 年 7 月向我解释说他们已经向高等法院新任法官们提供了一个灵活的培训项目安排。这些新任法官可以观察审判和参访（由其部长们具体安排），也可以和以前一样参加继续教育讲座以及皇家司法院的晚间讲座，还可以获取电子资料和书面资料。皇家司法院讲座通常由一位上诉法官主持，参加者也常是上诉法官和高院法官。[16]

结　论

对司法培训的传统敌意（认为其侵害司法独立）阻碍了司法培训的发展。因此，虽然欧洲大陆在二十世纪初就设立了面向职业法官的法官学院，但英格兰直到现在才有一所非实体的法官学院。有些在任时间很长的法官，甚至那三位在 1990 年代获任的法官，都没有接受初始培训。由于司法研习局在 1979 年设立，这种情况现在逐渐得到改善。培训的广度、深度和技巧正在持续完善。与十多年里对非专业裁判官的培训一致，这种培训与需求和能力相匹配。为了消除人们对妨害司法独立的担心，培训都是由法官进行授课。比如参与我的研究的法官中有二十三位便是培训讲师。他们中有些人开创了基于技能的司法培训。鉴于他们自己早期第一次审判的可怕经历，由法官担任培训讲师并非坏事。他们现身说法，将自己的全职法官经验带入培训教学中。虽然他们不是专业的教学工作者，但这没有关系。想担任培训师的法官需要申请。他们是受过训练的培训师。这一点与他们那个年代的大学老师不一样。那时候的大学老师几乎没有接受教学初始培训，而且肯定没有可比拟的强制的在职继续教育培训。[17]法官们非常拥护这种培训氛围。因此似乎任何一个法院都有法官在暂时离岗接受培训，或者在讲授培训课程，或者在设计巡回区的培训课程。这似乎颠覆了

---

⑯ 已经举行过一些学术研讨会，比如关于《精神能力法》（Mental Capacity Act）和新的裁判所制度。

⑰ 新讲师被要求完成为期一年的业余培训课程。但这方面并不统一。其并非必修的职业继续教育课程，而且兼职者通常没有受过培训。

1979 年的氛围。但这对本来就人手不足的司法界也有影响，因为法官去参加培训就没法进行审判工作。

在其他职业普遍进行基于技能的培训之前，司法界就率先开展了技能培训。因为关于法律规划的信息都能以电子方式和在线学习的形式进行，如今的司法培训可以集中在裁判技艺方面。继续教育培训更是直接关注法官的实践需求。法官们也确实会参加这样的培训，因为这种培训通常要求在驻地进行学习（法官们也喜欢这样，有几位还要求更多一些），而不是像律师的继续教育一样主要是名义上实施，而且主要是个别随机凑起来的法律更新通报会。律师们去签到之后就闪人了。对巡回法官和地区法官的强制培训计划已经被详细公布在法官学院的网站上，事先都有充分安排，密切配合学员的需求，而且由专家型法官授课。

许多法官提到他们的培训需求与现实存在差距，但大多数这种差距如今已被弥补。也有一些未解决的问题。虽然继续教育培训如今已经从法律更新转向与需求和能力匹配的每年可选择的课程，但存在经费预算限制。这方面的问题并没有完全得到解决。裁判技艺培训本身有限，但人们可能会期待其具有强制性并成为任职的前提。对于高级法官而言，培训并非强制。这是一个巨大的差异。[18] 从 2011 年起终于有了合理明智的初始培训和继续教育培训，但这来得实在太晚。高等法院王座部的法官和一些巡回法官遭遇了同样的问题。王座部的法官要面对多个领域的案件，因此很难对他们就各类案件的审判进行培训。他们也不大可能有时间接受有关审判技能的培训。糟糕的是，对行政庭法官的培训现在只面向代理法官，而且对行政法这一复杂领域不怎么了解的全职法官还在被要求审理包括难民申请案在内的各种行政诉讼案。这实在是像丑闻一样。

---

[18] 上诉法院许多法官如今承担着繁重的管理职责，而且参加过专门领域的培训课程。

第七章　法官的职业性格

象牙塔中的法官，
他每天坐着倾听，
关于人之恶的故事，
人对人的非人性之深，
以及孩子们遭受的野蛮对待。
一分钟一分钟，
一小时一小时，
这就是法官在他的象牙塔里获取的营养。

对于法官来说问题不在于，
他与现实脱节，
而在于他看到了太多现实，
太清楚人的兽性。

据说一个人的忍耐是有限的，
但这个人的活动必须如此，
而且充满着他工作的每分每秒。
这就是法官在象牙塔里的活动。

——詹姆斯·亨特（James Hunt）法官，已故。
其在 2004 年将该诗歌送给本书作者。

　　紧接本章的第八章到第十二章是全书的骨干章节。这些章节会描述法官的行为、工作状况以及他们对工作的态度。本章串联其中一些共通的线索。

职业性格

人们开展和进行工作的方式在某种程度上依赖其性格。[1] 本研究样本之外的法官有时候会说"我想你会发现我们每个人都很不相同"。但与此相反的是，法官们在法庭内表现出来的职业性格（working personality）似乎比他们想象的更加具有一致性。初审法官不理解这一点，那是因为他们没有机会观察别人。他们有时候会好奇他们自己做事的方式是否与隔壁办公室的法官相同。

117

职业性格是指一个职业群体中显著的认知趋向。这个概念是在二十世纪中期的职业社会学研究中发展起来的。将其运用于法律系统的最著名的例子是班腾（Banton）[2] 在英国、斯科尔尼克（Skolnick）[3] 在美国将其运用于考察警察工作。他们的研究表明了职业环境是如何影响警察的观念和行为的。当法官们得知他们之间比自己认为的还要更加相似时，每个人都认为这种相似的原因在于司法培训。我们已经看到如今的司法培训已经逐渐变得更加精致。克瑞策（Kritzer）将审判比作一种技艺（craft），这种技艺经由培训过程和/或者学徒制[4]而获得。我们看到刑事审判业务培训在过去几十年里都关注技艺。在对法官进行观察以及与他们讨论工作时，我可以明显看出他们的工作方式受到下列因素的影响：

　　——出生时的家庭和儿时的经历；

　　——教育；

　　——律师执业经历，尤其是观察到一些好的和一些糟糕的案例；

　　——他们是直接服务于客户的非诉律师，还是（不直接与客户打交道的）大律师；

　　——在担任兼职法官期间以及后来被任命为全职法官后与同僚的社交情况；

　　——当前的家庭状况；

---

① 　个人性格影响了治安裁判官的书记员对法院运行进行管理的方式。见 P Darbyshire, *The Magistrates' Clerk* (Winchester, Barry Rose, 1984)。

② 　M Banton, *The Policeman in the Community* (London, Tavistock, 1964).

③ 　JH Skolnick, *Justice Without Trial* (New York, Wiley, 1966).

④ 　HM Kritzer, 'Towards a Theorization of Craft' (2007) 16 *Social and Legal Studies* 321.

———身份意识、敏锐的形象意识，以及担心有"法官炎"⑤；

———在法院的经历以及其他人在法院在法官面前的表现；

———工作/职业环境。

法官"职业性格"的相似性似乎也是 2006 年之前的法官招录制度的结果。在那种招录制度下，法务部长公布招录时期待的性格，而且在任法官们会通过事先打听来推荐自己选定的候选人，这样的候选人形象通常是基于他们自己的形象。但我说的相似性不是指普适性。在裁判方式和裁判结果方面，由哪位法官作判决显然重要；⑥ 否则就没必要上诉或者没必要通过一些制度设计来防止当事人挑来挑去选法院。

118

高等法院有一位法官意识到自己的职业性格与自己本身的性格并不相同。我问他在成为法官之后他的自我形象是否发生了改变，他回答说：

● 我可能比以前更加仁慈，更加具有同情心。以我的法官身份来看，我作为法官的性格比作为普通人的性格要好一些。⑦

出身家庭背景

我没有具体询问法官们的家庭背景，但法官们有时候在解释其行为时

---

⑤　约翰·莫蒂默（John Mortimer）笔下的虚构人物"评论了'法官炎'（即法官的装腔作势、拿腔拿调）这一现象，认为其像痔疮一样是司法界的职业危险"。见 *Rumpole of the Bailey*，Thames Television，1978，Museum of Broadcast Communications website。"法官炎"这一概念广泛流传于美国司法界。见 L Alpert，'Learning About Trial Judging：The Socialization of State Trial Judges' in JA Cramer（ed），*Courts and Judges*（Beverly Hills，Sage，1981）126。译者附注：约翰·莫蒂默（1923～2009 年）是英国大律师和著名作家。Horace Rumpole 大律师是其在作品中虚构出来的一位在老贝利（Old Bailey，位于伦敦的中央刑事法院所在地）从事刑事辩护业务的大律师。

⑥　伯恩斯说"性别、种族和出身阶层都重要。但这些并非偏见的源头，而是逐渐展开的经历中必要的、不可避免的一部分"。引自 S Berns，*To Speak as a Judge*（Dartmouth，Ashgate，1999）8。

⑦　波斯纳法官认为法官们具有成为好法官的动机，并且有动机为他们自己发展和塑造好法官的名声。见 R Posner，*How Judges Think*（Cambridge，Mass，Harvard University Press，2008）60－61。法官学院一直在花费越来越大的精力描述"好法官"应该是什么样的。因此法官们通常急于好好表现，以便让自己在法庭上显得"好"。这并不令人吃惊。他们有智慧将"好法官"形象与自己的真实个人形象分开。上述引文表明了这一点。

会提到自己的家庭背景。一位出生在政府保障房的法官说，他对暴力犯罪量刑严厉是因为他年轻时在星期六晚上从索森德（Southend）坐火车回家时会看见有些人无缘无故被拳打脚踢到只能缩头，而打人者只会问"你那样看着我干嘛?"。⑧ 很明显，大多数法官都出身于重视教育的家庭。这使他们成为卓有成就的人，无论其年幼时所属阶层是什么。那位出身于难民家庭的法官观察到了对司法独立构成潜在威胁的一些现象，并且对这些现象比较敏感；她感叹说："能生活在和平时期是我的荣幸。但是你不能完全依赖这个。"第三章中我们提到过有些人是受到自己儿童时期对律师形象认识的促动而后来选择学习法律的。

职业与法律界的社交

法官们的职业成就并不代表法律界整体。高级法官和一些巡回法官是超级大成者。他们职业伦理强，具有很强的专注能力。这使他们面对长时间的工作时段也能撑过去。其他一些工作难度没那么大的巡回法官以及所有的地区法官，都说他们离开律师执业之后的工作时间变短了，但大多数人还是表现出强劲的职业伦理。

七十七位法官中有五十九位曾经是大律师。哈泽欧在 1979 年出版了《受考验的大律师界》一书。我在此要大段引用其中的《一个与世隔绝的职场》这篇文章。

119

> ● 大律师界（The Bar）在大律师学院（Inns）之内的地理方位之偏僻与其所处的更广泛的社会与职场偏僻同时存在……他们之中许多人从来不在大律师学院外面的地方吃午餐……他们对大律师圈之外的世界里的生活知之甚少……大律师界内部的级别在极大程度上源于中产阶层和上流阶层……他们互相介绍之后从不握手，因为理论上他们已经互相认识。御前大律师们不仅与其他人着装不同，而且就座也不同。那些细致的礼节（比如，"法官大人可否……"，"我实在有义务……"）以及对法律拉丁语的使用简直是一种学院暗语——一种私

---

⑧ 治安裁判官的书记员们经常说出身寒微的治安裁判官们对和他们自己年龄相仿的触犯刑律的人量刑会更加严厉。见 P Darbyshire, *The Magistrates' Clerk*（Winchester, Barry Rose, 1984）。

人的语言。大律师界有明显可辨认的服饰。支付给大律师的费用是不附带义务和责任的报酬，是谢酬。大律师们自然觉得以自己的高级身份不宜亲自讨论商业事务，否则便有悖于他们的职业礼节。

● 就正式而言，大律师界不再是更高等的职业。但就非正式而言，人们普遍觉得大律师在智识和社会地位方面都依然高于非诉律师……在法律界，大律师会被敬称为"我博学的朋友"……而非诉律师只会被称为"我的朋友"。当非诉律师想要与大律师写信联络时，必须通过大律师的书记员（文员）来进行。1973年，在政府就新法院大楼的设计征求大律师界的意见时，大律师们表示希望能尽可能避免让他们与非诉律师共用一个房间来打发午餐后时间。在举行会议时，无论非诉律师多忙，也无论大律师是多么菜鸟级……那都总是会由非诉律师主动去会见大律师。大多数大律师喜欢戴假发和穿法袍给他们带来的高大上感觉。大律师界的倨傲和自负的后果不仅仅是给他们的客户造成了坏印象。大律师界一直反对任何似乎与其利益相冲突的法律改革。他们也还出于保守和抗变而反对许多其他的改革。⑨

以上引文描述了与世隔绝的伦敦大律师界。大多数参加本研究的法官以前作为律师时的职业性格就是来源于此。伦敦以外地方的大律师界的帮派更加紧密，因为比较普遍的是一个城市可能只有一个或两个大律师行。

由于自1985年以来，法律界就不断被抨击为存在行业垄断和许多限制性措施，大律师界的工作方式不得不接受改革。而且自1980年以来专门有公关顾问操控其公众形象。然而，高等法院和上诉法院的那些曾经是大律师的法官们如今有时候仍然会在他们所属的大律师学院（Inn）内吃午餐，但这仅局限于同在司法界的一个同僚精英圈子。大律师过去不会，而且如今通常依然不会与客户进行初次面谈。⑩ 在晚近几年之前，他们都被禁止与证人面谈。这事通常是由非诉律师来做。漫长的工作时间、许多法官的职业成就以及社交需求不强都是导致大律师界与世隔绝的因素。

上述引文形象地描绘了律师界的职业等级。非诉律师以及以前当过非

---

⑨ R Hazell, *The Bar on Trial*（London, Quartet, 1978）28 – 31. 该作者曾经于1973～1975年在大律师行执业。

⑩ 直接接触制度会有例外，而且该规则已经在《2007年法律服务法》（Legal Services Act 2007）实施之后被修改。

诉律师的法官对此仍然很敏感。我们在前面几章已经知道有些非诉律师在申请法官职位时觉得多么坎坷，因为他们没有"合适/对路的"法官在事
120　先打听过程中来支持他们。我们已经见到有些非诉律师在申请巡回法官职位时屡次被下调到地区法官岗位上去。而且在司法培训名单上他们的名字旁边会被像标记污点一样加注"S"（代表 solicitor，非诉律师）。少数能在高级别法院出庭的非诉律师直到最近几年才被允许像大律师一样戴假发。非诉律师和大律师在力图维持各自垄断地位的过程中将自己封闭在人们所知的"律师界战争"之中。这便是 1980 年代和 1990 年代的出庭权之争。由此产生的敌意依然存在。大律师声称自己是更高级的出庭律师，而非诉律师则憎恨大律师们的傲慢以及律师界的职业层级。在这个层级中，非诉律师处于底部，御前大律师位于顶层（御前大律师被称为"丝绸族"，因为他们有权穿丝绸法袍，而不是穿那种像"员工制服"一样的普通的律师袍）。这方面的例子是刑辩大律师协会主席在大律师公会 2008 年年会上的言论。他对具有在高级别法院出庭资格的非诉律师人数的"大幅增长"表示担忧，并说其中有些人"真是糟透了"，还说自己很"沮丧"看到"廉价而且低能的劳动力"正在"摧毁这个制度"。在 2009 年的欧洲律协会长联席会议上，他又重复了这些言论。这种争论还在继续。⑪ 2010 年，高级别法院出庭非诉律师协会的反对意见指出，"庭辩律师质量保证计划"过于倚重司法意见，而且该计划偏向于大律师界。⑫ 大律师和非诉律师之间的阶层差异也一直是另一种冲突的源头。御前大律师的级别一直饱受批评，并且在其 2003 年被改革之前一直为非诉律师们所抵制。2008 年（非诉）律师协会的调查问卷表明，一半以上的应答者认为御前大律师这一身份"应该成为律师界更广泛的优秀标志"；一半以上还认为如果这一身份不对更广泛的律师群体开放，则（非诉）律师协会应该撤回对其的支持。⑬ 参与本

---

⑪　在收到大律师们和法官们关于非诉律师出庭质量的投诉之后，非诉律师协会（Law Society）2010 年委托第三方调研了非诉律师在高级别法院接受出庭培训的情况。调研结果表明这种培训总体上"没达到目的"，而且必须立即改善，这样才可能使非诉律师的出庭质量不再被认为低于大律师们。见 C Baksi，'Solicitoradvocate training "not fit for purpose"'，Law Society *Gazette*，16 December 2010。该报告的网络版得到了一些有趣的评论。

⑫　P Rogerson，'"Mixed practice" warning for publicly funded barristers' Law Society *Gazette*，2 December 2010.

⑬　非诉律师协会网站的文件《御前大律师的任命》（*Queen's Counsel Appointments*）报告了该结果。

研究的好几位法官都抱怨自己曾经当非诉律师出庭时遭遇过大律师的傲慢，或者那些在他们（法官）面前出庭的大律师的傲慢。英格兰和威尔士的司法层级以及本研究样本鲜明地反映了这种职业等级。这是 2006 年以前"老男孩圈子"选任的结果，也是对法官的法定最低资质要求的结果。这种资质要求与出庭权相关联。

　　以前当非诉律师的法官认为他们过去执业时在与客户直接接触的过程中增长了见识。当事人在地区法官面前出庭的情况与这些法官们从当非诉律师时起接触过的以前的客户近似。以前当非诉律师的法官有时候具有比大律师更广泛的世界体验。有一位巡回法官在年轻时游历世界，而且在货轮上听取证人证言。她因此身处一些危险的境地，比如趴着身子爬进轮船的住宿区并进入内舱去与受伤的外籍海员面谈。需要强调的是，没有证据表明本研究样本中以前是大律师的那些法官认为自己比从非诉律师中选任的法官高级一些。在某个王冠法院，一位大律师法官赞扬了两位非诉律师法官与陪审员有效进行交流的能力。然而，以上描述的狄更斯时代之前的律师界职业等级不应该被忘记。很明显，从非诉律师中选任的法官保持了他们被低看一等的记忆。

121

负面案例——过时的法官

　　在法官餐室只要提到本研究便会激发法官们想到第二章中描述的公众对法官的刻板印象或成见。这也会引发一些关于过时人物的故事。引述这些故事是为了指出那种成见过时了，而且那些古怪的人在如今是不会被接受的。[14] 地区法官修尔伯特（Hulbert，也译希尔伯特、赫尔伯特）指出，在一个郡法院曾有一名出庭律师会根据是哪一位登记官审理他代理的案子来调整自己的表现。

　　● 那位过去曾坐在这个法官席的人在当今不会获得任命。这人难以预测，他会无缘无故突然大发脾气……作为法官，你会遇到许多人

---

[14]　阿尔珀特发现佛罗里达州的法官们以他们以前作为律师出庭时面对的法官们为榜样。上诉法院民事部主官克拉克法爵（Lord Clarke MR）援引了十九世纪的法官们和二十世纪的法官们讲述的关于他们的前辈的糟糕事情。见 Lord Clarke，'Selecting Judges：Merit, Moral Courage, Judgment & Diversity'，speech，30 September 2009。

在你面前出庭；法官会适应新情况并学会自己的业务。这位法官二十年前也许能向在场的人表明他自己懂很多而律师懂很少，但如今不能这样了。

地区法官霍莫（Homer）描述了几位特立独行的登记官。有一次他试着上交一份表格给一位登记官。这位登记官说：

> ● "你这女人！我办公室上写的是'档案员'吗？不是，是登记官先生。"那年月就是有一些这样的人，完全不懂尊重别人。另外一位老是将绿皮手册扔向律师说"这绿皮手册里可不是这么规定的！"另外一位呢，如果你在给你分配的时段之外过去见他，而那时他正滔滔不绝，他会让你离开。他在下午四点就戴上帽子穿上外套，然后就下班走了！

还有一位带着自己的狗上法庭，就让狗趴在角落里。有一位则从不作出判决。有一位总是在进行空洞的威胁，比如会说"告诉他如果他不干，我就把他的耳朵钉到墙上去"。那年月，一位登记官可能会对一个人说："我需要一名副手。你想干吗？"我问霍莫法官们为啥不再像那样了，他说："选任、培训和我们自己的经历。卡特曼（Cartman）和我过去不得不忍受像那样的法官。"

治安法院地区法官讲了刑事法院的一些故事。格让佩（Grumpy）说当他在大律师行执业时，王冠法院的法官们会施加压力让被告人认罪，因为法官想回家了。"那个年代的法官过去都打过仗，因此普遍冷酷。"但如今的法官"大不相同，平易近人"。有些伦敦的治安法院地区法官说："如果你参加过战争，回来后却没有生计，那么政府可能会任命你为受薪治安裁判官。"

巡回法官[15]则讲述一些关于那些脾气大、性子急，或者怪异，或者自负的"人物"的故事。英格兰中部的一位兼职法官评论说："我不是在拍马屁，但如今的法官远比以前的法官更容易面对面打交道。"在南部流传着关于一名脾气不好的原任法官的故事。根据当时的法律，对犯人实施缓

---

[15] 许多故事来自研究样本之外的一些法官。

刑要征得犯人同意，但这位法官没这么做就直接给一个犯人缓刑了。事后这位法官马上被调离了刑事审判岗位。在中部，曾经有一位法官的量刑让人云里雾里，而且他自己从不阅读任何关于量刑的资料。在北部，有一位法官在自己开庭时会让妻子坐在自己旁边织毛衣。伦敦的一位常驻（管理）法官曾经写过一本面向学生的教材。他向我解释说那是因为他的前任会坐在餐室的前部，每天"话多得没完没了，没人能做自己的事情"。他对此感到很烦，于是开始在午餐时间待在自己办公室里写书。在伦敦第二大的王冠法院，有一位法官解释说这里的常驻法官替换了一位"懒惰的混时间的家伙"。还有一个这样的法院依然有这种懒人常驻。"那人奇懒无比。他自从上任之后从未召集过一次会议。这里的文书工作一团糟。"在本研究开始时，或许是由于那些不幸的任命，对于常驻法官们的那些需要花费精力的管理工作岗位，干脆通过公开广告进行竞争性的招聘。这吸引了一些非常胜任的巡回法官。

在上诉法院，据说曾经有一些高级法官彼此之间不讲话，他们在审判席上也是背对背落座。我在1970年代作为学生时的确亲眼见到过这种情形。大法官们还讲到他们自己以前作为律师在他们的那些前任大法官面前出庭时（1980年代）他们之间的争论。

法官们通常说他们自己比老一辈的法官要平易近人得多，而且过去的层级障碍已经破碎。上诉法院的一位法官说："三十年前，法官们从来不会跟行政管理人员说话。"另一位法官说：

●我现在六十多岁了。当我开始执业时，御前大律师不会对实习生讲话。而法官则被看作好像一尊小神……如今我的同事们很乐意融合在一起。（上诉法官/大法官）

在讲这些故事时，法官们实际上在将他们自己个人以及群体的形象重新确认为是理性的、人性化的、行为得体的现代法官。从本研究可以清楚地看出"大多数法官与大多数严肃的艺术家一样，都在努力做好本职工作"。[16] 一个明显的比较参照是旧时糟糕年代的法官们的形象。而且，波斯纳指出，由于没有人是被迫成为法官的，因此实际上是申请人的自

123

---

⑯　见前注7波斯纳著作第12页，第60页以下对此有更详细的讨论。

我选择，所以很合情合理的是他们想当一名好法官，并且努力塑造和维护这种形象。

招录标准

到了二十世纪中期，律师和法官们容易以书面形式抱怨一些法官缺乏出庭律师追求的那些品质。他们甚至会对一些不好的法官指名道姓。[17]在参与本研究的七十七位法官获任时，黑尔什姆法爵在 1986 年的小册子《司法任命》中已经列举了他所期待的法官品质，比如"有个性、正直、职业能力强、职业经验丰富及职业地位高"。[18] 在 1980 年代晚期，只有十四人获任全职法官。大多数在 1990 年之后获任。此外，还有二十四位是在 2000 年后获任。到了 1994 年，法务部长玛可法爵已经在网上发布了地区法官和巡回法官岗位的招录信息，详尽描述了岗位职责和招录标准。与其前任一样，玛可法爵要求全职法官岗位的申请者必须先前已经担任过两年兼职法官。申请人必须身体健康，以便能"长时间坐堂审案和集中注意力，并能在工作中和私人生活中行为恰当，以维护公众对司法的信心"。候选人必须申报可能给自己或者法务部长造成尴尬的任何事情。申请人必须具有"法律知识、分析技能、合理的判断能力、沟通技能和权威"。必须具备的个人品质包括"正直、公正、理解人和社会、脾气温和、礼貌、人性化、有使命感"。玛可及其 1997 年的继任者广泛公开了这些要求。这些可以被认为是在选任法官的过程中适用的标准。[19]

剔除与社会化——让新人达标

常驻法官的工作是以一种相当松散、没有结构化的方式就巡回区内兼职法官和兼职法官的工作进行反馈报告。如果这些人表现出来的特征

---

⑰ 比如 RE Megarry QC, *Lawyer and Litigant in England*（London, Stevens & Son, 1962）。

⑱ Malleson 将这种清单式列举谴责为"微妙而空洞"。见 K Malleson *The New Judiciary*: the *effects of expansionand activism*（Aldershot, Dartmouth, 1998）96。

⑲ 司法任命委员会在 2006 年以来适用的标准与此类似，但附加了"公正理解和处理的能力"以及"效率"（这方面更详细）。见 https://www.judiciary.gov.uk 网站上的文件《司法能力和素质框架》（*Framework of Judicial Abilities and Qualities*）。

或者行为不适当，常驻法官可能会很快提醒他们注意。兼职法官受到多方面的观察。观察者包括法院使用者（当事人）、律师（他们的同事）、法院餐室内他们遇到的其他法官，还有上诉法院的法官。关于他们的担忧和谣言可能会通过司法界的事先打听而反馈到招录过程当中，从而会阻碍兼职法官获得全职任命。我们在第四章已经看到，那位曾经当过非诉律师的代理地区法官在餐室里听到其他法官讲一些同性恋恐惧症的话时，保持了沉默。

兼职法官也会在社交与社会化的过程中形成"职业性格"并采纳"职业文化"。这一点与一切行业的从业者一样。这是我的第一手观察。在南部的某个法院，律师们向一位常驻法官投诉一个兼职法官。这位兼职法官则抱怨说出庭律师着装太随意而且对法官不恭敬。常驻法官立即把他叫过来。"我告诉他说那样的行为已经过时了。"在一个巡回区的两个王冠法院，法官们在笑话一位新上任的巡回法官（我没有表明我在第三个王冠法院已经见过他）。当地的大律师公会也抱怨过他在法庭上的表现。巧合的是，他本来是在第四个王冠法院。那里的常驻法官在我并未询问的情况下主动提到了这个有问题的新人：

> ● 他是个摆花架子的白痴。他曾经把大律师行的人叫到自己办公室说，大律师们在他进入法庭时致礼弯腰不够低。天哪！这种表现真的会给我们司法界抹黑。在另一个法院，由于大律师未到庭，他干脆不审案子。于是当事人不得不到上诉法院去解决问题。

这位常驻法官计划让更有经验的法官来解决这一问题。"我们都毫不客气地对他表示不满。"在我到达英格兰中部进行研究时，关于这位法官的故事已经传遍了这个巡回区的所有法院餐室，而且指出了他的名字。两个巡回区的法官们都觉得另一个新人抱怨大律师们对自己弯腰不够低是很搞笑的事情。法院餐室和大律师们的法袍室一样是一个小道消息发布平台。兼职法官和新任巡回法官会在巡回区内穿梭轮换，同时传播各种故事。许多法官对电子邮件上瘾。因此故事可能在一瞬间就通过电子邮件传遍各个法院。那位失范的新人可能会发现任何"法官炎"的表现都会导致常驻法官提醒其注意司法界对其工作文化和行为的期待。但是像前面提到的这种表现会在律师界以及全部六个巡回区的法官圈子里给他造成一生的恶名。⑳ 就代理地区法官而言，一个高度成熟的正式评估和辅导制度已经确认了适当的司法行为准则，这个制度包括全职法官在法庭观察地区法官 125 的审判活动。㉑

让法官们不越线

法官理事会（Judge's Council）在 2004 年编写了《司法行为指南》，㉒在其中解释了独立、不偏不倚、适当、平等对待、胜任和勤勉这些要求的实际意义。这些是联合国在 2001 年发起的"班加罗尔司法行为原则"（Bangalore Principles of Judicial Conduct）规定的内容。这里所有的法官都接受平等对待方面的培训，并且人手一本内容详尽的手册。㉓

民事法官们普遍说他们在起草判决书时都会考虑到上诉法院。类似地，王冠法院的法官也会为了让自己的判决不被上诉而请控辩双方都就法官自己起草的判决书给予评论。在一起杀人案审判中，法官说明了自己判决的理由，并请辩方律师评论，说"这是为上诉法院着想"。王冠法院另一位法官虽然也经常考虑上诉法院，却认为这种做法难以预测。"你可能会得到商事上诉法官和民事初审法官调查案。"上诉法院很警觉，对涉及法官行为不端的案件与涉及法律错误的案件一样会推翻原判决。上诉法院在批评下级法院法官的失礼行为或偏倚行为方面的用语在这些事情上更加强烈和直白。所有的法官都意识到这一点。这也可以说明为什么如今上诉案件这么少。在 2005 年，有一位法官（已退休）的三个判决都到了上诉法院而且被改判。这三个上诉案广为人知。在第一个案子中，这位法官通过在辩方律师发言时翻白眼和把笔扔在地上以及对控方证人更礼貌来表现对控方的偏好。㉔ 在另一个案子中，他当着陪审团的面说辩方律师是蠢货，而且对她表现出个人的敌意，还质疑她的

---

⑳ S Shetreet, *Judges on Trial* (Amsterdam, North Holland, 1976). 该著作中有一整章是关于大律师界对法官们的制衡机制的。作者说，"最重要的控制是通过非正式的社交压力和职业压力。这是通过大律师个人以及大律师界的集体行为而实现的"，而且主要是发生在大律师学院、大律师行以及巡回区内大律师的地方联络会。如今的情形也正是如此。

㉑ 从本研究开始，扩展适用于兼职法官。

㉒ 司法界官方网站 www. judiciary. gov. uk。

㉓ ibid.

㉔ *R v Patrick Bryant* [2005] EWCA Crim 2079.

正直。㉕ 在第三个案子中，这位法官在被告人面前以及听取控方发言之前对辩方律师说："我从未听过像你说的这么垃圾的事实陈述。"㉖ 参与本研究的法官们都知道这些会吸引媒体的关注。在 *R v Cordingley* 案，㉗ 上诉法院说审理该案的王冠法院法官应该对其粗鲁和失礼㉘的行为 "感到羞耻"。如果法官的不当言语或者行为与其对案件的审判无关，则因此遭受痛楚的人可以向司法投诉处（Office for Judicial Complaints）投诉。2009～2010年，主流司法界有两位法官被削夺职务。㉙

126

"司法品质"：法官职业性格的成分

我给了法官一个开放式的提问："你认为法官具有哪些性格特征比较合适？" 现在看来，我该问他们 "品质"。然而，法官们都很清楚，而且回答时好像我问的就是 "品质" 一样。四十位提到了 "耐心"，三十位提到了 "公平感/客观/无偏见"，二十八位提到了 "人性化/同情/理解"，二十二位提到了 "倾听的能力"，二十二位提到了 "果断"；二十位提到了 "礼貌"，十七位提到了 "坚定/对程序的掌控能力"，八位提到了 "幽默感"，七位提到了 "谦卑/不傲慢/没有花架子"，五位提到了 "效率/组织能力"，四位提到了 "清晰的交流"。

问一个开放式的、没有提示的提问意味着法官们不会去参考一些清单式列举的回答选项。通过开放式提问而获得的答案更能说明情况。

> ●冷静和幽默……避免显得容易动怒或者急性子或者太快打断别人说话……耐心和宽容……尤其是当你过去四十五分钟都在听同一个当事人反复说同一观点却仍然没能说清楚时。（上诉法官/大法官）

一位民事法官说：

㉕　*R v Lashley*［2005］EWCA Crim 2016.

㉖　*R v Dickens*［2005］EWCA Crim 2017.

㉗　［2007］EWCA Crim 2174；report and comment at［2008］*Crim LR* 299.

㉘　1970 年代的法官们不能无限制地逃脱坏表现的后果。前注 20 所指著作的作者斯特里特在研究上诉和其他制衡时对此有解释。

㉙　其年度报告没有关于这些投诉的性质的信息。

●有活力，能够在必要时具有掌控局势的能力……不随便下结论……能耐心倾听，不是试着去听自己想听的，而应该听说话者努力想说给你听的内容。还得有能力吸收大量的事实信息，将其在头脑中整理出来，剔除无关的信息，然后做一个决定，或对或错都必须强有力。向读者（当事人）清楚表明你自己在做什么，并给出法律依据。

一位从事陪审制刑事审判的王冠法院法官强调说：

●人性……一个法官每天早上要对自己说的是众生人人平等，无论其来自何处或在哪个法庭。

法官们也表现出一些他们并未列举的品质。非常和蔼的法官不一定会列举"和蔼"。滑稽的法官也不会列举"幽默感"。下文讨论的是本研究中观察到的一些主要特点。任何人在观察更多不同的法官时都可以对照这些特点。

耐心

在我进行第一次试验研究的第一周，我意识到自己绝对没有担任法官所需要的那种耐心。这是法官们列举出来的最重要的品质。法官们的耐心有时候让我自己失去耐心。他们在面对不断重复的、不重要的无律师当事人时始终保持冷静和礼貌。在严重糟糕的出庭律师和缺乏准备的出庭律师面前；在那些不就自己举证失败或交换证据文书和辩论要点失败承担责任的律师面前；在咄咄逼人、喜好争论、屡次因行为不当受警告的出庭律师面前；在家事案件中以自我为中心而争吵不已的父母当事人面前；在法院使用者粗鲁与不敬、员工低薪、没受训练而导致辅助缺位的情况下；在一些设备，如电脑硬件和软件、视频设备不断出故障的情况下，法官的耐心令人吃惊。我问他们为什么容忍一个喋喋不休的无律师当事人、为什么不警告某个出庭律师以及为什么不叫停一个质证，法官们通常会有一个经过认真考虑的合理解释，比如让无律师当事人能有同等的机会，或者不想让出庭律师在自己的客户面前出丑。法院员工有时候会评论法官们的耐心。高等法院一位法官的书记员说自己跟着的法官虽然"可能

会在自己的办公室里大发雷霆"，但他对衡平部到处都是的无律师当事人
的耐心无可挑剔。

礼貌与和蔼、幽默、不轻易判断是非

法官总体上比一些出庭律师对待自己更礼貌，而且明显比许多当事人
有礼貌。陪审员对法官的礼貌感到吃惊。法官们很重视让陪审员和证人觉
得自在。法官们在面对法院使用者的中立或者失礼时也通常能保持礼貌。
并非所有的法官都很和蔼。有一位法官简单地以姓氏称呼被告人，而且在
一名陪审员的手机响起来时严厉斥责。我只看到一次在审判过程中有法官
发脾气的情况。这涉及一位不在本研究样本之内的法官。当时他允许我同
堂观察其审案。有一位大律师迟到了，让整个法庭都等她。于是她被这位
法官吼了。尽管这位大律师不断道歉，这位法官仍然不断抱怨。他后来跟
我解释说他对自己从事刑事审判业务感到失望，觉得是对自己在商事法律
领域专长的浪费。他担任法官的时间很短，如今已经退休。有些法官会将
自己的和蔼延伸到法庭之外，比如平常对法院员工（即使最初级的）表示
友好、问问他们的生活状况，对他们的个人困难、健康以及家庭表示关
心。本项研究便是依赖法官们的和蔼与礼貌。高级法官和法官群体代表花
了许多时间帮助安排本研究。法官的和蔼、礼貌和幽默令人印象深刻。

大多数法官对一些故事不轻易判断是非，这显得不自然。但这样的故
事往往会让一些专栏作家（尤其是《太阳报》和《每日邮报》的那些专栏
作家）大为恼火。法律人必须养成客观的性情，否则那些矛盾的犯罪分子
和索赔者将找不到肯为自己说话的人。现代法庭要求法官在审案时表现客
观，无可挑剔，否则上诉法院会不留情面地斥责他们。在关于陪审团的那
一章中，我们将会看到法官们如今不会进行有偏向的证据小结，但这种做
法在过去具有普遍性。

128

倾听的技能

虽然只有二十二位法官提到了"倾听的技能"，但我观察到的另外一
项惊人的素质是他们能长时间专注听取发言并吸收证言。我在每个王冠法
院进行观察时都发现总会至少有一个情形，即有人会问起某人在几天前的
庭审中说了啥，或者法官不得不纠正律师的错误陈述。法官们能很快准确
重新简要解释别人说过的内容，并在后来通过参考自己的笔记来证明自己

的解释。法官对证言的记忆总是比律师要准确很多。倾听技能已经成为法官素质自然而然的一部分，而且这种能力在法庭之外也表现出来。在日常的交谈中，法官通常会看着对方的眼睛，倾听而不打断对方，然后作出回应，而且回应的方式表明他们在用心听，而不仅仅是听到了而已。这种倾听能力非常显著，以至于在本研究期间其他人在这方面的欠缺也变得很明显。

吸收、分析和运用书面信息的能力

所有的高级法官以及在高等法院履职的部分巡回法官都必须在庭审前阅读成堆的文书和案件材料，包括判例、专家报告以及冗长的庭辩概要。在法庭上，法官们的表现表明他们已经吸收和记住了这些内容，并经常纠正出庭律师在材料来源方面的错误。

勤勉

在本书的骨干章节，我们很容易可以看出高级法官、部分巡回法官以及家事法官的工作量很大。这要求他们在开庭前和庭审结束后花许多时间事先阅读材料、撰写判决书；除此之外，他们在周末还要工作。

当法官对个人的影响

我没有问法官们他们认为自己具备哪些素质，但是我问了担任法官会如何影响他们，从而允许他们描述自己的职业性格。我的提问是：

担任法官是否改变了你的

(1) 自我（形象）？

(2) 对其他人的态度？

(3) 对社会和法律制度的态度？

(4) 行为表现（任何方面，比如业余活动）？

自我形象

三十二位法官说他们的自我形象没有改变。二十九位说变得更加自信或者对自己更加满意。

● 我得到了更多自信，因为我明白不必为了当法官而刻意让自己显得好。过去参加晚宴时我必须对人们很礼貌（因为你知道他们可以毁掉你的职业），还必须对法务部的人也很好，这些真的很糟糕。我不知道为什么有一次我在巡回区大律师联谊会上喝醉了，而且对一个在本巡回区新上任的法官说"这是对你二十年平庸生涯的回报"，而其他人都在向他祝贺。我真不知道自己为什么那么说。

有好几位女性在获任之前明显缺乏自信。比如有一位认为，"我觉得这在过去是一种外部支持，说你不能成为一个没有希望的人"，"是啊，我第一次被别人认为够好"。有一位曾经在上诉法院、如今在最高法院的法官说他父母一直瞧不起他和他妻子。他说：

● 我很高兴成为法官……我妻子和我都曾有过艰难的童年……因此如今能有机会面对父母扬眉吐气是一件很好的事。因此我觉得我得到了自己未曾预料会得到的东西。

类似地，一位以前在上诉法院、目前在最高法院的男法官曾经在进入大律师行时遇到过困难，因此曾经非常谦逊低调。他说：

● 在最初的几年里，比如升任到上诉法院后，我会提醒自己说"你如今是一名法官了"。许多人曾经问我干什么工作，我说我是高等法院的一名法官，但然后我记起来我已经不在高等法院了。

八位法官说他们的获任让自己更加有自我意识。

● 我变了。我想由于我意识到自己的位置，我会更加小心。我会避免对别人显得强势、咄咄逼人。比如对一个与我闹翻的雇主。总之我会避免类似的情形。但我以前当非诉律师的时候，我可能非常强势、咄咄逼人……我总是害怕自己会滥用自己所处的位子。

还有一位上诉/最高法院法官则经历了令人惊讶的转变（前几章提到

过）。他放弃了原来堕落的生活方式，成了一名国际上知名的权利运动的推动者。

> ● 获任法官让我发生了巨变……我必然得变得更加负责任、严肃认真、尽职……出庭律师允许有某种程度的个人不负责……我不认为法官享有同样的自由。许多人都认为我当御前大律师时是个很有趣的人，但如今他们可能觉得我很沉闷无聊。

130

对其他人的态度：人性化

四十九位法官认为自己在这方面没有变化，二十位认为有变化，十四位认为自己变得更加能理解或同情别人，或者变得不那么轻易判断是非，而且/或者能认识到社会的更广泛方面。

> ● 更平和，也许是偏见少了些，顽固少了些，不再那么倾向于具有一成不变的认识。因为当法官让我接触到一系列的众多问题，接触到社会的广阔方面……这种接触比我擅长的商法领域更为广阔。（上诉法官/大法官）
> ● 考虑问题的时间会更长、更仔细。不再那么轻易判断是非。如果你跳进去，同时过于匆忙，那就糟糕了。（地区法官）
> ● 更加意识到别人的需求，尤其是弱势群体的需求。（巡回法官）

在这四十九位法官中，有些人回答说担任法官并没有改变他们的态度，因为此前的律师执业经历已经拓展了他们的经验，并教会他们不能轻易评价是非。比如，有一位家事法官说她已经习惯于应对那些"没有希望的弱势的人们"。王冠法院一位法官说：

> ● 有一些大律师已形成一种职业行话。他们有时候说他们的客户及其社会水准是一种"乌合之众的动物层次"。我觉得这很令人沮丧。因为我认为如果一个人不再尊重他人，那就太坏了。你可以对别人持批判态度，但不能鄙视别人，否则简直是没人性。法官们应该意识到

其他许多人所处的非常真实的困难处境。这很重要。

本书多处点缀着关于法官们的人性化的故事。在 2000 年和 2010 年，两批各五十位（共计一百位）地区法官作为研究样本接受了偏左/偏右以及威权主义者/自由主义者方面区分度的测试，其中四十八位法官的得分在偏左范围内，四分之一的法官是自由主义者。[30]

对待社会和法律制度的态度

三十三位法官认为自己在这方面没有变化，但同样也有人认为先前作为律师执业的经历已经"开阔了他们的眼界"。有一位法官在以前大律师执业时是有名的左派。他说：

> ● 我对社会的态度或看法一点都没变。我认为自己在政治上激进，有一点点激进。有时候在法官的位置上，你会反对政府在一些不怎么光彩的形式上的一些做法，尤其当你审理许多难民申请案的时候。（高院法官）

131

十一位法官说他们已经对法律制度变得更加批判，或"担忧"，或怀疑。因为他们认识到法制的缺陷或者资源的缺乏。

> ● 我对法制的态度变了。法制让我非常吃惊。我认为现在法制比以前糟糕得多。而且我担心资源缺乏……我看到人们遭受许多痛苦。（巡回法官）

九位法官说他们变得更加了解或者更加理解世故。比如，高等法院一位法官过去并不理解在她面前出庭的无律师当事人的数量，认为这是一个"十分困难而且正在日渐严重的问题"。收费的出庭律师自然不大可能意识到无律师当事人的数量规模。有九位法官变得更加"维护"法制。大多数法官补充说他们意识到法制的缺点。

---

[30] DJ G Edwards, 'Judges and other right wing fascists', *Association of HM DJs Law Bulletin*, 22（1）, Winter 2010/2011, 22. 他警示说得到的回应数量可能不具有代表性。

●当人们说现行法制很糟糕、案件审判耗时太长、陪审团令人绝望以及其他类似的批评时，你发现自己会为现行法制辩护。

六位法官说他们对政府政策更加具有批判态度或者知道其存在。

●我看到政府政策对住房和穷苦人的影响。这也大大影响了我……让我看到了一个我过去真的不曾知道的世界。（地区法官）

六位法官更加意识到诸如毒品、破产、家庭暴力之类的社会问题。

●我如今无疑更加了解人情世故……我知道的一些事情令人吃惊。（地区法官）

●是的，由于我要处理大量家事案件，而这些案件包括儿童案件。这些儿童很不幸。他们父母的表现也十分伤人……许多案件指控涉及可怕的暴力……我认为这是全国范围内的一个大问题。但没有许多迹象表明公众对此很在意或者这一问题得到了充分适当的应对。（地区法官）。

有一位上诉法院/最高法院法官说，担任法官使自己变得更加"偏左"："我过去曾经是保守党成员。"一位巡回法官将自己在大律师界的冷酷态度与他现在感受到的道德责任进行了比较：

●对于社会，我感到更加具有保护的态度……更多的是一种责任……我不会在午餐桌上告诉同事们说我有这种感觉，因为这么说有点娘娘腔。但我真的觉得你有义务做正确的事，而不是做对客户正确的事。我很明白自己现在做的事可能会有相反的后果……有人可能会说我变得装腔作势，摆架子，但我认为我只是更加意识到自己所做的事情的重要性。

自我觉得重要

上述引语体现了法官们感受到的司法职业的社会责任。在这方面，法官们过去担心被讥讽为"装腔作势"。法官们普遍使用这个词。十二位在回答上述提问时使用了"法官炎"这个词。在大多数法院里，这个词也被提到过。㉛ 法官们担心自己或者其他任何人染上这毛病而令人失望，这于是导致了对前面描述的摆架子新人法官的挖苦与讥笑。好几位法官提到自己的家庭成员会把自己不当回事儿、会让他们预防自大。

　　● 就我的本性而言，我不是一个摆架子的人。许多法官的确患有一种病，叫作"法官炎"。（巡回法官）

　　● 你会不知不觉患上"法官炎"……有一种风险，那就是你对自己的说理能力很折服。于是你不得不与每个人分享……我们对公民具有巨大的力量。（治安法院地区法官）

　　● 不变很难。在家庭之外不装腔作势显摆权威很难……我的孩子二十多岁。他们对我很不礼貌，很不尊敬。而且他们的表现一点都没变。但作为法官你每天的事情就是拿出法律把别人判进监狱，以及其他糟糕的事情。（高院法官）

　　地区法官霍莫之所以选择用"霍莫"作为其代名，是因为他在宣誓就职时穿的内裤上印有家喻户晓的动画人物霍莫·辛普森（Homer Simpson）的肖像——这样是"为了避免感染'法官炎'"。一位经验丰富的巡回法官说他在培训上课时总会讲一个轶事。他警告新获任命的兼职法官说如果他们要在法庭上发脾气，最好先记住法庭的布局陈设。他说有一位法官怒气冲冲地从一个繁忙的法庭出来后急匆匆进入另一个房间；这个房间是清洁工的储物间，于是这位法官不得不在里面待很久，而且那是午餐时间。

法官的行为表现

　　六十位法官改变了自己的行为。这无疑是因为他们知道一个要求，即他们在工作场合以及私人场合的表现都应该能维持公众对司法界的信心。

㉛　2002 年，在 BBC 电台第四频道节目《司法界之内》（*Inside the Judiciary*）中，经验丰富的司法培训法官科伊（Kay，上诉法官）和迪克·波拉德（Dick Pollard）解释说"法官炎"这种职业危险实际上是法官自以为重要，其原因在于曾经作为团队一员的出庭律师突然发现自己是一个人工作而且免受同事的批判。如果不受到制衡，则法官可能开始做一些事情，而这些事情可能是他们自己以前作为大律师时对法官的憎恨所在。

九位说他们很谨慎，以避免因为超速驾驶或者酒驾而触犯法律。十一位已经放弃了光顾当地酒吧或者皇家司法院附近的"额尔·威诺之家"（El Vino's）酒吧的习惯。[32] 最高法院的一位大法官则说他每星期去一次当地的酒吧，并且在公交车上与陌生人聊天，以此克服自己天性中的害羞。四位法官说他们对饮酒更加小心。其中两位已经不在律师面前喝酒或跳舞。两位已经不再穿着邋遢地去超市。还有两位则放弃了说话带脏字的习惯。两位巡回法官不再泡酒吧和进赌场。但有两位在本研究期间去泡过酒吧。一位上诉法官/大法官也违背本意去了酒吧。一位巡回法官说她小心地避免参加使用软毒品的聚会。一位退出了主持俱乐部运营的委员会。一位放弃了在音乐剧中的表演和易装，而是转向幕后工作。四位放弃了诸如调解、免费咨询、担任受托人或者带孩子去度假等慈善活动。与之相比，有些法官则增加了自己的慈善活动。有两位法官意识到自己的司法职业身份有助于募捐。四位法官放弃了活跃的政党政治活动。五位则说他们小心地避免评论政治议题。二十位法官（主要是地区法官）提到说法官工作使得自己能匀出更多时间给家庭生活和休闲。一位新获任的法官［可能是看了太多集的《约翰·蒂德法官》（Judge John Deed）］以为法官们会受到监视：

> ● 我很清楚司法系统的许多方面关注法官行为的适当性以及职业伦理……因此我可能被隐秘监视和观察了，因为我是一名法官。我丈夫说我这是偏执狂症状的开始。

外部世界里的法官：当法官的社交影响

我问法官们另一个问题，即担任法官是否影响他们与家庭、与朋友、与前同事和熟人的关系，以及陌生人对他们的反应。五十位法官说对家庭生活没有影响。十四位说他们的家庭成员取笑或者"讥笑"他们。七位说他们感到自豪或者满意。五位遭遇了一些负面反应。五十九位说对朋友关系没有影响。八位说朋友们"取乐"或者"嘲笑"他们。七位经历了负面反应。比如，有一位法官说："我想我已经失去了一帮朋友，因为他们和

---

[32] 斯特里特在前注 20 其著作第 65 页指出："另外一位大律师据说被排除在司法界之外，因为他对法院附近的一个酒吧光顾得最频繁。"

我在一起时感到不舒服。我对此真的感到吃惊。（对于担任法官）我感到尴尬。"另一位法官发觉"女性朋友们的老公们"不宽容：

> ● 在我们生活的地方有些丈夫不喜欢妻子工作，尤其不喜欢女法官……他们有时候会试着和你争论，目的是看他们能否胜过你。

最大方面的影响是与前同事的关系。五十四位法官提到与执业律师之间产生了距离。"我再也没有回到过律所。""我刻意决定不再回大律师行。""不得不有变化。作为法官，你不能被别人看见和律师们一起喝酒或交往。"③

134

> ● 当我离开大律师行时，同事们都很友好。每个人都跟我说"常回来看我们！"你应承说你会，但你不会回去……你明白从今以后你们是两个世界的人。因此你不应该回去看他们。我对这种状况感到不舒服。

对于大多数法官来说，我关于熟人和陌生人的上述提问并不适用，因为他们不会主动向一个陌生人表明自己是法官，而是宁愿装作是一名律师或者公务员。他们的回答各不相同。一位高级法官说他的爵位能够让自己乘坐飞机时升舱到会员级。但另一位说他升任司法界之后并未能说服他的建筑承包商为其提供好一点的服务。从事民事审判业务的地区法官抱怨说，人们并不理解其工作的性质（因此经常有人问他们这周又把多少人判进了监狱）。一位女法官将其作为"一种秘密武器。在晚餐聚会上有人问我丈夫的工作，我就糊弄他们，但有时候我也会直接告诉他们"。

孤独

初审法官的职业生活基本上是单打独斗。他/她得负责审理案件，并作出关键的判决，同时处于法庭的中心。这与律师们之间的哥俩好式的调侃和团队工作形成鲜明对比。大多数法官通过与法院员工以及法庭外的同事聊天和开玩笑来弥补这一点。但本书关于郡法院那一章描述的那位四处

---

③　阿尔珀特认为与律师界的隔离是一个关键的社交调整。见前注5，其著作第120页。

串门的地区法官用扩音器听审自己手头的案子，然后却只能够通过电话与其他法官交谈——这种情况的确是孤单。我的访谈计划没有设计关于孤独或寂寞的提问，因为这是一个老生常谈的话题，而且法官们的确提到这一点，比如第四章提到的那位因孤寂而惊讶的、以前当过非诉律师的新任兼职法官，以及这些巡回法官们。

- 曾经有一段时间我不得不自己退缩到一边。因为大律师行的哥俩好氛围真的令人怀念。那时候走出法庭进入法袍室后，你可以取下假发对同事说："你知道那人今天干了啥事吗？简直是脾气爆发。"但作为巡回法官……你不能这么干……在70%到80%的时间里，我都是法院中心大楼里唯一的法官。

- 突然间，作为一名法官你意识到自己不需要对任何人负责……如果我十点半就完工了，我就可以开车回家了。我在成为法官后很长一段时间里觉得我必须在法院待到下午四点半，然后才能告诉别人我要回家了……有其他变化……你一个人自主。除非有人敲门，不会有人来你办公室。但你进入一个房间（法庭），则那里面的每个人都要站起来——就这些事情了。

- 我啥时候感觉到担任法官的寂寞呢？我想那是我与常驻法官会面之前的六个月。后来在一个大律师行时，有一位法官被介绍给我认识。有人说："你俩当然会彼此认识。你俩都在那个城里的法院。"我说："不，我不认识他。"我想这令人伤心。克瑞丝（Chris，前任常驻法官）做了许多事来改变这种情况，而费雷德（Fred）则努力确保法官们能高高兴兴地吃午餐。因此你真会遇见一些人，很令人高兴的人，因为工作本身比较寂寞。

- 你会想念朋友。如今即使对就在你面前的人，你也不能说"过来吧，咱们喝杯茶"。因此当审判结束后，如果能对别人说"过来喝杯茶吧"会是很好的事。我不知道这些"别人"是否会喜欢，但对于我们法官来说是很好的聊天机会。

家庭生活

法官们经常提到家庭问题或者家里的大事。这方面的信息，我是从法官们的谈话中获得的，同时也参考了《名人录》。㉞ 在七十七位法官中，有六十二位已婚，养育有未成年子女，有的子女已经成年。只有四位未婚。九位没有孩子。五位处于离婚或者分居状态（其中四位有孩子）。另外八位则离婚已久。两位目前没有配偶，但有子女。还有两位过去没有配偶但有来自之前婚姻的孩子，不过这两位法官现在已经各自再婚了。只有一位是公开的同性恋，而且与他的伴侣住在一起。这种不成比例的大量的看起来"婚姻幸福、妻儿两全"的景象反映了法务部在玛可法爵主政的年代以及此前的岁月里存在的一个默认的政策，即选任那些具有传统上看来"安全"、稳定的男女关系的人并明确排斥同性恋（这种政策直到 1980 年代才结束）。

七位法官承受过丧子之痛。其中三位男法官详细叙述了这对他们自己的深远影响。有一位法官让我看了他儿子生前的真人大小的照片。在我们谈了这个之后，他后来就跟我无话不谈了。他描述了这如何改变了他的职业生涯。他成功申请成为在当地的巡回法官，以前那种远离家庭的大律师生涯也由此戛然而止。另一位法官的儿子在本研究进行期间去世。第三位则说丧子之痛帮助他当法官："你会知道有一个生病的孩子会是多么大的压力。"三位法官曾经忙于照料家人。一位是照料自己残疾的丈夫，另外两位则共同照料残障的子女。至少有五位法官是由单身母亲抚养长大，其中三位单身母亲是寡妇。

法官们的经历和家庭纽带影响他们的职业生活、世界观以及对人或问题的理解能力。比如，当我向一位法官指出陪审员们觉得等待很烦人时，这位法官说他自己很习惯于等待，因为要花许多时间陪伴他那住在医院里的残障女儿。一位法官主持一起强奸案的审理。在法庭外，他对一家夜店里的性滥交和赌酒的证据越来越感到不安，因为那家夜店也是他女儿常去的地方。另外一位法官在法院外说他对那些必须在餐馆垃圾桶中搜寻强奸案证据的警察感到同情：

●以前我妻子经营一个餐馆时，我会在星期天晚上去倒垃圾，并清理垃圾箱。有的人没把垃圾完全倒进去，因此弄得四周都是垃圾。这会招来许多苍蝇。

136

㉞　由于地区法官们不在《名人录》名单中，我于是向他们直接提出关于家庭关系网的提问。

一位家事法官说她的丈夫在十八个月前丢下她和孩子们离家出走了。她怀疑这是否会影响她对家事案件的处理。有一位法官手头上有一个家庭护理案。我说这个案子中的当事人看来是处于贫穷的恶性循环里。她对此生气地辩护说："我爷爷终身未就业。我父亲逃离了失业，因为他当兵打过仗。"有孩子的法官们会经常提到家庭成员，会讨论让孩子们为参加中考或者高考而复习等琐事，并自豪地向我展示新的毕业相册。工作则是在子女和孙子女们之间寻求平衡。两位男法官拒绝到离家远的法院去工作，因为他们坚持要送孩子上学。两位高院法官会在星期一上午一大早去巡回庭，而不是在星期天晚上，因为他们想在周末与丈夫和孩子们在一起。高等法院另一位法官则以照料孙辈为其业余爱好之一。好几位法官（大多数是男性）半个审判季都在休假。一位巡回法官在本研究期间睡眠很少，因为他的一个孙子被紧急送往医院，因此他和老伴要开车到医院去照看孙子。另外一位法官所在的法院离家很远。有一次学校打电话说他的孩子（16岁）受伤了。在他能赶到之前，孩子已经进行了紧急手术。他没有中断审判。在上诉法院，有一位法官每天一大早五点就开始上班，为的是能在下午安排时间去医院看一位所剩时间不多的家人。法官们经常会收到孩子们的电话和电子邮件。高等法院有位法官在午餐时间不间断地接到十来岁儿子的电话，主要是关于汽车保险的事情。她没有跟儿子解释自己正在处理一个复杂的案子，而且当时她正在利用午餐时间解决电脑设备问题。正如前面已经解释过的，那些法官的孩子才十多岁或者刚成年，但法官经常遭到家人的"讥笑"和不敬，从而可以防止其自以为是。有些法官说他们的家人会让他们做一些苦差事。除了前面提到的清理垃圾箱之外，一位上诉/最高法院的法官说家里人让他每个星期天都清洗家庭农场的地板。有一位法官在她丈夫经营的酒吧后台做事，而且主持酒吧里有奖竞答之夜的活动。她说："我有一个卡拉OK点唱机，而且是粉红色的。"法官们有时候说家庭成员使他们有机会及时知晓法律界之外的人对法律界的理解。大多数法官的配偶和成年子女不是法律界的人。

因此，家庭生活影响法官的工作，同样地，法官的工作也影响其家庭生活。这对于那些周末和晚上还伏案撰写判决书和阅读材料的部分巡回法官和全部高级法官来说尤其如此。然而，工作没有扩展到影响家庭关系以及家庭以外关系的程度。这一点与警察不同，因为已有社会学研究表明警察的职业工作会影响其私人生活。法官们通常都乐于剥离其身份。五位法官说除非不得已他们不会向陌生人承认自己是法官。两位女法官住在她们从小长大的村子里。"当我穿着牛仔裤去酒吧时，没人会知道我是一名法官。有些本地的出租车司机知道我是法官，但我从来没有告诉过他们。"另外一位巡回法官多年在他村里的酒吧组织一个真麦酒俱乐部，直到他的朋友最后发现他是一名法官时为止。有一位地区法官描述了她如何隐藏自己的法官身份：

● 你以为你可能会装腔作势得令人可怕，但是我觉得有两个十几岁的孩子在家里的话那根本不可能发生……我工作时用我娘家的姓氏，但回家之后我就用夫家的姓氏，就是某某夫人（Mrs. B）。因此我具有这种分裂的身份和性格。我觉得很容易从法官转换到母亲、妻子、主妇等角色。我想有些待在家里的女性朋友（我休产假时认识的）会觉得这比较困难。有人问我："难道你今天不能来一起吃午饭吗？"我不得不说："不能啊。"于是她们就不懂了。

这一代的法官会在电视机前嘲笑著名喜剧演员洛万·艾特肯森（Rowan Atkinson，也译罗温·艾金森，"憨豆先生"的扮演者）扮演的那位不知数字钟表为何物的法官。一位高院法官热衷于消除法官们的权贵形象。他说："为此我们不得不像其他人一样挤地铁来上班，在地铁车厢里闻腋臭的气味。"大法官们以及其他高级法官也是步行或者骑自行车去上班，而且还有一些会像其他中年人一样骑摩托车去上班。与政府部门内阁长官一样，这一代法官也来自吸食软毒品的那一代。高等法院一位法官说我应该问问法官们是否吸食过大麻。他说许多人都会公开承认吸过。法官们也会遭遇不幸，也会和其他任何人一样成为犯罪受害人。在本研究期间，有一位法官遭遇盗窃。我在老贝利街（中央刑事法院所在地）进行研究时，有人介绍我在茶歇时认识一位绰号"D－I－Y（自己动手型）法官"的法官。他挥动着打上了夹板的腿笑着说："我从滴水板上摔下来了。"法官们总是知道而且反感媒体对他们的案件的报道。好几位法官的妻子是《每日邮报》的读者。这是法官们最讨厌的报纸。"根据那些报道，我们法官可以出去直接射杀盗窃犯。我妻子读这报纸。我们生活在不同的世界里。"一位上诉法官拿着一份《都市报》（地铁报）出现在审前合议会

137

上，开玩笑说"这是《都市报》（地铁报）对本案的描述。但根据我妻子读的《每日邮报》，我们应该如何如何"，这引发了其他人的大笑。

对司法界滞后的形象认识是法官们在业余时间就"打猎、射击、钓鱼"而已。但这些法官们更加平常得多。当被问到业余活动时，法官们列举了多达五十九种活动，从刺绣、养蜂到击剑、飞行，不一而足。大多数都不是团体活动，而且也不会与律师混在一起。最流行的是步行（二十一人），然后是园艺（十八人）、音乐（十七人）、旅行（十六人）、与小孩/家人一起（十五人）。只有十五人列举了足球，但他们是铁杆球迷。其中几位有赛季球票，而且每星期都会参加比赛。有一位和他父亲一起每两星期一次从南部海岸出发向北旅行去看一个北部球队的赛事。除了这位铁杆球迷之外，其他许多人（包括三位女法官）都会跟进关注足球赛事，并参与法官餐室里持续不断的足球话题。除了足球之外，其他活动按照其受欢迎程度排序下来是：戏剧（十四人）、阅读（十一人）、高尔夫（九人）、歌剧（八人）、中小学理事长/慈善活动（七人）、网球（七人）、板球（六人）、社交（五人）、电影（五人）。许多人跑步，或者坚持健身，或是去健身馆，但大多数人不把健身活动列为业余娱乐活动。

法官们对自己不接地气的形象比较敏感，其中一位似乎将其内化为一种自我形象，而且没什么明显的理由如此。他说"我很少有机会遇见普通人"。这很奇怪。他出生在威尔士山区的一个工人家庭。他家里当时有四个孩子。他在一个曾经的工业小城住过。他妻子是老师。他曾经担任过中小学理事长。他们夫妻俩频繁参加教堂和慈善活动。他去看本地的足球赛，也去健身馆。他在王冠法院工作，每天都埋头于一个又一个的不诚实与不道德的犯罪事实之中。

法官的特点

试图描绘法官是什么样的是一件危险的事，但这也是本书的目的。我因此希望读者能从以下章节中获得一个关于法官的印象。

老、白、男

与他们的公众形象一致，法官们主要是白人和男人。司法部网站的统计数据表明了这一点。他们的年纪比其他国家的同行（比如，法国的职业法官们）通常大许多。这些男性法官的年老形象又因其佩戴假发而被进一步固化。

不讲政党政治但有政治意识

在二十世纪早期比较普遍的现象是一个人因为为政党政治服务而获任法官职位或者集大律师身份与议会议员于一身,[⑤] 以此作为对政治服务的回馈,但英格兰和威尔士的现代法官都十分非政治化。这与其他一些国家和地区的司法界不同。有四位法官在以前当律师时在政党政治方面很活跃。伦敦有两位巡回法官曾经担任过地方议员,其中一位属于保守党,另一位属于工党。尽管如此,他们两人对于弱势群体以及在住房保障状况和法律援助等问题上看法一致。保守党的那位过去在党内的法律行动组很活跃。另一位目前则正忙于主持一个住房信托。两位来自北部的法官（他们所在法院的唯一的法官）曾经竞选过议会议员,一位代表工党,另一位代表保守党。但是观察他们在法庭上的表现,以及他们就管理事项与公务员的交流,人们看不出他们两人之间有任何观念上的差异。当地律师说他们两位都"有'法官炎'的倾向",但两人都"十分和蔼"。他们说保守党的那位娶了一位以左翼观点闻名的社会工作者,然后夫妻俩在业余时间一起进行慈善募捐。

我从来没有听见法官发表政党政治言论。许多法官在接受访谈时指出他们自己很谨慎,不会这样做。然而,由于一些案件的性质会让大多数法官有许多的思考（下文的一些引述会表现这一点）,每星期都会有法官在法院司法语境之外抨击政府带来的一些社会问题：法律援助或住房保障的缺乏、无律师当事人的困境、缺乏对毒品使用者的救助、公诉机构和取保候审机构的资源不足、法院其他员工的工资低得令人吃惊、法院资源差劲、法院楼宇差劲、难民申请者遭遇的不公平待遇、在家庭崩溃时缺乏救助、对受剥夺或受虐待儿童的关注不够、公众对社会福利金给付的困惑,以及社会排斥。这些批评通常都来自"协欧特"（Shelter*）的代表撰写的专栏文章。有些法官认为自己由于在法庭上看到的情况而变得激进起来。政客们对司法独立的不理解则让法官们震怒。

我实地研究笔记中的三个日常例子可以例证这一点。在试验研究时,

139

---

⑤　JAG Griffith, *The Politics of the Judiciary* (London, Fontana, 1977).

*　这是一个服务和救济无家可归者的慈善组织。——译者注

我与高等法院一位法官正在步行去律师云集的中殿（Middle Temple）吃午饭。我们偶遇了另外一位高院法官。他手里拿着一份以曝光丑闻见长的《私眼》（Private Eye）杂志。与我同行的法官问另一位法官干啥去。对方回答说他正在审理一揽子旨在挑战政府对难民申请者的处理的司法审查案。"这简直是丢人！这些人来到伦敦，一无所有。睡的地方都没有，也不能申请救济。他们去请求内政部帮助，但太迟了。"在某个郡法院，伦敦的两位巡回法官对法院设备的差劲非常不满。其中一位说："政府能用导弹去炸伊拉克，却没钱给法院多雇一位导引员？"在北部的一个王冠法院，法官审理的是一个杀人案。被告人是养老院的一名职员。为了处理养老院提出的公共利益豁免申请，法官正在提前审阅证据。他说："这在今后将是丑闻——我们如今这么对待老人。警察不在乎这案子。案情本身也不吸引人，许多受害人不是老了就是死了。"

幸福

几乎所有七十七位法官都很幸福。两位巡回法官有些苦水，他们由于不能做更有挑战性的工作而感到失望。其中一位曾经是商事律师，却在郡法院审理一般案件。另外一位是被指定的民事法官（有管理职责），却发现自己的大多数时间被分配来审理王冠法院的严重刑事案件。

中产阶级、生活富足

虽然一些法官声称出身劳工阶层——出生在威尔士矿区以及伦敦和中部政府保障房的那几位，但他们如今当然是中产阶层，因为他们是法律专业世界的成员。他们具有基于大学教育和几十年律师执业造就的中产阶层品位。但这种品位没有替代他们对足球的热爱。有一位出生在政府保障房的法官过去喜欢品葡萄酒。另一位虽然声称自己是"劳工阶层"，但同时热爱危险又昂贵的体育运动。那位以前是出租车司机的巡回法官的抱怨奇妙地例证了法官们模糊的阶层和文化背景。那位法官抱怨说："我过去以为格林德博恩（Glyndebourne*）的门票很贵，但我后来买了一张泰森拳击赛的门票之后才真正知道什么叫作'门票贵'。"类似地，至少四位出生在政府保障房的法官把自己的孩子送到独立（私立）学校读书。几乎所有的

---

* 英国东南部（富裕阶层所在地）的话剧表演节。——译者注

高级法官和三分之一的巡回法官以前是御前大律师，因此能赚大把大把的钱，但为了成为法官甘心收入骤减。然而，法官们如今的薪酬不错，而且他们自己也这么认为。那些呼吁提高养老金的法官一般会被批评为"贪心"。正如前面指出的，法官的口音倾向于南方化，那主要是在大律师行形成的。但我注意到有一位带着上流社会口音的兼职法官在艾瑟克斯（Essex）的法院餐室里被排斥在闲聊圈子之外（没什么人愿意跟他说话）。

滑稽

大律师界吸引了一些擅长讲机智轻松笑话的人。这个特点被带到了司法界。高等法院和上诉法院的走廊里，以及一些王冠法院或其他组合的法院楼的餐室里令法官们喜闻乐见的一项活动就是法官们的插科打诨和笑语连连。有几位法官能很好地在法庭上使用幽默来缓和紧张气氛。好几位法官简直就是天生的喜剧演员。有时候出庭律师和陪审员们走进法庭之后便开始面带笑容期待这样的轻松一刻。最直白的法官可以用一句话就让每个人（尤其是陪审员们）忍俊不禁。比如法官会既礼貌又平静地要求起诉书重写，但"不要用《星际迷航》版的英语"来写。但这并不意味着所有的法官都有讲不完的笑话。

信息技术运用能力

与使用羽毛笔的传统形象形成对比，本研究中几乎所有的法官都会使用信息技术设备。还有一些法官则培训那些"古董法官"（这是对那些不会使用信息技术设备的法官的谑称）。大多数法官选择不用笔记本电脑做证据笔记。他们用的是全文手写，而不在法庭上使用笔记本电脑，可能因此给别人的印象是他们不会使用信息技术设备。在本研究期间，有些法院岗位明确要求具有较好的信息技术能力。比如，一位巡回法官如果不具有全面的信息技术能力，则不能晋升为常驻（管理）法官。

与公众的交流

越来越多的民事案件涉及无律师当事人，有时候当事人双方都是如此。在刑事法院，治安法院地区法官会接受培训去学习如何应对少年法庭上的年轻人，并讨论他们的违法行为。在王冠法院，有些法官为直接应对

141

被告人而感到自豪。在王冠法院的庭审开始时和结束时，法官会直接对陪审员讲话，这是法官在就法律问题对陪审团进行指引并对证据进行小结。为了让陪审员们不那么紧张，并表达国家对陪审员们的谢意，大多数法官对陪审团的讲话都不只是以诊所风格那样表述要点而已。虽然以前当过非诉律师的那些法官们习惯于与普通人（非诉律师的客户）谈话，但这种交流技能正是一些以前是大律师的法官们需要学习的。各个层级的法官都比出庭律师更能敏锐地觉察到证人和被告人的需求，并且经常会要求出庭律师用朴实的语言对当事人（尤其是不以英语为母语的当事人）讲话。有一位巡回法官用土耳其语与一起强奸案的被告人讲话。这位法官请我"设身处地想象一下这个被告人的境地——来自土耳其乡下的一位难民资格申请者。你可以想象英国对他而言是多么巨大的一个文化震惊。他不会有时间和机会在这里认识朋友"。

法院使用者的那些在 1970 年代可能会引起法官斥责的行为如今被容忍了。如果有手机响了，法官连眼皮都不会动一下。有法官解释说如今的律师必须在法院内外全天候使用手机。一位巡回法官说曾经有位治安裁判官在审判席上时自己的手机响了。还有一位法官则更夸张——在法庭上手机响的不是别人，正是他自己。法官们已经习惯法院员工或法院使用者（当事人）衣着露腰或者戴着棒球帽。一位巡回法官不介意一位背部伤痛的申请人（当事人）在法庭躺着。法官们对偶尔的不敬和粗鲁也习惯了，尤其当这种表现来自无律师当事人时。一位地区法官说一个像是退伍军官的人称他为"暴发户"，说"我在高等法院会得到公道的服务"。法官们经常会遇到人们在法庭上情绪失控的情况。案件对于自由、生计、房屋收回、男女关系以及犯罪受害人会有巨大的影响。杀人案可能会吸引受害者的支持者或被告人的支持者的附和。法官们要不为眼泪和脾气所动，也不为针对其他法院使用者，甚至针对法官自己的言语攻击和有时发生的人身攻击所动。法院使用者并不代表社会的方方面面，其中许多人需要小心应对。许多人由于贫穷、智力不高、无家可归、健康问题、精神疾病、学习困难、移民或难民身份、英语差或这些因素的结合而成为社会上的弱者。上文提到的平等对待培训㊱就是为了向法官提供关于宗教和信仰制度的信息，并指引法官们在性别、种族、儿童、残疾和性取向等问题领域能理智应对。

㊱　如今有四十五位巡回法官担任社区联络法官（community liaison judges）。见 F Gibb, 'Out of Ivory Towers and Into Mosques', *The Times*, 26 June 2007。

我问六十七位法官他们是否得益于这种培训，以及这种培训如何影响其审判，五十八位接受过这种培训的法官在这一点上认识比较多样化。培训以及手册激发了一些强烈的反应，也有一些混合的反应。四十一位法官对培训给予积极评价。二十七位法官则对这方面的培训给予负面评价。下面这个不确信的回答具有典型性：

　　●我们学到了许多关于少数族裔的知识。我认为（这里大多数法官也认为）对每个人都礼貌就可以了。如果你对某个人的信仰有疑问或者不清楚该如何称呼他人，那么直接询问好了。因此虽然我认为这种会很有趣，但其带来的收获很小。（巡回法官）

142

许多法官理解有必要改变其对弱势群体的理解和应对方式，但他们对这种培训的效果和实施方式表示怀疑。许多法官对培训提供的事实信息表示赞许，但也认为这种培训（包括与被邀请的少数族裔嘉宾的互动）是浪费时间。有一位法官（其配偶是少数族裔）说这种培训"笨拙"：

　　●我觉得这种培训完全没用……反而有点像是公共关系手段……最能说明问题的是我的一位黑人同事一出现就被培训组织者分流到和少数族裔嘉宾在一起——真是可怜啊！……但有人朝平等对待的方向努力是好事……多年以前我在参加司法研习局（JSB）的一个课程时，一位年长的法官说了一些令人愤怒的种族主义言论。当我说"你不能这么说"的时候，他完全惊呆了。当时讨论的问题是亚洲家庭以及孩子的族裔背景对居住权申请的影响。这位年长的法官说"所有的亚洲人都怎么怎么"这样的话，而且是贬义。我想去举报他，但最终没那么干。在场的每个人都准备支持我。（巡回法官）

　　●我们去了一个酒店。我们自己住的地方离酒店只有三到四英里，但我们都得住在酒店。他们邀请了一些来自少数族裔居住区的人来和我们一起吃晚饭……以便让我们能相互认识……第二天是学习会……与我配对的少数族裔女士是一位法学教授。我很难想象这会有什么收获。这位女士的不同肤色并未带来一丁点儿区别。她和我是一样的。（巡回法官）

在赞扬这种培训的法官中，有一位说他觉得自己是典型的现代法官——他认为他不需要这种培训，因为他在政治上意识到这方面。但实际上很明显他需要这样的培训。与许多法官一样，他对近来发生的司法行为领域的变化进行了评论：

> ● 如今的情况与我在 1970 年代进入大律师行的情况确实差异很大……我过去见过一位上诉法官对一位无律师代理的黑人极差。你可以看到当这位法官对那位黑人吼叫时，同审的另外两位上诉法官努力想躲到桌子下面去……那是 1979 年或者 1980 年。这位法官是个正派人，但脾气很差。要是现在，他会被别人举报。（上诉法官/大法官）

这位法官说当他成为法官时，男法官们典型地会以一种"公学男生 * "的态度对待女法官。他说高等法院有些女法官被接受是因为她们表现得有"小伙子"风格。

公众的服从与尊敬

我问法官们："自从你开始从事法律工作以来，你是否注意到法院使用者对法官的态度的变化？"在我的试验研究中，有一位法官说如今的人们如果得到允许的话会带着听装饮料进法院。到 2000 年，他所在的王冠法院公共区不得不被隔离起来从而不再向公众开放，因为经常有人将抛掷物扔进里面。在上诉法院（民事庭）会有面向法庭使用者的纸质告示，警示他们不要嚼口香糖、喝饮料或吃甜食，也不要使用手机、录音录像设备和苹果音乐播放器。缺乏尊敬有时候会导致缺乏自制。在王冠法院，我注意到律师们通常不会就自己团队的疏于庭前准备向法官致歉。在上诉法院，哈泽欧描述的那种 1979 年的低俗的用语再也见不到了。有些经验丰富的大律师会以平等的方式称呼上诉法官，就好像一起开工作会一样。"你已经听了我关于拟制信托的陈述。我对此没有更多要说的了。"五十三位法官认为有变化。其中十三位提到公众对法官的服从减少"并不是坏事儿"。㉛他们经常将这种变化与司法行为的变化联系起来，并且/或者评价说如今

---

* 指贵族学校的男生。——译者注

㉛ 外斯在 1980 年访谈的法官们受到的尊敬程度降低了。见 PB Wice, 'Judicial Socialization: The Philadelphia Experience' in Cramer's *Courts and Judges*, above n 5。

的人们总体上不那么服从权威了。

- 是的……如今的法院使用者们不怎么像以前那样敬畏法官。但如今的法官也比以前多了一些同情心……而且也不太可能去羞辱法院使用者。（地区法官）
- 如今的法院使用者不像以前那么尊敬和害怕法官。这也是优势。我觉得现在的人们比以前要乐观许多。这也反映了社会的变化。（地区法官）
- 是有些变化，但这种变化与公众对老师或医师以及其他专业人士的态度的变化一样。与以前相比，如今的人们更可能会挑战所谓的权威阶层。

三十二位法官以中立的方式作了如下评论：

- 与其他许多事情一样，我想形式方面的讲究都下降了。有好几次，被告人对我说"行啊，兄弟"。为这样的事情动肝火不值得。（治安法院地区法官）

从事民事审判的地区法官认为他们法庭内的非正式化实在是理所当然。"在小额诉讼中，我们会发现无律师当事人在法官面前互相用俚语；审判过程简直是一场俚语比赛。"但是有八位法官对此给予负评。

- 我过去当律师时不会回驳法官的话……或者向他们表示我不赞成他们的用语。但现在的律师会和法官争辩，会说法官错了。有次星期六我在法院审案时有一个来自皇家公诉署的家伙非常自以为是……他几乎是向我吼叫并打断我的话。（治安法院地区法官，伦敦）

上诉法官不比其他级别的法官更孤立。他们也乐意自己被人们认为有人性。

- 如今的人们远不像以前那么害怕法官，因此也不那么尊敬法官了。这既是好事，也是坏事。我不介意人们知道我很普通……在家事

144

法庭有一个护理案。我把案中涉及的孩子在星期五下午带离涉案的父
母。我会去森兹博瑞（Sainsbury，也译塞恩思伯里）超市买东西，会
穿着旧牛仔裤……推着购物车转来转去。我遇到一位大律师，他对我
说："您好，法官，在这里见到您真是稀奇哦！"就在这时候我听到背
后有人说："看，那法官在这里！"这是那对涉案的夫妻。我们谈了一
会儿话，大家都很和气。

当事人挑战权威的心态在对法官的投诉中也表现出来。一旦当事人发
现上诉的成本很高，他们就会诉诸投诉。在一个法院，法官很惊讶地看到
法院员工在楼内贴满了如何投诉法官的指引，却没有如何投诉法院员工的
指引。有些心怀不满的当事人不仅仅是在法院挑战法官或者投诉。"父
亲的正义"（Fathers 4 Justice）组织的成员在法院大楼甚至到法官的前院草坪
进行抗议活动。关于家事法庭的专章会有这方面的例子。受到媒体轰动报
道效应的影响，公众中有一些人就量刑问题写一些怒气冲冲的信发给法
官。我看到过一个法官拆开一封这样的信："你简直不是这个星球的人。
愿上帝将我们从像你这样虚弱、可怜、错判的'法官'手下拯救出来！戈
达德（Goddard）法爵在九泉之下看到你的判决也会（感到不安而）在坟
墓里翻身！"

结 论

本章对真实法官的描述需要与第二章中其媒体形象和喜剧式成见进行
对比。这一章之后的几章（第八章到第十七章）的目的在于提供更多细
节，体现法官在工作背景下的形象。公众成见中的法官是年老、白人、男
性、不接地气、有社会阶层偏见、性歧视者、种族主义者、同性恋恐惧
狂、容易说蠢话、好色、醉鬼、变态及其他不端行为、轻易逃脱法律的惩
罚、量刑畸轻，等等。我们已经看到，法官们是在洛万·艾特肯森与彼
得·库克（Peter Cook）式的嘲讽中成长起来的，还一直被贴着"不接地
气"的标签，而且像其他人一样接受了这种指责。

法官们讲了许多旧式法官的故事，尤其是那些与其负面形象一致的法
官的故事。这就证实了他们自己是妖魔化形象的反面。如今的法官们认为
自己集理性、人性与现代性于一身。他们在任兼职法官时被执业律师、全

职法官和上诉法院盯着。他们知道自己在他们心目中形成的印象会影响其获得全职任命的机会。同时，他们在运用"职业性格"并调整适应司法职业文化。法官们普遍害怕"法官炎"。拿腔拿调或者摆架子的新任法官被嘲笑，并成为广泛传播的嚼舌对象。全职法官则被上诉法院和司法界高层盯着而确保不会越线。这里的法官无疑比欧洲大陆的法官们年长，而且大多是白人男性。这个比例比白人男性占总人口的比例要高。法官是一个严格讲究层级的专业阶层的产物。在这个专业阶层里，大律师是紧密联系的小团体，而非诉律师则感到低人一等。以前当过非诉律师的法官们十分讨厌大律师的傲慢。但在本研究中，从大律师界选任上来的法官并不认为自己更高级。司法界的层级反映了法律界的层级，非诉律师在这个层级的底部。我们还会重新谈到这一点。

　　不同法官的职业性格比他们想象的更具有相似性。这是由于培训和招录制度已经瞄准了具有特定性格特征的人，而且也是因为法官可以通过事先打听而推荐人选。我们在此已经看到职业性格受一系列因素的影响，比如过去和现在的职业经历、家庭经历、作为法官时的社会交往、身份与形象意识以及担心变得自以为重要。与法官容易发脾气这一形象形成对比的是，法官们将耐心、公正、人性化和倾听能力列为最重要的素质，其他重要的素质还有礼貌、坚定、幽默和谦卑。法官的耐心、倾听技巧和礼貌令人惊讶。与过时的形象相比，法官们的业余休闲活动大多很普通：散步、园艺、音乐、旅行、陪家人、足球。在获任法官职位之后，他们有些人已经改变了自己的行为，比如小心不因超速驾驶或酒驾而犯法。其他人则不再去当地酒吧，或者不再去皇家司法院附近的"额尔·威诺之家"酒吧，或者放弃泡酒吧、喝酒社交以及社会团体的活动。

　　与一个世纪以前的法官们不同，如今的法官们会谨慎避免评论政治。由于是法律界人士，所以无论法官们如何吹嘘自己出身寒微，他们都自然是中产阶级。本研究样本中的法官大多数都过着妻儿双全的幸福家庭生活。这反映了几十年的"安全/靠谱"的招录制度。这些法官们与其他人一样经历过为人父母的阶段。但令人惊讶的是，七十七位法官中有七位经历过丧子之痛。法官们的家庭生活也很普通。三分之二的法官说担任法官对自己的家庭或朋友没有影响。这些家庭成员或朋友（尤其是十来岁的那些对父母不那么尊敬的孩子们）对法官们进行嘲弄，从而使得法官们避免了自以为重要或者装腔作势。

145

与不接地气的形象形成对比的是，法官们对社会问题十分关切，因为这些问题每天都在法院里呈现在他们面前。他们谨慎地不介入政党政治。但许多法官对政府政策给法院使用者造成的影响感到很愤怒。他们就无产者表达了强烈的观点。这些观点（尤其是在社会上被排斥的）在传统上与左翼政治相关联。作为个人以及作为群体，法官们会从（没有说出来的）自由主义左派立场反对政府政策。有些法官说，进入司法界之后他们变得激进了。与媒体相比，法官们对人性的脆弱远远不那么轻易判断是非。法官们不会为法庭中的故事所动，但这种故事往往会使《每日邮报》发出一阵又一阵自以为正义的声讨。有些法官承认自己已经变得更具有同情心。虽然每天都听到一些可怕的事情，而且身处差劲的法院工作环境之中，但研究样本中的法官除了三位之外大多数都是高兴的上班族。

与法官的"粗鲁"的（公众）形象形成对比的是，法官对法院使用者比法院使用者对他们更为礼貌。有法官评论说人们对权威不那么敬重是一件好事。法官们会忽视一些在1970年代会被当作藐视法庭的行为。他们对于平等对待方面的培训看法不一。一方面认可其必要性，另一方面也批评其实施方式。大多数法官认为他们对其他人的态度没有变化，但有些法官认为自己过去的律师执业经历已经启发了他们。

那么，这样看来，现代法官只在比较有限的程度上与公众眼中的法官形象一致。他们不是权贵，也不是上流社会阶层，而且比"普通人"更加了解和关心社会问题。不仅如此，他们也比那些批评法官的新闻记者更加具有同情心。

第八章　刑事业务：治安法院
地区法官[①]

这里就像是易捷（EasyJet）航空，人到了就可以开始。

——盖伊（Guy）法官

背景、样本和研究方法

本章是对法官的工作业务进行研究的首章，会描述三种很不同的治安法院地区法官。与郡法院的地区法官一样，虽然治安法院地区法官位于司法层级的基层，但其对于许多使用法院的人而言却很重要。我们在前面已经知道这些治安法院地区法官传统上与司法界主流隔离，因为他们过去都被看作一群职业的治安裁判官。他们直到 2000 年才被称为"法官"。在 2005 ~ 2006 年之前，他们所在的法院不像其他法院一样由同一个机构管理，而且过去也不受巡回司法系统中的高级主任法官的监督。治安法院地区法官的录用和培训也是与其他法官分开进行的。[②] 在很大程度上，这个群体的司法文化在过去以及现在都与主流司法文化很不同。

英格兰和威尔士的法律制度的独特之处在于 95% 的刑事审判程序发生

---

① 本章早期版本曾作为论文发表，参见 P Darbyshire，' Cameos from the World of District Judges'（2006）70 *Journal of Criminal Law* 443 – 57。

② 司法研习局提供培训，但如今的治安法院地区法官们能像其他各级法官那样选择普通的法官学院课程进行学习，并将这些课程与培训内容融合。

在治安法院,③ 而且由业余法官（lay justices）进行审理。有些案件由这些职业人士审理。他们过去被称为"受薪裁判官"（stipendiary magistrate）。他们也是治安法官（Justices of Peace）。二者具有相同的权力。④ 他们主要是独任审判,偶尔会与两位法官同席审判。所有的治安法院地区法官都很有权力,因为他们既有权判定事实,又有权依法定罪（或者定无罪）,而且还有权进行量刑。因此他们履行的是王冠法院法官以及陪审团的职能。此外,王冠法院的许多被告人也是由治安法官决定送转过去的。另外十分重要的是,几乎所有的少年犯在出庭受审时⑤都是在治安法院内设的少年法庭接受审判。这是一个很重要的管辖范围。如今许多被起诉定罪的嫌疑犯中,十七岁的人最多。⑥ 治安法官近来处理案件的比例增加,因为他们已经接受指引而管辖强奸罪。治安法官也有很大的民事案件管辖权,尤其在家事案件方面。本书第十二章讨论家事案件。

在过去的几个世纪里,刑事审判业务一直在从高等级的法院下放到低级别的法院。这种下放趋势在二十世纪加快。⑦ 治安法院如今可以处理的案件有：危险驾驶致人死亡的加重罪案、绝大多数重度攻击案、大多数性犯罪案、大多数入室抢劫案、盗窃案、诈骗案和伪造案、纵火案,以及一切毒品犯罪案、伪证罪案、赌博罪案,还有大多数军火犯罪案。公诉机关宁愿在治安法院起诉,因为这里的程序的经济成本低、定罪率高。统计数据明显表明治安法院会审理一些很严重的案件,但公众和一些级别高一点的法官以为治安法院只处理不重要的案子。⑧ 在几个世纪以前,陪审制比现在更为普遍。那时候,被告人可能真的会因为偷一只羊就被判处绞刑。尽管陪审的适用频度事实上已经下降,那种更加具有戏剧效果的陪审依然

---

③ 2008 年有一百六十四万名被告人。但从 2004 年起业务量下降,取而代之的是固定罚通知（fixed penalty notices, FPNs）,2008 年有十万八千四百个这样的固定罚通知。数据来源：Business has decreased since 2004, replaced by fixedpenalty notices（FPNs）：108, 400 in 2008. Source：*Criminal Statistics, England and Wales* 2008（Ministry of Justice, 2010）,尤其是其中第五章。波西亚（Portia）说固定罚通知使得其工作负荷降低。在 2009 年 8 月,她打电话告诉我说她所在的第一号法庭在那天没有任何排期的案子。

④ 其中个别人会被授权审理恐怖主义案件和引渡案件。

⑤ 其中许多通过谴责或者最后警告的方式被处理。在 2008 年有九万七千九百起。

⑥ 治安裁判官能对十二至十七岁青少年处为期二十四个月的监禁和培训。

⑦ 1990 年代的立法将更多的业务下放了。见前引 *Criminal Statistics*, ch 5。

⑧ P Darbyshire, 'An Essay on the Importance and Neglect of the Magistracy' [1997] *Crim LR* 627；D McBarnett, *Conviction*（London, Macmillan, 1981）：'the ideology of triviality'.

被媒体描绘为常规的刑事审判。如果让人们描述一下法院，他们通常会描述王冠法院。⑨"公众对治安法院的工作了解很少，而且严重低估了低级别法院处理的案件的比例。"⑩ 教材关注的是有陪审的刑事司法程序。议会和司法界高层倾向于基于陪审制是常态这一认识来发展法律。⑪

自 1195 年起，法官们就受托替君主在本地维持安宁。伦敦在十八世纪引入了受薪治安裁判官制度，因为伦敦此前的业余法官普遍腐败，而且警力不足。⑫ 直到 1964 年，受薪治安裁判官才在伦敦完全取代业余法官，仅在非常小的犯罪案中除外。⑬ 由于这一历史，内伦敦地区（Inner London）的大部分案件都是由治安法院地区法官审判的。在外伦敦地区（Outer London）以及伦敦之外的地方，大多数刑事案件由业余法官审理。伦敦以外的地方也任命了一些受薪法官，以满足当地的刑事审判需求，但这通常是在案件量大的大都市地区以及偶尔在乡村地区（受薪法官与两位业余法官同席审案）。只是在《1999 年正义获得法》（Access to Justice Act 1999）之后，他们才被整合成一个单一的受薪法官群体，都在英格兰和威尔士全境具有管辖权。在 2000 年他们开始被称为"治安法院地区法官"。在 2010 年，英格兰和威尔士有一百四十三位全职的治安法院地区法官以及一百五十一位由律师兼职担任的代理治安法院地区法官。⑭ 治安法院地区法官以及业余法官都受一个法律顾问（legal advisor）的指引。这个法律顾问就是治安裁判官的书记员，其可以是（但不必须是）大律师或者非诉律师（其他类型的法官都没有法律顾问）。首席法律顾问通常会负责好几个法院，其也被称为"法官（的）书记员"。⑮

如今有两个报告分析了治安法院地区法官的运用情况，并与业余法官进行了比较。在 1995 年出版的《受薪治安裁判官的角色与任命》⑯ 中，西

149

---

⑨ H Genn, *Paths to Justice* (Oxford, Hart Publishing, 1999) 230 – 33.

⑩ A Sanders, *Community Justice* (London, IPPR, 2001) and see RMorgan and N Russell, *The judiciary in the magistrates' courts*, Home Office RDS Occasional Paper 66, 2000, para 5.5.2.

⑪ Darbyshire, above n 8.

⑫ T Skyrme, *The Changing Image of the Magistracy* (London, Macmillan, 1979), 引用 Jackson。

⑬ 从 1964 年起恢复了业余法官制度。

⑭ 司法界官网，www.judiciary.gov.uk。

⑮ P Darbyshire, *Darbyshire on the English Legal System*, 10th edn (London, Sweet & Maxwell, 2011) ch 14.

⑯ P Seago, C Walker and D Wall, *The Role and Appointment of Stipendiary Magistrates* (University of Leeds, Centre for Criminal Justice Studies, 1995).

戈、沃勒和沃尔（Seago，Waller and Wall）发现：

（1）极少有法院存在关于如何向治安法院地区法官分配工作的规定；

（2）治安法院地区法官与代理治安法院地区法官之间存在巨大差异，后者通常被排除在复杂案件之外，在伦敦之外的地方尤其如此；

（3）大都市的治安法院地区法官处理争议案件的速度是（其他）地方同行的两倍；

（4）其大多数司法工作是日常案件，但也会处理一些复杂的或者公众高度关注的案件，而且他们的案件比业余法官多；

（5）治安法院地区法官对各种案件的处理都比业余法官快；

（6）律师们认为速度、效率和法律专长使治安法院地区法官在某些案件中更受青睐。

2000 年，《治安法院的司法》[17] 报告了摩根（Morgan）和儒瑟欧（Russell，也译拉塞尔）的研究。他们发现：

（1）所有的专业法官每星期都有大约四天坐堂审案，而且很少与业余法官一起审案。

（2）工作分配方面与西戈等人的研究发现一样。

（3）专业法官审案会有一些质问和挑战。

（4）他们对法庭程序表现出掌控能力，并且会就当事人造成的拖延质问当事人。当事人不能经常提出休庭请求，即使提出也经常不被许可。

（5）他们更可能会拒绝取保候审申请，而且会更多判决立即监禁。[18]

（6）他们很少依赖法律顾问。

150 （7）法院使用者对专业法官更有信心。他们更有效率，判决一致，提问得当，说理清楚。

（8）律师们也准备充分。

---

[17] R Morgan and N Russell, above n 10.

[18] 这支持或者验证了政府部门的研究结果，以及 SS Diamond 'Revising Images of Public Punitiveness：Sentencing by Lay and Professional English Magistrates'（1990）*Law and Social Inquiry* 191－218。

2004～2005年，我对三位治安法院地区法官中的每一位都同席观察了三到四天，涉及他们所在法院管辖范围内的多种业务。从那以后每年我都继续与至少一位治安法院地区法官同席坐审。这三位治安法院地区法官在本研究和本书中的代用名分别是波西亚、盖伊和波尔（Portia, Guy and Pole）。[19] 选择他们三位作为样本是因为他们的审判业务地域广，他们自己也具有丰富的审判经验。[20] 波西亚新近获任，在内伦敦一个繁忙的法院工作。波尔有十三年的经验，过去任职于外伦敦地区的两个法院和内伦敦地区的一个法院。盖伊担任全职法官已经六年，过去曾任职于伦敦以外的三个法院，其中一个所在的城市犯罪率高。另外三位接受访谈的治安法院地区法官也具有多样性。在观审的日子里，我在法院开始上班前到达法院，中午在法院与法官一起吃午餐。因此我有机会和另外八位治安法院地区法官随意聊天。在法庭上我就坐在法官旁边，并在庭审结束后与他们一起退庭，他们则继续讨论。

工作负荷

治安法院地区法官每年要有二百一十五天用于司法业务。有一位受访者说他每年用二百四十天。摩根和儒瑟欧发现这个类别的法官每人每年坐堂审案的天数平均为一百九十六天。波西亚与另外一位新任法官大多数时间都在法院。级别高一点的四位治安法院地区法官则从事其他类型的"司法业务"，比如监狱审判、司法培训和招录。盖伊每星期有四天在三个法院，第五天则用来处理其他司法业务。有一位受访者把一半的工作时间用于评估和选任代理治安法院地区法官。她和盖伊法官一样每年有四周在上诉法院作为兼职法官坐堂审案。

波西亚、盖伊、波尔三位法官的不同世界

波西亚所在的法院位于一个居民种族多样化、犯罪率高的地区。与西

---

[19]　波西亚这个化名是法官自己选定的，其他化名是由我选定的。

[20]　我从经历中知道法院人员非常多样化。见 P Darbyshire, *The Magistrates' Clerk* (Winchester, Barry Rose, 1984) and see 'Legal Pluralism' in RB Flemming et al, *The Craftof Justice* (Philadelphia, University of Pennsylvania Press, 1993).

戈等人的研究发现一致，波西亚认为她在这个地区的新工作与其作为兼职法官的工作很不相同：

> ●令人很吃惊……我以前是在另一个郡审案……那里的"严重"刑事案件往往是指人身攻击类案件，但在这里是指驾车射杀案、毒品犯罪案、轮奸案，而且许多这种案子都是在少年法庭（审理）。由于审理这些重罪案而产生的压力的确已经开始对我产生了不好的影响。

她在第一年患上了一种源于压力的疾病。伦敦的治安法院地区法官的工作节奏快得有名。上述研究也证实了这一点。"有一天，我的法院有 136 个嫌犯待审。在王冠法院如果上午有六个被告人要被量刑就算是忙了。"㉑ 与几位治安法院地区法官一样，波西亚也觉得其他层级的法官对治安法院地区法官的工作比较无知。她第一次参加法务部长早餐会时曾邀请法务部长福尔克纳到她的法院用一天时间观察她的业务，但得到的是一番白眼。波西亚年轻、貌美、时髦。她的出现在治安法院——这里是毒品瘾君子、缺少关爱的人以及弱势群体频繁光顾的地方——实属非同寻常。这让她脱颖而出并成为法院的负责人——这也是因为其具有权威气质。这里的被告人与她以前审理过案子的那个郡里的那些善意的偶犯者不同，因此他们在法庭上的表现也不好管理。在她上任第一个月的一个下午，对一位"民族阵线"成员的严重种族主义罪行的审判令她吃惊。

> ●这家伙竭尽全力要超过我……我记得我当时真觉得累……他不断重复他被指控说过的那些种族主义言论。每次我打断他，他都会吼叫，而且用手指着我说："你是这个制度的一部分。你要确保我受到公正审判。"我让人把他押到楼下……这对我来说是一个学习过程的一部分。

另外一个第一年的经历是在伦敦其他法院常发生的事情的一个缩影。

㉑ See K Mack and S Anleu, ' "Getting through the list": Judgecraft and Legitimacy in the Lower Courts' (2007) 16 (3) *Social and Legal Studies* 341 – 61，内容是关于澳大利亚的专业裁判官。其一半业务是在两分钟二十秒内处理完毕的。处理案件的时间压力威胁着程序正义价值观。见 M King, *The Framework of Criminal Justice* (London, Croom Helm, 1981)。

　　● 我们这里有另外一个组织，叫作"真相与正义委员会"……由黑人居民组成……他们盯着每一个涉及黑人的案子不放……他们不认可司法的权威……他们会带来一名麦肯锡之友……他们一群人都会坐在展厅里，那是法院后部很小很局促的一块地方。他们在那里敲锣打鼓……目的就是向当地社区表明他们在这里而且不认可我们……这也让我惊讶，因为我以前所在那个郡的人们不会有这样的行为。你尽力做好审判，对待他们公正，不偏不倚，他们却不会同样对你回以礼貌。如果你开始说藐视法庭罪，或者在你开庭时让他们起立或脱帽，则你马上会在法庭里遭遇一场暴乱。当你审结案子要离开法院时问题又来了……你出去搭乘公共汽车，他们却都在法院前面等着你。

　　我提到有一位大律师同事说他曾经发现法院大楼前面的台阶处曾经被作为杀人案现场被警察封锁起来过。对此，波西亚的反应是："哦，就只有那一桩杀人案吗？我这法院已经有过六起了。"2009 年，警察在法院大楼外进行搜查，找到了二十五把藏匿的刀具。这个法院坐落在年轻人帮派地盘中间。她列举了许多青少年刀具案、儿童携带毒品案、走私军火/武器案，以及青少年轮奸案。[②] 有一天，武装警察进入法院大楼，因为他们事前得到线人报告说帮派将要在附近火拼一场。波西亚因此那天中午没有在午餐时间冒险出来。她还向我展示了她下班坐公交车回家时的乔装打扮。

　　● 我看起来真像一个背包流浪的无家可归的老太太……衣服皱巴巴的……鞋子像跑鞋……一个长长的连衣帽可以拉上来遮住脸……加上一个皱巴巴的旧圆帽，低到要遮住我的眼睛。我还取出隐形眼镜，戴上了眼镜。

　　如果发生治安事件（在本研究期间还真发生过一起），她就会下车。尽管如此，波西亚还是热爱她的工作。

　　● 我觉得这是我擅长的事情……我有多年在治安法院工作的经历。先是作为控方，后来是作为辩方……在我认为公众没有得到恰当

---

② A Fresco, 'Girls accept gun running and rape as price of joining gangs', *The Times*, 26 October 2009.

对待时，我会看一些判决。我现在坐在一个自己可以公正对待公众的位子上。我可以说"请"，可以说"谢谢"。我可能难缠，但我可以公正或者坚定。我喜欢法律观点，而且有些成功的司法审查。我上星期审理了一个九人参与的抢劫案，我十分享受深入研读其中的全部法律问题。[23]

我问她对哪些方面的工作感到最满意。她说：

● 我能改变一些事情，能向公众表明司法制度并不必然会跟被告人过不去。法院被理解为是一个不偏不倚的地方，我不站在任何人一边。

波西亚的业务（主要）在少年法庭和成人法庭。偶尔她会去郡法院。她与其他四位治安法院地区法官以及非专业法官共同承担工作量。少年法庭审判业务是她的热情所在。

● 少年法庭的很多孩子都来自令人绝望的家庭。有些人从婴儿时期开始就由社工（而不是其父母）照料。有几个孩子被他们的母亲定期注射海洛因。那是三个男孩，就这么被浪费了。他们都聪明可爱。那位母亲后来又有了三个孩子。我们不会因为人们可能学会犯罪而将其监禁起来进行教化培训。我会放他们走，他们再回来的时候营养更好，也更受管束……孩子们对其帮派比对其家庭更忠诚。他们不尊重法院，他们喜欢被迫戴上依法对其使用的跟踪观察设备。（2009）

我在 2004 年第一次与波西亚同席观察她审判。到 2009 年时，她对父母亲们已经绝望，对少年司法制度也表示怀疑。有一个十五岁的孩子在其姑（姨）的陪同下，就其脚踢他妈妈这一行为拒绝承认有罪。他们母子俩吵架。波西亚问他是否可以回家，但明显不能。那孩子说他没有他爸的电话号码。波西亚需要适当的信息。"我不能让一个十五岁的男孩无家可

---

[23]　一个重复的主题是法官们都说他们想把工作做好。本书前一章对此有探讨。

归。"她请求少年犯罪处理小组帮助。"我不是一名社工。"后来她向我的
美国学生解释说：

153

> ● 这不在我的职责范围内，但道义上我不能让一个十五岁的孩
> 子今晚睡大街。这里的父母亲们逃避责任。你是孩子的时候，你父
> 母会叫警察吗？我怀疑我们运用的制度是否恰当。在这个案子中，
> 如果是在新西兰，那么就会有一个由专家参与的调解会谈。母亲和
> 孩子应该解决这个事情。让孩子因为刑事伤害而受审会花费很高的
> 成本。

波尔以前在一个犯罪高发的城市担任治安裁判官书记员，[24] 后来成为
地方上的一名法官书记员。在治安法院工作三十五年之后，没什么事能让
他失去勇气或动摇。他审理成人犯罪案、少年犯罪以及家事案。我现场观
看他审理家事案件，因此在这章里没有多少可以说。他记得自己在第一年
有压力。但与另一位受访者一样，他很高兴不必承担书记员的那种管理工
作。"我在前面几个月工作得最努力。我花了些时间在一个法院，那里有
许多没有审结的案子，真是糟透了。处理这些案子很费劲。我上下班路途
遥远，但我热爱这份工作"，因为担任治安法院地区法官"胜于为了谋生
而工作"。我问他对什么最满意。他表示：

> ● 把工作干好而产生的智识方面的满意……人们觉得自己受到了
> 公正对待，我由此感到人文情怀方面的满意。

有几位治安法院地区法官也是在波尔所在的内伦敦的一个法院。在
外伦敦，与他一起分担工作的是几位业余法官。他的刑事案件审理排期
不像波西亚的那么紧凑，不过他去的另一个法院所在地也是"抢劫案的
高发地带"。

关于盖伊法官，最令人印象深刻的，除了善良与幽默之外，是他对工
作的热爱：

24　三十年前观摩过他的工作，并将其作为受研对象进行过访谈。

● 事情总是在变好。在这里，职员尊敬我，他们棒极了。非诉律师一直很好，工作简直是刺激。我没什么负面的话要说。每天我都觉得自己有这份工作真是世界上最幸运的人。

盖伊喜欢多样化。他的案件审理排期不像波西亚法官那么繁多。但他的经验让他更加自信。而且他审案迅速，都适用简易程序。他喜欢不事先阅读案情而准备审案。这与他在大律师行时去王冠法院出庭不一样。"这里就像是易捷航空，人到了就可以开始了。"在他的法院人员群体里，他是资历最深的治安法院地区法官，而且他花不少精力确保自己对每个人都体谅周到，对法院工作人员与法院使用者一视同仁。㉕

154

少年法庭——眼不见心不烦

只有最严重的少年犯罪才会被送到王冠法院，㉖ 因此少年法庭通常很少为公众所知，并且很少被媒体报道，但其的确处理一些非常严重的案件。波西亚法官过去曾怀疑这种儿童友好型的平台适用于犯有诸如团伙暴力和轮奸这样严重罪行的接近成年的少年是否合适。被送到这里来的被告人可能是十七岁。在这种情况下，少年法庭的非正式性就对这样的被告人不适用了。波西亚的同事告诉我说，伦敦的一位治安法院地区法官认为少年法庭是"幼蛇窝"。另一位则认为少年法庭是"第五机会教堂"（会给予少年犯许多改过自新的机会）。

与波西亚同席观审的第一个上午

未成年被告人有时候由其非诉律师与家长或监护人陪同。与波尔一

㉕ 书记员们不断说"这个法院的运行靠良心和美誉"。见前注 20 Darbyshire, *The Magistrates' Clerk* (Winchester, Barry Rose, 1984)。盖伊（Guy）强调让每个人高兴很重要。《司法的技艺》（*The Craft of Justice*）一书像 1970 年代美国的社会学以及英格兰学者麦克巴讷、卡伦和金（McBarnett, Carlen and King）一样谈到法院群体时说："法院楼是一群具有共同职业背景的人工作的地方。…… 规范和共同的理解塑造当地的司法文化、……礼节和礼仪，因此促进合作。"见 RB Flemming et al, *The Craft of Justice*（Philadelphia, University of Pennsylvania Press, 1993）10。

㉖ See *CPS v SE Surrey Youth Court* [2005] EWHC 2929 (Admin).

样，波西亚对他们的陪伴表示感谢。这里的人口多样化[27]与盖伊描述的以白人居民为主要服务对象的法院形成鲜明对比。皇家公诉署派来出庭的是一个白人，此外还有导引员以及青少年犯罪工作组（Youth Offending Team）的六位成员（来自不同族裔）。坐在波西亚法官身旁的书记员是混合族裔。与波西亚一样，几乎所有的非诉律师都是白人，而大多数被告不是白人。下文我将依据时间记录来说明在治安法院地区法官的法庭里适用的简易程序在一些严重指控起诉案件中也很"简易"。

10∶15 刑事破坏案

一个高个子的十六岁黑人男孩在昨晚被捕。他的律师说他是"被他妈妈扭送给"控方的。波西亚问这位"妈妈"是否愿意放弃指控。由于总是对自己的权力感到沮丧，波西亚补充评论说："这就是在少年法庭会发生的问题。你不能让一个没有前科的十六岁少年被监禁。"她让他回到拘留处等他妈妈。[28]

10∶20 持有模拟武器案

波西亚直接与被告人（棕色，十七岁）说话。治安法院地区法官和裁判官们接受过"应对"少年犯的培训。在1970年代，在（应对）这种（温和的）说法被发明之前，我观察到他们当时这么做是自然而然的。

> ● "你十七岁，是吧？我简直难以相信你干了这事儿。带着枪晃悠。如果我看到你那样，那我一定会被吓到。如今的伦敦在恐怖主义威胁的情况下到处都是警察"［然后她解释了自己判决的监督期为八个月的转办令（referral order*）］。"这意味着你将会去见一个专家小组，他们会告诉你该咋办。"（后来她发觉很难解释这个转办令，"因

155

---

[27] 肤色在这里用于描述背景多样性。我不从外表猜测族裔背景。这里的术语用法和奥巴马总统在白宫的讲演《黑人、白人和棕色人》中的用法一样。也见 K Sharma, 'Race and the Criminal Process: Breaking the Mould to Ensure Accurate Ethnic Monitoring' (2002) 66 *Journal of Criminal Law* 541。

[28] 这里是沿袭使用法院的当时用语 mum（妈妈）一词。

* 转办令适用于青少年犯。如果有青少年刑事被告人第一次被控告到法院，且其认罪，则法院会签发转办令，其目的在于防止该被告人再犯。转办令将该青少年被告人转交给青少年犯罪工作组（Youth Offending Team）处理，并使该青少年被告人处于三到十二个月的监督期内。——译者注

为你不知道专家们将干啥"。)㉙

10:23 拒不停车案

一个十六岁的黑人少年独自上法庭。他被抓时正在开车。波西亚问他是否知道被警察拦停的原因。他说是因为被警察认出来了。波西亚强调了问题的严重性："你没有保险。这意味着如果你开车撞伤别人，受伤的人会得不到赔偿。"她判他六个月不能开车以及五十英镑罚款。

10:27 威胁行为，审前复查

有八名警察作证。波西亚将这个案子排期提前三个月。她对我说："你现在明白我们这里的耽搁程度了吧？"

10:34 重新安排审理日期

10:36 审理日期确定

一位非诉律师用了三十秒钟确认其已经收到被披露的证据。

10:39 酒驾案

一个十五岁的黑人男孩与他那面容疲倦的白人母亲（寡妇）一起来到法庭。波西亚问男孩他为什么没有律师。他认为他不需要律师。波西亚问这位母亲这是为什么。"因为他有罪，只想快点把这事儿了结。"这正是我在1970年代发现的"了结心态"的典型。在这种心态下，没有律师的被告人会急于从刑事司法制度中脱身，而不在乎法院的考虑（法院的法定义务），即法院须确保被告人是在法律上犯有其被控告的罪行。㉚波西亚对这位寡母表示抗议：

> ● 这种酒驾案可能比较复杂。我认为一个十五岁的人自己不能理解相关法律的专业性。我不能让他就这样受审。我可以把这个案件推迟到11:10，也就半个小时，不会耽搁你们很久，就算我求你们了……这样我也安心。你就跟值班的人说你要见义务律师（duty solicitor*）。他就在外面。

㉙ See M Lynch, 'Preliminary Notes on Judges' Work: The Judge as a Constituent of Courtroom "Hearings'" in M Travers and JS Manzo, *Law in Action—Ethnomethodological and Conversation Analytic Approaches to Law* (Aldershot, Ashgate/Dartmouth, 1997) 122. 法官们的讲话援引了群体道德性，而且是对他们自己的惩罚。

㉚ Darbyshire, above n 20 at 176–81.

* 义务律师（也译指定律师、责任律师）为犯罪嫌疑人在警察局或者治安法院提供法律咨询或法律事务代理。英格兰和威尔士的义务律师服务项目是由司法部法律服务委员会管理。——译者注这位母亲微笑着接受了波西亚的建议并表示感谢。他们离开法庭去找义务律师。

156

10：45 刑事破坏案的那个男孩

男孩的律师说他妈妈来了，但这位妈妈"奇迹般地"拒绝撤诉。这位妈妈个子小，是黑人，比自己的儿子矮十六英寸。她说儿子砸坏了她价值三千英镑的电视机。律师说母子俩之间的关系很不稳定。母亲想要一个转办令，然后与青少年犯罪工作组合作。这男孩在今天要与水晶宫足球俱乐部签约，因此会有一个前途不错的全职工作。波西亚问这男孩今晚能否回家，母亲拒绝了。因为"他打我，撕我的衣服……他脾气有点问题，而且吸毒"。律师接话说如果母亲不让男孩回家，那么青少年犯罪工作组也不能参与进来。波西亚柔和地与男孩说话，男孩愤愤地说："你们每个人都听她的，因为她是一个成年人。"而且他确认自己不会去和水晶宫队签约。波西亚说"这样也好"，并解释说她会签发一个转办令，评审小组成员"会听你的陈述。我已经听你的了，虽然你只有十六岁"。"你目前的处境困难吗？"波西亚重复问这一点，并且说"我们都经历困难"。她最后结案时对男孩说："我祝你顺利。我相信有朝一日你会回头问自己'我怎么到了这地步？'"他们离开后，波西亚对我说："你知道转办令吗？没用的。"她后来解释说耽搁总是像这样，而且少年犯在评审小组启动转办之前已经再犯了。

10：59 确定初审日期

11：01 酒驾案的男孩

男孩与义务律师一起回来了。波西亚问他妈妈这孩子过去是否有喝酒问题。"没有，就这一次。"于是波西亚签发了一个转办令。

11：10 被告人持有喷射罐，并企图破坏属于伦敦巴士的财物

一个肥胖的十六岁白人男孩由一位棕色律师代理。律师请求取保候审，并将巴士乘坐禁令仅限于双层巴士的上面那层，因为这男孩经常在巴士上面那层涂鸦。波西亚将初审排在六周之后。在监室上方的外部有很嘈杂的声音。波西亚对这男孩说：

- 你听到外面这些嘈杂的声音了吗？那是那些不想被监禁的人。如果你在初审之前再犯罪，那就是你的结局。明白吗？

11：17 持有攻击性武器案

一个十七岁的黑人男孩与其母亲以及一名律师一起来到法庭。波西亚

— 199 —

157　确认了问题，然后将案子排期候审。

11:25 抢劫案

一个十五岁的棕色皮肤的女孩子与其母亲一起来到法庭。指控还在商谈中。波西亚让法庭内每个人都出去了。几分钟之后这些人都返回了法庭。这时初审日期和审前复核已经确定。

11:32 威胁与虐待行为，以及刑事毁损

一个棕色皮肤的小孩在一位黑人律师和一名棕色监护人的陪同下来到法庭。这孩子轻声柔气，看起来像十岁的女孩，但实际上是一个十四岁的男孩。他由于在一个少儿中心表现极差而被捕。在警察局时，他用一条毯子堵住厕所下水道，从而导致内涝。因此他被额外指控刑事破坏罪。他对此认罪。青少年犯罪工作组对其上一次的转办令予以更新。波西亚对男孩说："我记得你，因为上次是我签发的转办令。很明显，这没起作用。因此我不得不重新做一次。"后来，波西亚就对这种案件的"广撒网"应对方式表示担忧。她觉得在自己以前当律师时像这种情形下不会有警察介入。在这一起少儿中心的家政事件中，这男孩面对好几起严重的指控。波尔对此表示赞同。[31] 到2009年时，波西亚在她的案子列表中发现一个少年由于"辱骂警察"而被拘留了一个晚上。她觉得这很恶心。

11:39 审前复核

一名十三岁的被告人缺席。律师解释说在上一次出庭之后，这孩子被他"母亲"送到非洲去了。母亲解释说她想让他在（非洲的）私立学校上学，"因为他持刀杀人"。她支付不起这里的费用，于是把他送到国外去。波西亚说自己知道有些孩子被送到非洲去了，他们回来时"已经转变"。其中一人避免了当地毒品文化的不良影响，后来还上了大学。波西亚和善地与这位母亲说话，并要求她与皇家公诉署保持联系。波西亚说自己理解皇家公诉署"现在不能表态"，但将来也许可以。如果有令人乐观的正面评价报告，皇家公诉署可能会以加密的请求提出撤诉。

11:50 刑事毁损

158　一个十七岁的白人男孩与义务律师一起来到法庭。这男孩认罪，但被取保候审需要被评价报告，因为这次犯罪结束了他自己的转办令。

---

[31] 2006年，青少年司法的领头人洛德·摩根（Rod Morgan）批判了这种网络扩大现象。老师们拒绝处理学校内的惩戒事务，而是直接叫警察。见2006年8月21日的新闻媒体报道。

11：56 武装抢劫

一个十六岁的黑人男孩被从拘留所带到法院。他父亲也来了。这孩子被指控在晚上跟踪走出地铁站的女子，然后伺机对她们实施持刀抢劫。波西亚拒绝对此案行使管辖权，于是将案件送到了王冠法院。她允许这孩子取保候审，同时严厉警告其遵守取保候审的条件。

中午 12：10，上午的案子都结束了。

然后我们去与其他治安法院地区法官（DJMC）一起吃盒饭午餐。其他几天下午的进度与上面的情况一样，或者是留出来安排案件审理。第二天，波西亚处理了二十三个类似的问题少年的案件，其中许多人被控有多种犯罪行为，包括六桩抢劫案、入室盗窃案、伤人案、严重伤人案、两桩持有刀具案、两桩袭警案、一桩故意纵火案、一桩拒交罚款案，还有两名十五岁少年的多次非法驾车案。这些案子直到 15：46 才处理完。波西亚主动让其书记员去为其他法庭提供帮助。那里有一群业余法官在很费神地处理一长串的交通案件和两个初审案件。波西亚接过来他们的一些案子，但自己太累了，因此不能在 16：00 开始初审。她又开始抱怨业余法官，说他们本应该在上午发现警察由于得到错误的案情报告而出庭之后立即将初审案打发掉。由于业余法官们没这么做，导致一个孩子及其家人还有其非诉律师整天都在法院等待，却没有任何结果。他们的非诉律师为此一整天都在忙碌却没啥进展，其实不过是徒劳而已。

盖伊法官的少年法庭

这个少年法庭也是在犯罪高发地区，但这里几乎都是白人。被告人的情况明显各不相同。他们看上去并不比他们的妈妈们高大，大多数人看起来病快快的，而且发育缓慢。那些瘦小的看起来像十岁的男孩实际上是十四到十六岁。他们与我在 1970 年代一些城市的少年法庭看到的一些身体不健康的孩子比较类似，但那个年代的少年不健康是几代人营养不良和贫穷的结果。[32] 这个少年法庭的另外一个不同之处是盖伊的法庭管理方式。他运用了一种新方法，那就是在这些孩子的律师到来之前就处理他们的案

㉜ 杰米·奥利弗（Jamie Oliver）在 2005～2006 年的第四频道系列节目《杰米说学校餐》（*Jamie's School Dinners*）中让公众注意到小儿营养不良在现代社会的程度。始于 2006 年 3 月的《儿童肥胖症国际学报》（*The International Journal of Pediatric Obesity*）关注儿童营养问题中的肥胖与营养不良"两大重负"。

件。就第一个案件，他很快对那孩子说："你的案子被延期到5月19号，一定要记得告诉你的律师这一点。"我怀疑那孩子是否会记得日期以及其是否有他的律师的联系方式。第二位被告人是一名没有律师代理的少年屡犯（Persistent Young Offender），对其指控是逃票旅行/乘车。盖伊接受了其认罪，给予有条件释放，并向我解释说："令人惊奇啊，他竟然现身接受审判并面对现实。这是小案子。"盖伊经常㉝这样接受被告人的认罪，并询问其前科，然后进行有条件的释放。他对成年犯的处理也是这样。他说自己在处理认罪案和量刑时不需要律师参与。由于我从来没有见过法庭在律师不到场的情况下处理被告人的案件，我忍不住进一步询问盖伊。他解释说这个法院建筑的设计很糟糕，因此法院导引员很难找到律师（我遇到的一位经验丰富的律师将这个法院称为牲畜市场）。律师们可能在另一个法庭，或者在邻近的治安法院的路边。盖伊同情那些为了生计而接受许多案子的律师。他们有时候得同时出现在十个地方。㉞"只要我们能在上午某个时候再次联系上就行。没发生过什么坏事。"他每星期每天都这么干。盖伊还解释说即使有律师在场，他可能也不会听律师的话，因为他更喜欢直接与被告人对话。"律师们相信我。"毕竟直到如今他也没有判决将任何人关起来。如果他对认罪有任何怀疑，那么他会建议被告人别认罪。如果有律师就此抱怨，他会道歉。"如果律师不喜欢，那么你可以改变主意。这都是很实际的事情。"律师们似乎也习惯于盖伊的这种处理方式。但律师们最终到达法庭时，盖伊会向其有礼貌地解释自己已经如何处理了其当事人的案子。这些律师无一例外都会对盖伊表示感谢。盖伊作出了许多附条件的裁决。他说："这些案子都是垃圾案。这不是一个街头犯罪法庭。"他让我注意他自己对街头犯罪很严厉，而且在适当的情形下往往偏向于量重刑。"我看过现场，很可怕的犯罪行为，暴力很多。在这个犯罪高发区会见到用脚猛踩头部。"后来有一天就有这么一个男孩被告人出庭。盖伊厉声说："我们以前见过。你知道要是你呼吸起来不守规矩，我都会让你再回到法庭，然后把你送到监狱里头去。你明白吗？"

㉝ "技艺……承认从业者在经年累月重复工作的过程中会发现看似分开的、独特的问题有足够多的共同之处，从而意味着一个解决方案足以令人满意地应对其中大多数问题。"参见 RB Flemming et al, *The Craft of Justice* (Philadelphia, University of Pennsylvania Press, 1993) 5。

㉞ 波斯纳提到了法官们对于时间、金钱和客户压力对律师的制约的认识。见 Posner, *How Judges Think* (Cambridge, Mass, Harvard UniversityPress, 2008) 74。

成年人刑事法庭

治安法院地区法官们处理的是一系列混杂的取保候审申请、交通犯罪、审前复查、初审方式、审理延期申请、拒交罚款、量刑（基于报告），以及毒品犯和人身攻击犯认罪案。㉟ 这确认了前面提到的西戈以及摩根等人的发现。同样被确认的还有治安法院地区法官们的工作风格：办案快捷、权威、比业余法官敢于挑战控方和律师。他们的法律顾问通常沉默不语。在一个典型的 10 月的上午，波西亚急于让案件处理流程顺畅以避免延迟。书记员在将一个案子排入初审时在嘟囔着 1 月的事情。波西亚插话说："12 月 21 号怎么了？"然后对皇家公诉署的代表说："你们让两名警察休息几天吗？但这个可以改变一下，不是吗？"她还交叉询问了另一名以无法提供刑侦证据为理由申请审理延期的控方代表。"你和我都知道在这种毒品犯案件中你们控方需要整理好刑侦证据。过去从来没发生过这种情况。"她勉强将该案休庭（推后）了七天。"再不行就得撤案了。"

但在签发反社会行为令（ASBO）方面，波西亚对于控方而言也不那么好应对。有一位忠诚直言的拉斯塔法里教徒（Rastafarian＊）被从拘留所提审到法庭。他在被告人席位上打断皇家公诉署控方人员的发言。波西亚对他说："好了，被告人先生。我们一会儿就听你说，但我们现在要先听控方说。"警方早先是因为他持有管制刀具而将其逮捕的，如今寻求以反社会行为令禁止其进入伦敦某区中心地带，因为他常在那里进行毒品交易。波西亚问皇家公诉署为什么希望她基于没有检测到的证据而签发反社会行为令。此外，波西亚还不满地表示"这无异于控方走后门"。她问他们为什么不通过地方政府部门申请。

㉟ 这些共同的罪行以及被控此罪的被告人总体上有一些共同的特征。这些特征为当地社区所独有。就研究者对此的著名描述，见 D Sudnow，'Normal Crimes：Sociological Features of the Penal Code in a Public Defender Office'（1965）12 *Social Problems* 255。

＊ 拉斯塔法里教（Rastafarianism，也译拉斯特法里派）是 1930 年代起自牙买加兴起的一个黑人基督教宗教运动。该运动信徒相信埃塞俄比亚皇帝海尔·塞拉西一世是上帝在现代的转世，是圣经中预言的弥赛亚重临人间。Ras Tafari 指海尔·塞拉西，其中 Ras 在阿姆哈拉语中有"首领"之意，Tafari 是海尔·塞拉西成为皇帝之前使用的名字。

● 被告人又插话："法律和正义本应为每一个人，但适用起来并不公平。"

波西亚："被告人先生，你过去三次持有管制刀具。你不能再这样了，否则警察会不断地拦住你进行检查。"

被告人："遵命，法官大人。我不再这么干了。我已经考虑过这一点了。"

（波西亚埋怨皇家公诉署，拒绝签发反社会行为令，裁定二十八天拘留。由于知道他很快会获得自由，于是取消对其罚款。）

被告人："上帝保佑您，法官大人。"

在被告人离开后，波西亚对皇家公诉署进行了辩驳，而且解释说她考虑到被告人没有（律师）代理，而且禁止其进入他家所在的某区也不合理。"此外，你并不知道警察记录是否正确。他们会弄错，不是吗？"

盖伊和波尔说他们对认罪的被告人进行量刑时会适度降刑，"因为这样可以让法庭时间不那么紧巴巴"。盖伊说所有的治安法院地区法官处理案子都快，但他自己最快。他希望我别认为他是对律师没有耐心。他不会容忍律师在案件审理过程中搞来搞去，而且除非合适，他不认为在认罪案及其量刑中需要律师参与。盖伊的典型做法是接受被告人的认罪，检查被告人的前科。律师则会在他正在解释量刑时进入法庭。

● "你好，律师先生。我正好在对你的当事人采取预防措施。"
"我对此非常感谢，法官大人。"

161

他说自己的法庭是一个"没有法律的地方"[36]，这使得一个律师将法律书藏到桌子底下。盖伊说他自己从不对双方的法律主张进行笔记，因为他知道问题会得到解决。他有两次拒绝去上诉审陈述案件，但高等法院两次都维持了他的裁决。"别给出一份长达二十页的判决书，"他警告说，"越长则越容易在上诉审中被抓出问题。判决书一页就够了。"他对更多人试

---

[36] 证实了基于对治安法院实践的观察而得出的结论。参见 P Darbyshire, 'Previous Misconduct and Magistrates' Courts—Some Tales from the Real World' [1997] *Crim LR* 105。一个初审案的律师说"法律是背景，但是如果你过多使用法律，则有可能输掉案子"。见前注20，第3页。

图提出法律方面的争论感到遗憾。

> ● 我这里不需要法律辩论。那是上诉法院需要的东西。那里有正经八百的法官懂法……我这里用的是常识。大多数案子都是我们这些治安法官裁判的。

但是他对法律的排斥并非绝对。我注意到有一天他自己带着好几份最新的法律判例报告。与那种神秘的、装作没有复习过的学校里的考霸一样，盖伊事实上熟知法律的变化发展。

审判：别糊弄地区法官

治安法院地区法官（DJMC）兼有法官和陪审团的权力，因此有时候他们就一个被告人所知道的信息比陪审团知道的多。比如，一个书记员可能会进来向法官解释有什么磋商在进行。这与王冠法院的书记员和导引员与法官的关系一样。此外，与业余法官一样，治安法院地区法官们都有一些到审的"常客"，即累犯所属家族的成员。㊲ 经常有游居家庭在波尔和盖伊家门外的草坪上"安营扎寨"。盖伊说他们"总是朝人们射击"。

在治安法院地区法官面前进行的简易初审可以十分简易——与井井有条一板一眼的业余法官就每个案件都接受法律咨询和逐一作出判决相比尤其简易。普通初审比（王冠法院）基于检控的初审（trial on indictment）要快捷。我们在关于王室法院的那一章会看出这一点。波西亚审理过一桩年轻人疏忽驾驶轻便摩托车的案子。初审是在 14：30 开始的，但在 14：51 就结案了，因为"警方证据不足"。波尔用二十五分钟审理了一起有争议的"红线"违章停车案。被告人被认定为有罪，但其认为这种审判是浪费时间，然后步伐沉重地走出了法院。更典型的是波西亚审理的一个女孩的普通攻击案。这个案子的审理在 10：20 开始（此时波西亚已经对上周的抢劫案中的少年被告人予以量刑），13：22 便审结，作出了一个快捷、说理充分的即时判决，而且没有休庭。治安法院地区法官们也习惯于漫长的审理。波西亚刚刚审结了一桩涉及九名少年被告人的抢劫案。这个审判持续

㊲ 每位治安法官都有自己的"常客"，法官们和法律顾问们对这些人都很了解。See Darbyshire, above n 36.

162　了七天。她觉得有义务亲自审理该案。她自豪地说该案的判决在高等法院的司法审查中被维持。

治安法院地区法官们会经常以证据不足为由驳回控方的起诉。与我在1970年代观察到的一些受薪治安法官一样，如今的治安法院地区法官们似乎也决意强调他们的独立性，因此他们似乎不倾向于有罪推定。但过去许多法社会学研究发现治安法院存在有罪推定倾向。㊳ 盖伊告诉我说他以前当大律师时知道自己的客户中98%有罪。如今他基于证据而认定一半的被告人无罪。他觉得宁可让一百个有罪的人溜脱法网也比让一个无辜的人被定罪要好。有些治安法院地区法官以前担任过检察官，但当法官时依然公正严谨。波尔对这些同僚印象很深。波尔说他自己从不会只因为辩护律师没有提到无前科记录就推断被告人有前科，"因为有些律师的办案能力很低"。㊴ 盖伊同时是王冠法院的兼职法官，因此习惯于向陪审团成员解释治安法院地区法官的角色。

> ● 我们既是法官又是陪审团。我们采用的是纠问制……这是一种实践性很强的方式。㊵ 除非我绝对相信，我不会作有罪判决。我记得上诉法官奥尔德曾经问我们"要有多确信才对被告人判定有罪？"我转过头对我同事说"这个提问很愚蠢"，但是这位同事说要70%确信。她（居然）是一位高级治安法官！㊶

㊳　自1970年代以来就有一些法社会学文献声称业余法官们适用的是有罪推定。见 M McConville et al, *Standing Accused* (Oxford, ClarendonPress, 1994)。

㊴　波斯纳的一个观点是"先见影响理性思维"。这是这个观点的一个例子。波斯纳举例说法官们的定罪比陪审团多，因为法官们先前知道那些以清楚的证据起诉的检察官。见 Posner, *How Judges Think* (Cambridge, Mass, Harvard UniversityPress, 2008) 68。在这里，波尔是在以有利于被告人的方式对证据进行解释，因为波尔事先知道律师的低能，因此先见和经验也许能解释为什么这里的和上述研究中的专业法官比业余法官更难对付，也能说明为什么专业法官不进行有罪推定。

㊵　北爱尔兰的法官更加可能会在非陪审制审理中深度询问证人，而在陪审制审理中则不怎么如此。见 J Jackson and S Doran, *Judge Without Jury* (Oxford, Clarendon Press, 1995) 160。

㊶　就一些业余法官将证明量化标准设定得太低这一情况我以前表示过担忧。见 P Darbyshire, 'For the New Lord Chancellor—Some Causes for Concern About Magistrates' [1997] *Crim LR* 861。在本研究中，我发现一些治安法院地区法官和巡回法官对业余法官也有类似的担忧，一些出庭律师也有这样的担忧。治安法院地区法官和其他法官一样意识到证明的高标准。关于治安裁判官和其他人对"排除合理怀疑"这一标准的解释，见 M Zander, 'The Criminal Standard of Proof—howsure is sure？' (2000) 150 *New Law Journal* 1517。

有一位受访者描述了治安法院地区法官的审判技能。其描述与上述研究者的描绘有惊人的相似之处。

> ● 我们似乎在法律上在酒量超标的可接受标准方面受到挑战……而且在检测设备类型方面也是如此……此外也有许多关于滥用程序的争辩，以及审前复核；法院在审前复核环节可能会实施更强劲、更有纪律的案件管理，仅仅因为这是我的期待，而且辩方律师不会糊弄地区法官。

163

我观察到波尔在一起这样的初审案中用一天的时间审理其中披露的申请。这个案子引用了高等法院对波尔审判的案件的司法审查。波尔憎恨这类案子。其中的辩护意见通常都很糟糕，因此波尔觉得公众会赞同自己。[42]他把审理这种辩论差、无聊的案子描述为"好像在大雾中的泥泞路上骑行"。

为了清楚说明律师们没有能力"糊弄地区法官"这一点，盖伊法官不厌其烦地讲述其有一天如何操作案件排期，以确保其能审理一个需要注意的案子——在盖伊看来，这个案子的律师提出了一个也许能糊弄业余法官的争议点。律师说如果受攻击的受害人被允许隔着屏幕作证，则其客户的权利会受损，并由此违反《人权法》。盖伊向我出示了一份律师意见。他自己拒绝阅读这意见，说"都是垃圾"。我们一起进入法庭。

> ● 我已经拜读了你的有用的庭辩概要以及控方的意见。我们可以直入要害。法院本身有权力让证人隔着屏幕作证。这由审判案子的法院决定。忘了议会的那些法律吧，包括《人权法》。如果让人隔着屏幕作证，治安法官并不会不利于被告人。陪审团也许会，但习惯于进行决断的法官不会。如今青少年法庭的大多数证人都是使用视频设备来作证的。

盖伊法官休庭下来与案件排期办公室的工作人员说话。"有人提出了一个似是而非的法律问题并可能以此糊弄业余法官们。我可以审这案子

---

[42] 有研究指出受薪裁判官认为自己是对社区负责，而业余法官认为自己代表"公众"而非由公众授权。见 Doran and Jackson, above n 40 at 223。

吗?"审判被排到了两天之后。盖伊的这种解难方法的好处显现出来了。他后来笑着说当律师意识到这案子是由盖伊审理时,他请了一名代理人。他也反对使用屏幕(作证)。但在该案中,证人作证未隔着屏幕。"这就是我不会将其作为先决问题进行裁决的原因。你可以想象,如果控方弱势且审案的是另外某位法官,那么这个案子将要拖很久。"盖伊解释说虽然他自己偏爱"纠问"式技巧,但他将提问留给律师们,因为双方都优秀,而且他已经认识他们几十年了。"你看到了一个典型的初审,有些对抗式,有些纠问式。"他说他有时候会对投诉进行深究,如果他认为投诉的证据不符,则会以此为理由驳回投诉,但不会这么对待被告人。盖尔就该案作出了有罪判决,并即刻给出了理由,没有退庭考虑。

在法官进行量刑时,我发现被告人在五年前已经因为对同一名妻子施暴而被定罪量刑过。"当时被告人只被罚款一百英镑。"辩方律师说希望能以此被轻判。"业余法官对待家庭暴力可能不像地区法官那么严厉,"盖伊
164 纠正说,同时对被告人量刑入狱六个月。这说明了上述研究的另一个发现,即地区法官量刑比业余法官更严厉。这也例证了摩根和儒瑟欧的研究发现,即地区法官更加可能对被告人判处监禁。在我们离开法院时,盖伊解释说他比较反感男人对女人施暴。被告人是一个"龌龊的男人,他妻子明显已经怕了他"。当检察官故意激怒被告人时,他已经表现得很具有攻击性。"如果他在法庭上都这样,那么他喝醉了之后岂不更加暴力?"六个月监禁只是一种遏制,"但愿他与下一个女人在一起时会想到'我再也不想蹲班房了'"。

法院使用者

每个治安法官所在的法院都有一群常规的职业人士:律师、皇家公诉署代表、青少年犯罪工作组等。他们的一个共同利益是彼此之间,以及与法官及其法律顾问之间维持良好的工作关系。这是为了他们在未来的岁月里作为一个团队保持和谐。波西亚有次接受访谈时在其法院工作刚满一年,因此她还没有时间建立这种关系。盖伊与在其面前出庭的律师们认识几十年了。他告诉我那些比他年长的律师在他自己当年在大律师行时向自己汇报工作。他很乐意有时候将本来定在下午的案子提前处理,以便他们有人能去参加律师协会的高尔夫球赛。他还就一位律师的残疾开玩笑。在

上述案件中，检控方律师：

> ● 曾经是一名旧式的书记员。在过去，你要是在她面前出庭，她会像你妈一样。她过去经常说的玩笑话是："先生，请你坐下来，否则我就踢你小腿骨。"我已经认识她二十七年了。这无可替代。

盖伊继续向我回忆几位当地非诉律师的故事，就像波尔在他的法院回忆的那样。盖伊说认识本地所有的非诉律师会很有用，但治安法院地区法官会被安排在多个地方进行审判工作，这样可以使他们在任何地方都难以与律师界形成紧密的关系。他解释说两家互相竞争的律所的高级合伙人相互拳殴。㊸

在波西亚那里出庭的控方律师表现一贯差。差到什么程度呢？2009年，随同我进行研究的学生们评论说他们很震惊地发现控方大律师在一大堆案卷材料中显得神神道道，很不安。经常有案件的审理由于控方的糟糕表现而"崩溃"。波西亚还提到在准备案子的过程中被浪费掉的警方时间。对此我和波西亚一样感到习惯，因为我在 1970 年代以来便观察治安法院以及准备不足的控方。

165

与业余法官的关系

虽然盖伊会乐于看到业余法官被治安法院地区法官取代，但他仍然不断努力与盘踞在法院的业余法官们保持良好的关系。他确保自己每天都在城市的法庭有时间与业余法官们在一起，并确保在郊区法庭有一位业余法官领头能来自己的法庭旁听观察自己的审判。显然这是一项常规的事情。有一位受访者曾经是书记员，因此习惯于为业余法官提供指引辅导。他自己坚持这么做。

> ● 我总是尽可能在九点之前到达我坐审的法院，这样便有时间遇到业余法官并和他们互动交流。这样他们就觉得我是正常人！

㊸ 这几乎让人难以置信但的确属实。本书关于王冠法院的那一章对这种竞争有解释，因为我碰巧在那个城市的王冠法院研究过（但两类法官对此都不知情）。

《刑事司法皇家委员会 1993 年报告》⑭ 发现有些业余法官对专业法官不信任。其中有些人长期怀有一种阴谋论，认为有计划让专业法官取代业余法官。但统计数据表明相反。⑮ 西戈、沃克和沃尔的研究也暗指这一点。

> ● 从书面材料和研究中广泛的个人联系，我们清楚地看到为数众多的业余法官担心存在一个计划，据此计划，业余法官会逐渐被治安法院地区法官取代……更大的担心则是后者的任命将不可避免地导致业余法官的工作的趣味性或回报降低。（第 3.4 段）

内伦敦地区曾经有情形表明这两个群体之间在一些方面互有敌意。专业法官说他们在地方法院受到业余法官的憎恨。有一位治安法院地区法官被人告知他不得在法官室的尽头坐下来使用笔记本电脑。另一位则发现自己被称为"临时工"。据说在伦敦的一个法院里，治安法院地区法官和业余法官之间不存在交流。

波尔似乎与业余法官们关系友好。这并不令人惊奇，因为他此前一半的工作经历是担任治安法官的书记员。然而，与波西亚一样，他怀疑一些业余法官的业务能力和公正性。⑯ 有一天，一位书记员告诉他，一位业余法官断言"这家伙必然有罪，因为在少年法庭时我们已经就其相同的行为量刑过"。这位书记员后来建议重审此案。波西亚一直不信任业余法官，她怀疑被任命到治安裁判官位置上的非专业人士是否合适。有一次她给一位黑肤色的特立尼达人（Trinidadian）予以取保候审，一位牙买加裔黑人业余法官斥责她说："你难道不知道特立尼达（Trinidad*）是新牙买加吗"？波西亚对这样的种族主义言论深感惊讶，甚至一度考虑是否该举报这位法官。我每次与波西亚同在法官席听审时，她都会告诉我关于不符合治安裁判官身份的言行故事。在下文中我们也会发现一些巡回法官也同样瞧不起治安裁判官。

---

⑭ *Royal Commission on Criminal Justice Report* Cm 2263（London，HMSO，1993）ch 8，para 103.

⑮ P Darbyshire，*Darbyshire on the English Legal System*，10th edn（London，Sweet & Maxwell，2011）ch 15.

⑯ 见本书下文第十二章。

* 这是中美洲加勒比海岛国特立尼达和多巴哥共和国（Republic of Trinidad and Tobago）的一个主要的岛屿。——译者注

法律顾问

摩根与儒瑟欧曾经提出过一个问题，即治安法院地区法官需要的是法律顾问还是服务于其他所有法官的没有法律职业资格的书记员。就逻辑而言，专业法官不应该需要法律顾问。我目前的这项研究太小，因此不足以就此形成结论。但是与治安法院地区法官同坐审案的所有法律顾问的角色完全是被动的。但他们在审前程序中能就已经排期的案件向法官提供更多有用的信息，而且比王冠法院书记员向巡回法官提供的信息更有用。在审案过程中，法律顾问会及时向治安法院地区法官提供关于量刑、被告人记录、报告、被告人身份方面的信息，这都有助于确保治安法院地区法官能快速流畅地审理案件。波尔以及另一位受访人在作出判决前会与其法律顾问核查判决的书面理由。在 2008～2009 年时，已经有法院在试行专业法官审案时不使用法律顾问。

一群被忽视的法官

有时候治安法院地区法官会指出，政府和其他法官不理解他们的工作。如果治安法院地区法官或者业余法官觉得自己的量刑权不够强劲因而不足以应付被控行为的危害程度，则他们会将被告人的案子上交给王冠法院去量刑。波西亚对自己遭遇的一种情形很不满：有时候她明显在意更严厉地量刑，但巡回法官要么施罚不当，要么量刑偏轻。"我们知道自己在做啥。"她曾经有一次把一个暴力犯罪案件上交给王冠法院，但被告人得到的是宽容的刑罚。"现在他想要实施谋杀！"

●王冠法院的法官们不理解少年法庭的量刑，他们也不想理解。我们这里曾经有一位来自王冠法院的常驻法官。他过来常驻是因为这里的一个被告与一个成年人一起接受审判，因此该被告人被送回本院重新量刑，并同时因为仿制公交卡而被拘留七周！这名法官早就应该以地区法官身份直接对该案量刑。

与其他参与研究的刑事司法法官们一样，治安法院地区法官们发现不断变化的、考虑不佳的刑事程序和量刑的变化令人疲于应付且不具可操作性。他们认为政府部长和公务人员们忽视了法院遭遇的困难。有一位受访者说："没有一个领域他们不干涉或者不改变。我很担心刑法已经成为一个政治问题。"波西亚经常批判自己的量刑权，尤其是在少年法庭。她在2004年对转办令的沮丧到了2009年还很严重。当年有一名不满十六岁的少年认罪后必须被置于转办令之下，而其违法行为不过是在凌晨持有刀具。她认为有些方案不过是没掩盖好的省钱策略。她对我说：

167

> ● 你看到我们必须经历的障碍了吧？我觉得政府依然以为十三岁儿童犯的只是无灯骑车这样的违法行为。政府完全没有概念。有一次内政部的一个家伙自愿来到我这里了解情况（她向这家伙解释了一个反社会行为令的问题），但他完全不懂。他说："我们内政部本来应该给你一份咨询报告。你们有自己的群体吗？"我说："我们有啊。我们位于鲍街（Bow Street），自从1600年代就在这里了。"

到2009年时，波西亚仍然和以前一样对固定刑罚通知（FPNs）的效果表示怀疑。这种措施由街上的警察直接实施，以便缓解法院的工作量和工作压力，并使其集中关注暴力犯罪。结果有少年儿童由于没有就违反秩序案支付累计达六百英镑的罚款而被送到她所在的少年法庭，但这些孩子根本没机会支付罚款。[47] 有些法院在试行虚拟庭审，通过网络视频对身在警察局的犯法者进行审判。她难以想象业余法官如何能每天审理为他们排定的五十个案子，并就这样的安排在正当程序方面的效果有怀疑。"如果有人不需要自己的义务律师那怎么办？"[48] 另外一个省钱的新办法是使用跟踪标签。"如果使用这种技术，那么犯事者戴上定位标签之后就直接回到大街上了。"

---

⑰ 2009年11月15日的BBC纪实节目《广角镜》（Panorama）的主题便是过度使用FPN和警告，而不是让犯事者到法院接受审判，严重暴力罪和抢劫罪尤其如此。离任的公诉主官（Director of Public Prosecution，皇家公诉署的首脑）在2009年11月3日的BBC电台节目《行动中的法律》（Law in Action）中提出了同样的批判。现任公诉主官（Keir Starmer QC）也撰文对此进行批判，参见 Keir Starmer QC, in 'Chief prosecutordemands curb on police cautions', The Times, 8 November 2009。

⑱ 在2010年12月，司法部宣布虚拟法院值得有更进一步的发展。非诉律师协会批判说这个决定"完全不负责任"。见 J Dean, 'Ministry of Justice backs virtual courts scheme', LawSociety Gazette, online, 23 December 2010。

治安法院地区法官觉得其他法官也不知道他们的事情。波尔评论 2006 年的司法界重组时觉得他所在法院的新任巡回主任法官对"我工作的了解正如我对火箭科学的了解（一样少）"。在与波西亚一起的日子里，我抽时间与一个大的城市法院的兼职法官一起吃午饭，并向其解释了波西亚在法院内经历的示威。他回应说："我会行使权力将这种示威认定为藐视法庭罪。"我把这告诉波西亚法官和她的同事，他们都讥笑了。其中一位问我："你见到我们这里的保安了吧？"

还有一个重要的尾声。这一章在 2006 年作为论文发表过。在论文中，我呼吁菲利普斯司法总管去参访波西亚所在的法院。他真的去了，而且邀请波西亚与其会面，随行的是伦敦的首席治安法院地区法官。这使得高层法官与基层法官们有了一点点接触。由于《2003 年法院法》，治安法院地区法官们如今已经被纳入巡回司法系统，而且也被纳入主流的法官层阶和司法培训体系等。同时，波西亚说杰克·斯德若（Jack Straw）在担任司法部长时是她所在法院的"常客"。

结 论

本章揭示出来的最重要的一点是：法官"不接地气"的形象实在是谬论。波西亚法官上班的地方位于少年犯中心区，这个事实与这种谬论形成鲜明的对比。她每天化装上下公交车之后踮着脚尖穿过少年犯中心区，犹如穿越战场。这个战场在法院建筑外，正对着她法庭的内部，给她造成了巨大的身心压力。这些法官别无选择地卷入他们所服务并十分了解的社区，而且他们了解其中的刑事犯家庭以及少年帮派。这些法官每天在法庭面对的是无情与恐惧的元素。这些元素通常就在他们桌子的对面。波西亚并不需要为人父母才能理解与少年犯们论理的困难或者才能看得出什么是良好的父母管教子女的方式。反讽的是，由于这些专业法官每天都审案，他们可能比许多业余法官更加"接地气"。业余法官只是在抽象和具体的意义上代表社区。[49] 本章中的三位法官各自都以成年人的身份体验着全国

168

---

[49] 业余法官过去被要求居住在其司法管辖区内方圆十五英里内的地方，而且如今他们中的大多数是本地人。其中 80% 的人超过五十岁，平均每人每年坐堂审案四十次（每次以半天计）。这方面的详情见前注 15，Darbyshire 著作第十五章：P Darbyshire, *Darbyshire on the English Legal System*, 10th edn（London, Sweet &Maxwell, 2011）ch 15。

各地的治安法院。他们的体验是他们就现代司法对少年犯问题的回应之无用具有强烈深刻的认识，也使他们对"网络宽泛化"表示担忧。这种"网络宽泛化"导致1970年代和1980年代被认为不过是淘气而并非犯罪的行为如今被认为是少年犯行为。这些法官对少年犯谨慎有礼，将其看作是社区的平等成员。他们也以额外的一种"社区家长"的形式斥责一些少年，以努力使其认识到自己的错误。

然而，在法律制度中，这些法官曾经相当孤立。在历史上，他们与其他法官并无联系。直到2000年，他们一直被看作是一种专业的治安裁判官，而且被称为"受薪裁判官"。他们曾经觉得高层法官们不理解他们的工作。在2009～2010年时，波西亚法官及其同事们依然在努力让他们的上一层法官（即本地的王冠法院法官）了解他们的业务，因为他们经常为王冠法院就他们上呈的案件予以轻判而感到沮丧。这样的案件上呈到王冠法院时，王冠法院时常作出一些在地区治安法院就可以作出的判决，或者给出不恰当的指令。这表明王冠法院等司法高层不理解治安法院地区法官或者他们自己的裁判权。不仅高层法院如此，议会也不了解治安法院地区法官的工作。我在1990年代的论文中指出，议会制定一些刑事实体法和程序法时似乎以为大多数案件仍然由法官和陪审团共同审判，但实际情况是刑事审判已经下放到治安法院，从而导致治安法院地区法官们审理95%的刑事案件。这使得治安法院地区法官和业余法官对于公众十分重要，然而公众却和其他法官一样认为这些法官处理的都是"琐事"。在本章描述的现实中，我们看到的轮奸案、持刀杀人案、抢劫案都在波西亚和盖伊的少年法庭进行审理，但却很少为公众所见，也很少被媒体报道。

治安法院地区法官也在另一种意义上孤立，即与业余法官之间的隔阂。历史上，治安裁判的设置是为了应对伦敦地区业余法官的腐败造成的问题，后来则是为了应付其他城市业余法官不堪重负的审判工作量。我在1970年代研究治安裁判官时，大多数城市的受薪裁判官都是我从未见过的、受人尊敬的、鲜为人知的人物，他们也很少与业余法官有亲近的交流。这里的治安法院地区法官以前担任过法官的书记员，他们此前几十年里便是在为业余法官服务（为其提供指引，并就其咨询提供建议），因此他们在工作中必然与业余法官打成一片。盖伊就是如此，这也是因为他本性友好。同时，治安法院地区法官也是业余法官们阴谋论的对象。后者认为有计划让非专业的治安法院地区法官替代业余法官。因此有些治安法院地区法官很不受业余法官待见。作为回应，波西亚法官及其同人对业余法官们也不怎么尊重，而且不断批评他们。

治安法院地区法官在第三种意义上也是孤立的，即他们分散于全国各地，通常是治安法院里唯一的法律专业人士。在 2000 年之前他们甚至不是司法界一体化的一部分，因为此前他们是由各地的治安法院委员会任命的并对这些委员会负责。虽然内伦敦的受薪裁判官与伦敦其他地区的受薪裁判官共用法庭及其设施并一起接受培训，但外地的受薪裁判官们并没有被组织起来。而且大多数的治安法院地区法官没经过任何培训就开始兼职从事治安裁判工作。这也许能解释他们的独特之处。在 1970 年代我遇到过两位受薪裁判官。他们俩的法庭相邻，但他们对法律的解释并不相同，因此出庭律师必须相应调整自己的辩词。然而我在三十年的观察中也未遇到像盖伊这样的治安法官。盖伊每天都要和包括少年在内的被告人打交道处理他们的案子，而且是在被告人的律师到达法庭之前就处理了。他们都习惯盖伊的处理方式，而且盖伊也的确认为自己是在给这些人帮忙。他以前当过律师，因此理解执业律师。与波西亚一样，他对庭外的情形了如指掌。三位治安法官都懂当事人会缺席法庭、最后关头的辩诉交易、义务律师以及在不同法院之间奔波的有法律援助业务的庭辩律师。他们懂这些，是因为他们过去都担任过律师或者书记员，从而在遍布治安法院的形形色色的人们的互动中承担了不同的角色。当然，从其他职业（比如学者或其他领域的执业律师）获任法官的人缺乏这种让人有先见之明的知识。他们在兼职担任法官时会学到一些，但绝不可能体验到法庭外律师与其客户的嘈杂，也不会具有盖伊那样的洞察力去明白一个律师如何一个上午能在不同的法庭代理十个客户。

他们也明白法律人的游戏规则。本研究让先前大规模的、更科学的治安法院专业法官研究更加鲜活，有血有肉。业余法官的法庭总是存在一种危险，即书记员掌控法庭。但专业法官的法庭与此不同，毫无疑问是专业法官在掌控法庭。他们是中流砥柱和权威。他们发令、讲话、表扬和斥责，并掌握已排定的案子的审理进程。之前的研究发现治安法院地区法官既有权威又难缠。盖伊是如此难缠，以至于他将自己法庭的程序描述为"纠问式"。用与我上次研究几乎相同的语言来描述，就是说治安法院的这些专业法官声称他们自己不会"被糊弄"。这一点与缺乏法律专业知识和

170

法务经历的业余法官不同。对于起诉差劲低能的检控方，这些专业的法官会毫不留情地在几分钟内以证据不足为由驳回起诉。这与我在 1970 年代观察到的伦敦地区受薪裁判官的做法一样。我之前的研究结论已经指出，这些专业的法官比业余法官具有挑战性（难缠）。与业余法官不同，波西亚不会随便批准或者支持王冠法院诉诸不能执行的或者不合理的反社会行为令。类似地，那些可能会以似是而非的法律争点让业余法官惴惴不安几个小时的辩护律师，在专业法官这里不会有多少机会逞其口舌之能。盖伊通过操作案件排期将这种情形拒之门外。涉及此事的律师不得不设法躲避盖伊的暴怒——他派了一个代理人出庭，但这也无济于事。

在本研究的主要观察开始时，治安法院地区法官手头的案子数量巨大。这也佐证了我以前在这方面的研究。这些法官们在长长的案件排期中行色匆匆，同时就有罪判决进行量刑，并对初审案件进行审判管理。这方面他们在每个案子上只花几分钟的管理时间。当然，这并不令人惊奇。在二十世纪时，治安法院地区法官经常被请来处理堆积的案件，因为他们比治安裁判官快。与三位业余法官同堂审案相比，单独一位法律专业人士审案时不需要讨论确定有罪或者量刑，也不需要在刑法、刑事程序或者量刑方面咨询。但案件处理快速还有另外一个原因。治安法院地区法官的审案过程本身就期待在其面前的出庭律师有效率。波西亚不断让导引员把案件当事人传唤进法庭，这样的话她自己的案件排期单上的案子就得以持续向前推进。盖伊十分热衷在法庭上变化案子，以至于他经常在被告人律师到法庭之前就将案子处理完了。治安法院地区法官在案件管理方面十分积极主动。我们在关于郡法院的章节会发现如今民事案件法官们也被期待这样。这些民事法官审理案件的方式也是"纠问式"。之前的研究表明，法律界专业人士抵制休庭或者延期审理。而这种休庭习惯在治安法院已经出了名。波西亚法官以前当律师的经历使她知道警察们是如何轮班的，这使她能够对一个案件中检控方提出的长时间的审前延期予以质疑。治安法院的简易司法在专业法官手中真的是简易。司法这样简易有另外一个原因。盖伊法官说治安法院这个层级的法院"没有法律的用武之地"。这并非只是他的独特看法和做法。在很大程度上他这么认为和这么做也正确，而且这一点并不新鲜。真实情况的确是治安法院很少有法律辩论，但这并不意味着法律不会被适用，而仅仅意味着大多数案件都稀松平常，所涉法律众所周知而没有什么辩论的余地。如果律师想提出辩护论点（比如就盗窃案），那么他会建议其客户选择经由控告而发生的审判，从而让审判在王冠法院进行，这样可以让案情和法律问题被不慌不忙的巡回法官仔细关注；如果必要，也会得到一个盖伊所说的"真正意义上的法官"的关注。[50] 171
在治安法院审理的案件通常不会涉及复杂的法律问题，否则便是不同寻常。本研究也再次确认了此前这方面的研究发现，即这样的案件会排期给专业法官，比如酒驾测试案排期给了波尔法官。这个案件是在《酒驾法》出台之后的许多酒驾案件之一。在这种案子中，被告人花重金聘请有创意的律师来钻《酒驾法》的漏洞以便逃避禁驾令。似是而非的法律争点（比如前面提到的《人权法》方面）会造成不受欢迎的工作负荷，并会打乱已经存在多年的当地律师、当地检控方、书记员以及法官们之间稳定平衡的工作关系。

之前的研究中没有发现业余法官的一个特点，但这一特点在本研究中清晰凸显出来了。他们很清楚非专业裁判官进行有罪推定的名声，因为这不仅仅是被麦康维尔（McConville）等人在《被控》（*Standing Accused*）一书中的研究确认，而且执业律师也普遍这么认为。这也部分说明了波西亚对业余法官的藐视。每一位治安法院地区法官都急于表明自己的客观性，并表明自己是基于无罪推定而进行审判，而且要求高标准的证据。

治安法院地区法官觉得政府公务员和政府部长们既不了解也不在乎他们手中效力低下的量刑权。与层次高于他们的法官一样，这些治安法院地区法官也因为构想糟糕、不断抨击的只言片语、不可操作的"对犯罪行为更严厉"这样的政策以及程序变化而深感苦恼。但曾经至少有一丝希望。司法部长终于成为波西亚所在法院的"常客"。而且部分由于这一行动，司法总管曾列席波西亚法官的审案。治安法院地区法官们正在逐渐被认可为真正意义上的法官。 172

---

[50] 'The James Report': *The Distribution of Criminal Business Between the Crown Court and Magistrates' Courts*, Cmnd 6323（London, HMSO, 1975）; D Riley and J Vennard, *Triable Either Way Cases: Crown Court or Magistrates' Court*（London, HMSO, 1988）; C Hedderman and D Moxon, 'Magistrates' Court or Crown Court? Mode of Trial Decisions and Sentencing', Home Office Research Study, no 125, 1992.

第九章 刑事业务：王冠法院的巡回法官

立法是常见的混乱所在。

——蒙蒂·埃弗拉德爵士（Sir Monty Everard），

《约翰·蒂德法官》，英国广电集团（BBC）第一频道

2007 年 1 月 9 日①

　　本章研究王冠法院巡回法官的工作。王冠法院是治安法院的上一级法院。在全部刑事案件中，治安法院处理后剩下的刑事案件便属于王冠法院的业务管辖范围。英格兰和威尔士总共只有七十七个王冠法院和三百三十多个治安法院。② 由六百八十位巡回法官和一千二百三十位兼职法官③审理王冠法院的大多数案件以及郡法院最严重的案件。他们这些法官正是上一章中的波西亚（治安法院地区法官）所抱怨的对象。人们对于王冠法院已经有一些成见。这种成见往往由于新闻媒体的戏剧化报道而被强化。王冠法院比其他法院更单调平淡。人们很少有机会，也很少有必要到那里去。而且王冠法院的业务量通常被高估。④ 在公众的印象中，王冠法院又旧又

---

① 在 *R（on the application of Noone）v The Governor of HMP Drake Hall*［2010］UKSC 30 一案中，菲利普斯法爵就短期刑的监外执行（custody plus）说"地狱"一词公正描述了短期刑监犯在过渡条款方面存在的困惑。贾奇法爵说"一波又一波无情的立法在过去多年里已经吞没了司法管理"。

译者附注：依据《2003 年刑事司法法》（Criminal Justice Act 2003），短期刑的监外执行是对一年以下有期徒刑的替代。在这种替代机制下，罪犯在服刑 2～13 周之后会被释放，释放期间，罪犯的日常活动和就业会依法受到一定限制以及监控，并且需要佩戴电子追踪器。

② 但是保守党与自由民主党联合政府在 2010 年 12 月宣布计划关闭其中的九十三个治安法院。

③ 这是 2010 年的统计数据，参见司法界官网，www. judiciary. gov. uk。

④ 见本书上一章。

暗，使用的是橡树桌椅（因为拍摄往往是在被弃用的法院进行），[5] 中央会有一个高台区域。法官戴假发穿法袍高高在上，对其发言的律师则衣着光鲜。这宛如一个剧场，剧场里聚精会神的观众便是陪审团。罗克在 1993 年评论[6]指出当时没有研究者去分析王冠法院里复杂的世界。[7]

173

样本和方法

本章以三十二位巡回法官为研究样本。这是最大的样本量，其中十六位是样本的核心成员。这十六位巡回法官中有十三位在王冠法院。我在和过去多年里与参与我试点研究的那位巡回法官共处好些天之后，又对十一位巡回法官进行了观察。这个样本取自六个巡回区，但没有充分代表东南部地区的法官们：三十二位中只有十二位来自东南部，但整个东南部地区的巡回法官数量却占总数的 40%。这个样本反映了这个群体成员的多样化经历。其中两位刚刚在半年前获任，还有两位不久之后就要退休。2007~2009 年，我另外在伦敦的三个王冠法院进行过观察，并与其中的常驻法官交谈。我这样扩充调研样本，是因为贾奇法爵认为本章中凸显出来的一些审判程序中的问题肯定已经通过《2005 年刑事程序规划》得以解决。但与之相反，我发现到了 2009~2010 年时，伦敦有些法院在这方面的情况变得更加糟糕。旧案的积累和法官缺员对本来已经沮丧的法官们更是雪上加霜。

三十二位巡回法官是根据一个广泛的排票制（ticketing）选定的。其中七位已经放弃了刑事业务，剩余的二十五位中有十位只处理刑事案件。[8] 上诉法官奥尔德在其 2001 年的报告中曾经批评过排票授权制度缺乏灵活性。[9] 这些法官还担心这一制度缺乏逻辑和透明度。

---

⑤ 法院服务署影视组在 2006 年开放法院允许在其中进行影视拍摄。

⑥ P Rock, *The Social World of an English Crown Court* (Oxford, Clarendon Press, 1993) 1.

⑦ Partly because it was viewed by social scientists as hostile to research, said Rock, ibid ch 1.

⑧ 巡回法官审理刑事案件的需求大大超过了审理民事案件的需求。五位巡回法官审理过刑事和民事案件，三位审理过刑事案件和家事案件，七位审理过全部三种案件。在二十五位巡回法官中，八位被安排审理过"一类"案件，包括谋杀案；十二位审理过严重诈骗案；十七位审理过严重的性侵害案。

⑨ "这个制度的最大问题之一在于其在将具体的案件分配给具体法院的具体法官时缺乏灵活性。"引自 *Review of the Criminal Courts of England and Wales* (London, The Stationery Office, 2001) (the Auld Report or CCR, or Auld Review) 226, 转引自（Beeching）*Report of the Royal Commission on Assizes and Quarter Sessions*, Cmnd. 4153 (London, HMSO, 1969) para 67。

十七位巡回法官做一些非日常审判工作。九位常驻法官，他们是每个王冠法院的高级管理法官，对法官和员工具有关心职责，并安排司法资源的配置，同时承担更加繁重的案件管理和法院管理职责。五位曾经任职于上诉法院刑事庭（CACD）。两位在中央刑事法院兼职。四位是"精神健康评议裁判所"的成员。还有两位是治安裁判官的联络法官，这需要他们在周末讲授培训课以及参加法院开放日活动。另外两位是英格兰教会区的理事，因此主持教会法院。此外还有两位深度参与司法培训项目。四位是司法咨议组等委员会的成员，他们会就法院事务向政府提供咨询意见。两位是巡回法官理事会内设的一些委员会的成员。

在作为核心访谈对象的十六位巡回法官中，我与其中十一位至少有四天时间在一起，但通常不是连续几天。这样的交流涉及这些法官的许多工作。他们向我展示如何做庭审笔记以及如何草拟陪审指引。我与他们一起探讨审理的案件以及相关的法律文书。他们让我参加了办公室内的审理、法庭使用者会议、与出庭律师们的讨论，以及与法院工作人员的讨论。有一位带教法官带我去参加兼职法官培训研讨会，另外一位则带我参加一场一般的活动。我与他们一起午餐，通常是在法院餐室里，有其他巡回法官和兼职法官陪同，而且有时候会有地区法官和高院法官同席用餐。此外我还用一些时间现场观察了高院法官和地区法官的工作。这些方式集中起来意味着我在三十二位巡回法官之外还额外与一百六十位巡回法官会面交流过。

174

幸福的法官：工作负荷

他们对工作的满意程度令人惊讶。他们说：

- 这不是为了生计而工作。我从没有那种星期一上午（返回工作岗位）的郁闷。
- 我妻子想要我退休，但我不想，我享受这工作。
- 一切如我所愿。我觉得这是我的使命或者事业（不仅仅是一份工作而已）。
- 我想不出比这更好的工作了。
- 很有趣，很有成就感。
- 这个工作让我感到非常满意。

- 比我能梦想到的工作好多了。

- 曾经有人告诉我说我被任命到英格兰最好的一个岗位上。十七年半过去了，我如今仍然这么认为。

- 很有趣……尤其是在服务公众这方面很有回报/收获。

- 超出了我的期待……这似乎是我毕生等着要做的事情。

- 甚至比我预想的还要好。我成为御前大律师时已经精疲力竭了，当时精神压力大，而且生活总是匆匆忙忙。我希望法官工作会轻松一些，但实际上比我期待的还要好。

- 很有成就感……很愉悦的工作。

- 在法官岗位上你可以专注于一个案子或者少数几个案子……这里没有在律师事务所执业的那些压力……也没有律师事务所里那样的办公室政治，也不用为律师费事宜以及下一个案子啥时候到自己手上而担忧。在法院里，我可以按自己的节奏来办案，也可以用自己最大的能力和帮助来达到正确的结果。

- 这是这个制度下最好的司法岗位工作，因为你会比地区法官对工作更有兴趣，而且不必离家出差到外地去上班……但高院法官必须如此。你也不必勉强自己做一些自己感到不舒服的事情。比如，我不喜欢民事审判业务。我认识的一个人从巡回法官岗位被任命到高等法院后有时候必须处理民事案件，但他说他自己很不喜欢民事审判业务。这个工作比我以前在大律师行的工作在许多方面都更有趣，更有收获。我喜欢大律师行的一个方面是那里同志般的合作，但如今我们在法院也是一个令人愉悦的团队。

175

每个人都已经习惯于把工作带回家，尤其是常驻法官们。他们中有七位也被排票审理一些最具有挑战性的案子。常驻法官，尤其是兼职法官们，通常得参加一些司法之外的事务。他们在获得时任岗位之前已经在其职业生涯中接受过许多挑战。他们做的额外工作不止于如前所述的那些。

- 我的一位好友对我说："你要么把这个工作当作为期十五年的事业，要么像其他许多法官一样想方设法在10：30之前开溜。"你随时可以接受其他工作而辞去法官职务。我希望所有的新任法官都将这工作当成一项事业，而不只是作为一份干到退休的工作。但在我开始当法官的年代，我们就是这么认为的。

这让人回想起前几章描述的 1980 年代对司法服务/工作的态度。大多数法官都在多个法庭工作。有一位法官在九个地方的法庭工作，因此花在路上的时间很多。两位是在离家很近的地方工作。九位认为自己的工作超负荷。几乎所有人都认为工作压力比在律所执业时小，工作时间也比在律所执业时短。有一位法官在五个地方审案，处理的是刑事案件和可怕的家事案件。她说自己的审判工作"与原来在大律师行执业时相比简直就像野炊一样（轻松）"。但伦敦中部王冠法院的法官则工作量很大，沮丧多一些。[10] 有一位外地的法官说自己是"工作狂"，但他也认为伦敦以外地区法官的工作量不够。另一位伦敦以外的法官则说：

> • 我为伦敦的法官感到难过。因为他们的薪酬级别与我的一样，但工作更辛苦……如果一个案子审不下去了，另一个案子马上会被安排上来待审……有一次额文法爵[11]来到布里斯托（Bristol）的一个法院但发现只有三位法官在办案。[12]那天是我们最糟糕的一天。

尽管如此，没有一位伦敦的法官抱怨超负荷工作。当法官们被问到他们最喜欢自己工作的什么方面，以及工作的哪方面最令他们满足时，五位说喜欢工作的各方面，四位说是"服务公众"，七位说是"作判决"。典型的回答是"最喜欢自己参与并努力确保有一个公平的结果"，[13] 以及"作出影响他人生活的决定"。四位提到对工作环境的掌控能力。

176

---

[10] 2009 年的审计委员会报告注意到虽然有些地方的王冠法院工作量不够，但东南部巡回区的一些王冠法院则满负荷了。伦敦的王冠法院则通过将案件在不同的法院之间进行转移来减轻负担。见 NAO, *HM Courts Service—Administration of the Crown Court Reportby the Comptroller and Auditor General HC 290 Session 2008 – 2009*, 6 March 2009。

[11] 是在其作为法务部长和司法界首领时。其他一些巡回法官和高院法官也重述过这个故事。如果不是从这位法官这里听说，我会以为这个故事不靠谱。

[12] 议员爱德华·雷（Edward Leigh）在 2009 年 3 月 16 日主持议会公共账户委员会会议时说："我过去年轻时当过大律师。那时候我们大家都知道王冠法院的法官们在星期五时会想打高尔夫球……为此他们会按照那种方法对案子进行排期 ……我相信如今完全不同了。"（议会网站）

[13] 对此，波斯纳的观点是：由于法官们是主动选择了这个职业，大多数人会想把工作做好而且想得到好评。

- 在大律师行，你是自己给自己干……但许多大律师不愿意休假……以防其他人抢了自己的业务。但作为法官，你突然发现自己不需要被任何人问责。

- 好几位法官喜欢自己对法庭的控制，或者喜欢"法庭给人的感觉"，或者喜欢"与人打交道"。

- 让每个人都开心。在刑事案件中，各方都不想在法庭出现，因此我的满足感在于让大家都开心，并尽可能实现正义。

- 在法庭的感觉，观察人们的表现，作判决，倾听法律观点。

有两位法官喜欢的是对陪审团作小结，四位喜欢的是在量刑时作出"正确的决定"。虽然如此，还有两位则解释了他们为什么不再处理刑事案件。一位说：

- 我不想把人们判进监狱里，因为他们出狱后会变得更坏，实在没希望。

第二位以前是商事法律领域的御前大律师。他不喜欢审理简单的民事案件和刑事案件。他觉得那是大材小用。后来他转任到一个郡法院，在那里"开心多了"，因为处理的是具有挑战性的高等法院商事案件。第三位受访人是那位绰号为"吃诉讼代理人"的法官。[14] 他是王冠法院里唯一不高兴的法官。他以前也是商事法律领域的御前大律师。他是指定的民事法官，但处理的主要是刑事案件。他担心自己会因此变得硬心肠：

- 大多数时间我审理的都是强奸案、性侵儿童案，或者杀人未遂案，或者谋杀案……这些案子非常令人沮丧……我真的觉得任何人的法律职业理想都不会是审理大量同类的案件……我怀疑巡回法官在我这种情况下会变得像处理商店盗窃案的治安裁判官。你以前听说过这样的事儿，你不信。

这位法官自那以后就退休了。

---

[14]　其同事如此描述。

工作周与工作日：把案子往前赶

大多数巡回法官的工作并没有固定的模式。法院通常在9：30或者10：00开始工作。一般是从简短的案子（比如，取保候审申请）开始，审理在过去是在10：30开始，全部工作在16：00结束。法官在法院大楼工作的时长取决于其是不是常驻法官以及个人偏好。比较典型的是，不是常驻法官的人会在9：00左右（也就是送孩子上学之后）到达法院。他会用庭前时间撰写小结，但在遇到时间漫长、情况复杂的案子时通常会将工作带回家，在家里还得花上一个小时。另外一位法官则每天在法院待到18：00，以避免把工作带回家，但他得开车三个小时（每半年在其主要所在法院之外的另一个法院办案期间）。有些法官在案子"崩溃"（审不下去）时会下班回家，但在伦敦不能这么做，因为在那里总会有许多案子被排期待审。有一位伦敦的法官每天10：00开始审理取保候审申请，然后审案到16：00。16：30～17：00则用来处理被控街头犯罪的少年犯案件。而伦敦之外的三位地方法官则能匀出许多时间来与我交谈，因为他们手头上的案子已经"崩溃"。由于审案的性质、时间长度以及有效性的不可预测，法官们每星期的工作情况都不相同。但这种差异性与多样性正是法官们对其工作感到满足的原因（之一）。

没有审判业务的日子往往掺和着取保候审申请的处理、量刑以及审前听询，或者是被告人答辩与案件管理听询。我试点观察的王冠法院是伦敦的一个大型法院。1997～2010年，我每年都会观察到法官们在一个经费不足的体制下步履蹒跚地推动司法业务前行。这个法院大楼看上去阴郁，而且过于拥挤、年久失修、漏雨、电子设备经常失灵、职员工作超负荷、薪酬低、业务培训不够、法院业务档案乱糟糟到需要法官们重新整理之后才能看懂。邮递到法院的文书通常要八天才能送到法官手上。取保候审服务跟不上报告需求。前来出庭的大律师们通常业务能力不强，他们不怎么了解案件细节，也不怎么为此感到惭愧。第十七章会全面描述这些。到了2007年，在一个诈骗案的审理"崩溃"之后，试点研究中的一位法官列举了那些阻碍或毁灭法院业务的情形：相关机构和法院资源贫乏；两个法庭由于缺乏法官而处于停用状态。他每年（包括2010年）都说伦敦的取保候审事务处理服务已经处于"崩溃"状态。到了2009年10月时，我有机会看到他的一位同事法官手头的一个案子一整个上午都无法开庭，因为检察官生病了，而这位受研法官则由于要等待证人出庭而推迟审案。在前一位法官所在的法院，一系列申请文书中的法律意见都有问题。比如，有一份表格为一名十五岁的当事人申请取保候审，申请处理到一半时，控方律师无意中提到被告人已经由于另一案子而处于取保候审状态。法官听说这个情况便问："你之前为什么不提这事儿？"显然，控方律师在进入法庭之前并没有读过本案的相关文书材料。⑮ 在对一份取保候审申请进行合议时，法官为了了解案件情况而与无人陪同的被告人对话。当时没有取保候审办理人员，但后来此人终于来了。法官把他叫到办公室，彬彬有礼地请这位工作人员解释情况。关于被告人最近的取保候审报告也是在三个月之前的。法官认为这份报告根本没用，于是要求重新提供报告，然后整个程序从头重新开始。另一个案子根本没法继续，因为被告人根本无心到现场向代理律师发出指令。他为什么不来呢？因为在法官以实际上无用的努力推进案件时，他必须等很久才被从监舍提审。与此形成对比的是，在伦敦之外的地方法院，彼得法官正坐在宽敞明亮的新法院大楼里。

178

与彼得·玛修斯法官在一起的四天：等候中的法官

在我与这位法官（不是常驻法官）在一起的观察时间里，我发现了这种不可预测性以及一个事实：法官的许多时间都花在在法院外等候在押犯被从监狱带到法院的过程上，如此等等；或者在北部巡回区则是等待进行辩诉交易。⑯

---

⑮　这让人回想起上一章里描述的在波西亚法官面前出庭的那些公诉人。

⑯　不仅不同的法院有不同的文化，不同的巡回区也有不同文化。北部巡回区因为辩诉交易具有的名声在一些研究中得到了证实。见 *Judicial and Court Statistics* 2009（Version 1.1, revised October 2010, Ministry of Justice），该研究表明审判崩溃率最高的是东北巡回区（高达 60.3%，几乎是伦敦的两倍），次之是西北巡回区（52%）。有研究表明这方面的文化差异并非取决于法律或者程序，而是取决于司法偏向（judicial preferences）。见 RB Flemming et al, *The Craft of Justice* (Philadelphia, University of Pennsylvania Press, 1993) ch 4, 以及该著作中援引的更早期的研究。本章此处所述的差异似乎更多由地方上的从业者造成，但是法官们是从地方上的大律师界选任产生，因此法官们也是这种文化的一部分。与此形成对比的是，有研究者检视了伦敦的大律师们在准备出庭的过程中的出庭声誉方面的动机。见 PW Tague, 'Barristers' Selfish Incentives in Counselling Defendants over the Choice of Plea' [2007] *Crim LR* 3. 更多论述可见下文。

星期一

12：30 案件排审表中有一些混杂的案件。彼得·玛修斯（Peter Matthews）法官在对一个危险驾驶犯进行量刑。法官询问被告人每天花 800 ~ 900 英镑吸食可卡因这一描述是否有印刷错误。其实并非印刷错误。我习惯了伦敦口音，因此对该案庭辩律师浓重的地方口音感到惊讶。同样让我惊讶的是他们不时在不同案件里从控方到辩方之间来回变换角色。

13：10 我们休庭午餐，期待 14：10 会有一个"浮动式"审理（floating trial*），但后来却等到 16：10，因为律师们一直在谈判。隔壁的那位绰号为"吃诉讼代理人"的法官时不时跑过来抱怨他在审理的盗窃案仍无进展。彼得·玛修斯说他手头案子中的被告人没有询问量刑幅度，这"在如今非常少见"。[17] 我们就刑事司法案件管理的新计划[18]是否会改变这种拖延进行了讨论。我们还讨论了判决前最后一刻的辩诉交易。

16：10 书记员招呼我们进入法庭。彼得·玛修斯以为审理已经"崩溃"并进入了认罪环节。但实际并非如此。控方坚持要求十项指控都该按照重新拟定后的罪名审理，除非被告人准备就全部指控认罪。辩方律师说他在专业上就此觉得尴尬，因而不能继续代理此案。[19] 彼得·玛修斯向被告人解释说审理会在第二天继续进行，并问他是否理解他可能必须自辩，因为其辩护律师已经辞任。彼得·玛修斯建议到邻市去找，"但愿能找到一个有点经验的大律师来解决这事情"（指劝说被告人认罪）。

17：00 我们离开法院。

星期二

10：00 附近三个城市里都找不到来替补的辩护律师。彼得·玛修斯处理了一大堆文书档案。昨晚他在家阅读了一个小时。

---

* 指审理日期或审理地点不确定的案件审理。——译者注

[17] See Sentencing Council guidelines, 'Reduction in Sentence for a Guilty Plea' and *Goodyear* (*Practice Note*) [2005] EWCA Crim 888, explained in P Darbyshire, 'Transparency in Gettingthe Accused to Plead Guilty Early' (2006) 65 *Cambridge Law Journal* 48 – 51.

[18] 根据 2005 年版和 2010 年版《刑事程序规则》第三章，法院有义务对案件进行管理。见 P Darbyshire, *Darbyshire on the English Legal System*, 10th edn (London, Sweet & Maxwell, 2011) ch 12.

[19] 因为被告人先前已经向其承认了自己的罪行。

10：10　彼得·玛修斯在法庭将这个案子排期到两个月之后，并警告被告人说这是最后的机会。他必须在二十四小时内找到一个律师。由于被告人已经处于被拘禁状态，我怀疑这是否会造成困难。⑳

10：15　我们退庭。彼得·玛修斯解释了今天的排档任务：休庭、量刑、一个审前简短会面、两个浮动审理以及一个由法院签发的逮捕令申请。

10：30　进入法庭。抢劫案的辩方律师请求给予时间观看关于视频证据的剪辑，因为控方才刚刚向其送达这些视频。彼得·玛修斯同意此请求，但指出审判将在三十分钟后继续。他押后了另外一个案子，因为被告人患了阑尾炎。他还对与该案无关的另一个被告人进行了量刑。

11：15　我们在等待一位被告人到庭，因为他在从监狱转运到法院时迟到了。迟到是因为在转运过程中甲类监犯和丙类监犯不能混在一起（在另外三个巡回区我也与法官一起等待监狱专车的到来。中央刑事法院的首席书记员在2001年已经告诉我说，他"每天中午之前都难以让任何法庭开审"，但是自从法院与监狱可以用视频实时连通直播之后，这一问题可能略有缓解）。

11：45　对另一个危险驾驶犯予以量刑。

12：10　退庭。

12：25　进入法庭，因为一个浮动审理的律师想要和彼得·玛修斯单独谈话。彼得·玛修斯在让公众离开法庭之后坚持要求谈话在法庭内进行，并进行录音。所有的法官都会这样谨慎行事。彼得·玛修斯同时打电话给负责案件排期的工作人员（告诉律师说这个案子今天下午派给那位绰号为"吃诉讼代理人"的法官），而且在法庭重复了这一点。

12：30　在法庭外，彼得·玛修斯解释说这明显很危险。绰号为"吃诉讼代理人"的法官很有名，会"让他们在法庭上难受地哭"（对律师严厉）。"律师们面对吃诉讼代理人的法官时会选择后退一步达成协议"。

12：55　法庭上。彼得·玛修斯要求每个人讨论两个浮动审理以及排期在星期一的第三个浮动审理的最新进展。在第一个中，被告人已经改而

180

⑳　关于监犯努力与律师交流时遇到的一系列问题，见 Auld Review, above n 9 at 405-06。

认罪。在第二个中，辩方律师请求在法官办公室进行讨论，于是彼得·玛修斯再次要求公众离开。辩方律师解释说辩诉谈判涉及一个小孩的刑事责任。被告人已经认罪，但当控告被再次提出时，被告人却表示反对。为了让被告人安心，彼得·玛修斯要求确认其认罪的基础，并要求对细节予以记录。当公众返回后，彼得·玛修斯解释了他们不在时自己与辩方律师讨论的内容。另一个浮动审理将继续进行。

13：46 法官在自己办公室内吃三明治。另一位法官逛进来告诉我们说来访的高院法官请他当晚去参加赛狗，说"你会发现高院法官比我们更加不接地气"。法官们还谈到了各自子女的毕业。

14：46 我们回到法庭处理那起街头劫案，但辩方律师仍然没有准备好。陪审团在15：15宣誓。彼得·玛修斯为延迟开庭表示歉意。起诉环节令人痛苦。证人是年轻被告人的熟人。证人的证据与其证言不符。他们随着程序的推进而临时编造。彼得·玛修斯让被告人停止扮鬼脸。这是一个指定的街头犯罪管辖法庭。在其他这样的法庭上（不同巡回区），我注意到法官们对于许多鸡毛蒜皮的事情被作为抢劫而起诉表示惊讶。其中一件是一个女人和她男朋友因为手机而吵架。2006年，皇家公诉署署长（inspectorate）重复了一种批评，即皇家公诉署应当就被起诉到王冠法院的案件数量之大负责。这种庞大的数量不可接受。

16：15 让陪审团离开，然后警告公诉方律师说，如果辩方律师再以"无案可答"（往往导致无罪判决，而且这种审判不需要被告人提供证据）为答辩意见，则法院会予以认同，因为公诉方的证据有太多不一致，犹如谜一样。

星期三

181   10：00 彼得·玛修斯驳回了三个取保候审申请。

10：30 换了一个法庭。抢劫案的公诉员已经决定不举证。彼得·玛修斯就此向陪审团进行了说明，并对陪审团致谢，然后我们退庭。我与"吃诉讼代理人"的法官长谈了一会儿。午饭后，彼得·玛修斯与他妻子一同带我参观了当地的景点。

星期四

在没有事先得到通知的情况下，彼得·玛修斯被派到六十六英里之外的一个法院去审理一起猥亵攻击案，因为那里需要一位具有"二类"（Class 2）排票授权资格的法官。

12：15　被告人被起诉在儿童游乐场对一个十三岁的孩子实施人身攻击。在法庭上，辩方律师要求多给一点时间，因为他们从另一处（该被告人在该处受到更进一步的指控㉑）获得了新的信息。

12：25　在辩诉交易谈判过程中，我们在法官室等待。辩方律师一到达法院就期待自动开始辩诉交易谈判。这正好验证了该巡回区的声名。在途中车上，彼得·玛修斯解释说该法院和其他更小的法院有"它们自己的"程序和做法。"这里的法官首先会进入大律师的衣帽间，而且会问'这不是初审吧？'"有一位法官为了下午能打高尔夫球而总是想快点把事情"弄完"，他的这个嗜好大家都知道。"你会来吃午饭吗？"在他就此给予肯定答复时，彼得·玛修斯装作很吃惊，以此揶揄他。一位年轻法官主动为我们匀出了他办公室的一点空间，因为彼得·玛修斯在抱怨说这里"像橱柜一样"狭窄。另外一位法官过来就量刑征询建议。常驻法官也碰巧来了，彼得·玛修斯解释说这是一个友好的法院。但在其他地方类似的交流由于法院大楼的结构空间布局而受到局限。在我看来，在法庭外等待辩诉交易谈判的时间之漫长也促进了法官们之间的这种融洽共处的关系。㉒

12：40～13：00　在法庭内。被告人就猥亵攻击认罪，公诉方也相应作出了一些让步。㉓ 彼得·玛修斯对被告人量刑。　　　　　　　　　　182

13：05　在法官餐室与巡回法官和地区法官一起吃午饭。常驻法官开了一瓶葡萄酒与我分享。法官们开玩笑说研究样本居然是这么选定的。大家都知道彼得·玛修斯是个善良的人，于是他们坚持认为司法界高层一定

㉑　这位被告人有十八次性侵害记录和许多其他刑事犯罪记录。

㉒　见关于辩诉交易的大量文献，比如 J Baldwin and M McConville, *Negotiated Justice*（London, Martin Robertson, 1977）; J Baldwin, *Pre-trial Justice*（Oxford, Basil Blackwell, 1985）; M McConville, 'Plea Bargaining' in M McConville and G Wilson, *The Handbook of the Criminal Justice Process*（Oxford, Oxford University Press, 2003）353 以及其中的参考文献; A Ashworth and M Redmayne, *The Criminal Process*,（Oxford, Oxford University Press, alleditions）; A Sanders and R Young, *Criminal Justice*（Oxford, Oxford University Press, alleditions）; P Darbyshire, 'The Mischief of Plea Bargaining and Sentencing Rewards' [2000] *Crim LR* 895, 以及其中的参考文献。

㉓　撤销了未报告地址变化和使用假名的指控。这两种行为都违反了《性侵害者注册规定》中的条款。

是故意让我不接近两位本地法官（其中包括"吃诉讼代理人"的法官）。这就引发了关于以前的一些怪异法官的故事。第十六章会讨论这方面。后来我们开车回到彼得·玛修斯本来所在的法院。

在本周的更多其他时间，我都是与不同巡回区的另外两位当地法官在法院外度过的。给其中一位法官已经排定的诈骗案审理"崩溃"。由于他下周休假，因此法院给他安排了简单的申请类案件或者简短的初审案。

法官的管理工作、关心职责及其他法庭外工作㉔

一些规模大的法院的常驻法官，以及那些有许多法庭外任务的法官，在每次离开法庭之后需要处理许多文书、电子邮件或电话。常驻法官的工作任务之一是降低蹩脚的、低效的审判的数量。他们在这方面有压力。这种压力来自政府。彼得·玛修斯关于案件排期的描述表明这样的审判在很大程度上浪费了法院的时间。㉕ 常驻法官一直清楚本院在这方面的数据情况。这些数据是由他们自己制作和传播的。㉖ 他们与案件排期人员和法院行政管理人员就司法事务安排进行沟通。常驻法官的角色在于对其他法官"提供支持和指引"。常驻法官通常是法官咨询法律和业务建议的首选对象，对兼职法官和新任巡回法官尤其如此。比如，有一位兼职法官向常驻法官请教一起街头"抢劫"案，但其实际上不过是家事纷争。这位兼职法官问常驻法官是否应该因此"指望王冠法院的建议"。法院员工认为常驻法官也还承担关心职责。他们有时会来常驻法官办公室请假去做手术，或者谈其他福利方面的事情。常驻法官们和法院员工的关系亲近。法官们总体上也是彬彬有礼、亲切可近，对员工非常诚挚、支持和保护。常驻法官们会签署"移交表"（release forms），从而将通常排到高等法院的严重案

㉔ 本节内容是基于一些观察，以及司法办公厅（Judicial Office）2004 年的文件《常驻法官、指定民事法官以及指定家事法官的职责》。

㉕ 旨在推行辩诉交易的最新政策文件来自司法部，见 Ministry of Justice, *Proposals for the Reform of Legal Aid in England and Wales* CP 12/10, 2010, ch 2。见本书下文第十八章。我们已经让量刑理事会考虑量刑折扣如何成为一揽子措施的一部分，以鼓励已经认罪的人在尽可能早的时候这么做。辩诉交易越早，则受害者和证人将来需要在法庭作证时经历的痛苦就越少，而且对法院和其他机构造成的成本也越低。

㉖ 参见法务部长福尔克纳在 2003 年 6 月启动"案件准备项目"和"案件管理有效化项目"时的致辞。这两个项目由时任政府总法律顾问宣布。

子移交给一位获得排票授权的巡回法官，然后将这案子移送给巡回区的主任法官。常驻法官会不断联系主任法官，以询问司法审判安排，比如大案由谁在哪里审理。此外，他们还会帮助组织新任法官的宣誓入职仪式，以及法官退休聚会（通常会有幽默素描像或者恶作剧，取决于法官们的幽默感以及法院的文化）。

有三个法院在《2005年刑事程序规则》施行之前是"高效审判管理项目"试点，目的是对刑事业务进行有效率的管理。有一位代理常驻法官对于一种情形感到不高兴，即法官就辩护律师的效率和能力予以报告，以确保排定的审判能在有充分准备和效率的状态下进行。"我们被要求像诉讼成本测算师一样行事"。[27] 一个法院使用者委员会的成员为治安裁判官书记员、案件排期人员、大律师公会和取保候审服务处的代表。这些人根据当地的刑事司法理事会设定的目标来衡量法院的表现。当地的法律执业者曾被努力劝说采用一个安全的电子邮件系统。法官曾举办了一个会议。虽然十二位大律师出席了会议，但本地九十位非诉律师中只有两位到场参会。这个问题在另一个巡回区也存在。[28] 常驻法官们是法院管理人员或法庭使用者代表们（比如皇家公诉署、取保候审服务处、辩方律师）与法院交流时的首选对象。例如，有一位常驻法官抱怨在虐待案中对儿童证言的电子记录质量和谈话过程质量差。许多参与本研究的法官也有类似的抱怨。皇家公诉署邀请这位常驻法官一起提议使用新的采编系统。他拒绝共同提议，但还是很高兴地提供了一份支持函。常驻法官们的管理角色意味着其必须花时间在法院之外工作，由此导致审判工作日减少，从而给其法院外工作带来了压力。有一位常驻法官在星期一上午参加了一个关于其法院使用的新型采录设备的座谈，但周二不得不告诉同行们说这些设备已经被收回，因为这只是试用。他在周五又赴外地参加常驻法官会议去了。

有一位常驻法官抱怨有太多"管理"事务。当我查阅他桌上十八英寸高的文件时，发现这些文件要求的决定都不是关于管理事务的，反而都是关于案件审判事务的。一个决定可能是源于申请文书，但这一事实并不会使

㉗ 《刑事程序规则》第3.5条。

㉘ 但非诉律师们只需要出席、露个脸便可获得继续职业教育分数。

其成为"管理"事务。比如，就上诉许可能进行书面申请。[29] 一堆堆的案件管理工作可能包括审判期限延长申请、取消社区罚的申请、传唤证人的申请、公开儿童姓名的申请、超时效上诉或者陪审员请求免除陪审义务。每个常驻法官都为被告人的变更律师请求（有时候变更三次）所累。有一位常驻法官解释说这些"耽误了整个审判系统"，因为必须给每个新的律师团队一个月的时间重新准备案子。有几位法官提醒我说，曼彻斯特的非诉律师用收音机行贿在押的拘役犯，目的在于从竞争者手中抢夺客户。另外一个城市有两个律师行之间在进行拉锯战。在本书前一章中，盖伊法官向我警示过这一问题。一位常驻法官向我出示了一堆申请书，在每一份申请书中，当事人都说"我对我的律师已经失去了信心"。法官指出这不是被告人通常使用的词汇，明显是由竞争对手律师行写的。有一位法官让我看了一起性虐待案件中辩方要求查看社会工作机构有关儿童投诉的报告。他说这在大律师们之间是一个时髦的作坊式作业过程。另一位法官说关于滥用程序的申请也是一个类似的拖延策略。"上诉法院必须采取措施制止这种策略。"

有些附属申请、预听审以及全部量刑都要求所有坐堂的法官事先阅读材料。法律难点问题需要被研究，这种研究有时候在忙乱的午餐时段进行，在律师不被"信任"时尤其如此。有些法官比其他人更喜欢在审前阅读常规案件研究。有一位常驻法官说由于他在周五需要处理四十多起被告人答辩与案件管理听询案件，他不可能读全部材料，而且他在任何情况下都能"速记速学"。

有一位常驻法官处理了一些基于《2002 年犯罪所得法》提出的申请，因为唯独他被排票授权就这些申请作出裁决。这方面的申请裁决需要法官先阅读冗长的申请文书，然后在法官办公室简短见过当事人之后作出决定。不同的机构也会将咨询报告送给常驻法官阅读。有两位常驻法官抱怨说他们收到太多这样的咨询报告。有一位常驻法官是教区理事，他在一堆教会法院决定中学会了自己的业务。他向其他教区理事发邮件询问"墓碑上妈妈、爸爸、祖父母一同出现是否可以接受？"另一位则因为其在一桩

---

[29] 关于案件管理的决定是司法决定。《欧洲人权公约》要求司法决定由处于司法审判岗位的人作出，且其必须独立于行政或者执行机构及其人员。见 P Darbyshire，'A Comment on the Powers of Magistrates' Clerks'［1999］*Crim LR*377 and see Darbyshire, above n 18 at chs 4 and 12。

精神健康评议中的表现而受到投诉。还有一位在遭遇审判"崩溃"之后用一整天的时间填写十六份关于兼职法官岗位申请的咨询表格（也就是本书第四章讨论的秘密事先打听）。有十位兼职法官申请人将其列为推荐人。有一位常驻法官参加警察授勋仪式。另一位则主持新任治安法官的宣誓入职仪式。

有些常驻法官同时还是伦敦市区的兼职法官。[30] 这个职位在具有城市资格的地方才有，其要求任职者参加一些场面活动，比如晚宴、皇室驾临、宗教仪式和荣军仪式。伦敦首席兼职法官（Recorder of London*）和伦敦次席普通法官（Common Serjeant of London**）这两个职位还有大量的礼仪任务，比如古装侍从晚宴、选举君王司法代表（Sheriff）和出席市长大人秀（Lord Mayor's Show）。其中有些活动还需要法官进行演讲。[31]

法院越大越忙，则常驻法官的工作越辛苦，比如这里的两位法官莫蒂默（Mortimer）和弗厄格斯（Fergus）。两位法官都审理杀人案。其中一个案子在法律问题上很具有挑战性。另一个案子则已经审了好几个月，很难办理。两位法官都在8：00~9：00开始工作，10：00开始听询一些互不关联的事情，10：30开始审理杀人案，休息时间和16：15~18：00充斥着许多文书处理、行政管理决策方面的事情，并要处理许多邮件和电话。他们在18：00~18：30下班，并将审判笔记带回家以便研究法律，并且/或者撰写陪审小结。

审判：莫蒂默法官处理死亡案件

我观察到的每一个审判都或者发生了延迟开庭，或者临时中断，或者意外终止或者受到糟糕的或者不必要的证据展示的影响。而且，与许多巡回法官的认识相反，高院法官的业务效率更低。关于高等法院的专章会探讨这一点。审判通常会遭遇多个上述问题。自从二十世纪中期以来，审判周期（花费的时间）变长了许多，这并不令人惊奇。同样不令人惊奇的

㉚　不得与 Recorders 即兼职法官混淆。

*　是中央刑事法院（位于伦敦）的首席法官。该职位最早始于1298年。——译者注

**　是中央刑事法院排名第二的高级法官，该职位是终身制。——译者注

㉛　荣誉兼职法官（Honorary Recorders）有权被称呼为"法官大人"，所有的中央刑事法院的巡回法官也如此。见 The Consolidated Criminal Practice Direction Part IV. 30。

是，政府机构几十年来一直对此担忧，因此努力降低审理"崩溃"和低效审判的数量。[32] 下面的叙述会涉及一桩在法律上很复杂的杀人案的重审。这种重审通常会由高院法官处理，但由于莫蒂默法官所在的城市的杀人案犯罪率比较高，这个案子被移交给常驻法官莫蒂默重审。莫蒂默法官不得不在处理此案期间见缝插针找时间处理法院行政事务和其他审判工作。巡回法官们承认他们自己的能力有高低之分。与高院法官一样，莫蒂默非常聪明——他必须十分聪明才能理解和适用上议院（上诉委员会）的判决。上议院的判决已经推翻了对案件被告人的一审判决。莫蒂默审理的案件几乎都是杀人案和杀人未遂案。

星期一

9:00　莫蒂默开始处理文书以及法院辅助人员及其他人的询问。他更喜欢文字已经被处理过的电子邮件信函。法院为其提供过一名个人助理，但他拒绝了。

10:00　在法庭上，莫蒂默听询了一些简短的司法申请。其中一个申请是要撤销一个案件的审理日期。辩方律师已经取得了心理学专家的一份报告。莫蒂默不断重复解释说，只有精神科医生的报告才有用。为此费尽口舌之后，他私下评论说有些出庭大律师不懂二者之间的区别。

11:00　我们等待10:30开始的审判时，安保人员告诉我们说没有人手来看护被告人。于是莫蒂默继续处理文书事务。他的书记员在忧心忡忡地喋喋不休。法院公共区域有一些受害者家属成员，"他们会纳闷为什么审判还没开始"。莫蒂默把法院管理主任叫过来，要求对第四组"予以训诫"。延迟开庭是常有的事。

11:20　在法庭上。律师问是否有必要向陪审团告知"某个情节"以便说明延迟的原因，莫蒂默说没必要。莫蒂默拒绝了要求对被告人使用手铐的申请，因为没有证据表明被告人会在此场合有暴力倾向。莫蒂默当众对第四组表示不满，但后来的情况表明审判不能按时开始的原因在于该案全部律师都要求法院提供延展电源线（否则就没法正常使用自己的笔记本电脑）。

---

[32]　尤其见 *The Royal Commission on Criminal Justice Report*（London，HMSO，Cm 2263，1993）ch 6 and The Auld Report，above n 9 at ch 10.后者催生的政策开始施行时本研究正在进行。见 2002 年白皮书：*Justice for All*（London，The Stationery Office，2002）。

证人在法庭上列队。法院核查确保陪审员与证人不相识。空调温度低，法庭内冰冷。由于是 7 月，三位陪审员穿的是短袖上衣，因而不幸受冻。受害死者的十二位亲属坐在陪审团对面，其中两人是死者的兄弟，与死者长相相似。公诉员临时加了一个额外的道具：一个棺材形状的盒子作为讲台桌。莫蒂默说双方的御前大律师都很胜任各自的业务而且都在当地颇有名气。他们身穿的丝质律师袍下面是昂贵炫目的白色布带，戴的是金色的手表，还有袖扣和自来墨水钢笔。莫蒂默觉得没必要在穿着方面吸引陪审团，他穿的是猩红色的法官袍，戴着普通的手表，使用的是几支便宜的圆珠笔。

16：10～17：10　莫蒂默填完了一堆移交表格。他复述说"牛排刀凶手"——女被告人是在餐馆杀死她男友的——是"一击致命的凶手"。他检查了四份要求更换非诉律师的申请。败诉方的非诉律师的信函说他们对客户的变更律师请求感到"疲惫又厌烦"。还有几件其他申请。我离开法庭后他还在继续工作。

星 期 二

问题：有一位法官由于心理压力已经休假一个月。他妻子打电话过来说这位法官不能返回工作岗位，而且说有新的医生证明。由于没有成文法对法官的病休进行规定，莫蒂默于是向巡回区主任法官以及巡回法官理事会秘书长发邮件咨询。

10：20　我们还在等待上午 10：00 档期内的所有事务都准备好，因为 10：30 将会开始审判。莫蒂默在一分钟内搞定了一桩杀人案的被告人答辩与案件管理听询日期，然后和书记员闲聊起来。

10：25　处理撤销审判日期的申请。

187

10：40　律师要求在陪审团离席的情况下进行讨论。辩方律师试图以被告人受到挑衅、处于醉酒状态以及具有减轻责任的情形作为辩护理由。控方找不到遵从上议院上述判决的陪审团指引新范本。不过莫蒂默已经从一位高院法官那里获得了一个范本。陪审团成员穿戴着厚厚的披巾或暖衣回到法庭上。经过一致认可的证人陈述被当庭读给陪审团听。

11：40　控方公诉陈词结束。莫蒂默向陪审团柔和、有礼貌、缓慢地解释说在我们等待辩方的精神科医师专家时可以离开休息，但同时请陪审团确信法官和律师们会"处理其他案件"。陪审团离开法庭之后法律讨论重新开始。在庭外，莫蒂默说公诉方不喜欢处理法律问题但辩方律师喜欢，而且他在此前从初审到上议院的全过程中都就法律问题辩论过。③ 我问莫蒂默是否会由于要就法律方面指示陪审团感到紧张，以及担心他在这桩敏感的重审案中犯错。他说不紧张，相信自己可以信赖律师在这方面的工作。他说这就是在地方法院认识律师的好处。他将陪审团指示样本发送给了双方，说"这对于陪审团来说可能完全是学术理论，他们今天只要看看受害人弱小的身躯，然后看看被告人（长得丑、块头是法官的两倍），就认为被告人应该被判定犯有杀人罪"。

我们在等待律师讨论陪审团指示时，莫蒂默法官继续处理他的行政管理事务并进行他的法律研究。主任法官打电话过来，说他希望一个案子被移交到邻近的 F 市；但因为担心不利的公众舆论，双方律师都想在 G 市进行审判。第二天排期处理的是一个敏感的私人起诉案的审前会。起诉方是一个落魄的儿子，控告亲戚在关于其父亲火化的事宜中作伪证。莫蒂默法官在司法界内网菲利克斯（Felix）上进行了咨询，问在该案中公诉主任的同意起诉意见是否必要。我们回到法庭听双方的法律主张，关注点是该对专家证人提什么问题以及什么事项应该归陪审团判断。

星期三

莫蒂默在对他的陪审团指引书进行文字处理。伪证案被排期到 10：00，但是由于那位无律师的起诉方没有到庭，莫蒂默于是打电话询问自己的秋季安排。

10：16　莫蒂默进入法庭处理一桩杀人未遂案的时间安排。伪证案的自诉人终于到庭了。莫蒂默担心他不得不裁定这位自诉人必须有律师代理。莫蒂默已经书面询问皇家公诉署是否会接手此案的起诉（实际上莫蒂默是希望皇家公诉署会阻止该案被起诉），但是皇家公诉署表示不会接手。莫蒂默与无律师当事人就他是否应该有代理律师进行了交谈。交谈用语简单，富有同情心。莫蒂默用柔和的语气耐心地指出，虽然控告所指的是伪证，犯罪行为却指向《1902 年火化法》中的犯罪。"难道这不表明你需要一名律师吗？"自诉人说他的法律援助申请被拒绝了。"这看起来像一桩十分令人悲痛的家庭纠纷，可能不属刑事法院管辖。"法官解释说起诉书包

188

---

③　其成功了，对这位被告人的初审定罪被推翻了。

括了许多无关的和不可接受的证据，这些证据本来可以由律师过滤掉。在予以更多解释之后，莫蒂默说"法官和法院的职能不是提供法律建议"。莫蒂默要求在被告人答辩与案件管理听询之前解决这些问题，并鼓励自诉人寻求律师的建议。在我们离开法庭时，莫蒂默表示纳闷治安法院的地区法官怎么受理了这个案子。

10：47 审理重新开始。公诉方要求呈报被告人在监狱内使用暴力的证据。辩方律师表示反对。莫蒂默用质疑的眼神看着公诉人，这就足以让公诉人就这一点让步了。陪审团受召进入法庭，辩护开始。被告人的既往暴力犯罪以及其与他姑/姨妈的关系被质证。这位姑/姨妈是被告人事实上同居的老婆。一同受到质证的还有被告人对监狱内劣质酒的嗜瘾、出狱后的嗜酒和苯丙胺（一种毒品）成瘾。这是在杀人案发生之前的情况。他受到了双方的交叉询问。争吵由此发生，辩方律师愤怒地反对控方对被告人的一些提问。

12：00 陪审团被要求暂时退庭。辩方律师指出法院公共区域内的一名警察作了一个妨害性的手势。莫蒂默和公诉人说没注意到有这回事。辩护律师跳起来嚷着"如果律师再称我在说谎……"莫蒂默叫停了这种争吵："你们两位如果要吵来吵去，请在我听不到的地方吵！"我们站起来，因为莫蒂默认为这正好是开始休息的时机。莫蒂默解释说争吵的双方律师来自两家互为死对头的大律师行。

14：15 辩护重新开始。在公诉人以狡黠的方式对精神科医生进行质询时，辩方律师假装从墨水瓶中给钢笔加墨水。在我看来这是分散陪审团注意力的有效方法。[34]莫蒂默不断要求公诉方律师能为陪审团着想而大声一点说话，并提了一些陪审团无疑在纳闷的问题。

16：15 在法院外，莫蒂默的书记员告诉他说自己被要求第二天去另一个法院作书记员。莫蒂默对此安排感到大为惊讶，因此马上打电话给法院行政主管。书记员短缺意味着多个法院必须共用几位书记员，但莫蒂默

189

---

[34] P Rock, *The Social World of an English Crown Court* (Oxford, Clarendon Press, 1993) 55. 在该页脚注 69 中，作者指出"约翰·莫蒂默回忆了他父亲向他讲述马歇尔·霍尔如何'跟着一个书记员走进法院，他本人则拿着一堆干净的手帕、一壶水和一个可充气的靠垫。当起诉方的证据显得糟糕时，他就会用一个手帕擤鼻涕，那声音听着像一个吹奏出来的悲伤的号声；如果情况更糟糕，他则会撞翻一杯水；如果情况变得真的很见鬼，他则会慢慢使靠垫膨胀变大，然后陪审团们就只关注这些怪异的情况而不注意其他'"（'Playing to the Jury', *TheTimes*, 22 April 1992）。

法官坚持要求基于常驻法官优遇而自己独用一名书记员。

16:30 莫蒂默填完了另一堆案件管辖移转表格，也填完了一份要求撤销社区刑罚的申请书。我们讨论了"街头犯罪预防行动计划"。他接到消息说"父亲的正义"团体计划第二天在法院外举行一整天的示威。

17:50 法院的一位行政人员提请在审判进行时有警力维持秩序。另一位则带来新的一堆文书等待处理。办完这些事情之后，莫蒂默在一夜之间收集齐全了他准备撰写的那起杀人案的陪审指引所需要的全部材料。这些材料包括上议院法爵的判决书、新的指引样本、律师陈词的笔记、法律案例报告，以及可能作为争辩之新基础或理由的法学期刊评论文章。

星期四

9:40 五十位"父亲的正义"团体成员在法院大楼前面示威，构成了一个亮丽的景象。示威者的目标在于使公众注意到法官们偏袒妈妈们——他们认为存在这一问题——并向法官们抗议。但这个目标没能实现，因为所有的法官今天都早到并从后门进入法院大楼。示威者们也在法官下班之前散场离开。从法官办公室向外看也见不到示威场面。莫蒂默在 10:30 ~ 13:30 根据自己的手写笔记在对审判小结进行文字处理，并且在精炼他就法律问题提供的陪审指引。我问他是否试过在法院使用自己的笔记本电脑。他说自己用过。但与三十二位巡回法官中的二十九位一样，他也觉得自己使用笔记本电脑不够快速。

10:30 法庭内关于精神科医生的报告的讨论正在进行。这个报告被加入陪审材料中。这位精神科医生从 10:40 开始作证。莫蒂默对律师的质证提问感到失望，但他没说什么。他们在技巧上的差异反映了他们对法律的态度。

12:20 辩护结束，莫蒂默让陪审团退庭。公诉人向莫蒂默法官和辩护律师提供了其最后陈词的复本，以防止辩护律师反对。辩护律师说他不赞同其中的部分法律观点，但他会向法官说明。公诉人急于确保再一次的定罪在上诉时不被推翻，反问辩护律师："为什么不现在就反对呢？"在法庭外，莫蒂默就律师们的互相攻讦叹息不已。他给律师们发送了自己拟定的陪审指引。辩护律师已经提交了自己的陈词草稿。在这份草稿中，辩护律师试图更正公诉人的一些质证提问，认为这些提问已经误导了陪审团。我纳闷他为什么不在早些时候的质证提问过程中当场表示反对。我问莫蒂默这位辩护律师是否在故意运用一种策略放任初审时发生错误，以便为上诉提供理由。莫蒂默赞同说似乎真的如此，并说在初审时这位大律师赞同法官的陪审指引，但在上诉审时对陪审指引大加指责。我问莫蒂默这种做法是否普遍，他说"在这里不普遍，我们通常认为这是在伦敦才普遍存在的现象"。⑤ 午饭时，其他巡回法官也确认了这一点。"在这里，大律师们有许多事情，因此不会出现这种情况，而且这是一种坏策略，可能导致赢不了上诉。"

14：00 律师作了最后陈词。

15：40 莫蒂默通过书面指引对陪审团进行指引，最后让他们回家等候他在（明天）上午进行小结。在法庭外，书记员过来提到明天的业务，也就是对一起杀人案的庭前听询。该案的受害者是几名妓女，她们被杀死后碎尸装在塑料袋里。我离开法院，莫蒂默继续处理他的文书工作。

审判的脆弱性和法官的"裁判员"角色

在 1990 年，一位名叫伍德·格林（Wood Green）的法官告诉保罗·罗克（Paul Rock）：

> ● 由于上诉法院的判决，陪审已经变成一种混乱脆弱的过程，这个过程可能由于明显是鸡毛蒜皮的借口而不得不终止。⑥

莫蒂默法官的审判也脆弱。仅仅是时间安排就有困难。由于上议院法爵们已经推翻了初审，莫蒂默对陪审团的指引必须万无一失，而且必须确保律师在这个异常复杂的领域始终处于法律的界限之内。辩方律师总是在寻找任何弱点。莫蒂默需要理解并适用法爵们的判决。辩方律师提出了新的辩护理由，从而有不同的举证责任分担和证据标准。两位自负的御前大律师为一些琐碎的细节激烈争论。这就是复杂的杀人案通常仅仅由高院法

---

⑤ 关于对律师的信任，可参见下文。莫蒂默还让我注意到 D Ormerod 教授对 *Kimber* [2001] *Crim LR* 897 案件的评论及其对上诉法院对《英格兰和威尔士大律师行为准则》（*Code of Conduct for the Bar of England and Wales*）的匿名一致参照。其评论认为辩护律师对法院负有独立公正行事之义务。出庭律师不应该故意做出任何事情来鼓励或者允许法院在错误的基础上进行法庭程序。

⑥ P Rock, *The Social World of an English Crown Court* (Oxford, Clarendon Press, 1993) 27.

官审理的原因。巡回法官通常认为高院法官具有更加精细微妙的智识。莫蒂默法官也是如此。

刑事审判的脆弱性还有其他原因。具有妨害作用的证言可能导致审判程序"崩溃"。这种证言可能出自失控的证人，或者对不合理的提问冷静回应的证人。一个成功的审前反对或者审理过程中的反对可能会说服法官，使其认为公诉方的证据不符合举证责任，因此导致案子起诉后被驳回。审判也可能由于证人不出庭、证据丢失或证据受损而停止或推迟。审判作为一种竞技过程，其能否从头到尾完整结束不可预测，因为它们可能在任何时候被辩诉交易弄得支离破碎。

法官的审前工作在于使时间进程便利化，并确保案件在被告人答辩与案件管理听询之后准备好进入下一阶段。在审判过程中，法官仍需要从速推进，但同时必须对审判过程中的行为和内容保持警惕。通常的说法是在英美普通法系的对抗式审判程序中，法官只是一位不带偏向的、中立的裁判员。㊲法官不当干预律师在法庭上的业务行为可能会使审判过程不公平。丹宁法爵在 *Jones v National Coal Board* ㊳案中已经说明了这一点。

在陪审制审判中，法官必须确保其表达的信息清楚易懂，但是他们没有什么方式可以测试陪审员的理解能力。虽然如此，法官们从不完全被动。将巡回法官描绘为法律裁判者、陪审团仅仅是事实裁判者也不准确。如果法官认为用于起诉的证据太薄弱，则其在起诉案结尾时能够将案子从陪审团面前撤销，或者认可辩方律师的"无案可答"（no case to answer）这种辩护理由。彼得·玛修斯就曾在上文描述的街头犯罪案中威

㊲ M Zander, *Cases and Materials on the English Legal System*（Cambridge，Cambridge University Press，any edition）ch 4. 提出辩论的基础或者质问的分析线路并非法官的职责。朗贝因（Langbein）援引法国人廓图（Cottu）在 1820 年的评论说英格兰的法官中立得"对正在进行的程序犹如陌生人"。见 JH Langbein, *The Origins of theAdversary Criminal Trial*（Oxford，Oxford University Press，2003）253。

㊳ [1957] 2 QB 55. "法官在这全部过程中要倾心留意证据，只在有必要对被忽视或者有些模糊的问题点进行澄清时才会自己发问。法官还需要确保出庭律师行为适当且遵守规则……并排除无关事项和阻却重复；还需要确保以明智的干预来弄懂出庭律师的观点并能评估这些观点的价值。……如果法官超越了这些，那么其就放弃了法官的角色，承担了出庭律师的角色。但这种变化对其不利。"

胁要这么干。[39]

从 1990 年代开始，法官的被动角色和审判模式的对抗性便遇到了一些困难。1993 年刑事司法皇家委员会推荐要求法官对复杂的案件进行管理，而且是在审前进行管理。[40] 1995 年的一份业务指引将审前听询常规化，[41] 使其作为收集信息和进行管理决策的计划。《1996 年刑事程序和调查法》要求辩护律师必须提供辩护陈述，否则法院有权通过允许陪审团作出不利推定来惩罚违反该规定的行为。法官让我看过辩护陈述。让我惊讶的是，每一份陈述基本上不超过三句话，而且这些句子都晦涩无用。司法界对执行这一要求深恶痛绝，以至于在 2005 年时一位经验丰富的巡回法官问他的同事如果不提供辩护陈词是否会有处罚。其他法官对他的无知并不惊讶。他们自己也从没有向陪审团提到这种"辩护失败"，因为被告人自然而然会责怪自己的律师。我偶然吃惊地发现法官在有机会的情况下也不会请陪审团就被告人的沉默权作不利推定。这有两方面原因。一方面，发生这种情形大多是"部分失败"，被告人往往是只回答了部分提问而没有回答其他提问。另一方面，法官们知道被告人会声称自己是基于法律建议而为。菲利普·奥多（Philip Otton）爵士在 2002 年描述指出[42]这些权利好像是在按照本意运行。但这样的认识太过乐观。上述令人惊讶的发现便表明了这一点。很能说明问题的是，这种描述的作者不是从事审判业务的巡回法官。这突出了书斋里的法律与现实世界的法律之间的较大差异。这也使得实证研究更有必要。通过立法，议会在《2003 年刑事司法法》第五部分拓展了辩护陈述的内容要求。上诉法院在 2006 年也发布了一份关于披露的司法界行规，由此呼吁法官和律师们就实施这些披露规则进行"一种完全的文化变革"。尽管如此，一位本研究样本中的法官在 2007 年评论说他遇到不合格的辩护陈述时会宣告其不合格，而双方的律师都对这种宣告面无表情。这与诈骗案的审判不同。有一位

192

---

[39] 法官们也有权力传唤证人，但从我的观察来看这种情况非常稀少。这一点在其他研究中也得到了确认，就此可见 J Jackson, "Judicial Responsibility in Criminal Proceedings" (1996) 49 *Current Legal Problems* 59 at 70; 也可见 M McConville and G Wilson, *The Handbook of the Criminal Justice Process* (Oxford, Oxford University Press, 2003) ch 19。

[40] Recommendation 245.

[41] 也就是如今的"被告人答辩与案件管理听询"。

[42] M McConville and G Wilson, *The Handbook of the Criminal Justice Process* (Oxford, Oxford University Press, 2003).

专长于此的伦敦的常驻法官在 2007 年说他好多年都要求完整的辩护陈述，并让我看了一份长达四十五页的陈述。㊸ 在其他地方，另一位伦敦的法官说最大的诉讼文化（心态）变化在于辩护律师们如今愿意给出庭辩概要并愿意回答问题。

关于审判的时间进度安排，过去的说法是法官的时间和法院的时间都很宝贵。为了适应这一点，法院使用者不得不自己把时间和进度安排组织好。毫无疑问，当法官们过去在巡回区内不同的巡审城镇游走办案，并以天数计算自己的时间进度安排时，㊹ 情形会如此。但最近在王冠法院的观察证实了我的发现，即现在流行的情况与此推断相反。法官提供的服务是应对当事人的请求，当事人在对自己合适时才会要求司法服务。王冠法院的法官是一个裁判员。正如温布尔登的网球裁判员无法控制天上下雨一样，法官也无法控制当事双方的"比赛"。如果证人、被告人或者陪审团出庭迟到，或者律师请求更多准备时间，则法官无能为力，从而不能推进审判。㊺ 下面的情形表明法官的法定义务㊻与便利审判的实际需求之间存在矛盾。不逾越界限的法律谦抑与同时就审判内容的合法公正性进行规制的要求之间也存在矛盾。

最后时刻的准备导致审判拖延

在我进行本研究的主要时段里（2003～2005 年），只有一次审判是按时开始。王冠法院里的法官在最后一刻才准备案件具有内在必然性。这部分是因为英国（不同寻常）的法律职业分野。在这种职业分野中执业和工作的人觉得这种分野乃是理所当然的。他们难以跳出来站在局外人立场上客观看待这种分野。但是美国和其他国家的律师（比如我带到法院的那批法律专业学生）很快就能看出这种分野的弊端。英国的律师和法官并不承

㊸ 根据审理诈骗案的九位法官的反馈，严格的审判管理和诈骗案审判对充分准备的要求似乎已经具有效果。2005 年版《刑事程序规则》和 2005 年关于处理诈骗案和其他复杂案件的各方共识带来了一种审判文化转变。见 RF Julian, 'Judicial Perspectives in Serious Fraud Cases—The Present Status of and Problems Posed by Case Management Practices, Jury Selection Rules, Juror Expertise, Plea Bargaining and Choice of Mode of Trial' [2008] *Crim LR* 764。

㊹ 这是在根据《1971 年法院法》于 1972 年设立王冠法院之前。

㊺ 罗克是就其描述的一个审判表达这种观点。"法官没有权力将审判向前推进，因为其不能禁止律师向其客户征求意见。法官这时候只能被动等待。"引自 P Rock, The Social World of an English Crown Court (Oxford, Clarendon Press, 1993) 100。

㊻ 旨在保护被告人免受不当拖延之苦，依据是《欧洲人权公约》第 6 条。

认存在弊端，因为他们缺乏在其他法域的司法或法律经历。不过评论者们很清楚那些弊端。[47] 交流问题是这样产生的：虽然非诉律师会在几个星期之前就从被告人那里获得指示，但被告人的代理人都是大律师，他们很多人直到案件开庭前夜才收到案件材料，因为最初得到案情汇报的那位大律师没来。许多被告人直到案件开庭审理当天上午才见到自己的大律师。如果监狱的囚车来迟了，则诉讼律师必须接受指示，这样会导致双重延迟。辩方大律师通常会要求查看证据。有一位大律师说他在 17：30 才收到证据。迪克森（Dixon）评论说：

> ● 我真难以相信那家伙此前没看过这视频证据……如果那是我办的案子，我一定会将视频带回家查看……人们发明了许多表格项让人们按照进度逐一勾选，但实际上人们都是在最后时刻才开始处理事情。

194

大律师们责怪法院。[48] 有两个案子开庭迟延，因为控方视频在最后时刻才制作出来。有一个原定 10：30 开审的案子拖到 12：12 才开始。另外一位常驻法官说他对那些从不按时按进度开始的审判已经泰然处之了，但事实上他坚持在被告人答辩与案件管理听询之外补充召开"清理"（housekeeping）会。法官们容忍这种最后时刻才准备的案件，因为他们有法定义务确保审判能公正进行。

与这形成对比的是，另一位常驻法官热衷于强调他所在的法院在审前

---

[47] 有研究者发现在六百八十八个有异议的案子中，31%的辩护律师和49%的起诉方直到开庭前一天或者开庭当天才得到案情简报；44%的案件的辩护律师和59%的案件的起诉方大律师说简报是由其他人返还过来的；60%的案件中没有大律师和客户之间在开庭日之前的会面；70%的"让审判崩溃"最后时刻的认罪案的被告人是在开庭日当天上午会见其大律师的。一些被告人在开庭日当天上午会见其大律师之后便抱怨大律师的服务糟糕。见 M Zander and P Henderson, *Crown Court Study* for the *Royal Commission on Criminal Justice Research Study No 19*（London, HMSO, 1993）第 30 ~ 32 页和第 55 页；AE Bottoms and JD McClean, *Defendants in the Criminal Process*（London, Routledge &Kegan Paul, 1976）and M McConville et al, *Standing Accused*（Oxford, Clarendon Press, 1994）；P Darbyshire, *Darbyshire on the English Legal System*, 10th edn（London, Sweet & Maxwell, 2011）ch 12。

[48] G Vos QC, 'Objective opportunities'（2006）156 *New Law Journal* 433, 在不考虑出庭律师是否有时间的情况下对刑事案件的审判进行排期，会导致案件被退回，以致客户不能得到其选择的律师，而且也有损法律服务的高质量。

听询方面已经先于全国实行几十年了。他喜欢亲自上阵主持审前听询，或者安排在这方面能力很强的法官。而正式的审理则在审前听询两周后进行，而且坚持要求严格按既定时间进度安排推进。他的名字只是在我的访谈对象名单中（而不在观察对象名单中），但我还是决定去他所在的法院进行观察。我想看看他的做法是否奏效以及如何奏效。他将审前听询作为一种工具，以此向在场的全部被告人及其律师强调他这里不允许耽搁拖延。有一位大律师解释说辩方才刚刚向控方致函澄清一些事情。"你明知被告人答辩与案件管理听询是今天，但为何要到上周才办这事？"法官说这些审前听询很奏效，因为诉讼参与人在法庭上藏不住事儿。此外，当地的大律师界规模不大人数不多，这意味着他们之间必须合作，必须"按照当地的游戏规则办事"。在法庭上，这些当地律师明显是小心翼翼的。几年这么坚持下来之后，这位常驻法官在这家法院已经造就了一种"不找借口"的态度。其在这方面施行得既坚定又轻松，这明显与其他地区流行的松散氛围形成对比和影响力。

审前准备不充分的另一个原因是律师圈的文化以及他们的收费结构。律师不是根据诉讼准备时间而是根据庭审时间来获得报酬的。上诉法官奥尔德认为这是一种颠倒变态的制度。刑事司法皇家委员会在1993年也意识到这一点。[49] 最终，司法部在2010～2011年提议处理这一问题。第十八章会对此进一步探讨。本研究清楚地发现1990年代的改革没有实现皇家委员会期待的高效审判管理。这也是后来引入"高效审判管理项目"（ETMP）的原因，同时也是《2003年刑事司法法》和《2005年刑事程序规则》试图强化法官的审判管理权力的原因所在。伍尔夫法爵和福尔克纳法爵宣称[50]这些措施旨在形成一种司法上的"文化转变"，让法官进行案件管理时有权力对违规的律师加以惩罚。类似地，上诉法院在2006年关于披露的指南提到"必须在（司法）文化方面有根本的转变"[51]。关于认罪导致刑罚折扣，《古德伊尔执业指南》[52] 也提到了"这种不同的司法文化"。但是研究已经表明[53]仅仅

49　前注32（2001年和1993年报告）。尤其见上诉法官奥尔德（Auld LJ）的报告第十章。

50　时任司法总管和法务部部长。

51　*Disclosure: a protocol for the control and management of unused material in the Crown Court.*

52　*Goodyear (Practice Note)*, cited above n 17.

53　H Quirk, 'The significance of culture in criminal procedure reform: why the revised disclosure scheme cannot work' (2006) 10 *Journal of Evidence and Proof* 42.

195

坚持司法文化转变并不会带来改观。[54]

《2005 年刑事程序规则》引入了一些机制，比如在每个法院都设有案件进程专员，以及要求当事人的代理人签署"准备就绪确认书"，以表明他们有法律上的义务来确保自己的当事人已经为开庭做好了准备。常驻法官们也接受了管理培训。法官们被鼓励对案件进程主动予以控制。2007年，为了评估《2005 年刑事程序规则》是否促成了变化，我将本章草稿发给了本研究样本中的大多数法官。我还参访了另外三家伦敦的王冠法院，并在观察案件管理听询之后与法官们交谈。截至 2006 年，全国的低效审判率表面上从 2002 年的平均 23.7% 下降到 12.5%（伦敦在 2009 年为14.6%）。[55] 有一位伦敦的常驻法官说：

> ● 在更有效率的案件管理方向上，法院正在向前迈进。这有点像在让皇后玛丽号战列巡洋舰（HMS Queen Mary*）改道，而且绝不会是伍尔夫式的变革。民事案件中法院对低效率的当事人会发出诉讼成本支付令。这是一种非常有效的制裁。刑事诉讼中没有类似的制裁就不行。

这位常驻法官正确地指出了《2005 年刑事程序规则》与《民事程序规则》（即"伍尔夫改革"）之间的差异。这种差异有问题，但两种不同的规则还是有一些共同之处。大多数民事案件只涉及双方当事人，如果其中一位不配合诉讼程序则会对其产生不利的后果，比如，全部或部分不支持其诉请，或者使其承担诉讼成本。但在刑事程序中，为了公平正义，法官不能阻止被告人就自己遭受的控告进行自我辩护，而且为了公共利益也不能阻止对严重的犯罪嫌疑人的起诉（起诉由资金不足的皇家公诉署进行，同样资金不足的刑事证据服务机构则可能提供不了证据），因为阻止起诉

---

[54]　除非部长在 2010~2011 年的提议被实施，薪资结构的问题会存在。司法总管贾奇在 2009年的卡利榭（Kalisher）讲座中说"出庭律师的报酬机制不是基于一种前提，即那些有效率有质量的律师得到的报酬应该高于那些没有效率或质量的人"。

[55]　*Judicial and Court Statistics*.

*　第一次世界大战期间的一艘英国的战列巡洋舰。在 1916 年与德国战舰交战时由于改变航道而导致自己处于德国战舰的火力范围之内，遭受了一系列炮击，最终被击沉在英国北海海域。——译者注

便意味着会对犯罪行为失去控制。(56) 但是对职业文化的一个世纪的研究表明，员工们即使不得不采用欺骗手段也不会对工作目标任务无动于衷。有
196 一位法官（不是常驻）告诉我说：

- 我知道至少有两位常驻法官会拒绝大律师要求增加辩诉交易时间以及在10:30才让评审团宣誓的请求，但他们然后会休庭让辩诉交易得以进行。如果被告人认罪，则这个案子不会在统计数据中被记为“崩溃”的或者低效的审判。这不就是操纵司法统计数据吗？大多数博士都会这么认为。

因此对统计数据的解释必须十分谨慎。(57) 伦敦的一个王冠法院的法官们告诉我说，虽然他们认为刑事审判文化已经发生了转变，但仍然不可能让律师们变得更加合作。两位地方上的法官（不是常驻）又在邮件里对我补充说：

- 与以前没什么不同……总会有一些谋划出来的“情况”来挫败规则设定者的最好意愿和仔细拟定的审前指引。我们仍有很长的路要走。
- 案件管理规则已经带来了微弱的变化。辩方似乎比皇家公诉署更加乐于接受这些规则，但是我们仍然遭遇很多迟来的披露，以及多如牛毛的来函但证据文书没有送过去。在被告人答辩与案件管理听询中这样的抱怨很常见。法院命令已经作出，但在审判过程中皇家公诉署会不断道歉，并责怪人手不足、警察失职等问题。不让皇家公诉署

(56) 由于这些原因，制裁似乎不能像在民事案件中那样运行。这似乎比较明显。Auld LJ 在其《评议》（第231段）中说其他法域寻求有效制裁的努力也并不成功。王冠法院的德尼尔（Denyer）法官援引了这种认识，见 RL Denyer QC，‘Non-Compliance with Case Management Orders and Directions’［2008］*Crim LR* 784。德尼尔法官在此描述了制裁低效率的实际情形，比如要求被告人承担诉讼成本并不会起作用，因为被告人几乎没钱。如果案件审判的公正性受到妨害，则起诉失败只会导致证据被排除。但是被告人答辩与案件管理听询表格的内容本身“表明通常的经验告诉我们法律规定的时间限制通常没有得到遵守”。前注43引注的朱利安（Julian）的文章也指出，一位法官在接受访谈的过程中也指出这种制裁实际上没有意义。

(57) 议会公共账户委员会主席爱德华·雷（Edward Leigh）议员在2009年3月16日指出24%的案件不能在既定的六个月内开始审理，并指出这实在是“丑闻”。

的代表参与审判程序或者不让其参与被告人答辩与案件管理听询程序，以便让他们有更多时间准备案件起诉，可能会"解决"前述问题，但是很明显这样做会导致混乱。

其他法官在邮件中说他们对这一计划感到非常担忧。我看到过伦敦的一位法官将一个案件管理听询延期，因为案件文书根本没有被送到法院。后来这个听询因此失败了。"这真是令人懊恼。我猜皇家公诉署的复核人员可能不在岗——皇家公诉署本身人手严重不足，因此没有人查看这个案子的卷宗。"在伦敦的另一处法院，我与常驻法官同座。虽然他已经努力降低了这个法院的低效审判的数量，但由于缺乏资源，他的努力也被破坏了。由于法官人手不够，在 2001 年 1 月，他不得不将每一个案子的审判排期到 9 月；一些严重犯事的嫌疑人因此不得不取保候审。有一天他在法庭上公开抱怨了四次。[58] 第一次是他要求地方警察总长来函解释为什么两位警官缺席审判程序。有两次是他要求当地刑事司法小组的负责人书面解释为什么他们直到 7 月才能提供有空的审判日期。第四次是他抱怨法院没有制作文书以及抱怨另一案中的起诉控告的罪名。在有些案件中，起诉方根本没有送达文书。在另外一案中，被告人口头申请更换其律师团队，完全不顾这种申请的正确程序。还有一个案子，法院的审判排期人员混淆了两名被告人，导致监狱送过来的被告人连姓名都对不上。法官驳回了要求量刑前报告和精神疾病报告的请求。"在伦敦，事情进展很慢，但是我们尽可能把进度往前推进。即使一点书面手续没准备好时也会如此。"在第三家法院，常驻法官告诉我法官们如何紧密控制严重和复杂案件审理的准备阶段，但有些案件不得不推迟一年半，因为缺乏高院法官来审理。就其他案件，他请求高院法官审理，但是遭到了拒绝，因此他不得不自己审判这些案子。

伦敦的另外一处法院在 2009 年时情况更糟糕。有一位法官说安排在每星期一上午开庭的十个案子中最多只有三个能开庭。人们就是不听从法官的指令。案件进度专员是"专业水平较低的书记员，他们没有专门的教育背景、魅力或者业务培训"来推进案件进程。只有法官才能做到这一点。

197

---

[58]　2010 年 3 月，凯斯·卡特勒（Keith Cutler）法官说有些案件要直到 2011 年才能被排期。由于 112 天的拘留限制，法官们可能不得不将被告人释放。见 F Gibb, 'A crisis for those who make the punishment fit the crime', *The Times*, 11 March 2010。

不过如果不给法官们分配案件，他们自己也缺乏动力。⑤ 新任的常驻法官笑着说他所在的法院在伦敦地区的审判效率统计数据中最差劲。自从最高法院成立以后，伦敦的所有王冠法院都超负荷运转，积案很多。更糟糕的是，英国最高法院的成立花费了几百万英镑，而其运行费用从普通的法院系统预算中支出。

> ● 我问过最高法院的具体运行费用，没人告诉我真实的数额。最高法院专门定制了亮丽华美的服饰，我们的王冠法院却没钱购买给证人使用的纸巾。⑥

主角来迟

法院通常需要等待迟到的囚车把嫌疑犯送过来。2007 年，几位法官说他们经常公开抱怨这一点，但是没用。在一起长达四天的侵害儿童案审理中，陪审团的多次迟到致使开庭延迟总计达三小时四十五分钟。法官说他没有责备陪审员们，因为他不想疏远他们。在另外一个案子，证人导致排期为一天的审判延迟至中午才开庭。被告人则可能会得到更少的注意。有一位常驻法官对辩护律师大为不满，因为这位辩护律师没能让自己的当事人准时到庭。尽管如此，另外一位常驻法官则说他很惊讶事情会如愿顺利。大多数被告人都遵守取保候审的规定并出庭，他们出庭时通常带着为蹲监狱而准备好的用品包裹，这已经是我们法官的万幸了。

198

---

⑤ 这位法官援引了那些有自己的案件排期系统的德国法官和西班牙法官。一个案件总是排给同一个法官，这位法官会管理其审前事务并进行审理。

⑥ 正如之前解释过，我在 2007～2010 年额外用了一些时间在王冠法院进行观摩研究，因为时任伊戈尔·贾奇法官认为本章的初稿过于悲观阴郁。然而，他在 2010 年担任司法总管后承认他自己为《刑事程序规则》"深感不安"，因为《刑事程序规则》本来旨在"使法院和当事人能以有效率的方式对案件进行管理……但对其违反似乎比对其遵守更加受到尊重"。参见 *The Lord Chief Justice's Review of the Administration of Justice in the Courts*. 在 2008 年的一次讲座中，他承认对不遵守该规则的被告人缺乏有效的惩罚已经是一个难以缓解的问题。与民事诉讼中的被告人不一样，刑事被告人不能撤销其辩护。参见 "The Criminal Justice System in England and Wales — Time for Change"。在 2010 年的报告中，他指出，"目前对皇家公诉署、取保候审中心以及法院的效率要求对司法行政正在发生真实的重要影响。在当前，诸如拘留时限或者取消坐堂审理安排等问题相对孤立，但这些问题正在变得越来越普遍；这无疑是一种危险"。他还说王冠法院的工作负荷增长了 10%。到 2010 年时，参加试验研究的那位法官评论说"不存在案件管理这回事儿"。

设备失灵

一个侵害虐待儿童案的审理原本定在星期一开始。但星期一这一整天都被浪费了，因为从儿童证人室到法庭现场的实时现场视频连线作证系统失灵，而且没有法院员工接受过这方面的使用培训，从而没有能力恢复这个系统。法官很焦心这群小孩子为此等待了一整天。在 2007 年我又看到了这样的问题：在另一个法院，导致审判拖延的是法院缺乏用于审理的录音设备。

准备蹩脚导致拖延

审判也会因过多的证据而被拖延。有些证据本来应该被排除。有一位法官面对冗长、重复且无关联的质证过程却一点也没有干涉。在其他地方的一个简单的杀人案中（丈夫枪杀妻子），陪审团观看了犯罪现场勘察视频以及尸体和整座房子的视频。视频镜头很慢，他们看了两次，但后来仍然让他们看静态照片。尸检报告的细节也被详细宣读。这一切都显得花里胡哨，因为控辩双方就死亡原因根本没有争议。警察问询笔录在没有经过编辑整理的情况下被公开读出来（其中一份长达 2.5 个小时）。参与这一过程的是警察和律师。开庭本来已经延迟了一小时，但后来又中止了一小时以便让被告人看视频。这个视频是由控方在法院制作出来的。坐审该案的法官对此显得被动。我问他为什么不运用他固有的普通法上的权力去控制程序，而且我质疑这一切是否都有必要。他觉得他的工作职责并不包括告诉控方该如何办案。但他说如果是他自己承办起诉，他会剪辑一些文字材料。"控方在杀人案中已经向初级律师陈述案情，这样做可能是为了省钱。"（但被告人的代理人是两位御前大律师）⑥[61] "当我看到承办杀人案起诉的是 X 女士，我就知道这对辩方是好事儿。"另外一位常驻法官则更愿意干预。他告诉我说有一次他要求起诉方将六百页的证据文书减少到十页。他说他经常向律师们讲这个故事，希望以此劝说他们也这样。但他们不怎么受劝，因为他们不会因为剪辑证据文书而得到酬劳。怪异的是，起诉方的律师会根据证据页数得到酬劳。司法部在 2010 年指出了这一点。本书第十八章会就此予以探讨。还有一位常驻法官则提 199

---

⑥[61]　有一位在收到案情简报时是初级大律师。这正好能解释这种不同寻常的奢侈（这个案子有两位御前大律师）。

到了在被告人答辩与案件管理听询时律师没有事先考虑剪辑 DVD 视频。常驻法官说：

> ● 我担心这份 DVD 视频……我的观点是：你不妨用一张白纸开始，在纸上写"从这次面谈中我们需要什么？"，而不是说"我们有这份 DVD，来看看我们能从中剪辑出什么"。

没理由的申请

有一位法官在 2007 年说准备审理和审理过程中的迟延不可避免。"因为坏人都不想被审判。"辩方会在审理前或审理过程中提出许多附属申请，目的是拖延审理过程或者让审理"崩溃"。在过去，程序方面的申请滥用十分频繁，但其他临时的、没有依据的申请也浪费时间。在前面提到的枪杀案中出现了一个令人好奇的申请，即请求就死者的前任恋人的名字进行报道限制。法官问："基于什么规定？"另一位法官在审理过程中不得不审理一些可疑的申请，而且后来的第二次申请还中断了案件审理。在第二天的审前程序中，他审理了一次基于公共利益豁免的申请。他评论说那"完全是一堆无关的垃圾"。在一起猥亵案中，一名男子被控告对一名睡眠中的女子臀部用手指实施了性行为。在审理该案时，第一个下午大部分用于争议受害者本身的可信程度。第二天，被告人申请休庭以便考虑社工（民政服务人员）对受害者的报告。法官说：

> ● 我不批准。你可以在法庭上公开提出些问题。如果你喜欢，你可以在质证时这么做。这样的公开提问便于我和控方律师进行评论。如果你坚持申请休庭，请让我们知道。我们可能会反对，认为你是在胡乱提问。

有一位法官评论说，如果律师们在确保合适的审理进度方面不予以配合，那么他会很乐于以安排周六审理的方式来威胁他们。

案件审理"崩溃"

彼得·玛修斯法官的大部分时间都用来等待辩诉交易。东南部一个巡回区的一位常驻法官确认说，北部法院在这方面臭名昭著。他自己以前在伦敦当大律师时，经常被召接手北部非诉律师想要进行诉讼的案子。北部有些律师会同时接手两个案子的审理，并期待其中一个"崩溃"。好几位法官拒绝在审前暗示或者透露量刑的刑期。"我不算数字。应该是由你自己向你的客户提供咨询。"迪克森的前任过去曾是一个规模较大的城市法院的常驻法官，他曾经"受邀厘清法官界和大律师界的紧密关系与那些希望事情'崩溃'，以便能在 11∶00 之前回家的法官之间的紧张关系"。[62] 这个中部的法院完全应验了伦敦大律师界对"北部"的认识。虽然统计数据都在吹嘘经过最近十年之后，低效率的审理在 2009 年下降到了13%，[63] 但是全国范围内王冠法院案件在最后时刻"崩溃"的数量都增长了。在审理日当天崩溃的案子则令人吃惊地高达 42%。审理在当天崩溃的原因在于

200

> • 在审理当天，被告人主动提出控方认可的认罪，或者控方提供不出证据。"崩溃"的审理不再要求审理时间，但已经为其分配的时间则因此浪费。证人也因此遭受不必要的不便。人们对整个制度的信心也会因此降低。[64]

因此 55.4% 的审理不会按照既定安排向前推进。其中 11% 的案件会被重新排期。这既浪费法庭设备和法官的时间，也浪费律师的时间和昂贵的律师费、证人的时间和费用、警方的时间以及令人惊讶的大量公共资源。在评论本章时，北部一位法官说：

> • 正如我经常说的那样，被告人通常是来到初审法院的门口才会面对认罪或不认罪的可能。世界上的一切规则都改变不了这一点。

---

[62] 司法总管贾奇法爵在其 2010 年评议报告中说："越来越多的被告人选择实行陪审制审理，但后来在王冠法院第一次开庭时就认罪。我对这种情况感到担忧。"

[63] *Judicial and Court Statistics* 2009, ch 4. 一个无效的审理是指"在审理当天，起诉方或者辩护方或者法院的一方或多方的作为或不作为导致审理未能进行，从而导致需要进一步对案件进行排期以便以后进行审理"。

[64] ibid, 110.

病假、影响陪审团、艰难的审理

一些复杂的或者有多名被告人的案件在审理过程中出现延迟或者失控的可能性更大。2005 年的朱比利地铁线路（Jubilee Line）案的审理"崩溃"便是这种情况的典型。⑤ 在审理进行了三个月时，中央刑事法院的一位法官便向我预言该案的审理会"崩溃"。这是一个多头并进的案子。因此，法官需要投入全部精力和毅力来控制和确保审理进程顺利进行。由于陪审团的问题，该案不得不在更换陪审团之后重新开庭审理。被告人轮流请病假不到庭。为此，法官雇请了一位医生，要求被告人由该医生确认为是否生病，并威胁撤销他们的取保候审。她为了审理此案甚至嗓子都哑了。但她让书记员给她送来了卡拉 OK 设备以便让自己的声音在法庭上能被听到。她通过一些干预措施来努力降低审理进程中的断断续续，但她遇到了更进一步的持续的挑战。所有的辩护律师都努力寻找审理过程中的纰漏和缺失。质证过程中对彼此提问的反对不断打断证人发言环节。每个人都彻头彻尾像盒子中跳起来的小丑（Jack-in-a-box*），犹如戏剧化了的美国式审理。他们还就一些琐碎的事情挑战法官的裁决。而她对律师们讲话就像训斥淘气的孩童一样。一位律师对另一位律师的质问咆哮起来。法官不得不两次勒令他别打断提问。

> ● 法官："律师先生，我刚说啥了？你忘记了吗？"
>
> 大律师："那么我反对。"
>
> 法官："律师先生，你的反对我知道了，请就座。"

在法庭外，这位女法官表达了恼火："大律师们都这么自大。"

审理"崩溃"——受害人撤诉

如果证人说出来的证据不可采信，则审理的公正性会有折扣，陪审团也必须被解散。证言必须受严密控制，证人不可以信马由缰。在 1970 年

---

⑤ See Darbyshire, above n 18 at ch 12.

* 一种儿童玩具。其基本上是一个小盒子，盒子外部有一根发条。发条拧紧放松之后会播放一小段音乐。音乐结束后盒盖会弹开，通常会突然弹跳起一个卡通小丑人物。——译者注

代，法官或律师通常会反复大叫："请只回答问题。"但如今似乎有些法官会小心谨慎地以同情心态与平和方式对待证人。因此，证人会有更多的空间来吐槽自己的愤怒。防御性的愤怒是对质证的正常反应，而质证就是为了激怒，而且受害人或者证人的出庭可能是数月以来的一个释放紧张与情绪的机会。

在一起恫吓证人案的审理中，受害人及其家属已经"享受"了十个月的证人保护。他们被重新安置的住处离法院有三个小时的车程。审理迟延了一天。被告人在一辆警车里往返浪费了六个小时，然后第二天上午再回到法院，审理又延迟了。这次是因为法官手头上的案子中一个与该案无关的先决事项的被告人和辩护律师出庭迟到。这样一来，排定在前一天上午10：15开庭的案子到次日上午10：35才开庭。进入证人席之后，辩方律师质问证人是否确信某件事情，证人的回答是反唇相讥：

> • 你真的认为我会为了一件我自己都不确信的事情而让我的妻儿离家，让孩子离校，放弃我干了十年的工作来受限于证人保护机制吗？（实际上比这段话要长很多）

法官对此啥也没说，然后停止了审理，并让陪审团退庭。辩方律师申请解散陪审团，因为证人已经披露说警方在对多名被告人进行调查之后给了他一个小时让他离家，并且他是一名受保护的证人。我们休庭。法官说如果他自己是辩方律师，那么也会要求解散陪审团。作为常驻法官，他考虑过让另外一位法官审理的案子也"崩溃"了。这样可以让那个案件的陪审团过来陪审这个案子，并重启对这个案子的审理，但是他没有这么做。他说本案的证人将不得不再次来出庭作证。"但那是他自己的错。"我对此不赞同。我说证人们本身不擅长刑事案作证，因此不知道自己可以/被允许说啥。回到法庭之后，法官问控方律师证人是否已经被警告不得谈到被告人的记录。律师说没有。于是法官解散了陪审团。我们就证人话语的可预测程度有争论。我暗示说允许证人发言时信马由缰是危险的做法。我问法官他认为谁有责任让证人打住，法官认为辩方律师有这个责任，而我认为这是法官和辩方律师的共同职责。

无律师被告人一剑封喉的辩护——刀锋上的法官

弗厄格斯主审的一个案子比莫蒂默处理的案子更加折磨人。他审理的是三个受雇杀人的牙买加人的案子。审理时间比安排的十个星期还多出了好几个星期。原因在于其中的一名被告人在审理之前早已经解聘了好几个辩护团队，而且在开庭第一天解聘自己的律师之后自己代理自己。"这表明刑事司法制度只有在被告人准备好按规则行事时才起作用，"弗厄格斯评论说。多名被告人都质疑彼此的证据，因此也不得不允许这名被告人对辩方证人、其他被告人以及控方证人进行质证。在普通的刑事审判中，不懂法律的外行当事人自己代理自己是出了名的困难，因为他们把自己错置于一种境地，即在质证的过程中提问时讲述自己的故事和经历。[66] 因此法官必须十分警惕，以确保这样的被告人不会有不恰当的提问。虽然法官可以依赖训练有素的律师来做到这一点，但没有律师代理的被告人在审理程序中真的是危险。

弗厄格斯法官频频中止审理，要求陪审团退庭，然后指引这名无律师的被告人他可以问什么。他每天都与这名被告人以及控方律师开小会，并在小会上要求律师们帮助他建议这名被告人如何实施辩护。法官和律师们计划出他们会怎么做，弄得他们似乎是这名被告人的辩护律师。然后法官会向其他被告人的辩护律师核认他们是否会反对每一个计划好的策略。弗厄格斯这么做明显超越了法官通常的裁判员角色，但他通过获得辩方律师的同意而成功保护自己免于遭受偏见指控。这样的小会大大延迟了审理进程，也使弗厄格斯本人由于主审一个非常脆弱的案件和作为替代的辩护顾问而感到非常紧张。弗厄格斯在帮助这名被告人的过程中得到的唯一协助来自一名牙买加裔黑人律师。这位律师自掏腰包来为这名被告人提供辩护咨询。幸好这名被告人自己比较聪明，足以好好提问。从弗厄格斯的表情明显看得出他紧张而且有压力。他说这种为期很长的审理造成的压力会累积。他很少笑。在审理该案期间，他一定在依靠毅力来坚持，但是作为全国最大的王冠法院的常驻法官，他还有其他许多听询、文书工作和管理任务。有一天，他从8:00开始处理行政文书，9:00处理其他案子中的小事情，然后10:30~13:00审理案子，14:00对一个恐怖分子进行审前听询。14:15~16:25审理案子，再后来就是处理一堆取保候审申请，接着是在没有获得事先通知的情况下处理管理任务，最后撰写证据审理的小结，一直写到19:00。当晚还继续参加一个礼仪性质的活动。

---

⑥　对此的解释见 P Darbyshire, *The Magistrates' Clerk*（Winchester, Barry Rose, 1984）。

法官与公众

除了个人性格之外，王冠法院的法官们的气质明显相似。他们对证人和陪审团说话时彬彬有礼，并细心地为感到不适的证人提供水、纸巾或者座位，还建议证人休息。他们还对证人和陪审员表示感谢，有时几乎致谢太多。他们会就延迟致歉，而且会细心说明延迟或者"崩溃"发生的原因。除了一个例外，法官们对被告人说话时也彬彬有礼。有一位法官说在证明有罪之前他将每个人都作为清白无辜的人来对待——"这样会让事情更简单些"。另一位说她自己总是"努力与被告人建立融洽的关系"。还有一位法官则让全国法院服务中心的管理人员记录下他如何在每次的审理过程中都努力"与每一位被告人都有互动"。第四位法官则对三次要求撤换律师的一名被告人非常有耐心和礼貌。不过他在法庭之外对此很恼怒。只有一位法官对被告人用语生硬。他说"坐下"或者"起立"时不带"请"字，而且也不称呼他们的名字。无论不同的律师们在职业上有什么不同程度的缺陷或笨拙，所有法官都对这些律师以礼相待。即使律师由于没准备或者出庭迟到而给整个法院造成不便，法官们也对律师表现出巨大的耐心。一名法官在这种情况下给律师的最坏待遇也不过是一个温和的责怪。

律 师

我观察了法官与律师的互动。法官们就此作了一些有益的评论。我问他们在法院外与律师的联系有多少，以及他们对在自己面前出庭的律师是否有一些总体评价。在二十七位回答问题的法官中，有十一位对律师给予积极评价，七位觉得律师们的水平不一，九位抱怨律师水平差。[67] 给予好评的大部分法官曾经是本地大律师。其中五位是常驻法官，他们说自己与巡回区内的大律师界关系比较近。这十一位法官中有十位是在伦敦之外任职。他们经常说当地大律师界更加可信靠谱。一位地方上的常驻法官说当地只有四到五位"不靠谱的客户"。大律师们通常可以将自己的文书材料留在法院而不必担心会被对方阅读。好几位法官认为地方上的大律师比他

204

---

⑥⑦ 在2009年的卡利榭讲座中，司法总管列举了出庭律师的六项业务能力。

们的伦敦同行更为可信。有一位法官说，"我认为地方上的律师之间的职业行为方面的融洽程度比伦敦律师之间更强"。另一位法官说：

- 态度上有差异。在大城市你会遇上非常顽固有力的律师，对每一点都不放过，而且他们代理的无疑是非常难搞的嫌犯。

一位伦敦的法官证实了这一点：

- 当人数不多时，你自然有时间公正地考虑到每个人……我认为恐怕不可避免地有些人会更容易被劝说去逾越界限。⑱

有一位伦敦之外的法官指出，律师经常在当地轮流代理起诉和辩护，而且在伦敦之外的法院都是如此。值得注意的是他们似乎不像许多伦敦大律师那样模仿南部英国腔。他们的当地腔调和口音也许有利于其与证人和被告人（关系）融洽。有一位法官对一名十五岁的证人说话的时候就像证人的玩伴一样："你的一些接吻是一般的唇吻，是不是啊，克瑞（Kerry）？"地方上的常驻法官喜欢和本地的大律师界保持良好的关系。他们时常见到相同的律师，在法院外举行的法院使用者会议上会与律师有正式的联系，而且也会与以前的同事保持近距离的社交关系。

- 每三个月会有一次法院使用者会议。我的是每两个月一次审理小组会……与新法官的晚餐会……以及全年四到五次正式或者半正式的场面活动。

法官们认为自己分内的职责之一便是密切关注本地律师界，而且会在这些律师们申请兼职法官岗位时为其中的许多人出具推荐信。有一位常驻法官说他在控方律师准备不足时不会恼怒，因为他理解他们的工作压力。⑲

---

⑱　似乎有一种广泛的认识，即如今的出庭律师不像过去那么值得信赖，尤其是在伦敦。司法总管在 2009 年的卡利榭讲座中说："我自己在 1963 年进入大律师界执业，在 1988 年离开。那时候身为大律师是一种荣耀。在这个竞争非常激烈的行业和我二十五年的执业生涯中，我只有一次被另一位出庭律师以低劣的手法耍过。"

⑲　像前一章中的盖伊法官一样同情执业律师。

另外两位常驻法官说当一位伦敦的法官偶尔来参加案件审理时他们会感到不舒服，因为这位伦敦来的法官扰乱了本地的那种工作关系。[70] 本地律师界简直是"恨"这位伦敦法官，因为他习惯于斥责他们。这两位常驻法官不得不去回应大律师们的抱怨，但两人都想不出什么点子来阻止这位不受欢迎的同行继续参加案件审理。

205

在对律师们作出负面评价的法官中，有三位（来自三个巡回区）提到了曾经担任过非诉律师的那些出庭律师们糟糕的出庭业务能力。其中一位法官以前也当过非诉律师。[71] 业务经历广泛（包括涉及民事业务和家事业务）的法官们经常提到刑事律师的水准相比民事律师而言要低一些。有一位法官在获任后不久首次主持庭审时对伦敦大律师的不合作感到失望和生气。一位经验丰富的法官告诉她说在法律方面进行准备是她作为法官应该做的事情。如果出庭律师们已经读过案卷，那便是她的万幸了。她作为非诉律师执业的高峰是在民事业务领域，而且她有近乎完美主义的习惯去让准备工作毫无瑕疵，因此她对刑事律师的准备不足感到失望。高等法院商事庭的一位法官认为对刑事案件的审理应该严格管理。他对自己手上的案件便是这么做的。审判中有许多业务能力不强的律师，"他们在业务上半生不熟"。

量　刑

与司法实践一致和确保自己的判决不被上诉法院推翻是王冠法院巡回法官们量刑时的主要考虑。他们时常串门到同事法官的办公室寻求其他意见，而且这是最受欢迎的午餐时间话题。大多数人都会依赖和使用托马斯（DA Thomas）的《量刑参考》一书。有一位法官说这是"世界上最好的书"。巡回区内的量刑练习和司法研习局的培训是为了确保量刑一致而实施的正式机制。司法研习局的一场对新任兼职法官的培训会就可以说明要

---

[70] 虽然前一章中提到的法院社群和关系在地方上的王冠法院很容易与当地大律师界得到维持，但伦敦的王冠法院在这方面则不那么稳定，因为伦敦的律师和法官很多。这种情况不仅使得律师们难以学会该跳"华尔兹还是伦巴"（前注16《司法的技艺》所用的比喻），而且也明显会扰乱他们之间的信任和亲善的形成。在本书写作时的2011年，伦敦和东南巡回区的巡回法官的数量几乎是威尔士巡回区的九倍。

[71] 本书第七章已经提到过这一点，即在高级别法院里出庭的非诉律师的业务水准一直是争议和考虑的话题。

确保量刑一致有多么困难。受训人员要对假想的案件量刑，然后由带教的巡回区法官进行点评。但演示结果表明，不同的受训者就同一个案件的量刑从六个月到长达四年不一而足，另一案件则是从四个月到四年不等。有几位接受培训的法官学员指出抽象地进行量刑会很困难。在本研究中，其他人也多次提出相同的观点。一位法官说："当然我们会在餐桌上讨论量刑。但当你看到在你眼前的被告人时，实际量刑可能完全不一样。"十位法官认为量刑是他们工作中最令人沮丧的方面。他们抱怨对毒品犯罪的量刑缺乏多种选择，对精神病犯人以及少年犯的量刑也是如此。有三位法官说将许多这样的犯人送进大牢既不合适也没用处。有三位法官说这正是他们放弃刑事审判业务的原因。然而，法官们对毒品治疗和测试令都比较热情。这个制度产生了一些成功的结果。[72] 两位法官认为这是他们工作中最令人满意的方面。一位法官说他"想要拥抱"一起适用毒品治疗与测试令的案子的被告人。法庭工作人员还告诉我说另一位常驻法官则脱下假发走到法庭的另一头和被告人握手。我问法官们是否有些难以判决或者难以办理的案子，五位法官说就危险驾驶致死罪进行量刑最困难。两位法官用几乎相同的话描述：

> ● 在这种案子中，一边是受害者的家属要求血债血偿，另一边则是那可怜的被告人会被你的判决送进监狱，他的生活会由此破碎，他的家庭会缺少他。

许多法官就量刑时必须宣告最早的假释日期感到不安，因为这通常会让法庭上的受害者家属感到愤怒，并让法官们成为大众憎恶和嘲讽的新对象。第二章已经描述了这种情形。

结　论

就篇幅和重要性两方面而言，本章是全书的中心章节。当我们想象法官的形象时，进入我们的头脑以及登上报纸版面的正是这些从事刑事案件审理的法官。与地区法官一样，巡回区法官也非常快乐，不过其中有些人

---

[72] 他们都很清楚对"毒品测试和治疗强制令"（DTTO）成功率的统计数据分析。这个成功率在研究期间是三分之一。

得经常出差。尽管如此，需要记住的是本研究样本不足以充分代表东南巡回区的法官。伦敦地区的法官和管理大型法院的常驻法官通常比郡法院的同行工作量大，而且工作强度更高，从而承受的沮丧和失望也更多。

既然如今每一个司法岗位都必须申请才可能得到，那么常驻法官的职责便发生了一些变化。过去这个职位是人等时间，即等着从岗位上退休后领取养老金。招聘上来填满法官岗时也有困难。新招聘的常驻法官需要在简历中列举许多法院外的职责、信息技术能力，以及愿意而且能够根据需要实际管理法院和法官、收集和制作统计数据。正是这些在高层法院里的常驻法官（比如莫蒂默和弗厄格斯）在审判那些通常由高院法官审理的案件。他们的法院管理工作和其他法庭业务穿插在那些累人的、痛苦的案件审理中。在本研究项目结束之后，其中一位常驻法官后来升职到高等法院。本研究的原因之一在于弄清楚法官们在法庭业务之外做什么事情。有些地方上的法官是下班后直接回家；大型法院的常驻法官则有时候一天工作十个小时，而且还要把工作带回家。

与前一章提到的案件进度相比，本章描述的案件进度很糟糕。因此本章标题几乎可以改为"王冠法院出错分析"。在伦敦，法官们总是艰难地努力推进案件审理，但几乎没有一个案子准时开庭并顺利推进。本章展现了实证研究尤其是观察式研究的价值。根据统计数据，案件进展方面有改观，但是我们发现法官像医生以及其他工种从业人员一样也会操控统计数据或者玩弄数字。在关于家事案件的专章，我们会发现巡回法官也这么做。

过去常说法官的时间很宝贵，而且法院使用者和其他一切都被调整到与法官这个中心一致。在这种情况下，法官需要每个人的怜悯、理解和支持。彼得·玛修斯及其北部的同事们用很多时间在法庭外观望，看控辩双方是否会达成辩诉交易。其他法官，尤其是伦敦的法官，经常由于法院使用者的问题而不能推进案件的审理。大部分这些问题，比如控方没有及时披露证据、法院设备失灵等，都可以归结为司法资源贫乏。这导致昂贵的法庭里的昂贵的法官以及其他法院使用者的时间都被浪费了。随着政府在2010年宣布削减公共开支，这种情况会更加糟糕。第十八章会详细探讨这一问题。我的观察也表明一些起诉环节的准备是多么差劲，同时也暴露了辩方律师最后一刻急就章的业务准备文化。造成这种情况的原因是案情汇报太晚这一普遍存在的问题，以及英国法律职业中非同寻常的大律师与非

207

诉律师的分野。在伦敦，除了在审理诈骗案件的法院，律师们都不会为他们的缺乏准备负责任。2009～2010年，《2005年版刑事诉讼规则》声称改变了这种文化，但实际上并没有多少改观。刑事案件总是存在最后需要承受责难的人，或者归责于缺乏资源。2010年，贾奇法爵承认这方面的制裁并不奏效。另外，那些我没到访的法院送上来的报告则就《2005年版刑事诉讼规则》成功与否的认识并不一致。而伦敦审理诈骗案件的法院的常驻法官和地方上的一些常驻法官则多年以来坚持认为要形成案件审理开始前相关工作必须就绪这样一种审判工作文化。

此外，实证研究的价值再次从我对辩诉交易的观察中体现出来。我以前只从学术理论的角度论述过辩诉交易。我这次的观察表明迟到的案情汇报会诱导律师们进行辩诉交易。我的观察有证据表明北部巡回区的法院适用辩诉交易泛滥这一名声并非虚传，而是确有其事。这并非仅仅是历史，也不是谣传。辩诉交易是北部巡回区的法院刑事案件业务的常态。许多法官似乎花很多时间在法庭外，因为他们和大律师们想当然地认为一旦因犯最终到了法院且第一次见到自己的辩护大律师，则辩诉双方就会开始谈判磋商。法官是该巡回区这种文化的要素，而且会促成其实现，但不会自己参与到辩诉交易谈判中去。南部的法官对此很了解。我得知迪克森的前任（是常驻法官，任职于一个高犯罪率的城市里的一个繁忙的王冠法院）获任时被期待的使命之一就是停止那里的辩诉交易。他们过去作为大律师也被当事人聘用，并且坚持要求进行审理。这位常驻法官后来升职到高等法院。贾奇法爵在2010年承认太多迟来的认罪实际上是在浪费公共经费。

观察式研究的价值也在沉默权和披露规则的语境下得到了体现。当1994年和1996年的法律改革允许法官让陪审团就被告人的沉默或者未能提交辩护陈述作出不利于被告人的推定时，法律实务界和学术界都对此提出了激烈的批评。后来，上述法院法官菲利普·奥多爵士将这两个法律规定描述得好像是在如愿运行。本研究的规模不大，因此不足以在这方面进行概括。但我发现法官们让我看的一些辩护陈述不过是没什么实际作用的几行话而已，根本没引起什么回应。在法官本来可以基于被告人的沉默作出对其不利的推定的所有那些案子中，法官会仔细考虑，然后决定不这么推定，因为法官担心这么做会让自己不得不设计非常复杂的陪审指引。这是法官不愿意因不小心而进入的雷区。法官们也担心这么做会导致判决在上诉法院直接被推翻。议会和法律草案提议人士在改变法律时忽视了一个事实，即法官们以前也是律师，因此他们可能会和律师们一样珍视无罪推定原则。

在法官和大律师界的关系方面，伦敦和地方上有很大不同。第四章和第五章已经表明地方上的法官被聘任之后要与同辈的大律师一起在自己以前出过庭的法院坐堂审案。律师们和法官们彼此很熟悉，都作为法院的常客而共同工作。这与治安法院的不同群体一样。这些巡回法官与大律师一起参加巡回区内的模拟量刑练习和培训会议，一起参加大律师行里的社交聚会以及巡回区内的晚宴。关键是法官们信任本地律师。伦敦的大律师界人数众多，以至于法官们不会认识全部的大律师，因此会觉得有些律师不可信任。同样的现象也发生在郡法院。对此会有专章探讨。一位来自伦敦的法官作为局外人不理解地方上的律师与法官之间这种相互的宽容与尊敬关系。在这里可以看到低能的或者懒惰的律师如何浪费公共资金，以及如何由于自己糟糕的准备而给法官造成工作压力。那位不懂心理咨询师和精神科医生之间有啥区别的大律师将公共资金浪费在心理咨询报告上。但是每个法学本科二年级的学生都知道被告人是否适宜到庭答辩是由精神科医生而不是由心理医生判断的。本书其他章节还有一些关于低能的律师技巧的叙述，尤其是在关于高等法院的章节还有一位关于御前大律师的叙述。这位御前大律师曾在另一个王冠法院出过庭。

本章还表明无律师代理的起诉方会犯一些基本错误。而且必须提醒注意的是，法官们在审判岗位上的职责不是提供法律建议。然而弗厄格斯法官却走极端去帮助一位没有律师的被告人。这个持续好几个月的审理让弗厄格斯明显在身体方面承受了压力。在本书的后续章节，我们还会看到无律师代理诉讼的当事人会延缓案件的处理进度，也让法官处于巨大的压力下，并且扰乱了法官的理想型的居中裁判角色。

这里有一小点，即这些法官大多数都不怎么使用信息技术或者电脑设备。这与他们不接地气的形象一致。但这是因为他们用手写方式做证据笔记，从而把笔记本电脑搁置不用。不过他们会用笔记本电脑撰写审理小结和陪审指引书，以及草拟信函和收发电子邮件。 209

本章让读者们注意到大量的公共资金浪费。法官们对此也很清楚。有些浪费可以通过简单方便的方法解决，比如事先警告证人只要回答律师的提问即可，并告诉他们什么可以说什么不能说。王冠法院系统充满了错误的经济计算。这和英格兰法律制度的其他方面一样。如果资金不足的机构不能提供人手和证据来推进刑事案件审理程序，则这个资金不足的王冠法院系统便浪费了这个昂贵的法院以及其他诉讼参与人（包括法官在内）的时间和成本。这方面的情况也许会更糟糕，尤其是在伦敦。自 2005 年以来，王冠法院处理的案件的被告人数量增长了 20%。

第十章　法官与陪审团

> 我喜欢根据案情创设出一个平衡的案件"简介"，并以一种生动的、有助于陪审团做决定的方式将案件故事讲给陪审团听。
>
> ——某法官

在英格兰和威尔士，大多数陪审员都出现在王冠法院。[①] 本章内容基于对巡回法官的访谈，以及对巡回法官和高院法官与陪审员的互动的观察。我对法官与陪审团的关系具有双重兴趣，这是因为我早些年发表过关于陪审团研究的小结，并就改革陪审团的构成和改善法官应对陪审员的方式发表了一系列建议——这是我为《奥尔德评议》（*Auld Review*）做的工作。[②] 我在 2001 年得出了三十二个结论，其中有些在本章不会被讨论。比如，陪审员在理解举证责任方面有很大困难，有时候他们会受那些法官已经命令其不予考虑的证据的影响，对陪审员能否有效地从目击证人的举止判断其作证的真实性也有疑问。本章讨论 2001 年发现的一些例子。

　　——关于陪审员个人如何考虑初审和裁决的最广为流传的心理学理论是认知故事模型。根据这种模型，陪审员通常将其收到的信息重组为一种叙述型的故事。

　　——陪审团整体比陪审员个人更加善于记得证据。但在现实中，

---

① 郡法院和高等法院民事审判不怎么运用陪审。我参访郡法院以及皇家司法院（高等法院和上诉法院）期间没有民事案件陪审。一些调查质询项目中偶尔会使用陪审，但这不属于本研究范围。我观察过巡回法官和高等法院王座部法官与陪审团的互动。

② P Darbyshire, A Maughan and A Stewart, 'What Can the English Legal System Learn from Jury Research Published up to 2001?', 可从本书作者在金斯顿大学（Kingston University）网站的个人网页下载。"刑事法院评议"（Criminal Courts Review）题为《英格兰和威尔士刑事法院评议》（*Review of the Criminal Courts of England and Wales*）（London, The Stationery Office, 2001）（简称"Auld 评议"或者 CCR），其有自己的网站。

陪审团成员有时候会在陪审团室里就证据的内容发生争吵。

——如果英格兰的法官会继续对证据进行小结，那么他们在进行小结时不应该只是复述笔记，而应该关注证据的要点，关注其中的冲突方面，以及关于法律如何适用于证据中的问题。

——陪审团在理解和运用法官的陪审指引方面有很大困难。英格兰和威尔士的心理语言学家应该可以对陪审指引示范文本进行修订，可能要根据在美国形成的指南进行。

211

——在初审之后，陪审团应该就法律得到书面以及口头指引。这些指引应该由法官撰写，得到律师认可，并由法官向陪审团进行口头解释。如果可能，陪审团在审前应该获得一份问题小结［哈罗德·希普曼（Harold Shipman）杀人案在 1999 年 10 月的初审就是这么做的］以及审前指引。审前指引可以由律师和法官共同认可。

——英格兰和威尔士具有陪审经历的真实的陪审员在提问方面会遇到许多障碍。这种提问障碍经历有时候会有损陪审团的评议。在初始阶段就鼓励陪审员提问、偶尔做笔记以及讨论问题将会有助于陪审员保持清醒的头脑来理解初审，有助于他们记得证据、理解案件，从而让评议事项更加集中。

——英格兰和威尔士的有陪审经历的真实的陪审员的叙述表明他们在陪审活动中遭遇了许多不舒适、无聊以及不便。这可能会影响他们的陪审过程。室内气温冷暖、觉得无聊以及角色被动都可能会影响他们的注意力水平和关注于证据的能力。法庭管理人员应该常规地检查室内温度并让陪审团能时不时休息一下，这样可能会更好。也应该鼓励陪审员们积极一些，就像上一条所描述的。

——小小的不舒适会激怒陪审员。法院的全部职员都应该对陪审员以礼相待，并且尊重一个事实，即陪审员来参与陪审是在为了公共利益而作出个人奉献。

上诉法官奥尔德在其评估报告中采纳了我们的大多数建议。但那些无关法律变化的一些实际问题显然没有得到讨论。许多建议肯定没有得到实施，而且似乎没有在初审法官那里得到贯彻。本研究样本中的巡回法官，以及从事过有陪审员的案件初审的高级法官，都被我问过其在应对陪审员方面得到的培训。我还问他们怎么看待上述建议、自己怎样撰写陪审小结、怎样对陪审团给予书面指引，以及他们对陪审团的评价等问题。

对法官的培训

在二十五位王冠法院法官中，有十六位认为自己就如何应对陪审团已经得到了充分有效的培训，尤其是在令人紧张万分的模拟陪审审判中得到了充分的培训。那些在陪审案件方面有常规执业经历的人认为其执业本身已经是很好的基础。高等法院王座部（QBD）的十二位法官处理最严重案件，进行有陪审的初审。这种初审由他们和"轮流"有机会的巡回法官共同进行。莫蒂默和弗厄格斯在前文对此已有描述。在获任之前，高院法官已经担任过兼职法官，因此被认为经历了与巡回法官一样的训练。有三位巡回法官说无论培训量有多大也会存在防不胜防的情况，因为培训不会让一个人就每种意外都能准备好。

212

- 只有实际工作才会让你对一位陪审员对另一位陪审员感到恶心这种情况有合适的应对。我在审判岗位上的第一个星期就遇到过这种情形……比如，有两位女陪审员向我投诉说坐在她俩中间的那位男陪审员正在手淫。你不可能培训人们如何应对这种情况。

八位经验丰富的法官过去没有这方面的培训，或者培训不够。好几位巡回法官是在大城市工作，他们告诉我说他们之中两位具有非诉律师资格的同行被公认为最擅长应对陪审团。其中一位巡回法官解释说③非诉律师在这方面比大律师有优势，因为他们在过去执业时经常需要向法律专业之外的客户解释问题。"我看着陪审团，想象自己是在处理讽刺喜剧《日理万机》（*The Thickie**）中的情景，好像是在向我的一位愚蠢的客户解释某个事项。"

---

③ 这些法官在研究样本之外，但这说明了我如何能够在午餐闲聊中和其他的法院外交流中从许多别的法官那里得到信息。样本内的法官们经常将我介绍给其他被认为可能会对我的研究感兴趣的法官。

* 全称 The Thick of It，是一部英国电视喜剧，以讽刺现代英国政府内部运行机制为主题。——译者注

提问、做笔记、向陪审团澄清事项

2001 年，我们报告指出那些将自己在英格兰和威尔士的陪审经历发表出来的陪审员都提到他们在提问方面遭遇了很大的阻碍。[④] 这也证实了赞德与亨德森（Zander and Henderson）的《王冠法院研究》一书中的发现。44%的陪审员本来想要提问，但只有不到20%的人实际提问过。[⑤] 玛修斯、汉考克（Hancock）和布瑞戈兹（Briggs）也提出了同样的观点。[⑥] 他们的研究样本中有67%的人本来想要提问。许多陪审员对提问导致审判过程缓慢感到不舒服。有些陪审员认为有人积极阻止他们提问。还有一些陪审员觉得提问有些尴尬。[⑦] 在本研究样本中，没有一位法官曾向陪审员表示他们可以提问。法官们既不鼓励也不阻挠陪审员提问。美国有些地方已经认识到陪审员提问障碍这一现象，因此他们积极鼓励陪审员提问。虽然英格兰和威尔士的陪审员被告知他们可以提问，我们在2001年依然建议法官们或许应该意识到陪审员提问障碍这一现实，并鼓励法官在审判过程的适当阶段询问陪审团是否需要提问。玛修斯等人建议每天安排十五分钟给陪审员提问。

我们当年的报告还指出美国有些地方禁止陪审员做笔记，因为据说这可能会妨碍陪审员集中注意力考虑证人提供的证据。[⑧] 在我关于自己的陪审经历的文章中，我提出虽然自己对做笔记很有经验，但我在陪审时放弃了做笔记也是基于同样的理由。[⑨] 玛修斯等人指出一小部分陪审员觉得做笔记有困难。本研究样本中的法官没有一个人向陪审员提到做笔记这一话题。这里有两种极端。在弗厄格斯主审的杀人案的漫长审判中，几乎所有的陪审员都做过笔记。其中一位累计做了三十本笔记。在莫蒂默持续一周的杀人案审理过程中，陪审员们都没有做笔记，甚至没看到有书写工具。

213

④ Darbyshire, Maughan and Stewart, above n 2 at 48.

⑤ Zander and Henderson, *Crown Court Study* for the *Royal Commission on Criminal Justice* Research Study No 19 (London, HMSO, 1993) 213.

⑥ R Matthews, L Hancock and D Briggs, 'Jurors' perceptions, understanding, confidence and satisfaction in the jury system: a study in six courts', Home Office Online Report 05/04.

⑦ ibid 40.

⑧ Darbyshire, Maughan and Stewart, above n 2 at 47.

⑨ P Darbyshire, 'Notes of a Lawyer Juror' (1990) 140 *New Law Journal* 1264.

莫蒂默法官解释说书写工具是有的，但他希望陪审员们不要做笔记，因为他希望他们能观察证人。有些法官也这么认为。在其他地方，我注意到另一个陪审团中没有一位成员做笔记。陪审员们不可能在评议时还记得全部证据或者法官的口头指引。司法实践在这方面明显不一致。这反映了在这方面缺乏通行的政策，这一问题在英格兰和威尔士甚至很少被讨论。

法官善于打断对证人的质证程序，以要求当事人对技术型证据进行澄清。这种打断被保持在最低限度，因为所有的法官都非常被动。例如，一位法官在审理强奸案时要求当事人解释"阴道分泌物检查"。法官们也善于让问题保持简单。另一位法官冷静地打断了控方在一起性攻击案中的开场言论。法官是这么说的：

- 控方，你这个案子里就是一个男人把手伸进了一个女人的裙子里。陪审团不需要就性攻击听一个讲座！

在对一个斯里兰卡人进行审判时，法官阻止控方不断使用"我博学的朋友"（My Learned Friend）这一称呼。律师轻蔑地说："别阻拦，我还指望翻译员把这称呼译出来呢！"法官反唇相讥："这翻译不过来。在被告人的村子里，人们不用'我博学的朋友'这种称呼。"陪审团对此忍俊不禁。

法官们并不紧盯着陪审团去留意他们有什么困难。所有的法官都会用常规的手写方式将证据记录在标准的法院专用笔记本中。法官即使在没有做笔记的时候也不会看陪审团，而是会对陪审团发话。在出示证言阶段，法官会避免与陪审团有目光接触。当我就此询问法官们时，他们说这不是故意而为的做法，而是因为他们确实只是在记录证据。因此，法官们不会注意到陪审团以看得见的方式表示他们不理解或者没听到证言。陪审员们经常会拉长着脸，或者努力暗示他们听不到证人说话，或者彼此相互提问。比如，在一个审判中，当宣读采访笔录时，陪审团成员先是在卷宗中东翻西找要看清楚文档是否在那里，因为事先没有人告诉他们笔录文档在哪里。这就使他们许多分钟都难以集中注意力听笔录宣读。在同一个审判中，陪审团就关于笔迹和血液酒精含量的技术型证据感到乐不可支。法官没有解释相关事项，但让他们确信："女士们，先生们，请别担心。我待会儿会用清楚明白的五句话来归纳一下。"在一个杀人案中，被告人说话时有浓重的牙买加口音，让人简直听不懂。我觉得法官可能听懂了，因为

214

— 267 —

他一直在做笔记却没有停下来要求被告人澄清。有些陪审员似乎也能听懂，但还有一些则面面相觑或相互询问被告人到底说了些什么。法官没有注意到这些，因为他一直在低头做笔记。

审前小结、书面指引、总结、审理记录文本

我们已经在 2001 年建议：如果可能，陪审团应该事先得到一份简要的关于案件问题的审前小结。这是因为在法官指引之前才一次性收到全部审判信息（证据）明显不符合逻辑。如果一群人要就某事项作出决定，那么先提供给他们全部信息，随后告诉他们预期的决定是什么样——这并不正常，尤其是在信息提供可能需要几天甚至几周的时候。由于当时我这篇文章是为上诉法官奥尔德撰写的，这个建议后来被采纳到他的报告里面了。在对此进行评价的二十七位巡回法官中，有十六位要么反对这种做法，要么认为这种做法在复杂的审判中作用有限。几乎所有人都给出了同一个理由，即"问题在审判过程中会发生变化"。有几位法官认为应当在控方的首轮陈词中这么做。但是在赞成这种做法的法官中，有些已经这么做过了。

> ● 看不出在审前或者陈词前提供一个微型指引会有什么问题。比如可以说"各位陪审员，你们将受邀考虑如下内容……"我可能会对陪审团说："我预计你们需要裁决的唯一问题是被告人是否持有这些毒品以及他是否意图将这些毒品提供给其他人。"

前一章已经讨论了书面辩护词。如果《2003 年刑事司法法》的运行是按照立法者的期待进行的，从而使辩护词更加圆满，那么按照我们所建议的那样，提供审前小结在如今会更加具有可行性。司法总管菲利普斯法爵在 2007 年题为《相信陪审团》⑩ 的讲演中也反复提到了这一点：

> ● 罗宾·奥尔德爵士在其报告中建议对陪审的本质做一些巨大的变革。必须在审判开始前确认问题，为此同时必须更好地运用辩护

---

⑩ 见司法界网站，www.judiciary.gov.uk。

词。在审判开始时，法官应该给陪审团提供一份关于案件及他们需要裁决的问题的小结。这份小结应该伴随书面的辅助备忘录，并由辩护律师事先认同。陪审团应该被告知控告的性质、双方认可的事实的简要陈述、双方存在争议的事实的小结，以及需要其决定的可能问题的清单。

2010 年的法官用书《陪审指引》被认为回应了司法总管菲利普斯的考虑，但它没有回应审前小结这一点。更早在 2009 年由王冠法院伊尼戈·宾（Inigo Bing）法官撰写的培训指南也就审前小结这一建议保持沉默。[11]

我们已经建议鼓励法官向陪审员提供书面指引。我们没有确认有多少法官实际这么做。在本研究样本中可以发现这种做法比 2001 年那篇论文的预计要普遍得多。[12] 在二十七位就此被我询问的法官中，有二十三位说他们已经这么做了（两位是新任法官，暂时没有机会这么做）。他们大多数还提供了几份书面指引作为例子给我看。很明显，这种制度通常表现为一连串提问，或者好几个系列的可选路径，很像一个流程图。在一些简单的日常案件审判中，法官们不会向陪审团提供书面指引，但在杀人、重大过失纵火、强奸、共犯以及危险驾驶案中，他们通常会向陪审团提供书面指引。几位法官还向我展示了他们如何在杀人案中准备书面指引。但是，书面指引是例外，其使用频率也不一样。有一位法官在其审判生涯中只有两次向陪审团提供过书面指引。另外一位则几乎每案必用，在杀人案中肯定会用。他们两位都审理过许多杀人案。一位说他正在越来越愿意提供书面指引。两位不在本研究范围内的法官在 2007 年说他们在每一个案子中都会向陪审团提供书面指引。有一位是受 2006 年关于此主题的一篇文章的影响而使用的。[13] 菲利普斯法爵继续支持《奥尔德评议》中的建议。他说：

- 在出示证据与质证结束后，法官不应该再就法律指引陪审团，也不应该详细总结证据。他应该向陪审团提醒待决问题以及与之相关的证据，当然还有辩方观点。他应该以书面形式给陪审团列出一系列

---

[11]　这并非公开的文件。我很感激能得到其副本。

[12]　只有2%的案件中会提供书面指引。见前注 5《王冠法院研究报告》。

[13]　HH Judge N Madge, 'Summing up—a Judge's Perspective' [2006] *Crim LR* 817. 他尝试过在所有案件中都使用书面指引并报告了这样做的结果是裁定更快、提问更少、定罪更多。

提问，对这些提问的回答会得出被告人有罪或无罪的裁决。这些建议是七年前提出来的，但并没有被采纳。现在是时候进一步考虑这些建议了。

樊瑞欧·托马斯（Cheryl Thomas）的研究报告建议简化陪审指引。司法新闻署对此回应说："司法研习局已经建议除了最简单的案件外，法官在所有的案件中都应该向陪审团提供书面指引。"[14] 本研究中的所有法官在这样提供书面指引之前都要求律师认可。通过这种做法，法官们可以防止自己的案件被上诉到上诉法院时被推翻。有一个新任法官告诉我说有一次庭辩律师不赞同她草拟的陪审指引，于是她重新草拟了陪审指引，然后与常驻法官一起检查文本。[15]

法官们向我展示了他们如何随着审理的进展而一天天准备证据总结。这项工作从他们做的无缩写或者无简写的笔记开始。有些法官说要以高度关联和简洁的方式总结证据会很费时间。仅仅复述笔记内容会被认为是过时的法官运用的一种很糟的技巧。

- 有人说……比较理想的做法是就每星期的证据花不到一小时的时间进行小结……大多数小结都太长，因为人们没有花时间将其缩短。

- 你得有能力对材料进行分析和组织。如果你要帮助陪审团，那么仅仅从头到尾宣读你的笔记将不会有作用。我二十年前见过这种做

---

[14] Cheryl Thomas, *Are Juries Fair*? Ministry of Justice Research Series 1/10（2010）. 我们在 2001 年的论文中建议像美国的一些州那样通过专家的帮助将陪审团指引的样本予以简化。当前使用的样本回应了上诉法院的要求，但是没有在真实情景中被人们通过使用而受到检验，我们在论文中也对此表示了担忧。Cheryl Thomas 的报告结论认为"虽然一半以上的陪审员认为法官的指引容易理解，但只有少数（31%）真正理解了法官在指引中使用的法律术语"。2010 年的王冠法院法官指导用书《指引陪审团》努力改变这种方式，并阻止法官不严谨地遵循指引样本。该书解释了法律的要求，然后提供了示例。这些仍然由法官们撰写的，还没有非法律专业人士使用检验过。但是在法律本身那么复杂的情况下，试图简化一些指令似乎并不可行。比如，其中有一部分内容长达九页半，是关于被告人起初未提到一个事实但后来依赖（行使沉默权）这一事实的；这部分内容包括了一个长达两页的指引建议。另外有很长一部分内容是关于如何就被告人未就证据负责这一问题向陪审团进行指引的。这个手册可能会导致陪审指引更加多样化，但绝不能确保其对于陪审员而言更加好懂。见 D Perry, 'direction' *Counsel*, March 2011, p 36.

[15] 我们在前一章发现这是兼职法官和新任法官向常驻法官提出的典型咨询提问。

法，那简直是糟透了。

- 在审理案件的日子里，我经常晚上在家里加班……只是到最后时，问题和模式才会变得清晰。然后你能挑出重要的内容，最后的工作量通常很大。

- 我周末大多数时间都在做这个雇凶杀人案的总结。但所有这些劳作现在都作废了，因为我不得不放弃初审。最枯燥的部分是通读证据并标亮那些要关注的部分。这不能仅仅是读自己的笔记，因为要将其剪裁得与最后的问题相匹配。这种工作很费时间。

- 我很享受（比如）一个持续两星期的案子的结尾。你可以在一个半小时之内将其小结完，将其凝练为一系列问题，然后以一种摘要式的、平衡的方式呈现在陪审团面前，希望这有助于他们……我喜欢根据案情创设出一个平衡的案件"简介"，并以一种生动的、有助于陪审团做决定的方式将案件故事讲给陪审团听。

我们在 2001 年曾经建议法官在进行总结时"不得背诵笔记，而应该把陪审团的注意力引导到主要点、冲突的方面，以及法律如何适用于证据问题"。[16] 本研究样本中的法官明显在努力做到这一点。法官们在访谈中承认要做一个既简要又能有效帮助陪审团做裁决的小结要花许多时间和心思。在上述最后一段引文中，法官无意之中证实了心理学家们的一个共识，即陪审团成员的思维是一种内在的"认知故事模式"。在这种模式中，他们通过在自己头脑中构建一个符合逻辑的故事来理解证据的意义。[17]

赞德与亨德森在 1993 年，以及杰克逊（Jackson）在 1996 年[18]都提到过法官为控方或者辩方进行的总结，[19] 但我观察到的法官可能会对这种建议感到恐惧。他们倾向于认为这种做法太过时了。典型的是在 2006 年有一位法官向一群好奇的美国法律专业学生解释这一点。学生们问他是否会帮助陪审团作出无罪或者有罪裁决。

217

---

[16] Darbyshire, Maughan and Stewart, above n 2 at 60. 如前所述，2010 年的王冠法院法官指导用书也提出了同样的观点。

[17] Darbyshire, Maughan and Stewart, above n 2 at 22.

[18] J Jackson, 'Judicial Responsibility in Criminal Proceedings' (1996) 49 *Current Legal Problems* 59.

[19] D Wolchover, 'Should Judges Sum up on the Facts?' [1989] *Crim LR* 781. 其中提到"司法习惯各式各样"。

> ● 如果你试图努力告诉一个伦敦陪审团他们该干啥，他们可能会造反……如今的法官们不会试图这么干，也不会试图影响陪审团的裁决。过去曾经有些法官非常擅长让陪审团知道他们法官希望看到的裁决。

如今我要是看到这种现象我也会很惊讶。虽然在法律上，法官可以表达意见，但巡回法官们似乎努力保持中立。这是源于一种真正的中立与公正感、一种对以事实裁定者自居的厌恶以及担心上诉审。尽管我没有就这一点向法官们提问，但我会认为许多法官甚至没有意识到他们如果对证据进行评论实际上也是合法的。

我问法官们是否认为陪审团应该获得审理记录文本。在二十五位王冠法院法官中，有十九位认为这是一个坏主意。他们认为如果这样的话陪审员会在堆积如山的文书面前望而却步。许多人经历过阅读电脑软件同步生成的庭审记录文本。这种情况下每天可以生成约七十页的文本。法官对此已经觉得有点难以处理，更别说陪审团了。他们特别提醒指出关注对话的一个片段会对证据形成偏见的印象。他们觉得法官在那里做笔记，陪审员在必要时可以要求法官对证言进行澄清。在他们看来，陪审团的工作在于注意证人的举止。下面这个问答具有典型性。

> ● 陪审员要做的事就是在那里看和听。法官们在做笔记时会错失许多。陪审团的巨大价值和作用在于他们不会错过蛛丝马迹……我不会高兴看到陪审员总在记笔记。而如果让陪审员获得审理记录文本，那么他们会回答一些本来应该不予回答的小提问，他们会梳理阅读文本，几乎像是要把整个案子审查一遍。

好几位法官都说陪审团的工作就是观察证人。这一点得到了罗克的确认。"法官们会请陪审员考虑证人自己在法庭上的表现。这是关于证据的证据。"[20]有六位法官已经准备好让陪审员获取审理记录文本。其中一位法官给出了如下理由：

218

---

[20]　P Rock, *The Social World of an English Crown Court* (Oxford, Clarendon Press, 1993) 53.

● 如果不这样，在当陪审员说"证人说了这（或者说了那）"的时候，他们脑子中实际上想的是律师的提问。一名优秀的辩护律师要将自己对案件事情的认识有效传递给陪审团。这种传递是通过一些没有经由证据反映出来的提问进行的。

帮助陪审团、陪审员福利、免除陪审义务

我们在 2001 年建议实施一些改革，以帮助陪审员履行其职责。我向二十五位王冠法院法官询问他们在这方面是否有其他建议。大家的回答各不相同。有八位建议就陪审团的裁决职责提供实际可行的帮助。三位建议对法律和司法研习局的指引样本予以简化。五位建议实施一些安排、计划和协商认可的时间表。五位法官对陪审员的公共福利有些关心。有一位说"法官应该真正照料好自己审案时的陪审员"。还有一位说他会"竭尽全力、不畏艰难去缩短审判时间"。一位新近上任的法官说：

● 得知国家不为陪审员提供任何待遇，我感到很吃惊。我认为陪审员应该能在舒适的环境中享用茶点和咖啡，应该得到适当的照料。

我在担任陪审员时也有和莫蒂默主审案中的陪审员一样的体验。我去报到时穿的衣服很薄，因为那正好是炎炎夏日，但室内空调温度太低导致法庭里面冰冷。我因此很难集中注意力。在论文中，我们指出：

● 我们一群人在 2000 年 10 月造访了伦敦的一个王冠法院，发现那里的空调温度没必要那么低。低温会抑制人的注意力，这将很难使陪审员专心。法官、书记员和律师们可能没受低温影响，因为他们穿着法袍、戴着假发。法院的管理人员应该密切注意检查室内温度。

这个建议后来没带来什么结果。玛修斯、汉考克和布瑞戈兹的研究都发现好几位陪审员抱怨空调太冷，却很少有人抱怨空调太热。[21] 我注意到　219

---

[21]　R Matthews, L Hancock and D Briggs, 'Jurors' perceptions, understanding, confidence and satisfaction in the jury system: a study in six courts', Home Office Online Report 05/04, at 57.

在四个王冠法院的中心，空调温度都低，但法官们似乎不热，或者想不到这种低温会给陪审员造成不适。在弗厄格斯于 12 月份主持的一个杀人案审理中，法庭内的低温导致了戏剧性的一些结果：两位女陪审员穿的是厚大衣，另外一位穿着外套加一件大衣（前后反穿盖住前身），其他人则披着羊毛毯；有一位陪审员明显受凉了，不断在擤鼻子，鼻子都红了；她旁边的那位则既受凉又咳嗽。在我去那里的第一个上午，庭审就延迟，因为一位陪审员说自己有感冒症状，因此请假去看医生。弗厄格斯让一位护士陪她去，并要求有一个口头报告说明她何时能适合参加陪审。

● 法官问："她这是在装病翘班吗？"
　　护士："我得相信病人对我的叙述。她自己觉得难受，但她没有发烧。"

法官在与导引员讨论这位陪审员的情况并由护士确认这位陪审员不会传染其他人之后，决定要这位陪审员继续参加陪审，审理继续。法官让书记员给这位陪审员预约一位当天晚上的医生。我问弗厄格斯法官为什么法庭内温度这么低，他说是为了增强陪审员的注意力。弗厄格斯似乎没有意识到前面提到的一点，即低温会降低注意力水平。2005 年出版的医学研究证实了"老妻的传说"，即周围的低温会导致人受凉和感冒。[22]

如果一个人受召参加陪审却想被免去此义务，则其必须首先向陪审中央召集局（Jury Central Summoning Bureau）申请推迟。[23] 陪审义务通常不会被免除，但可以推迟。如果推迟申请被陪审中央召集局拒绝，还可以向法官申请推迟。[24] 法官有义务基于"恰当的理由"免除申请人的陪审义务，这种免除的依据是《1974 年陪审法》第 9 条和第 9A 条。这种申请应该递交到王冠法院由常驻法官处理。本研究发现这种申请信很常见，每星期都会有。在有些场合，陪审员会亲自向主持审判的法官请求免除其陪审义务。我与一些法官讨论过这个问题。他们的观点很不相同。有的法官会批准任何这种申请，因为他们认为让一个不情不愿的人加入陪审团并不是好

---

[22]　这是卡迪夫大学普通感冒中心的研究，其在 2005 年被广泛传播过。见 Cardiff University's Common Cold Centre 网站 http：//www.cardiff.ac.uk/common - cold - centre。

[23]　在其被召集时会得到解释，而且政府信息网站 Directgov 对此也有解释。

[24]　我们在为上诉法官奥尔德（Auld）撰写的报告中没有考虑这一点。

事。其他法官则很严格，比如，弗厄格斯在一个很大的法院告诉我说自从陪审中央召集局开始运作之后，他每天都会收到大约三个申请，但他每年只批准三到四个申请。他举例说：

> ● 有的申请人说因为"对司法制度已经失去了信任"，或者因为自己"是一个信息技术承包商，目前在履行一个关键的合同"。有一个申请人是一个行业老大，他说自己"真的不能参加陪审"，而且让一个大律师来跟我说这事儿。我问他为啥没有先预订自己的假日，以及为什么不能在以后陪审两个星期。

另外一个较小的王冠法院的常驻法官每星期收到两封这样的申请信。他举了一个例子：有一位申请人说自己鄙视一切犯罪分子。由于他成见这么深，法官于是同意了他的申请。在研究中，有一个人说他不去做陪审，是因为存在语言障碍。法官认可了这个理由，也没有采取进一步行动。有一位法官拒绝了一个电视制片人不参加一起严重的足球流氓案陪审的申请（前一章描述过这起足球流氓案）。法官解释说："这个制片人说自己正在制作一期节目。我问他如果他不去的话电视屏幕是否就会一片空白。他说那倒不至于。"为了让陪审义务的免除和推迟规范化，法院服务署在其网站上发布了一些这方面的指引。㉕

法官如何评价和对待陪审员？

由于大多数巡回法官以前是从陪审制案件中谋生的大律师，我想他们会非常赞同陪审制。㉖ 我与样本核心中的王冠法院法官的对话、对其他法官的访谈、与法官们在法院餐室内的谈话，以及在伦敦两个大型的王冠法院的见闻，都证实了我的设想。他们赞同陪审制还有另一个理由：如果废除陪审制，那就得由法官自己作出被告人是否有罪的裁决。许多法官难以

㉕ 关于更多细节和讨论，见 P Darbyshire, *Darbyshire on the English Legal System*, 10th edn (London, Sweet & Maxwell, 2011) ch 12。

㉖ RF Julian, 'Judicial Perspectives on the Conduct of Serious Fraud Trials' [2007] *Crim LR* 751. 作者发现有九位审理严重欺诈案件的法官非常支持陪审员，而且认为陪审员能理解复杂的诈骗案中的证据。没有人支持法官独任审判。

想象由单个法官进行的刑事审判，并且怀疑允许这样做的法律是否奏效。比如，有一位法官问："如果法官退庭去提交裁决，那法庭内会发生什么？"这有点像前一章讨论过的法律职业内的分化问题。这不仅表现了英格兰和威尔士律师们的民族中心主义，而且也表现出他们对比较法律制度知之甚少。参加本研究的法官们不知道在发源于英格兰法的其他普通法国家，比如在加拿大、美国、新西兰和澳大利亚的一些州，被告人可以选择不要采用陪审制而直接由法官单独审判。㉗更糟糕的是，在应对他们的这些疑问时，我不得不提醒法官并告诉他们：不采用陪审制的审判程序就和治安法院地区法官的审判程序一样。这表明治安法院地区法官的初审活动从未进入巡回法官的头脑，而且他们肯定从没有亲眼看过治安法院地区法官判案。这证明了巡回法官对治安法院的同行们的工作是多么无知。这也是波西亚及其同事在关于治安法院的那一章里的抱怨所在。波西亚法官就是一个人在少年法庭独自审理青少年帮派暴力案件的。这种暴力案通常比王冠法院的陪审制案件要严重很多。治安法院地区法官承办的成年被告人案件往往需要较长的审判时间，而且也与王冠法院的审判案件有许多重合。这是因为中等严重程度的案件种类很多，比如盗窃案等，这种案子可按照两者之中任何一种方式审理。前面关于治安法院的那章对此已经有解释。但王冠法院法官完全不了解治安法院的这种审判业务。

2007 年，我发现有十位经常审理欺诈案的法官（在本研究样本之外）强烈反对政府试图允许严重的、复杂的欺诈案完全由法官（不需要陪审团参与）审理。㉘一位法官说：

> ● 我认为陪审制很好，而且总体上运行得也很好。虽然其有些毛病，但我认为陪审是公民义务的重要组成部分。

然而，接受访谈的法官们的确对一些陪审裁决表示担忧。他们提到了一些他们自己基于证据会定罪却被陪审团裁决无罪的案件。他们倾向于认为这有失正义，但也认为这难以避免。研究样本之外的一名法官评论说他从没有经历过颠覆性的有罪裁决，但他最后审理的四个案子结局

㉗ 见"刑事法院评议"第 177~81 页。在有些法域，大多数被告人会选择由法官进行审理。

㉘ 英国政府未能就《2003 年刑事司法法》第 43 条的施行得到支持，于是提出了《2006~2007 年反欺诈法（无陪审团的审判）草案》，但该法律草案在上议院未能获得通过。

都是颠覆性的无罪判决。另外一位在研究样本之内的法官说他本人以及他所在的大城市的法院的同行们都强烈支持陪审制，因为他们都不愿意法官独任审判。他说陪审团通常会就一些他自己会判决有罪的案件裁决无罪。他以最近的一起职场猥亵案为例，说被告人利用自己所处的被信赖地位对一位年轻的雇员实施了猥亵行为。他举的另外一个例子是当年早些时候被告人对两名妓女的强奸案，其中的强奸行为很恶心。陪审团就这个案子只裁决身体伤害罪，却无视妓女遭受的严重伤害。他对被告人判处了三年有期徒刑。如果陪审团裁决强奸罪成立，他一定会对被告人判处终身监禁。"这家伙现在已经出狱了。他对女性是一个严重威胁。他以后会杀人。"有两位法官也支持陪审制，但同时也担心有些陪审团存在"种族主义分子"。[29] 有一位法官提到说一个土耳其烤肉店的人遭受了被告人的严重种族主义攻击，但陪审团裁决罪名不成立。他对此感到愤怒。在一个具有高犯罪率的城市，有一群不在研究样本之内的法官告诉我说他们法院的无罪裁决比例高，[30] 并且开玩笑说，"如果我们的一个陪审团作出有罪裁决，我们市政厅楼顶的钟就会敲响。他们必须回到自己的住处"。其中一位法官正在主审一个"妨害陪审罪"案件。他们说干预陪审在他们的法院很普遍。他们告诉我说在一个当地名人涉嫌欺诈的案件中，假如陪审团作出了有罪裁决，则陪审员肯定会被敲头。我发现王冠法院里的庭辩律师和法官都会认为总会有一定比例的不可预测的无罪裁决——那些案子在法官看来有充分的证据予以定罪。然而，这被认为是"陪审衡平正义"（jury equity）的运用而被接受（法官们并没有使用这种表述）。[31]

222

正如前一章提到的，法官们对陪审团非常礼貌。法官会欢迎陪审员们来到法院、会衷心感谢他们并就迟延表示歉意。庭辩律师和法官们都知道自己在陪审席会故意表现得出众，以赢得崇拜。[32] 在二十五位王冠法院法官中，有四位简直是天生的喜剧演员，其中两位与电视上的喜剧明

---

[29]　Thomas，above n14，没发现这方面的证据。

[30]　"没有哪个法院的陪审无罪裁决率高过有罪裁决率。"引自 Thomas，above n 14 at。

[31]　支持陪审制的一个根深蒂固的说辞是陪审员们有权普遍裁定被告无罪。见 P Darbyshire，'The Lamp that Shows That Freedom Lives—is it worth the candle？'［1991］*CrimLR* 640。上诉法官奥尔德在 2001 年曾经建议他们应该为起诉方的上诉提供理由。公众对这个建议很愤怒。这表明任何想要限制这一权利的企图都毫无意义。

[32]　See P Rock，above n 20 at 55 on 'stagecraft'.

星非常相似。当法官向陪审团讲述一些微小的注意事项时，陪审员们都聚精会神、满脸笑容地倾听。他们很快就学会了期待法官的诙谐评论。他们会对此发笑，且专注地留心法官抛出下一个笑话，然后以咯咯而笑作回应。

- 请回到你们那温暖舒适的陪审室……我不能到陪审室听你们讨论事实。在我讨论法律时，你们得出去……（后来，当一位警察证人根据记忆复述警示时）他们总会依照警探连续剧《警察》（*The Bill*）而不会说错，是不是？

玛修斯、汉考克和布瑞戈兹的发现[33]也支持上诉评论。他们发现法官的角色对陪审员对法院制度的信心具有关键影响。这是对三百六十一位陪审员进行调研后发现的。媒体在塑造人们对刑事法院系统的态度方面作用最大，但是

- 那些声称法官"不接地气"、远离大众以及不称职的研究有些缺乏语境。与这些缺乏语境的研究相比，我们的研究发现法官们在案件管理和案情小结方面的工作在很大程度上得到了支持。很明显，绝大多数参加调研的人都对法官的表现有深刻的印象。法官们处理问题的方式之专业、考虑之周到、对陪审员的支持、他们对案情进行小结的能力、对信息予以澄清的能力，以及其不偏不倚的态度……尤其受到赞赏。虽然法官们明显来自社会高层群体，但他们的能力与尽职态度为他们自己赢取了许多好评。有些陪审员在参与陪审之后对法官的认识发生了转变。他们对媒体对法官的贬抑表示愤慨。

赞德与亨德森发现八千位陪审员中85%以上的人在接受调研时认为法官在公正控制庭审程序和向陪审团进行解释方面工作做得非常好。

结　论

我在王冠法院进行研究时就坐在法官身旁，因此我能把陪审席看得一

---

[33]　Matthews, Hancock and Briggs, above n 6 at 30 – 31.

清二楚。有时候我比法官更靠近陪审团，因此我经常与陪审员有目光接触。有时候整个陪审团都盯着我看，于是我不得不避开他们的目光。这时候陪审员们肯定在寻思法官身边这个来历不明的家伙是谁。我在教学和研究过程中已经阅读过关于陪审团和陪审心理学的全部英文文献。我会自然地观察陪审团和法官并留意他们之间的互动。

在任时间最长的法官们解释说他们在应对陪审团这方面接受的培训不够。的确，在关于培训的那一章，我们已经知道有一位老法官认为那种培训毫无用处。因此他自己领衔设计模拟陪审案，以对法官们进行这方面的培训。为此而设计的模拟陪审至今仍然让新录用的兼职法官们感到害怕，但这种培训非常有效，超越了当时的时代。新一代的法官们从中获益良多。但是我们在本章以及前面也意识到：任何大量的培训都不会让一个法官能完全应对陪审团——这实际上是一群临时拼凑在一起的陌生人——可能给法庭带来的种种意外。

我和我的助手们基于 2001 年关于陪审团的研究发现而建议完善陪审制，以便帮助陪审员履行其职责。这里的观察表明，在证言阶段，法官能敏锐地觉察到陪审团的需求，因而能及时用简单的语言解释相关事项，并能在必要时打断律师或证人的发言以转用简单的语言。我没发现法官在这方面有差错。法官们对陪审员做笔记这种做法有不同的态度，这并不令人吃惊。因为在英格兰和威尔士这一问题还没有被考虑过。但是我们已经建议允许陪审员做笔记，以便让他们在不那么被动的同时也更加警觉。

法官们向我们展示了他们在晚上和周末仔细撰写的案情小结，以便筛选最相关的证据。这已经超越了我们在 2001 年论文中的建议。如今的法官们早已不再照本宣科朗读自己的庭审证据笔记，所以陪审团不会因此几个小时甚至几天都感到无聊。法官们知道如今得在审判结束后花费许多精力撰写一份简要但连贯的小结，要将事实证据与法律问题匹配起来。没有证据表明当今的法官用这种小结作为一种工具去支持控方或者辩方。我认为法官们对这种建议或做法会感到恐惧。法官们显得谨慎中立。这无疑是担心引发上诉，也是因为他们似乎已经形成了对一种观点的憎恶，即法官得自己作出判决并就此承担责任。224

这种态度也表现为他们对法官独任审判的怀疑和反对。他们对法官独任审判的厌恶与新闻记者、议会议员以及广大公众的态度一样。奥尔德在

《刑事法院评论》㉞ 中的建议发布后的情形也表明了这一点。不过这也反映了英格兰和威尔士法律界对普通法系其他国家刑事审判程序的无知。其对本国同行（即治安法院地区法官）的角色的无知尤其令人惊讶。治安法院地区法官是一群通常不为人们所看到的法官，他们在司法界主流之外，似乎从未进入巡回法官的意识之内。这进一步证实了治安法院地区法官在第八章中的抱怨。

至于陪审指引，有些法官将其发展为一种艺术。他们使用标亮的手写笔记、文字处理软件，并运用自己对图表的理解。几乎所有的法官都提供书面的陪审指引。有些法官还使用流程图指引陪审团的裁决过程。在 2006 年《刑法评论》㉟ 中，一位法官撰写文章劝说法官们在每一个案件审判中都提供书面的陪审指引。显然，我们五年前更早提出的建议没有被在任法官们所注意或采纳。然而，法官学院最终建议除了审理最简单的案件之外法官一律要提供书面的陪审指引。过去人们以为陪审团能消化吸收并记住全部的证据、总结以及复杂的书面指引，并能在陪审室进行评议时将其适用于几天里记下来的证据，如今这种认识在逐渐消退，这是好事。

法官们没怎么接受我们在 2001 年的建议，即向陪审团提供审前小结，并允许他们获取审判记录文本。法官们通常以问题并非一成不变为理由拒绝向陪审团提供审前小结。但司法总管菲利普斯法爵明显以为这一建议可行。法官们拒绝，可能是因为他们从来没有想过这一点。我在这里重复一下这个建议，因为在其他情况下很难想象向一群需要做决定的人提供信息然后告诉他们应该怎么办。我这么说也是基于我担任陪审员的经历。

然而，当法官们被问到他们会采取什么措施来帮助陪审员履行职责时，他们显得对此显然有多年的思考。有些建议，比如更多运用书面和图表材料辅助陪审裁决，反映了近几年的一个变化，即向陪审员提供更多的印刷版或者电子版信息（远远多于 1970 年代或 1980 年代）。这也与迟来的一种认识一致，即书面指引可能有助于陪审员进行评议。

225　与研究样本中的七十七位法官不同（一位除外），我曾经两次作为陪审员，而且我写出来的自己的经历与他们的经历很不相同。我知道在法庭

㉞　《2003 年刑事司法法草案》中曾有一条规定允许被告人选择适用法官独任制审判（其他法域允许这么做），但这条规定在表决时未能获得议员们的支持。另外有一条规定允许复杂和严重的诈骗案不适用陪审制；该规定虽然在议会被通过，但从没实际施行过。

㉟　HH Judge N Madge, above n 13.

上只是被动和沉默是什么感受：那就似乎是一个没有报酬的壮丁像被告人一样被局限在一小块地方，但空间比被告人的席位更小，还得一整天与其他十一个人挤在一起。我从这种感受和已有的陪审研究中知道陪审员在提问方面经历了巨大的障碍。我从与参加本研究的法官的对话和访谈中发现法官们明显没有意识到这一点。因此，在司法培训中值得让大家注意。同时值得重申的是，法官们在一天庭审结束后应当留出几分钟来让陪审团提问。虽然陪审员的提问经常不可回答或者与案件问题无关，但法官们不难想出一些办法来应对这种情形。我们也需要承认陪审员是聪明的决策者，而不是被动的一团团（可以被操纵变形的）"海绵"（我们在为上诉法官奥尔德撰写的论文中使用过这种称呼）。正如司法总管菲利普斯法爵和司法总管贾奇法爵指出的，陪审团应该得到更多信任。

　　法官们是陪审制的狂热粉丝。以前的研究已经发现，与广大公众不一样，陪审员也是法官的狂热粉丝。226

第十一章　郡法院的民事业务

　　法官的判决书是写给两方面看的：一个是败诉方，另一个是上诉法院。

　　我们在效率的边缘运行。随着资金进一步削减，我们面临真正崩溃的风险。

——保罗·柯林兹（Paul Collins）法官，

伦敦中央民事司法中心常驻法官，2007 年①

　　本章内容是关于郡法院地区法官和巡回法官的民事（非家事）业务。这方面的基本情况是案件数量萎缩、司法资源更萎缩，以及法官们要面对越来越多的无律师当事人。《1990 年法院和法律服务法》的目标在于将民事业务向下转移到郡法院，以便让高等法院主要管辖和审理一些复杂的和非同寻常的案件。高等法院王座部（QBD）以激进的方式实现了这一目标。2009 年，王座部的民事案件为一万八千六百件，而在 1995 年则是十二万件。巧合的是，郡法院的业务量也下降了，从 1990 年的三百三十一万一千件下降到一百八十七万九千件。② 本研究也反映了这一趋势。我在伦敦的中央民事司法中心（一个旗舰式、标志性的郡法院）待了两星期。在其中一个星期里，十位巡回法官都无案可审。仅有的两个案子由兼职法官审理。案件和解率很高，以至于法官们争相进行判决。在伦敦的其他法院，巡回法官们憎恨一个事实，即那些复杂的多渠道的案件都被送到了伦敦的中央民事司法中心。这并不意味着所有的民事法官都工作负荷不大。大多数巡回法官要审理许多家事案件或刑事案件。地区法官则有做不完的文书工作。实际上有三个法院的法官觉得自己需要人手来帮忙。地区法官

---

① BBC News website, ' County courts system in chaos ', 13 February 2007. See ch 17.

② *Judicial and Court Statistics* 2009 and previous editions.

乔尔（Joel）一个人在做两位法官的工作，因为他的一位同事退休了。地区法官伊丽莎白·贝内特（Elizabeth Benett）和斯图尔特（Sturat）则希望增加一名兼职地区法官。巡回法官文森特·琼斯（Vincent Jones）则让我看了一个空荡荡的法庭，而其中一位退休返聘的法官依然没有被替换掉。在 2009 年，吉恩说民事法官们是"英雄"，因为他们工作压力大、获得支持少、资源紧张、不安全。民事诉讼中的无律师当事人和"讼棍"越来越多。[3]

地区法官是最重要的民事法官。在 2010 年，英格兰和威尔士有四百四十八名地区法官和六百四十名代理地区法官。在大多数民事业务被向下转移到民事法官肩上之后，地区法官数量增加了。他们处理大部分民事案件。公众往往看不到这方面，而且许多情况下当事人没有聘请代理律师。[4] 由于伍尔夫改革而施行的《1998 年民事程序规则》，[5] 地区法官办理几乎全部郡法院的案件以及伦敦之外的大多数高等法院案件。这很重要，因为大多数诉请不会进入审理程序。他们也处理当事人的大多数诉请，因为其中 70% 的诉请来源于小额诉讼案件（small claims cases）。地区法官和巡回法官共同处理剩余的快速案件（fast-track cases）和多渠道案件（multi-track cases）。* 这大约是郡法院案件数量的 20%。[6] 高等法院也类似地将案件下放给巡回法官。巡回法官审理大多数伦敦以外地方的案件。

227

---

③ *Judging Civil Justice*, below n 4 at ch 4.

④ 吉恩教授援引一位御前大律师说地区法官们处理的那些案件值得在高等法院衡平部辩论三天。见 H Genn, *Judging Civil Justice*（Cambridge, Cambridge University Press, 2009）176。

⑤ 该法律是基于伍尔夫法爵 1996 年的报告（*Access to Justice*）而对民事程序进行改革的结果。

* 英格兰和威尔士的民事案件按照适用的审判程序分为三种。（1）小额诉讼案件，通常由地区法官审理，而且法官通常会采用干预主义的方法处理案件，方式上也不那么正式，而且不鼓励当事人使用律师。如果法官认为合适而且当事人同意，可以采用书面审，从而不必要求有口头证据或者法律辩论。（2）快速渠道案件，需要适用"审前指引"（Pre-Trial Directions），而且会为了简化案件而就案件管理设定时间表，通常要求在设定审前指引之后三十天内进行审理，而且只允许使用一名专家证人，且其以书面作证，而且初审阶段的律师费是固定的。（3）多渠道案件，不适用"审前指引"，而且法官能自由裁量决定使用一系列案件管理方法，包括召开案件管理会以及进行审前评议。多渠道程序旨在尽早确定案件的争点，并且合适时在主要审理之前先对一些具体争点予以审理。法院会控制专家证人的人数，并严格执行各种时限。——译者注

⑥ *Judicial and Court Statistics*.

　　因此对于大多数卷入债务、离婚或财产、生意或者消费纠纷的人而言，他们的案子会由一位地区法官裁判解决，但这些地区法官完全不为公众所知。我们在前述章节已经指出，大多数法官不会向陌生人承认自己是法官。有一位在电视节目《谁想成为百万富翁》中出镜的地区法官被伪装成"政府公职律师"。地区法官的听询通常在自己的办公室进行，而且直到1999年才对公众开放。⑦ 不过法院外的人或者与案件无关的人很少去旁听。如果有人想去看看，则必须先找到郡法院的位置，弄清楚自己可以参观，然后鼓起勇气让一位吃惊的法院导引员带其通过有密码锁的门，最后进入一个小房间与当事人挤在一起。地区法官的隐匿或相对鲜为人知也因其过去的旧名称而被强化：其旧称为"登记官"（registrar）。这一称呼直到《1990年法院和法律服务法》颁行才被弃用，并被改称"地区法官"。他们过去会管理法院事务，通常是从当地非诉律师中招聘过来兼职从事审判工作。⑧ 大多数作者和研究者们都忽视了他们。博德温在他具有开创性的小额诉讼研究中指出研究者热衷于研究刑事程序。⑨ 吉恩也有同样的观点，认为"刑事程序比较容易理解，更戏剧化和激烈，也更具有政治争议性和吸引力"。⑩ 媒体和公众也忽视郡法院的民事业务。由于法院的典型代表是王冠法院，地区法官们已经厌烦了人们问他们"这个星期把多少人判进了监狱"这样的问题

　　我的大多数用于研究郡法院的日子是与十二位地区法官一起的。这是因为在三十二位巡回法官中，只有三位在我观察研究期间在审理民事案件（所以我只有转而观察郡法院地区法官的民事审判）。有些法官对民事审判业务量的下降感到比较沮丧。前一章提到的绰号为"吃诉讼代理人"的法官是指定的民事法官（DCJ）和当地民事审判业务的管理者，但也承担着一些严重的刑事案件的审判业务。

　　• 如今的问题是法官不审理任何纠纷，都是和解。我过去每年到

---

⑦ 《1999年获得正义法》（Access to Justice Act 1999）是基于《欧洲人权公约》第6条而立法形成的。

⑧ 在1939年，其有权管辖争议额在10英镑以内的案件，而且审理了三分之一的对郡法院判决有异议的案件。RM Jackson, *The Machinery of Justice*（Cambridge, Cambridge University Press, 1940）.

⑨ J Baldwin, *Small Claims in the County Courts in England and Wales*（Oxford, Clarendon Press, 1997）13.

⑩ H Genn, 'Understanding Civil Justice'（1997）50 *Current Legal Problems* 155, 159.

高等法院王座部待六个星期……但我在那里要么无案可审，要么处理一些垃圾事务。

法官及其工作

我在六个巡回区观察了六位地区法官的工作，此外还有机会观察另外八位法官以及一位兼职法官——这样的机会就像中大奖一样难得。他们有的是在伦敦的中央民事司法中心任职，有的则是在很小的威尔士乡村法院。在这样的乡村法院，法官一个人坐堂审案，自己用扩音器传唤当事人进入法庭，因为他甚至没有导引员。地区法官们的年龄和工作经验差别很大，他们的工作包括案件文书工作、小额诉讼案、快速诉讼案以及一些多渠道案件。案件可能涉及按揭和公共部门的财产取回、债务、货物和服务缺陷、人身伤害、道路交通事故等。大多数法官也听审家事案件。下一章对此会有讨论。三位法官审理破产案件，一位处理无完全行为能力人保护法院（Court of Protection*）的工作。所有的地区法官都处理多种不同领域的民事业务，但在研究样本之外的两个很大的法院里有两位法官处理专门领域的民事案件。

全部三位巡回法官都曾经当过非诉律师，这让他们有些不寻常。威廉·海博瑞（William Highbury）是指定的民事法官。他管理两个审判中心和十三个郡法院的民事审判业务和司法事务安排。另外一位是文森特·琼斯（Vincent Jones），他既处理普通民事案件，也处理家事案件。巡回法官也会在王冠法院办案。这两位法官都在王冠法院有丰富的刑事审判业务经历，也经常被排票授权处理高等法院的案件。还有一位是新获任的莎士比亚法官，她在王冠法院工作过半年。海博瑞管理他所在地区的高等法院技术与建筑庭的业务。⑪ 他有时也被排票授权参加高等法院商事庭的审判。⑫

---

* 这是英格兰和威尔士的一个高级别法院，依据《2005 年精神病人能力法》（Mental Capacity Act 2005）设立。其主要管辖就其认为的精神病、不能自己做决定的人的财产、财务或者个人福利进行保护的案件。——译者注

⑪ 我试图弄清楚什么样的案子会被分配到技术与建筑庭。海博瑞说他所在的法庭乐于将案子归类给技术与建筑庭，因为那里的案件管理更紧凑而且审理更快捷。我说那么这个法庭真该被命名为"专业与建筑法庭"。

⑫ 在伦敦之外，高等法院商事庭被称为万国商法庭（Mercantile Court）。这种称呼旨在维持伦敦商事法庭的独特的国际身份。

他与另外两位同事共同承担该地区的全部专业案件（案件轮流分派，以防止当事人"挑选法院"）。海博瑞在位于伦敦的高等法院审案，但他发觉自己本地的高等法院案件更加具有挑战性。高院法官在他所在的法院只有三周时间，因此只审理耗时较短的案件。在剩下的二十九位巡回法官中，有十八位做一些民事审判业务，但只有三位法官把一半或一半以上的业务时间用于民事审判，两位正在被排票授权审理技术与建筑庭以及商事庭的案子，还有一位则审理海事庭的案子。十一位巡回法官不做民事审判业务，因为就全国而言，刑事案件的工作要求更高。与平常一样，排票授权制度对法官们来说总是个谜。好几位法官被要求审理高等法院商事庭的案件，但他们说自己对这个领域一无所知。

229

每位地区法官每年要从事司法业务二百一十五天，每天工作时间约为 9：15 到 16：30，但有两个比较忙碌的法院则是在 17：30 或者 18：00 下班。法官们偶尔会把一些工作带回家，比如在家里进行审前阅读或者撰写押后判决书。有一位经历过《1998 年民事程序规则》施行历程的地区法官谈到了这次民事诉讼程序改革对他所在的繁忙的审判中心的地区法官们的影响：

> ● 工作量比以前大了许多……几乎快到了令人难以容忍的地步……管辖范围也极大扩张了……文书堆积很多，处理这些文书完全是高强度的决策过程……我开始当法官时可以 16：00 就回家，但是如今一不留神我就发现自己好像处在执业律师的岗位那样要弄到晚上七点才下班；每天晚上都要加班。

每位地区法官都很忙。有一位法官在持续审理住房保障纠纷之后说："这就好像是连续开会七小时，中间没有停歇。"根本不可能像巡回法官那样有缓口气的时间段。多余的时间都用来处理文书。各法院之间的工作量也不完全平衡。但是所有的地区法官都认为工作负荷对他们个人生活的唯一影响在于恢复了工作之外的个人生活。与此相反，对于执业律师而言，工作负荷的影响是压力。

> ● 我过去拥有更多闲暇时间。我以前有许多时间参加健身会馆、学习桥牌、与孩子们一起。如今我做一些家务，与妻子多待一会，就

像是在度假一样。

他们没有业务经营压力，但律师们在度假时也会每天打电话回律所查看工作累积情况。"如今我们度假回来后不过是像星期一一样开始工作。"两位喜欢保持"忙碌状态"的法官把更多个人时间用于撰写司法出版作品和捣鼓信息技术设备。三位积极参与司法培训项目和评估，但其他地区法官则很少有法院外的工作，而且几乎没有管理任务。在六位地区法官中，有两位只在一个地方审案，其他人则要在不同地方之间游走。有一位地区法官每星期要去四个乡村法院，这意味着他得早起床和多开车。

海博瑞巡回法官从 9：00 工作到 18：30。他在法院审判事务结束之后有两个小时以及星期五下午用于处理文书和管理事务。除作为指定的民事法官之外，他还帮助管理维护当地的法院建筑。他将自己所在的法院转变成了一个"民事司法中心"。他对自己选择的设计感到自豪。他向我展示了关于新法院的规划，说如果不允许他充分投入这方面他就会有很多牢骚。由于他在高等法院的事情很多，他将一些审前文书带回家，并在家里写判决书。我在那里的那一个星期里，他所有的案件审理都"崩溃"了，但这是六个月以来的第一次不那么忙。其他一些巡回法官的工作时间也与海博瑞类似。新人莎士比亚法官急于了解民事审判业务的方方面面，因此愿意承办新案子并在家里做法律研究。没有人认为自己的工作影响其个人生活。

与治安法院以及王冠法院的法官同行们一样，地区法官们也身心愉悦。我去的第一个法院的一位法官说："我觉得这是世界上最好的工作，而且你无论到哪里都会这么认为。"在第一个法院，法官们也支持这种认识。豪尔（Hower）说："我早上醒来时仍然要揪自己（确信是不是在梦里）。"我问他们喜欢自己工作的哪些方面，三位法官说啥都喜欢，一位法官的回答比较典型，说是喜欢"解决纠纷"，尤其是当败诉方也感激法官时；或者是喜欢"改变别人的生活"，或者喜欢"帮助弱者"。对于最后这个回答，我问回答者地区法官蒂尔斯（Tierce）这是什么意思。

● 举个例子吧。如果要求我批准一个为了身体受伤害的孩子的和解，而且孩子通常没有很好的律师代理……那么我可以说："这个和解在我看来并不公平。拿回去再考虑一下，然后回来找我。"我曾经

230

遇到过一个案子：一个患有精神疾病的可怕的小女孩把自己的脚弄伤了，伤得很严重，起初同意的和解金额是七千英镑。我让他们重新商议，最后的和解金额是两万两千英镑。这给我很大的满足感——我可以为她做点事情给她讨回一点公道。

地区法官们也喜欢自己工作的多样性。

- 做出一些能影响别人生活的决定……而且认为这种决定公平正确，而且自己也变得像"万金油"一样。在办案过程中，对从双层玻璃窗到精神科诊断之类的各种事情都有了一些了解。

办理大量民事案件审判业务的六位巡回法官都感到愉悦。其中三位甚至用词有些夸张："我觉得这是这个世界上最好的工作。"另一位说："我喜欢解决别人解决不了的问题。"

- 我喜欢解决别人解决不了的问题。每天我在这方面做得越多我就感觉越好。

他们享受问题的多样性，并享受独自决策的过程。这与从事刑事审判的法官不同。刑事案的定罪裁决由陪审团作出。

- 在民事案件中，法官本人作出判决。这听起来好像我是自大狂。
- 我很喜欢决策，喜欢独立。

地区法官的工作中比较典型的情况是一个星期中有一天或者两天的家事案件审判、一天的小额诉讼案件审判、一天的房屋占有纠纷案，以及一天或者半天的快速通道案件。他们会在公开的法庭上穿着法袍盛装审理这类案子。除此之外，他们通常是在办公室里工作，而且不穿法袍。案件排期很满，因为预计到许多案子会"崩溃"成为一个短时的听询，或者因为一方或者双方当事人没来参与审判程序。案件管理听询是通过电话会议进行的，通常在10：00开始。案件的空隙时间会用来处理文书，包括一些混杂的民事案件和家事案件申请。我问一位法官他是否觉得审判是一个孤独的工作。他说："不啊。这比较像我以前的非诉律师工作。那时候我每天在办公桌前做文书和文字工作，偶尔会有客户进来。"

231

在一个繁忙的司法中心，一位指定的民事法官[13]解释说尽管他愿意让手下的所有法官和兼职法官们多有事可忙，但民事业务的巡回法官们对自己的工作难以控制，因为案件和解率高。民事案件的排期比较微妙。75%的民事案件在当天就和解了。如果没有和解，且当事人的审案不能被听询，则当事人有资格获得赔偿。我和莎士比亚法官以及海博瑞法官在一起的几个观察日说明了这种不确定性。我们那几天大部分时间都是在聊天。

与莎士比亚法官一起的四天

星期一

9：30 执着于解决一个电脑故障。这是典型的浪费司法时间。她上次在王冠法院坐堂审案时已经让人在自己的笔记本电脑上安装了软件，但现在打不开民事案件要用的模板文档。她自己在电脑方面很在行，而且在努力根据说明书来解决故障，但是仍然不成功，于是不得不安排最早的时间让技术人员来帮忙，但这至少得等到十天以后。相比而言，对学者们来说，这么长的等待时间令人难以忍受。[14]

10：32 在法院内宣布一个持续审理了四天的商事财产纠纷案的判决。这个案子的审理是在上个星期。她在前几天的星期五写了一部分判决书，但星期天上午以及今天开庭前一个小时还在准备，而且文字加工处理未完成，因此她为其中的阅读问题致歉。在评论证人的证言时，她不明智地模仿了证人。

12：50 她让律师计算赔偿金的利息。除此之外，她解释说自己详细援引了被告的证据来说明自己为什么不相信他。这样做也是为了防止他上诉。"他随着案件审理的进度一边往前一边编造。"审判一直困难，因为被

---

[13] 在研究样本之外。

[14] 无论是在办公室还是在讲课的教室，我通常会在两分钟以内得到技术人员亲自的技术帮助。

告人的律师"做不来这工作,不能胜任"。更糟糕的是,律师什么都不赞同。这是被告的律师缺乏经验的结果。当我们返回法庭时,律师在就利息进行争论。莎士比亚法官建议他们再花一些时间,而且说他可以午饭后审理费用问题。这有比较好的效果。双方律师很快答应了。在午餐时间,指定的民事法官(管理该法院的事务)询问她为什么没有事先写出判决书。她回答说自己还没有在心理上准备好投入星期天上午以外的更多周末时间用于办公。

232

13:15 一位书记员问女法官是否愿意处理一个为期半天的保障房审查案,或者一两个指定的听证。她选择了保障房审查案。我们在法院餐室一起吃午饭。在十三位巡回法官和兼职法官组成的一群人中,只有我俩是女性。这很典型。

14:00~14:25 阅读庭辩概要,并努力标记出文书的重要部分。但这不可能在二十五分钟内完成。她瞄了一眼《住房法》的一个小书脊,嘟囔着说这个案子并没有被排期给一天的时间。

14:30 在法院,她问申请人这里涉及《住房法》的哪一个条款以及申请针对的是哪个文件。"我只是想知道你需要我做什么样的裁决。"被告的律师吸引了我的目光。他在诡笑这位女法官的坦诚。[15] 基于医疗证明,申请人的住房请求被拒绝了,然后她脸朝下趴躺在椅背上。

15:35 退庭,然后写判决书。

16:07~16:25 宣读判决书。

16:45 下班。

星期二

法院里没事儿。于是她读了一个会议的文字材料。她要求处理案件文书,但没有这样的任务被送过来。

星期三

10:00 她审理了一个简短的住房占有申请,并用这一天剩余的时间

---

[15] 我没有发现有证据表明出庭律师会对新法官玩弄律师技巧。但英国的新律师和阿尔珀特笔下的美国佛罗里达州的法官们不一样。见 L Alpert,'Learning About Trial Judging:The Socialization of State Trial Judges',in JA Cramer(ed),*Courts and Judges*(Beverly Hills,Sage,1981)。

填写文书（表格）。她知道自己比地区法官慢，因为她不停地要查询这查询那，但她努力通过延长工作时间来弥补速度慢。下午时她参加了一个司法会议。

星期四

她 7：45 就来到法院开始阅读一桩复杂的财产纠纷案的文书材料。10：40，当事人双方还没来法院，于是她给案件排期员打电话询问，结果得知当事人双方已经和解了。她并不憎恨刚才审前阅读浪费了她的时间，因为她刚才进行的阅读研究是为了学习。后来有一个商事租赁纠纷要由她审理。这个案子只有一位当事人到庭参与审判，于是只花了一个小时。我们一起出去吃午饭。"与我的那些上了年纪的男同事相比，我有机会看到一些年轻的面孔。"

在那个星期，巡回法官们审理案子都没什么效率。[16] 有一位法官在写一份很长的、技术性很强的判决书。另外一位度假刚回来没事情可做，于是让一位地区法官教他如何处理住房占有案的审理，以便能分担一些审理工作。头三个月的工作进行得比较慢。

巡回法官们被比作"万金油"，因为他们在自己的刑事审判业务之外还得审理任何领域的民事案件，只是一些专门类型的案件（比如专利案件和技术与建筑法庭）的管辖（这也适用于大多数地区法官、高等法院王座部的法官以及上诉法院的法官）除外。所有的民事法官都珍视来自新法律领域的挑战。他们不怕要求律师向他们阐释法律。经验丰富的法官会发现自己有时候会面对不熟悉的情况。"我希望他们向我解释污染，"快要退休的文森特法官说，"我以前从没审理过环境污染案件。"审判中法官对法律不太了解并不是大问题，因为律师的任务之一就是向法院提出全部法律论点。但如果当事人没有律师代理，或者其代理律师没经验、受训练不够或者胡乱指引当事人或者很懒，那么就会有问题。

案件管理文书与案件管理听询

地区法官的大多数时间用来考虑怎样处理当事人的请求以及案件卷宗

---

[16]　具有讽刺意味的是，这位地区巡回法官将审理交给不怎么有经验的三位兼职法官，因为他觉得必须让兼职法官们处于忙碌状态。

中的纸质材料，然后将审前的案件管理指令进行口头听写录入或者书面文字处理。这些都属于司法裁决。地区法官的职责还包括将已经有答辩的案件分配到不同的适当的渠道。五千英镑以下为小额诉讼。五千至两万五千英镑为快速程序（fast track）（审理持续一天或者更短的时间），其他的则是多渠道（multitrack）案件（审理时间更长或者案情更复杂）。所有的快速程序案件和多渠道案件都受管理。有些小额诉讼案件也是如此。具体取决于当地法院的做法。地区法官排定审前时间表和审判时间表，让案件"既便利又公平地"向前推进，并与民事诉讼程序规则的重要目的保持一致。地区法官还有一些广泛的权力，比如对问题进行分类或者定性、对部分问题或者整个问题进行简易处理、对审前披露环节进行督察并就证人证据的可接受性发出指令。⑰ 研究样本中的两个法院正在作为试点让地区法官能通过软件来以电子化方式阅读和处理案件文档，但两个法院都在这件事上遇到许多问题，因此最后也就放弃了这种努力。有一位地区法官说完全打开一个电子文档要花九分钟时间，但在这九分钟里她可以读完纸质文档、签发一个命令，并在五分钟内把案子处理完。在第二个法院，地区法官不能展示软件，因为这个软件不起作用，而且整个研究期间都没有技术人员来帮助解决这个软件问题。有些法院迟至 2004 年才引入文档电子邮件提交设备，但这只是完成伍尔夫法爵在 1996 年提出的普遍以电子化方式处理案件这一目标的一个很小的部分。⑱

地区法官们向我详细讲解了他们的案件管理文书工作。这方面的文书堆积起来有两英尺高，但如果事先已经摆放整齐而且要求很清楚，那么他们能够很快处理完。由于还有好几百份这样的文书要处理，法官可以自己决定每天忙到什么时候为止。比如海博瑞和他的同事们将所有的商事庭案件和技术与建筑法庭的案件管理处理到审理时。巡回法官的案件管理包括从地区法官那里过来的上诉案件；如果同时是指定的民事法官，那么还要就一些案件的分配作决定。

在多渠道（多程序）案件审判中，或者需要讨论审前问题时，地区法官会安排一个案件管理会议，但通常是通过电话进行。在一个法院的管辖区里，所有的当地地区法官都被要求参加案件管理会。统计数据表明这会

⑰　详见 P Darbyshire, *Darbyshire on the English Legal System*, 10th edn（London, Sweet & Maxwell, 2011）ch 10。

⑱　见前注 5 所指的伍尔夫法爵 1996 年的报告。

导致多数案件最后和解结案，从而大大节约审判时间。不熟悉这种当地做法的律师可能会对此大为惊讶。有一位律师从老远的地方打电话过来，以为会有电话会议，却被告知他本来早就应该参会。其他巡回区的地区法官们知道这种做法，但他们有些人认为这么做会导致和解失败的案件中存在不公平，而不公平的原因在于其中的含混以及要求各方参会并不合理。后来的业务指引叫停了这种地方上的要求。许多案件（包括高等法院的案件）的管理会议都由巡回法官召集。

根据民事程序规则的要求，所有的法官都要严格审判和适用法律。他们努力快速推进案件的处理、减少问题并防止当事人"暗藏心机不亮牌"（伍尔夫认为这是改革之前对抗制民事程序的最大问题之一）。根据民事审判程序新规则，法官有义务确保诉讼程序公正，并防止强势的当事人为了自己的利益而操纵审前程序。参加我试验研究的那位地区法官对一个跨国公司被告人课加了惩罚型的诉讼成本，因为这个跨国公司没有理会遭受人身伤害的其员工的律师要该公司披露关于员工工作场所情况的请求。这个跨国公司的这种行为与伍尔夫民事诉讼程序改革的精神不符，也与诉前协定的要求不符。这让那位参与试验研究的地区法官觉得这个跨国公司很恶心。电话中的争议通常是关于专家证人的。地区法官希望律师们依照民事程序规则的要求一致确认一名共同的专家证人，但律师们则采取对抗式的方法，努力想要各自使用不同的专家作为证人。在一个 4 月的某一天，有一位地区法官因为律师们没有在 1 月份之前一致确认一名共同的专家证人而对律师表示了强烈不满。"时间就这么被浪费了。"他还提醒律师们注意到由此浪费的成本以及协商一致和速度的重要性。我在一位兼职法官面前观看了一个审理期为七天、争议金额为十五万英镑的建筑工程纠纷案。地区法官们问这位兼职法官是谁管理这个案子。他们认为这个案子的管理失败了，因为原告拒绝同意使用一位共同的专家证人，而且兼职法官认为原告的专家证人夸大了事实。他们都怀疑被告人可能提出了慷慨的和解金额，这就意味着原告因为自己的不合作和阻挠而自讨苦吃。[19]

235

---

[19] 基于《民事诉讼程序规则》第 36 部分的给付表示。为了激将原告，被告会主动表示愿意向原告给付一笔自认为合适的赔偿金。如果原告拒绝这一给付，后来初审便赢了官司，且法官判决被告支付的赔偿金数额与前述被告愿意主动给付的金额相近，那么原告必须承担自被告表示愿意主动赔偿之日起到官司结束期间的双方诉讼成本。这个诉讼成本金额可能比赔偿金还多，于是赢了官司的原告可能会最后不得不掏尽腰包。法官完全不知道被告人起初主动表示愿意给付赔偿金，否则激将不会起作用。

初　审

我在本书中没能深入观察民事案件初审判决的形成，因此几乎没什么可以报告。我用十个星期在郡法院进行观察也没能发现许多高效率的民事案件初审，因此在这里难以进行有意义的概括。[⑳] 我观察了地区法官处理的五个小额诉讼案。在三位巡回法官中，一位没有进行有效率的审判，还有一位则进行了两场简短的审判，另外一位则审理了关于确定赔偿金额的案件。我还打算观看高等法院王座部的法官们的审案，但他们手上的民事案件也都和解结案了。博德温已经全面研究过小额诉讼。我在一个法院观看了地区法官霍莫和卡特曼（Cartman）处理了一天的诉讼。案件排期单故意安排得爆满，因为法官们指望有些案件会因"崩溃"而审不下去。[㉑] 这个策略偶尔会适得其反。法官们说如果他们某天处理不完案件排期单上当天的案子，那么就会让无律师当事人回家，然后审理那些花钱请律师的当事人的案子。在开庭审理之前，法官们会共享一些案卷材料，其他材料则由导引员分发到其手上。午饭时，法官们会抛硬币决定由谁来审理下午的其他案件。导引员说她起初完全不能相信有这种做法。但在我看来这可能是因为没有更好的办法来防止法官们只挑选自己喜欢的案件来进行审理。卡特曼解释说他的同事霍莫"喜欢读案卷"。霍莫在前一天下午已经读过全部案卷材料，但是卡特曼说："我认为我自己不会为了那些不会进行下去的程序而阅读材料。"博德温发现多数地区法官不会在审前阅读案卷材料。他对此提出了批评，认为这会导致"一些不幸的后果"。[㉒] 本研究中的地区法官有的会进行审前阅读，有的则不会。在一个法院，地区法官修伯特（Hubert）在审理前一天晚上将案卷材料带回家阅读。后来这个案件由于当事人双方都没到庭而"崩溃"，从而无法审理。他隔壁办公室的另一名法官是一个不进行审前阅读的人。这位法官跑过来戏谑修伯特说："我跟你说过不用进行审前阅读。（你不听啊！这次又浪费时间白读了吧！）"

---

⑳　吉恩在 2009 年评论说英国学界对审判风格和影响判决的因素缺乏研究。参见 Genn, above n 4 at 131。

㉑　Baldwin 说地区法官们发现很难为小额诉讼安排时间，因为不知道哪些当事人和证人（如果有证人的话）会真正到庭应诉。参见 Baldwin, above n 9 at 51。

㉒　ibid 55.

小额诉讼法院单独设置于 1971 年，但在 1973 年被纳入主流法院系统。1973 年之后，法官们有权以自己认为适当的方式推进审判程序，但当然必须在公正限度内。这样审案也需要具有灵活性，因为小额诉讼案件的审理不像郡法院完整使用的程序那么正式。整个小额诉讼程序必须足够简单，以便当事人能自己代理自己。大多数小额诉讼当事人没有律师代理，因此地区法官需要以干预主义和多少有些纠问式的角色去帮助当事人。他还发现有些法官没有向当事人解释将要适用的程序。不过本研究中的法官倒是向当事人就这方面不厌其烦地进行了说明。他们对举证责任分担、向法官呈交证据、避免来回推诿以及避免打断程序——单独进行了标准化的解释。我观察的小额诉讼案件有三个是源于交通事故。地区法官必须在两种相互冲突的合理叙述中决断选择其中一种。三位法官说这是他们遇到的最难的案子。法官们参照了自己的经历。在一个案件中，我自己情愿相信女司机的叙述，但法官相信男司机，并向我解释了原因。下面提到的小额诉讼具有如下两节内容的标题表明的元素。

民事程序中的无律师当事人与"麦肯锡之友"

我过去不理解为何无律师当事人在民事诉讼中普遍存在。我怀疑学者、法律界以及政府也不怎么理解无律师当事人对法院硬件、人手和司法资源的影响。[23] 所有的从事民事审判的法官，包括在上诉法院的那些高级法官，都会时常与这些无律师当事人打交道。法院用大量的人力和时间来向他们解释程序，并帮助他们填写表格。在我们的这种对抗制的诉讼程序中，无律师当事人自然而然处于弱势，因为对抗制要求当事人向法院表达自己的论点并提供信息，同时要求通过展示证人陈述、质证和交叉质证来确定证据。很少有法律专业之外的人有能力应对这些要求，[24] 因此法官不

---

[23] 关于这方面最详尽、最全面的著述，见 R Moorhead and M Sefton, *Litigants in Person：Unrepresented Litigants in First Instance Proceedings* (Department of Constitutional Affairs Research Series 2/05, 2005)；也见 R Moorhead, 'The Passive Arbiter：Litigants in Person and the Challenge to Neutrality' (2007) 16 (3) *Social andLegal Studies* 405 - 24。他们发现郡法院的全部被告中只有 15% 的人在诉讼中被代理，剩余 85% 的郡法院被告人都没有律师。

[24] 我发现实际履行法院对无律师当事人的法定帮助义务的是书记员们。但他们对他人的同理之心以及这方面的业务技巧与法律知识和受培训情况都参差不齐。见 P Darbyshire, *The Magistrates' Clerk* (Chichester, Barry Rose, 1984) 172 - 76。

得不主动"发现"无律师当事人的论点和证据，并将他们的叙述转化为待处理的问题。[25] 当事人并非总能理解他们必须用证据证明自己。[26] 他们觉得自己只要把自己经历的事情争议讲出来就行了。面对这种情况，法官不得不偏离常规的程序及其"中立的裁判员"角色。这在极大程度上降低了民事审判程序的进展速度和效率。这和前面关于王冠法院那一章中描述弗厄格斯法官遭遇到无律师代理的刑事被告人在自我辩护过程中存在的问题类似。1988 年民事司法复议机构支持法院在小额诉讼中采用干预主义的做法，因为他们认识到了这种"中立的裁判员"模式在这种情况下的不当之处。[27] 在国外，普遍的认识是法官主动干预并帮助无律师当事人对于小额诉讼案件具有根本性的重要意义。[28]

大多数小额诉讼得不到政府的法律援助资金，但是民事诉讼中的无律师当事人对法官的影响范围已经远远不限于小额诉讼。人们在住房保障纠纷案件、案件管理听询、快速程序或者多渠道程序中也自己代理自己。文森特法官审理的两个多渠道程序案件中，一个是环境污染损害赔偿案，另一个是人身损害赔偿案；其中有一位当事人没有律师代理。海博瑞法官在处理一些审前事务时面对的是一连串自己上法院的无律师当事人。在巡回法官和高院法官方面，我在高等法院技术与建筑庭以及商事庭都遇到过无律师当事人，而且这样的当事人在高等法院衡平部也很多。

阿普尔比（Applebey）在 1997 年评论说民事程序中的无律师当事人数量呈现"爆炸式增长"，[29] 但是截至 2003 年其人数已经剧增。[30] 这有多种原因：国家法律援助金缩减、小额诉讼标准提高到五千英镑、英国律师费高

---

⑤ 墨赫德（前注 23）援引一位法官。这位法官认为对证人进行质证并不恰当。

⑥ Baldwin, above n 9 at 10.

⑦ 这催生了《1990 年法院和法律服务法》第 6 条和后续的授权立法。这些法律规定小额诉讼中的取证和质证可以采用灵活的方式。

⑧ Baldwin, above n 9 at ch 3.

⑨ Applebey, 'The Growth of Litigants in Person in English Civil Proceedings' (1997) 16 *Civil Justice Quarterly* 127. See also J Plotnikoff and R Woolfson, 'A Study of the Services Provided under the Otton Project to Litigants in Person at the Citizens' Advice Bureau at the Royal Courts of Justice', Research Report 7/98 (London, LCD, 1998).

⑩ 墨赫德和塞夫顿（Sefton）指出几乎没有证据表明存在爆炸式增长。但是墨赫德（前注 23）指出家事案件中三分之一到一半的当事人没有诉讼代理，且这个现象因案件类型而不同。其中少部分人属于弱势群体，其数量虽然不多，但问题很突出。

昂以及有些诉讼当事人自愿选择自己代理自己[31]（因为民事程序规则已经公布在网站上，而且用语平实易懂[32]）。从 2011 年起，家事案件和其他许多案件中无律师当事人的数量增加，因为法律援助金被进一步削减了。高等法院普遍存在无律师当事人。这促使法官理事会成立了一个由上诉法官奥多领衔的工作小组。工作小组发现无律师当事人享用了过多的资源。与有律师的当事人相比，无律师当事人处于"严重弱势"。他们有些人完全没希望胜诉，有些人则没能力应对诉讼过程，而且他们缺乏客观性和法庭技能。[33] 奥多的报告建议在上诉法院和高等法院强化对公民咨询局（Citizens Advice Bureau）资源的使用，并鼓励法院工作人员推荐无律师当事人向公民咨询局寻求法律咨询。高等法院也给法官配备了一群司法助理来帮助无律师当事人查找和研究法律。伍尔夫法爵考虑过让法院通过交谈、手册、小空间以及信息技术来更加主动地向无律师当事人提供信息和建议，而且在此过程中不优待律师。这些考虑和建议许多都成功实现了。民事程序规则已经被简化。法院推出了使用者指南、简化了表格并提供多语种的活页手册。高等法院和上诉法院已经提供法律建议和支持，但其他地方在这方面只有一些零零碎碎的措施。

237

　　上诉法官马默里（Mummery）认为高等法院和上诉法院内的公民咨询局是一种"法律急诊科"。[34] 它雇用律师，并使用二百五十多名志愿的法律咨询员，每年为一万一千人提供帮助，处理一万四千件咨询。这也表明了无律师当事人需要帮助的规模。他还说上诉法官们感激公民资讯局的这项工作。2001 年又增设了个人支持团队。这个团队的志愿者为无律师当事人提供咨询，并作为情感上的支持而陪伴当事人上法院。个人支持团队在2003 年报告中指出无律师当事人的表现有时候可能会缺乏自制，因为他们可能会执着于纠缠个别问题，而且通常紧张、有压力；他们的行为有时候

---

[31]　在本书关于高等法院的那一章有一个例子是一位百万富翁在诉讼中是无律师当事人。

[32]　但其如今已经在很大程度上被修订，而且附带了许多执业指引规定。

[33]　墨赫德（前注 23）指出无律师当事人的参与达不到有律师当事人的期待。无律师当事人不大可能会辩护，或者提交诉讼文书，或者提出申请，或者出席审理。他们在确认法律问题或者诉讼目的方面有很大困难。他们有时候混淆法律与社会观念中的正义和道德评价中的正义。他们努力获得在法律上不重要的证据，而且对其争议巨细不分都进行争辩。法官们在这种情况下经常收到大堆大堆令人困惑的、不重要的诉讼文书。有证据表明这样的诉讼导致的结果也更差。没有诉讼代理人会严重不利于无律师当事人。

[34]　'Litigation crisis? This way to the casualty department', *The Times*, 18 May 2004, 5.

也会让法官和法院辅助人员感到紧张和有压力。

在处理无律师当事人的案子时,法官必须十分耐心,而且具有敏感性,并必须确保这些当事人获得公正诉讼的权利得到保障和支持。法律为无律师当事人提供了在法院获得帮助的权利。这些权利包括:

（1）"诉讼之友"可以代理儿童或者精神病人。[35]

（2）"麦肯锡之友"可以在法院陪伴无律师当事人,但无权发言,不过法官可以允许其发言。

（3）在小额诉讼中,非法律职业人士可以代理无律师当事人。[36]法院有普通的自由裁量权决定听询任何合适的人代理。

（4）具有出庭资格的律师有权免费代理一方当事人。

如今有一种正在成长的业务,即非法律职业人士提供有偿代理诉讼服务。法院通常愿意审理这样的代理诉讼案件。墨赫德指出这方面存在价值观方面的竞争,甚至会产生不均衡的结果。[37] 一方面,法官们同情不能获得法律援助金的无律师当事人,[38] 但另一方面他们必须保护法律职业者的出庭权利。有些法官说非法律职业代理人有时候会非常有助于诉讼程序的进行,但其中的低能者则是一种麻烦。[39]

无律师当事人与法院工作人员的第一次面对面接触是在前台进行咨询和领取正确的表格。当事人会在填写表格时获得帮助,但如果在郡法院则不经常这样了。法官们很敏锐地指出了这一点。[40] 我到访过一个本研究样

239

---

[35]　CPR, Part 21.

[36]　根据《1990年法院和法律服务法》第27条,无律师当事人必须在场。

[37]　R Moorhead, ' Access or aggravation？ Litigants in person, McKenzie friends and lay representation' (2003) 22 *Civil Justice Quarterly* 133 – 55.

[38]　捍卫麦肯锡之友志愿服务,治安裁判官展开双臂欢迎他们。见 J Kennedy, ' McKenzie Friends Re-United' (2011) 160 *New Law Journal* 416。

[39]　墨赫德（前注37）描述了 *Paragon Finance plc v Noueiri* [2001] EWCA Civ 1402。该案的"麦肯锡之友"提出了没用的上诉,并告诉无律师当事人说其会收取其赢得的二十五万英镑的20%。上诉法院认为这是不适格的人提供（有偿）出庭服务。

[40]　墨赫德和塞夫顿（前注23）发现无律师当事人从法院和其他方面获得的帮助零零碎碎,而且法院也没能很有信心地指引无律师当事人获得其他可替代的帮助。因为那个"不得向当事人提供咨询"的规则的运作方式,法院辅助人员也不确信可以为无律师当事人提供什么样的帮助。

本之外的郡法院，在那里观察到一个典型的小事故。一个脸涨得通红的人让排队服务停滞不前。他在要求获得填表帮助时变得越来越生气和沮丧，但服务台的工作人员不断重复要求他阅读书面的填表说明。一位地区法官在那里解释说，这个工资很低的工作人员在法院工作了三个月之后就被分派到这个服务台岗位上了。

本研究样本中的法官都没有就如何应对无律师当事人接受过任何培训。他们使用的《法院内的平等对待》一书问世虽然晚，但如今包括了"司法裁判技艺"一节。这一节的作者是一位地区法官。[41] 上诉法院则通过判例法和司法出版物提供指引。[42] 这方面缺乏司法培训就意味着无律师当事人在法官面前的遭遇取决于法官自己的技能和经验、对当事人的态度、人际沟通技能、同情的程度以及其对当事人的理解能力。[43] 本研究观察到的所有法官都具有耐心和同情心。法官们都意识到无律师当事人紧张、有压力，从而很善于安抚他们。有一位无律师当事人迟到了，而且在海博瑞法官面前一脸困惑。法官说："别担心，慢慢来。"与文森特·琼斯法官一样，海博瑞一直保持微笑和礼貌。与其他法官一样，他也关切地提醒无律师当事人怎样避免不知不觉让自己发生额外的费用和成本。

- 法官："先生，你看这个。你确实欠汇丰银行的钱。你认为是欠多少？两千五百英镑？"
- 当事人："差不多是这么多。"
- 法官："如果银行说你欠三千英镑，而你说是两千五百英镑，那么你越早提交异议越好。你快去把这事儿办了。"

240

他将临时指令听写出来，并用平实易懂的语言说出每个观点，以便当事人能理解。法官们会自觉照顾无律师当事人的经济利益，并引导他们走完整个程序。伦敦的一位地区法官说："许多无律师当事人不

---

[41] 见本书第六章。关于应对无律师当事人的培训如今分散在一些小型研讨讲座中。

[42] Mr Justice N Wall, 'Litigants in Person— a Personal View' (2003) 15 (2) *Association of District Judges Law Bulletin*, 6.

[43] 墨赫德和塞夫顿（前注23）发现法官们以不同程度的干预来回应这种情况下不恰当的居中裁判角色。

是英国人，因此必须照顾好他们的利益。"在民事程序规则的最高目标之下，法官有义务确保审判公正。有些法官还会本能地帮助那些面对更强大的、有律师代理的另一方（比如债权人）的无律师当事人，会为此不惜让另一方当事人觉得厌烦。在 2003 年，民事法院使用者协会向地区法官协会抱怨说"一些债权人总体上认为法官们不公正地偏向无律师当事人"。[44] 这佐证了博德温访谈过的一些商事案件当事人的观点。[45] 而《1999 年获得正义法》（Access to Justice Act 1999）之后的法律援助削减使得法官们更加同情无律师当事人。参与我试验研究的高院法官对人身损害赔偿案件中的法律援助的取消造成的不正义感到沮丧。地区法官们对本地的法律援助律师的匮乏进行了嘲讽。在我进法院进行研究的第一天就有三位法官让我留意这一现象。地区法官鲁尼（Rooney）说：

- 如今几乎没有律师愿意为家事案件提供法律援助。最近另外一个不错的律师行也退出了法律援助。[46] 这就是"获得正义"！遭受家庭暴力的当事人跑遍高等法院，里里外外都找不到一位愿意为他们提供法律援助的律师。

文森特·琼斯和毕德（Bede）都抱怨说他们所在法院的咨询服务中心工作人员如今已经缩减到只剩下一人。这种咨询服务的缩减造成了法院的大量时间被浪费。文森特有一整个暑假装满了《法律行动/诉讼》简报（这是忧心法律援助的这位律师的新闻专刊。他的妻子是公民咨询局的咨询员）。法官们的这种担心通过地区法官协会的《法律简报》专刊编辑的叙述表达出来：

- 那些租金案和按揭纠纷案的当事人……如果幸运，就会有一位来自"协欧特"的工作人员提供帮助。我所在的地区只有一位非诉律

---

[44] ADJ *Law Bulletin*, Vol 15 No 2, 23.

[45] Baldwin, above n 9 at 100.

[46] 家事法律援助从 2000 年的四千五百次下降到 2006 年的两千八百次以及 2010 年的一千三百次。见 F Gibb, 'Vulnerable youngsters put at risk by plans to slash legal aid', *TheTimes*, 26 October 2009 and News (2010) 160 *New Law Journal* 1127。

师有资格在住房纠纷事务方面提供法律援助（housing franchise*）。禁令申请案中的被告人独自来法院。精神病患者强制住院申请案中的被告人也是独自来法院。那些请不起律师的丈夫们和妻子们也是如此。[47]

在 2006 年，地区法官协会会长承认有个被反复提到的重要问题——那些生活在乡村地区的当事人获取法律援助的情况变得越来越困难。[48]

在一个案件管理会议上，一个护理院对十五名没有律师代理的住院者提起了诉讼。参加审理的当地政府代表解释说这十五人的平均年龄为八十一岁，其中有些人有法定监护人。政府已经很难为他们寻找律师和法律援助。地区法官蒂尔斯决定让一位诉讼之友参与进来。他中止了案件程序，命令政府就每位被告自己处理自己事务的能力出具报告。原告是快要倒闭的一个慈善公益机构，其聘请的律师那天在会上也困惑了。

如果法官们没有意识到无律师当事人面对的困难，则这些当事人的处境会更糟糕。有一位无律师当事人状告自己的兽医对宠物狗截肢错误。地区法官对损害赔偿金名目中的拟人逻辑感到好笑。其中的赔偿金名目包括过失侵权、对狗狗的"人身损害"、汽车座椅包装上的血迹以及他看见狗狗时的震惊，还有狗狗的痛苦。然而，该案的昂贵后果对于原告来说很严重。而有一位大律师代理的这位兽医则准备利用任何可用的程序来废掉这个案子，因此耗费的法院时间和成本巨大得令人吃惊。这位无律师当事人无疑以为这只是一个便宜的小额诉讼，但这个案子被分配到多渠道程序案件，由此导致的诉讼成本难以预测。原告就案件分派这一点上诉到巡回法官那里。高等法院在等待就此进行司法审查，而且为此已经进行了一场长达两小时的案件管理会。伍尔夫民事程序改革的目标之一就是确保诉讼成本与请求赔偿额成比例。但是地区法官没有提出这一点。无律师当事人是一个学法律的学生。他抗议说被告导致的诉讼成本畸高且不成比例。基于民事诉讼程序的目标和对比例原则的强调，我很惊讶办理过此案的法官中没有一个人为这位无律师当事人提供过帮助。

241

---

* 在这种制度下，非诉律师所在的律所与当时的法律援助署订立合同。根据该合同，该律所可以在法律援助制度框架下就与住房有关的法律问题为当事人提供法律咨询和服务。由此产生的律师费由政府作为其资助的法律援助金支付给律师。——译者注

[47] Nigel Law, winter 2005 – 06 issue.

[48] ADJ's *Law Bulletin*, Vol 17, No 2, summer 2006.

法官们通常十分善于向外人解释程序。⑭ 大多数地区法官曾经是律师，因此在这方面已经有几十年的经验。如果法官担心潜在的不公正，则会鼓励无律师当事人寻求法律帮助。地区法官霍莫正在参加一个案件管理会。这个案子的原告请求被告人支付四千英镑赔偿金，但无律师代理的被告人反诉请求原告赔偿三万英镑，于是原告的律师估算的成本增加为八千英镑。霍莫用简单的话解释了这个民事案件程序渠道的性质、他要做的决定和进行的披露：

> ● 这不像电视剧《佩瑞·梅森》里展现的情节，我们不允许伏击式诉讼。你看了案卷可能会认为"这完全是一堆垃圾"。但当事人看了你的文书之后可能会认为"我们起初没有意识到这一点"，然后准备讨论和解……我不知道。我没看过你案子的理由和情况，因此无法预测将来的诉讼情况。

他解释了诉讼成本事宜，并再次鼓励被告人寻求法律支持和建议。地区法官有时候显得容易把持不住而提供法律建议，但不得不提醒自己注意中立。⑩ 有一位无律师当事人在地区法官修尔伯特那里出席了案件管理会。他是一桩人身损害赔偿案的被告人。受他那心怀不满的妻子的怂恿，他的孩子们就他十二年前造成的一起车祸而导致的人身损害对这位父亲提起诉讼。原告的律师没有到会，因为他们不久前才收到一份混乱的材料，不过这些律师并没有就其不能到会通知法院。修尔伯特法官主动与这位无律师当事人交谈了很久，并向他解释说该怎样弄清楚交通事故发生当天他的保险公司是哪一家。但他马上停下来说自己不能提供偏向一方当事人的建议。我问修尔伯特他是否觉得按捺不住而要干预。他说当有人遭遇严重的不公平时，比如在这个案子里，他真这么觉得。⑪

242

---

⑭ 墨赫德（前注 23）说法官们确保程序上正确，但也有一些法官承认他们不确信所有支持无律师当事人的观点都在法律上得到了探讨，而且他们也没有职责去进行那样的探讨；相反，他们认为自己的角色是为当事人寻求咨询留出时间。

⑩ 在本书关于王冠法院的那一章，我们已经注意到莫蒂默法官几乎要中止审理过程而亲自提醒起诉方说法院和法官的职责不是提供法律建议。

⑪ 地区法官协会正在试行一个计划。这个计划得到了司法新闻署的支持，准备在全国的地方报纸上刊登小额诉讼指南。这个指南是由一位地区法官撰写的。他们希望这样能增强公众的认识。见 S Gold, 'Putting the public straight', AHMDJ *Law Bulletin*, Vol 22, No 1, winter 2010/11。

如果法官发现无律师当事人在自己的能力范围之内明显违反程序，则其对这样的当事人的同情会减少。有一位无律师当事人在地区法官乔尔面前抗辩原告对他经营的酒吧予以收回。原告是酒吧房子的所有权人，由大律师代理。原告要求收回房子，并要求这位无律师当事人补交租金、补偿经营成本以及六千英镑定金。这位当事人根本懒得提交答辩状，也没有提出抗辩陈述或者反诉书，而是直接向法官宣示说他自己"应该提出反诉"，理由是原告扣留了其在酒吧的存货和设备。乔尔说"你不能就这样在法庭上提出反诉"，并坚持要求马上处理此案，因为延期已经被许可过了，所以在收到这位无律师当事人后来聘请的律师来函后，法官仍旧坚持马上审理该案。法官回答了被告人的父亲的提问，并解释说被告人可以就自己遭受的损失另外采用其他程序求偿。在原告的证据出示完毕之后，被告人重复请求就存货和设备获得赔偿，被告人的父亲又插话提问。法官不再回答，而是说：

- 我在这里是审理案子，不是提供法律咨询或者建议。如果你想为你儿子这么做，你可以作为他的诉讼当事人之友出庭，这被称为"麦肯锡之友"。但是如果你觉得有疑问需要向你儿子提出，那么你该直接跟你儿子说。

这位父亲在此又插话解释说他儿子失业了而且没有救济金。在乔尔判决被告人支付原告请求的六千英镑以及一千五百英镑诉讼费用时，父子俩显然觉得不公。儿子说"我付不起，而且很快就要破产了"，并大声嘲讽地评论说原告的大律师就干这么两天活儿就轻松赚了一笔。[52] 在他们离开后，乔尔说："你会为一些人难过，但原告啥也得不到，因为被告人要破产了。"

这里的无律师当事人通常由一位亲戚或者朋友陪同来法院。陪伴者期待能和法官说话并参与审理，好像自己就是当事人一方。产生这种期待的

243

---

[52] 墨赫德和塞夫顿（前注23）发现其访谈的无律师当事人中有一半人觉得审理不公正。与这种感觉交织在一起的是一个事实，即法官们经常会排除在法律上无关的证据。两位作者考虑过为什么法官严守"中立"以及对法律上无关证据的排除会导致法律实体方面的不正义感。他们建议采用另一种司法方式；这种方式强调诉讼中的法律原则传达，以便无律师当事人能理解这些法律原则，同时强调有更多意愿从无律师当事人的视角来理解争议本身。

部分原因在于地区法官主持的审理比较非正式，有点像圆桌对话，而且是在自己办公室进行。在这种情况下，地区法官就在办公桌旁，而不是在法官席上。

不高兴的女子单身告别会

一场感觉失望的女子单身告别会的参加者们也有上述类似的期待。这表明外行人如何分不清诉讼当事人、证人与"麦肯锡之友"之间的区别，从而导致法官为了确保审判程序公正有序地进行而不得不频频让这些人保持克制，但这些参与诉讼的人都想争吵。这也表明如果上诉当事人双方都没有律师代理，那么法官便有双倍的压力。一位代理地区法官为一个小额诉讼案安排了两个小时的庭审时间，地区法官对这种安排感到惊讶。但这个案子仅证人就包括了十九名普通证人和两名警察证人。地区法官伊丽莎白·贝内特将案子交给同事斯图尔特法官审理。地区法官斯图尔特 14：00 开始办案，首先确认到场的十二人的身份。双方当事人都没有律师代理。原告是一位酒吧主，声称被告人没有向其支付价款。被告人是一位很快就要当新娘的未婚女子，她反诉原告非法拘禁。她还说原告酒吧提供的娱乐服务不恰当，而且酒水饮料并非免费。陪伴这位紧张的年轻女子的是一位年长的妇女。年轻女子问法官这位年长的妇女能否作为"麦肯锡之友"参加诉讼程序。斯图尔特法官说："不可以，因为她也是证人，而且我向你解释程序之后你可能会觉得自己能够应对这些事情。"然后他用简单的语言和所有这些人说话，以核实他们都带来了相关的重要文字资料。他就被告人的抗辩陈述进行了小结，并用简单的语言概述了他所理解的被告人的叙述，同时允许她更正自己的理解。然后他向在场的所有人解释了程序。他对原告发问，并手写笔录了原告的回答，指出了原告陈述与证人证言不一致的方面。原告对被告人提出了异议。

- 原告："除了跟你一伙的人之外，你还有其他证人吗？"

  地区法官："等一等，先生，你不能提问。你现在是在作证。"

地区法官斯图尔特提醒酒吧主原告说是他提起的诉讼，因此应该由他证明发生的事情。当原告质证第二位证人以及后续其他证人时，他越来越挑衅和咄咄逼人。原告从外表上看就显得强硬。原告听了证人们的回答，然后提了一些需要由原告而不是证人来回答的提问。但这样的提问被法官纠正了。然后所有参加这次单身告别聚会的女人都开始插话。原告开始陈述。他质疑了证人的证据，而不是提问。地区法官打断了他的陈述，并微笑着解释说他作为法官清楚该由他决断什么，而原告这么做无济于事。"让我们努力把这个程序尽可能正常恰当（decorously）地进行完。"（但没人懂 decorously 这个词）到了 15:50，证人们结束提供证言。被告人的证人被缩减为八人。然后地区法官斯图尔特说双方当事人都可以作最后陈词。他说："我需要判断这些女孩们是被要求离开酒吧还是自愿离开酒吧的。"（我突然意识到这里面有些"女孩"已经四十多岁了，她们可能不喜欢"女孩"这个标签贴在她们身上）地区法官斯图尔特要求当事人以及证人们离开，因为他要写判决书。16:20，他们都被叫回来（但没有使用导引员）。判决书花了十二分钟才读完。他提到原告情绪变化多样。原告立刻插话打断，说了很长一段话，坚称自己并非那样，而且提高嗓门说："我觉得这话说的根本不是我。我不过是在尽力做自己的生意。"地区法官不顾原告的这种说法，而是命令被告人在反诉时发言。原告看上去既痛苦又生气。"我简直不信这。我还能说啥呢？"他试图引起我的注意。地区法官说所有证人都有权获得五十英镑的补偿以及收入损失补偿。当法官让每位证人轮流说出自己的金钱损失时，原告插话打断说："我必须在这里一直坐着忍到结束吗？"然后大踏步离开了。当女人们离开时，其中一位转身对法官说："谢谢你！你做得真好。我起初真的没期望会这样。"

英格兰的对抗式诉讼程序要求每一位当事人自己查找法律来支持自己的主张。如果无律师当事人做不到这一点，那么法官就遇到问题了。这就是司法界的高级法官有司法助理来帮助他们工作，而低级法院的法官们则享受不到这种帮助的原因。地区法官们解释说他们发觉这样的案件尤其困难。

- 如果你遇上双方都是无律师当事人，而且双方都没弄清楚法律问题，那么法官得确保自己在法律方面不出错，而且还要让当事人都能懂这些法律问题。这种困难存在于小额诉讼案件上，因为小额诉讼的当事人都有非常根深蒂固的观点，因此无论法官怎么判决，总会有一方不满意，偶尔甚至双方都不满意。

巡回法官海博瑞和彼得·玛修斯当时在高等法院技术与建筑庭办理一起建筑纠纷案。这个案子的原告（也是建筑物的所有权人）和被告人（建筑施工方）都没有律师代理诉讼。两位法官说这个案子的技术专业性很强，但是没有专家报告，也没有准备斯科特表格（Scott Schedule*）。他们还说"双方当事人都脸皮厚"。两位法官都讨厌审理这个案子。案子就在两人之间推来推去，最后彼得·玛修斯法官以退休而胜出，于是这个案子的审理便落到了海博瑞的肩上。海博瑞说尽管该案争议金额高达六万英镑，但他打算像处理小额诉讼案一样审理这个案子。他会让当事人双方"都坐下来，让他们都有话可说"。他说他不会把当事人支走让他们去寻求法律咨询和意见，因为他们可能付不起律师费。"换成另外一位法官则可能要求他们撰写正式的书面材料，但我认为这方面没啥希望，因为双方当事人都不是很聪明。"

245

所有的法官在解释程序时都十分耐心，而且在无律师当事人出错时——比如当事人会向证人进行不恰当的提问，或者老是重复自己说过的话——也比较宽容。如果无律师当事人不幸面对的是对方当事人的律师，则法官会期待这些专业的律师们也表现出类似的宽容。文森特·琼斯法官有一次接连审理两个案子，其中都有一位无律师当事人对抗对方当事人的律师。在审理第一个案子（环境污染案）时，法官不得不制止无律师当事人问证人相关法律是什么，接着环保局的律师也反对无律师当事人让证人猜测法律。被告人显然对于自己成为诉讼对象而感到痛苦。他曾一度希望环保局会对他的商业承租人提起诉讼，因为是他本人向水务机构举报承租人污染水体的。但如今他自己成了被告人。法官允许无律师当事人进行了大量的重复陈述，并在后来回应了环保局律师的反对，而且礼貌地阻止了这位律师的这种论辩思路。午餐时，文森特法官说这个案子不存在抗辩。治安法院早已经就此判定了污染罪成立。无律师当事人不断重复争辩说业余裁判官在适用刑事责任标准方面存在错误。法官不得不重复且耐心地解

---

* 这种表格通常适用于各类大小工程纠纷案件。当事人（通常是原告）会在表格中简要列明自己就工程质量的各项具体的指控以及赔偿请求额，另一方当事人会相应就各项予以简要答辩。表格中有一栏供法官使用（其会初步判断当事人的请求或答辩在法律上是否成立）。——译者注

释说（这位）当事人不能像在上诉审案那样评判治安裁判官的判决，也不能探究治安裁判官的说理思路背后的情况，但这位无律师当事人直到15:20才承认败诉。

在接下来的两天里，文森特法官审理了另外一个无律师当事人的案子。这位原告因为工伤起诉其雇主。这位无律师当事人处理自己案子的能力还不错。当他陈述时，文森特小心地将其陈述转化为质证或者交叉质证时的提问。在整个过程中，他都对这位无律师的原告保持微笑。被告人的大律师扰乱了案件的审理。文森特很恼火这位大律师没能提供文字材料的原件。这位大律师提供的是复印件，而且努力和文森特争辩说复印件也行。文森特被其无礼激怒了，说律师应该有心智“知道自己面对的是法官”并且要求其道歉。(53) 他停止审理后等了一个小时由快递把原件送过来，然后坚持开庭到晚上，以弥补失去的时间，因为他第二天要根据既定的安排审理一个法庭程序持续两天的家事案件。一旦这位大律师惹恼了文森特，他们之间的关系便不可逆转。律师试图坐着对法官发言，因此又受到了责难。该案的审理不可避免地拖到了第二天。被告人的律师一度反对无律师的原告的提问，说他的提问与案件无关。文森特最终对这位无益的律师失去了耐心。他说：

> • 如果庭辩概要与证据各自关涉的内容不同，那么提问的范围自然会比较广。律师先生，我正在努力进行一场公平的审判。你的对方是一位无律师当事人。郡法院的法官需要对他们比较宽容，而你本人 246
> 也需要学会同样如此！

律师到这时候才道歉。他向文森特法官致歉，然后满脸懊悔地坐下来。(54)

---

(53) 伦敦的这个法院和伦敦的王冠法院一样缺乏“共同体精神”，因此有法官抱怨律师人数太多因而不可信任。这位陌生的大律师不知道审理其代理的案件的法官，也没有掌握法庭上的律师业务技艺。关于律师技艺，见 RB Flemming et al, *The Craft of Justice*（Philadelphia, University of Pennsylvania Press, 1993）cited in ch 8。

(54) 他似乎不知道“在大律师界有一个悠久的传统，即如果案子的一方当事人无律师而亲自诉讼，则这个案子另一方当事人的律师会在与自己对客户的义务相一致的范围内帮助这个案子的无律师当事人”。引自 Wall, above n 42。

讼　棍

有些无律师当事人执迷于诉讼，将诉讼作为一种全职的追求。如果他们变成这样，并试图扰乱另一方或者多方，则他们可能被归类为"讼棍"，并因此被禁止再对别人提起诉讼。本研究证实了对判例法中案例事实的查询。二者都表明法院在审理民事案件时对当事人的宽容程度令人大为惊讶。一名无律师当事人在被列为讼棍之前必然已经把法院前台工作人员以及法官弄得苦不堪言。⑤ 地区法官伊丽莎白·贝内特（Elizabeth Benett）和斯图尔特谈过一个在他们办理的案子中出庭的无律师当事人的问题。他俩都怀疑这是诈骗。不幸的是，这个当事人常常由于对方当事人对其诉讼不予应对而获得胜诉判决。伊丽莎白解释说：

> ● 由于赔偿最终会落到保险公司头上，于是被告人及其保险公司申请撤销判决。一名巡回法官说："法院没收到证据。"他总是上诉到巡回法官那里。他已经积累了一些对程序的理解。法院办公室每月会有一天直到晚上七点才关门停止办理业务。他在那天会占用法院办公室的许多时间。我制作了一个表格给他，这个表格包含了他该支付的诉讼费用，但都没支付。我用自己个人的时间来制作这个表格，我丈夫问我为什么要费神这么做。

地区法官斯图尔特后来才来办理这位无律师当事人的案子。斯图尔特法官的处理就好像是扔下了一个炸弹。被告人在最近的案子中与原告和解支付了一千四百英镑。"但是没有证据！"斯图尔特说当他看见这位无律师当事人和保险公司的"法律小顾问"一起来法院时便十分警觉。这位顾问已经表示她可能会请求撤销判决，但是她的非诉律师指导让她和解并向这位当事人支

---

⑤ 上述法院在两个案件中设定了指南，参见 *Bhamjee v Forsdick and others* ［2003］ EWCA Civ 1113 and *R（Mahajan）v Central London County Court and Another*［2004］Civ 946。在案件 *HM Attorney General v Chitolie*［2004］EWHC 1943（Admin）中，被告人在涉入十八个诉讼之后被认定为讼棍。在 2004 年 10 月，民事诉讼规则第 3.11 条明确法院有权发出民事限制令。对于有些人来说，讼棍是一种疾病，这在欧洲大陆被称为"德·克莱拉鲍特（De Clerambault）综合征"。这样的讼棍会试图起诉其律师、审案法官以及法院。1997～2003年，法务部花费了三百万英镑来使自己免遭这样的诉讼。

付赔款。法官们对此感到非常惊讶和担心。"这会弄乱我们的司法统计数据，是不是?"但他们现在不能将这位无律师当事人列为"讼棍"。这样会浪费时间和资源，而且会鼓励诈骗。在其他法院，地区法官霍莫和卡特曼向我提到了他们那里的一个讼棍。这个人不断起诉邮局未能将其寄给多家法院的挂号信寄到，他正在那些法院起诉。文森特·琼斯向我出示了一大捆关于一位诉讼当事人的文件材料。他说这位当事人"情绪变化多样"。他所在的当地政府强令其搬离政府保障房并将他的财物储存起来，他就这些财物索赔三万英镑。上次去法院咨询台时，他敲坏了门窗。因此文森特已经说服法院服务署发布禁令，禁止他来法院参加除了案件听询或审理以外的任何活动。

247

处理债务纠纷案

　　到郡法院打官司的人不都是中产阶级和生意人。[56] 2003～2004 年一项对五千名成年人的调查研究表明社会弱势群体在遭遇民事司法问题时尤其弱势，而经历这些问题的人 80% 是居住在临时住所里的人，三分之二是单身父母，一半是失业者。问题通常接连发生，比如人身损害案导致失去住房或者失去收入。[57] 比较典型的是地方法官蒂尔斯和鲁尼每星期有一个上午会每小时听询十六桩当地政府的房屋占有诉讼，然后会在下午处理私人房东们的申请。大多数房客根本不会为了防止被强制搬离涉案住所而出庭，而那些出庭的人则许多都没有律师代理他们。考虑到这种案子对被告人的重要性，地区法官们倾向于匆忙处理这类案子，但他们普遍不高兴这么做。我在多地调研时，法官们都会提醒我说："这些涉案的房子是人们的家啊!"[58] 通过审理住房纠纷案、个人破产案以及家事案件（通常是分割

---

⑤⑥　郡法院的三分之二的诉求由北安普顿诉求发生中心（Northampton Claim Production Centre）整理生成。该中心代理的是批量求偿者，比如银行和信用卡发行者。见 *Judicial and CourtStatistics*。

⑤⑦　P Pleasance and others（2004），*Causes of Action：civil law and social justice*. 这是受法律服务研究中心的委托进行的研究。该研究证实了吉恩的研究发现，参见 H Genn, *Paths to Justice：what people do and think aboutgoing to law*（Oxford, Hart Publishing, 1999）。

⑤⑧　这种担忧态度具有普遍性。没有法官说其审理的案件"非常无聊"（Pretty Boring Stuff）。但这位地区法官援引了如下两位研究者的这种说法。见 Cowan and E Hitchings，"Pretty Boring Stuff：District Judges and Housing Possession Proceedings"（2007）16（3）*Social and Legal Studies* 363 - 82。地区法官们不理解所涉程序的严重性和后果。这一点从该文引文的其他部分可以看出来。

债务而不是资产），法官们接触到了社会上最贫穷、最弱势、生活最紊乱的人们，而且这些人在不同程度上由于毒品上瘾和抑郁而遭受痛苦。[59] 非其所愿的是，治安法院地区法官们（审理刑事案件及家事案件）有着共同的当事人群体。有一次我们在看一个年薪五千五百英镑的厨师的债务时，地区法官修尔伯特说："我觉得这些人许多都有边缘型性格障碍，而且将毒品和酒作为药品来服用。"巧合的是那天早上有一则关于有多方债务的人们的新闻报道。这些人正像在修尔伯特面前出庭的那些当事人一样。法官们经常对社会不公感到沮丧。在所有六个巡回区的房屋占有纠纷案中，被告们大多经常迟延收到政府的住房补贴，而且对住房补贴必须向地方政府申请（其他一些福利补贴向中央政府申请）才能获得而感到困惑。[60] 家庭税收扣除退返额也会延迟支付。有一位遭遇这个问题的女当事人透露自己是在国家税收和海关署工作，这让法官们忍不住觉得好笑。在午餐时，两位法官讨论了在人身损害赔偿案中招揽诉讼求偿业务的中介人"是否提供了一种从弱势群体中脱身的方式"的问题，地区法官鲁尼曾经与法院执行和传达员一起亲眼看到了无房可住的后果。作为一名阅读过格瑞弗斯（Griffith）的《司法界的政治》一书的 1970 年代的法律专业学生，我从未想过有一天自己会和法官们一样对社会不公和法律咨询援助服务的减少感到痛心。这一代的法官们也是读着格瑞弗斯的作品成长起来的。[61] 所有这一切都表明法官的"不接地气"这一形象是多么可笑。

地区法官捷德（Jurd）便是这样一位有社会正义感的法官。一个住房安置机构向法院申请禁令，以便要求承租户将一个巨大的房车从他的花园移除。这位无律师被告人辩称房车在那里是为了给他六个孩子中的几个作为住处。他要求法官延期审理此案，以便能有时间获得法律咨询，但同时他问法官自己能否反诉，因为他觉得原告没有重新为自己安排住处，从而违反了合同。捷德法官重复向被告人解释他作为法官不能提供建议给任何一方当事人。被告人说他不能及时获得法律建议，因为公民咨询局要三天后才能处理他的咨询。捷德法官解释说他会许可延期，但房客仍然违约因

---

[59] 吉恩曾讲述有一位法官被一位有特殊需求（残疾）的无律师当事人大声说教之后休庭到办公室打电话给社工服务机构。见 above n 4 at 178。

[60] 有研究（above n 58，Cowan and Hitchings）指出缺乏住房津贴是房租欠缴的主要原因。

[61] 有研究者报告了"协欧特"的案件工作人员和在房屋占有案件中为其提供咨询和代理的非诉律师对郡法院的评价"非常积极"。地区法官经常乐于见到他们。见 J Gallagher，'Keeping the Roof'，ADJ *Law Bulletin*（Winter 2005–06）Vol 17，No1，11。

此必须移除房车。被告人愤怒地说："那我就不得不让孩子们睡大街了，这样我会因此蹲监狱。为了孩子们我啥都愿意做（重复说了几遍）。这里没有公平正义。"他威胁下次出庭时会把孩子们也带过来。后来法官解释说他对被告人十分同情。住房安置机构本应该先给被告人重新安排住处。他感到此案中存在很严重的不公，于是考虑将这个案子移交给一位巡回法官审理，以便引起舆论的注意。

和失去住房一样，人们会很快失去信誉评级。在一天的11：22，法院导引员在一些小额诉讼案的审理间隙将一个破产申请人带了进来，该申请人没有律师。

> ● 地区法官卡特曼："你已经获得法律建议了吗？"
> 申请人："有，我去过公民咨询局。"
> 法官："有人向你解释过其他替代方案吗？"
> 申请人："有，但是我偿还不了债务，我收入不够。"

249

地区法官接受了这一点，然后解释说破产立即生效。当事人请求获得更多解释，法官解释了简易破产管理程序以及官方管理人的角色。

> ● 地区法官："你还需要我发出指令吗？"
> 申请人："是的，法官大人。"

地区法官修尔伯特也办理过一桩个人破产申请案。申请人是一名二十岁的厨师。在读过申请文书之后，法官怀疑这个申请人是否先前获得过法律咨询建议。申请人说自己处于抑郁状态，而且搬回家和父亲一起住，因为自己一个人应付不来这种状态。法官和他说话时非常亲和同情。他欠好几家水电气公司的账单。他还欠按揭贷款三万英镑，而房子现在值一万英镑，而且如今每星期还要支付三十英镑的心理咨询费。法官问他是否已经就破产管理令获得法律建议，但他坚持要求破产，以便清理债务重新开始。

但法官们对多次破产的人并不同情。地区法官捷德严厉地与一名穿牛仔装的年轻女性进行了如下对话：

- 地区法官："你怎么又把自己弄得这么糟糕了？七张信用卡而且没有收入？"

  申请人："我过去都是拆东墙补西墙。"

法官后来在解释自己的唐突时说："这女的了解相关制度，以前已经申请过破产保护，她累积的债务达四万英镑，从不工作。"地区法官蒂尔斯每月处理几百起住房占有纠纷案，但他认为只有十分之一的被告人不值得同情。他严厉斥责过一个被告人，这个被告人是一个贫困的移民。法官用究问方式挑战他："你为什么在这些房子里面？你有什么理由不应该去和其他住房申请人一样按顺序等候？"他的同事鲁尼说自己总会对住房占有纠纷案中的当事人进行一番劝教。

- 因为他们不懂得房屋收回令的重要性。我问他们："你生活中最重要的是什么？"他们说："我的孩子。"我说："你再想想——头上的屋顶。"没了房子，他们得睡大街，而当地政府不会为他们重新安置住房。[62]

250 我们在家事案件审理中将会看到地区法官们也会经常对争吵不休的父母们进行劝说和教导。

判决和上诉

所有的民事法官都说最好是当场判决，不当场作出的押后判决（reserved judgments）总是要花更多时间才能写出来。海博瑞解释说：

- 我尽量作当场判决，但显然就复杂的案件而言，难以办到这一点。这些案件会花费大量时间……如果你在 12 点时对当事人说："我

---

[62] 有研究者（Cowan and Hitchings）评论了一些地区法官的态度："一方面，所有的房屋占据者都有道理，因为这是社会保障房，一些离经叛道的行为可以被原谅。另一方面，契约神圣，因而违约不能被原谅。总体上，前一种解释与新自由主义的关切一致，这种关切广泛围绕着对责任的主流理解。"见 above n 58 at 374。地区法官可能会斥责不负责任的房客。

会在下午三点半作出判决。"那么你会回办公室写判决书，到了下午三点半就真的判决了。如果你保留一下，则后来会耗费很多时间。

审理民事案件的巡回法官有时候对同一个法院的地区法官作出的初审进行上诉审。这对巡回法官来说不是令人觉得舒服的事情。考虑到维持工作和谐的需要，这种上诉审的程序并不令人满意。文森特·琼斯说这样的上诉审"实在令人尴尬，尤其是我的工作职责的一部分是要照护好法院里的每位法官和其他工作人员"。

审理民事案件的法官在撰写判决书时会感觉上诉法院法官就坐在自己肩头。杜克（Duke）法官有一次让我去他办公室看他如何写一份判决书。他认为案子的当事人双方都撒谎，但一方比另一方撒谎更多。他说判决书实际上最后是写给两方看的：败诉方和上诉法院（我经常听到巡回法官和高院法官们也这么说）。他说从事民事审判的法官会就法律和上诉事宜进行自我指引，就像法官指引陪审团一样。我问莎士比亚法官（她在民事审判和刑事陪审案件方面都经验丰富）如何认定当事人哪些方面在说实话。她说她会看案件材料并对证据进行系统化的衡量：

> ● 就当事人或者证人而言，有人会考虑"我不喜欢那男人的肤色"或者"他口齿不清，真是让我烦"或者"我不会和他出去玩，我不喜欢他这种类型的人"。法官们在接受培训的过程中已经知道不考虑这些，而是要集中关注证据。有些陪审员可能会看人的外貌和衣着。

她说自己的判决很少被上诉，因为都很详尽。"我觉得判决书很好地向当事人表述了判决本身。"她说自己在判决过程中很难知道当事人期待什么，因为她自己"当律师时办理的案子都是和解结案"。

律师和民事法官

地区法官们理解律师事务所的现金流动方式以及法律援助削减对律师事务所的后果。他们会及时估算律师费用，以避免耽误支付。由于以前当过律师，法官们都了解律师的日常业务。"有些律师今天上午在我面前出庭了，我可以理解他们的客户当事人是什么样子的。"然而，律师们的一些低质量的业务行为也使得法官难以快速地作出案件审理方面的决定。法官在每一堆文书材料中都会发现有填错的表格，比如诉状表没有签名、该用表格却用信函，以及案子是在错误的法院提起诉讼。表格时常由不识字的人填写。像"摔倒（tripping over）在垃圾袋上"这样的错别字*以及其他亮点会让法官发笑或者埋怨。⑥ 捷德法官说他会尽可能地纠正这些错误。

- 有的人不知道自己在干啥，新执业的律师完全不明白民事程序怎么运行。在道路交通事故案中，他们会说："我完全不知道自己在做什么。"然后起诉错误的人，比如保险公司。

乔尔法官早已经放弃让当事人更正错误。"我干嘛没事找事啊？"这位参与我过去试点研究的法官过去曾创制了一份明细表用来勾选表明错误。虽然如此，在大多数情况下，错误的表格会被退回给律师事务所。这既给律师的客户和案件的进程造成耽搁，又给法院带来了额外的工作负荷，同时增加了纳税人的经费开支，并浪费了司法时间。法官们说表格中会出现错误是因为律师们会用助理或者低级别职员来做业务中的这些基本的事情。这个问题很普遍。在 2006 年时，一位地区法官在《新法杂志》上抱怨说律师们就案件分配问卷的糟糕回答挫败了民事程序规则的目标，即快速就案件审理作出决定。他列举的常见错误表明了当事人及其律师对民事程序规则缺乏理解，以及他们对该规则下当事人的义务的整体忽视。这些都造成了拖延和额外的成本。⑥ 文书准备的细致程度也有差异。如果文书准备有序，则法官的工作会简单快捷许多。参与试点研究的地区法官打开一份案卷文书。这是其中一位兼任代理地区法官的律师制作的装订起来的材料，律师按逻辑顺序装订了双方认可的证据以及当事人陈述的内容。"如果案件材料都像这么准备好，那么法官审起案来会觉得高兴。"在另一个案子，原告用一个光盘送上了文书草稿，法官要做的就是纠正这个草稿。与这形成对比的是，另一堆厚厚的材料像"一堆狗食——顺序完全颠

---

* 正确的拼写应该是 trippling over。——译者注

⑥ 地区法官们的杂志（*Bulletin*）每一期都专门列出这样的滑稽笑话。

⑥ 参见地区法官的作品，TJ John, 'The district judge as scrutineer' (2006) 156 *New Law Journal* 569。

倒"。法官不得不先将这些材料按顺序整理好然后再开始进一步阅读。

我问法官们如何评价在其面前出庭的律师们。法官说这些律师的出庭水平和他们准备的文书一样差劲。十二位地区法官中有九位给律师差评。这代表了六个巡回区中的五个。

- 你会很惊讶许多律师……似乎完全不知道自己在干什么。
- 很多人都不知道自己在干啥……他们不是律师……这对于我们法官以及他们代理的当事人来说都既烦人又沮丧。
- 能力已经下降了……律所已经在经济上负担不起由非诉律师上法院在业务上应对法官……许多情况下在我们面前出庭的是（薪酬少一些、成本低一些的）法务执行经理或者非合伙人。
- 我们如今的趋势是有许多新律师或者培训生……我并不总是确信他们接受的培训使他们能做法院的事情。我们法官通常起培训作用。我的培训方式是一次次提醒这些律师要记得下次怎么做。
- 我觉得如今对年轻律师的培训不像过去那么好了。如今的年轻律师们不考虑法律……也没有恰当处理案件中的问题。

252

另外一位法官说90%的律师不理解民事程序规则。法官们说法院工作人员对那些打电话来寻求法律咨询的律师感到厌倦。地区法官协会2006年《法律简报》的一位编辑也支持这种评论。他当时抱怨说：

- 要是在过去，我决不会被允许向律师发送我的文书材料而不是发送摘要，也不会忽视法官的指引，或者对案件事实的了解比法官还少。有时候审案时开庭三分钟后法官就案件事实的了解比律师还要多。（这样的律师显然没有准备好出庭）⑥

博德温说小额诉讼程序中的律师没接受过这方面的培训。⑥ 这如今显然已经是更为广泛的问题的一部分。

巡回法官威廉·海博瑞和文森特·琼斯在法院展现了当事人或律师与法官争辩是一种很没成效的做法。我在前面已经叙述了文森特与无律师诉

---

⑥　N Law, Editorial, *Law Bulletin* Vol 17, No 2, summer 2006.

⑥　Baldwin, above n 9 at ch 3.

讼当事人以及那位喜欢争辩的大律师之间的法庭故事。有一天,海博瑞审理了一个有争议的申请,这个申请旨在激活一个"除非令"(an'unless'order*)。违约方已经发送了银行对账单,但这些单据都没用,因为其中的条目都被剪辑掉了。

> ● 被告人律师:"我们想从这里开始。现在我们处于什么位置?"
> 海博瑞:"你现在的位置是'开始了!'"

当这位大律师抱怨说那是因为起初的非诉律师(已被解职)自己保留着支票簿票根。海博瑞斥责说:"你完全知道自己本可以申请传唤证人让他们到庭出示票根。"这位大律师然后愚蠢地努力争辩说法官本来不该根据她的笔记作出"除非令"。

> ● 海博瑞:"大律师先生,法官们不作笔记。一切都被磁带录下来了。很显然你的当事人本来应该出示所有包含交易条目的银行对账单!"
> 大律师:"那么也许我们该听听磁带录音。"
> 海博瑞:"那么你本可以早些时候申请磁带录音文本!"

大律师不断重复声称自己有权申请变更命令,法官则不断重复解释说不可以变更。法官说"必须根据《民事程序规则》进行且必须有证据支持"。尽管被告人的这位大律师能力不够,但是海博瑞法官的判决最后还是有利于被告人的,并说民事程序规则的重要目标(即正义和公平)不会由于撤销其抗辩而得到促进,不过他列举了许多法律方面的错误。文森特·琼斯法官对在他法院出庭的律师的评价与地区法官们的评价类似。这并不令人吃惊。

> ● 他们并不是很好……这个法院离律师所在的殿街(Temple)不远,因此被许多年轻的大律师当作其进行业务训练的法院。那些在自己的专门业务领域很在行的大律师已经不再在郡法院出庭了……在伦敦以外的地区,质量总体上高许多。

----

* "除非令"可能适用于诉讼一方当事人已经藐视或者未能遵守先前的法院令;该当事人不得继续向法院提出其他申请,除非其遵守先前的法院令。——译者注

他的同事毕德也支持这种认识。

●　我们以前自己是大律师时办理许多案件，业务基本上包括普通法、刑事、民事和家事案件。我们早上、下午和晚上都在法院办案，从中学到了出庭技能。但如今一些年轻大律师的业务也常更专注于个别领域，也不怎么上法院。随着公共资金缩减，能学到执业技能的人也越来越少……因此有些人在业务上准备也不多，也更少有能力集中关注比如"法官管辖权范围是什么"这样的重要问题。

巡回法官杜克也有类似的担忧。

●　当我开始当法官时简直经历了一场令我吃惊的文化转变。在那之前我已经担任了十年御前大律师。当了法官之后，我突然发现如今的律师上法院之前甚至没读过案件文书材料，而且在法庭上不知道自己在说啥，还有人甚至不知道自己援引的是哪部法律……前几天有律师在我这里出庭，却没带上他们用以申请基于审理一方当事人的禁令的文书。这个禁令是刑事命令，可能会导致有人坐牢。我不得不把这个案子扔出去。

杜克、文森特、毕德三位法官都是在伦敦的法院。毕德表达了对伦敦大律师行业的不信任。这与王冠法院法官们的评论相似得令人惊讶。

●　总有些人更容易被劝说去越界踩线……我是在说职业伦理和道德、客户压力、经济收入压力……随着这个行业规模扩大，我想行业内的信任会更少……在过去，当事人双方相互对立的大律师之间可以在彬彬有礼的基础上讨论问题。（如今少有这样了）

法官们对伍尔夫改革和替代型争议解决机制的评价

伍尔夫改革总体上被认为成功促进了人们获得司法正义。这场体现为《1998 年民事程序规则》的改革重在引入积极的案件管理机制。改革至今，民事诉讼在持续减少，和解的达成也更快，但是诉讼成本并没有像伍尔夫期待的那样降下来。[67] 我问这些审理民事案件的法官对伍尔夫改革如何评论。我注意到在我于 1996 年第一次与地区法官们同席观审时，他们对改革热情而且声称以改革为优先。"如今我们按照伍尔夫的设想执行严格的案件管理进度。"七年之后，十二位参加本研究的地区法官中有十一位认为改革成功了，其中四位给出的评语是"好极了"（说了两次），"美妙"，

254 "难以置信的成功"。

● 完全好极了……改革带来了民事诉讼的转型……它结束了过去无休止的裁减。过去的民事诉讼模式非常拖拉，而且浪费钱。

● 美妙的变化……过去曾有一种担心，即法官们会由于改革而变得非常严苛专断。我认为如今的业务关系不错。这有利于诉讼当事人。

但二十一位巡回法官的热情程度则大不如地区法官们。只有十位巡回法官对伍尔夫改革给予好评，不过也有两位说改革"非常好"。在三十三位地区法官和巡回法官中，有十六位对诉讼成本的增长表示了担忧。有一些巡回法官还强烈认为这让人们不容易获得正义。

● 诉讼成本似乎不成比例……法官们彼此之间调侃说他们自己没钱打官司……许多正派的人没钱运用法律。

另外一位抱怨说一起人身损害案件的赔偿金是三万英镑，但诉讼成本是一万六千英镑。[68] 四位法官希望看到对诉讼成本予以严格控制，控制方法是扩充小额诉讼中的固定成本范围，使其也适用于大额诉讼。[69] 三十三位法官中有四位担心如今的诉讼当事人出于压力而经常选择和解。还有四位法官则认为那些本来意在作为简便之典范的诉讼程序规则实际上太复杂。

尽管自从十八世纪以来就有一些商事案件的诉讼当事人喜欢以仲裁替

---

[67] See Darbyshire, above n 17 at ch 10. 由于上诉法官杰克逊（Jackson）的报告《民事诉讼成本评议：最终报告》（The Stationery Office，online，2009），司法部就遏制诉讼成本的计划进行了咨询。见司法界网站（www. judiciary. gov. uk）司法部咨询报告（MoJ CP6/2011）。

[68] 研究中有很多案件（其中一些出自高等法院和上诉法院）的诉讼成本畸高，让人十分惊讶。

[69] 这是上诉法官 Jackson 以及 2011 年的咨询报告考虑过的一个解决方案。伍尔夫法爵在 1996 年也推荐过这个方案，但没有被纳入《1998 年民事诉讼程序规则》。

代诉讼作为争议解决方式，但作为一个概括式的概念，"替代型争议解决方式"（ADR）是一个在 1990 年代来自美国的理念。律师们过去很不情愿推荐当事人用这种渠道解决争议。于是热心的司法界高层努力在演讲中以及上诉法院的判例法中推广这类争议解决渠道。《民事程序规则》第一条要求法官核查当事人已经考虑过替代型争议解决方式而且律师已经向自己的当事人解释过替代型争议解决方式。[70] 我很惊讶地发现地区法官们几乎不提替代型争议解决方式。我从未见过地区法官在案件管理过程中提出这一议题。我没有就此问过他们，但我观审的第一位地区法官说他几乎从不建议当事人去使用调解，因为他觉得地区法官们处理的小额诉讼和快速渠道的小案件不适用调解。

- 律师的客户要的是法庭上的审判。他为此已经支付了成本。法院判决可执行。为什么要把他推给替代型争议解决方式呢？他在哪里能获得替代型争议解决方式？成本多少？

小额诉讼程序本来就是被设计为一种便宜的、非正式的机制，以替代郡法院的常规程序。因此可以认为替代型争议解决方式不宜替代小额诉讼程序。但在办理快速渠道案件和多渠道案件时对替代型争议解决方式连提都不提则更是没道理。这些往往的确是可能更适合采用替代型争议解决方式处理的金额小的案件。我亲眼见过地区法官处理的一个审前听询，原告独自来到法官面前，争议金额是二十六英镑的手机话费。法官没提替代型争议解决方式，部分原因可能是法官不理解而且不知道替代型争议解决方式。2003 年，地区法官的《法律简报》杂志编辑说：

255

- 我赞成替代型争议解决方式，但不知道在我的法院如何运用它。许多同事也可能和我一样在这方面感觉能力不够。但地区法官由于自己的案件管理角色最便于促进替代型争议解决方式。[71]

---

[70] See Darbyshire, above n 17 at ch 11.

[71] Vol 14, No 3, spring 2003. 地区法官协会主席（M Trent 先生）呼吁地区法官们在调解方面接受培训。见 News（2010）160 *New Law Journal* 470。关于替代性争议解决方式很少被使用以及缺乏这方面的司法培训，见 T Allen and K Mackie，'Higher resolution'（2010）160 *New Law Journal* 1143。

该杂志同一期中的其他作者也考虑过如何促成郡法院的文化转变、让它们在促进替代型争议解决方式方面积极起来。由于伍尔夫在1995年的临时报告《获得正义》中便强调替代型争议解决方式，以及地区法官们作为管理法官有义务促进替代型争议解决方式，那么这方面的现状实在是伍尔夫改革方案施行中的一个严重缺口。这个缺口在替代型争议解决方式成为英国的法律词汇二十多年后依然存在。

同时，地区法官们以前当过非诉律师，他们非常熟悉磋商。这是替代型争议解决方式的首要方式。因此他们期待当事人在进行诉讼之前先行磋商。在1996年，有一位地区法官不允许当事人进法庭，除非当事人事先向他确保他们之间已经讨论过案子。博德温发现六分之一的小额诉讼案的当事人在法院审理之前已经达成和解，其中有些和解就在法院大楼里谈成。[72]正如前面指出，案件的排期通常爆满，因为法官们期待或者预料会出现当事人和解。虽然当事人的法律代表希望磋商，但无律师当事人可能不愿意。根据博德温的研究，有些小额诉讼的当事人推定认为主动与另一方当事人接触并不恰当，[73]而无律师当事人如果完全只有自己一人则几乎不会考虑磋商。由于司法界期待当事人进行磋商，那么他们在法庭外的会谈便成了可能进行磋商的关键的第一个机会。[74]

结　论

民事诉讼的权力中心（即郡法院）被研究者忽视，也不为公众所理解。自1990年代以来，民事诉讼案件的数量已经减少了。民事审判业务也向下转移到郡法院，尤其是落到了地区法官的肩上。这与刑事审判业务的类似趋势并驾齐驱。地区法官们如今在做的是巡回法官们以前做的事情。如今的巡回法官们审理伦敦以外地区的大多数的高等法院案件。这些在不同的地方出差审案的高院法官不会在一个地方久待去审理复杂的地方上的案件。对于卷入民事案件的大多数当事人来说，地区法官最重要，因为他们就大多数案件（全部的小额诉讼和许多的快速渠道案件）作出判决，并管理大多数案件的审前事宜（大多数案件不会进入审判环节）。与治安法

256

---

[72]　Baldwin, above n 9 at 65.

[73]　ibid 34.

[74]　ibid 65.

院地区法官一样，他们不会为公众所知，而且直到最近几年才被称为"法官"。但至少其他法官会知道他们，因为他们在相同的法院。不过这有时候也会让同在一个法院的法官觉得不怎么舒服，因为巡回法官要对同事的判决进行上诉审。

虽然巡回法官的业务比较零碎，而且高和解率让他们有空余时间，但总体上他们并非工作负荷不够。地区法官全职工作，大多数时间一个人办案，还有无尽的案件文书处理工作（司法案件管理）。巡回法官大多热爱自己的工作。地区法官也快乐，因为他们朝九晚五的工作时间与以前当律师时相比轻松不少，而且他们作为法官在业务中没有商业方面的负担或者责任。法官们喜欢在个案中促进正义，从而对人们的生活产生影响，而且他们也喜欢能独立决断。然而，他们是为两类对象作判决：当事人和上诉审法官。郡法院的法官经常被称为"多面手"。新任的莎士比亚法官乐于放弃晚上和周末的休息时间来自学自己不熟悉的法律。一些有经验的地区法官知道许多案件都会和解，于是他们冒险不去事先阅读案件材料。和解率很高，因此本书就民事审判难以形成有意义的结论。

郡法院的法官通常并不是在忙于解决富人的问题。需要他们解决问题的人往往是无家可归者、债务人、破产者、失业者、穷人、弱者（儿童、老人以及精神疾病患者）、移民、毒瘾者等。这些人通常有多种民事和家事纠纷，有时候也是当地治安法院里相同的、混乱的常客。法官们面对的诉讼当事人和他们以前当律师时的客户属于同一社会群体，因此法官们很理解诉讼当事人的需求。这些真实生活中的法官并非本书第二章描述的传说中的不接地气的恶人。与提供法律援助的律师一样（法官们以前是律师），法官们会看到民事诉讼问题更广泛的背景。这些问题由不成比例地代表着无家可居者、底层民众以及边缘人群的人造成。对法官们的成见不仅十分不现实，而且不公平。公众认为法官们不接地气、属于权贵，而专业的商事案件诉讼当事人则批评法官偏向弱者。

我的一个明显的发现是无律师诉讼当事人占据了法官的大量时间。在各级法院用那么多时间进行观察之前，我没意识到那些一方或者双方当事人没有律师代理的案件花费的时间的比例。无律师当事人在法院的出现大大影响了法官的司法角色。在对抗式诉讼程序下，法官的角色是严守不干预的、中立的裁判员立场；如果法官超越这个角色，则可能会导致当事人上诉。当事人被期待向法院提供法官进行判决需要知道的全部情况。以法律形式而言，这就是证据和证人证言。当事人提出论点，法官则判决谁的论点更强。这样一位被动的裁判员完全依赖当事人及时向法院呈现这些情况并就自己的情况进行论证。普通法上的刑事审判以及民事审判的运行需要通过质证和交叉质证的方式确立证据。这进一步加剧了对律师的依赖。质证和交叉质证是律师阶段训练和执业形成的技能。但是当事人没有律师代理时，法官的这种被动角色就不起作用了。70% 的案件是小额诉讼。这种程序假定当事人会自己代理自己进行诉讼。《1990 年法院和法律服务法》以及《民事程序规则》认可这一点。因此法官有可能帮助当事人论辩自己的主张。这完全可行，因为大多数小额诉讼案不要求进行法律辩论。小额诉讼依赖频繁适用已知的法律：债务、缺陷货品、汽车事故等。但是当事人难免会依赖法官来发现事实。然而，法律也使得程序会被进行特异的解释。当我在 1996～1997 年无意之中在博德温的小额诉讼研究之后跟着他跑遍全国的法院时，有些地区法官焦急地问我他们的做法是否和隔壁房间法官的做法相同。这种程序上的灵活性意味着其质量取决于法官发掘当事人的事实的技能，以及将事实转化为一系列提问的技能。问题在于，无律师当事人不局限于小额诉讼。在快速渠道程序和多渠道程序中，人们自己上法庭，且涉案金额是成千上万英镑的赔偿金，或者他们的养老金取决于判决结果。这样的案件可能会引发复杂的法律，或者技术证据，或者复杂的证据，而且持续时间会更长。这会给法官造成压力。彼得·玛修斯和海博瑞二人都是专业领域的法官，而且有多年执业律师经历并曾在高等法院从事审判工作，但他们也要费劲地管理那些双方当事人都不怎么聪明的建筑案件，且当事人没有遵守审前程序。正如我们之前在杀人案审判中看到的弗厄格斯法官一样，法官帮助无律师当事人时实际上是在走钢丝。在这种情况下，《民事程序规则》让法官负有"确保当事人双方地位平等"⑦ 的义务，而且法官的本能（发自同情心和多年的实践经历）是帮助无律师当事人，尤其是当他们许多人处于弱势容易受到损害时。但法官不能给当事人提供法律建议，否则就过分了。

无律师当事人的普遍性之所以重要，不仅是因为其给法官造成的压力以及对普通法上的对抗式诉讼的背离，而且是因为其对审判的拖延以及由此导致的费用。法官们已经警告说政府在 2011 年提议的法律援助金削减会

---

⑦　Overriding Objective, CPR Rule 1.1 (2) (a).

大大降低审判的进展速度，因为当事人会选择自己上法院进行诉讼而不用律师代理。[76] 几年以前，法官们不得不自己主动想办法解决对抗式诉讼的期待与高层法院的无律师当事人的普遍化之间的不匹配这一问题。解决方法是设置司法助理。但是欧洲人权法院指出英国任由一个复杂诉讼中的无律师当事人自己对抗一个跨国公司这种做法既不可行也不公正。[77]

258

民事法院的法官们理解律师们怎么执业。由于法官们早已经有几十年的律师执业经验（比如治安法院的波西亚法官和盖伊法官），他们同情法律援助律师为了维持利润而进行的经营努力。然而，一些受培训不足或者不识字的受雇者的糟糕的法庭技能和马马虎虎的表格填写给法官的工作也造成了困扰。法官的案件管理文书材料中的错误是如此普遍，以至于在法官时间、法院行政以及邮寄等方面无疑产生了巨大的成本。我在观察期间得出的结论是设立一个独立的研究项目和关于填写表格的培训项目可能有助于解决这一问题，而且就成本收益对比而言，这比较合算。

法官们对伍尔夫改革的评论在预料之内，而且与 2009 年伍尔夫改革十周年时的评论一致。但令人惊讶的是审判中几乎没有法官提到替代型争议解决方式的好处。海博瑞向我提到了我刚不巧错过的两个争议额为三百万英镑的调解案。但法官们并没有频繁鼓励运用替代型争议解决方式。另外，有强劲的逻辑或理由不把替代型争议解决方式作为小额诉讼程序的替代。小额诉讼程序起初是一种快速的、便宜的、非正式的、替代郡法院常规程序的机制。但更令人担忧的是，一些案件中根本不存在控制诉讼成本的努力，而控制成本与伍尔夫改革的目标以及民事程序规则的重要目的具有一致性。虽然狗狗截肢案让我和法官忍不住发笑，但该案的后果对于那位作为原告却没有心眼且不够谨慎的法律专业学生相当严重。而且审理此案的法官以及地区法官、巡回法官或者高院法官都没有制止该案的诉讼成本攀升到与原告的小额赔偿请求严重不成比例。这位学生原告接受的法律咨询意见也糟糕，完全没就可能的后果得到警示。在 2011 年，上诉法官杰克逊告诉瑞根（D Reagon）说我们的诉讼成本制度是"世界上的笑话"。[78] 在关于高等法院和上诉法院的章节中，我们会再见到一些诉讼成本畸高的例子。

259

---

[76] 司法界网站（www. judiciary. gov. uk）2011 年 2 月 24 日新闻稿：《法律援助改革建议》；A Hirsch,'Legal aid will cost more in the long run, say judges', *The Guardian*, 24 February 2011.

[77] *Steel and Morris v UK*（6841/01）[2005] 41 EHRR 22.

[78] D Regan,'What next?'（2011）161 *New Law Journal* 305.

第十二章　家事法官

我查明什么样的事实并不重要。问题是让他与联系人合作！

——巡回法官

家事法官的审判业务与其他类型的判案工作有很大不同。

——黑尔女法爵（Baroness Hale）

本章研究家事法官的工作。家事法官的范围广泛，因为许多种类和层级的法官都从事家事案件审判业务。他们包括郡法院的地区法官和巡回法官、位于伦敦的高等法院法官以及从事巡回审判的高等法院法官，此外还有在高等法院家事部首席登记处职位上的高等法院地区法官、内伦敦区域的治安法院地区法官，以及办理家事案件的上诉法官。家事案件审判的制度背景是令人非常困惑的法院制度和程序，许多律师和专家参与其中。法官们则在苦苦努力处理逐年增加的家事案件，不过他们未能制止那些在决定孩子未来生活的判决上存在的大量拖延。

家事案件的审理可能在高等法院（家事部）、郡法院以及治安法官的家事程序法庭进行。家事案件业务如下。

（1）无抗辩的离婚诉讼（包括司法分居）：通常由郡法院在接受了当事人的纸质申请之后予以准许。复杂的或者具有公共重要性的案件由高等法院审理。

（2）财务支付令：旨在分割配偶们或者伴侣们的资产，可由郡法院或者高等法院作出。所有法院都可以签发和执行抚养费支付令。有争议的儿童抚养费案件由儿童抚养费和执行委员会处理，但治安法院执行大多数配偶和儿童抚养费。

（3）三类法院都对家暴案件具有管辖权。

（4）根据《1989 年儿童法》，^① 三类法院都对本管辖区内的儿童案件有管辖权。

260

细节比较复杂。郡法院通常行使五类管辖权。^② 高等法院的大多数伦敦地区以外的家事案件是由得到排票授权的巡回法官审理的。家庭关系破裂可能会导致当事人被要求在不同的法院出庭。法院使用者几十年来都对此混淆不清。司法界从 1960 年代就在争辩是否需要（以及如何）设立一个统一的家事法院，但至今没有结果。^③

家事法官与家事案件的分派审理

我用五十一天在六个巡回区的二十四个法院观察了二十一位家事法官的各种工作。观察在 2003～2007 年持续了三十四天。十二位郡法院地区法官审查并批准了无抗辩的离婚申请和财务支付申请，并公告了家事私法程序。两位法官依据《儿童法》第 8 条被分派去就私法上有争议的与儿童同住申请，以及探视儿童的申请作出裁决。八位法官是被分派去审理抚养纠纷案件的地区法官，而且对家事案件中的"公法事务"有管辖权，他们管理有争议的抚养案件（不包括终审）以及无人反对的抚养与监护令。有一位法官被分派处理收养案。地区法官的家事案件审理总体上与非家事案件

---

① 儿童监护案件除外，这类案件仅由高等法院审理。

② Allocation and Transfer of Proceedings Order 2008 SI 2836（L 18）。

③ See Finer Committee 1974 and Judge J Graham-Hall, discussed by SH Bailey and others, *Smith, Bailey and Gunn on the Modern English Legal System*（London, Sweet and Maxwell, 2002）113 - 14（not later editions）. Lord Mackay 在介绍《1989 年儿童法草案》时说希望这部法律是统一家事法院的先驱。也见纳菲尔德基金会 2002 年报告《家事》；J Westcott, 'The Family Court Revisited'［2002］*Family Law* 275 and Wall J in（2001）*The Magistrate*, 281。英国政府在回应宪法事务部（DCA）的咨询报告《单一的民事法院？》时说统一家事法院是一个长期目标。见宪法事务部新闻稿 324/05 号，以及 'A Single Family Court'［2005］*Family Law* 935。Ryder J 在 2008 年的演讲《未来的家事法院》中说"我们离一个统一的家事法院不远了"，但这个说法为时过早，而且对本章这里讨论的困惑认识不足。《2011 年家事司法评议》重新考虑了家事法院统一化的建议。

译者附注：根据《2014 年儿童和家庭法》，英格兰和威尔士终于在 2014 年 4 月 22 日开始运行一个极大程度上统一化的家事法院（Family Court）。从此以后，过去由治安法院（以及家事程序法庭）和郡法院管辖的家事案件就由这个新设的家事法院审理。该家事法院可以根据实际需要设置在英格兰和威尔士的任何地方。同时，高等法院家事部继续保留，但其只管辖和审理极少数类型的家事案件。

分开,但在大多数时间里法官都在处理混杂在一起的案件管理文书。只有治安法院地区法官多尔(Dole)一个人每年用十个星期来签发紧急保护令、收养令、临时抚养令、禁止骚扰令,并审理有争议的家事私法案件和抚养纠纷。审理用时需超过五天或者需要用到许多专家的案子被从他的法院移转到郡法院。高等法院地区法官卡罗琳(Caroline)同时是家事部首席登记处长,她能全面管理家事方面的私法案件和公法案件(和可能面临各种案件分派的巡回法官一样④),并用她一半的时间处理抚养案,另一半时间处理经济纠纷案(争议金额一千万英镑以下)和其他私法上的居住案、探视案(包括和解听询)和收养案。她也可以签发命令阻止资产被转移到国外。

我在一些复杂有争议的抚养案和探视案中观察了五位地区法官,包括一位被指定的案件管理型家事法官。我有两天在高等法院和上诉法院,并有另外两天看斯丹福(Stanford)法官巡回办案。他是高等法院家事部联络法官。高院法官通常审理争议金额一千万英镑以上的案件以及具有复杂特点的案件(比如跨国要案、复杂的信托案件或者具有复杂法律争点的案件)。有时候他们也被分派审理那些专家意见不一致的儿童伤害案件,或者跨国拐卖人口案件,或者兄弟姐妹死亡案件。我有四天时间与一位负责家事法庭行政事务和家事上诉案件的上诉法官在一起。我访谈了前述几位法官以及与家事案有关的另外十一位法官,包括一位治安法院地区法官、八位巡回法官,以及高院法官和另一位上诉法官(共三十二位)。

本研究进行时,案件分派制度具有争议性。⑤ 郡法院法官不能判决有争议的抚养案,但是地区法院治安法官可以。一位讨厌这种情况的郡法院地区法官说:"院长不喜欢地区法官。她说如果我们真想办理抚养案,那么该去担任巡回法官。"⑥ 一位巡回法官说这阻碍了遥远地区的人们获得司

---

④ 高等法院地区法官是《1981年高级别法院法》中所指的上层法院的官员。但郡法院的地区法官并不具有这种身份和地位。高等法院地区法官在管理高等法院民事案件时,其身份和角色是高等法院登记官(registrars)。

⑤ Potter P 承诺简化案件分派制度。见 Poter P,'Comment'[2008] *Family Law* 4。他的意图是应该简单区分为公法家事案件分派和私法家事案件分派。在经过2007年评议之后,这种区分已经实现了。

⑥ 从2005年起,有些地区法官已经被提名对抚养争议案件进行从头到尾(终审)的全程审理。

法正义，因为这样的法院通常只有地区法官。治安法院地区法官被认为偏心且能力低。⑦ 2003 年，院长巴特勒－斯洛斯（Butler-Sloss）来信警告说除非巡回法官们每年用五十天办理家事案件，否则就不再给他们安排案子审理。一些巡回法官对此信感到愤怒。考虑到案件数量，这些人觉得这个要求没逻辑。几年后，有些巡回法官巧妙地保留了对他们自己的案件分派。一位法官解释说如果他把一个简单的家事案排在第一位，则他一天的刑事案件业务在统计数据上全部被视为家事案。⑧ 有一位新任的巡回法官发现自己莫名其妙地被分派到王冠法院全职审理刑事案件。

> ● 我不理解的是，我自己当了几十年的家事领域的御前大律师，我都没有被分派审理一起家事案件……我到行政主管那里去问他是否会给我安排家事案件。我是少有的被分派公法案的兼职法官，但我得到的回答是三个"不"……我对罪行和刑法一无所知。

高等法院家事部首席登记官（the Principal Registry of the Family Division）这个级别的法官让其他人觉得神秘。这里已经描述过卡罗琳法官讨厌在这个岗位上单独工作，讨厌与就在马路对面的高院法官和院长联络少。

家事裁判的本质——局外者的观察

对局外人来说，⑨ 家事案件的审判在法官角色、工作业务以及职业文化氛围方面似乎都有点独特。第一，如果当事人家庭破裂，则总会有情绪爆发。第二，涉及孩子的家事案件通常有政府机构和多个第三方参与。这可能会包括祖父母、当地政府、儿童的监护人、儿童与家事法庭咨询与支持服务机构（CAFCASS⑩）。这些参与者可能会提出各种争辩，而案件本身（就不同儿童的不同事实或判决）有多个争议点。这会导致一系列不同的司法判决（离婚、财产分配、孩子居所与探视、生活费），这些判决可能会反复出现并且/或者延长。第三，法律方面的争论很少出现。实际上，

262

---

⑦　见本书第十六章。

⑧　本书关于王冠法院的那一章谈到了巡回法官们如何为了达标而操作统计数据的情况。

⑨　我没有家事法执业或者研究经历。娜塔莎·斯拉巴斯（Natasha Slabas）帮助做了一些脚注。

⑩　Children and Family Court Advisory and Support Service.

包括在上诉法院家事审判中，我在家事审判程序中从未听过当事人提及法律。第四，私法的角色看起来独特。法官在有些情况下不会许可离婚，除非他们确信当事人之间已经达成公平的和解，但在普通民事程序中和解并非要件。在涉及儿童的家事案件中（除了事实的查明之外），法官不是像在民事和刑事案件中那样在两种或多种不同版本的事件之间适用一种证明标准；他们在家事案件审判中的首要任务是维护争议标的（即儿童）的利益，并提醒成年当事人孩子是当事人而不是客体。的确，儿童是首要的当事人。⑪ 在非对抗式法律制度中，⑫ 法官的工作在于调解当事人之间自然产生的对抗。⑬ 为了这一目的，法官不能被动。有些法官认为自己的角色是纠问式，⑭ 从而会进行频繁的干预。有些法官会掌控程序（证人、证据和争辩）以实现自己选择的结果，但这种结果可能并非任何一方当事人的追求。由于法官的作用是创造当事人之间的和平，以及法官的角色在变为正式的调解人或协调人，他们很容易成为磋商者、调解人、协调人、顾问，或者是絮絮叨叨的抱怨者。⑮ 第五，家事律师和家事法官在职业文化方面

---

⑪ 《1989 年儿童法》第 1 条及该条前的规定，也可见《1989 年联合国儿童权利公约》第 3（1）条规定的义务。

⑫ 司法部在 2010~2011 年联合进行了一次家事司法评议，要求检查"法院制度的对抗性本质在什么程度上能在家事私法案件中促进家事争议的解决和有质量的家庭关系，以及什么样的替代安排可能会更加有效地形成持久和积极的解决方案"。这次评议的临时报告于 2011 年 3 月发布。

⑬ 在我看来导致对抗的是当事人之间的相互敌意。但与此相反，"父亲的正义"组织的创始人玛特·奥康纳（Matt O'Conner）认为"法院的问题在于其完全是对抗制，于是当事人互相诋毁"。见 D Ross，'Unmasked'，The Independent，4 July 2006。《1996 年家事法法》（Family Law Act 1996）第二部分如果被实施则本来可以引入无过错离婚制度。许多人认为基于过错的离婚制度是当事人对抗的原因所在。见 N Shepherd，'The Divorce Blame Game'，Association of HM District Judges's Law Bulletin Vol 20 no 2，summer 2009，24。密希康·德·瑞雅（Mishcon de Reya）在 2009 年的研究发现 20% 的父母想要让与前配偶的分居"尽可能不愉快"；50% 的父母想要诉诸法院，虽然他们知道这会让事情对于孩子更加糟糕。见 Bennett，below n 33。

⑭ 有研究者认为家事法在过去变得具有对抗性，见 B Cantwell，'What is Contact For?'[2005] Family Law 299。家事法评议正在研究"那些在公法家案件和私法家事案件审判制度中能增加纠问式元素的制度"。

⑮ 有研究者指出英国的家事法以过错制度为前提。这一点与美国家事法不同。见 A Bainham，'Men AndWomen Behaving Badly：Is Fault Dead in English Family Law?'（2001）OJLS Vol 21（2），226。还有研究者指出家事案件审判程序由于法律与国家之间的关系而不连贯而且变化多样。见 J Dewar，'The Normal Chaos of Family Law'（1998）61（4）MLR 468。

— 328 —

与其他人不同。⑯ 家事案件业务在其他律师和法官看起来具有神秘性。王座部的一位法官戏谑家事法官是"环保痴迷者"或者"时刻想着孩子的人"。威尔森（Wilson）法官对一些非家事法官说："你们大多数人都会承认自己将家事部看作是任何意义上的第三部门，是高等法院里的莱顿东方（Leyton Orient）。"⑰ 有一些专门领域的核心律师和专业人士会反复出现在同一个法院。在巡回区里，他们之间的长期关系以及他们与法官之间的关系可能会亲近而且灵活，并影响他们在具体个案中的行为。由于都有义务促进孩子的最好利益，他们在儿童案件中的团结由此增强。在面对被情绪和私利驱动的成年当事人时，律师和法官们必须保持不讲情面的、合作型的耐心，并保持注意力集中。⑱ 第六，法院里的这种不拘泥于法律的氛围实际上也部分是因为在家事审判程序中没有人穿法袍，而且是不公开进行的。在儿童案方面，似乎整个事情太严肃而不能由一群穿着华丽服饰的、热衷于表现自我和争取出彩的人来进行。法官们的工作满意度高。

- 我相信我为孩童作出的许多判决会大大改变他们的生活。我有机会就社会上发生在人们身上的事情发挥重要作用。这让我感觉好。（巡回法官）

大多数法官认为他们"责任重大，情绪受影响"。

- 我不会去做家事业务，仅仅是因为我觉得那会让自己很烦……我期待从事刑事审判，那会轻松一点。（巡回法官）

常规业务：郡法院的办案文书

地区法官们大多数时间在处理办案文书。这是指基于纸质材料书面审

---

⑯　有研究者认为家事律师对案件的非法律方面尽心尽职得多。见 C Piper, 'How Do You Define A Family Lawyer?' (1999) *Legal Studies* Vol 19 (1) 96, 97 and 98。

⑰　Mr Justice Wilson, The Atkin Lecture 2002, 'The Misnomer of Family Law', The Reform Club, 17 October 2002.
　　译者附注：莱顿东方是英格兰足球乙级联赛中的球队俱乐部。

⑱　M Henaghan, 'The Normal Order of Family Law' (2008) *OJLS* Vol 28 (1), 171.

的司法裁决，通常是既有家事案件也有非家事案件。地区法官鲁尼处理了一堆离婚申请文书。"你看看，我下笔就准许了这些离婚请求。我感觉自己像是在邮局工作——盖章、接受驾驶证查验身份，以及决定准许离婚！"案件管理文书也包括离婚当事人已经取得一致的财产分配令（finacial order）。法官们会检查当事人的和解，以确保其公平。如果和解不公平，则法官可能会问当事人是否已经采纳过法律咨询建议，或者直接传唤当事人。法官为（非诉）律师事务所[19]、法院职员或者当事人造成的错误感到沮丧。在地区法官蒂尔斯上午的办案文书中，法院将三个离婚请求案的表格都弄错了。在其他案件中，他的指令没有被遵守，或者指令起草错误，而且其他表格也不完整。所有文书都必须返还到法院办公室或者律师事务所进行更正。

"表现极差的父母"

儿童居所和探视申请案的程序各不相同。儿童与家事法庭咨询与支持服务机构（CAFCASS）的工作人员会在审前会见父母，但他们在案件审理程序中的作用不同。在一个地方，CAFCASS 工作人员被要求先发言，这让一些律师惊讶。地区法官葡偶（Poole，也译普尔）准备处理一个来自另一个巡回区的儿童探视权纠纷。案件材料包括母亲的陈述。他发牢骚说："我们这里不要求当事人陈述，否则只会对纠纷火上加油。"替代型争议解决方式的作用也不同。调解在 1990 年之前变得独立于法院，但如今的《2010 年家事案件程序规则》则促进调解。2011 年开始的法律援助改革以及《2011 年家事司法报告》也都促进了调解在家事案件中的适用。地方实践也得以发展，法官本人可以担任调解人。除此之外，在其他地方，专业人士也可以担任调解人。地区法官鲁尼将富有争议的案件转入调解程序，而他本人或者其同事则进行调解，同时有法院的福利员在场。调解的使用并没有连贯性。[20] 斯丹福法官在休假期间曾被召回到法院，并实际上担任了一个案件的调解人，而该案丈夫一方的麦肯锡之友则指责她"利用一种不为人知的程序"。而她觉得"一个案子不经过调解程序就到了

---

[19] 本书第十一章对此已有论述。

[20] 假使《1996 年家事法法》（Family Law Act 1996）第二部分被实施，调解本来可以普遍化。地区法官协会主席 M Trent 曾经呼吁所有的地区法官在调解方面接受培训。见 News (2010) 160 *New Law Journal* 470。

高院法官那里，这有点荒诞"。然而，虽然《2006 年儿童与收养法》㉑ 扩充了法官在儿童探视纠纷案中的权力，但根据该法律，法官不得强制当事人进行调解。

　　和解㉒是具有争议的程序。哈里特·文（Harriet Vane）是被指定的家事法官。她反对让孩子们进法院看到争议中的父母。那位首席登记处长卡罗琳则拥护这一制度，说她曾与 CAFCASS 工作人员一起探索过和解程序适用于这种案子的可能性。九岁以上的儿童以及更加年幼的孩子有时候不会出现在法庭上，但他们会见到 CAFCASS 工作人员，并从这些工作人员那里了解到相关情况。父母当事人则与律师一起坐在前排。法官卡罗琳与每个人谈话十五分钟。她引用了关于和解程序成功率的研究。㉓ 世界各地都在处理父母分居后的儿童探视权中的难题。法官们相互参访，以便了解其他同行怎么处理这一问题。㉔

　　地区法官卡特曼和霍莫把他们法院的家事案件日称为"父母表现差劲日"。法官们强调说法院只办理全部家事纠纷的 10%，而这往往是其中比较病态的纠纷。㉕ 霍莫说他不会对"当事人双方有律师代理而且双方已经认真达成的字斟句酌的协议加以干预。这正是议会制定《儿童法》时期待的情形"。如果父母双方不能达成一致，或者违反了法院命令，则这种家

265

㉑　自 2008 年生效。见 S Blain, 'A new era for contact?' (2008) 158 *New Law Journal* 1585。

㉒　研究发现法庭内和解只在某些探视权纠纷案中有用。见 L Trinder et al, *Making contact happen or making contact work? The process and outcomes of in-court conciliation*, DCA Research Series 3/2006。

㉓　她没有就此指名，但可见 L Trinder 等人（前注 22）以及 L Trinder and J Kellett, *The longer-term outcomes of in-court conciliation*, Ministry of Justice Research Series 15/07, 2007。See also E Walsh, 'Judges Talking to Children' [2008] *Family Law* 809。黑尔（Hale）女法爵在 2007 年 7 月的一个演讲中提醒业界注意：根据联合国儿童权利公约，法院有义务努力确定儿童的"心愿和情感"。见 E Walsh, 'Newsline Extra: Baroness Hale: The Voice of the Child' [2007] *Family Law* 1041 (4)。Also R Hunter, 'Close encounters of a judicial kind: 'hearing' children's 'voices' in family law proceedings' [2007] *Child and Family Law Quarterly* 283 以及该刊同期的其他文章。也见《2011 年家事司法评议》。

㉔　澳大利亚《1975 年家事法》第四部分推行共同带孩子（shared parenting）。有研究者认为共同居住的象征意义在于促进和解。见 C Piper: 'Shared Parenting-a 70% solution?' [2002] *Child and Family Law Quarterly* Vol 14 No 4, 367。

㉕　B Clark, 'Cafcass, the Courts and the Children and Adoption Act 2006', Association of HMDJ's *Law Bulletin* Vol 20, no 2, summer 2009, 27.

事案件的审理会没完没了。㉖ 如果双方当事人都需要自己掏腰包给自己的代理人支付费用，则双方和解的动机会增强。到 2004 年时，家事案件花费了民事案件法律援助经费预算的 80%，于是政府在 2005 年宣布要严格控制当事人在家事私法案件中的多次申请和重复申请，以遏制不合理的行为。㉗ 地区法官乔尔解释说许多去法院的人要么能力不够，要么表达不清且难以明理。但这并未妨碍他努力工作。与所有的地区法官一样，乔尔认为这是他工作的正常部分。㉘ 如果父母当事人自私自利且报复心强，则法官会要求他们把孩子的利益放在首位，而且会用强烈的措辞提醒他们。霍莫法官问为什么一个孩子与其兄弟姐妹的探视安排没有被遵守。父亲说他没钱旅行让探视实现，而且他将要被宣告破产。母亲已经让一位朋友把孩子带过来，但这位朋友每年只来一次。霍莫法官说：

- 这不够好，仅仅说"有问题"是不够的。为什么没人尝试解决问题？我真不相信你有脸今天来我这里告诉我说你完全不能遵守这个探视了！

有一天上午，乔尔法官的 CAFCASS 工作人员病休了。这是个麻烦，CAFCASS 工作人员总是会促成一些和解。㉙ 在第一个案子中，父母双方都

㉖ 贾奇法爵在 2010 年 7 月的一个演讲中说家事私法案件的上诉率在 2008～2009 年增长了 19%。法院再也"承受不起"允许当事人自己决定案件审理的时间长度。2010 年 10 月，《家事私法案件执业指引（修订版）》开始生效，其目的在于实行早期干预。有些法官考虑过对儿童抚养纠纷案件实行管制，但这有悖一个原则，即父母亲应该以私密方式解决问题。在成文法上推定探视权可能会影响与孩子同住的父母一方的态度，而且有助于法官的角色，但这可以通过公共教育项目来实现。研究表明一些案件由于每次审理涉及的复杂情形而延宕很久。见 J Hunt and A MacLeod, *Outcomes of applications to court of contact orders after parental separation ondivorce* Oxford Centre for Family Law and Policy, Ministry of Justice (2008)。《家事私法案件执业指引（修订版）》不会减少耽搁，因为 CAFCASS 已经有许多挤压未结的案件。在 2010 年，由于儿童抚养纠纷的数量增长了 60%，家事私法争议的审理等候期长达 14 个月。

㉗ 但是家事案件法律援助的成本继续增加，花费已经达到五亿英镑。见 E Walsh, 'Newsline: Legal Aid and Graduated Fees' [2008] *Family Law* 710。

㉘ 有研究者提议了三种干预。见 L Trinder et al, *A Profile of Applicants and Respondents in Contact Cases in Essex*, DCA Research Series 1/2005。

㉙ 许多父母抱怨 CAFCASS 工作人员没有花费充足的时间与其服务的家庭在一起。见 C Smart et al, *Residence and Contact Disputes in Court*, Volume 2, DCA Research Series 4/2005 b。但是从上文也可以看到 2010～2011 年的未结案件积压情况更糟糕。

拒绝调解，两人都有律师代理，但是乔尔直接对他们说：

> ● 我把这案子押后半小时，看你们能否达成协议。我需要你们想想"怎样对孩子有利"而不是"怎么样对我自己最有利"……如果你们不能达成协议，则此案必须交给 CAFCASS 工作人员处理。那样的话，无论你们的子女多么年幼，他们都会和孩子们谈话。你希望让孩子们经历这样的过程吗？[30] ……我不想再看见你俩的这事一次又一次在法院处理。

　　他们最终没有达成协议，并且需要一个报告，这两位当事人都享受了法律援助。在另一个乡村法院，乔尔让两对没有律师代理的夫妇离开了。在 CAFCASS 工作人员的帮助下，第一对夫妇同意调解。当第二对夫妇和解时，乔尔宽慰地笑着说："我以最好的心愿希望不要再看到你们。虽然你们俩之间的婚姻关系已经破裂，但你们在余生与你们的孩子们都存在亲情关系。"

　　与霍莫法官一样，乔尔法官也明确表示希望理性的父母能和解，并再次指出法院的介入不是一种健康的方式。在一个案子中，母亲反对父亲的新女友与孩子们有直接接触，虽然这对于父亲并不方便。"我觉得你肯定不会想要此案进入审理程序吧？要不我先把这案子延期一下，看看你们自己怎么解决？"在另一个案子中，他问："你俩不是想就这事儿打架吧？"在首席登记处，卡罗琳对一位不可理喻的母亲很严厉。[31] 她在等候当事人磋商了一小时后进入法庭。这个案子中的父亲是一个服务员，因此星期一到星期五都没有时间看他的孩子，但母亲坚持让孩子们星期一、星期二、星期三放学后都去阿拉伯语言学习班。卡罗琳作出法院令，规定了探视方式。她直接不客气地要求代理此案的大律师告诉其当事人这些安排是为了孩子而非父母的利益。年轻的母亲猛关大门冲出了法庭。律师有两次请求地区法官们把一些常理说进当

---

[30]　长期目标是确保儿童与父母保持探视和联系，但儿童短期内承受的压力却被忽视了。见 A MacDonald，'The caustic dichotomy—political vision and resourcing in the care system'［2009］ *Child and Family Law Quarterly* 300。

[31]　国家有义务尊重家庭生活，法院的干预可能会与这样的尊重义务存在矛盾。见 MacDonald，above n 30。

267　事人的心里。

法律援助削减的后果是越来越多的人自己上法院打官司。前一章已经指出这降低了审判效率、扰乱了审判程序、[32] 给法官造成了更大的紧张和压力，也给有律师代理的当事人造成了经济负担。在 2007 年，治安法院地区法官波尔（Pole）被安排去治安法院审理一个争议激烈的探视权纠纷，但是审理中途"崩溃"了，直接原因是无律师的母亲对程序一无所知。父亲申请探视孩子，这种探视在 2006 年就停止了，但母亲声称自己被这位父亲强奸（她是开放大学的法律专业非全日制学生）。十五分钟后，这位母亲出人意料地申请休庭延期审理。这位父亲有自己聘请的大律师和非诉律师。这些律师强烈反对延期，但波尔法官还是准许该案延期。这位母亲看上去希望案件会有部分得到审理，因为她自己带来了两名证人。证人的时间以及父亲的时间都被浪费了。在准许延期时，波尔法官公开评论说："有律师代理的当事人可能已经意识到了这一点，但这个世界并不完美。"

在有些离婚案件中，有居所的父母已经多年拒绝探视儿童，即使面对法院命令时也如此。在 2008 年之前，法院对此几乎无计可施。[33] 这些案子可以附带一个刑事告知。如果刑事告知被激活，则母亲可以被送去监狱。不过这种形式告知很少被激活，否则孩子会遭受痛苦而且父母之间的关系会被摧毁。在十五年里，文森特·琼斯只让两位母亲因此进了监狱。《2006 年儿童和收养法》如今允许法院指引一些活动（比如愤怒情绪管理班），并让探视执行令可以强令被执行人进行无报酬的劳动。[34] 法院疏于采取行动，从而导致人们成立"父亲的正义"这一组织。本研究中的地区法官谈到了"父母离婚综合征"。有一位家长让法官们自己（以及孩子）确

---

[32]　主席波特（Potter）对此表示支持，见 *Times*, below n 53。上诉法官 Wall 于 2008 年在地区法官协会的刊物上撰文说法官们会越来越经常发现自己面对的双方都是无律师当事人。见 *Law Bulletin* [19（2）]。如今的法官理事会强烈反对 2010 年的进一步削减家事法律援助的提议。

[33]　See the Honourable Mr Justice Munby, 'The Family Justice System' [2004] *Family Law* 547，以及其中援引的关于探视权纠纷的判例与论文。法官们可以判决移转居住。见 R Morgan, 'Facing the Consequences' (2010) 160 *New Law Journal* 857. See further R Bennett, 'Third of children lose touch after divorce', *The Times*, 16 November, 2009, reporting research by Mishcon de Reya。

[34]　See Blain, above n 21.

信这孩子不想见到另一位家长。㉟ 乔尔审理过一个典型的案件。母亲因持有毒品被捕，父亲则因买卖毒品而在监狱里服刑。两人都有律师代理。孩子是已经注册了的儿童保护对象。乔尔追问母亲的律师，为什么父亲虽然能参加法院的全部程序却不探视孩子，母亲则一再不出庭，这种状态已经持续两年了。母亲声称父亲很暴力。㊱ 乔尔对这种说法有些怀疑，因此她想让这位父亲接受精神科医生的评估，并在探视时有人监督。㊲ 这位父亲则想要孩子与他同住。乔尔让他们两位出去了，自己则起草一份命令允许评估这位父亲的动机并要求其探视孩子时有人监督。在他们离开前，乔尔对这位母亲表示祝贺："我很高兴你自己获得了法律咨询建议并且亲自来参加这些程序！"

268

文森特法官审理了一个刑事告知申请。这个申请涉及一个四岁小孩的探视令。这小孩在一对未婚男女分手的时候出生。㊳ 母亲完全违反探视令，从而导致了许多次审理，而她一次也没有参加法庭的案件审理。在隔壁房间，安托尼·毕德（Antony Bede）法官不得不就一位母亲对孩子父亲的强奸指控进行审理。这个指控是为了证明其多年违反探视令具有正当性。他对文森特进行实时描述。法官们鼓励采用毕德法官的方式，而不采用文森特的法庭那种平静的风格。㊴ 毕德在促成当事人和解时非常喜欢干预。他让当事人在这个案子审理的第一天下午以及第二天大部分时间在法庭外面协商。同时，他要求获得与这位母亲的另外一个孩子（其父亲是另外一个男人）有关的材料，因为双方律师都没有披露这一点。材料显示母亲以前对那另一位父亲提出过虚假控告（控告他纵火），这个案子在王

㉟ See T Hobbs JP, 'Parental Alienation Syndrome and UK family Courts' [2002] *Family Law* 82. 根据澳大利亚法律，"父母离间综合征"这一术语用于那些由"自私的"母亲们主导探视的情形。见 H Rhoades, 'The "no contact mother"：reconstructionsof motherhood in the era of the "new father"' [2002] *International Journal of Law, Policy and the Family* 74, paras 2 and 3。

㊱ C Sturge and D Glaser, 'Contact And Domestic Violence—The Experts' Court Report' [2000] *Family Law* 615. 如果存在暴力，则父亲通常会被排除在探视安排之外。

㊲ 有研究者认为女权运动者诉诸家庭暴力来不允许孩子的父亲探视子女。见 H Reece, 'UK women's groups' child contact campaign："so long as it is safe"' [2006] *Child andFamily Law Quarterly* 538。

㊳ 未婚父亲在过去并不自动负有管教子女的义务。但《2009 年福利改革法》第 56 条强制的联合出生登记带来了巨大变化。有研究者认为这对于遭受暴力的母亲们具有损害性的影响。见 J Wallbank, ' "Bodies in the Shadows"：joint birth registration, parental responsibility and social class' [2009] *Child and Family Law Quarterly* 267。

㊴ 这是观察核心样本之外的另外一位法官。

冠法院审理过而且被告人被确认无罪。毕德由此认为这个母亲是个撒谎的家伙，而且医学证据表明这位被指控强奸的父亲没有能力实施强奸行为。

> ● 我用一整个上午讨论性交姿势。我不认为一个二十九岁的男人在膝部十字韧带受损的情况下能够强奸他的女友。在这种情况下，这个男的很柔弱。女的则已经是空手道棕带级别。我觉得这位女士简直疯了。我真希望自己能给她出具一份精神科患者报告。

到了第二天下午，毕德精神焕发地拟定一份详尽的探视令，并偶尔停下来与这对父母商量探视用的手机和交通安排。尽管双方互有恶意，但这对父母难以抑制自己的笑容。这多亏毕德热心务实的磋商风格和他非正式化的言语风格以及乐观的态度。

在许多案件中，当事人的暴力行为在刑事程序和民事非家事程序中都得到了证实。在乔尔的探视纠纷案中，有一位父亲没有出庭，因为他攻击别人时导致自己被锤子击中。在另外一个案子中，父亲曾攻击母亲，被刑事和民事审判，而且刚从监狱里放出来。究德（Joad）手头的两个案子中的父亲都在监狱，一个是因为持械抢劫，另外一个因为攻击他人。在本研究进行时，"父亲的正义"这个组织的维权运动正处于高峰阶段。这个组织的支持者认为法官们在关于子女的家事纠纷案中会偏袒母亲而对父亲不利。[40] 他们在首席登记处占据过一个法庭，并且在研究样本中的一个城市法院的外面发起过示威活动。在 2007 年，司法新闻署曾经批评说公开一些法官的家庭住址是一种毁灭法官的行为。这个批评好比火上浇油，导致了一些愤怒的行为。针对法官的凶狠行为可能会导致与期待相反的后果。巡回法官弗兰克（Frank）与究德聊到一位父亲曾经在法院外以及弗兰克家附近组织示威。这位父亲把自己的案子的情况上传到一个网络空间。弗兰克让人把这个网页关闭了。这位父亲还将与自己孩子的谈话进行录音，并附带一些挑衅的提问，然后将录音交给法院，并评论说"我早跟你们说过，但你们不听"。法官们认为这正好是他自己挫败自己不问自招，于是

---

[40] 研究发现没有证据表明有偏见不利于没与孩子同住的父亲。见 J Hunt and A MacLeod, *Outcomes of applications to court for contact orders after parental separation or divorce* (2008) Ministry of Justice website。

弗兰克发令禁止他探视孩子。④

　　乔尔曾有一个案子，这个案子中的母亲反对任何形式的探视。孩子的父亲早已被捕。孩子的母亲有律师代理，但她本人不出席案件的审理。父亲有律师代理，而他本人则很愤怒。双方律师互有敌意。正如乔尔所预料的，母亲提交的长达四十六页的陈述非常具有挑衅性，而父亲没有任何陈述，父亲及其律师都在发言。乔尔法官不再努力制止他，而是问律师："这是你的意见还是你客户的意见？"乔尔让 CAFCASS 出具一份报告，并将该案安排给一位巡回法官。父亲打断了这个过程，而且哭着说："你们都没见过我的孩子，是我把孩子们抚养长大到现在，但你们为什么不听我说？我还没做过陈述。你们这些法官就是对我们这些当父亲的人的说法没有兴趣。"（他站起来大声嚷嚷"需要改变法律！"）一个已经安排好的电话听询正好让乔尔得以离开。乔尔返回后平静地解释说此案会有一个全面的审理。父亲站起来离开时还在大喊："这是我的孩子，是我把他们带大的！（在门廊那边继续喊）你们都偏向当妈的，对当爹的不感兴趣。"乔尔在写完法院命令之后劝说这位父亲坐下来。

　　在首席登记处，法官们最近已经观看过鲍勃·格尔多夫（Bob Geldof）的电视节目。这个节目也有与上述类似的观点。这让法官觉得厌烦。

　　● 但愿格尔多夫本人能来观察一下这里的法院。"就忽略那些坐在后排，头上还有袋子的人。"格尔多夫不明白父亲们会如此暴力。我最近刚处理的一个案子中，一位父亲强奸了自己的女儿，并威胁要杀死自己的妻子。

270

　　有一种运动主张法律应该做出有利于与（孩子）共同居住的父母一方的推定。④ 但卡罗琳法官并不同意这种主张："这些共同居住的房子从哪里来？来这个法院的许多人都贫穷。是否打算让伦敦的区镇政府提供两个

---

④　有研究者评论说"父亲的正义"这个组织的创始人"玛特（Matt）足够聪明，但其似乎并不明白在涉及小孩子时太多的怒气反而对自己的目的适得其反"。见 D Ross，above n 13。

④　父亲权利团体运动在争取父母双方各一半的探视时间安排。但是 2004 年的咨询文件拒绝了这一建议。参见咨询文件（*Parental Separation：Children's Needs and Parental Responsibilities*）。有人研究了共同管带孩子的效果，发现不成功的情形主要是由于对"公正"的不同理解，而且这种不同的理解是基于父母的权利而非基于孩子的利益。见 C Smart，'Equal Shares：Rights for Fathers or Recognition for Children?'（2004）Vol 24 *Critical Social Policy* 484。

住处？"

许多来家事法庭的当事人怒气十足。如果是无律师当事人，则在当事人和法官之间完全没有律师可提供的保护性缓冲（这会带来下文所述的安全问题）。大多数当事人是父亲。斯丹福法官曾就一个案件作出判决取消了父亲的探视权。这位父亲的行为让人很难应对，他曾经把孩子的母亲逼到精神崩溃的边缘。在审理过程中，这位父亲"对啥都要争论，而且两星期过去后再重复争论自己的全部观点"。法官最后离开了法庭。"连给判决都困难。"上诉法官金德（Kind）大多数日子的工作都是从无律师当事人开始，这些无律师当事人常常重新申请上诉。

愤怒会恶化为暴力。当审理是在法官办公室进行时，当事人就在桌子周围。这种情况下法官可能容易遭受暴力。蒂尔斯法官对这种情形不满意，因为家事案件的当事人往往不愿意面对彼此。他把自己办公室布置得像一个法庭，以便让当事人隔着两个大桌子面对法官，而不是面对对方。地区法官的办公室有安全逃生出口和需要使用密码的门锁。有时候法官必须通过相邻的办公室逃走。一位大律师讲述了新近的一次逃离经历。一位父亲怒气冲冲地跑出地区法官的办公室，然后站在外面。与此同时，律师们不得不通过周围的地区法官办公室逃走。他们在逃走时向这些办公室里惊讶的法官和当事人道歉。在乔尔法官审理的一个案子中，一位母亲涉及一起抚养纠纷并在一位巡回法官面前出庭。她对一位社工的咆哮响彻整个法院大楼。乔尔考虑了自己在认定藐视法庭罪方面的权力，"但是我的司法角色与我作为普通人的想法发生了冲突。作为普通人，我的本能是过去问她是否需要什么帮忙，并请她坐下来喝茶。但如果她的表现是这样，那么她如何对孩子们克制自己的脾气？"那天下午，这个母亲向律师们尖叫，以至于律师们不得不把自己反锁在房间里。法院的员工匆忙赶过来把我们锁在乔尔法官的办公室并问："厨房怎么样？把刀拿来（以便需要时自卫）！"[43]

分割债务

就像反对双方当事人争吵一样，地区法官也反对夫妻因为金钱问题对簿公堂。法官们强调他们希望当事人能在法院外消除歧见。霍莫说在他面

---

[43] 详见 F Gibb, 'Lawyers call for protection from threats and attacks', *The Times*, 23 February 2004。

前出庭的大多数当事人是底层社会的人。法官的任务通常是分割债务。伊 271
丽莎白·贝内特考虑过一个金额为两万三千英镑的债务安排与价值七万英
镑的房产抵充。

> ● 这不够在附近买一个房子。我直白地告诉当事人,并告诉他们
> 最终审理程序的诉讼成本,而且仅仅今天的诉讼成本就是一千英镑。
> 这么告诉他们也是让他们集中精神。

这两位当事人上午出现在伊丽莎白这里,但 14:00 返回法院时依然没
有达成和解。他们各自的和解方案都是用对抗的言语写成。丈夫的律师对
每一点都提出异议。[44] 这位丈夫的律师费已经达到六万英镑了。从 14:05
到 14:50,他都忧郁地看着窗外。伊丽莎白说出了自己的临时观点,并鼓
励当事人双方接受。她说:"今天很关键,如果不能就此和解而最终必须
审理此案,那么还有更多的钱财会在今后的程序中蒸发。"有一对夫妇在
霍莫法官面前为了两千五百英镑而争吵。律师在客户不在场时解释说他们
已尽力劝当事人和解。霍莫对此予以合作,说:"那就跟他们说如果他们
还这么继续争吵那么法官会发飙。如果你觉得有必要,你可以说我是个怪
物。"在首席登记处,一位地区法官说她自己曾对当事人说"你俩都疯
了!"因为这两人花了两万英镑的律师费来为不断萎缩的财产争来争去。
上诉法院曾经也处理过一个类似的案子。该案的争议财产是伦敦《地铁
报》和其他报纸都视若珍宝的一栋昂贵的家居房。围绕这房子而发生的争
议拖延了很久。主审该案的上诉法官金德说:"这个案子未能调解结案真
是悲剧。一个干净的了断明显有必要。律师暗示说上诉法院应该这么做,
但这不是上诉法院的职能所在。"报纸和新闻不知道当事人双方的律师费
(不包括上诉方面)共计高达三十五万英镑。[45] 究德认为法官的职责之一也

---

[44] 这些大律师们公然表现出恶意。法官们和律师们在 2007 年发起一项运动以支持照抄自美
国的"合作型法律"。如果当事人未能磋商,则律师必须辞去代理。见 F Gibb, 'Family
judges campaign to take the bitterness and costs out of divorce', *The Times*, 4 October 2007。非
诉律师执业准则(*Resolution*)陈述"成员必须以建设性、非对抗性的方式处理事务,并
避免使用激化事态的语言,……同时保持职业客观性,并尊重涉事的每个人"。见 L
Jones, 'A change in attitude' (2008) 158 *New Law Journal* 1477。

[45] See D Burrows, 'A scandal in our midst' (2009) 159 *New Law Journal* 217, 援引 *KSO v MJO
and ors* [2008] EWHC 3031 (Fam) 案中 Munby 法官关于"具有毁害效果的费用"的论述。

包括保护国家的利益。他说如果一个妻子接受低额和解，他可能会问：
"如果你新的婚恋破裂了怎么办？"如果她回答："我们可以申领社会保障
金。"那么他会问："为什么靠国家的经费过日子呢？这是你丈夫的责任。"

拖延、混淆与超量工作

三位巡回法官即乔迪（Jodie）、索尔（Soar）和哈里特·文因为工作
负荷大和强度高而颇为受苦。[46] 工作中发生的拖延令人惊讶。[47] 索尔以为法
官数量不够只存在于她所在的巡回区域。

与哈里特·文法官一起的四天

哈里特·文法官 75% 的工作时间用于办理家事案件，25% 的时间用于
处理其他民事案件。她是一位被指定的（管理型）家事法官。

> ● 我负责家事办案政策以及巡回区的法院行政事务……我与法院
> 行政管理部门和案件排期部门以及地区法官之间互动很密切……我还
> 处理一些关于婚姻方面财产分割的上诉以及大多数对地区法官判决的
> 上诉。我还在不同的家事法庭之间巡回，协助家事审判业务方面的培
> 训……我与 CAFCASS 以及当地律师有联络……任何撤销案件程序的
> 申请都会呈交到我这里。[48]

她 8:30 左右开始处理办案文书，然后用在法庭外的每一分钟时间处
理案件管理方面的电话、邮件或会议。她在晚上写判决书，并在周末阅读
关于抚养案件的大量材料。下文要描述的巡回法官和高院法官们也是这
样。她认为这有助于掩盖法官人数不够这一问题。她容忍这种工作量的原
因在于许多孩子都在等待她的裁判。她觉得这比大律师的工作负荷要轻
松。"可惜以前我孩子还小的时候，我自己在那时期的工作量比现在大。"

---

[46] 2010~2011 年情况更糟糕。司法总管贾奇法爵在 2010 年说家事案件业务量的增加给家事
法官造成了压力。见 Lord Judge LCJ, *Review of the Administration of Justice in the Courts 2008 -
09*。

[47] 关于对"令人惊讶"的拖延的批评，见 *Family Justice Review* 2011。

[48] 司法办公厅的文件规定了这方面的责任。

2004 年 5 月，星期一

　　哈里特的法院还缺少两名巡回法官。她审理的第一个探视纠纷案诉讼
程序开始于 2001 年，但一直只进行了部分审理，因为很难重新召集诉讼参
与人。两个审理已经被取消。星期五便是判决日，因此她必须在前一个星
期六写判决书。在写作过程中，她努力利用自己的办案笔记。已经查明的
事实是父亲并没有虐待女儿；但母亲不信这一点，于是继续阻止探视。哈
里特认为这位母亲是在离间女儿与父亲的关系，而且这位母亲的另一个幼
童可能也会被禁止接受父亲的探视。

273

　　10:20　祖母在法院参加程序。哈里特在判决书中提到祖父母二人和母
亲一起开车将孩子送过去让父亲探视，但他们对父亲的探视怀有敌意。哈里
特要求有一份心理医师的报告来判断恢复探视是否会伤害小孩。由于是母亲
在指控父亲虐待女儿，双方当事人争论该由谁承担心理医师报告的费用。

　　11:05　匆匆回来阅读她刚刚收到的文书，这是一个审理程序为期五
天的抚养争议。

　　11:15　到法院处理一个为期三天的抚养纠纷案的最后审理。当事人
在前一个星期五已经被通知除非当事人和解则该案必须被重新排期。他们
如今在期待一个持续十五分钟的指引听审（directions hearing*）。母亲没有
到庭。尽管之前打电话找她并给她安排了出租车过来，但她还是没来。在
场的是六位律师、父亲（监护人）以及另外三人。这个案子缩减为一天，
而且是被重新安排在两星期后。该案也引发了披露问题。哈里特发现一个
孩子的父亲曾经犯有"附件一"所列罪行：他曾用打火机烧伤一个小孩。
哈里特想要阻止这个信息被第二个孩子的父亲的新伴侣的孩子们知道，因
为如果这些孩子们知道此事则他们所在的街坊邻居会就此警觉。

　　12:40　出法庭，她让书记员告诉那个五天案的当事人找一个日期继
续审理这个案子。

　　12:53　在法院，她就第一个案子发出法院令。

　　午餐时，哈里特法官介绍了那些曾是她在本地大律师行的同事的那些
法官。她谈论了妨碍陪审员以及大律师行的故事，新任法官，还有足球。

---

　　*　这是一个简短的审前程序，通常旨在向当事人明确审理程序以及审理过程中需要注意的一
　　些实际事项。法官会在这些方面给予当事人一些指引，以便当事人为正式的审判作好准
　　备。——译者注

14：25　案件排期人员让她再办理一个使用临时法院令的案子。她让他们排给一位地区法官去做。

14：30　为了那个为期五天的案子，这个下午被空出来。律师们请求将这个案子的审理延期。一位大律师刚刚收到新文书。下午的法院时间被浪费了。

14：35　去案件排期办公室闲谈。他们发现这个案子还另外需要三天，但不能安排在本星期。她觉得向律师抱怨毫无意义。没有人想不读新文书就开始办案，虽然哈里特觉得没必要去读。她知道这个律师团队很好。她把一位大律师叫进来聊了一会儿，并请她帮忙做一个培训。

274

星期二

9：30　哈里特放弃折腾她那无法运行的新笔记本电脑（法院又没有信息技术设备维护人员），然后在咖啡时间会见一些地区法官。她在办理一个收养案时穿上了法袍。收养人通常要求这个，这是为了拍照留念。哈里特给被收养的小孩一张贺卡。当他们聊了五分钟后离开时，小男孩问："这就完事了吗？"（巡回法官们认为办理收养手续是他们的业务中最有收获的部分。有位巡回法官说他在一个收养过程中从头哭到尾。"这让你觉得有许多收养家庭兴高采烈地把我们穿着法袍甚至戴着假发与他们一起的合影照片放在了他们家里多个房间的壁炉架上供人观瞻赞叹。"*）

11：10　进了法院。"事情多，得早点开始。"有一个临时申请案。

11：20　那个为期五天的案子（抚养纠纷）的当事人要求中午开始程序。

12：15　当事人已经准备好了。今天的拖延是由地方政府律师造成的，他在整理哈里特的一大堆文书。哈里特"嘟囔"了。在场的有父母双方的律师、监护人以及地方政府代表。律师和当事人共八人在整个星期一上午以及今天都在等。

14：10　案件排期人员过来商量排期。哈里特更改了一份判决书。

14：40　审理重新开始。在社工作证时，母亲在频繁摇头，试图引起哈里特的注意。

16：30　哈里特将文书带回家。

---

*　此译文长句是基于作者的解释而成。此处引语原文简短但含义隽永。原著作者应译者要求对简短的原句进行了解释。——译者注

星期三

9:56 案件排期危机。下星期将要审案的法官在努力审结刑事案。有个案子必须重新排期。这个案子的当事人是一位父亲。他是"父亲的正义"组织中非常活跃的成员。"这个案子能转给一位地区法官吗?"但地区法官们在9月以前都没有时间。于是他们考虑请一位民事兼职法官作为外援来办理这个案子。

10:40 书记员报告说当事人就第一件事(即指引听审)已经准备好了。哈里特说她自己没准备好。她还在翻阅案件材料。

10:46 与星期一的案子类似。母亲拒绝让父亲探视孩子,指控这位父亲有虐待行为。警察拒绝就此指控启动刑事调查程序。心理医师在法院没有确认事实的情况下拒绝出具报告。母亲由自己的父母陪同来到法庭。孩子的父亲双手捂着脸坐着。孩子的外祖母请求参与程序。哈里特对此予以拒绝。她解释说她不能在没有收到正式申请的情况下准许其他人继续加入进来与外祖父一起参与诉讼程序。哈里特安排该案获得更多指引,并安排了另外四天对施害者进行听审,也会另外审理外祖父的申请。律师请求将CAFCASS工作人员任命为监护人。哈里特对此进行了询问。

11:15 在外面,哈里特解释了她的不愿意,说"已经有许多专业人士参与到该案的孩子们的生活中了。"[49]

11:30 抚养纠纷案的审理重新开始。一位心理医师就母亲的状态作证。母亲一边微笑一边摇头。在场有四位大律师、一位实习大律师、四位非诉律师代表、两位社工以及一位监护人。

12:20 又在法庭外。心理医师需要时间阅读一份报告。

12:45 社工回来作证。哈里特的案件管理文书不完整,于是她离开他们去整理文书。

12:50 哈里特让监护人到办公室谈与另外一个案子有关的事情。监护人申请去学校看望一个女孩。哈里特对此予以拒绝,理由是目前是中学科目会考时间因而不便看望。母亲通过驾车撞人的方式对参与该案的其他专业人士实施攻击。孩子们每星期偷偷与父亲会面十五分钟。

---

[49] 已有研究鼓励CAFCASS和其他专业人士之间进行更多合作。见 L Trinder et al, '*Making Contact Happen or Making Contact Work? The Process and Outcomes of In-Court Conciliation*' DCA Research Series 3/06, 99。

12：56 第一个案子的指令草本已经准备好。进法庭批准该指令。

14：15 案件管理文书依然有问题。案件排期人员过来了。有一个申请需要一位具有高等法院案件排期审理资格的法官来处理。接下来的三个星期只有一位家事法官有时间。

14：28 抚养纠纷案件审理重新开始，直到16：30结束。

星 期 四

9：50 与地区法官们喝咖啡。哈里特要就一个案子作出上诉审判决。作出该案一审判决的是其中一位喝咖啡的地区法官。

10：40 书记员说抚养纠纷案中的专家已经来了，但需要半个小时阅读文书和材料。哈里特纳闷为什么这位专家没有事先阅读材料。

11：10 他们需要半小时。哈里特为培训会的事情打电话，然后去看可能混乱的下星期案件的排期。

11：50 继续审理抚养纠纷案。父亲的律师描述了两位专家证人之间的协同。这两位专家今天上午才刚刚看过新的报告，因此另一位律师需要半小时讨论此事。哈里特让他们12：30回来解释打算如何推进这个案子。在法庭外，哈里特说她认为一位专家"串通"了另外一位专家。这个案子总共有四位专家证人。哈里特此前已经在涉及儿童的案件中就过多使用专家表示过担心。但她现在认为如果这些专家能劝说家长就抚养儿童达成一致，那么他们还真是有用的。他们正在讨论的并不是新情况，所以她不明白为什么这些专家以前没有见面谈过。

12：37 虽然有些一致意见，但两位专家还是希望法官自己的证言被听询。心理医师证明说这位母亲有"表演型自恋性格"，而父亲则有"多种疾病的性格紊乱"。父亲承受不了来自母亲的压力，因此探视孩子必须在母亲不在场的情况下进行。

16：30 延期到下星期。

星 期 五

哈里特有一个案子的时间段被安排了其他事情了，因为其他巡回法官没空。

评论：程序方面

儿童容易受到伤害，而且儿童期短暂。这意味着涉及儿童的案件在法院最紧急。但这些案子的进展之缓慢简直像是丑闻。哈里特的法庭未办完的旧案是逐年累积出来的。法官人手不足。由于律师和专家准备不充分，法院的时间和专业人士的时间在抚养案中被浪费，而为这些时间付费的是纳税人。哈里特本可以将就处理那个被延期一天的案件。在 2006 年，政府发布了题为《英格兰和威尔士纠纷案件程序评议》的报告，其目标在于确保以最及时和最有效率的方式使用资源（郡法院的抚养纠纷案平均耗时五十一周）。《公法概要和实践指引》（简称《指引》）要求当地政府监护人和律师就这些案子在上法院前先进行准备。这个《指引》于 2008 年 4 月开始施行，[50] 但没有成功实现其目标，甚至不如之前的协定[51]或者《1989 年儿童法》[52]，因为法院和地方政府缺乏必要的相应资金。[53]

评论：实体方面

在哈里特办理的两个案子中，母亲提出但未能被证实的指控（比如像在毕德处理的案子中那位母亲的指控）会使父亲许多年都不能探视孩子，因为这种指控会引发一系列程序和听询，以及多位律师和专业人士的参与。这样的指控很容易提出来，而且比较普遍。一旦有这种情况，探视安排或者探视许可会立即终止，因为法官不能冒险让孩子们遭受可能的伤害，而且有些指控的确属实。[54] 哈里特办理的案子中的指控未被采纳。但第一个案子的拖延，以及那位母亲的不服以及这位母亲和自己的父母对孩

---

[50]　马克·波特（Sir Mark Potter）爵士在 2008 年 4 月 1 日的讲话。

[51]　《儿童法案件公法领域审判管理共识》（The Protocol for Judicial Case Management in Public Law Children Act Cases）从 2003 年 11 月开始实施，其目的在于减少抚养纠纷案中的耽搁与拖延。

[52]　为了减少抚养纠纷案中的耽搁拖延，也强调案件审判管理。

[53]　See analyses by C White，'Child law update'（2007）157 *New Law Journal* 1424 and P Cooper，'The right protocol'（2008）158 *New Law Journal* 1057. 但有专家的评估有些悲观，例如 J Masson，'Improving Care Proceedings：Can the PLO Resolve the Problem of Delay？Part 1'［2008］*Family Law* 1019。所有的法院如今都受到运营经费预算削减的影响，见 F Gibb，'Courts face closure as judges are told of ￡90 million shortfall in collection of fees'，*The Times*，4 September 2008 and F Gibb，'Reforms threaten family courts'（interview with Sir Mark Potter），*The Times*，23 October 2008。另外，司法部在 2010 年的九十亿英镑预算被削减了二十亿英镑。同时，根据贾奇司法总管在前述 2010 年 7 月演讲中所说，2008 ~ 2009 年的家事公法案件上诉增加了 31％。

[54]　比较 *Re L*（*Contact：Domestic Violence*）［2000］2 FLR 334。该案中未能证明存在家庭暴力，因此该家庭的其他孩子不能被迁移出去，从而面临潜在的进一步暴力危险。

子的离间影响一起意味着哈里特不得不考虑让两个孩子都得不到父亲的探视，虽然指控没被证实。[55]

乔迪法官

- 我爱这工作本身。让我头疼的是围绕工作的那些乱事儿。

乔迪法官每星期在六个法院用于刑事案件和家事案件的工作时间比是1:3，但效率低。"如果我有一个（安全的）办公室让我能把各种文书任由我放在里面的办公桌上或者电脑里（而不是像现在这样装起来搬来搬去），那么我的业务可以做的好得多。"我有一次和她一起时，她在搬运好几个文件夹（其中包括家庭信息）、她的笔记本电脑以及司法器具。有时候当事人跟着她。在星期二（如下描述），她得知自己被安排在星期五去王冠法院审案。这个案子的所有当事人都将不得不去邻市的一个刑事法院听候判决。交流很困难。由于圣诞前五天我都没能联系上她，1月5日时我没通知她就直接到了那个法院。她自己也没收到消息。她不能看邮件，因为她在路上不能上网。要找到这个法院很需要一些确定方向的技能。她是在F郡法院，但这个法院所在的楼都被标为"G和H郡法院和治安法院"，而且位于J市。我到那里时要经过K车站才能抵达。法院导引员问我需要去哪个法院，因为L郡法院也在那里。法院这么难找。这无疑会给可能失去孩子抚养权的父母造成很大压力。在那个星期，其他案件中有两班律师为自己的当事人客户的缺席或不出庭表示道歉。他们缺席是因为他们靠领取救济金生活、没钱或者不知道该如何乘坐公共交通工具到达法院。多个法院位于这样的附楼。由此造成的麻烦加剧了三种法院对管辖家事案件产生的困惑。那地方在1989年就承诺建设一个新的家事审判中心。乔迪的法官办公室是一个六英尺宽八英尺长的治安法官休息室，墙面没有粉刷，也没有窗户或者互联网接口。这正是郡法院与该建筑所有权人即治安法院委

---

[55] 见 G Vallance-Webb, 'In Practice: Child Contact: Vengeful Mothers, Good Fathers and Vice Versa' [2008] *Family Law* 678, 该文讨论上诉法院的家事案 *Re C (A Child)* [2008] EWCA Civ 551。在审理该案时，上诉法官 Ward 说一些复仇心强的母亲以"细水长流的恶意"系统性地使孩子与他们的父亲对立。该文还讨论了高等法院家事案 *Re M (Intractable Contact Dispute: InterimCare Order)* [2003] EWHC 1024 (Fam)。

员会之间的争议的核心。⑯ 律师休息室也被锁起来，因为使用笔记本电脑的律师被指责为"揩油使用治安法院的电力"。这更加剧了法官对治安裁判官的鄙视。

乔迪与她的巡回法官同事蒂德（Deed，与毕德法官一样）认为自己在家事案件中的作用是"纠问式"。他们总是与律师对话。如果民事案件的律师辩论很糟糕，那么因此遭受不利的当事人可以起诉律师。但在家事案件中，乔迪说她自己是在寻找"真相和最佳解决方案"（在评论本章草稿时，文森特·琼斯法官说他赞同有些法官——比如毕德法官——采取纠问式的办法，但也同时指出"大多数法官仍然尊重对抗式的诉讼，虽然如果他们认为疏于追问可能导致严重的风险就会为了孩子的利益而加以干预"）。在上诉法院，上诉法官金德的非家事案件法官同事也认为家事法官的确比其他法官更可能采取干预主义的司法。"但批评法官进行主导式的提问则完全不恰当。法官并非处于律师的位置。"⑰

为了维持连贯性，乔迪觉得应该由一名法官负责一个案件的全部进程。⑱ 她本人很喜欢进行干预，会努力将案件朝自己认为是最好的方向推进，但有时候会因此失望和沮丧。她举了一些自己成功办案的例子。在第一个案子中（前文已经提及），她寻求的结果没有受到任何当事人的质疑。

> ● 两个星期以前，一个婴儿遭受严重的头部损伤……当地政府、监护人以及婴儿的父母都令人惊讶地……认为法院不能决断这是谁干的，因此案件程序继续推进的基础是这肯定是父母当中的一人干的，所以孩子不能被带回家。从文书来看，我自己很清楚地感觉这可能是父亲干的，但这需要母亲的律师好好调查取证。最终证据表明果然如此，和我预料的基本相同。后来每个人都认可我认定的事实，即加害人是父亲……孩子则由母亲带回家，而且母亲并不伤害这小孩……如果不是这样，这孩子可能被强制收养了。因此法官的干预在有些情形下的确会带来积极的变化……还有一个收养案……我们让本来来自同一家庭的五个孩子在一起；虽然这给当地政府造成巨大的社会福利费

279

---

⑯ 治安法院委员会对预算进行分配，但这个功能在 2005 年被法院理事会取代。

⑰ 为了保持匿名，此处不提供上诉法院判决的引注。

⑱ 如今得到《家事司法评议 2011 年临时报告》（Family Justice Review Interim Report 2011）的支持。

用支出，但孩子们如今过得很好。

乔迪和蒂德说他们晚上和周末在家里花在家事案件上的时间比花在刑事案件方面的时间多很多。

星期一

星期天时，乔迪已经读过了那个要审理五天的抚养纠纷案的材料，结果得知涉案父亲不再争执。除了审前复核之外，她已经办理了该案的其他事宜。这个情况没有被传达。她说她情愿已经自己做了该案的审前复核。"我可能会问当事人：'你不需要用七个证人来证明那一点吧，是吗？'"审理程序的启动延期到星期二，因为社工在星期一没空。乔迪继续处理办案文书。

星期二

第一个案子是一个听审指引，第二个则是案件管理会议。前一天晚上她已经读过第一个案子的材料。这是一个"没有希望"的抚养纠纷。父亲被定有抢劫罪和人身攻击罪，而且多次强奸一名五岁儿童。二十五岁的母亲则被控忽略儿童。他们的另外三个孩子已经被收养了。本案中的婴儿有严重的出生缺陷。在我们等待当事人时，乔迪发现办案文书材料中还有另外一个类似的案子。她对当地政府在缺陷孩子出生后的不作为表示恶心。母亲能力不够，她曾经"在大醉时"去看自己的全科医生，说自己"应付不了"。当地政府仍然不作为。这个案子被排在 8 月份。"不，这不够好。你已经厌倦了说'不行，这个案子不能等'，因为明显会有另外一个婴儿不能回到自己父母身边而必须尽快被安置到其他家庭或者机构。"她将此案重新安排到 2 月。

前一个"无希望"婴儿案的地方政府律师让大家等到了 11：00，这是因为这位律师不小心把自己锁在自己屋外，要等锁匠来开门。"我可能已经知道这是德瑞皮·达芬（Drippy Daphane）！"乔迪很愤怒。她要求知道为什么当地政府现在才开始为孩子寻找养父母以及为什么最终审理被安排到 4 月份那么晚。达芬说他们在等待收养事务小组开会。"很抱歉！我不能接受让这个孩子的案子再等两个月。不能召开紧急小组会议吗？"乔迪法官休庭时仍然就德瑞皮没有认识到儿童福祉的紧要性而感到不满。她几

280

年以来都对德瑞皮不满意，那时候德瑞皮是在本地的大律师行执业。她解释说所谓的收养事务小组不过是"旧时代的旧制度。那时候地方政府通过这种小组来决定未婚妈妈们是否真的准备好将孩子送给别人养，并检查确认孩子没有传染病。如今他们所做的不过是走过场和盖章，不过却妨碍了我办案"。11:30，德瑞皮报告说收养小组可以在八天后开会。

11:15　法院导引员进来报告说乔迪期待的关于另外一个婴儿的案件管理会已经被重新安排到 2 月份。"没有！这是我自己的安排。看看，这是我手写的字！"她重新安排这案子，给它安排了两天时间。案件排期员问是否可以处理一个为期两天的探视纠纷案。"不！我讨厌来自弗尔丁汉姆（Foldingham）的私人垃圾吐槽。那通常是一些鸡毛蒜皮的争吵，根本没必要到巡回法官这里来。"但排期人员还是把这个案子排给了乔迪。

12:35～12:52　抚养纠纷案审理开始。文书显示了父母双方的差劲。父亲被指对其过去旧家庭的成员有虐待行为，这样的指控有三十个。文书还描述了家中的长子（如今十岁）如何从他父亲那里学会了暴力。他的暴力和破坏性让五位社工为了他而在一个安全的住宅里忙得团团转。该案中的这个父亲以及另外两个容易被收养的孩子都不是问题。问题是那个八岁的孩子被那个十岁的长子欺负和施暴。这个八岁的孩子与自己的抚养者关系很好。乔迪希望能说服这位抚养者收养这孩子，但她不能。此外，乔迪还解释了通过机构安排抚养（而不是收养）的经济上的好处（抚养人每星期可以从当地政府领取两百英镑的补贴），但她的兴趣在于让孩子处于一种稳定的关系中，而不考虑地方政府在负担费用。这三天里，孩子的父母都默默坐着，眼皮下垂，对整个审理程序完全心不在焉。

15:40～17:55　乔迪同意推迟下班，以便心理医师能连续作证。让乔迪失望的是，这位心理医师坚持说研究表明收养是更好的出路。乔迪后来评论说这位专家证人没有充分独立于地方政府。

星期三

12:00～12:55 以及 14:15～18:00　乔迪办案到很晚，以配合另一位专业人士。尽管乔迪向其追问，这位专业人士没打算和乔迪一样认为长期抚养（在目前模式下）对孩子更有利。另外一个听审指引失败，因为抚养人出错去了另一个法院，而关于孩子的文书则放在第三个法院。

281

晚上，乔迪要求律师当晚准备好书面意见，因为她必须在星期四作出判决。这让律师们觉得害怕。星期五没有法庭可供使用。她自己在当晚草拟了判决书。

星期四

所有案件都累积在一起了。

乔迪给案件高级排期员打了一个怒气十足的电话，但她仍然未能避开星期五在王冠法院的刑事业务。这一整天，监护人（乔迪在当大律师时就很熟悉她）断断续续地作证，和乔迪一样认为那男孩应该和抚养人在一起。乔迪因此有了理由按照自己的倾向意见判决，虽然另一位专家证人反对其这么做。

失败的案件管理会议被安排在 12：15 ~ 13：00 再进行。乔迪将 5 月份的最终听审排到了 3 月，并提前与另一案子安排在同一时段。

中午时，她把"私人吐槽垃圾"案当事人叫进来，基于文书材料对其表明了自己的临时观点，即孩子应该与父亲见面。当事人在 13：25 回来，提交了一份同意令草稿。乔迪让他们在法院里等了一整天，他们也在此期间消除了歧见。

评论

乔迪自然而然的没耐心反而起了积极作用。她显然不能容忍案件审理的排期拖延。这使得那被动的排期办公室以及当地政府律师德瑞皮不得不将案子进度加速好几个月。因此乔迪的做法与家事案件程序的精神一致，也与高等法院家事部部长的目标一致。这样的快速明显符合每一个易受创伤的儿童的重大利益。她十分喜欢干预主义的做法，而且能有效决断什么样的最终结果有利于儿童，并且达成这种结果，即使专家证人的证据与此相反也在所不惜，而且当事人也接受这样的结果。她鄙视父母之间就孩子发生的争端。她让这样的父母在法院大楼里等上一星期，而且不让他们在法庭上与自己相见，从而迫使父母当事人在各自律师的帮助下达成一致。她的方式是前面描述的地区法官的更极端版。那些地区法官们认为法官强加的解决方案乃是病态。

索尔法官的忙碌穿梭

索尔在三个法院办理家事案件和刑事案件。与乔迪不同，她不管理自己手头的案子。她认为自己喜欢到处巡回工作，从而使案件管理工作对于自己来说不切实际、不大可行。她提到当地缺乏家事法官和法庭，也提到了全国范围内家事案件业务尤其是儿童抚养纠纷案的增长。我在2月份见到她时，她手头有几个排期到三天后的案子的审理工作正在被排期到9月份。在这种情况下，她如下的遭遇则是一个悲喜剧。她用一整个星期等待一位母亲的行踪被确定。这位母亲是一个抚养纠纷案的当事人之一。这个案子最终"崩溃"了。这是由于社工机构的低效率，也是由于家事案件的三方管辖权。显然这也把社工和当事人都搞晕头了。母亲安吉拉有严重的学习困难症，因此既不能照料自己更不能照料小孩。她俩脏乱的家的照片可以证明这一点。星期一11:50时，一名社工交给安吉拉二十英镑，但错误地安排她进了一辆出租车前往治安法院。但安吉拉在前往治安法院的出租车上出错了——把钱弄丢了。索尔所在的郡法院位于一栋共同使用的法院大楼里，但大楼对外标识为王冠法院。索尔星期一和星期二的大部分时间都在和其他专业人士讨论怎样找到安吉拉并把她带到法院来。安吉拉每天都会与一位社工会面，从社工那里领取现金补贴。星期二时索尔建议让人提醒社工说安吉拉需要有人陪同到法院。案子延期到星期三下午。星期三14:20时，索尔得到通知说安吉拉被找到了，其实她从上午11:00开始就一直在法院餐室等（但一直没人告诉索尔），但陪她来的社工因为有恐高症而不能进入索尔在四楼的法庭。索尔于是请求换用一个位于一楼的法庭。为此一个有陪审团的刑事审判被从一个一楼法庭换出来。索尔在这个法庭里等到15:05时社工才到达，但这社工看上去病了而且很痛苦。时间太晚，当天已经不可能开始审理这样一个有争议的抚养案，因为安吉拉的律师还需要两小时接受指引。案子被延期到六个星期之后。索尔安排公用经费向与两位社工以及监护人一起空等了三天的四位律师支付了费用。乔迪法官不大可能会像索尔这样采用这种通融的方式。

　　剩下四天的大部分时间也是等待。但这对于索尔来说也并非完全浪费时间。其他大部分事情都是抚养案程序中的指引听审，因此律师们和专业人士在法院内磋商和草拟指令。这些指令会由索尔批准。她已经事先阅读过文书和材料。每个审理安排的时间都是半小时。索尔说她"信任"律师们，他们都"非常训练有素"，能够涵盖全部问题。就指令的草稿，她只会在其显得"过于聪明"时才会质疑。在长达一星期的时间里，索尔就是

282

在这些案子之间穿梭，会轮流把每个当事人都叫进来几分钟，或者让书记员报告当事人磋商的情况。每个案子都用四到六名律师，再加上几名社工和一名监护人。星期一时，索尔花了一分钟时间为一位缠着绷带的父亲签发了针对他那暴力儿子的禁令。星期二时，她只用十五分钟便在法院批准了指引听审中的两个指令草本。星期三时，一个简短的指引案件的各方当事人在法院等到 11：20，他们在等一位母亲，这位母亲在此前曾经逃离法庭然后到法院卫生间使用毒品。这一次她从 9：00 开始就一直在法院的证人中心，但也没有人就此通知法院。星期四更忙。这天里 11：45 之后的大部分时间是在就一个为期一天的抚养纠纷案进行最后审理，但审理程序因一个紧急申请和两个指引需要法官批准而中断片刻。在审理过程中，父母都心不在焉，这与乔迪法官的法庭里的情形一样。这个案子中的母亲坐在法庭后部附近，满眼泪水；父亲坐在最后面，他看不到那位话声轻柔的社工，更听不到社工说了什么。

评论

我们再次看到了缺乏专门的家事法院而导致的困惑和困境，比如社工甚至会将当事人送错法院。这导致四天的法官时间和法院时间被浪费，同样被浪费的还有社工的时间以及律师的时间。然后在另外两个场合，母亲实际上已经在法院大楼里等待，但没人告诉法官这一情况。随着几个月里拖延的案子累积起来，这样耽误时间可耗不起。第四天也被浪费了，因为社工迟到而且有恐高症。同时，许多律师因为在法院空等而从法律援助金中得到补偿。乔迪法官可能不会容忍这些。她可能会在第二天打电话给社工机构的负责人。社工的低效率可能使社工机构的案子数量更多，这是因为臭名昭著的"婴儿 P 案"* 曝光以来抚养申请案剧增。由于政府在 2010~2011 年度削减公共开支，家事法庭和社工机构的工作量会更大而效率可能会降低。

巡回法官、律师与其他专业人士

上述几位巡回法官提到了他们与律师和其他人之间的密切工作关系。

---

* 指 2007 年英国十七个月大的幼儿彼得·康讷利（Peter Connelly）被虐致死案。他在八个月内遭受五十多次身体伤害。在此期间，本地福利机构和医疗机构多次探望过他，但虐待致死的悲剧依然发生了。——译者注

他们在伦敦之外的三个巡回区审案，这是他们曾经作为律师执业的地区。因此产生的信任（或者鄙视，比如乔迪对德瑞皮律师）对他们的工作有影响。哈里雅特描述了抚养纠纷案中的律师：地方政府的大律师是她以前带教的实习律师；案件中那位父亲的律师是她原来所在大律师行的好朋友，监护人的大律师也是，案件中那位母亲的律师曾向她汇报过其他案子。他们组成了一个"好团队"。"你可以信任他们。""认识每个人的好处就是如果他们有一些愚蠢的提问，你知道他们只是在按客户的指示提问而已。"

索尔法官指出那些在她曾经工作过的大律师行工作的律师都会在她面前出庭。她让一位大律师进办公室聊她自己的孩子。乔迪说将来这种关系可能会有变化。许多法官被任命到外地的巡回区。虽然"我们有幸在抚养纠纷案中有好律师"，但她担心不会长久如此："大律师行的家事案件的报酬水平目前低得令人沮丧。任何脑子正常的人都不会想在这领域执业。"

高等法院处理涉及死亡的案件

斯丹福法官的工作的惊人之处在于工作太多。我 2004 年在高等法院见到她时，她正在把一个跨国的抚养纠纷案的审理压缩到两天里进行，这个时间包括写判决书在内。这个案子有许多证人。这么压缩时间是因为工作失误导致这个案子此前没有被排期。在晚上时，她在撰写一份押后判决书。这个判决会成为先例，因此她知道自己必须用面向未来的眼光为当前这个案子作判决，因为押后多个判决既不实际又不轻松。她经常超工负荷工作。她牺牲了圣诞假期中的一个星期以及连续三个假日还有自己的五十岁生日，她把这些时间用来撰写判决书。她每个周末都从巡回区法院回家，但通常也把周末用于工作。她每天上午八点之前开始工作，而且几乎每晚都工作，为此拒绝了大律师界的许多邀请以及其他社交邀请。高等法院家事部的法官抱怨法官数量短缺。虽然本研究期间这个数量增加了，但没起到明显的实际作用。"如今真的比五年以前更糟糕了。"与巡回法官们不一样，她如今比以前当大律师时更忙，而且不会热心向别人推荐家事法官这个工作。这在七十七位受访的法官中不同寻常。与巡回法官一样，她把工作量的增长归结于抚养纠纷案件增多了，而且这种案子会因为使用专

284

家证人而复杂化。[59] 如果白天用更多时间撰写判决书，则意味着用于办理那些往往涉及危难中的孩子们的案件的时间会更少。她也没时间跟进相关的新闻，因此她不知道上诉法院（刑事部）在那天重新开审这类案子中的一连串定罪。她也没看到前一天《泰晤士报》中的两页大版面报道。她说自己"没时间看报纸。"

虽然她也依赖律师们的诚实和正直，但她没有巡回法官们享受的那种相互依靠的有益的关系。她的工作负荷被律师们不现实的估计所扭曲。她在为一个排期本来是八天但实际上持续了五个星期的案子写判决书。另一个案子也超时了。"案件排期办公室会对我很恼火，而我已经发现自己这个周末必须辛苦一下，写一份判决书。"一年后我再观察她的工作时，有一个本来排期只有三天的案子让她在整个巡回区内奔波忙碌了十天。她根本不允许律师的耽搁导致程序糟糕。事先阅读是必须的。她质问律师为什么她还没收到材料。在巡回时，她从 18:00 开始读一大捆材料，但直到很晚才收到庭辩概要，而且其中的辩论要点拟定得极为糟糕，根本没有把法官引向重要的问题。有一个星期一在伦敦时她举行了两场案件管理会，然后继续审理一起涉及婴儿死亡的案子。但是在两个案件管理会上她都没有收到文书，其中一个会上要求有十六个裁决。她的书记员整个星期五都在查找办案会的文书，由此浪费了时间。斯丹福将该案的全部律师召集到法院对他们表示了自己的不满。有一班律师解释说他们已经将一份律师会议的笔记在星期五午餐时段送到法院。"我希望这个行业的人理解法官们在没有文书的情况下处理那么多案子会是多么困难。"她每星期用十个小时回复来自她担任联络法官的那个巡回区的电话。由于缺乏员工帮助她顺利推进案件以及信息技术设备问题，她的工作也受到阻滞。她在工作中会遇到与另外两位法官共用一名副手（法院书记员）的情况。这造成向案件排期人员传达信息延迟，从而使她不得不亲自将自己的指令文书录入电脑。她带上了自己的笔记本电脑，因为法院提供

285

59　有研究结论认为，在过去十年里，专家的运用在抚养纠纷案中没有重要的增长，见 J Brophy, *Research review: child care proceedings under the Children Act 1989*, DCA Research Report 5/2006。但法官们在这方面的记忆会回溯到更久远。自 1980 年以来，刑事案件、家事案件和民事案件中专家的使用有巨大增长，从而导致伍尔夫法爵在其 1996 年的报告中对此表示担忧，以及上诉法院法官奥尔德（Auld）在其报告中也就刑事案件中的专家使用缺乏管理表示担忧。见 Lord Woolf, *Access to Justice* (London, HMSO, 1996)；Auld LJ, *Review of the Criminal Courts of England and Wales* (London, TSO, 2001)。

的电脑功能不强。她在巡回过程中花了几个小时解决电脑的硬件和软件问题。[60]

在法院，与巡回法官们相比，斯丹福法官气质威严，她的声音和语调也是如此。她的风格也是十分干预主义，会很快缩短证据询问时间，以便将案件往前推进。她的询问比律师更加简明和切中要害。她有时候直接居高临下快速澄清要点。有一次她就自己"劫持"律师的问话而自觉向这位律师道歉。她不需要开场陈述，也不需要复述文书中已有的任何内容。她说她处理的案子都非常令人感怀。如果有孩子死亡，则弄清楚死亡原因便是巨大的职责，因为其他孩子的福祉也取决于法官。她手上"许多"案件都难以决断或办理。

> ● 比如那些处于医学交叉点的案子。有一半人可能说那是最严重的非意外伤害。如果真是这样，那么孩子的未来真的是处于风险之中。另外一半人则可能说那是器官的原因。当前的法律使我们处于这样一种境地。如果不能根据概然平衡规则得到证明，那么我们就当事情没有发生一样。但这样会导致孩子处于不受保护的状态。

与地区法官和巡回法官不同的是，斯丹福还有另外一个压力因素：她的判决会变成先例，而且她会在上诉法院审案。

"震伤婴儿案"是典型的索罗门（也译所罗门）式判决。这种判决也是人们对斯丹福和一些巡回法官的期待。在这个案子中，一个婴儿遭受了严重的身体伤害，但证据存在问题。父母双方都承认伤害并非意外而是人为，但双方都无法解释伤害是怎么发生的。父母二人泪水涟涟且团结依旧，所以彼此都不愿相信加害人是对方。他们都看上去是清醒、有能力且有奉献精神的父母，而且都急于从让人痛苦的法院程序中脱身，并洗清这种家事上的污点。地方政府明显怀疑伤害发生的原因，因为孩子留在父母那里，而且社工也相信父母的清白。这位社工实际上作为证人并不利于当地政府申请延续抚养监督令。

斯丹福发现自己经常要处理涉及死亡的案件。在一个案子中，两岁的

---

[60] 见本书第十七章。

双胞胎中的一个严重受伤，伤害与窒息的后果一致。另外一个在八个月大时因伤死亡。警察对此进行过调查，但是由于死因证明不充分而不能起诉。虽然斯丹福下令开始为孩子们寻找和安排收养，但社工机构对此不赞同，因此她的命令没有得到执行。斯丹福对证人十分理解和中立。她希望以此诱导证人诚实。孩子的母亲信任斯丹福法官，于是她在这位法官面前坦诚（她对其他专业人士未曾如此），尽管她是在高等法院的证人席上发言作证。斯丹福柔声说："即使你泪流成池，我也不会介意。"这位母亲承认说她"可能已经"害死了她另外一个孩子。我们离开法庭时斯丹福就此私下评论说："你可以听见针掉在地上的声音。"

精神特质与对真实世界的调查

本章足以传达出一种信息，即法官们"不接地气"这一形象认识实在可笑。家事法官们深入了解成千上万的人们的经济状况、性关系以及感情生活，并仔细研究人们的伤害、矛盾、痛苦以及对儿童残忍的细节描述和描绘。我们大多数人承受不了这些令人反胃的细节。伊丽莎白·贝内特（Elizabeth Bennet）法官出身优渥，但是当她戴着古琦（Gucci）眼镜阅读办案文书材料时，她看到了自己手头上的离婚案中那个家庭的债务情况。本研究中的许多郡法院都在贫困区。破败凋零的街头简直会让中产阶级觉得惊讶。到访者如果在一个破落的车站踢一脚，那么被踢飞的垃圾将飞过随处可见的当铺和色情用品店。

正如我们所见到的，民事法院和家事法庭充斥着许多生活完全凌乱无序的最弱势的人。有些故事的悲惨程度比电视剧《凯西该回家》（Cathy Come Home）①中的悲惨情况更糟糕。在伊丽莎白法官的案子中，当事人的婚姻居所被收回。四个孩子没有得到父亲的探视，因为这位父亲和十六岁的女儿一起住，而这位女儿的男朋友则是一个"附件一"列举的罪犯。这四个孩子的母亲住在简易旅馆。孩子们在接受精神科医生的治疗，因为父亲让他们痛苦。这位父亲申请每个星期天在码头与孩子们见面，算是三

① 这是一个经典的英国电视剧，播出于 1966 年。该剧作者是杰瑞米·叁弗得（Jeremy Sanford，也译杰里米·桑福德），导演是肯·娄其（Ken Loach，也译肯·罗奇）。这个电视剧导致议会就无家可居者这一议题进行问答，也促成了住房慈善组织"协欧特"的发展。

小时的探视。

波尔法官为一个无害的少年续签了安全居住令。这孩子有点自闭症，同时还有图尔特氏肌肉抽动综合征（Tourette's Syndrome）以及强迫症。[62]他的父母主动将其交给抚养机构，因为他们实在应付不过来。波尔说让一个什么错事也没干的人失去自由是一个很艰难的决定。

众所周知，吸食毒品导致犯罪，但这种情况在家事和民事案件中的普遍性并不为很多人所知。[63]霍莫法官时不时要为外祖母们签发儿童居住令，因为他们的女儿们由于吸毒而没有能力照料自己的孩子。[64]有位泪汪汪的外祖母为此感到尴尬。霍莫安慰她说："别担心，不只是你这样，我今天上午就办理了四个这样的案子。"与家庭暴力有关的申请也暴露了高频率的毒瘾和嗜酒。治安法院地区法官签发的抚养令大多数涉及有毒瘾的母亲。

287

关于隐形暴力的故事也会出乎意料地突然出现。有一位地区法官说他曾在办案文书中发现一份离婚申请。在这份申请中，妻子表示愿意以净身出户的方式离婚。法官把她传唤到法院。她含泪说她那曾是特种部队士兵的丈夫威胁她，说她如果不同意他的条件就会杀死她的宠物猫。地区法官伊丽莎白与修尔伯特则对当事人在他们的法院表现出来的未经治疗的精神疾病的程度表示担心。在伊丽莎白办理的一个案子中，有一个母亲带着她的孩子跳下码头。

所有的案子都令人心痛。法官们不得不将近百名儿童永远从他们的亲生父母身边带走。法官们不得不处理持续的抚养不达标案件。法官们要理解成卷的文件、精神科报告、社工机构评估报告，还有家事案件中存在的一轮又一轮的对父母的虐待以及来自父母的虐待。[65]家事法官们已经修炼出了一个本领，即忘记已经了结的旧案。修尔伯特法官担心的是那些隐藏在郡法院的儿童虐待案。如果公众知道了，他们一定会暴怒。

- 这个国家的儿童侵害案简直让人忧郁。这是中部英国人完全没

---

[62] 沉迷型强迫型错乱。

[63] 《家事私法案件执业指引（修订版）》认识到家庭暴力、吸毒以及酗酒的影响越来越大。

[64] R Bennett, 'The cost of keeping grandchildren in the family can be life below the poverty line', *The Times*, 26 October 2009："祖父母大时代"（*Grandparents Plus*）的研究表明大约有二十万祖父母在抚养自己的孙子女。

[65] And see Brophy, above n 59.

意识到的事情。抚养纠纷案不公开审理，因此也不在政治议程之内。这种侵害通常来自那些曾抚养孩子的父母。⑥⑥

结　论

本章涵盖了各类家事案件法官和法庭，但没有包括业余的治安裁判官。在没有家事法院的情况下，家庭破裂的当事人通常被要求到不同地方的不同法院出庭。由于家事法庭通常附设于不相关的建筑内，那些应该出庭的当事人找不到地方或者没钱大老远跑过去。出现这种情况并不令人惊讶。这浪费了司法时间和法院时间，也浪费了支付给为此空等的律师和专业人士的法律援助费用。家事法庭和法官之间的工作分配很是令人困惑，以至于受我邀请而阅读本章草稿的法官们互相更正他们给我提出的修订建议。同样令人困惑以及难以进行合理化说明的是巡回法官与地区法官之间的工作分配。那位没有刑事业务经验的家事案件专家（具有御前大律师头衔）在家事法官人手缺乏的情况下还被任命到王冠法院审理刑事案件，她对此感到疑惑不解。同样疑惑不解的还有一些法官发现那些已经安排给他们的家事案件后来被从他们手头拿走。当然，那些偷偷保留着案子的人除外。更令人困惑的是，不同法院的程序不同，这是因为存在不同的司法偏好、不同的儿童与家事法庭咨询与支持服务机构（CAFCASS）、不同的替代型争议解决方式，以及关于替代型争议解决方式的效率和合理性的固有的不同的认识。

家事法官的功能与普通民事法官十分不同。家庭破裂可能引发许多需要解决的问题。这些问题的解决在不同组别的审理程序中进行。这种审理程序有不同的速记标签，家事法务专业人士内部对这些标签很熟悉，但局外人完全看不懂。如果当事人固执，那么这种家事案件程序可能要持续几年。不仅仅是问题多层复杂，当事人本身也如此。祖父母和地方政府坚持参与家事案件程序，有时候还是好几方共同参与。在涉及儿童的家事案件中，儿童是有律师代理的当事人，与其一同参与程序的还有监护人及其有

---

⑥⑥　地区法官协会的杂志《法律简报》（*Law Bulletin*）每期都包含关于社会问题的教育型文章，比如住房慈善组织"协欧特"关于无家可居的文章以及关于伊斯兰家事法的文章。

法律援助金的律师。这些儿童同时也是民事争议的对象。

家事法庭总体上是另外一个不怎么讲究法律的领域。局外人在看见一位经验丰富、具有御前大律师资格的法官就手机和火车时间进行活力四射的磋商时，其会纳闷这是不是对资源最有效率的利用方式。政府自从1990年代中期就一直在设法对"战斗"中的双方进行调解。这种思路在《2011年家事司法评议》报告中又回来了。法官们总体上热衷于替代型争议解决方式，因此大多数法官容易正式或者非正式地滑向调解员或者和解员的角色。重要的是许多家事法官不认为自己是在实施一个对抗式的制度。在家事案件金钱纠纷以及大多数关于孩子的私法纠纷中，当事人的期待和法官准备发出的判决结果之间有时候会有巨大差异。当事人一般带着对抗的态度来到法院，相互厌恶和几个月的等待会加剧这种对抗情绪。他们期待在法院用一天的时间公开自己的痛苦程度以及前任（夫、妻或者伴侣）的罪恶。他们将自己的争议看作法院的财产，而且认为法院有职责解决争议。但法官们不这么看，他们认为这是私人之间的争议，而且知道出现在他们面前的是那10%的有问题的男女：这些人不能自己私下解决争议、不可理喻，因此必须把他们劝导到理性的轨道上来，使他们达成理性的认识。对抗在家事法庭里没啥用。因此家事法官们频繁让当事人出去自己私下磋商，以鼓励他们在解决掉他们的个人争端之后拿着双方拟定的协议回来找法官。我们已经看到法律可能会与律师一起威胁不理性的和不讲道理的当事人。如果当事人在法院表现得像娇宠的孩童一样，而且互相攻讦，则法官们会无情地、坚决地一再提醒他们必须以孩子们的利益为最重要的事情。乔迪法官憎恨这种"私人垃圾"而且不能容忍其在有一大堆严重的儿童侵害重案等着处理时阻塞法庭。法官们分割离婚夫妇的财产，并请相互对抗的两口子不要由于延长其争议的时间而浪费他们正在缩水的资产。

如果有证据表明存在，或者有指控存在暴力或者侵害，那么有关孩子的争议就立即变得严肃起来。对父母一方的这种指控很容易进行，由此可能引发持续好几年的程序，并导致被指控的一方在孩子童年的大多数时候都见不到他们。然而，法官必须认真对待这些指控，因为有些的确属实。如果一位家长违背法官的命令而且拒绝（对方）探视孩子，则会有持续几年的反复到庭，而法官几乎无力制裁顽固的人。此外，针对法官、律师以及其他人的暴力和威胁并非不同寻常。

法官们需要耐心应对那些由于情绪化而不理智的人。但乔迪对当地政

289

府以及案件排期人员的不耐心起到了有益的作用，其有助于加速抚养案件的处理。与此类似，斯丹福法官意识到还有许多类似处于危险中的儿童的案子需要她处理，因此她缩短了律师辩论时间和质证时间，以缩短审理过程。法官们可能会采用十分干预主义的做法。乔迪不顾当事人的争辩而乐于以她认为最有利于孩子需求的方式解决事关孩子的未来的问题。所有的家事法官都很忙。哈里特法官一个人干两位法官的活儿。乔迪办案到晚上。高院法官斯丹福似乎从没停歇过。为了那些等待他们关注的孩子们的利益，没有家事法官会在工作上松懈。

在哈里特法官审理的多桩案子中，他的时间一再由于许多法官和专家没有事先准备好而被浪费。在本研究样本之外的一个案子中，一位巡回法官在他的法庭对十六位律师和多位专家证人讲话，并说他自己本人打不起队伍那么庞大的官司。在哈里特的家事法庭，有几个案子已经在那里几年了却还不能向前推进，而与此同时许多案子涉及的孩子离成年已经不远了。局外人可能纳闷是否有一种更合理的方式让成年人解决孩子福祉问题。但是在内部人看来，家事律师、法官和专家证人这么怪异地组成一个群体实在是家常便饭。

有些问题和以前提到的一样：法官人数不够、信息技术设备有缺陷、无律师当事人由于不理解程序而浪费每个人的时间和金钱、草草完成的表格必须寄回给律师重新处理、大律师和非诉律师同时出现在哈里特法官的法庭（以及斯丹福法官的法庭）——因为法律职业在英国存在这种分野。另外，法院里还有一群法官们熟悉和"信任"的律师。然而斯丹福在伦敦不得不责难一群让她的工作困难的匿名律师。许多诉诸法院的问题是滥用毒品或酒精饮料导致的。问题在于公众资源能否被有效用于这些人的康复和他们自己的愤怒情绪管理。然而，本章不断重复出现的重大主题是法官们非常"接地气"，他们非常了解人们的生活点滴与细节。

290

第十三章　高等法院的业务

冬季巡审，1924 年 2 月 18 日

这位初级法官请我们注意他房间的床架和床垫，并指出床垫无论如何必须更换了——他认为委员会可能会完全移除旧式的维多利亚时代的木床架并替换为现代的铜床架，比如曼彻斯特的高级法官的临时住所里面的那种。

床架事宜等事情已办理。霍泽（J. D. Hewser），建筑师和管家。

——巡审管理理委员会，法官建议书

法官小舍

高级法官们[①]非常聪明，他们有能力承担非常难的工作。其他法官也这么认为，但他们并不羡慕这些高级法官。本章旨在努力勾画伦敦以及其他巡回区的高等法院业务的概貌。这涉及范围很广的一些高难度的工作。做这些工作的高等法院法官（以下简称"高院法官"）通常都是公正善良、无怨无悔的，而且他们的工作环境很糟糕。上述引文描绘的是以前乡镇巡回审判差旅中的情况，不过这种情况在过去较少发生。那时候的法官们认为有更好的床是合理的。

高等法院有三个业务部门：家事部、衡平部、王座部。家事部的十八位法官是专门领域的专长业务法官。衡平部的十八位法官也是如此。衡平部审理的是与财产、信托、专利等有关的案件。王座部的七十二位法官处理其他一切民事案件和王冠法院的严重刑事案件。王座部还包括商事庭和海事庭，以及新设的高级裁判所（Upper Tribunal）和劳动争议上诉裁判所（Employment Appeal Tribunal）。[②] 王座部对来自下级法院的案件进行司法审

---

① 高等法院、上诉法院以及英国最高法院的法官。

② 一个高等级的、需要对诉讼全程进行记录的法院，像高等法院一样。

查，而且王座部还包括行政诉讼庭（对公共机构的诉讼进行司法审查，并审理某些上诉）。高院法官有时候也在上诉法院审案。除了有少数刑事案件和司法审查之外，高等法院的案子几乎都是民事案件。《1990 年法院与法律服务法》的目标在于保留高等法院，使其用于审理复杂的或者重大的或者涉及公共利益的案件，并将其他案子转移到郡法院。

高院法官及其工作

我观察并采访了八位高院法官，其中包括两位女性。这八位高院法官中，一位在衡平部，一位在家事部，其他六位在王座部（其中一位在商事庭）。我在研究中观察了第九位，并且在核心样本中的法官的审案"崩溃"之后又观察了两位法官的审判活动。此外我还访谈了另外八位法官（包括一名女性）。我这样选择样本，是为了尽可能广泛深入地观察法官们的工作。另外，由于这些法官也在上诉法院刑事部审案，而且我还花时间观察上诉法官的工作，并在巡回区的多处访问，我得以与更多法官交谈并观察他们。我在每个巡回区用两天，与五位法官住过三个法官小舍，并在第四个小舍吃晚饭。其余时间我在皇家司法院（高等法院和上诉法院）或其附属建筑内，或者在劳动争议上诉裁判所。我与每位法官有四个工作日在一起，包括旅途中的早餐和晚餐时间。在法庭上我一般会坐在这些法官的旁边。他们让我看庭辩概要以及审判材料，并向我解释他们在法庭外的工作（比如撰写判决书以及就当事人的申请文书作出决定）。因此用于观察的四个工作日并不连续，而是分散开来，有时候分散的时间跨度长达一年以上。[3]

研究样本中的十六位高院法官中，有四位是王座部的主任法官，一位是家事部的联络法官，还有一位则在衡平部担任相似角色。这六位法官在巡回时还具有监督职责和后勤照顾（pastoral）角色。我陪伴其中一位参加法庭使用者会议，并看他们每一位怎样与巡回法官们和行政人员互动。衡平部、商事庭和行政庭的三位高院法官全年的工作都在皇家司法院进行。还有一位商事庭法官全年只有六个星期不在这里。剩下的十二位法官则通

---

③ 高等法院的大傅（Masters）管理皇家司法院的大多数案件。这里并不包括他们，因为他们的案件管理权力几乎和地区法官的案件管理权力一样。他们享有高等法院的权力，但是不得在没有当事人同意的情况下对争议问题进行审理。

常有半年在巡回审案。对于王座部的法官来说，这样的巡回审涉及严重的刑事案和偶尔的民事业务。在伦敦，有一位王座部法官在劳动争议上诉裁判所有六个星期的审判工作。所有高院法官都有三个星期在上诉法院刑事部有审判业务，而且也从事民事审判。一位法官是在行政庭。有一位法官每年有四个星期在假释局（Parole Board）。一位法官主持司法研习局的一个委员会。还有两位法官则是司法委员会的成员。前一章已经讨论过家事案件审判业务。高院法官的上诉审业务在下一章论述。

　　高等法院以及上诉法院只招录成就很高的律师，这些人都是工作狂。大多数人在审判季上班时间很长，有时周末也这样。④ 家事部的工作更繁忙，而巡回区的主任法官和商事庭法官尤其繁忙。只有一位法官没结婚。除了在巡回区的生活之外，所有的法官都认为他们的工作影响家庭生活，但这种影响不像在大律师行工作时那么大。总会有很长的庭辩概要和材料要读。与巡回法官一样，高院法官也不喜欢押后判决，因为那意味着要花很长时间去写判决书。法官们也不鼓励多次将判决押后作出。上诉法院刑事部允许每星期有一天专门用于阅读案件材料。大型商事案件也是如此。但行政庭以及对其他案件没有这种做法。阅读日通常被用于工作上的其他事情。家事法官在阅读日总是被派到法庭进行审判。女法官戴维夫人所在的劳动争议上诉裁判所以星期三作为阅读日，但有一次在这一天她不得不就一个她上星期庭审的医疗纠纷写判决书。除此之外，她在那天还要批准上诉法院刑事部的判决文本，以及阅读星期四和星期五要用的庭辩概要和材料。她每星期都要就八个请求上诉到劳动争议上诉裁判所的书面申请给出有理有据的决定（是否准予上诉）。这样的案子有些需要十分钟，有些则需要更长的时间。在裁判意见长达四十页或者无代理律师当事人做了冗长啰唆的辩论时尤其需要更多时间处理。王座部的法官们需要用晚上的时间处理一大堆请求上诉到上诉法院民事部的书面申请。大约四分之一的上诉请求会得到准许，但有些在监狱服刑的人的毫无用处的申请会占据许多时间。这样的申请书没有字数限制。法官必须读那些很啰唆的或者是语句不通的书写潦草的手写文本；有时候这些手写申请书还附带着生日贺卡，以证明在押监犯自己作为父亲的失落感。法官们如果想离开法院去其他地方用专门的时间写判决书，那么就要请求批准。但法官们通常不愿意提出

----

④　审判季日期公布在司法界官方网站上。

这种请求。

- 如果你做的审理过程又长又复杂，你真需要两到三天写判决书……你得提出请求……问"我这两天能不来法院以便写这个判决书吗？"显然……我知道我是这里的司法资源……你不会在刚获任三个月就提出这样的请求。

并不是所有工作任务都这么紧急。上诉法院刑事部被描述为"严酷"，因此法官们通常以每三个星期为一个周期在这里办案。劳动争议上诉裁判所也是"严酷"的，因为虽然外行参审人和法官一起做集体判决，但写判决书的是法官，而且必须有法律说理论证。行政法庭则被描述为"令人难以忍受"，"是一头猪"和"血汗工厂"。家事部则是"有时候令人难以忍受"。商事庭的法官每个假期都用许多时间写判决书，而且必须另外处理自己的案件管理事宜。

- 这是非常大的压力……星期四晚上要花好几个小时准备，通常是五六个小时……很有必要增加法官的人数。

由于王座部的工作时间表是以每六个星期或者每三个星期为时间段进行安排，因此如果审理超过六（或者三）个星期的时间段就会有问题。有一位主任法官在公诉方于星期三向上诉法院刑事部提交新证据时很沮丧，因为他已经安排好了星期五要去参加巡回审理。

高等法院王座部有少数法官抱怨王座部受案范围太广因而导致审判效率低。这里的法官被期待是全能手，但他们所来自的大律师界日渐专业化和专门化。法官们在自己不熟悉的业务领域办案会比较慢。那位在我的研究中的法官被安排到劳动争议上诉裁判所。他是新法官。他抗议说自己完全不懂劳动法。他得到的奇怪的答复是"你过去在大律师行办理过人身损害赔偿案吧？"有一位法官说自己的一位朋友新近从以商事案件业务为主的大律师行被任命到司法界后不得不审理刑事上诉案件，他参与这种审判是步步难行。威隶（Whaley）法官由于不熟悉公法而被行政法庭弄得十分痛苦。他必须在夜里加班才能努力写出说理充分的判决书。他深夜两点把音像磁带送到高等法院，然后他的书记员会受命在早上六点过来把他的审判指令打字输入电脑。他本来更情愿处理更多的刑事案件上诉申请。相反，两位商事庭法官认为处理这种上诉申请是浪费自己的专长。有一位主任法官描述了她在巡回审案以及在皇家司法院工作的通常经历：

> ● 我六点或者六点半起床，立马穿着睡衣开始工作……然后匆忙梳洗，吃早饭，再然后开始工作，直到出门去法院……我总是尽量和巡回法官们一起吃午饭。法院的事情结束后，我会坐下来喝个茶，然后又开始工作，而且在睡前餐（夜宵）后还能干多久就干多久，但那时候我已经很累了，而且大多数事情已经做完。我每个周末都会有一些时间用于工作，有时候是整个星期天……在伦敦的话，我每天七点左右就坐在办公桌前开始工作了，一直到晚上七八点才结束……如今我已经很少去格雷大律师学院（Gray's Inn）那一带了。

有一位前任主任法官说女王陛下法院服务署（HM Courts Services，陛下法院服务署，以下简称"法院服务署"）衡量过他的工作量，发现是平均每星期五十五小时。我亲眼看过他的前任在巡回审期间在法官小舍的工作时间，但在那段时间里我撑不住睡着了。

> ● 我早上7:30开始工作……然后去法院，然后又回到这里（法官小舍）。我通常熬夜到凌晨1:30。

有七位新法官批判了这样的工作量，而且也批判了这种在别人看来是"男子汉"的态度。

> ● 王座部的法官们有一种男子汉的传统……干活而不发牢骚，而且也不说"我没时间干这个，安排别人干吧！"
> ● 人们都真心尽职工作——但也有另外一种力量推动着工作，这就是这里的男子汉风格："我们什么案子都可以办，而且你想让我们办多少案子我们就能办多少案子"。

这位法官以前是地方上的巡回法官，而巡回法官们的工作氛围是欢乐最大化和压力最小化。这与高等法院的工作氛围有很大不同。另外一位前任巡回法官用"男子汉风格"来形容这种不熟悉的工作氛围。有些法官认为这对公众是一种危险，对法律的发展也是一种危险，而且会有碍司法人员的多样化。

- 这么干是以牺牲个人生活为代价的，因此会影响司法界的多样化。我不明白一个法官有了未成年子女之后怎么还能继续这么工作。上诉法院的工作负荷更是惊人。这种工作负荷产生的问题在于我们是否会为了达到工作负荷而降低司法工作的质量。

- 上诉法院刑事部的阅读量太大。令人惊叹的是居然没有发生过重大错误。

294

- 这里默认每个人都会十二分尽力投入工作。如果你有一个很难的案子，或者真有事情让你需要一个上午或者一整天去考虑，或者需要写一个判决书，那么你必须十分坚定提出要求才能多给你时间。我认为这样不对。行政庭的压力尤其大，因此相比起来，在王座部或者劳动争议上诉裁判所提出要求有专门的判决写作时间会容易些。你可以说在初审阶段那不是我们的工作，我们的工作是给出判决，上诉法院会让其更好。但让人们去上诉是一件很昂贵的事情。我觉得有时候多给我们一点时间肯定会提高工作质量。

好几位法官提到行政庭鼓励他们就许可申请快速做出多个裁决，而且强调"别为了做对，而是要写出来完事！"，这是提醒他们不满意的当事人可以上诉。法官们担心这样做可能导致潜在的不正义。有经验的法官会更有智慧和信心要求有专门的阅读时间，或者要求停止给自己不断增加工作负荷。在大多数法官看来，与他们以前在大律师行时的业务相比，这里的工作更加具有可预测性，而且压力不那么大。

- 就是跟着工作走，很少有完整的周末双休。实际上在法院工作期间根本没有两天的周末。

- 我现在六十六岁，我的大多数朋友们已经退休了。他们都问我"为什么你还在干全职而且工作负荷那么大？"……抱怨是没有用的，因为这是这项工作必须有的问题。而且我也不觉得压力大……至少不像以前在大律师行时那样大。如果需要专门时间写判决书，那我会提出来……我可能会用掉自己的休假，但这么做也是不错的休假。我们通常发现自己休假日的大部分时间都用于工作了。

- 现在和以前在大律师行时不一样。我觉得现在容易有周末生活。

我观察过一位资深的法官将四个量刑申请退还给上诉法院刑事部的办公室。当时他和同事被要求一天内审理十二份这样的申请。他每星期工作时间都很长，周末时才回位于北部的家中。我问他是否把工作带回家。"不带，否则太让人受不了啦！"他的大多数时间都是在路上。一个来自西部的法官每星期都来伦敦。当他在纽卡斯尔（Newcastle）审案时，他会在星期天下午从家里开车去纽卡斯尔。北部的法官也每星期去伦敦的皇家司法院或者去其他巡回区里的法院。没人愿意在勒斯特（Leicester）以南的地方审案。他很讨厌一个事实，即位于伦敦的皇家司法院被当作是所有高级法官的据点和基地，这导致他不得不自己掏腰包去伦敦。他在伦敦租了个房子，但租金支出直接把他的收入降到了和巡回法官一样的水平。其他人直接在伦敦买房。与巡回法官的访谈表明他们十分看重家庭生活，因此他们不喜欢高等法院的工作和出差给家庭生活造成的紊乱。一位以前担任过巡回法官的高院法官说他和妻子"费力考虑了很久"才决定接受高等法院的工作。[5]

虽然高级法官们假期很多，但高等法院和上诉法院在任何工作日总会有一些法庭在审案。所有的法官都会轮流到紧急法庭办案。这个紧急法庭在夜间、周末以及银行假日都可以打电话联系到。根据任命条款，新法官必须在暑假期间办案六个星期。在那之后，他们会被期待放弃两星期的暑假，但他们有权在那两个星期里休假。衡平部的一位法官和商事庭的两位法官用夏天的一些时间参加国际会议。还有一位法官则是在新独立的民主国家就创建其法律制度提供咨询建议。还有一位法官则每年9月参加英美司法交流会。对于那些不担任主任法官职务的法官、不接连审理一个又一

295

⑤　见本书第五章。根据吉恩教授的研究，远离家人在巡回区出差以及不得不处理自己专业领域之外的案件是高院法官生活中的不利方面。这些方面使得高成就的律师没什么兴趣申请高级司法岗位。*The attractiveness of senior judicial appointment to highly qualified practitioners—Report to the Judicial Executive Board*（London, Directorate of Judicial Offices for England and Wales, 2008, Judiciary website）.

个的商事大案的法官，以及不参与其他司法事务的法官来说，这种慷慨的假期是对平时忙碌生活的一种补偿。

● 我们圣诞假有三个星期，复活节假期有十天，圣灵降临节（Whitsun）假期是一个星期。

十六位高级法官中有六位认为他们的工作符合他们的期待。除了一位家事法官外，其他法官都表示愿意向其他朋友推荐自己的工作。三位曾对工作量感到惊讶。但六位认为这个工作比自己预料的好。不过这些高级法官的工作热情比不上巡回法官和地区法官们。如下说法很典型。

● 工作很辛苦……让我吃惊的是我们工作方面得到的辅助很少……这让工作更辛苦……有很长时间我都没有领到法院给我配备的电脑……但另一方面，工作本身很刺激。
● 工作量比我预料的大得多……大律师行的工作十分辛苦，但你可能不真正理解在审判岗位上有多么辛苦……我当初没有意识到严格意义上的审判工作之外的其他事情，比如主任法官的职责……你可能会觉得法官只需要审判案子就行了，认为法官既不需要承担管理和司法行政职责也不需要照顾好同事。
● 这工作棒极了……很有回报，而且你会遇到一些真正有趣的案子。有些方面比较怪异，比如，高等法院和上诉法院的运行方式、起初你甚至没有办公室……在法院里要什么都得求人……传统、你自己如何选择去哪个巡回区办案、配给你的饰件以及五套法袍。⑥

两位法官喜欢这工作的多样性，四位喜欢各方面，六位喜欢作决断或者写判决书。一位喜欢会见外国法官并帮助发展国外的法律制度。两位提到喜欢进行初审。三位女法官（以下说法来自其中的两位）喜欢与人打交道。有些男法官也如此。

● 作为主任法官，当人们的个性得到容忍时我尤其感到满足……

---

⑥ 自从其访谈之后，民事审判中法袍的使用已经减少了。

我的整个方法是承认大多数人都有优点，那我们就发现他们的优点，并让它们发挥出来。

296

- 我喜欢作为初审法官控制整个法庭……你得让人们感受到你的信心……并最后让他们相信争议得到了公正的审理。

我问十六位法官什么事情让他们沮丧或者失望、觉得什么案子难判或难办，以及是否认为工作责任太大或者情绪上有烦扰。七位认为水平低或者执着于对抗的律师以及无律师当事人令人沮丧，这也会让案子难判难办。五位提到在巡回办案时等待监狱的犯人或等待证人时的无聊令人沮丧。三位认为在压力下工作从而导致工作质量低。四位则提到法院服务署、信息技术设备或非法律事务。发展法律时面临的挑战实际上是一种乐趣。衡平部的法官认为事实复杂的案件最难（事实的复杂性是我观察的几个商事审判的困难所在）。三位王座部的法官认为办理多人（multi-handed）的刑事审判最为困难。

- 我目前正在办理的一个刑事案件可能要花费十二个月……这案子有十四位被告人和三十四位大律师。

三位没有公法背景的法官认为行政法庭办案最难。一位经验丰富的公法法官解释了原因：

- 许多案子难以判决……双方的辩论势均力敌……这种情况下法官的责任之大让人发晕……你得作出一审判决，但没人和你讨论……如果你按一种思路判决，政府部长会气爆。如果你按另一种思维判决，那么公共利益群体组织会说你胆小如鸡……这种案子即使到了上议院（上诉委员会）那里，法爵们也会作出有分歧意见的判决。

与司法界基层法官相比，高级法官中有更大比例的人（10/16）认为一些案子会令人头大或者扰乱情绪，但解释说他们应付这个问题的方式是"保持冷峻"。

- 我过去对这些炙手可热的案子感到害怕……尤其是整个时间都

被新闻媒体包围时……但这并不扰乱我的情绪。作为法官，你会对杀人和恐惧都慢慢变得心肠硬了。

● 我妻子说虽然我不怎么谈工作上的事情，但当我在办另一个脑麻痹婴儿案时她能看出来。

● 在紧急申请法庭，我拒绝了一位与社会保障部有长期争议的女性的申请……她在暴怒中冲出法院……并后来写信告诉我她要自杀并且在法医调查会上将她遭受的来自社会保障部和我的不公待遇公布于世。两年后她真的自杀了……我觉得这件事很是扰乱情绪。

● 一位被告人在我作审理小结的过程中当场自杀……任何审理过严重刑事案件的人都会觉得这些案子很是令人不安……我记得曾经有一桩杀人案。那个案子是一名海军士兵选择其手下人进行同性恋行为，然后将其杀害。他这样杀了三个人。我还记得其他一些恐怖的杀人犯。你得学着处理和应付这些事情。

● 这就像走钢丝。如果你往下看就会掉下去。因此你不能去想那些事情，否则你会疯掉。

● 我只是非常小心地考虑我在做的事情……一个法官要是不觉得责任重大得令人发晕，那可能该想想自己是否适合这个工作岗位了。

主任法官

巡回区的主任法官们从来没有闲下来的时候。⑦ 他们一年中有半年在巡回区出差，每天都用电话或者邮件回复巡回区里的司法询问。每个巡回

---

⑦ 司法总管在《2008～2009 年度法院司法行政评议》中说二十六位高院法官承担"大量的领导角色"：其中十四位是主任法官，八位是家事法院联络法官；两位是衡平监督法官；两位是行政庭联络法官；一位负责高等法院案件排期；两位分别负责商事庭和技术与建筑法庭；三位分别领衔劳动争议上诉裁判所、行政诉讼上诉办公室以及反不正当竞争案件上诉裁判所。所有的衡平部法官都可以作为反不正当竞争上诉裁判所的主席审案，并且被分配到高层级税务与衡平业务办公室，其中一位领衔。还有一位是移民特别上诉委员会的主席，一位是难民与移民办公室主任。十位高院法官在司法审判业务之外还有其他职责：一位是司法任命委员会的成员；一位负责司法界人员构成的多样化，还有一位则负责司法界与议会的关系；两位协助处理司法界的惩戒事务，还有一位负责司法界的福利。从 2010 年开始，司法任命委员会要求申请高级司法审判岗位的人显示其具有领导和管理技能。

区有两位来自高等法院王座部的法官担任审判长，在东南区则有三位。初级主任法官由新任法官担任（如下描述），该职任满两年后他们可以再担任两年高级主任法官。

> ● 司法督导管理……后勤照顾……处理一些法官在职业发展中的困难……努力让你的司法团队表现得最好……推荐人们做一些工作，分配王冠法院的案件，并向司法界高层建议任命谁审理特定类型的案件（比如严重的性侵害案、杀人案以及杀人未遂案）。

衡平部有两位法官督导六个巡回区。

> ● 作为主任法官我需要知道巡回区内司法人员遇到了什么问题……当地法官遇到了什么问题……以及资源是否充足够用。我可能在涉及法官与法院服务署关系的事情中比较代表法官，或者反过来代表法院服务署，或者我会帮助法官或法院申请更多资源，或者与衡平部部长讨论如何设计或者推进案件的审理程序。

高等法院衡平部的杰宁兹（Jennings）法官带我到一个巡回法院使用者会议。参加会议的有当地的由衡平部安排的巡回法官和地区法官、法院员工以及律师们。会议的议程很典型。案件排期官报告说案件延迟或"崩溃"的现象已经减少了。杰宁兹表示希望他要求进行审前复核的新规定会有帮助，但一位巡回法官抱怨说他在法院才刚刚工作了半个夏天，时间都被浪费了。杰宁兹还提出了审案材料不能准时送达给他这一问题。这是因为案件文书在伴随他巡回审判的过程中流转太慢。此外还有人作了一个题为《面对电子邮件账号的客户》这样一个关于法院服务的报告。

有一位王座部主任法官试图缓和大律师行之间的竞争关系。他认为这种激烈的竞争关系有害于大律师们为公众提供法律服务。他在努力发起一个刑事法协会，以便将律师们的精力引导到专业上来。在我见他的几年里，他在执着于新的法院大楼的一个问题：建筑设计师没有设计法院楼的经验，因此这个法院楼不适合用于刑事审判。午餐时间他在王冠法院与一位巡回法官有一场典型的交谈。常驻法官则进来就地方报纸对他的报道寻求道义上的支持。这位常驻法官允许一位曾经被定罪但当前处于

298

取保候审状态的人去土耳其度假，原因是这人的假期早就定好了。当地媒体对此的报道标题是《土耳其式的欢乐——安·韦德康比（Anne Widdecombe）被恶心了!》。当这事被《新闻世界》这个花边小报瞄上之后更糟糕。《新闻世界》说法官"与一个趾高气扬的被告人一起在土耳其的海滩"。

巡回审业务中的杰宁兹法官

杰宁兹法官去一个沼泽地农场察看现场。原告声称车道变窄有损其通行权。我们和律师一起挤在高尔夫伞下。杰宁兹法官让我看了一张航拍图片。大卡车在 1960 年代之前都可以开上车道，但这个车道后来由于自动门、墙壁和花圃而逐渐变窄。一个装饰用的小水池让这乡村风格的媚俗艺术景象更加美丽。在小池子的上方有一队玩板球的小偶人朝着一只孤独的红面鸭微笑。我不明白为什么这个简单的案子在高等法院被安排了四天。对此，杰宁兹法官解释说，在他外出巡回办案的日子里，他和一位由衡平部安排的当地巡回法官通常会被安排审理三个案子，并且指望其中一个会和解结案。杰宁兹法官的审判已经结束，所以他会用空余的时间来看看现场。这个案子被排给衡平部，因为这是财产案件，而问题则产生于几位没经验的法官。[8] 杰宁兹说审理就花了三天时间。他判决原告胜诉。这个结果对被告人非常昂贵。后来他听说原告本来打算用调解，并且提出了一些很大方的和解方案。在法官小舍，他们与另外两位老练的高院法官解释 1960 年代的季度裁判所是怎么回事。那天晚上我们都去听音乐会了。客人中有皇室成员，但（女王陛下的）法官们和我则在与当地的君王司法代表（High Sheriff*）点头问候之后与平民们坐在一起。这位君王司法代表被与当地名流隔开就座。

第二天，杰宁兹法官开始一个为期两天的审案。原告请求卖掉共同所

---

[8] 在本章写作时（2011 年），某些争议金额超过三千英镑的衡平案件必须到高等法院审理。司法部在 3 月份启动了一次咨询，其提议通过立法将郡法院对衡平案件的管辖权扩张到争议额为三十五万英镑以下的案件。见 *Solving disputes in the county courts: creating a simpler, quicker and more proportionate system—A consultation on reforming civil justice in England and Wales* CP6/2011。

* 这在英格兰和威尔士只是一个荣誉职位，由君王依据枢密院等机构的提名而任命。但在苏格兰，君王司法代表是法官，具有实际的司法权。——译者注

有的房产。这是一个很清楚的案子。杰宁兹法官认为被告很固执，或者是 299
因为其得到了糟糕的建议。原告的律师请求传唤一个房地产测绘师来问他
一些附带问题——这是一个巨大的错误。⑨ 杰宁兹法官拒绝了这一请求。
律师解释说证人已经在路上而且就要到达临近的城市，因为他误以为审理
在那里进行。杰宁兹说："那么你最好打他的手机，让他别麻烦了。我明
白这事对当事人双方很重要，但没必要发生额外的成本费用。"当律师开
始询问第一个证人的出生日期和职业时，杰宁兹打断了律师，并问他什么
时候才会停止问一些没有争议的事情。这位大律师紧张地勉强笑了一下，
然后退缩下去，在又一个提问和遭到对方律师反对一次之后他就停止提问
了。不过，对方律师的运气也好不到哪里去，因为杰宁兹也质疑其提问是
否相关和适当。"我看得出这里情绪高涨，但这样的提问对我作判决没有
帮助。"杰宁兹法官排除了第二位证人。审理就这么继续。在与巡回法官
们一起吃午饭之后，杰宁兹不断质疑原告进行的交叉询问的相关性。他在
14：48 突然说："我得明确说清楚我们应该今天结案！"但这没起作用，所
以 14：55 分时他又说：

> ● 原告，请问这相关吗？问题是：这个房子是共同所有。任何一
> 方都不能把对方的产权买断以便其必须卖掉房产，除非 F 先生能提供
> 给法院不这么禁止买断的理由。

15：30，杰宁兹作出了一个即时判决，判令房产必须卖掉。他让双方
用五分钟时间就销售日期达成一致，然后让他们去打印并存档一份一致认
可的法院令。与前面那个板球小人偶案一样，该案所涉财产价格达二十万
英镑以上，但这两个案子都很容易由郡法院的法官轻而易举地予以解决。
其被排到高等法院杰宁兹法官这里则是巡回审制度的结果——杰宁兹法官
在巡回区内的每个城市都会短暂停留。他的作用既具有象征性又具有实际
性。他代表女王陛下的高院法官将中央的司法权威从伦敦带到三个巡回
区。他的实用功能是将高级法官的严格标准适用于当地律师，以牵制那些
条理混乱和注意力不集中的律师。他在"让当地的律师们小心谨慎"。高
院法官们认为这也是他们的功能。

---

⑨　根据《1998 年民事程序规则》，专家的陈述通常会代替总质证（examination-in-chief）。

高等法院王座部审判业务的广度

王座部的通常业务：民事审判

局外人无疑认为王座部的主要业务是一般的侵权案或者合同纠纷案的审判。但法官们的大多数时间不是花在这方面。如今很少有一般案件。正如那位沮丧的绰号为"吃讼诉代理人"的法官在王冠法院那一章中指出的"如今的案子几乎都和解"。[⑩] 我试图观看非专门领域法官审理案件，但没能如愿。法官们对此有他们的理论。一位法官说地方上的一位案件排期员说那是因为他作为法官总是能说服当事人进行和解。每次这位排期员都会站到法庭后面热情地向他伸出大拇指表示叫好。

王冠法院的亡命案

正像斯丹福法官专门审理涉及幼童死亡的案件一样，最严重的杀人案一般是留给高等法院的"红色"法官审理。[⑪] 威隶（Whaley）法官在办理一个重审案件。一个毒品交易犯的车子后备厢里发现了一具男尸。被告人的房子里到处血迹斑斑。沙发坐垫与地下室的垫子换过了，而且有一个乐购（Tesco）超市购买清洁洗涤用品的收据。被告人的抗辩就是"我们没干那事儿！"。本地的君王司法代表今天也到访。我们簇拥着威隶法官进法庭，但他没有介绍我们。我不知道几位被告人会怎么寻思我们这几个没被介绍清楚的人，尤其是君王司法代表——她穿着绒毛蕾丝边的套装而且戴着帽子。[⑫] 各方当事人都由一位御前大律师和一位助手代理，这是全面演练初审之后的安排。然而这次审理比王冠法院那章里描述的情况更糟糕。11:40，威隶法官打断了沉闷的血迹证据出示过程，要求将血迹照片复印件给陪审团看。但在法院楼里不能复印。公诉方将案件推迟十五分钟，于是威隶建议我们去外面等。威隶法官简直绝望了。他说：

---

⑩　皇家司法院在 2009 年签发了 5694 个请求和初始传唤，但只完成了 196 个案件的审理。见 Judicial and Court Statistics 2009（London，Ministry of Justice，revised October 2010）。

⑪　其他被分配给"排票的"（被授权能审理的）巡回法官们。

⑫　6 月份的另一个冰冷的法庭。君王司法代表对此有抱怨，得到的回复是通常的解释："温度由布里斯托（Bristol）控制。"

● 他完全把顺序搞错弄反了。他为什么不先告诉陪审团乐购超市收据的内容，然后再让他们看案卷材料中的复印件，再然后给他们看原件？

二十分钟后，律师仍然没有就如何向陪审团出示血迹证据达成一致，于是我们又离开了。12:50，律师们还在争论怎么向陪审团出示超市收据。13:10，威隶中止审理准备吃午饭，并且明确表示希望 14:30 之前能解决证据问题。威隶法官的书记员用自己的私车把我们送回法官小舍，因为小舍的蒙迪欧车太小。威隶夫人也过来和我们一起。威隶法官说这么隆重的招待是为了我们，而他自己"通常会在王冠法院的餐室与巡回法官一起吃午饭"。他的书记员说"明天与老板在一起的午餐会是果酱三明治"。14:40，公诉方仍没准备好。律师说公诉署在本地没有彩色复印机，只能去距离最近的邻城复印，因此辩方律师已经拿照片到那里复印去了。[13] 威隶法官在法庭外面表示这很恶心。公众会怎么想？陪审团会怎么想？"在 301 这个长达八个星期的审判中，我们不顾给陪审团的不便之处，把他们弄到这里来浪费时间！"君王司法代表觉得既冷又无聊，所以在午饭后就开溜了。我们 15:20 后回到法庭。这时候照片已经复印好了，但陪审团还得自己将这些复印的照片编号排序。威隶法官在 16:15 停止审理。几乎一整天都被浪费了。威隶法官说血迹证据本来可以一个小时内就处理完。两位御前大律师"不是很聪明"。其中一位愤恨自己比另一位晚十五年才成为御前大律师而且之前的申请被拒了七次。他曾为此变得像有受害妄想症一样，并开始游说人们。"有一次在一个正式场合他甚至在男厕所里为这事儿和我套近乎。"在法官小舍里，威隶法官和当地大律师界进行了会面。威隶夫人过来和我们一起吃晚饭。威隶继续工作直到半夜之后；他是在写一份已经被押后的判决书以及自己的审理小结。第二天他很早起床开始工作处理刑事上诉申请。

第二天 10:35 审理重新开始。法庭证据科学家仍在证人席上。[14] 我们 13:20 停下来吃午饭。14:30，公诉方律师到威隶法官办公室看审理时间表。这位新任的御前大律师星期一休息，为的是带他妻子去参加白金汉宫的花园聚会。在他离开后，威隶和我都意识到我们没有他那样的热情，因

---

[13]　我不明白为什么警察没有拍摄数码照片或者将已经拍摄的照片数码化。

[14]　我在法官席下面偷藏了阅读材料，以便无聊时打发时间。

为我们俩都拒绝过女王的邀请。威隶还和我讲了他与女王单独会面二十分钟的情形，那是他获任高院法官时的事情了。他一边讲一边模仿女王说话。在审理过程中，我在寒冷的室温中努力保持不睡着。威隶有些焦急，因为这个法庭很快要被用来审理另一个毒贩案。已经有人试图用一百万英镑来让这个毒贩获得自由。这个法院还有好几个涉案金额为几百万英镑的毒品犯待审。然而，威隶法官的年薪只有十五万英镑*——比一个低能的御前大律师的业务收入还要少。

我与女法官戴维（夫人）在另一个巡回区待了两天。她的工作进度也不快。她星期一上午远道而来，但今天她的火车误点了。这个拖延正好让她有更多时间阅读她要审理的杀人案的材料。她 11:35 到达，然后阅读关于那些排期量刑的案子的量刑前报告。我们在 12:15 进入法庭。书记员已经为她准备好了带有灰色丝袖口的红色夏季法袍。戴维则向我展示了她的白手套和黑帽子（用于宣判死刑）。⑮她很快给一个适用于一名十九岁少年的毒品治疗和测试令续期。第二个案子的量刑前报告没准备好。辩护律师解释说他星期五得知这个案子会在月底开始但没人记得量刑前报告。其他案子也都没准备好。

陪审团在 14:00 宣誓入席。审理开始，但在 14:55 便停下来了，因为辩方律师错误地认为证人在星期二被传唤到庭。但公诉方说证人们已经准备好了而且就在法院楼里等着。我们等到 15:45——在等公诉员。这个案子本该在那天上午就审理，但是实际上没有，因为被告人出错去了治安法院。女法官戴维接受了他的道歉，但解释说在有更多信息之前她不能就这么给他量刑。15:50，她对书记员说："一整天啥都没准备好！"于是我们被用车送回法官小舍。下午茶后，我与她的书记员以及法官小舍经理说话。她写完了陪审小结以及一个押后判决。第二天的审理进行得顺利，只是在给陪审团复印文书时才有暂停。戴维不明白为什么我们需要这么多证

302

---

* 2013 年 4 月时，英国一个工作一年以上的全职就业者的年收入中数是两万七千英镑。数据来源：英国国家统计局网站，http://www.ons.gov.uk/ons/rel/ashe/annual-survey-of-hours-and-earnings/2013-provisional-results/stb-ashe-statistical-bulletin-2013.html.另有数据显示英国家庭（有两个子女）当前的年均收入税后为三万一千英镑。数据来源：英国《电讯报》网站财经频道（援引英国财政研究所 2015 年第一季度发布的数据），http://www.telegraph.co.uk/finance/economics/11447587/Average-incomes-return-to-pre-recession-levels.html.——译者注

⑮ 绞刑在英国于 1965 年被中止，于 1969 年被废除。

人，这些证人也可以用书面陈述的方式作证。这时候我们正在集中精力在第三个定损公估人上。幸运的是，在证人作证这个环节上我们比预料的要快，所以这天的审理在15：50就结束了。那天下午唯一的兴奋点是一名陪审员在证人入席时叫道："那是我侄儿！"我不明白为什么没人事先与陪审团核对证人的名字。

就从这么两个案子难以得出什么结论。然而巡回法官们已经告诉我说在高院法官面前刑事案件会办得好一些，因为当事人的律师都是御前大律师。但他们错了。与杰宁兹法官一样，这些法官们具有象征功能和教育功能。一位"红"法官（办理严重的刑事案件）强调了杀人的严重性。威隶法官与杰宁兹法官也用了同样的方式，那正是我们已经看到的斯丹福法官在家事法院采用的方式：凭借自己作为顶尖律师的经验以及高度的智慧，高院法官有高标准。他们会表达不满，同时不失耐心。威隶是在努力帮这些律师集中精力办案，并微妙地告诉他们自己作为法官希望审理怎么进行，这要求以最有利于陪审团作决定的方式向他们呈现证据。威隶以前是这里的巡回法官，但他不再属于那个本地司法界或大律师界的紧密小圈子。正是这个小圈子支持给这个差劲得令人吃惊的律师授予了御前大律师的资格。

行政法庭

这个法庭如今非常繁忙，[16] 以至于它的案件审判工作量比王座部的一般工作负荷还要大。[17] 甚至像威隶法官和拉斯林（Rathlin）法官这样对公法既没有经验也没感觉的人也被征召过来审理行政诉讼案件。许多人根本没学过公法这个科目。[18] 沃西恩（Ossian）法官曾经作为大律师在这个法庭办理过案子，因此他的专长能派上用场。他一年里有大多数时间在

303

---

[16] 法官们从1963年前后开始发展了行政法领域的判例法。司法审查的德尔申请程序在1981年被简化，以鼓励申请。《1999年获得正义法》扩充了这方面的公共资金。《1998年人权法》扩张了质疑或者挑战行政行为的基础。

[17] 司法总管贾奇法爵在《2008～2009年度法院司法行政评议》中说："对行政法庭及其中的法官们存在切实的担心。"行政法庭在2008年受理了一万两千件司法审查申请和上诉。其中一些案件正在被移转到高层裁判所（UpperTribunal）和地方上的审理中心。

[18] 非诉律师们就许可司法审查时的不一致以及法官适用的标准不一致表示了焦虑。"一个一贯的担忧是原告不确信法官是否充分理解其诉求。"引自 V Bondy and M Sunkin, 'Accessing Judicial Review'［2008］Public Law 647。该文表明八位法官之间的司法审查许可率大不相同。

行政庭。他喜欢进行司法审查。他一个星期有四天在法院，一天处理纸面申请，因此没时间进行审前阅读或者写判决书。"无论什么时候从法院走出来，我们都拿着第二天要用的材料，所以不得不在晚上读这些材料。"

我看到沃西恩法官用一天时间对十二个书面申请进行裁决。他能够快速阅读并理解这些详细的文书、能盲打输入有说理的裁决，并能向我解释一切。换成是威隶法官，他可能半夜还在被这堆文书折腾。这些案子有些混杂，要求对所涉公共机构在不同的成文法下的权力进行仔细审查。涉及的事务有移民、难民、假释、城乡规划、住房以及治安法官的量刑。沃西恩法官认真撰写裁决理由。挑战政府行为之合理性的司法审查可能具有高度政治性。他将一个质疑伊拉克战争之合法性的申请转交给行政庭庭长了。我不知道如果沃西恩自己发现一个挑战政府的理由，但申请人没向他提出来时，他会怎么办。他不怎么喜欢要求书面陈述："这样做危险，因为没有时间这么做。"他曾经有一次要求当事人就他对欧盟指令的解释权进行书面陈述。没有一位当事人能在这方面帮上他，因此他以另外一个理由进行了判决。这个判决后来被上诉到上议院（上诉委员会）。他是如此习惯于自己的裁决被上诉，[19] 以至于有一次他遇到一位自己作出的判决从来没有被成功上诉的家事法官时大为惊讶（显然，他没意识到家事审判是一个不怎么讲究法律的领域）。由于当事人的申请都枯燥而且处理起来也辛苦，于是我们把沃西恩法官的五套法袍从衣柜里拿出来，取笑这些法袍的虚张声势。

我观察到了彼得法官"在行政庭的最糟糕的一天"。似乎在律师、案件排期员以及他本人之间就案件的时间以及要求他作出的裁决之间存在沟通失灵。显然彼得法官本人以前当律师时从没有在行政法方面执业，但他不怕学习新的法律领域。在第一个案子中，一群职业人士要求挑战一个"过时得令人绝望的"的管理机构。彼得法官承认自己开始并不理解这个案子。第二个案子涉及一个请求获得"远航捕鱼"文书的合同。第三个案子是一位社工挑战她前雇主的一个决定。在法庭上彼得法官要求估算时间，"现实可行的时间不是办公室人员在梦里想出来的那种"。第一个案子

---

⑲ 我们已经看到，法官们被鼓励"把事办了"而不是"把事办对"。上注中的两位作者（Bondy 和 Sunkin）提到法官们面临一种压力，即要将争辩不可能成功的案子清除出案件排期列表。

中的律师本来被安排了三十分钟，现在说估计要两个小时。第二个案子说要半小时。所以皮特法官先在 10：40 开始审理这两个案子。申请人抱怨说对方正在说他们是骗子。彼得法官反问："打官司很好玩，是吧？" 12：25 时裁决已经作出来了。第一个案子的律师解释说这个基于实体问题的申请被安排了三个星期的审理时间。这只是一个临时申请。彼得愤怒了，因为他前天晚上已经花了三个小时准备，而更糟糕的是当天上午他只收到了一个辩论要点。"律师先生，你们行政法界的大律师们不打算遵从执业指引吗？"他把这个案子驳回了。争论由此开始。律师们互相指责，他们拒绝成本方面的要挟，并抗议"不正义"。涉案的公共机构据说是"不遗余力帮助法院"，因为申请人的文书有缺陷。申请人说他们的律师是在"出于利他的原因"免费代理，因为申请人自己没钱。第三个案子则在 12：49 开始。彼得法官让当事人在 13：50 时只要把必要的文书准备好就行了。这些文书在 14：05 准备好了。申请人向皮特法官出示了一份临时禁令。"我要是昨晚就能看到这个不是更好吗？现在这样还好。我没说是你的错。"在困惑中挣扎了一个下午之后，彼得在 16：30 作了一个即时裁决，要求当事人提供"按逻辑整理出来的文书"以供实体审理使用。"这些东拉西扯的文书妨碍了这个案子今天的审理进程。"后来他说自己最不喜欢行政庭。每年十二个星期在这里通常只会遇到两个有趣的案子。他说这简直是浪费他的才能。他经常"会喝一杯好力可斯（Horlicks，也译好立克）麦乳精热饮"。行政法案子中的律师比一般案子中的要糟糕。"我心都凉了。"与威隶法官不一样，拉斯林法官有些经验，所以没有被行政法庭弄得很痛苦。他在大律师行执业时只办过一个公法案子。律师会像上小课一样给他讲解与无家可归者和移民有关的法律。"律师先生，你告诉我法律，我需要一切能得到的帮助！"他笑着说。

商事庭与海商庭——伦敦的隐形资产

法官们会说自己的管辖权很重要但被忽略了。[20] 商事庭的法官们急于展示法庭设备的差劲，这种差劲与这个法庭对英国经济的价值形成反差。"你看，如果你是壳牌（Shell）公司的老总，你也得在这样的房间里等候。"他指的是圣顿斯坦（St Dunstan）大厦的电梯井旁边的一个塑料椅。

---

[20]　例如，威尔士法院和威尔士语的重要性，以及家事法官短缺。

这个大厦比较破旧，但大多数海商案件和商事案件就是在这儿审理的。80%的这样的案子中一方当事人是外国人，50%的案子双方当事人都是外国人。[21] 我在特若罗普（Trollope，也译特罗洛普）法官那里观察期间，他当时审办的所有案子的双方当事人都是外国人。其中一个案子是一个主权国家起诉另一主权国家，争议金额达八千万美元。另外三个案子的争议金额为六千二百万美元到一亿美元。还有一个是关于澳大利亚到日本的海底光缆。此外，有一个案子是几个国际贷款大鳄买断了非洲一个主权国家的债务；还有一个案子涉及有人非法挪用阿联酋海岸的储备燃油。这些争议在伦敦解决，部分是因为英格兰是所有的普通法（判例法）法域之母。再加上英格兰普通法的长久生命力和稳定性，当事人常会约定选择适用英格兰法解决任何争议。[22] 这也是源于伦敦金融城作为商业银行业务、保险、航运和航空业的国际中心所具有的重要性。一方当事人也会为确立案件在伦敦的管辖权而拼争。[23] 伦敦的重要性也还在于英国的法官抗腐能力极强。商事庭的十四位法官像生意人一样能理解快速解决争端有多么重要。特若罗普法官知道自己的判决对股市的影响。

但法庭设施与这些光鲜的法官并不匹配。几十年前英国的政府已经决定让民事法院自筹资金。[24] 到2007年时，皇家司法院（高等法院和上诉法院）总共只有两个视频会议室。有些案子的审理在租用的办公室里进行。在电子邮件的使用已经通行了十五年之后，我还看见特若罗普法官向一群伦敦金融城的律师们解释说他的邮箱不能接收超过两兆字节（2 MB）的附件。律师们听了都觉得难以置信。一个免费的 Hotmail 邮箱账户都要比那好用。迟至2007年才有电子化的案件管理系统。特若罗普说一个律师事务所一年在信息技术设备方面的花费也比整个民事法院系统在这方面的投入要多。法庭最后终于搬到了一栋新楼。[25] 同时，法官们也担心案件会流向更方便的法院，比如新加坡、苏格兰或者爱尔兰的法院。[26] 虽然法庭条件

---

[21] 每年的《商事庭和海事庭报告》见司法界官方网站，www.judiciary.gov.uk。

[22] 英格兰法和美国法是大多数国际交易中选择适用的法律。见 T Burke in a College of Law podcast, cited at (2010) 160 New Law Journal 743。

[23] 商事案件排期始于1895年，该法院在1970年获得成文法上的地位。

[24] P Darbyshire, *Darbyshire on the English Legal System*, 10th edn (London, Sweet & Maxwell, 2011) ch 6.

[25] 正在由一个私营开发商建造，承租方是女王陛下法院服务署。

[26] Gibb, 'A court for the world to solve its business disputes', *The Times*, 5 September 2006.

差，但商事庭的法官仍然热爱他们的工作。

> ● 希望我们的判决为国际贸易的确定性作出贡献。我们的判决被全世界引用。如果你能促成整个市场的和解，那也是一件令人满意的事情。

特若罗普法官积极控制审理进程。有一个国际纠纷案是一系列案子中的一个。他每月都要为此进行案件管理听询。在一堆文书中，我发现了来自另一位法官的便条，这位法官感谢特若罗普不顾律师们的好斗态度而将问题范围缩小，特若罗普解释说"有许多争吵"。在问题列表中，许多问题被划掉了。初审文书对诉讼请求进行过多次更改。剩下的问题是数量问题。这让会计、估价专家以及外国法专家作为证人忙了很久。他一年前就开始审这个案子，但由于事实的专业性很强而且技术问题很复杂，双方当事人都要求延期"以便能获得优势"。

对任何案件，特若罗普都是在开庭审理之前就开始准备判决书。他要求律师提供一个纲要、一个既往诉讼说明、事实陈述或者双方异议、主要任务列表，以及赔偿金的"斯科特表格"。律师把这些用电子邮件发给书记员，他以后会把这些信息复制粘贴写入判决书。然后他会把法律问题陈述发给律师并允许他们更正。"在这样冗长复杂的案子中你必须时刻清楚该如何判决，因为你肯定不想最后才写判决书。"他笔记本电脑上的实时笔录（Livenote）软件会生成文本。他将自己需要的部分进行标示。他"努力控制专家证人的人数"并通常让他们同时宣誓入席和同时接受质证。[27]"你得让他们知道他们是在帮法官。"相较于自己的判决被上诉法院推翻，他更享受自己的判决在上议院被维持。案件审理到上诉法院的麻烦是可能有一位商事法官审案，而与其同座审案的另外两位法官却没有这方面的经验。[28]

一年后，我与特若罗普法官同座观审一个南美洲钻油案。与此同时，他适用美国俄亥俄州法律就一个源于世贸双子塔被炸的案件进行了判决，

---

[27] 这种做法在澳大利亚和新西兰相当普遍，被称为"热管"（hottubing）。上诉法官杰克逊（Jackson）在其2010年的诉讼成本评议中推荐试行这种做法。过去没有人提到一个事实，即这种做法在英格兰已经被运用了，至少在特若罗普的法院用过。

[28] 巡回法官们也表达了类似的沮丧。

案件争议金额为一亿一千万美元。在这个南美钻油案中，他需要就六组承包合同和分包合同以及另外六个附属协议确定合同法律责任。合同和事实非常复杂。但这还只是一个争议金额为八千万美元的附带问题。这个附带争议后面还有主要争议。当一位证人说钻井平台的耽搁导致他们每天损失三百万美元时，特若罗普法官便"明白了这个案子的规模"。他考虑过是否要将一些争议切割开来给海事仲裁员去仲裁。或者，在这样专业性极强的案子里，商事庭法官觉得他们应该先就法律问题进行判决，然后将案子"打包交给建筑与技术庭"去审理。但当事人拒绝这种方案。这种方案之所以不怎么受欢迎，是因为建筑与技术庭的法官并非都是高院法官。㉙ 这个钻井案的审理进程并不好。律师们已经提供了特若罗普法官需要的事实要点。他也不断要求一位律师对外国证人讲话别那么快。在法庭外，他就此说："我对此很反感。你能想象用这么快速的葡萄牙语接受质证吗？我们应该提供的是服务而不是折磨。"更让他觉得尴尬的是，全部用文件夹装订起来的文书没地方放，只能放在皇家司法院的这个狭小、黑暗的法庭的地板上，而皇家司法院本身也不适合使用电脑设备。

307

劳动争议上诉裁判所

劳动争议上诉裁判所是平等主义的典范，其任务也正好在于促进平等主义。巡回法官和高院法官以及登记员挤在一张长长的午餐桌旁，旁边是那些不是律师的人：工会人员和多肤色、多种族的行业领袖。年轻的戴维法官因为媒体负面报道而成为揶揄的对象。我坐在新近获任的柯文（Kevin）法官旁边。他是一个壮硕的光头男人，从威尔士过来参加为期两天的审理轮班。他曾经看到过英国政府工商部关于这个工作的广告。他会讲威尔士语，因此他也可以在威尔士首府卡迪夫审案。知道他过去并没有在劳动裁判所㉚审理过案子时，我很惊讶。在审理中，戴维法官旁边坐着的是柯文法官和一位黑人企业家。第二天坐在戴维两侧的是一个白人（工会人员）和一位穿着华贵的棕色皮肤的高级经理，这位高级经理能讲流利的美国英语。所有的申请人都是黑人，他们的律师则是棕色人或者白人。㉛

劳动争议上诉裁判所的裁判官通常由一位法律人士和两位非法律专家

㉙ 2005 年增加了五位高院法官。

㉚ 低层的裁判所，其案件可以上诉到高等法院劳动争议上诉裁判所。

㉛ 我在第八章解释了为什么我借用奥巴马总统的用词来指称肤色。

组成。但是其只有权就法律适用方面的错误作出判决。考虑到这一点，于是我问戴维法官这些不是法律专家的人能做什么。她说他们非常有用、有帮助，因为他们在所在行业有丰富的经验。虽然法律就聘用和雇佣规定了正确的程序，但实际操作程序的是他们这些人。在第二天评议案件时，那位美国人（他的工作是拓展乐购超市新店面）以几乎是一个小型讲座的方式向我们讲述了公司应该如何重组。他的讲解是基于良好的实际做法和自己以前重组一个家族企业的经验。员工只有在具有合适技能的前提下才应该被分配新的工作。戴维法官大笑，她想起了我的询问。

> ● 这完美地向佩妮（Penny，即本书作者）说明了我们法官如何获益于了解现实世界的运作。上诉法院对这些一窍不通。那里的法官是商事、专利等方面的专家。[32]

所有人都事先阅读过文书。第一天，戴维主导了审前讨论并进行了提问。这种提问就像治安法官如今把提问留给主任法官一样。第二天的两位行业专家更有经验。他们对案子很了解，而且在审前讨论中很自信，并表达了强烈的观点。他们俩加入戴维法官这里时已经讨论过这个案子。在审理过程中，他俩都质问律师，而且进入对话式的多次问答。就像上诉法庭的法官们那样，他们三位说在判决这个上诉案时紧张。上诉法院最近已经限制他们在裁判所的裁决中挑毛病，然而在这样的案子中"你可以看到裁判所就是弄错了，因为证据不连贯"。

308

101 房间和理性的法官

皇家司法院的紧急申请法庭的名字过去在我看来就是一个滑稽的模仿。但当我得知这个法庭过去是在 101 房间后，我的看法变了。戴维法官在圣诞节期间在那里值班。"圣诞前夜是噩梦，圣诞节当天很平静。"这里处理的案子有：被遣返的外国人申请禁令、取保候审、移民与无家可归者的申请，以及商事案中申请财产冻结令。[33]

> ● 一队又一队的律师把厚重的文件夹和一个草拟的冻结令扔给

---

[32] 特若罗普法官也如上表达了同样的观点。
[33] 冻结另一方当事人的资产。

你。那些当事人怪怪的，或者是来自哈克尼（Hackney）地区的穷人。有一次一个衣着整洁的怪人申请让法务部长和司法总管给他办案。我当时有一瞬间以为他正常。

大多数情况下，法官们在周末或者晚上在紧急申请庭值班时并不需要在皇家司法院坐等。因此如果有媒体报道说"高等法院昨晚签发了禁令"（比如禁止布莱尔的前任女佣出版布莱尔夫妇家庭生活的故事）时，实际上指的是一个虚拟的法庭，即用电话进行判决的一位法官。有一位法官在23：00回家的公交车上用自己的手机接到这样的电话。他只好下车通过电话审理这个禁令申请。夜间的申请如今必须由律师进行，因为曾经有位女当事人自己在晚上提出申请时给一位高院法官打了四十次电话。

我在101房间观察了两天。我本来是要去王座部观察威隶法官审案，但那个星期一上午的十六个王座部案子都和解结案了。这很典型。星期一10：35，我发现皮特（Pitt）法官[34]正在审理一个律师团队提出的财产冻结令和搜查令申请。大律师用整个周末和向他报告的非诉律师团队中的高级合伙人一起准备这堆巨大的、顺序整齐的文书。"法官大人，这可是有钻石镶边的！"下一个申请来还是学生的大律师，他们免费为当事人提供法律服务。从11：30开始，皮特法官就在等另一方当事人的律师来准备。他自己的办公室很远。如果当事人需要单独在法庭待一会儿，他就得坐在外面的高窗台上。法院导引员带着一个大盒子走进来。"这是你下午两点钟的案子，先生。"我离开以便他有时间阅读这些材料。第二天10：00开始审理，第一个是请求防止罢工的禁令申请。这事儿已经吸引四位记者关注了。皮特法官在9：45才收到工会的材料，但他在12：40～13：07这个时间段即顺利地作出了裁决。他那天下午还有许多来自无律师当事人的申请。第一个这样的申请来自一位女士，她声称自己有权"获得一千英镑，因为女王说我该有这笔钱"。皮特在14：10开始处理这个申请。他耐心地向这位女士解释说驳回其请求并不是判决她赢了。她举起一张照片式的明信片。"我理解这表明了你现在的感情。"他驳回了这位女士的请求。

309　　　　●"法官大人，您怎么能作出这样的结论呢？"

---

[34] 他不在我的研究样本之内。但令人高兴的是，在碰巧和他一起参加国外的会议时，我就认识他了。这是另一个样本外法官的例子。我后来在上诉法院又遇到了他。

"我就得这么决定。"

"我没有收到这些文书。"

"我已经作出决定了，索顿（Thorton）小姐。谢谢你。"

14：40 的案子来源更复杂。有一个法院驳回了一个诉讼请求。请求权人不服，提起上诉。上诉在大傅（Master*）那里失败，于是院长的上诉裁决再被上诉——这就是皮特法官 14：40 开始处理的上诉案。皮特法官解释说这位无律师申请人本来可以运用一个程序，因为这位当事人作为租户增加了房产的价值。这位申请人开始列举他对房子的所有改良。"先生，你现在是在复述事实。但我已经读过材料了。谢谢你。"这位无律师的申请人仍然没停下来。"我已经听到我想要听的了。谢谢你，先生。"对方律师申请法院签发民事限制令。"我们有许多对他不利的判决。"另外一位无律师当事人自己的汽车被强行撬开，里面的财物被盗，车被驾驶过而且还惹上了违章停车的罚款。这个案子已经被一位地区法官、一位巡回法官和一位高院法官处理过。申请人口齿和思维清晰，但不正义已经占据了他的生活。皮特法官停止了解释。"我担心你会作出对我不利的裁决，"他红着脸说，"我想你是受万因案（the *Vine* case）判决的约束。"皮特读了当事人提供的法律报告判例，并允许恢复请求。他友好地询问这位无律师当事人是在哪里学的法律。当事人说他已经在参加一个法学学位课的学习。皮特笑着建议说："看来你对这事儿已经动怒了。请律师是不错的主意，因为律师不会动怒！"

后来，皮特解释说在一位高院法官被拳打攻击之后，紧急案的处理被移到了一个正儿八经的法庭。我问他如何应对和处理范围这么广泛的申请事项，而且通常没有事先通知。他说："你得随机应变。"他那天上午才刚刚拿到星期一的商事案件的文书材料，但本来已经有许多东西要读，而且资产冻结令和搜查令要求很严格。有些人不断回来，即使被归类为"讼棍"后也如此，但他们只需提交纸质申请就行了。"通常你会签发法院令维持现状。"他只被愚弄过一次。他从另一方当事人那里听说了事情的真相之后不得不马上撤销自己的裁决。他说法官依赖当事人诚实。法官需要

---

* 大傅是英格兰法院和其他许多普通法系法院系统中的一个司法职位。其主要负责民事程序方面的事务，通常听审当事人的申请动议、进行案件管理、解决争议或者就法官转交给其办理的案子进行裁决。——译者注

信任律师。他不知道一个连律师都不能被信任的国家里的生活会是什么样子。

更多的无律师当事人

高等法院和上诉法院也有许多无律师当事人。许多人是在没有法律援助的情况下努力提出有理有据的请求或者抗辩。有一位衡平部法官说："有些人几乎就住在皇家司法院了。"只要大楼门一打开，他们就通过大厅涌进来。他们搬着厚重的文件夹，带着瓶装水和好几个手提袋。他说有时候法官会努力挽救这些无律师当事人，使他们免于因为执着于打官司而破产。法官们会恳请他们停止损害自己的健康并让自己的财产打水漂。有一个无律师当事人花了两万英镑打了六个月官司。法官提醒他说这会使争议财产的价值对他自己来说只剩下一万七英镑。"你这是在毁掉自己的生活！"他的书记员赞同这位法官。这位书记员说："这家伙有时候就在法官的办公室里发脾气，但法官对无律师当事人非常非常耐心。"

在行政庭，沃西恩法官高兴有一整天时间用于阅读案件材料——这像是一件不同寻常的礼物——以准备审理一位无律师当事人的一项建筑规划许可事项争议。这位无律师当事人请求法院将五天时间用于自己的案子。案件排期处给他安排了两天。他的二十个文件来迟了。沃西恩说："这个问题反而让他不得不坚持集中于关键点。"这位无律师当事人过去很强势。虽然他是百万富翁，但坚持自己代理自己。

在法庭上，沃西恩警告这位富翁级的无律师当事人把自己的辩论限制在一天。对于这个要求，这位有着浓厚希腊口音的无律师当事人回答说审理必须公正。沃西恩微笑，并问他要不要坐下来，以让他平静下来。这位当事人申请对建筑规划局的全部证人进行交叉询问质证，但是沃西恩让这些证人走了，并且同时很快拒绝了当事人要增加其他申请人这一请求。沃西恩法官努力澄清理由，并不断引导这位无律师当事人不要搞这些学究式的并不重要的质疑。幸运的是，建筑规划局的代理律师是"建筑法领域最好的御前大律师之一"。在法庭后部就座的是一群支持者。这些人的旁边是一个头发乱蓬蓬的见习男孩。这男孩看上去有紧张型抑郁障碍。我想这种场合不知道是否会挫败他学习法律的兴趣。我上午多数时间坐在沃西恩旁边打瞌睡。那位见习男孩则用手托着头熟睡。一位媒体记者上午读了一部小说。12：31，一位年长的支持者率先开始吃自带的午饭。在这位当事人对观众投其所好时，律师们则用手头的设备与嗜睡作斗争——他们假装在做笔记或者干脆欣赏头顶的哥特式灯饰和木雕。建筑规划局的大律师盯着我们，面部表情不知是惊讶还是警觉，但看来他似乎不懂这位无律师当事人的话。不过沃西恩法官并不看这位大律师。12：50，那位年长的女人进入了午饭后的瞌睡状态，但12：55醒了。这是因为这时候沃西恩法官对无律师当事人说："先生，你得休息一下。你表现得真好！"

午饭后，当这位无律师当事人兴奋地越来越话多气盛时，沃西恩礼貌地提醒他这是法庭而不是剧院。他坚持要求这个案子审理五天，但沃西恩坚定地确认他"表现得非常好"。当时间快到15：30，而且体验工作的那男孩几乎要平躺下来时，沃西恩法官试图砍掉那些中间插有政治言论且对五位市政议员有偏见的观点。

　　●"申请人，我已经明白你这一点了。"

"但是法官大人，我还有更多例子。"

（微笑着说）"不过法官们有时候会对当事人说'给我说说你最好的论点'。"

"法官大人，我论点很多，但我不会选择。"（有"观众"大笑）

16：30时有十六位学童进来了。这时候沃西恩微笑着说："申请人，我想你现在应该自然而然地结束发言了。"沃西恩后来说这位无律师当事人第二天还试图继续他的论述。建筑规划局的大律师则用了整个上午和部分下午时间。"我没让开发商的年轻律师说啥。"沃西恩承认大多数笔录文本会报告说这位无律师当事人的发言"听不清楚"。

在一个星期五的下午，一位无律师当事人的案子被挤着安排进了特若罗普法官繁忙的案件管理中。不同寻常的是，商事庭法官坚持管理他们自己的案子。这位无律师当事人已处于破产状态，而且在起诉世界上最大的承保人之一。但保险合同是由一个哈萨克斯坦的保险公司订立的。另一位商事庭法官鼓励使用替代型纠纷解决机制。原告当事人说他没钱这么做。特若罗普法官对这位当事人及其"麦肯锡之友"（以下简称"麦友"）说"那太遗憾了"。这位麦友嘟囔着说证人证言"几年前就应该交换了"。这位麦友声称自己二十五年前是商事律师。但特若罗普法官说他还是要教他怎样采集证人证言。当特若罗普说哈萨克斯坦的法律不可作准时，这位麦友打断了法官的话。法官耐心地说当事人必须就哈萨克斯坦法律进行论证并找专家证人来证明。麦友重复了自己的观点。法官又解释，然后他们的争论被重复了一遍。关于禁反言规则也有重复的争论。麦友宣称他要争论这一点却不援引任何法律依据。他说有三位证人"本身就是专家"，从而无视特若罗普法官的警告，即除非法院接受，这些人不能作为专家证人作证。特若罗普法官拒绝接受这位麦友出庭帮助诉讼，并强烈鼓励这位无律师当事人去寻求律师的帮助。在法庭外，法官解释说他本来也可以让一位"法院之友"的成员提供帮助，但那会浪费公共财政经费，因为原告的请求缺乏基础或理由。大律师界的法律援助组已经表示不愿帮忙。这种情况整个下午都在持续。特若罗普法官重复向这位曾经的律师解释基本程序，而他却执意要使用自己设计的程序。在特若罗普的办公室里，我们重新模拟了这种奇怪的交锋。我们都在笑。

有一天上午在杰宁兹法官的办公室外，我遇到了一位正在离开的大律师。这位大律师作为无律师当事人出现在一系列与家庭企业公司股份有关的诉讼中。"这个案子纠缠我"已经好几年了，审理在伦敦和另外两个城市进行。我问这案子是关于什么的。杰宁兹法官回答说："恨和钱。"无律师当事人频繁出现在衡平部，于是杰宁兹法官的椅子下方有一个告示：

- 请称法官为"法官大人"（My Lord），而且请大声点。

两位衡平部法官都说他们业务培训中唯一缺乏的内容就是如何应对无律师当事人。在一个案子中，有一位无律师当事人寻求如何就养老金监察处的决定在其过期后请求允许就其上诉，这个决定认为他没有资格领取养老金。在整个观点交流过程中，杰宁兹法官都保持温暖的微笑，虽然他通常并不怎么笑。这位紧张的无律师当事人有两位支持者，他们来自皇家司法院的个人支持小组（Personal Support）。杰宁兹法官已经要求一位法院律师（Advocate to the Court）。[35] 养老金管理机构有诉讼代理。因此，杰宁兹

312

---

[35] 如果存在一种危险，即法律上的一个重难点可能在法院没有审理相关论点的情况下就被决定，则任何法官都能这么做。

在审理完这个申请并请无律师代理人确认法官已经正确理解当事人的论辩观点之后，又请对方律师确认他们没有忽略当事人可能已经论辩过的任何事情。他作出的裁决是不许可上诉，并在裁决时小心地表示同情。养老金管理机构要求申请人承担四万英镑的诉讼费用，但杰宁兹法官让这位无律师当事人承担四百英镑，以每次二十英镑分期付清。他最后说："申请人，这个事情就是这样了。我真是很不好意思。"

有一天在劳动争议上诉裁判所，每个申请人都声称受到了直接和间接的（种族）歧视和伤害。有一位申请人针对的是一个市政府十六次拒绝录用她工作。十六次拒绝，她就十六次起诉。戴维法官对此觉得惊奇，因为申请人是一个法律毕业生，这是"其堪称讼棍的明显证据"。另外一个申请人更极端。戴维法官和另外两位审案的人笑着说仅仅我的出现就可能激发申请人主张审理存在对其不利的偏见。戴维认为有越来越多的无律师当事人声称受到了歧视。㊱当劳动争议上诉裁判所裁决表明被诉事项没有法律错误时，他们的痛苦更严重。他们通常在准备诉讼方面没有得到帮助，因为这不适用法律援助，但多数人在审理程序中还是得到了"劳动法律师咨询建议计划"的免费帮助。戴维曾经是这个计划项目的成员。这样的帮助也大大减轻了法官们的负担。在多数情形下，无律师当事人的主张揭示不出什么可争辩的法律点。戴维法官最讨厌这种案子。在这种案子中，律师的开场陈词是"我将基于两个理由进行论辩，我的当事人会就第三项到第九十七项理由向您陈述"。

上面这些故事也印证了前面关于郡法院的那一章对无律师当事人的所有论述。这些无律师当事人给法官造成了负担，使法官的角色从中立的裁判员变为积极的帮助者。但法官们在这方面并没有受过训练。高院法官很少向法院律师请求帮助。最令人吃惊的是无律师当事人不成比例地占用了大量资源——法院及其员工的时间、法官的时间、免费的法律帮助和情感支持，以及私人组织和公共机构为辩驳他们而消耗的资源。法律提供众多好处。有些是没希望胜诉的重复诉讼的人，像是有妄想症的样子，或者其行为完全失去了比例感。然而案例法和本研究表明法官在这方面非常包容——除非无律师当事人成为出众的扰乱者，法官一般不会将其认定为讼棍。显然，许多无律师当事人的案子及其诉求有充分的理由。但是上文讲

㊱ 这构成了劳动争议上诉裁判所 2005～2006 年案件的四分之一。见 F Gibb, 'Sex, race and religion—the growth industry', *The Times*, 9 January 2007。

述的情形中，除了一位之外，其他的无律师当事人的案子都是没希望胜
313　诉的。

律　师

商事庭的法官们欣赏并感激最好的律师为他们提供的服务。家事法官
们觉得律师们总体上准备充分，但几乎其他所有的高院法官都认为律师界
"良莠不齐，有好有坏"。比如一位衡平部法官说：

> ● 律师界有些人完全不行，几乎是无能，而且真的是不知道自己
> 在干啥……但与有经验的御前大律师一起处理案子则令人愉快。他们
> 可能不是经验丰富的衡平业务律师，因为界分已经很大程度上模糊化
> 了。当我开始当大律师时，如果有个案子在衡平部，则承办的会是衡
> 平业务大律师行的人，这些人至少知道自己在干啥。

两位王座部的法官如今更为包容。

> ● 可能是因为我们不够严厉。我们的友好态度和风格没有使他们
> 达到标准。
> ● 年轻律师如今不怎么怕法官。我觉得这很好。我觉得他们对我
> 们的惧怕不像我们当律师时对当时那些法官的惧怕。

这反映了地区法官和巡回法官的经历。但高院法官中没人抱怨存在
"不可信任"的律师。行政庭律师的能力最参差不齐，行政庭的法官也是
如此。业务不精的法官会因业务不精的律师而受苦，部分是因为许多经验
不足的大律师免费为人们代理诉讼，也部分是因为许多案子是紧急情况。
沃西恩这样解释法官对律师的依赖：

> ● 最顶端是最好的大律师……最底部则最差劲……但总体上通常
> 不错。不过坦白地说，有些移民案件律师的代理质量差得没希望……
> 我们法官非常依赖高质量的律师代理和出庭。我们自己没有很多时间
> 去研究案件或者反复思考其中的辩论。

巡回审案和法官小舍

高院法官每年有一百八十九天要坐堂审案。在假释局（Parole Board）的工作也算审案，但写判决书不算。法律年开始于 10 月份，有四个季度。法官们的坐堂被分为六个半季（每个半季六个星期）。大多数衡平部法官留守皇家司法院。家事法官只是在要审理具体的案件时才会去巡回审案，但家事联络法官除外（比如斯丹福法官）。王座部的主任法官负责自己的巡回区。有些法官被分派去审理大型的巡回审案件。非主任法官轮流根据每季的时间表选择空档期进行巡回审。这样的巡回审判业务与他们在伦敦的审判业务交替进行。大多数人有三个为时六星期的时间段（总共十八个星期）在伦敦以外的地方巡回审案。

上诉法官奥尔德在其报告中研究了巡视司法制度。[57] 在任何时候总会有 40% 的王座部法官在巡回审案。奥尔德考虑过这个制度是否可以灵活一些，因为现行制度有许多问题，比如杀人案审理排期的拖延，以及巡回审"崩溃"导致审判资源浪费。他建议长假期 8 月和 9 月改为 8 月，六星期为一个审判时节的做法应该被废止并代之以灵活的安排，以便使法官能被分派去审理特定的案件。本研究清楚地表明有些灵活的措施已经被采取了，比如沃西恩一年里大多数工作时间在行政庭，而其他法官大多数在商事庭，如此等等。我和那位为王座部法官安排轮流审判业务的法官谈过，他自己安排时会尽量灵活些。法官们可以选择适合自己的时间段在伦敦全职审案。有些案子在法院内部"打广告"，以便法官们能选择办理哪个案子。有些法官讨厌在巡回审中没事可做，也讨厌在漫长的审理发生"崩溃"后不得不去做一些小事。这位管理法官说这种情况不应该发生。巡回区的主任法官在这种情况下应该让空闲的法官回来，并对其重新分配案件。一些大型的审判中心有许多事情需要做。在曼彻斯特可能有近五十个案子在等待审理，在利物浦则有八十多个杀人案要审理。如果审理"崩溃"发生在星期二，则巡回法官只能去做一些小事；他必须等到下星期一才能开始新的审理。高院法官业务时间表的不灵活依然在导致问题。在 2007 年，一位常驻巡回法官在让高院法官审理严重

314

---

[57]　The Right Honourable Lord Justice Auld, *Report of the Review of the Criminal Courts of England and Wales* (London, the Stationery Office, 2001) ch 6.

复杂的诈骗案时遇到了问题。这导致审理延迟，并且这些案子最终被分派给巡回法官们。

杰宁兹法官被安排去他的衡平部巡回区的法院审案一星期、两星期或者三星期。他的重要的已经安排好的案子"崩溃"了，因此正如我们看到的那样，他得做一些小事。看起来似乎杰宁兹在巡回区的出现是一种公关和督导，因此他有机会与他所在的巡回区的巡回法官和地区法官拓展工作关系。与杰宁兹在同一个法官小舍的王座部两位法官那个星期也闲着，因为他们的一个刑事大案的审理也"崩溃"了。一位觉得自己是在休息，因为他审理的是常规的王冠法院刑事案。另一位则得在法官小舍里写判决书。

我向二十六位高级法官询问他们自己对巡回审判制度和法官巡回审案时住的小舍有什么评价。大家的评价都积极正面。他们觉得有些案子严重到必须由高院法官来审理，因为让所有的当事人都跑到伦敦去打官司并不合适。只有一位建议让法官而不是主任法官固定在具体的巡回区或者法院群组。大多数人认为现行制度的优点在于打破巡回区内的大律师界与法官的"亲密"关系。

315

- 高院法官来自伦敦。他通常会审理刑事上诉案。法院很容易……陷入自己系统内部的怪癖。
- 这带来一种不同的方式和不同的背景，从而有助于保持司法水准……如果地方实践一直在发展则会有危险。
- 高院法官离开伦敦并见到巡回法官，而且与他们一起工作……因此这不会形成一些司法割据。
- 同样的问题会有新角度……可以让每个人都谨慎……也对当地的大律师界和当地的法官有好处……有多种不同的想法或观念是好事。
- 有些城市可能有三家或者四家大律师行，他们承办当地大多数诉讼业务……其中一些顶级大律师会成为巡回法官……因此整个局面在当地变得比较舒服安逸，事情也就在这种局面中办完。有些审判在不该"崩溃"的情况下"崩溃"了。棱角被砍掉，因此程序的适用说严格也不严格。㊳ 我去外地巡回审案时，当地人完全不知道我是谁。

㊳ 第九章对此有描述。

他们只是知道我是来自伦敦的一个有板有眼的人，而且比他们更有资源和想法。这个我喜欢，但我不喜欢小舍。巡回审案是离开伦敦的一种调整。巡回审期间工作不用像在伦敦时这么辛苦，而且有机会看到英格兰的一些你以前从没看到过的景致，还与人们交流会面，总体上是令人振奋的经历。

 • 高等法院应该被看作是全国的法院，而不是在全国各地都看得到的一些地方法官的法院……应该有些高级法官被认为专门审理有些严重的案子……他们与当地大律师、小律师、治安法官、当地人、法官、本地名流和善良人会面。那些希望废除这个自从亨利二世时代以来便一直运行的巡回审制度的人，必须给出充分的好理由证明自己的主张。

对王座部法官的安排受到过批评。上诉法院的八位法官中有三位希望能更多地向美国式的审前制度发展（即把案件排给特定的法官并由其进行案件审前管理）。有一位高院法官希望"全面整改"。另一位高院法官说：

 • 管理很糟糕……十分浪费公共财政和司法时间……主任法官们到外地去很合理。尤其是一些大案，需要安排一位高院法官去审理，这很重要。但案件排期员们通常高估案子需要的时间，结果案子审定后法官就坐在那里。这时候我干脆就出去散步。

对法官小舍成本的批评也一直存在。比如 2003 年《每日镜报》的一篇文章题为《高院法官们的免费小舍每年花费纳税人五百万英镑》。对议会议员安德鲁·迪斯莫尔（Andrew Dismore）的咨询的回复表明有些小舍的住宿费用非常昂贵，但实际上每年只有屈指可数的几个晚上有法官在那里住宿。[39] 在本研究进行期间，这方面的成本已经被削减。法官们也不再

---

[39] 在克伊讷丰（Caernerfon）十晚的住宿费超过二十三万五千（￡235232）英镑。从那以后已经形成了一些有效率的节省，但 2005～2006 年的成本还是超过了五百万英镑。永久小舍的住宿成本为每位法官每周三千到八千英镑。法务部长在 1995 年和 2000 年审查了法官小舍管理的经济情况。我有幸得到一份在 2007 年 1 月 10 日审计的报表，这份报表详细列出了每套法官小舍在不同方面的成本。

使用仆人和司机——这两种服务既昂贵又象征着阶级特权。没有法官对此抱怨。有一种被重复提起的批评是：由于对这些小舍的使用很零星或者很

316 少，用酒店住宿可能更经济实惠。大多数法官对此表示反对，但上诉法官奥尔德说高院法官在酒店也"住得够好"，他们在苏格兰、北爱尔兰和英联邦其他地区就如此。有些不怎么使用的法官小舍已经被关闭。法官们如今被安排在沃斯理小舍（Wosley Lodges），这里"提供高级的含早餐的住宿"（引自网站）。

法官们会在小舍住长达六个星期，每年三次。他们在那里可能除了睡觉就是工作。他们会在小舍开会，招待当地君王司法代表、法官和其他人。法官们可以携带家属（伴侣）同住，但多数法官都是一个人去。每位法官配有一位书记员提供帮助，有一个卧室和一个书房。因此有些法官指出，与一些使用得很好的小舍相比，比较好的酒店在提供这些服务和设施时并不会比小舍便宜。大多数法官认为小舍有必要存在，虽然不如在家里。他们在法官小舍可以在经历审判工作的压力之后放松休息，并感觉自己的人身、文书材料、电子设备以及谈话都比较安全。

- 我们带有许多财物……文书材料在地上到处都是，其中许多内容都非常敏感……如果是住酒店，正巧与案件当事人一方同时乘电梯，那么另一方当事人可能会在门缝里使劲儿看，并且惊呼"天哪！对方和法官一起上电梯了！"

- 我难以想象在办理一个广泛被关注的杀人案之后我还要去住酒店。我简直无法想象这种情形。

- 如果他们当初告诉我每年我得在外地待三次……每次六个星期，而且是在佛提克热斯特（Forte Crest）这鬼地方，那么我就不会接受这个工作……我不希望清洁工看到我的判决书草稿……你也不想那些令人不高兴的人知道你在哪里。每个人都有权每天有一点自己的休息时间。如果你在审理一个大型要案，你肯定不想在自己吃晚饭的时候有一群狗仔队记者上来对你猛拍照，是吧？

- 公众对此有一种令人惊讶的感觉……觉得我们的住宿是浪费……而且穿着盛装吃晚饭。我们从来不穿着盛装吃晚饭……如果一个人是军队的上校，他会被给予一栋房子……一辆专车还有一位司机……（但公众对此并不抱怨）。

下面的三位法官以激进闻名。他们认为小舍并不舒服，发现对巡回办案期间的生活的正式期待既无聊又没品位，但他们仍然捍卫这种住宿制度。

- 我情愿住在小舍而不愿住酒店……小舍通常是可怕的大房子……设施总是很原始。我跟你说，你在那里待上六个星期之后（即使你和最好的朋友一起）你会觉得痛苦和发疯。几个星期你就可以发现小舍的墙壁涂料、灯饰以及家具都很令人沮丧。

- 通常的小舍是一栋郊区别墅，看上去又脏又旧，窗帘是棉质带花纹的，地毯已经在褪色。如果是住酒店……我可能不会去巡回审。你在小舍得到的是宁静与私密。你可以踢掉鞋子，与其他法官毫无戒备地讨论案子，因为你知道周围不会有记者偷听并写下你说的话，之后第二天见报了。小舍不错。

- 这种住宿制度被英国政府认为是特权的标志……且通常与社交附会联系在一起。这种认识让高院法官深受其苦……仆人、厨师和专车司机这样的配备是愚蠢的。这方面在这里直到上个月才取消……我完全可以自己开车去法院。我觉得小舍很有价值。我每星期要开三次会，与大律师……当地政府人员以及治安裁判官会面……以努力改善制度的运行。小舍完全私密。我觉得小舍也不简单。每个小舍都很不错……那里的人善良大方……坦白而言，那的确不是生活的好地方，但也是他们能设计出来的最好的安排。我觉得人们批评这个住宿制度的真正用心不是省钱……而是批判与之相关的社会政治方面，即特权的存在。但这样的考虑令人遗憾。

参加试验研究的法官和另外五位法官说如果小舍住宿被酒店代替，则他们会辞去法官职位。其他人直言高等法院现在的情况已经很难吸引律师们改行去那里当法官了。有一位法官曾在沃斯理小舍住过，但觉得那里"很令人疲惫"。在那里他觉得与小舍主人的社交成了一种义务。另一位法官也这么认为。

- 我不希望有其他顾客在那里，因为那很妨碍工作……而且礼节使得你不能完全忽视小舍的工作人员。

有一位法官在酒店有一次不愉快的经历。

> ● 在小地方人们很容易认出你。一对老夫妇……对我是高院法官
> 这一事实很感兴趣，而女方则变得有些像一位年轻的粉丝从门后面跳
> 出来。我的书记员很机灵，他成功地帮我应付了这个局面。

我去过的两个法官小舍在城里，还有两个在乡下。它们都看上去令人
郁闷，好像是1960年代的破旧商店低价改装而成的。我和斯丹福法官坐在
起居室的窗户旁，因为这是唯一有自然光的地方。窗帘是棕黄巧克力色和
绒毛质地。高背椅来自一家养老院。毫无特色的照片随意悬挂在墙上。斯
丹福对这些没有抱怨，因为她很享受两位王座部法官的陪同，而且她太忙
于工作，根本不会注意到她办公桌以外的东西。

城里面的法官小舍是特别为此目的建造的。我到那里看到这栋建筑之
后忍不住大笑，因为我觉得那像一个护理院，只是不那么明快而已。这个
小舍只要再加上一个旋转楼梯就成了护理院，而且如果被租出去用于老人
的临时护理，则可以省下更多钱。戴维法官说这个小舍的绰号叫"火葬
场"。但没有法官就这种环境发牢骚。他们觉得比这更重要的是纳税人的
钱的用途，比如员工工资、法院信息技术设备，以及在他们面前出庭的当
事人的社会经济状况。小舍为法官们提供了一个愉快的场所，使他们可以
与同僚交流，而且他们都有自己的空间。好的同伴和好的食物弥补了这里
的阴郁。

318

六个星期与一些法官待在一起可能会有些难以忍受。女法官布伦达·
黑尔（Brenda Hale）女法爵有一次在法官小舍吃完晚饭后被要求与其他女
士一起退下离开。这个故事如今在司法界广为人知，而且已经转变成反对
"法官炎"、装腔作势以及可笑的性别歧视的一个司法传说。她在《法律中
的女性》⑩一书中讲过这个事情。我原来以为这事发生在很多年前，但两
位巡回法官们说那是在2001年。当时他们在小舍做客，黑尔法官也在。高
等法院的一位高级法官让黑尔离席，这让两位巡回法官以及女法官黑尔本
人都非常震惊，因为他们当时等着继续边喝边聊一些男人的话题。其他法
官说也正是这位法官致使菲榭（Fisher）法官从高等法院辞职，因为这位

---

⑩　E Cruickshank, *Women in the Law* (London, The Law Society, 2003)，国家级报纸也重复了这
个故事。

法官拒绝与菲榭一起晚餐，除非菲榭穿得正式些。布伦达·黑尔后来向我解释说她自己在法官小舍是个"姑娘"，因此在自己被要求退席时会如人所愿离开。只有一次她拒绝了。她认为让客人（巡回区的负责人）退席很不礼貌。她说她当时像是被勒令退席。有绅士风度的男士在这种情况下会这样说："布伦达，我们几位现在需要一点自己的时间。"

那位参与试验研究的法官告诉主任法官说有一位同事曾经兴高采烈地穿着自己那件（以前作为财政部首席大律师时穿过）印有恶魔头像的红色羊毛衫吃早饭，并坚持要求有鸡蛋和蘸酱的面包片。但晚餐时他坚持穿得整整齐齐。主任法官说她不喜欢这样，说她自己在小舍喜欢做的事情就是"缩着身子一边看肥皂剧《加冕街》，一边吃芝士三明治"。我在一个小舍被邀请去参加一个招待君王司法代表的十二人晚餐。我是那个穿得过于讲究的人。每个人都知道黑尔法官的经历。一位法官的妻子在吃前菜时说男人们最好想都不要想让我们女士退席。

我与法官小舍的工作人员也交谈过。由于经费缩减，他们现在都是一个人做多份事儿。在一处小舍，厨师兼职门口侍应生，穿着厨房工作服为客人开门。在另一处，经理兼当服务生。我向经理道歉，因为我早上5：30让她起来开门让我通过安全门出去。在第三处，经理告诉我说他自己是能持证上岗的招待员。他可以合理说清楚他的所有花销。他的这个小舍被频繁使用，去年有三十七位法官在这里住过。法官小舍的加长专车服务被取消后去年节省了十五万五千英镑。如今由政府车队供车。法官、书记员和我每天乘坐深色车窗的接送专车往返于小舍和法院之间。我们开玩笑说自己像是年老的摇滚乐女粉丝，只是专车里没有"电视机和饮酒室"。在第四个小舍，一辆斯瑞阿（Sierra，也译赛拉）普通轿车代替了加长轿车。任何人都可以开这辆斯瑞阿。法官欢迎废除使用加长车。

> ● 我当律师执业时很烦这一点。你得在法院四周寻找一些捣蛋鬼般的客户，但11：30可能会有人召唤法院专用司机，因为法官们要回他们的小舍。

他说用车送法官们回小舍吃午饭这种旧做法是巡回司法工作中的一个"愚蠢"的传统。高院法官应该乐于在法院餐室与巡回法官和地区法官一起吃午饭。一个乡下小舍的很好的厨师是附近的农夫，在需要时就被雇过

319

来。经理凯伦（Karen）开车把我送到车站。她是通过她丈夫招聘过来的——她丈夫是隔壁的看护工。她过去是在小舍当清洁工，后来留下来了，因为她喜欢这工作。开车是后来加给她的工作任务。她也采购食品，在小舍处于使用状态的三十六个星期里她每个星期工作六十个小时。其他小舍忙碌时她也会过去帮忙。与以前在银行的工作相比，她更喜欢现在的工作，因为她在孩子们的整个学校假期都不用上班。

法官们通常赞扬小舍员工的善良。反过来，凯伦女士也会为"她的"法官们说话。"他们都很好。我从没遇到过他们中有不体谅人的。"当局外人说法官们骄纵时，凯伦女士会很生气。她会指出这些法官如何熬夜工作。"要是在酒店，他们无论如何会被前前后后伺候着，是吧？但是这里他们能享受到宁静与安全。"当他们审理一些严重的案子时，她会为他们感到难过，因为他们必须耳闻目睹一些可怕的事情。"有一位法官审理了一个有小孩被杀的案子。"他回来时灰着脸对我说："凯伦，今天晚餐我啥都不想吃！"

小舍的员工以及法官的书记员们也会有自己的社交网络——是真实的网络，不是脸书（Facebook）。他们都期待法官们去小舍。与法官们一样，书记员是超级八卦分子。有一位书记员说小舍是他们的"信息高速公路"。他们觉得给他们的差旅费用对他们微薄的工资是一种必要的补充。当有些高院法官升任到上诉法院后，他们原来的书记员会跟着另一位高院法官。

参与我试验研究的那位法官对巡回审判期间的生活很有热情。他已经与一些君王司法代表成了"超好的朋友"。君王司法代表是个为期一年的职位，[41] 其职责就是欢迎国王陛下的法官来到其所在地区。有一位本职是医生的君王司法代表曾经制作过绝好的咖喱酱。这位法官在一位君王司法代表的豪宅里待过。主任法官的社交生活可能很忙，但他每星期只将两个晚上用于社交。参加晚宴和教堂仪式比较有趣，但亮点是纽卡斯尔的必须戴黑领结出席的"短刀保镖晚宴"。在这个晚宴上，法官会收到一个1620年银币作为"短刀保镖费"给短刀保镖，让他在法官们穿过佩南兹（Pennines）山地时防备劫匪。他告诉我在勒斯特（Leicester，也译莱斯

41　自费，成本会高达五万英镑。The（High）Sherrif 是英国最古老的民事官职，是君主的司法代表，其历史可以追溯到撒克逊时代。亨利二世赋予他们的职责是确保法官们的安全和舒适。他们过去会签发令状，让法院、陪审团以及监犯准备就绪，然后执行量刑。见英格兰和威尔士君王司法代表协会（High Sherrifs' Association）的网站。

特）、利物浦和约克的游乐、仪式和晚宴。我以为这样的活动场面在1972年已经随着季度巡审法院一起消失了，但当地人和当地政府出资把这些传统保留下来，让它们免于绝迹。

威隶法官对这方面比较怀疑。他认为晚宴有助于达成工作方面的目的，即促成与当地人（比如警察长）的联络，但是当君王司法代表与他一起在法庭上同堂而坐而且似乎她理应在那里时，威隶就觉得尴尬了。"我有时候会有勇气介绍他们。"他抱怨有些无名的郡县的君王司法代表在法庭上陪着他。有时候更糟糕——他们自己的神职人员"一起来！"他的一位不怎么热情的君王司法代表（女性）显得焦急，因为她为此不得不彻底打扫自己的房子并为司法总管做一顿晚饭。她买的是二手的君王司法代表服饰，但不合身。她的亲戚们提名她当君王司法代表，但她自己则诚惶诚恐。威隶说君王司法代表这个职位"就是许多脱离现实的生活，如果你要我评价这个职位的话。我会预料到你在做一些没用的关于君王司法代表的笔记"。但威隶夫人认为有人把他们介绍给当地人，这便是有用。她过去曾经对陪威隶法官北上感到紧张，因为她担心该穿什么衣服，但后来君王司法代表带着她去购物了。

320

结　论

地区法官和巡回法官认为高级法官是一个不同的群体。高级法官们非常聪明，工作十分勤勉努力，审理的是那些非同寻常地复杂、专业和高难度的民事案件，而且高等法院王座部的法官会审理最可怕而且/或者最复杂的刑事案件。高等法院和上诉法院的运转得益于其从工作尽职尽责的律师中招录法官。这些律师们早就形成了工作狂的风格。这些人很少有整个周末或者一个工作日的晚上可以休息。新任法官们认为王座部的"男子汉"态度——能审任何案子，能审很多案子——导致低效率，这是考虑到他们是从日益专业化的大律师界招录过来的。他们都喜欢适用新法律的过程中面临的挑战，但行政庭对他们的挑战都太大。法官们认为审案速度压力对于当事人不公平。鉴于许多法官并没有公法方面的背景，可以预料到研究者们最近发现的一个现象，即行政庭的判决缺乏一致性。大律师们在这方面比法官们更糟糕。

所谓的"审前阅读日"通常都用于做其他业务了。王座部的法官们需要处理没完没了的一堆纸质申请材料。大家所讨厌的行政庭跟上诉法院刑事部相比是小巫见大巫。家事部和商事庭的法官们请求加大业务量。在与法官们住小舍时，我跟不上他们的工作节奏和时间。我到了睡觉时间就得睡觉。许多法官一年的工作季的一半时间都在差旅途中。主任法官和联络法官甚至要花费更多时间在旅途中，行政事务和管理也是他们必须要处理的事情。北部的法官需要花费另外半年时间往返于伦敦与外地巡回区之间。租房的费用把他们的薪水降低到了巡回法官的水平。新任法官们已经习惯了成功的大律师行和律所，所以发现自己作为法官必须等候被安排分配办公空间和笔记本电脑后，他们感到很惊讶。尽管高院法官们热爱他们的工作，但没有人像普通的巡回法官或者地区法官那么快乐。高院法官们更可能会一致认为自己的有些工作比较吃力或者令人在情绪上不安。我们已经看到他们把假发当作一些大案名案——比如家事部的儿童死亡案、王冠法院的恐怖主义犯罪案，还有最令人发指的帮派杀人案——审理后用的面具，以躲避媒体记者。

矛盾的是，杰宁兹法官在巡回审时遇到的是一些十分简单和简短的案子。耗时长一些的衡平法业务案件和技术与建筑庭的案子由巡回法官们审理。涉案财产的价值使这些案子进入高等法院。但由于争议问题很清楚，这些案子本来可以由地区法官审理。然而，高院法官的功能既具有象征性又具有实际性。他们捍卫巡回审制度，认为巡回审可以将中央司法的严格标准适用于自 1176 年以来就存在[42]的巡回区。这些高级法官们清楚地方律师的业务水准有缺陷。不过我们不可能弄清楚这些高级法官对案件的审理是否有任何教育功能。

商事庭跨国案件的规模无与伦比。特若罗普法官知道他在塑造国际法。但他是在便宜破旧的附楼里、在没有合适的信息技术设备或者足够好的工作邮件账户的情况下干自己的工作。这表明这些法院在政府眼中并不那么重要。供巡回审案的高院法官们住宿用的法官小舍也很简陋。法官们对此并无怨言，因为他们知道更紧要的是在法院员工和法院系统方面投入经费。他们就法官小舍的仆人和加长专用车的配给被取消感到高兴。但他们坚守这种住宿制度，觉得小舍为他们在一天繁忙的案件审理（甚至是涉

---

[42] "在 1176 年，巡游的法官们被组织成六个巡回区……他们调查犯罪行为和原因不明的死亡以及官员的不端和疏忽……此外还有私人争端。" 见 JH Baker, *An Introduction to English Legal History*, 4th edn (London, Butterworths, 2002) 16。

及死亡的案子）工作结束之后提供了一个便利、安全和宁静的休息的地方。如果将其换成酒店则会让法官们再也无法容忍。

除了能力不一的大律师以及令人吃惊的法院设备之外，另外一个重复出现的话题是无律师当事人。虽然高院法官们自己在与无律师当事人打交道方面没受过培训，而且他们自己以前作为律师执业时也没怎么与这样的当事人打交道，但他们对这样的当事人非常同情、耐心，并给予鼓励。法官们请求执着于打官司的当事人停止诉讼，以避免让自己因此破产。他们对那些没有希望胜诉的无律师当事人也比较包容，虽然这些当事人不成比例地耗费了大量法院资源和人力。无律师当事人的增长并不完全是因为法律援助金的削减。这从那个在沃西恩法官和特若罗普法官那里出庭的百万富翁那里可以看出来。政府完全没有察觉到无律师当事人对法官们的影响，而且这对政府也不重要。 322

第十四章　上诉法院

15:40 在上诉法官拉斯林①的办公室，一个关于成文法解释的上诉案之后。

拉斯林对两位高院法官说："你们两位请坐，但啥也别说。我想听听达比希尔博士怎么说。"

我（达比希尔）："你不能问我。这是骗人。"（高院法官大笑）

拉斯林："但现在离我们最近的学者就是你，而且你以前想看我们的审判合议过程。"

我："但那不是参与。我不是这个裁判程序的一部分。"（大笑）

拉斯林："如果我们已经决定允许这个案子的上诉，你会觉得惊讶吗？"

我："不会。但你别问我，何况我刚已经透露了我的意见。"

拉斯林："是吗？你告诉我在哪儿找你的回答。"

我："我是说如果对解释有疑问，则法官应该让被告人享有这种疑问的利益，或者说应该有利于被告人。"

本章研究上诉法院的工作，其中包括高院法官在刑事案上诉审方面的参与。非同寻常的是，上诉法官们允许我观看他们的合议过程。这样的允许史无前例。② 我的关键发现是如果高等法院的工作需要法官的辛劳、快

---

① 本章中的许多法官（比如 Samson）来自研究样本之外。

② 这在英格兰和威尔士是史无前例的。我在第一章中援引帕特森（Paterson）评说了法庭合议对于研究者而言密不可透。帕特森在其著作第 84 页中说："由于不能第一手接触司法互动，只能依赖不严谨和模糊的二手叙述，学者们通过第三手的、很间接的努力来以各不相同的方式重构现实。"我还援引了波斯纳的观点，他说我们很难理解司法行为，因为法官们的合议是秘密进行的。见 R Posner, *How JudgesThink*（Cambridge, Mass, Harvard University Press）2。哥伦比亚特区巡回上诉法院首席法官爱德华兹（Edwards）（转下页注）

速思考、天分以及毅力，那么上诉法院的工作更需要这些，而且需要的更多。考虑到上诉判决作为判例的重要性，[③] 法官们作出上诉判决的速度之快令人惊讶。庭辩概要已经改变了判决的形成方式。法官们一旦升职到上诉法院之后，便放弃了高等法院工作的一些乐趣，比如到巡回区的差旅以及审判过程的生动。上诉法院的法官们很少离开皇家司法院，也很少看见证人被质证，但他们喜欢上诉审中的智识挑战，并用幽默和同事间的信任消解工作中的压力。上诉法官布鲁克（Brooke）在2006年的告别辞中说上诉法院是"全国最友善、最勤勉的法院"。[④]

323

审判工作

在上诉法院审理案件的是三十七位上诉法官以及司法总管、司法次长（Master of Rolls，兼任上诉法院民事部主官）和高等法院五个审判业务部的负责人、高院法官以及几位退休法官。民事案件的上诉审可能由一位或多位法官进行。[⑤] 全面审理的上诉案（full appeals）则通常由三位上诉法官进行审理，或者由两位上诉法官加上一位高院法官进行审理。法官们通常各自给出自己的判决，但趋势是给出单一或者集体判决。上诉法院刑事部就实体问题的上诉审通常由三位法官进行，即一位上诉法官与两位高院法官（王座部）或者一位上诉法官与一位高院法官和一位巡回法官。就量刑的上诉通常由两位高院法官审理，而判例则由五位法官确立。[⑥] 高院

（接上页注②）在下引脚注54中的文章中说由于不能观察法官们的合议过程，学者们的分析受到妨碍，因此学者们也低估了法官之间的协治在司法中的重要性。然而，他反对有观察者和司法助理进入合议过程（在英格兰和威尔士，司法助理可以如此）。爱德华兹在其著作的第1687页还提到拉图（Latour）在过去好几年里观察过法国最高行政法院（Conseil D'etat）的合议。见 B Latour, *Lafabrique du droit：Une ethnographie du Conseil d'État* （Paris，La Découverte，2002）。

③ 大多数判例或者先例来自上诉法院，因为上诉法院每年审理几千个案件，而最高法院每年审理六十个左右的案子。

④ *The Court of Appeal Civil Division Review of the Legal Year 2005 – 06 at 8.*

⑤ 《1981年高级法院法》被《1999年获得正义法》第59条修订。高等法院家事部法官或者衡平部法官偶尔坐审案件，而王座部法官太忙不会过来坐审这边的案件。

⑥ 比如上诉法院案件 *R v Goodyear*（*Practice Note*）［2005］EWCA Crim 888 就认罪或者不认罪的暗示确立重要的指导原则。一个由五位法官审理判决的案件并不具有更高的先例价值。见 R Pattenden, *English Criminal Appeals 1844 – 1994*（Oxford，Clarendon Press，1996）38 – 39。合议庭的组成由《1981年高级法院法》予以规定，其组成人数没有上限。

法官⑦和巡回法官⑧会以自己在王冠法院的工作经验为上诉法院刑事部的案件合议增色不少。成文法要求法官就上诉案件作出单一的判决，例外极少。⑨ 在1996年，帕滕登（Pattenden）认为上诉法院刑事部的业务主要是来自监狱犯人的重大上诉。上诉许可在过去已经变得比较容易获得，从而增加了上诉法院的工作负荷。⑩ 在2006年，案件积压得以减少，⑪ 但是司法总管菲利普斯法爵评论说立法混乱导致案子变得更加复杂。⑫ 民事案件上诉审从1995年以来就在减少，而从2002年以来则形成了稳定不增的局面。⑬

324

上诉法院民事部和刑事部都认为自己是复审法院（courts of review）。⑭ 由于大多数上诉到此为止，上诉法院解释和发展法律的角色比英国最高法院更为广泛。民事部的主任法官可以要求配备司法研究助理。⑮ 上诉法院业务的统一数据和法律信息可以从每年发布的《司法和法院统计年报》⑯

---

⑦ See Pattenden, above n 6 at 36.

⑧ 极少数的高级巡回法官被分派到上诉法院刑事部坐堂审案。

⑨ 1981 Act, s 59. 如果案件问题是法律问题且主任法官认为便利，则其可以允许作出分开的判决。帕滕登注意到在上诉法院的第一个四十年里这种情形只发生过两次。见 Pattenden, above n 6 at 123。

⑩ Pattenden, above n 6 at 54 – 56. 自1997年起，上诉案件的总数以相当稳定的态势微弱下降。见司法部2010年10月修正的《2009年司法和法院统计数据》。但其没有细分上诉的类型或者审判工作量，因为上诉到高等法院的案子（也由上诉法院法官和高等法院法官审理）从1996年起已经从五千个增长到一万五千个，而且法官们的行政事务工作也增加了。法院年度评议对于法院工作有深入的分析，而且统计数据更丰富。

⑪ 《上诉法院刑事部评议》（CACD Review, to September 2006, Criminal Appeal Office）。司法总管的评论引自这里。

⑫ 由于同情初审法官们苦苦努力结合其他立法来解释《2003年刑事司法法》，上诉法官柔兹（Rose，也译罗斯）多次重复说这部法律是"迷宫"。见 *R v Ford* [2005] EWCA Crim 1358，para 11；*R. v Lang and others* [2005] EWCA Crim 2864，paras 16 and 153。

⑬ *Judicial and Court Statistics.*

⑭ *R v McIlkenny and others* [1991] 2 All ER 417、"伯明翰六人"的成功上诉、刑事程序规则第52.11条（CPR, r 52.11）与 *Assicurazioni Guerdi SpA v Arab Insurance Group*（*BSC*）[2002] EWCA Civ 1642, *Jaffray v Society of Lloyds* [2002] EWCA Civ 1101 和其他案件结合起来便意味着上诉法院民事部的所有上诉案件都是评议。这是德鲁里等人的观点。见 G Drewry, L Blom-Cooper and C Blake, *The Court of Appeal*（*Civil Division*）（Oxford, Hart Publishing, 2007）22 – 23。

⑮ 通常不会关联到具体的法官个人。

⑯ 分别根据司法总管和司法次长、司法界官方网站以及法院服务署官方网站。

中获取。帕滕登的著作⑰以及德鲁里（Drewry）、布洛姆－库珀（Bloom-Cooper）和布雷克三人的著作⑱也对上诉法院有深入分析。

管理工作

上诉法院的工作职责之一是对法院、案件数量、法官和程序进行管理，因为上诉法院是英格兰和威尔士司法系统的顶层。⑲ 但是大多数法律界以外的人不知道这一点。⑳ 由于伍尔夫（Woolf）㉑ 和波曼（Bowman）㉒ 的报告，这方面的管理职责在 2006 年之前就已经加重和强化了。在 2006 年，菲利普斯法爵聘用了六十位公务员来帮助他作为首任司法总管管理司法界。㉓ 承担高级管理职责的人员会把将近一半的工作时间用于管理事务。此外，还有十二个次级管理职位，比如法官学院主席、信息技术部主任以及负责给专门领域法官排案的法官。㉔ 他们的职责范围包括主持法院小组会和规则委员会，以及接待法院使用者群体、访问巡回区的行政管理人

325

---

⑰　See Pattenden，前注 6。

⑱　Drewry et al，前注 14。

⑲　当法官们升迁到英国最高法院时，他们避开了管理工作，过上了一种不那么忙碌的生活。

⑳　高院法官们以前当律师时没有意识到高等法院的管理工作，更不会意识到上诉法院的管理工作。

㉑　The Rt Hon The Lord Woolf, Master of the Rolls, *Access to Justice*：*Final Report*（London, HMSO，1996）。

㉒　Sir Jeffrey Bowman, *Review of the Court of Appeal*（*Civil Division*），1997. 简要版在存档的宪法事务部网站。

㉓　其任内要务是推行强化权力分立。但其在此过程中同时也被《2005 年宪法事务改革法》困扰。当时的新任司法总管菲利普斯法爵说："如果我要确保有时间继续作为法官坐堂审案，则显然这些转给我的功能和职责必须由我的高级同事们一起分担。……我设立了一个司法执委会（Judicial Executive Board），其组成人员为司法次长、高等法院的王座部部长、家事部部长、衡平部部长、王座部副部长（他将负责王座部法官们的审案分配）以及高级主任法官（他将作为我的幕僚长）。"见司法界官网（www.judiciary.gov.uk）上的 2007 年 3 月 22 日司法研习局年度讲座文稿以及视频：《宪法改革一年谈》。根据贾奇法爵在 2010 年 2 月发布的《司法行政评议》这个司法执委会每周都会开会。司法界官网列举了其全部职责。如今其成员也包括高等法院家事部副部长、上诉法院刑事部副部长、上诉法院民事部副部长、民事审判事务副主管、家事审判事务副主管、高级副主任法官以及裁判所高级所长。此外还设立了投诉与训诫提名法官（Nominated Judges for Complaints and Discipline）。菲利普斯法爵的演讲也描述了执委会与法官理事会之间的关系。司法界官网对此有详细介绍。

㉔　参见司法界官网（www.judiciary.gov.uk）。

员和巡回法官，与信息技术设备供应商会谈，对法官进行培训并管理法官学院的一些部门，组织全国会议和国际会议，接待外国法官和代表团。在履行这些管理职责的过程中，他们与其他法官、政府部长以及政府公务员进行联络。承担这些工作的好处是可以暂时逃离皇家司法院去体验外面的世界。

承担管理职责的人没有怨言。现在的这一代上诉法官看上去对管理工作很有热情。[25] 他们在法庭工作之外还制作年度报告、安排设计会议、开展国际交流以及到巡回区出差（甚至去坐堂审案——伊戈尔·贾奇爵士[26]在2006年曾在王冠法院审理过案子）。他们热情地展示自己喜欢推广的软件。[27] 但是，有三位上诉法官认为与行政部门打交道是他们的工作中最令人沮丧的部分。"主持一个艰难的会议"以及

- 要得到一个类似于政府部门决定的东西所花费的巨大努力和漫长的时间。政府公务员圈子的氛围和风格真的和司法界很不一样……我们是从大律师行成长起来的，觉得每件事情都会有人处理。有人过来提出一个或者一系列新颖有用的点子……有时候可能需要一点时间才能弄明白。然后你说出答案，最后每个人都高高兴兴地离开。

- 政府高级官员和低级部长们对似乎有争议、有创新而且大胆的家事法改革所具有的必要的甚至最好的谨慎。

326

㉕ 在上述2007年的演讲中，菲利普斯法爵还说："令我很吃惊的是，我喜欢行政事务，而且我相信大多数法官也喜欢。审理案件必然是一个孤单的任务，而且可能会孤独。审判工作与司法行政事务中的团队工作形成对比。……不同层级的法官们如今都比以前更加紧密地与法院服务署协同工作。"

㉖ 当时担任高级主任法官和刑事司法主管。

㉗ 德鲁里等人观察到上诉法院法官们如今多么认真地对待管理工作，而且自2002年普洛特尼柯夫（Plotnikoff）和伍尔夫森（R Woolfson）发现"司法界对管理工作几乎没有兴趣"以来"情况已经有改观和发展"。见 Drewry et al, above n 14 at 65；J Plotnikoff and R Woolfson *Judges' Case Management Perspectives：The Views of Opinion Formers and Case Managers*，LCD Research Report No 3/2002，宪法事务部（DCA）存档旧网站对此有小结。菲利普斯法爵在2007年解释说："我们之中没有人是因为热爱行政职责而加入司法界的……（由于要从事一些管理工作）我们去注册学习了一个关于管理和领导能力的短期课程。"

研究样本内外的法官

我观察了四位上诉法官的工作，并对他们以及另外四位上诉法官进行了访谈。[28] 但是由于这四位核心研究对象以及样本中的高院法官在不同的合议庭构成（constitution）中审案，结果我观察了二十位上诉法官（其中有几位是多次重复观察），并就此研究另外咨询了四位法官。[29] 五位高院法官在本研究进行期间升任到上诉法院，我观察过其中一位作为上诉法官的情况。我还观察了高院法官样本中在上诉法院审理案件的三位，以及另外十三位高院法官。2003～2005 年，我陆续累计在上诉法院花了二十六天时间，并且观看了几乎所有合议庭（一个除外）的合议过程。我从 1971 年开始就在非正式地观察上诉法院。

所有的上诉法官都是审判业务的通才，但有大约十五位上诉法官只审理民事案件。[30] 没有人只审理刑事案件。[31] 上诉法院刑事部的督导法官说他努力确保合议庭的人员构成平衡。比较理想的状态是每个合议庭都有一位专长于刑事业务的法官。新任的高院法官必须与有经验的法官一起审案，但没什么灵活性。七个合议庭可能会同时审案，从而占用皇家司法院的六个有监室的法庭。督导法官努力让含有三位法官的民事审判合议庭包含两位有专长业务的法官。六位参加本研究的法官没有刑事业务背景。他们的业务都是家事法、海事法、行政法、衡平法和宪法方面。两位承担高级管理职责，因此每星期有两天不能审案。四位承担次级管理职责，但也没给他们分配审案时间。

工作负荷与智识刺激

我在 1980 年代与上诉法官们的谈话使我一直比较留意他们的工作负荷。[32]

---

[28] 本章也包括了对英国最高法院两位大法官的访谈片段。

[29] 包括贾奇法爵，他给予我许多帮助，以及上诉法官塞德利爵士（本研究的顾问之一）。

[30] 包括家事部部长和衡平部部长。

[31] 但在 2006 年之前，上诉法官柔兹只在上诉法院刑事部以及高等法官王座部分庭（一个案子至少有两名法官审理）。

[32] 那时候的工作主要是民事案件方面，从而导致"大量案件积压"。见 R Matineau, *Appellate Justice in England and the United States: A Comparative Analysis* (Buffalo, Hein, 1990) xiii。如今民事上诉案数量已经下降，但上诉法院仍因为刑事案件审判工作而有很大压力。

由于大多数判例来自上诉法院，可以说这里的案子个个都是人们谈论的焦点。众所周知这里的工作负荷"折磨人"，[33] 因此法官们通常只能用三个星期审理一个刑事上诉案件。但有些勤勉可靠的人会连续接力干这些事儿。拉斯林曾经是一位民事业务律师。他在本研究期间得到了上诉法院的法官职位，但前提是他必须连续三个星期里进行两个轮回的刑事案件审理工作，[*] 这显示了上诉法院的工作要求之高、难度之大。上诉法官伊博尼（Ebony）每年有四个为期三周的时间段在上诉法院刑事部，分别在四个不同的合议庭，每个合议庭的工作包括四天审前阅读日。常规的一天会有十二个或者更多的量刑上诉案，或者八个量刑上诉案，加上一个在上午重复提出的上诉申请，再加上一个在下午就单纯的法律问题或者事实与法律的混合问题重复提出的上诉申请。有一位法官说："我一天之内受理并处理了十六个量刑上诉案，这个数量和速度真是破纪录了。"法官们因此见过我对一种滑稽的对比大笑不止，这个对比即法官们创制判例的速度很快，学者们却用好几年的时间对这些快速创制的判例进行轻松的或者吹毛求疵的分析。有一位高院法官说：

● 阅读量太大……上诉法院刑事部的杰出之处在于没发生过重大错误……判决书有时会被进行语义分析……弄得它们似乎和成文法一样。现实是这些判决是一位非常聪明博学的上诉法官的即兴想法。通常他在审理前一两天才会拿到案件文书材料。这样居然还不出错。实在说明这些上诉法官能力很强。[34]

法官沃西恩抱怨制作书面判决存在的"道德压力"。但撰写判决书的

㉝ R Pattenden, above n 6 at 56. 若斯基尔（Roskill）法爵在 1980 年将上诉法院的工作比喻为"奴役"。见 D Pannick, *Judges* (Oxford, Oxford University Press, 1987) 5。在上诉法院刑事案件 *R v Fortean* [2009] EWCA Crim 798 中，法院谴责了那些无理的上诉申请，说自己在"疲于应付"每年六千个上诉。

* 此处译文为基于作者应译者的请求在原文之外进行的解释。原文为 … on condition that he would do 'double crime'。——译者注

㉞ 英国最高法院黑尔女法爵对于错误不那么有信心。她承认一个关于保留英国顶层法院的论点在于上诉法院的明显缺陷（至少在我坐堂观察的那些民事案件中如此）"我们法官们是在巨大的时间压力下进行工作的。……我们的判决质量非常依赖律师在我们面前的辩论，而且这方面变化不一。……最重要的是，上诉法院每星期有大约 11 个合议庭审理案子。这难免导致合议庭成员并非总是知道其他人在干啥……这就有一个真实的风险，即判决明显严重不一致"。引自 B Hale, 'A Supreme Court for the United Kingdom?' (2004) 24 *Legal Studies* (1 & 2) 36, 39。

时间实际上并没有被安排在审案时间之内，即便是复杂的上诉案件也是如此。下面所说的上诉法官布茹厄（Brewer，也译布鲁尔）和威隶法官的经历便说明了这一点。英国最高法院的一位大法官描述了以前作为上诉法院新法官时的情况：

> ● 刑事案件很累人而且残酷……但从民事审判开始的话，你就会总是"老三"，因为在民事审判中主任法官会处理大多数事情，你可能只需要每三到四个星期写一份判决书。

法官们的上班工作时间都长，但时间安排不一样。上诉法官厉（Lee，也译李）每个星期有三天在皇家司法院工作到晚上九点，然后回伦敦的一个住处，在星期三才会回家。他星期天也来法院，这样就避免把工作带回家。其他法官在法院附近有自己的住房。有一位法官则尽可能在家里上班，包括周末。两位法官要每天都开车来往于法院和家之间。另外一位来自北部的法官则每星期才回家一次。他们都会在火车上工作。书记员向我说明了这位上诉法官在 12 月份的一个星期在上诉法院刑事部的工作情况。这位上诉法官通常在 8:15 左右到达办公室。

星期一上午。阅读星期一下午和星期二要审理的案子的材料。但不断有电话打进来，那是与他的管理职责有关的事情。13:40，两位将要与他一同审案的法官过来和他讨论下午的案子。16:55 才离开法院。他继续工作到 21:10。

星期二。9:00 行政会议。10:10 和与自己一起审案的高院法官会面合议案件。后来审案到 16:30。17:00 短暂参加一个聚会。晚上工作到 21:00。

星期三。下达判决书，然后一整天都在办公室工作。对两位当事人的事情过于有兴趣。18:45 乘火车回家。

星期四。9:45 下达一份判决。10:15 与他一同审案的高院法官到达。一整天都在法院。17:00 去参加上诉法院民事部的聚会。工作到 21:00。

星期五。"漫长的一天"在法院。13:00~14:00 带着两位一同审案的法官吃午饭，因为其中一位退休了。

星期天。全天都在皇家司法院写判决书。

有些法官的"审前阅读日"被行政管理会议挤占了。所有法官都

328

说这种工作负荷量影响了他们的家庭生活。但自从他们成为大律师之后工作和生活就一直这样。上面那位法官说他喜欢勤勉地工作。但是一位看上去劳累而且书记员也说他工作过量的承担高级管理职责的法官说：

> ● 情况一年比一年糟糕……也许是因为我老了……我的毅力和韧性难以避免地在衰退。

他的假期大多数时间都用于组织国际会议和招待国外来参访的法官。其他人说这样的工作没个停歇。另外一位已经成功避免承担高级管理职务的法官说工作量大，但还可以接受。新任的上诉法官布兰德（Bland）只审理民事上诉案。他觉得上诉法院给新人分派的工作比以前在高等法院衡平部安排的要缓和一些。

> ● 工作经常比较辛苦，但有一半时间的工作负荷比我预想的要轻。我们每两个星期有三个审前阅读日……但我记得我过去在高等法院衡平部时天天都在审理案子。每两个星期有三天不审案子这种想法在我看来有些荒诞……我有时候放弃自己的假日来写判决书。

法官们为什么忍受这些呢？虽然听起来有些扯，但许多法官说这是他们的回报，回报社会在他们当律师时让他们过那么好的日子和生活。波斯纳对此有评论：

> ● 这里有一种假定的理论，即法官有持续的动机去当一个优秀的专业人士……这种假定的理论受到一种表面上看起来以令人困惑的方式存在的职业伦理的支撑。大多数联邦法官工作很勤勉卖力到远远超过退休年龄……大多数人从中得到极大的内在满足感……而且他们想要能自己认为自己是好法官同时也被别人认为是好法官。[35]

激发他们这些大多数七十多岁的人的另一个因素是审案所需要和运用的智识活动。每一位受访谈者都把撰写判决书列为他们的工作中最令人满

---

[35] R Posner, above n 2 at 61 – 62.

意的方面。

- 写判决书很有趣……对智识要求高……辛苦。我喜欢。
- 我喜欢这种智识上的挑战以及多样性……我很幸运，因为高等法院商事庭和上诉法院的一些业务很学术。我也喜欢口头辩论。
- 我喜欢法律作为一种学科和一个主题……你享受其中的职责。
- 我觉得我的主要角色是发展家事法。政府的弱势已经使得通过成文法发展家事法的努力受到阻碍……他们非常不愿意着手进行家事法改革，因为这会在选举和公共形象方面对他们造成负面影响……当然，家事法如果不想落后于社会就得不断发展。因此上诉法院在这方面的角色非常重要。我的第二个角色是提升国际家事法的重要性以及英国在这方面的影响。我在这个领域组织不同的学科真正共同探讨这一问题，并寻求解决问题的方法。

波斯纳说法官们是"偶然的立法者"，[36] 但下面的引文表明在某些普遍会被英国议会忽视，而且很少进入英国最高法院的法律领域，上诉法院的法官们是常规的立法者。

- 这是很奇妙的工作……我喜欢智识问题……当一个案子来到上诉法院时，整个事情已经变得精炼了。初审法官必然已经弄清楚了全部事实和问题。他可能需要就十个问题点作出判决，其中的一两点会被上诉。我们在上诉法院就集中关注这一两点……我们有一种难得的奢侈……即只要关注这些上诉问题点，而且我们通常有三个人来一起关注。我真的热爱这工作。
- 处理问题时获得的智识方面的满足。
- 我喜欢就有深度的问题作出对人们生活的重要方面有积极效果的决定……我对宪法很有兴趣……这方面的案件处理的是政府三个机构之间的差异以及它们之间的紧张关系。

八位法官中有四位认为家事案件或者涉及儿童的案件最难，或者最扰

---

[36]　R Posner, above n 2 at 5，以及其中的章节"法官作为偶尔的立法者"。

人情绪。有一位庆幸自己没当过家事法官。

> ● 有些家事法案件让我很难不掉眼泪……我妻子说得对。这些案子通常涉及父母和未成年子女。我是个很容易掉眼泪的人……在上诉法院要容易一些，因为这里没有对证人进行质证的过程。如果我是个家事法官，那我肯定永远都是泪湿法袍，像被泡在水里一样。

有一位家事法官描述了一些他审理的令人不安的案件。他认为这在上诉法院"容易多了，因为有共同审案的法官与你一起分担"。

330

被律师"糊弄"

自 1980 年代以来，审前阅读庭辩概要和案件文书材料已经给高等法院和上诉法院的工作带来了转变。[37] 德鲁里（Drewry）等人引用厄维榭德（Evershed）法爵的话描述 1950 年代的那种非常不同的程序。"在上诉人的律师开示案子之前，法官完全不了解案子的情况"，而且"作者们清楚记得当事人双方的律师在法庭上通常以报听写一样的慢语速向坐堂审案的法官宣读他们要提出的观点"。[38] 法官们对此也记得。"多年以前，上诉法官在各方人员进入法庭之前有二十分钟的轻松交谈时间。"上诉法官金德（Kind）若有所思地说他把案件文书带回家却发现三份重要的文件不见了，他的书记员抓狂地从另外一位法官那里借到副本，这导致重要的合议只有五分钟时间，而且是在审前进行。

---

[37] 1989 年的《上诉法院执业指引》强化了这一点。有研究者对此有探讨，见 Martineau, *Appellate Justice in England and the United States*（Hein, Buffalo, 1990），其中就 1988 年民事司法评议（*Report of the Review Body on Civil Justice*, CM 394, London, HMSO）第四章则复述了商事庭的职业指引，并被海尔布伦‐霍奇（Heilbron-Hodge）报告（*Civil Justice on Trial—the Case for Change*, London, The General Council of the Bar and The Law Society, 1993）所强化。执业指引在第二年就要求当事人双方交换庭辩概要，并允许法院限制口头陈述、事实查明、对证人质证以及朗读。见 P Darbyshire, *Darbyshire on the English Legal System*, 10th edn（London, Sweet & Maxwell, 2011）ch 9。

[38] G Drewry et al, above n 14 at 40 and 38. 当然这是我的记忆。司法总管泰勒（Taylor）在 1993 年说当他自己开始在大律师行执业时"有一位大律师一开始就对着法庭上的三位（上诉审）法官朗读初审法官的判决全文以及证据文本的一些重要部分"，引自本书第二章援引的演讲。

在 1990 年代之前，上诉法官们拒绝像美国同行[39]那样就口头辩论提供书面文本。尽管如今的法官们已经认为审前阅读是理所当然的事情，而且他们自 1994～1995 年以来就被鼓励限制口头辩论时间，但他们不太可能像欧洲法院那样把口头辩论时间限制在二十到三十分钟，也不会像美国最高法院那样限制为六十分钟。英国的上诉审法官们热爱听取法庭上的口头辩论，他们觉得那就像是在看一场马球比赛一样（精彩或刺激）。法官们在轮流对律师提问时会面带微笑。他们会提炼律师们的论点和思维过程。上诉法官布兰德（Bland）乐于置身于这样的过程。他说："我知道自己在法庭上话儿太多。"上诉法官伊博尼则说："我喜欢当事人双方的口头辩论。我不会一生只读美国式的案情简报却几乎不怎么进法庭。"[40] 上诉法官塞德利也捍卫口头辩论制度，认为如果律师需要维持法官们的注意力，

331

● 那么他们必须引导法官去关注那些重要的文件材料……令人惊奇的是，法庭讨论中的辩证法过程经常会改变人们的想法——通过直接劝服，或者也通过意大利律师迪若·克拉曼德瑞厄（Diero Clamandrer）注意过的方式——这位兴高采烈的胜诉方不应该拥抱对方当事人的律师。[41]

工作进度的安排是基于一种假定，即书面材料会及时送达对方当事人以及法官，而且法官能有时间进行审前阅读。本研究有一个惊人的发现，即每一级别的法院和每种管辖案件中（无论刑事、民事还是家事案件），很大比例的案子的进度都没能按照程序规则的要求和业务指南的期待运

---

[39] 他们意识到了美国的做法，并从 1962 年（当时上诉法院有十二位法官）开始试着用书面材料。见 D Karlen, 'Appeals in England and the United States' (1962) 78 *LQR* 371。从 1982 年开始有更加协同的努力，不过这种努力遭到了抵制。玛提诺（Martineau, above n 37）描绘了上诉法院在 1987 年的满是积压案件的情况。法官们审理的上诉案的数量是美国同行的三分之一。低层级的法院自己决定工作量。当事人支配口头辩论的时间长度。他彻底反驳了英格兰对于口头庭辩的捍卫，强调了出庭和出庭准备的令人惊恐的水准、缺乏研究、缺乏其他辅助人员、由此造成的时间浪费、判决中无意义的重复等。关于其评论，见其整本书（尤其是第 123 页以后）。

[40] 玛提诺（Martineau, above n 37）评论了这种对"美国式简报"的敌意，这在一个世纪的最好年代得到了清楚的解说。

[41] S Sedley, 'Second Time Around' (2007) 29 *London Review of Books* 14 – 15.

— 413 —

行。与高院法官们一样，上诉法官的审前阅读时间也被其他工作事务挤占了。案件文书材料的送达经常迟到，因为律师们不理解这些文书材料要花多长时间才能走完法院内部程序最后到法官手上。有一个重要的家事案件的上诉审曾吸引了公众的广泛关注。BBC 纪录片频道就此制作过节目。BBC 团队说法官应该采纳新证据，但这些新证据直到开庭审理当天上午才送达法官那里，因而法官没有充足的时间去阅读、查看这些新证据。一位法官忙于撰写新闻发布会声明，以更正 BBC 的叙述。在一个行政诉讼案中，一位法官在去法院的路上收到通知说当事人又提交了一份庭辩概要。大律师没有为这样匆忙的提交而道歉，只是承认说应该两星期前就交给法官。有一个上诉案针对的是高等法院技术与建筑庭的判决，但冗长的修改过的庭辩概要在审前十分钟才送到。在一个劳动争议上诉案中，一位书记员由于寻找丢失的文件页而浪费了时间，而法官则没有收到关于法律依据的材料。一位法官在走出法庭时笑着说："那我们就可以少读几页了！"书记员嘟囔着说那家大律师行"乱糟糟"。在法庭上，大律师没有就此道歉，而是解释说他已经给他的大律师行发邮件让他们把法律依据文档发送过来，但是他们没收到邮件。法官没有抱怨，只是抱怨说此前有位法官已经说过案件文书材料的乱糟糟状况。

在上诉法院刑事部，沃西恩法官累了。他的审前阅读日已经被用于就涉及无律师当事人的一个建筑规划案撰写判决书。在午饭时间，在排满的业务清单中，他收到了一个大型诈骗案中的一份新的庭辩概要。这个案子第二天就要审理。这份庭辩概要是用传真发过来的，十号字，几乎无法阅读。庭辩概要提交拖延的原因是上诉人解聘了之前的律师团队。第二天，主任法官对此提出了严厉批评。

- 主任法官："我今天一大早五六点钟就在读这个。如果你们没在审前阅读日之前或者至少在周末把庭辩概要给我们，那么这个案子就毫无希望。"

律师："法官大人，我唯有道歉。我没有借口。"

主任法官："我们的刑事诉讼审办公室联系你的大律师行，得知你在度假联系不上，而且事先没人知道这事儿。这可不好啊！"

律师（动了一下，有些不自在）："在此我唯有道歉，法官大人。"

332

　　主任法官："我们还没收到公诉方的庭辩概要。我猜他们是没时间准备。"

　　公诉方律师在案件审理的前天晚上就开始准备庭辩概要，而且能够在下午两点之前写出点东西。法官让他估计一下所需时间，并警告说今天下午也许不能审理这个案子。律师离开了。法官们驳回了一长串的好几个量刑上诉。午饭后，沃西恩和另一位高院法官露辛达（Lucinda）开始担心这个上诉案要花多长时间。她建议推迟判决。沃西恩更加担心地说："不行。"不过在15:00之前他们就听审了当事人双方的辩论，并决定驳回上诉。主任法官感谢公诉方律师能这么快准备出庭辩概要，从而让法官们"居然能在今天作出判决"。

　　律师们也会导致另一个问题——在法官已经进行审前阅读之后撤回其辩论，从而浪费法官的时间。有一位法官说民事上诉案中最后时刻的当事人和解是他工作中最令人沮丧的一面。在我的试验研究中，有三位法官在上诉法院刑事部都抱怨说他们从天亮就开始阅读庭辩概要并且调整了当天的其他审理安排来处理该案中"一个很大的关于欧盟法的论点"，但最后得知上诉人要撤销这个辩论点。"这样不好，是吧？"主任法官在离开法庭时嘟囔着说："这是玩我们。"在大多数案子中，律师们都会及时送达案件材料以便法官们进行审前阅读，但每一位上诉法官和高院法官都在这方面受过苦。案件材料的频繁迟到背离了程序规则的目标，还拖累法官们熬夜阅读。对此进行口头解释也会浪费时间，因为案子的审理排期紧凑，其他案子的审理时间会相应受到影响。如果法官们在审理后还不能把握案子，他们会押后判决，但他们讨厌这样。

　　法官们还是表现出很大的包容。上诉法官偶尔会失去耐心，并提醒当事人注意程序规则。他们在2004年修订了《民事审判业务指引》，并在 *Scribes West Ltd v Relsa Anstalt*（*No.* 1）[42] 案对这种变化进行了解释。上诉法官布鲁克痛苦地抱怨说"有太多的文书材料"，同时也存在"对旨在帮助法院的程序规定的普遍无知"。他以诉讼费用罚金作为警告，并提醒律师们如果不提前一星期交材料就可能被主任法官传唤过去以便请求继续进行程序。其他法官则抱怨说律师在案件和解后不通知法院，[43] 在援引法律依

[42]　［2004］EWCA Civ 835.

[43]　*Yell v Garton*［2004］EWCA Civ 87.

据时不遵守业务规则，说律师们自己对法律依据的援引方式糟糕的"像丑闻一样"。⑭

333

参加访谈的所有法官都说律师的出庭质量好坏程度不一，因为六个巡回区的各种不同层次的、不同经验的、有出庭资格的律师都会代理上诉案件。在上诉法院刑事部，大律师通常没有非诉律师陪同。在某个上午的量刑案上诉案中，大律师说北部巡回区的做法是向初审法官提醒他们的量刑权力。上诉法官蒂额（Deer）对此笑着回答说："你可以相信我们这里对北部巡回区的司法实践有些了解。"蒂额自己是北方人，一同坐堂审案的还有北部巡回区的主任法官。另外一位律师在他的辩论中引用《勒斯特水星报》（Leicester Mercury，也译《莱斯特水星报》），并说这个在勒斯特发行得很好。"但不是在上诉法院，律师先生。"蒂额说。后来，法庭上还有伦敦南部、德旺（Devon）以及北爱尔兰的口音。

沃西恩和退休法官露辛达认为有律师会去监狱招揽刑事上诉业务。这些律师会构思出许多"合情理的、令人印象深刻的"上诉理由。露辛达说：

> ● 于是在上诉审时你会听到初审时在场的控方律师的辩论……那完全是垃圾……通常被告人会解聘辩护律师团队，但你知道这个团队很好而且会尽力。

沃西恩认为也有律师去监狱招揽司法审查诉讼业务。

法官们有时会评价那些将要在他们面前出庭的律师。"他是最差劲的大律师。""他不行。""他糟透了。"大多数律师已经不再使用温驯的用语，但那在 1970 年代是传统。如果法官预料到律师是驯服型，则该律师会被嘲笑和故意模仿。"那位律师真乖——他在法庭上说'法官大人，最后几分钟真是令人愉快！'"在上述审前评价中，一位资深老道的法官就一位大律师警示上诉法官伊博尼（Ebony）说："那人糟透了。有人曾经向大律师公会投诉过他。""为啥？因为他糟糕？"伊博尼笑着说。在法庭上，这位大律师正在夸张地装腔作势、言行花里胡哨。伊博尼努力催促他快一点。他说：

---

⑭ *Bank of Scotland v Henry Butcher（a Firm）*［2003］EWCA Civ 67，para 77，per Munby LJ.

● 我深表歉意……但如果我继续说这个问题就是在侮辱法官大人。那么我就遵照面前的这些典范简洁一些。

他继续洋洋洒洒、东扯西拉，直到伊博尼问他的观点到底是什么。午饭时，一位法官进来与威隶法官一起笑一个在他面前出庭进行迂回漫长的质证的律师。"那人是休·格兰特和《布莱克阿德》里面那家伙的结合体。"法官一边这么说，一边摇头晃脑模仿休·洛瑞在《布莱克阿德》里面扮演的角色。*

在大型民事上诉案中，法官们会微笑着与律师进行实在的、热情的对话和辩论。他们在智识上平等且不相上下，而且可能彼此熟识。虽然大律师界从 1960 年的一千九百多人发展到如今的一万五千多人，在皇家司法院出庭的大律师往往是伦敦大律师界的那些精英。我见过一位御前大律师。他正好与那种温驯的律师相反。他的表现在 1970 年代不会被容忍。他容易生气而且没有耐心。在一个推迟了的上诉案中，对方当事人正在申请法院认可他们当天上午刚刚呈交给法院的证据。这位律师要求说："我们不能让一个上诉无休止地拖延下去。我们也许该看的是这些文书材料，而不是那些证据！"三位法官都微笑着耐心地与他单独对话。他反驳上诉法官伊博尼说："那不公平！"在法庭外吃午饭时，上诉法官科因兹（Cairns）笑着对我说："你看到了上诉法院最好的一面——或者最坏的一面。"我突然意识到了一位前任法爵的名字，于是问：　"刚才这位大律师是雷可利（Lakely）法爵的儿子吗？""正是。和他老爸一样的火药桶脾气。"伊博尼回答："但是，优秀的出庭代理艺术在于承认对方的观点。如果你想赢得官司，那得让法官倒向你这边。"回到法庭后，御前大律师雷可利更加怒气冲冲，而且脸都涨红了。法官们反而显得更加平静、更加耐心，而且始终面带笑容。"我们真的不能这么继续下去。这不公平。"上诉法官科因兹努力让他平静下来，说他这样争论的时间都可以用来审结这个上诉案了。法官们没有怒责雷可利。他们的表情反而像是一位家长知道了自己的孩子在公开撒野时的尴尬。

334

---

* 休·格兰特（Hugh Grant）是 1960 年出生的英国著名偶像派男演员，长得高大俊美。《布莱克阿德》（Blackadder，也译布拉凯德、黑爵士）是英国著名的历史喜剧片。该剧的主人公是布莱克阿德，扮演者通常是身材矮小的著名喜剧演员若万·艾特金森（Rowan Atkinson，"憨豆先生"的扮演者）。休·洛瑞（Hugh Laurie）也是英国多才多艺的著名喜剧演员，其在《布莱克阿德》中出演过配角。——译者注

无律师当事人的最后机会

案子到了上诉法院这一阶段时，当事人已经几乎是最后一搏了。有些父母这时候既失去了理性也失去了孩子（不理性的、攻击型的表现可能在一审时就让他们失去了对孩子的探视权）。[45] 上诉法官们也知道自己是当事人的最后希望。他们面对的是当事人过去几年里累积起来的对立情绪。无律师当事人希望上诉法官能重新作出判决，但上诉法官们不能这么做。上诉法官的目标在于在强调客观性的前提下消解当事人之间的紧张对立、允许他们表达自己的说理。[46] 经验丰富的法官知道能克服无律师当事人交织着焦虑的"耳聋"[47]（充耳不闻）的唯一办法是自己重复、慢慢、平静、完整地用普通的语言向当事人解释自己的司法说理。

上诉法官金德在四天里审理了两个无律师当事人的案子。其中一位是由"麦肯锡之友"在为其提供帮助。这位"麦肯锡之友"决意就同一论点反复说理，这一论点即父亲因为是"父亲的正义"这一组织的成员而被剥夺居住权，因此"严重侵犯了这位当事人的人权"。金德解释说父母和孩子都有人权，在二者冲突时，孩子的权利优先。在金德给出判决时，这位麦友仍然站着，而且还在论辩。法庭后面的四位年长的支持者对判决表示反对。在另外一个案子中，金德平和地对一位安静的、思维清晰的母亲讲话。她的案子毫无胜诉希望。她处在将要永久失去自己孩子的边缘。在她变得抑郁时，这孩子已经被送进护理机构，现在是要被安排收养了。她的表述流畅的主张被写在便签纸上。金德说：

335

- 你的情况的确悲惨。你在 2003 年被强奸后精神状态出了问题。但当地政府没有好好帮助你。但我的工作不是看我本来会怎么判，而是看先前的判决是否明显不公。

---

[45] 见本书第十七章中关于当事人攻击法官的例子。

[46] 有研究者评论无律师当事人时说："他们表现出对正义（有时候甚至是在自己的事情上的自以为是）的无尽的追求。"见 Drewry et al, above n 14 at 134。

[47] 有研究者解释了一种现象，即被告人在由于紧张而未能好好听法官讲话的情况下也同意说自己理解法官们的解释。见 P Carlen, *Magistrates' Justice*（London：Martin Robertson，1979）。

她哭泣着说自己要失去孩子了，但这一切都不是她的错。

从上诉法院民事部的年度报告可以看出，那些毫无希望的上诉申请和讼棍从 2000 年起就日益令司法界忧心。在 2002 ~ 2003 年，司法次长说40% 的上诉申请来自无律师当事人，其中 90% 的申请失败了。[48] 2006 年有一个规则变化，新规则允许法官对以纸质书面提出的上诉申请进行考虑时将一个申请标记为"完全没道理"，这种情况下的当事人不能通过口头方式再提出上诉申请。2005 ~ 2006 年的上诉法院《法律年报告》说这项措施"缩小了这一问题的规模"。[49]

上诉法院民事部的合议与判决的形成

如果初审判决是由高院法官作出，则上诉判决会由上诉法官作出。关于定罪的上诉几乎总是安排给主任上诉法官。就复杂的上诉案，法官们可能会分派判决书撰写任务，比如下文要讲的布茹厄和威隶两位法官的情形；否则，就每个排定的案子，刑事上诉审办公室会提议由谁作出判决。[50] 在进行一天的审理之前，法官们会在 10：10 左右讨论一下案子。这时候他们应该已经读过了上诉审办公室的案件小结和文书材料。他们通常在 10：30 进入法庭之前就每个案子表达临时意见。波斯纳[51]曾经说过："法官们进行秘密合议，但更准确的说法是他们不合议。这一事实才是真正的秘密。"[52] 在本研究期间，法官们的做法表明了上诉审办公室的案件小结如何成为判决的基础。[53] 高院法官彼得在刚担任法官时和我一样惊讶于法官们可以在十五分钟内把一天的案子全部预先合议完毕。与其他法官一样，他也向我展示了他如何准备判决。他会把审前阅读材料留在办公室，然后带

---

[48] Drewry et al, above n 14 at ch 9.

[49] Drewry 等研究者认为寻求获得上诉许可的当事人应该有义务让律师代理其诉讼。见 G Drewry et al, above n 14 at 22 – 23。

[50] 受法官之间的重新磋商或者主任法官的更改的约束。

[51] 他在 2011 年时是芝加哥美国上诉法院的一位法官。他在 1981 年获任法官，并在 1993 ~ 2000 年为该院首席法官。他目前是芝加哥大学的一位高级讲师和一位多产的作家。见芝加哥大学官网。

[52] R Posner, above n 2 at 2。

[53] 帕滕登（Pattenden）对此进行了描述，并解释了它们在 1992 年之前都是机密的原因。见 Pattenden, above n 6 at 45；见 Practice Direction［1992］1 WLR 398 and（No 2）［2000］WLR 1177。

336　着一个轻便的包含必要信息的文件夹，并就每个案子写一写笔记，然后在审案的前一天手写他的判决书草稿。其他人则用电脑文字处理软件做笔记和写判决书。有一位退休法官带着几张写在纸片上的笔记来参加审案，但他作出的即席判决一样流畅。法官们专心做审前阅读就可以警惕律师对上诉人作出的过于美化的描述。在一个案子中，律师辩称他的客户在车祸发生后没有逃离现场，因此应该得到法院的表扬和宽待。彼得立即纠正了他：上诉人早就逃离了车祸现场，而且后来是通过他抛弃的车辆才被追查到的。在另一个案子中，有一位法官在法庭外与同事们大笑说是律师的辩论"让我在宣读自己早已写好的判决书时才发现上诉人是一个多么令人恶心的家伙"。

　　我在观察审前合议和审后合议时特别留意看是否存在某种合议模式，或者看高院法官是否会倾向于服从上诉法官。但在这两方面我都没什么发现。合议方式取决于主任法官。[54] 上诉法官拉斯林的做法与经验丰富的玛西森（Matheson）法官非常相似。他们两位总是在表达自己的观点之前先让两位高院法官发言。拉斯林说这是沿袭了他在假释事务局接受的训练。在其他合议庭中，起草判决书的高院法官会先给出自己的判决意见，然后会是另一位高院法官，最后才是上诉法官。但如果判决书是由一位上诉法官起草，则他（她）可能会先给出自己的判决意见。这和拉斯林的做法不同。至于合议过程中的主导类型，我观察过的四种合议庭都是具有民事业务背景的上诉法官在言语方面比较被动——他们听刑事审判业务经验丰富的高院法官和退休法官发言。法官们应对的不仅是广博深入的法律和程序知识，而且是刑事审判中律师或者被告人的常见技巧，以及他们以前进行上诉审的经验。当一位上诉人在审判的最后一天指控一位陪审员时，经验丰富的法官愤愤地说那是"老伎俩"。这位上诉法官问他的前辈对传唤证人到法院进行视频作证有什么看法。"我不会这么做。"大多数审前合议发生在休息时，在法庭后面的走廊进行，通常是资深法官回答一同审案的其他法官的提问，而另外一位新任的高院法官则极少参加这种合议。在另一

---

[54]　Harry T Edwards, 'The Effects of Collegiality on Decision Making' (2003) 151 *University of Pennsylvania Law Review* 1639. 作者在该文（第1665页）解释说哥伦比亚巡回区上诉法院的法官是按照资历从浅到深的顺序发言。这与英国最高法院的做法相似。但在美国最高法院，大法官们是按照资历由深到浅的顺序发言。在英国的裁判所培训中，主裁判官要专门接受有关自己发言前先询问自己身旁的同人的训练。

个案子中，退休的高院法官以前是巡回法官，因此对于新任的上诉法官尤其有价值和帮助。

- 在这种情况下，我以前当巡回法官的身份就突然显露出来了。我们绝不会让他们在《犯罪现场》（Crimespot）节目那么久。他们人很多。（在下一个案子时）你不得不咬紧牙关放他们走。无论你认为有多难，他们已经对所有被拘留的人量刑了。

在另外一个地方，上诉法官伊博尼和一位经验丰富的法官以及一位高院法官在10：20开始合议。但这两位法官之间首先进行了谈话。在第一个案件，这位经验丰富的法官已经准备了判决书。他给出了自己的判决意见，其他法官表示赞同。第二个案子的判决书由伊博尼准备。这是重新申请上诉的案子，申请理由是初审法官没有解释说明公诉方应该就否认被告人自卫进行举证。伊博尼小结了公诉方的立场。

- 伊博尼："一旦公诉方找到了带有门卫人员基因信息的刀，那么就很难说他们能以自卫进行抗辩——自卫是非法携带刀具的理由吗？"（那位被动的高院法官对此表示赞同，但经验丰富的老法官则不高兴）
老法官："这有很大问题，而且陪审团问了一个关于自卫的同样的问题。"
伊博尼："既然你不高兴这一点，我附议你。"
老法官："我认为这个案子要重新审理。"
伊博尼："被告人无疑有罪。但我认为那与案子无关。"

伊博尼解释说如果上诉法院刑事部有一位法官认为上诉申请该得到允许，则无论另外两位法官意见如何，这个上诉申请都会被允许。

上诉法官们经常告诉我说巡回法官由于经验丰富而对上诉审非常有帮助。我怀疑用巡回法官审理上诉案是为了节约成本。他们发挥着1993年皇家刑事司法委员会[55]期待的功能。许多巡回法官是受人尊敬的专家。有一个合议庭在犹豫该怎样对量刑上诉申请进行裁决。这个量刑是由一位巡回

---

[55]　CM 2263 (London, HMSO) 178.

法官作出的。他是著名的量刑著作的作者。最后他们决定最好等律师来处理这一问题。

在大约 90% 的案子中，法官们在开庭前早已经就判决作出决定，并且会坚持这一决定。如果法官们决定减轻量刑，那么通常会有一位法官问"我们是不是给他点啥？"主任法官会制止上诉人的律师开始发言，并给予减轻量刑。通常律师也会对此表示同意。在大约 10% 的案件，包括那些就法律问题或者法律与事实的混合问题的实体上诉案，口头辩论可能会说服上诉法官改判。在两分钟的合议后作出即时改判确实需要一些技能。就一个提出了实质问题点的案子作出复杂的改判会要求法官在午餐时间疯狂重写判决。但如果需要对说理进行重新思考，尤其是在要求进一步合议的情况下，判决会被押后。与前几章中的初审法官一样，上诉审法官也会尽量当场作出判决。

如果法官们一致提议驳回上诉，尤其是上诉人提出了新的论点后，那么也会发生改判。一天下午高院法官戴维和皮特在 13:45 来到上诉法官的办公室讨论下午的案件审理。五分钟讨论过后，三位法官认为这个杀人案的上诉毫无希望，于是开始讨论第二天的安排。13:58，他们已经讨论了排在第二天审理的全部案子。在快速讨论实体上诉案时，提出大多数观点的是主任法官，而且他会先给出判决意见。14:09，主任法官在法庭上直接与两位御前大律师对话。审前阅读和审前合议可以使法庭辩论缩短。主任法官打断了上诉人的开场陈词，对上诉人说"你不必在这方面花费精力"。法官援引了相关判例和法律条文说清了第一个上诉理由。14:25，他请上诉人就第二个理由进行陈述。"如果真那样，你可以这么说。"律师笑着恭维说："法官大人，你说得比我好多了。"主任法官与上诉人的第二位御前大律师开始了新的对话，但他不想给律师的书面陈词添加什么内容。14:44，主任法官让公诉方陈词。15:55，法官们退庭。在开庭前，主任法官已经对其他法官说过上诉人的律师在初审时就一个法律方面的争点作出了令人遗憾的让步，而且根本没有就那一点进行辩论。但是现在对方律师的答辩实际上帮助了法官们——这位对方律师就类似的民事法律争点找到了判例。法官们在下午 16:00 重新进入法庭，并请双方就这一争点予以书面陈述。公诉方最后时刻以这种方式拯救了上诉人的这个案子。这意味着主任法官这时候不能按计划进行即时判决，因而不得不押后判决。16:05，他们在安排当天剩下的案子。高院法官戴维和皮特分别轮流就这些重新提

338

出的上诉申请进行了判决。

　　大多数判决是即时口头作出的。这些判决已经由应该写判决书的那位法官准备好了，而且每位法官在审前一致读过。判决书可能与口头判决一字不差。这通常是量刑案。在这种情况下另外两位法官并不准确知道判决书会说什么。但他们应该已经看过上诉审办公室准备的判决概要，因此大概知道同事法官的判决理由是什么。几乎都是单一判决。高院法官沃西恩解释说上诉法院刑事部的判决一致在表面上很重要。"但在内部实际上可以是两位法官意见一致，而第三位法官与这两位不一致。但这不会让外人知道"，因为事关主体的自由。蒙德（Munday）对复合判决的出现这一趋势感到担忧。下文会对此有描述。在上诉法院刑事部，这些复合判决有时候会取代单个法官的传统的判决。复合判决运用在冗长复杂的案件中，但是 *R v McIkeny and others*[56] 案（即俗称的"伯明翰六人"案）的上诉判决是一份详尽的复合判决的好例子。上诉法官洛义德（Lloyd）将其介绍为法院的判决，而不是法官的判决。法官们在该案象征性地轮流宣读判决，它包含了关于陪审团的组成优先的一项重要原则。由于这个案子在国际上已经臭名昭著，上诉法院刑事部非同寻常地安排了三位上诉法官审理这个案件。

339

关键的成文法解释

　　我在 11：00 见到了上诉法官拉斯林和另外两位高院法官。他们在审理一个刑事诉讼程序方面的上诉案。这个上诉是由初审法官的怪异行为导致的。该案的上诉判决是由其中的一位高院法官作出的，而且后来成了判例，并一直被学者们在《刑事法评论》等出版物中分析。这个上诉审实际上到午饭时间就结束了。我们进入拉斯林的办公室讨论下午的事情。下午的上诉案关涉一个重要的法律点。他们觉得下午的这个案子注定要由上议院的法爵们来解决。这个问题取决于如何解释议会新颁布的一部法律。当我说法官们用了不到半个下午形成一个判例，而学者们却用几个月来分析讨论这个判例时，我们都大笑了。法官们在两天前收到庭辩概要，但几乎没时间阅读。他们还在为那个新的成文法感到困扰。拉斯林问我会怎么解

---

[56]　（1991）93 Cr App R 287.

释这个成文法。我拒绝回答。其他人离开后，拉斯林说他自己的意见摇摆不定，而且另外两位法官的看法也不一致。他惶惶地问我会怎么做。我说我会"用 Lexis 和 Westlaw 数据库查找这部法律的注解，然后打电话问学者"。所有的法官都可以使用这两个数据库，但拉斯林和他的书记员都不记得该如何使用。"你不能要一个司法助理吗？"我问。"不行，只有民事案件才有司法助理。而且也没这方面的经费预算。这些事情应该由律师做。但这个案子的当事人双方的律师都是初级的而且也不怎么聪明。"我问他是否看过《刑事法评论》中的观点。他说没有，但是《斯密斯和霍根论刑法》（*Smith and Hogan's Criminal Law*）这部经典教材就这个争点尚无定论。拉斯林预计不得不押后判决，但觉得他不应该押后太久，因为上诉人在监狱，而且其他许多案件都取决于这个案子的判决。下午开始审理时他说："我们已经读过了案卷材料。我们不想匆匆处理这个案子。我们需要得到尽可能多的帮助。"两位高院法官没有做笔记，因为他们知道这个案子会由拉斯林写判决书。15:32，拉斯林宣布此案判决要押后一个星期。我们回到他的办公室，于是就有了本章开头的那一段对话。他后来下班了，但会在周末撰写这份刑事判决书。他星期一的审前阅读日不得不给一个司法工作组会议让路，因此周末时他还得读下周要审理的案件的材料。

解决司法不公的个案

皇家司法院的旧式法庭有巨大的、吊顶的公众区域，但通常处于关闭状态。有一天早上，这个区域以及一楼都挤满了记者、公关人员、专家证人、政治人物、利益团体代表人士、公众以及常有的被告人支持者。世界各地的电视直播人员也阻塞了走廊。只有我知道法官们已经决定要推翻一个定罪判决。此后过了两天，被告人就从有铁栏杆的小间被释放了。

9:45，我们见到了上诉法官玛西森和主任法官。他们在前天以及周末已经阅读了庭辩概要和一箱箱的案件材料。玛西森问："谁先说？"我研究样本中的那位法官愤愤地说："我无法忽略陪审团被误导这个情况。我不管为什么这样，但陪审团问了两个合理的问题之后得到的却是不实的回答。因此这个定罪不靠谱。"主任法官的结论更加具有技术性，而且有刑事司法知识的支持。这种知识来源于他在类似案件中担任初审法官的经历。玛西森表示赞同。他对那位证言被质疑的专家有些了解。一位法官已

340

经提醒他注意另外一个成功的上诉案，并以此怀疑这位专家。他们一起讨论了专家证人的可信度。由于缺乏系统的认证制度，法官们一直在担忧这一问题。[57] 主任法官复述了一个初审案件中的一位医生声称自己是咨询医师（consultant）的情况：她问医生为什么这么称呼自己，医生说"因为有人咨询过我"。他们大笑了。玛西森认为公诉方在初审时似乎期待被告人提供无过错证据。公诉人问过此案是否该请求重审。我研究样本中的那位法官说："必须得重审。"公众也这么期待。他希望听听上诉人的御前大律师的说法。一位上诉法官提醒他说："那位女大律师的脑子好像法拉利跑车一样快。"玛西森说："她的庭辩概要没必要那么咄咄逼人。虽然我个人对此不介意，但如果换作是我则可能更加咄咄逼人。"虽然法官们已经形成决定，但玛西森说他们应该让上诉人的大律师"为了公众的需要"而就自己的观点提供一份概要。在法庭上，我研究样本中的那位法官比较沮丧，他急于确保上诉人大律师的口头辩论与其提交的庭辩概要一致。"这就是你的观点，是吧？"然后在十分钟后给了她一个论点。午饭时，法官们表示希望他们的介入和干预能对上诉人有些帮助。"公诉人现在可能非常郁闷。"午饭后，法官们邀请公诉方律师简要说说自己的观点，他却开始论辩起来。玛西森就他对一些专家证人的质证变得有些不耐烦，说："你已经用了十分钟来达到你的目的。你能问一个他能回答的问题吗？"16：15，玛西森第三次停止审理。"我不懂为什么这位专家被这么深入地质证。我们在这里不是再次重复陪审团的决定！"第二天，他们推翻了初审的有罪裁决，而且没有重审。那位年轻的上诉人却再也没有从几年的冤狱生活中恢复过来：两年后他就去世了。

受管控的上诉——复杂的事实和法律

威隶法官和皮特法官一起和上诉法官布茹厄审理一个拖延了七年的上诉案。我正好赶上这次审理的第四天。这个案子是关于一个失败的、基于钓鱼执法的公诉。公诉方在最后一刻突然提出了公共利益豁免申请，然后就是成堆成堆的案件材料在前一天晚上被送过来。但这个案子的准备和案件管理听询已经持续七年了。"我觉得这正是恣意妄为。你不觉得吗？"布

---

[57]　上诉法官奥尔德（Auld）在《2001 年刑事法院评议》（*Criminal Courts Review* 2001）中对此有讨论。关于更新的讨论，见 Darbyshire, above n 37 at ch 12。

茹厄问我。当我们在法庭后面的走廊里等候时，戴维和她的书记员从我们面前经过，接着经过的是上诉法官金德的书记员（她是我在皇家司法院的八卦消息的来源），然后是莫蒂默法官。布茹厄在今天凌晨 4:00 就开始写判决书，然后去医院探望了生病住院的儿子。律师们在加夜班。一位初级大律师已经写好了一份案件进程说明，而一位御前大律师则在解释一份新发现的文件。在法庭上，众多的法律报告书和文件夹挡住了法官们的视线，让他们几乎看不到彼此。法庭速记员一直皱着眉头，因为她听不清布茹厄的提问，也听不清律师的回答。但是没人注意到她的表情。

午饭时，布茹厄问我是否弄懂了。除了法律问题之外，这个案子对局外人来说是一头雾水，除非有图示、时间表和人物列表。"我们也觉得一头雾水!"法官们大笑着说。他们说只有一位大律师懂这个案子。布茹厄对这种全方位的上诉表示不满。

- 问题是上诉法院不是一个军事审判法院。公诉方已经表示失败退出，但上诉人说"等等，还没完呢!"上诉人想要曝光出了错的任何问题。

布茹厄将下午的审理提问交给威隶法官（我已经注意到其他主任法官会分割这个任务）。由于那个最后时刻的公共利益豁免申请，这个案子花费的时间比安排的时间长。在两个审前阅读日之后，法官们已经在星期一下午和星期二审理过这个案子，然后星期三还要开始全面审理。他们必须及时结束这个案子，因为威隶当晚还要开车三个半小时去参加他所在巡回区的一个星期五的活动。周末时他会撰写他那部分判决书。星期二他被排去巡回区审理一个杀人案，但他讨厌在星期天晚上开车回到巡回区。他说："我不该接受这个工作。我真该继续教书。"这个经历说明了法官的夜班以及紧凑的时间安排导致其生活节奏被打乱。这以法官的个人生活以及健康还有判决书的质量为代价。

没有分配时间用于写作判决书。"你不能提要求吗?""不能。"威隶说。我问他："干嘛不拒绝按照这种节奏工作呢?"

- 首先，我是真心投入这份工作。让法院书记员不高兴是一回事儿，此外还会让法院使用者失望。第二个原因是男子汉风格。

幸运的是，威隶这次不必像皮特那样写那么多。判决书撰写任务是怎么分派的？"由主任法官决定。"单一判决可能是隐藏的复合判决。律师们已经准备好了一些材料，比如案件既往诉讼情况等。我问法官们这些材料能否被直接复制粘贴到判决书里——毕竟这样可以节省时间，而且特若罗普法官在商事庭制作判决书时也是这么做的。这些法官们没这么做过。威隶说如果他这么做就会感到惭愧。布茹厄大笑着指出不能指望那些在案件审理过程中还在准备案子的律师们会提供什么有用的材料能让法官们复制粘贴到判决书里去。但是，这还是阻挡不了特若罗普法官这么做。他要求律师们连夜准备材料。这里的关键区别无疑在于特若罗普审理的商事案件的律师的收费。

342

民事单一判决趋势

虽然上诉法院民事部的工作节奏不像刑事部那么快，但上诉法院民事部主管菲利普斯法爵说二十年前的一个需要审理四天的案子如今一天就审理完毕。[58] 如前所述，审前阅读大大改变了法官们的合议以及判决书的撰写。蒙德提到了复合判决的兴起。[59] 法官们过去是分别各自进行民事判决。蒙德说 1990 年代的复合判决趋势与"欧洲大陆的程序"相似，并认为这"完全与英格兰的法律精髓不符"。[60] 在普通法系，法官塑造原则，而分开附议的判决则可能会使说理过程更加丰富。上诉法官迪普洛克（Diplock）曾经说这种做法是"普通法的美丽所在：它像一个迷宫，不像一条车道"。[61] 蒙德研究了 1999～2000 年的判决书，发现其中 10%～14% 为复合判决。他的结论指出，当上诉法院想形成一个单一的、权威的法律立场时就会使用复合判决。他强调了向书面判决发展的司法文化转变。这种转变部分是因为现代技术使得传阅判决书草稿更为简便。同时，他也纳闷法官

㊽　S Hawthorne, 'The Master of all he surveys', *Counsel*, April 2002, 8.

㊾　R Munday, ' "All for One and One for All" the rise to prominence of the composite judgment within the civil division of the Court of Appeal' (2002) 61 (2) *Cambridge Law Journal* 321 – 50 (2002a) and 'Judicial Configurations—permutations of the court and properties of judgment' (2002) 61 (3) *Cambridge Law Journal* 612 – 56 (2002b).

㊿　Munday (2002a), ibid 322.

㉛　Cited by Munday (2002b), above n 59 at 641, from *Morris v C. W. Martin & Sons* [1966] 1 QB 716, 730.

们是否"借鉴了"其他制度，或者是想让判决书对使用者比较方便友好。他认为法官们已经进行了连环式学习（cascade learning）。[62] 他的这些认识是基于对法律案例报告的细致分析，但依然属于推测，因为他没有就此与法官们交谈过。

我亲自与法官交谈，并观察到判决的形成过程。因此我会让大家注意到蒙德的另一组数据：在 2000 年，40% 的上诉案都以一个有其他法官同意的判决结案。这意味着那时候 60% 的上诉案是以单一判决结案。[63] 我的结论与蒙德的结论不同。集体判决和单一判决的原因相同。复合判决与以一个人（已经考虑了其他法官的意见）的名义作出的判决之间实际上并没有差异。我发现就民事上诉案而言，通常的情况是由一位法官写判决书，或者在耗时长、案情复杂的案子上由多位法官作出一个复合判决。撰写任务在审前就已经分派好，但这种分派安排会根据工作负荷发生变化。有时候会临时在最后时刻讨论由谁匀出时间来撰写判决书，或者有人喜欢从事撰写判决书这种智识练习活动。至于其他法官是否有时间或者动机将一个单一判决转变成隐藏的复合判决则属于偶然（转换的手法是在单一判决中插入自己的观点）。同样偶然的是，判决书的撰写者可能会有意识地采纳别人的说理，或者其他人有心指出判决书是多位法官共同努力的结果。

参与我早期试验研究的高院法官（1990 年获任）不赞同蒙德提出的关于采用复合判决的原因（比如连环式学习）的认识。具有管理职责的高级法官们后来重新确认了这种原因。复合判决和带有其他法官同意的单一判决是要求当事人（律师）提交庭辩概要的直接结果。玛蒂诺（Martineau）的研究证实了这一点。[64] 我注意到法官们可以基于庭辩概要形成判决意见，也可以自己研究作出判决意见，然后起草判决书，再进行合议，并精练完善自己的说理，甚至交换草稿或者在审理之前就修改一份单一判决的草稿。那位资深法官说在过去的旧年代里他们甚至连案件材料都没有。

---

[62] Munday (2002a), above n 59 at 330.

[63] 后来他表明他从 2003 年已判案件中收集的研究样本中一半以上的判决是复合判决或者单一判决。见 R Munday, 'Reasoning without dissent. Dissent without reason.' (2004) 168 *Justice ofthe Peace Reports* 968 – 75 and 991 – 1000。

[64] Martineau, above n 37.

●　那时候我们会在当事人法庭辩论阶段形成观点，然后当场作出判决。我们根本没有机会讨论案子。坐在我旁边的人在开口说出自己的观点之前，我根本不知道他/她会说什么。

显然，在民事上诉案以及刑事上诉案中，当事人（或其律师）的庭辩概要以及上诉审办公室的刑事案件小结是这种变化的驱动力。这意味着大多数案件的判决在审理前已经形成了。[65] 蒙德以及德鲁里等人说我们的司法文化正在朝着注重书面判决的方向发展。[66] 书面判决确实对这种变化具有促成作用，但关键在于庭辩概要。这从上诉法院刑事部的审判实践可以看出。那里的判决几乎都是当场作出的。有一位法官解释说法庭辩论导致押后判决有其模式。这种情况下的庭辩概要可能含有多种辩论思路，从而导致有些法官觉得必须对每一种思路都予以回应。考虑到历史上英格兰法律对复合判决的敌意，蒙德让大家注意到这种司法文化的变化。他的这种努力无疑正确。[67] 他说这种变化已经发生了，但没有进一步对其进行探讨。菲利普斯法爵在 2002 年的年报中罕见地承认了这种变化。他说：

●　如今更普遍的做法是法官们作出一个单一判决……每位法官都参与了判决书的生成……如今这种判决更加普遍。大量使用判例是法官以及执业律师们的痛处。单一判决降低了阅读量，避免了解释的差异性，并且更加清楚明白。保障确定性和提供明确的指引是本法院最重要的功能中的两种。

实际上，单一判决已经成为一种节省精力的办法。在法哲学上而言，法官们声称他们给出单一判决是在免除读者们从多个判决意见中确定判决理由之辛苦。法官们解释说伍尔夫法爵也基于类似的原因而喜欢单一判 344

---

[65] Munday 指的是书面的庭辩概要（2002b，above n 59 at 616），但错误地将其引入归因为《1998 年民事程序规则》，因为如上指出庭辩概要制度从 1980 年代就开始了。

[66] 至 2008 年 9 月，57% 以上的案件判决都被押后作出。法院服务署网站有《上诉法院民事部年度评议》。但最近的一些年度报告没有分析判决书。

[67] Munday 考虑了复数附议判决的优势和缺点。见 2002b，above n 59 at 645。M Kirby, 'Judicial Dissent—Common Law and Civil Traditions' (2007) 123 *LQR* 379 - 400。该文作者似乎没有意识到英格兰法院朝向单一判决的趋势。我在下一章会再回到这个问题。

决，以避免后来的分析者发现法官们的多个判决意见之间的细微差别。菲利普斯法爵的继任者克拉克法爵和纽伯格（Neuberger）法爵也有这样的认识，而且后者如今正在鼓励英国最高法院的判决也这样。⑱蒙德认为这种理由有问题，因为它"不顾上诉法院的造法功能"，而且看起来总好像"一位法官包揽了所有的事情"。⑲上诉法官们乐于承认这不仅仅是看上去像这样。德鲁里等人批评了这一现象，认为其造成了审判由"专门领域专家主导"这样一种印象。⑳我不评论单一判决在法哲学上的好处，但我下结论认为法官们如今喜欢作单一判决是因为他们能这么做。庭辩概要促成了这种变化。有些批评者对此表示担心，但法官们对此感到满意。㉑法官们现在解释了他们坚持要有分开的第二个或者第三个判决意见的原因。蒙德也研究了其中一些原因，㉒包括上诉法院在有些案子中推翻了专门领域初审法官的判决、存在异议判决、法官对律师辩论观点的尊重以及有些案子的判决在司法说理方面存在差异。㉓

民事判决是怎么作出的？

民事上诉审的行政主管会设计合议庭的组成。每一类专门案件的上诉审都会有一位上诉法官作为督导。这位督导法官决定谁审理重要的案件。如果法官允许对来自比如劳动争议上诉裁判所的判决进行上诉审，则会要求安排一位具有劳动争议裁判经验的法官参与审理。伊博尼说主任法官会决定由哪位法官作出判决。"明天的案子是商事案件，所以由我审理。布鲁（Blue）审理移民案，安博（Amber）审理劳动纠纷案。"虽然这样，但是当上诉法官金德作为主任法官时，他会让法官们自己分配判决任务。金

---

⑱ 见下一章。

⑲ Munday（2002b），above n 59 at 644 – 45.

⑳ Drewry et al，above n 14 at 129.

㉑ Munday 评论说这个趋势会"催生一种工作实践，根据这种实践，法庭上的一位法官通常会被分配撰写判决书的任务，其他法官则看自己是否会与该判决书的分析和意见一致"。见 Munday，（2002b），above n 59 at 645。我截至 2005 年的观察表明他的评论是正确的。

㉒ Munday，above n 63.

㉓ ibid 9 – 14. eg，*Howell & Ors v Lees Millais & Ors* ［2007］EWCA Civ 720. 上诉法院对一位高院法官持非常批判的态度。上诉法院民事部主官（兼任司法次长）给出了非常完整的判决，上诉法官贾奇则补充说："我自己的简短判决只是强调我自己完全赞同上诉法院民事部主官的判决。"

德很高兴有另外一名家事法官加入上诉法院。他喜欢有家事法官和他一起审理家事案件，因为这意味着第二位法官只需要作出包含要点的简要的判决，或者"因为家事法官可以用初审法官的眼光看待面前的案子"，从而将实践经验融合进来。高等法院家事部的法官按照每四个星期一次轮班在上诉法院审案。不幸的是，他们通常都想换一换业务领域、不再从事家事案件的审判。

例一：新手

这是一个关于打板球过程中的侵权事件的案子，没有专业性。法官们在上午11：20碰面。主任法官让新任上诉法官布兰德写判决书。布兰德为此感到紧张。"我小时候上学时没玩过板球啊！"于是他不得不去学习关于板球的知识和事项。他已经写好了判决书，并希望到时候一字不变地宣读出来。其他法官以前玩过板球，于是他们揶揄布兰德。所有审理此案的法官都以星期六看板球比赛这种方式进行"准备"。主任法官说这个案子要在14：00之前判决，但是担心做不到，比如布兰德在听完双方的庭辩之后如果要修改自己的判决意见，那么就做不到了。这让布兰德更加紧张，连说话都有些不连贯了。午饭时他们又讨论了这个案子。当事人在口头辩论中略微改变了观点。主任法官问布兰德是否也想听听被上诉人的答辩意见。布兰德说他想听。"但是如果拖到下午14：30怎么办？难道我们明天还要一起弄这个案子吗？"另外两位法官微笑着说他们不想。结果不幸的是布兰德必须押后判决。他的脸都拉长了。

例二：主任法官的平衡作用

主任法官金德解释说："我将要和衡平部的两位法官一起审案。他俩都很棒，而且所涉法律问题完全不是我擅长的领域。因此我会让他俩决定这个案子。"他承认自己是在搞笑。作为一名经验丰富的上诉法官，他处理过各领域的法律问题。但是他"不会像其他专家型法官那样就一些细微的问题点兴奋不已"。我们在法庭后面与布尔艾特（Bright，也译布赖特）和布兰德两位上诉法官碰面。"嘿，你们俩已经决定好了吗？"他们讨论了被其戏称为"《1989年财产法（混乱的条款）》"的成文法。金德问了一些有智识的问题，这表明他已经阅读过庭辩概要。案子被安排了一天半的时间，但他希望半天结束，因为他当天要离开伦敦北上去完成一个讲演任务。另外两位法官向金德保证在半天内结束此案。我问他："那你是准备附议吗？"他说："对！我的职责就是将审理进程向前推进——在这个案子就是确保在半天内弄完。"衡平部法官就这个案子讨论了四分钟，然后又与金德讨论了两分钟。金德问："结果怎样？撤销原判还是发回重申？"两位衡平法官齐声回答："撤销原判。"金德在法庭上沉默不语，另外两位法官则提问。到了12：35，三位法官凑在一起。金德说："不必再就第53条进行更多辩论了，律师先生。"但这位律师刚回应了对方一半。金德问他的书记员这个案子由谁写判决书。"由布尔艾特法官，但他押后判决。""那好，我有足够的时间赶得上那班下午的火车。"他叹了一声，如释重负。

13：50～14：00，他们在合议。布尔艾特被要求在判决书中提到某观点。早些时候上午快结束时，布兰德的提问开启了一个新的思路。但这其实是为了活动活动脑子，于是他用自己的提问对同事们也试了试。金德反驳说："嘿，每个人都那么说！"这让布兰德失去了向法哲学偏题的乐趣。金德觉得自己的职责是"运用常识和谦抑"。他支持布尔艾特。布兰德开玩笑威胁要写一份异议判决意见。午饭时，金德向我展示了装在一个信封里的无关的文书。他说那是他刚才作为主任法官审案时在做的事情。我问他刚才是否在留意审案。

> ● 一点点留意。我基本上知道该怎么解决上诉案件，但在某些情况下我难以说清楚这是什么。你可以就此作结论却不评判对这个法庭的业务能力的期待。我不会像另外两位法官那么深入阅读案件材料。

两位衡平法官完全可以在没有金德法官在场的情况下自己审判这个案子，于是我问金德为什么他还参加这个案子的审理。他说只用两位法官审案的危险在于两个人都倾情于自己的专业能力而有理由不持一致意见。他告诉我说他自己曾经和一位家事法官审案，就他俩人，结果他俩意见不一致，于是这个案子延期三个月后由三位法官一起审理。他说这给当事人造成了耽搁和更多成本。两位法官组成的合议庭只在一种情况下合适，即一位是此类案子的专家，但另一位不是。[74] 三位法官在一起时，专门领域的

---

[74]　这与 Munday 的乐观主义相矛盾。Munday 乐观地认为"两位而不是三位法官可能更容易达成一致"。引自 Munday，（2002a），above n 59 at 338。

专家法官很少成为少数派（但他遇到过这种情况）。并不存在非专家法官应该服从专家法官这种推定，尤其在家事案件中没有，因为家事案件中的大多数审判结果并不取决于法律。上诉法院的职责是复查初审法官是否正确行使了自己的自由裁量权。这并不需要专门领域的专业技能。

例三：法官推翻了"没希望的"上诉申请，然后面对判决而不堪重负

当法官们发现自己在审理一个没有理由的上诉但他们实际上已经允许上诉的案件时，他们会比较沮丧。我看过金德主审过一个"毫无希望的"家庭财产纠纷案。初审法官已经拒绝给予上诉许可。但当事人一方亲自重新提出上诉申请。金德认为上诉理由不充分，但一位非家事法官对此持有异议，于是最后允许当事人上诉。他昨天和另外两位非家事法官布兰德和洽特沃斯（Chatworth）主持了法庭辩论。"我们在每个阶段都强烈地拒绝上诉请求。"这个案子吸引了广泛的公众关注。法官们在走廊里碰面，准备宣布判决。布兰德让我看了伦敦《地铁报》的一个报道。与往常一样，新闻八卦就法官们和他们审理的案子进行了嘲弄。金德笑着说，"这个案子在媒体面前比在我们面前走得更远更过分"。法庭内有十四位记者以及法律案例报告人。在宣读判决时，金德评论说："这个案子没有调解结案真是个悲剧。"[75] 洽特沃斯给了一个简要的判决，同时评论说对初审法官的批评"完全不当"。布兰德对此表示赞同，并且也给了一些简短的评论。金德后来解释说他事先完全不知道其他法官在附带发言时会说什么。"洽特沃斯可能在我当时发言的时候写成了判决书。"

347

例四：新的庭辩概要毫无意义——我们昨天午饭时就决定了

伊博尼在 10:30 之前与布鲁和安博两位法官会面。10:30 要审理的一个上诉申请和新证据申请是来自高等法院技术与建筑庭的一个案子。布鲁解释说他们昨天午餐时就已经决定了这个案子。布鲁法官已经写好了领衔判决（leading judgment）。在法庭上，主任法官安博直接驳斥了上诉人的理由中的弱点。他从庭辩概要中摘取了一些论点，微笑着反对说："每一位

---

[75]　第十二章对此有提及。其在上诉审之前便已经花费了丈夫三十五万英镑。

当事人都希望如果可以的话用新证据重启自己的案子。"每位法官都与律师进行了对话。一个小时后，他们起身讨论该问被告人什么问题，并在法庭后面等待。书记员则在 11∶45 进法庭宣布说我们在等待法庭速录员过来，因此我意识到就快要宣布判决了。速录员最后拿着一把湿淋淋的雨伞进来了。她还一边抱怨着雨天，一边在涂口红。书记员则同时和她聊到自己星期六在索森德（Southend）的足球训练。速录员涂好了口红之后，法官们在 11∶55 被从走廊叫进法庭。安博向被告人就他们的辩论表示了谢意，但说法院不用再听辩论了。然后布鲁给出了领衔判决。伊博尼说："我赞同。"安博则给出了一个简短的、没有事先准备的判决意见。

伊博尼让我看过这个案子的文书材料。这个案子的成本畸高（实际上，观察上诉法院的案件确实让人在认识诉讼成本畸高方面大开眼界）。上诉人自从案件初审以来的诉讼成本已经高达四万八千英镑，被告人的诉讼成本则高达三万五千英镑。争议事项是一个被严重夸大了的高达十四万英镑的保险索赔。上诉人声称这是由于对涉案建筑物的施工疏忽而导致的经济损失。不过该建筑物在 2000 年的买入价是三万六千英镑。技术与建筑庭对这个夸大的保险索赔表示怀疑，并微妙地对此调侃了一番。伊博尼在审理前说他感觉自己对这个案子有些责任，因为是他裁决允许上诉的。"当你知道成本时，你就不会这么干了。是吧？"他这么说笑着这个官司的愚蠢之处。10∶10 他的书记员送来了附加的庭辩概要和其他审前阅读材料。我不知道伊博尼会怎么处理这些，因为他必须在穿上法袍后，穿过复杂的皇家司法院才能在 10∶30 之前进入法庭。这些材料都是前天由民事上诉办公室盖章接收的。伊博尼说他不会看这些材料，因为他们昨天午饭时就已经就这个案子作出了决定。

例五：谁有时间写判决书？

上诉法官伊博尼与科因兹和格瑞恩（Cairns and Grynn）一起审理了一个再保险上诉案。科因兹是主任法官。当我们在走廊等待时，格瑞恩向伊博尼表示惊讶说科因兹没有让他俩中的一个写判决书。伊博尼对此也感到惊讶。上诉法官布鲁走过来说："科因兹他自己会写一份完美的判决书，但不会是在今天或者明天。"而布鲁在发牢骚说他自己有四个押后判决但科因兹还要让他就下周的一个案子作判决。布鲁说："我已经试过躲开。那个案子的上诉人就事实和法律的每一点都提出了上诉。"布鲁可能受不

348

了这样。圣诞节就快到了。他在和我访谈时已经说过："我的工作非常辛苦，为的是避免押后判决，因此我周末和晚上都会工作。我相信自己的这个审判季结束时不会还有押后判决。"布鲁也很惊讶科因兹说他自己会写今天案子的判决书。布鲁大笑着说："科因兹还男人地说他下星期也会就这个案子进行判决。""他本来可以让托尼·斯尔维德尔（Tony Silverdale）来做，他比较年轻。"

例六：标志性的复合判决注定由法爵来做

伊博尼把庭辩概要给我看，并承认自己还没有"完全弄清楚这个案子"。我们一起去主任法官萨姆森（Samson）的办公室。他们谈到了易捷航班。"这真困难，你不觉得吗？"萨姆森问。"事情还不错。我们可以让布兰德告诉我们这方面的法律是什么。"新人布兰德进来了。"这个案子真难啊，是吗？"布兰德说："他们的唯一论点就是这样，不是吗？""我们再读读看，看能发现什么？"他们已经读过庭辩概要和下级法院的判决。布兰德认为新西兰的一个判例就清楚地表述了英格兰的法律。萨姆森建议大家那天下午早点结束，以便有时间进行阅读。他温和地抱怨说庭辩概要提供了许多法律依据，但是没有一个"必读内容"清单。他们还讨论了能给这个案子多长时间，最后一致认为是一个星期。伊博尼提醒大家："我们星期五是阅读日，不是吗？"萨姆森说他没时间写判决书，因此不得不让在场的其他人写。这个案子已经在报纸上被广泛报道，判决会就涉案的媒体合同形成一个判例，并且会到上议院法爵那里。当涉案的摇滚明星在初审出庭时，皇家司法院满是电视台工作人员和他的"粉丝"。法官们的讨论充满了欢声笑语，偶尔还有媒界的小道消息。布兰德说："根据我妻子读的《邮报》，原告不是为了什么什么而进行诉讼。"其他法官揶揄布兰德居然读《邮报》这种小报却不希望别人看到他买这个报纸。伊博尼已经问过他妻子对这个案子的看法。虽然这些法官们"没完全弄清楚这个案子的情况"，但他们每个人已经形成了临时的初步的判决意见。萨姆森首先让新上任的布兰德讲自己的意见，而且布兰德本身是这方面的专家。布兰德提出了禁反言这一问题。他在前面见过的上诉法官金德主审的案子里也提出过这一点。这让大家吃惊。其他几位没有衡平法业务经验的法官问："这是什么意思？"布兰德于是放弃了这个思路，然后说："我赞同上诉人的庭辩概要。就这么简单。"萨姆森对此也赞同。布兰德认为有些求偿人

349

由于隐私被侵犯而遭殃。法官们大笑说："隐私不像贞操。"萨姆森说："我不知道这句话能否写进判决书里去。"在法庭上，他们形成了一个友好的、善意幽默的合议庭。他们每个人都喜欢与律师对话。我们在午饭时间离开时，布兰德和伊博尼说被上诉人可能会缩减自己的事情。16：00，律师才说到七十七条庭辩概要意见中的第四十九条。16：15 时我们去萨姆森的办公室喝茶。在办公室里，萨姆森换上了他那具有特色的旧毛衣。这件毛衣以及布兰德那破旧的法袍估计捐给慈善店都不会被接受。他们以一种不系统的方式来回讨论上诉理由中的不同论点，而且情绪高兴、气氛友好。没有人在讨论中居于主导。五个月后，萨姆森作出了一份长达二百六十个段落的判决书。在这份判决书里，他首先说："这是本法院的判决。我们审理此案的每位法官都就此贡献了自己的智慧。"萨姆森给我发邮件解释说：

> ● 审理后我们几位法官就判决书草稿进行了大量讨论。这导致部分内容基本上被重写了。往往在一位法官写好判决书第一稿给同僚们传阅时，不同的意见才会明确浮现出来。

例七：让专家来审判——以退休法官作为平衡

年轻的上诉法官斯尔维德尔和一位退休法官在审理一个移民案的上诉。主任法官是萨姆森。萨姆森要斯尔维德尔作出判决，因为移民案是斯尔维德尔的专长。移民案和难民申请案很多。更重要的是，法院必须在司法总管和司法次长各自作出的相互冲突的判决中进行选择。那位退休法官当天早上才收到案件文书材料。萨姆森和斯尔维德尔在很早以前就收到了这些材料，但直到开庭前五分钟才在法庭外讨论这个上诉案。斯尔维德尔让一位法庭速录员 15：00 过来记录他已经计划好的判决。萨姆森在看自己的笔记本电脑上的材料。他让斯尔维德尔进行大多数提问。退休法官没有提问，而且在审理过程中有时候睡着了。不过他没有我睡得多。萨姆森偶尔也会打瞌睡。房间里太冰冷。当我们 13：00 离开时，斯尔维德尔又说要 15：00 给出判决。萨姆森则考虑这个案子是否应该被送到上议院的法爵们那里去。后来，斯尔维德尔一个人考虑他是应该尽可能作出一个审慎的判决，还是把这案子向上移送到上议院。他发现这个案子很有趣。斯尔维德

尔说萨姆森虽然自己就任何一个法律领域的认识都深刻到位能决断，但他
善于把工作指派给别人。[76] 斯尔维德尔自知在移民方面他自己的观点比其
他法官要自由一些，但他现在对这个案子的结果也犹豫不决。他们都考虑
到这个案子的判决可能会使移民上诉案的数量像"开闸泄洪"一样急剧增
加。14：56，他们一致决定押后判决，而且也没有在审理结束后进行合议，
因为斯尔维德尔已经很快得知萨姆森与自己意见一致。当我就缺乏讨论表
示惊讶时，斯尔维德尔解释说他们已经从案件材料清楚地发现移民与难民
裁判所的裁决应该被维持。但在口头辩论时，这一问题显得不那么清楚，
不过现在又清楚了。作为这方面的专家，斯尔维德尔本人会撰写上诉判决的
理由。萨姆森太忙了。那位退休法官完全陷于被动。他没怎么真正参与。斯
尔维德尔最后会将判决书给他们看，以征求其同意。

同事之间的协作融洽

我在前面提到了上诉法院里的同事间协作融洽（协洽）关系。有一位
资深的上诉法官说同事关系并非总是协洽。早些年有一些同事之间的个性
冲突导致有些人之间根本不讲话。几十年以前我观察法院里的身体语言时
也注意到了这一点。有一位法官在审案时背对着主任法官。[77] 我不知道同
事之间的协洽是否会促成法官们作出单一判决或者复合判决。前面提到的
资深法官证实了这一点。他说在一种相互尊重彼此品格与能力的氛围中，
法官们自然而然会较少坚持作出不同的替代判决。[78] 在高度发达的关于司
法判决过程的美国文献中，许多论文都讨论了法官之间协洽的效果。[79] 其
中最令人信服的分析[80]来自美国联邦前任上诉法官哈里·爱德华兹（Harry
Edwards）。他赞成并促进这种协洽关系。[81] 他的分析与我的观察以及上诉

---

[76]　萨姆森的高级管理工作是最繁忙的岗位之一，所以他出于必要而将其分派下去。

[77]　有一个粗鲁的人在 1998 年离开了上诉法院。关于他无礼的故事如今依然在书记员们之间
　　　流传。

[78]　波斯纳说："大多数法官不喜欢异议意见。……异议不仅仅是麻烦、会妨碍同事间的协
　　　洽，通常也不会对法律有什么效果，而且往往会倾向于放大判决中多数意见的重要性。"
　　　引自 R Posner, above n 2 at 32。

[79]　在前注 54（above n 54）爱德华兹（Edwards）的论文的繁多脚注中被引注过。

[80]　Edwards, above n 54.

[81]　1994 ~ 2001 年为哥伦比亚巡回区的首席法官。

法院那位资深法官的评说具有惊人的一致性。爱德华兹并不是说法官们彼此之间必须是朋友关系，但是

> • 法官们有共同的利益……即把法律弄正确……在一种文明与尊重的氛围中，我们都愿意倾听、劝服以及被劝服……这种协洽在降低个人理念差异的作用方面具有重大意义。它可以让法官以不同的视角和不同的哲学相互交流、相互倾听和形成积极的相互影响……在没有协洽的氛围中，不同的观点通常最终会成为异议判决意见。㉒

351

爱德华兹说虽然有评论者担心浓厚的协洽关系会导致法官们不愿意与同事有分歧，但是关于群体决策的研究表明情况正好相反，爱德华兹从而证实了自己在一个协洽的法院的经历及另一个缺乏协洽的经历。回想其在美国联邦哥伦比亚巡回区上诉法院的经历时，他说在 1980 年加入时吃惊地发现那里就是"一群打架的猫"。㉓ 协洽会促成更好的判决。

> • 在协洽中滋养出来的异议的自由使得法官们可以准确、诚恳地确认共同的观点……同时乐于修正自己的观点……法官们会互相帮助并尽可能有效地形成异议。这样产生的异议判决意见也更加准确、集中，从而也更加有益于法律的发展。㉔

他认为协洽有助于意见不同的法官在一起形成一个复合判决。比如在 *US v Microsoft Corp*㉕ 案中就是如此。他用几乎和菲利普斯法爵一样的话捍卫复合判决：

> • 当事人和公众需要的是一个答案，而不是法官之间公开正式的交谈。众多不同的意见会让人弄不清法律到底是什么。㉖

㉒　Edwards, above n 54 at 1645.

㉓　出自 Frankfurter 在 1962 年写的书信。参见 JB Morris, *Calmly to Poise the Scales of Justice: A History of the Courts of the District of Columbia Circuit* (Carolina Academic Press, 2001), 被 Edwards 引用过。

㉔　Edwards, above n 54 at 1651

㉕　253 F 3d 34 (DC Cir 2001).

㉖　Edwards, above n 54 at 1651. 作者将自己所在的法院与美国最高法院的功能进行了区分。

波斯纳非常支持现在的上诉法院和爱德华兹本人对法官之间协洽的强调。波斯纳说："上诉审的判决是一种合作活动。如果法官之间关系对立、有敌意，则上诉审进行不好。"[87] 上诉法院另一外资深法官在评论本章早些时候的稿子时说：

> ● 当然，法官们有时候会就某个上诉案的结果强烈持有不同的看法，从而造成紧张。有些法官会比较容易接受别人的观点与自己不同，有些法官则不这样。最难办的是那些磋商技巧差劲、只会像站着茅坑不拉屎的狗一样捍卫自己立场的人。不过这样的法官不多。但有些差异也导致严重后果，比如拒绝难民申请案的上诉可能会导致把难民送上死路，那么这种情况下的司法中的激情并不应该令人意外。

352

"我没时间写一份短判决书"

法官和评论者们都关心判决书的长度。[88] 第一，有位不会打字的老法官说电子文字处理技术使得法官们会从判例中进行复制粘贴。第二，法官们还经常说"我没时间写一份短判决书"。第三，随着判例法日益增多，法官们觉得有义务援引更多判例。第四，可能也是因为当事人的论辩越长、理由越多，则法官需要回应的点也越多，即使仅仅是不予考虑也要提到。[89] 比如，自 2000 年以来，一些牵强附会的基于人权的论辩让各级法院的法官烦不胜烦。[90] 第五，最重要的是，我发现上诉法官的审前阅读量很大，大到他们希望当事人给一个必读材料清单（比如在前述例六中萨姆森

---

[87] R Posner, Edwards, above n 2 at 33. 见其中的章节 "关于司法行为的九种理论"。

[88] eg, Drewry et al, above n 14. See also L Blom-Cooper, 'Style of Judgments' in L Blom-Cooper, B Dickson and G Drewry, *The Judicial House of Lords*, 1876–2009 (Oxford, Oxford University Press, 2009).

[89] 在上述法院刑事部案件 *R v Erskine*；*R v Williams* [2009] EWCA Crim 1425 中，贾奇法爵援引福克兰子爵（Viscount Falkland）在 1641 年的说法：如果没必要参考先前的一个判决，则有必要不参考该判决。

[90] 在《1998 年人权法》生效实施时。

的期待）；在 *Gulf International Ltd v Groupe Chimique Tunisen*⑨ 案中，法院对以下情况表示"强烈反感"：

> ● 海量的案件文书材料……有个案子的材料有满满十五个文件夹……一百多个判例法依据以及另外三个文件夹（没有指明出处）。米德夏尔夫（Midgulf）的第一个"庭辩概要"长达一百三十二页……还有附件三十页，但附件主要是重复前面的论点……这个案子可以作为例子来说明现在有一种趋势就是当事人交给法庭一些奇长无比的材料。我们必须制止这种做法……因为它会无休止地让法院的工作更加困难。法官们要花很多个小时来读这些材料，但这很多个小时在很大程度上被这么浪费掉了。这无疑也大大地而且不必要地增加了许多诉讼成本。法庭需要的只是文书以及各方当事人的庭辩概要。这通常不超过十页就够了。在这方面，合同法的普通原则已经为法律界所熟知，因此没必要就此援引法律依据和判例，更没必要援引一百多个判例。⑨

上诉法院刑事部和民事部都在一些案件⑨中以及业务指引中表达了类似的看法。与许多法官一样，上诉法官塞德利认为复印机也是这个问题的根源，但同时认为至少他和他的同事由于口头辩论这一要求而避免遇到这种情况下的最糟糕的长篇材料。

> ● 如今法院都使用复印机。这让人大受其苦。当事人把所有材料都复印出来交给法院，然后让法官在成百上千页材料中东找西寻。在其他国家，上诉判决只在不怎么详尽的口头辩论之后才作出。这给法官造成了巨大的单调乏味的工作负担。⑨

353

---

⑨　*Times* law report, 3 March 2010.

⑨　［2010］EWCA Civ 66, paras 71 – 73.

⑨　See *R（C）v SS for Justice*［2009］2 WLR 1039. 根据布洛姆 – 库珀在 2009 年作品中的引述，上诉法官巴克斯滕（Buxton）抱怨某个案子援引一百二十二项法律依据和提供长达六十页的庭辩概要。也可见 *Tombstone Limited v Raja*［2008］EWCA Civ 1444。

⑨　S Sedley, above n 41.

结 论

我在 1980 年代与上诉法官们交谈过，从而知道了上诉法院的工作负荷。这激发了我的好奇心，也最终使我进行这一章的研究。与高院法官不同，上诉法院的法官不用"男子汉"来形容他们的工作狂态度。沃西恩法官说做事情和写判决是一种"道德压力"。上诉法院每年要审理几千个案子，但只有极少数案子会进一步上诉到英国最高法院（第一年有五十八个案子）。上诉法院是确立判例的关键法院。在上诉法院刑事部还有另外一种压力，即其他被告人的有罪或者无罪以及其自由取决于刑事部当前的案件判决。在拉斯林审理的案子中，还有三十位案外的、已经在监狱服刑的强奸犯在等候那个案子的判决。但是上诉法院刑事部没有给法官们另外安排时间撰写判决书，也没有给他们配备司法助理。

严重刑事案件的判决形成之匆忙与学术界分析这些判决时的悠闲形成对比。这种对比会让法官以及学术界的观察者觉得好笑。拉斯林等几位法官用下午两个小时审理一个标志性的上诉案。这个案子的结果取决于对成文法规定的技术型解释。拉斯林用周末时间一个人写出了判决书。高等法院多位法官认为判决过程中没有出现错误真是令人惊叹。早已过了退休年龄的在任法官们容忍这种令人疲惫的工作压力，因为他们认为法官工作是他们对社会的一种回报。他们在当法官之前已经作为大律师过着很不错的生活。上诉法官们都喜欢就法律争点进行裁决的过程中的智识挑战，而且，与地区法官一样，上诉法官们也期望自己的判决能对人们的生活产生有益的影响。

除了案件工作负荷之外，大多数上诉法官还承担一些管理职责。但只有高级行政人员才分配时间来做这方面的事情。上诉法官们显得喜欢管理工作。这使得他们有机会逃离皇家司法院的局促。但是在行政管理过程中与其打交道的那些政府公务员的思维和行为方式让这些法官觉得很沮丧。上诉法官们以前当大律师时是自己给自己干活，大律师行的效率高，而且那里的行政架构很简单。

自 1990 年代以来，法官的审前阅读和诉讼双方交换庭辩概要和案件文书材料给诉讼法院的审判活动带来了巨大的转变。在 1990 年代之前，法官们要在法庭上才能听出案件的来龙去脉和争议所在。上诉法官们不会有意完全抛弃口头辩论模式，他们觉得口头辩论会激发他们对案件问题的理解，他们喜欢法庭里生龙活虎的氛围。任何人都可以去皇家司法院亲眼观看这些善良幽默的法官们在审案过程中的言行。当然，这个制度只有在法官有时间对及时送过来的案件文书和材料进行审前阅读后才有效率。与高院法官一样，上诉法官的审前阅读日也经常被用于其他业务工作。迟延送达的案件材料和文书则让法官们大为苦恼。司空见惯的是法官在开庭前几分钟才收到案件文书和材料。如果这时候提交上来的是多余的附加论点，则法官们会对此一笑而过。但当事人或其律师迟延提交案件材料和文书会严重影响法官的工作。他们为此必须熬夜阅读，或者在审理时由于要努力把握案件问题而浪费他们的审理时间，或者更糟糕的是他们不得不押后判决书的撰写，以便能更好地理解和处理问题。法官们都讨厌押后判决。律师们似乎不知道法官们的时间安排有多么紧凑，于是他们才有一些令人恶心的最后时刻慌忙。这种情况（比如布茹厄法官审理的那个上诉大案）几乎导致威隶法官已经安排好的巡回区业务被打乱，从而会导致他不得不晚上开车来回往返于他的巡回区和皇家司法院之间。不断有判例和业务指引要求律师遵守规则，但这些要求没起作用。斯丹福法官在家事法庭的焦虑和痛苦经历说明了这一点。那些律师的表现说明他们没怎么考虑和体谅法官们。有些律师无礼且不道歉。与公众一样，以前对法官的那种尊重也不再存在。许多大律师就自己未能按照法院要求提供材料不表示歉意或者不想承担责任。关于王冠法院的那一章已经表明了这一点。不过，我们也再次看到在英格兰法制下法官是如何依赖律师——不仅在效率方面，而且是在处理案件问题、把握将要作出的判决以及提供全部但仅仅必要的法律依据方面。拉斯林在解释成文法对强奸的新定义时孤立无援，因为与他同堂审案的高院法官干其他事情去了，而且该案的律师比较差劲，提供不了什么有用的帮助，以至于拉斯林在午餐时间惊慌失措。

我们也再次看到无律师当事人占用了上诉法院民事部的时间。这和他们在其他民事审判中占据大量时间一样。到了上诉阶段时，无律师当事人几乎绝望。法官们再次给予他们大量的时间和耐心。考虑到上诉法院的时间之宝贵，上诉法官们在这方面可能是太慷慨了。

波斯纳说法官们很少就案件进行合议。上诉法院的普通刑事审判的确如此。当事人多次提出上诉许可申请以及量刑上诉。上诉审办公室会将案件分配给法官。法官会事先写好判决书。这几乎是照抄上诉审办公室的案件小结。⑤对实体问题的上诉或者对高等法院判决的上诉案，会由上诉法官撰写判决书。三位法官会用十五到二十分钟就一天里安排好的案件提前进行合议和预判。在这种情况下，每个法官都有话说，但都不知道同堂审案的其他法官会在判决书中说什么。法官们认为他们只在大约10%的案件中会在听取当事人口头辩论之后改变自己的预判意见。

我过去认为让巡回法官参与上诉法院的审判活动只是为了节约成本，但是本研究样本中的所有具有民事审判工作背景的上诉法官都认为这些初审法官在刑事审判业务和量刑业务方面为上诉审带来了无与伦比的经验。有两位上诉法官总是会先问资历浅的法官的意见，以确保在审判过程中不会有类似于后生服从前辈这样的情况。裁判所的主审们以及军队高层如今都在接受这方面的培训。因此，值得让上诉法官们知道他们的这种做法很好。过去在这方面没有固定的模式。

本章描述的那个著名的冤案表明了上诉法院的重要性以及在国际关注下进行上诉审的压力。尽管法官们在审前已经一致就上诉人的蒙冤表示愤慨，但在拥挤的法庭里只有我一人知道这一点。法官们很有策略地为这个案子安排了一天半的审理时间——这对于他们的审判而言已经是过于宽裕了——以便让感兴趣的公众能看到公诉方的弱点，尤其是专家证据的弱点。由于这个策略，这个案子的所有专家证人后来都受到了各自所属职业机构的惩戒。此案的主任法官非常热衷于让这个案子公开。他不断促使上诉人的律师强调案子的全部糟糕之处。

上诉法院刑事部的单一判决可能是一个隐藏的复合判决，这在漫长复杂的案子（例如，布茹厄法官审理的那个案子）中不可避免。因为制度没有给法官们专门的时间用于写判决书，布茹厄必须从早上 5∶00 开始写判决书。与其他主任法官一样，布茹厄也把法庭提问这一任务留给了同堂审案的其他法官。无论这些法官感受到的压力有多大，他们都不能指望特若罗普法官在高等法院商事庭的那种做法，即让律师准备好当事人双方一致认可的内容，以供法官复制粘贴用于判决书。实际上，有些昂贵的律师是如此低能，以至于就一个案子准备了七年之后，他们还会在审前最后时刻提出复杂的申请和提交高度复杂的材料。这种做法危及法官的工作安排。

⑤ 我在爱尔兰司法界年会上发言提到这一点时，爱尔兰的高等法院法官和最高法院大法官对此感到非常惊讶。

在民事案件上诉方面，蒙德让我们注意到了复合判决和单一判决的兴起。但是法官们认为他对其原因的解释并不正确。真正的原因是实践中口头辩论的重要性降低了。庭辩概要和案件文书材料如今使得法官们能在开庭审理之前就起草判决书并给同堂共审的法官传阅。上诉法院鲜明宜人的同事间协洽关系有助于法官们在上诉审之前、上诉审过程中以及上诉审之后就判决的形成讨论和交换观点。正如波斯纳所说，这并不意味着法官之间必须是朋友关系，但他们在一种文明和尊重的氛围中会自由表达不同的意见。通常的假定是单独一位法官会撰写大多数民事判决书，而在复杂的案子中则由三位同堂审案的法官分工配合共同写一份复合判决书。但是前述例子表明，判决书撰写任务分配给谁可能取决于法官们的业务专长，但也更多取决于谁有时间写。计划不如变化。单一判决或者复合判决固然可以节省精力和劳力，但后来的历任上诉法院民事部主管都从法哲学上维护这种做法，认为其对公众和判决的最终使用者有利，因为单一判决更易于理解。然而，不幸的是，如今的判决书都变得很长，因为援引的判例更多了，也因为法官们在援引这些判例时喜欢进行复制粘贴而不是只小结出原则，还因为业务糟糕的律师们把许多法律依据堆砌在法官面前，以及法官们"没有时间写一份短判决书"。正如司法总管菲利普斯在他的最后一个年度报告里所说的：

> ● 你和巡回法官、高院法官或者上诉法院的主任法官谈话得到的反应都一样——上诉法院刑事部的魔力是辛苦工作。⑯

---

⑯ *The Court of Appeal Criminal Division Review of the Legal Year* 2007/2008，Judiciary of England and Wales，2009.

第十五章 从上议院法爵到
最高法院大法官

我们是普通法法院。我们在发展过程中当然会"造"法。

——美国最高法院欧康纳（Sandra Ray O'Cornor）[1]大法官

法官就应该隐匿、不为公众所知。

——英国大法官，2009 年

这是这个工作最有乐趣的一部分。

——某位英国大法官（关于口头辩论如是说）

本章研究英国最高法院大法官及其前身上议院上诉委员会法爵的工作。我有幸在 2005 年以及 2009 ~ 2010 年观察他们审理案件。

不为公众所知

英国上议院法爵[2]和 2009 年 10 月之后的（英国最高法院）大法官一直是许多研究的主题。他们在这方面比其他法官受到的关注多许多。几十年以来，他们的角色也一直被律师、学者、政客和法官们所讨论，但公众几乎不理解这些法爵是谁以及他们做什么。[3] 电视上很少实时直播顶层法

---

① 如下引。

② 包括十二位常任法爵，其他法爵，以及偶尔在上议院上诉委员会坐堂审案的高层法官。

③ 宾厄姆（Bingham）法爵说："人们对此不了解。"他是指关于新法爵的案件的新闻错误地将一群上诉法官描述为穿着礼仪装，但他们实际上穿的是普通的西装。见 F Gibb, interview, *The Times*, 20 November 2007。2011 年 1 月和 2 月的两个电视纪录片在这方面史无前例地有突破，因此如今一些观众可能对此了解稍微多一点了。

院的审判程序。即使是知识广博的英国人也说不出一位上议院法爵或者最高法院大法官的名字，而美国人则能说出美国最高法院大法官的名字，并能描述那些大法官的政治名声。④ 英国通过《1998 年人权法》和 2003 年宣布将要成立英国最高法院之后，⑤ 公众热热闹闹地关注了一下大法官人选的情况，但这种关注持续时间很短，⑥ 而且也无果而终。到了 2005 年前夕，当时的新法爵任命没有为公众所注意，以至于当时用谷歌搜索"黑伍德下依滕的布朗法爵"（Lord Brown of Eaton-under-Heywood），得到的搜索结果是"黑伍德下依滕换妻俱乐部"（Eaton-under-Heywood Swingers）。英国媒体在 2009 年分析了索尼娅·索托梅厄（Sonia Sotomayor）被提名为美国最高法院大法官这一新闻，却没有关注英国的上议院法爵们在同一年转变为英国最高法院大法官这一重大事实。⑦ 不过，英国的大法官们喜欢这样不为人知。在 2009 年 12 月，一位大法官说"法官就应该隐匿、不为公众所知"。三位大法官不久前盛装戴着白领结与穿着晚装的黑尔女法爵一起乘地铁去参加格雷大律师学院的晚宴。他们没有乘坐那种专门用于迎送法官的加长轿车。但其他一些地方还在为顶层的法官们提供这种特殊待遇。⑧他说美国最高法院的桑德拉·欧康纳大法官可能被称为世界上权力最大的女性之一，但英国最高法院的大法官"布伦达·黑尔（Lady Brenda Hale）女法爵不想要那样"。这充分体现了英国大法官不讲政治的自我形象。他们如今仍和 1978 年时一样不为公众所知。当年斯蒂文兹说："除非是对专业迷而言，瑞德、威尔博佛斯、迪普洛克（Reid, Wilberforce, and Diplock）三位法爵都不为人知。基尔布兰登、萨尔蒙、赛蒙（Kilbrandon, Salmon, Simon）三位法爵则从没有家喻户晓过。"⑨

　　成立英国最高法院的计划正好让人注意到关于这个英国顶层法院的信

---

④ Blom-Cooper and G Drewry, *Final Appeal*（Oxford, Clarendon Press, 1972）154，作者说他们不出传记，也不出像美国最高法院法官那样的传记作者。

⑤ 这是采纳了咨询报告《宪法事务改革：英国的最高法院》（archived DCA website）的建议。

⑥ 照搬了美国参议院的最高法院法官任命听证会。下文对此有讨论。

⑦ 在 2009 年夏天时，BBC 新闻频道网站有一则这方面的新闻，但是完全没有报道大法官们。

⑧ 第四位大法官是新任，来自中国香港。他在香港时抗议说他自己不需要配备专车和司机。

⑨ R Stevens, *Law and Politics*, *The House of Lords as a Judicial Body* 1800 - 1976（London, Weidenfeld and Nicolson, 1979）598.

息是多么少以及多么难以为公众获知。[10] 与此形成对比的是，这个机构拥有巨大的权力。虽然它不能像其他国家的最高法院那样宣布立法机构的法律无效[11]——它不是一个宪法法院，但大法官们能实际上改变、废止或者中止与欧盟法律冲突的英国法律，能够让《苏格兰法》无效，能对与《欧洲人权公约》不一致的英国成文法予以重新解释。[12] 除此之外，这些大法官实际上成了一个由五人或者九人组成的立法者，因为他们的工作是就与公众利害攸关的法律问题进行决断。英格兰是普通法系之母。英格兰的法官们"造就"了世界上的普通法系，并使其日益精致。[13] 他们确定了合同法的精要，并创立了侵权法。此外，与普通法系其他一些法域不同，我们的许多法律依然没有法典化，从而为司法创新预留了余地。即使杀人这种常见的罪行，也依然是普通法上的罪行。但是，英国是三个没有成文宪法的发达国家之一。不成文宪法使得法官有很大的权力来界定宪法以及法官在宪法中的角色。例如，他们很巧妙地避开了议会的束缚，[14] 并且在1966年的一天确认自己有权力推翻自己先前的判例，[15] 从而进一步解放了他们的创造性。

359

背　景

英国最高法院是根据《2005年宪法改革法》确立的。与其前身即上议院上诉委员会[16]一样，它是英格兰、威尔士、北爱尔兰和苏格兰的民事案件终审法院，[17] 并审理来自前三个法域（即英格兰、威尔士、北爱尔兰）

---

[10] 英国最高法院非常欢迎参观者，包括中小学生团体。其网站与法爵们的网站相比有很大进步。目前为止其中最有价值的创新在于其对判决书进行小结的新闻简报。

[11] 这是由于议会主权（议会至上）这一规则。

[12] 关于反恐立法，见上议院案件 *A (FC) and others (FC) v SS for the Home Dept* [2004] UKHL 56 ('the Belmarsh case')。

[13] R Posner, *How Judges Think* (Cambridge, Mass, Harvard University Press, 2008). 波斯纳把上诉法官称为"偶然的立法者"，但英国最高法院的大法官们是频繁的立法者。

[14] *Anisminic v Foreign Compensation Commission* [1969] 2 AC 147 (1968).

[15] 来自 Practice Statement。《2005年宪法事务改革法》对此没有规定。

[16] 六百多年来如此，但自从《1876年上诉管辖法》之后成文法的规制。

[17] 这里使用的是旧式的上议院简报文件《上议院的司法工作》以及议会图书馆资料《上议院的上诉审管辖权》。关于英国最高法院的基本情况和资料见其2010年7月的第一次年度报告《2009～2010年度报告和财务》，在其网站可查询到。

的刑事上诉案件。[18] 最高法院由十二位大法官组成。根据惯例，[19] 其中一位来自爱尔兰、两位来自苏格兰。此外，还有一些曾任或者现任高级司法职务的人担任"代理法官"，比如七十五岁以下的法爵或者司法总管等。[20] 新任大法官的选任是依据《2005 年宪法改革法》确立的标准进行的。候选人需要先提出申请[21]——这在英国最高司法界史无前例。

书面的上诉申请由三位大法官组成的秘密小组予以考虑。[22] 奇怪的是，《2005 年宪法改革法》和最高法院都没有说明标准。不过这种标准与上议院法爵们以前适用的如下标准一样。

360

● 3.3.3 如果上诉申请在小组看来提出了具有一般公共重要性的法律上可争辩的问题点且应该由当时的最高法院考虑，则应许可该上诉申请。[23]

大多数刑事上诉必须由下级法院转呈上来，其必须被认为提出了具有一般公共重要性的法律问题点。[24]

最高法院大楼就在西敏斯特宫（英国议会所在地）的对面。在以前，法爵们在议会时是在上议院的一个委员会办公室里处理案子。一个案子

---

[18] 但是 2009～2010 年的好几个关于中央政府权力下放到地方的案件都关涉刑法。最高法院每年审理 65～96 个上诉案件。

[19] 《2005 年宪法事务改革法》第 27（8）条规定"法官们知晓联合王国每个地域的法律，并有在其中执业的经历"。

[20] 参见《2005 年宪法事务改革法》第 25 条和第 38 条。司法总管贾奇在 2009 年参与坐堂审案，后来纽博格法爵担任上诉法院民事部主管时也参与过。根据该法第 44 条，大法官们能够任命"特别合格的顾问"，这一点像美国的"布兰代斯辩护词"（Brandeis Brief）。译者附注：布兰代斯辩护词是指法庭上使用的辩护词不援引法律作为依据，而是援引社会科学研究发现的信息作为依据。这种做法是由时任律师（后来成为美国最高法院大法官）布兰代斯在 1908 年 *Muller v Oregon* 案首创，当时其提供的长达一百页的辩护词中有九十八页是基于社会科学研究的证据。这种做法对后来的法庭辩论逐渐产生了深远的积极影响。

[21] 提交一份简历、一封申请信、自认为能展现其能力的三份判决书。遴选团由一位主席、两位副主席以及三个司法区的法官选任委员会的代表们组成。主席有一些权力。见 R Cornes，'Shaping the Supreme Court—the power of the presidency'，*The Times*，1 October 2009。

[22] 如果没有被注册处拒绝的话。诉讼第三方有权申请上诉。

[23] Practice Direction 3.

[24] 参见《1960 年司法行政管理法》第 1 条。苏格兰的上诉不需要许可，但必须由两位出庭律师确证上诉的合理性。

的上诉审合议庭通常由五位法爵组成，但有时候也可能是三位、七位或者九位法爵组成。根据惯例，获任法爵时间最短的那位会在合议时先发言。㉕这与美国最高法院的做法相反。㉖ 法爵们的判决在过去被称为"发言"（speeches）或者"意见／观点"（opinions），而且是在他们的办公室宣读。由于不再受议会程序的制约，大法官们如今下达的是"判决"，而且直接称呼同事为"某某法爵"，不再像在上议院时那样称为"我高贵的博学的朋友、某地方的某法爵"。要切断最高法院与议会的历史关联，是因为要使终审法院脱离立法机构，从而使英国司法界看上去更具有独立性。宾厄姆法爵和斯旦因法爵在 2001 年前后便开始呼吁成立英国最高法院。㉗

大法官们也在枢密院司法委员会任职。这个机构是从唐宁街搬迁到最高法院的，其受理的上诉案大多数来自英联邦国家和英国的海外领地。它原有的分权审查管辖权在 2009 年被移交给了最高法院。㉘ 枢密院司法委员会占用的案件审理天数与上议院法爵们的审案天数几乎一样多，㉙ 但其如今的受案数量在迅速下降。㉚ 有些国家已经设立了自己的最高法院，㉛ 而且它也失去了就医生和牙医争议事务的上诉审管辖权。此外，2009 年发生了程序变化：以前的口头许可听审被书面申请替代。枢密院司法委员会的审理过程一般比最高法院要简短。如果一个案子的审理要超过一天，则律师

㉕ 这不是一个规则，但有可能已经被枢密院司法委员会照搬为常规。

㉖ Justice Ginsburg, 'Workways of the US Supreme Court', lecture, February 2001, New Zealand Centre for Public Law.

㉗ Lord Bingham of Cornhill, 'A New Supreme Court for the United Kingdom', 2002, The Constitution Unit, UCL; 'The Evolving Constitution', speech, Law Society, London, 4 October 2001; Lord Johan Steyn, 'The Case for a Supreme Court' (2002) 118 *LQR* 392. 他们的前任布朗尼·威金森（Browne-Wilkinson）法爵也曾提出应该有一个英国最高法院。见 F Gibb, 'The law lord who took the rap over Pinochet', *The Times*, 19 October 1999. For the post-2001 story, see A Le Sueur, 'From Appellate Committee to Supreme Court: A Narrative', and others in L Blom-Cooper, B Dickson and G Drewry, *The Judicial House of Lords* 1876-2009 (Oxford, Oxford University Press, 2009). 从 1998 年起，其从议会中分离出来便明显不可避免。见 *McGonnell v UK* (28488/95) (2000) 30 EHRR 20; R Cornes', 'Reforming the Lords: the Role of the Law Lords', 1999（伦敦大学学院宪法研究组网站论文）。

㉘ 此信息是基于其网站以及《司法与法院统计数据》。不显著的业务包括兽医界的惩戒上诉、一些教会争议以及海事业务。其在 2006~2007 去巴哈马群岛工作过。

㉙ 在 2005 年分别为 106 天和 117 天。见 *Judicial Statistics (Revised)* 2005, August 2006。

㉚ 其在 2006 年审理了 105 个案子，但在 2009 年只审理了 47 个案子。

㉛ 新西兰是在 2003 年，其他加勒比国家在 2005 年设立了加勒比法院。

361 须就此作出合理的说明和论证。最高法院的审理时间通常是两天。当香港被移交给中国时，当时的中英双方协议要求香港终审法院必须有两名英国法官。据此，每位英国最高法院大法官每年都会有一个月在香港终审法院。[32]

前人的著述

英国最高法院与上议院上诉委员会实质上是同一个法院。因此，对上议院法爵们的研究的重要性不减当年。除了这些法官们的判决吸引了许多评论之外，他们的工作行为以及对工作的观点都被深入研究过。但大多数这方面的书籍都认为学界对这些顶层法官的研究还不够。[33] 从 1960 年代开始，有些法爵们同意接受访谈。他们的工作方法得到了很好的记录和保存。他们的工作也相对容易研究，因为几乎全部工作都是审判。他们对上诉法院那里那样的管理职责没有兴趣。由于他们在一些有争议的案件中的裁判角色以及他们参与了以前的一些公开调查项目，[34] 与其他法官相比，这些法爵或者大法官更可能出现在书本[35]和报纸上。[36] 他们都是知识分子，

---

[32] 通常有六位现任或者曾任的法爵或大法官能在枢密院司法委员会坐堂审案。

[33] B Dickson, 'The Lords of Appeal and their Work 1967 – 96' in P Carmichael and B Dickson (eds), *The House of Lords: its Parliamentary and Judicial Roles* (Oxford, Hart Publishing, 1999) 127. 作者说对他们的研究"不充分得令人惊讶"，但是到 2011 年时他们依然遭到学术分析的抨击。就此可见下文。

[34] 在任大法官如今不参与这样的调查质询，但退休的大法官可以。

[35] 比如，M Andenaes and D Fairgrieve eds, *Tom Bingham and the Transformation of the Law* (Oxford, Oxford University Press, 2009) and A Lentin, *The Last Political Law Lord: Lord Sumner* (1859 – 1934) (Newcastle, Cambridge Scholars, 2008)。

[36] 比如，C Blackhurst, 'An ideal judge' (on Lord Nolan), *The Independent*, 4 November 1995; P Webster, 'I will do what I like to find the truth, says law lord', *The Times*, 22 July 2003。一位法爵在主持戴维·克利博士（Dr David Kelly）的死因调查时说"我可以按照我自己喜欢的方式发现真相"。霍夫曼法爵因为智利前总统皮诺切特引渡案（the *Pinochet* case）而名声受损，从而导致 1999 年出现了许多关于法官选任的文章。斯坦因、宾厄姆以及黑尔法爵在过去也有许多形象。

译者附注：（1）戴维·克利博士生前是英国的一位科学家和生物武器专家，曾受雇于英国国防部，并曾经是联合国伊拉克武器检查团成员。在未获授权的情况下，他在 2003 年 7 月接受采访时提到了英国政府关于伊拉克武器情况的档案。此事被公开后，克利博士在 7 月 15 日被召到英国议会外交事务特别委员会接受激烈的质问。7 月 15 日下午，克利博士失踪。次日上午其被发现死于离家不远的树林中，看起来像是自杀。关于（转下页注）

因此许多人曾经讲过课、出版过作品。他们的法庭外讲演会出现在互联网上，并会作为期刊论文发表出来。[37] 他们有些人会主动寻求在公众面前露面。这种举动或许是为了促进某项事业，比如宾厄姆法爵、斯旦因法爵、[38] 沃克法爵[39]以及黑尔女法爵[40]是为了推动设立英国最高法院，[41] 斯旦因法爵也是为了人权事业；[42] 也可能是为了提升自己的形象，比如宾厄姆曾经竞选过牛津大学校监；[43] 或者是为了显得更加透明，比如黑尔女法爵曾经将

362

（接上页注㊱）其死因有多种猜测。英国政府于 2003 年 8 月 1 日就此成立了由哈腾法爵（Lord Hutton）领衔的调查委员会。（2）智利前总统皮诺切特将军曾以军事政变获得政权，其于 1998 年在伦敦治病期间，在国际非官方人权组织"大赦国际"（Amnesty International）的推动下，依据西班牙一名法官基于普遍管辖而签发的国际逮捕令被英国警方拘捕并软禁。其被指控于当政期间对一些西班牙公民实施酷刑九十四次，并在 1975 年暗杀了一名西班牙外交官。智利政府反对英国将其引渡到西班牙受审，并主张其享有豁免权，于是在英国上议院上诉委员会出现了该引渡案。上议院判决其不享有豁免权。霍夫曼法爵当时是作出该判决的主要法官之一，但他没有披露自己当时是"大赦国际"设立的"大赦国际慈善有限责任公司"（Amnesty International Charity Ltd）的董事和主席。这导致其中存在利益冲突和偏见之嫌，因此上议院非常罕见地对同一案件重新组成合议庭以第二审推翻了前述判决，并在后来进行了第三次审理。此案的一审以及媒体报道给霍夫曼法爵的职业声誉造成了明显的负面影响。见 *R v Bartle and the Commissioner of Police for the Metropolis and Others*, *Ex Parte Pinochet* [1998] UKHL 41（on 25th November, 1998）；*In RePinochet* [1999] UKHL 1（on 15 January 1999）；*R v Bartle and the Commissioner of Police for the Metropolis and Others*, *Ex Parte Pinochet* [1999] UKHL 1（on 24 March 1999）。

㊲ 比如 David Hope, 'A phoenix from the ashes? Accommodating a new supreme court'（2005）121 *LQR* 252 – 72, speech at Strathclyde University。宾厄姆法爵是一位多产的演讲者和作者，见其论文集 T Bingham, *The Business of Judging*（Oxford, Oxford University Press, 2000）。

㊳ See above, n 27.

㊴ Walker, 'Sentence First, Verdict Afterwards—Constitutional Change in the United Kingdom Justice System', speech at the Supreme Court of NSW Annual Conference, 2004, reproduced at（2005）7 *The Judicial Review* 133.

㊵ Hale, 'A Supreme Court for the UK?'（2004）24 *Legal Studies* 36 – 44.

㊶ 已经退休的库克（Cooke）法爵在这方面的演讲及著述最多。比如此处援引的其在议会的演讲，及其论文 'The Law Lords: An Endangered Heritage'（2003）119 *LQR* 49。

㊷ Steyn, 'Guantanamo Bay: The legal black hole', 27th FA Mann Lecture, 25 November 2003; J Rozenberg, 'Lord Steyn attacks fellow law lord over Guantanamo Bay detainees', *Telegraph*, 26 November 2004. 其于 2005 年退休后继续为此发声，见 *Panorama* interview, 10 October 2005; Channel 4 News interview, 6 December 2005。

㊸ F Gibb, 'Call me Tom, says Lord Bingham in race for Oxford', *The Times*, 21 February 2003; interview with MA Sieghart, *The Times*, 13 March 2003; T Halpin, 'Dirty tricks alleged in fight for Oxford post', *The Times*, 25 February 2003; R Johnson, 'A land unfit for heroes', *TheSpectator*, 22 February 2003. 他建立了自己的个人网站。

自己作为法爵的第一个星期的情况发布在互联网上。[44] 所有这些以及如下书籍都让有兴趣的学者（而不是公众）更加了解英国的顶层法官是什么样的以及他们怎样工作。

布洛姆－库珀、德鲁里：《最终上诉》，1972 年出版[45]

该书是"基于充分的信息而对法爵的角色进行的评估"。它结合了法律和比较法分析、统计数据以及宪法分析。作者分析了法爵们在大约五百个案例中的表现。该书包含了关于案件全部信息的统计数据和参考文献。他们研究了两级上诉审的优点和缺点。这种两级制使得最高法院的功能不限于复审（纠正错误），而是扩展到了督查（发展判例）。关于法爵是否应该创设新法的无意义的辩论当时正激烈，但法爵们对此并不感兴趣。作者提出的一些建议与本章非常相关：法爵们通常应该作出单一判决；律师应该提交庭辩概要[46]，以及应该为法爵们配备美国式的书记员。

斯蒂文兹：《法律与政治》，1979 年出版[47]

该书作者的目标在于研究法爵们的社会政治态度，并评价他们在英国社会和政府中的司法角色。他对法官是造就法律还是发现法律这一争论进行了研究。该书章节研究了该时期内的政治、法哲学、政治人物和法官、实体法的发展，同时也对上诉审程序的变化进行了细致的研究。作者认为上议院上诉委员会这个"法院"并没有像美国最高法院那样在不同的时代发挥不同的作用，因为法爵们只是五人一起审案，而不是像美国同行那样全体出席坐堂审案。[48]

帕特森：《法爵》，1982 年出版[49]

363

这是一部法社会学的杰作。作者的目标在于解释法爵们如何进行判

---

[44] 'Diary of a Lady Law Lord', Association of Women Barristers newsletter, 2 April 2004. 她经常进行演讲，并在英国最高法院博客接受访谈。

[45] See above n 4.

[46] 那时他们不使用这个术语。当时这个术语还没有被生造出来。

[47] See above n 9.

[48] 他们不能全部坐堂审案，因为他们总人数是偶数（12 人）。

[49] A Paterson, *The Law Lords* (London, Macmillan, 1982).

决，以及勾勒此前三十年里法爵角色的发展以及在疑难案件中"法爵们在
'发展'普通法时，如何将自己的职责范围与立法者的职责范围区分开
来"。[50] 作者觉得法学家在探讨这些话题时已经提出了一些实证方面的疑
问，因此他运用了社会学研究的方法——这非常有创意，而且后来运用得
很好。三十年之后，这本书依然为我们提供了独特的深入观察。这是司法
研究作品中最丰富的法社会学研究，因为他大量运用了来自最著名、最活
跃、最直言不讳的一群法爵的坦率的实名访谈材料。作者指出他在 1970 ~
1980 年得到了二十位法爵的帮助。他的数据源于十四个深度访谈、另外十
四位法官、三十三位律师以及关键的政府公务员。他大量引用受访人的谈
话以及他们的大量作品和判决书。他观察过法爵与律师之间的互动。他将
自己的发现小结如下：

> ● 判决并不是五个法官各自在自己的办公室里憋出来的。打印出
> 来给当事人和世人看的法爵们的讲话（判决）不过是大律师们和下级
> 法院法官与上议院法爵之间的一系列复杂交流的产物。[51]

与当时的一些说法相反，学者们那时候显然没有影响力。他们的主要
参考群体是自己的同行。帕特森研究了判决的形成，并询问了他们对复数
判决和复合判决的看法。由于帕特森研究的是法爵们的角色相对于他们自
己的期待以及别人对他们的期待，帕特森的写作适逢其时。他探讨了上议
院上诉委员会《1966 年业务声明》（1966 Practice Statement）的起源、对新
权力（即上议院上诉委员会有权推翻自己的判决）的运用之限制，以及他
们在疑难案件中对该权力的运用或者不运用。这个时期有一个激烈的辩
论，即法爵们确实是为了确保法律的确定性，还是根据他们自己对社会期
待的理解来让法律发生变化。通过比较法爵们在 1966 ~ 1980 年的言行，帕
特森指出这两种角色具有一致性。这就与格瑞弗斯[52]等评判者的认识不
一致。

---

[50]　ibid 2.

[51]　ibid 7 – 8.

[52]　JAG Griffiths, *The Politics of the Judiciary*, 5th edn（London, Fontana, 1997）.

洛伯逊：《上议院的司法裁量》，1998 年出版[53]

这本书非常重要，却常常被忽视。它是关于法官如何造法的。作者

364 的统计分析非常严密，而且对判例法的叙述对于法律专业之外的读者非常有价值。作为一位美国政治科学家，他史无前例地运用了变量分析。他的研究表明上诉案件的结果与由哪位法爵进行判决有着强烈的关联，而与当事人（或者其代理律师）的辩论没有多大关系。法爵们之间三三两两的复杂的互动会鲜明地影响当事人一方胜诉的概率。[54]他对解释成文法和解释普通法时运用的司法方法的研究表明，虽然法官们声称自己的判决受现行规则的约束，但法爵们的自由裁量权几乎不受法律限制。尽管德鲁里和布洛姆－库珀已经告诉我们"哪位法官被分派审理特定的案子很重要"[55]，洛伯逊则揭示出这重要到了什么程度。他说美国人乐于进行司法量化分析，"因为没有人怀疑特定的司法态度对审判结果的重要性。然而在英国，主流的观点依然认为司法是一个中立的技术型的判决过程"。[56] 我们将会看到这种认识如今已经被颠覆了。如今的所有大法官都会认为由谁审判具有重要性。帕特森评论说法爵们在极少数案件中会全体出动坐堂审案这一事实本身表明了他们意识到了自己通常的判决的非中立性。"应该注意的是，分小组的判决在其他国家的最高法院从来都不会被使用。"[57]

也有必要就洛伯逊最初的观点给出一点警示。他援引斯蒂文兹说普通法"如今是一系列复杂的规则，正如迪普洛克说的那样像一个'迷宫'，但整体上依然是一个固定的体系。这个体系可以通过判例类比这一基本的法律方法来得出问题的答案"。[58] 但斯蒂文兹在 1978 年没这么说，也没有任何人认为 1970 年或者 1998 年的情形是那样。相反，斯蒂文兹在 1964 年援引拉德克利夫（Radcliffe）法爵的话："法官是否造法？没什么话题比这

---

[53]　D Robertson, *Judicial Discretion in the House of Lords* (Oxford, Oxford University Press, 1998).

[54]　本书第二章。

[55]　Blom-Cooper and G Drewry, above n 4 at ch VIII, 152.

[56]　Robertson, above n 53 at 35.

[57]　ibid 14.

[58]　ibid 11.

个更富有争议了。法官当然造法。"⑤ 斯蒂文兹指出《1996 年业务声明》发表的背景就是这个争议。尽管在那段时间里，这个《业务声明》只被用了六次，但其产生了巨大的心理影响，从而为 1960 年代和 1970 年代法爵们的创造型司法增强了合理性。⑥ 斯蒂文兹引用了瑞德（Reid）法爵的一个欢快的比喻：

> ● 曾经有一段时间，人们认为哪怕只是暗示说法官们造法，那也几乎是歪门邪道的想法——法官们只是宣示法律。那些具有神话品位和喜好的人似乎一直认为普通法中隐藏着一个美妙的阿拉丁洞穴；法官一旦获任之后，"芝麻开门"之类的魔咒就会降临在其身上；如果法官弄错了密码开错了门，那么出来的就是坏判决。但如今我们都不再相信童话了。⑥

365

因此，洛伯逊一开始就给出了一个夸大了的、概括化了的纯粹观点（即法爵们声称自己不造法），以便随后反驳这一观点，并证明相反的观点（即法爵们实际上造法）。法官们声称自己做的事情的真实情况在不同程度上有些微妙。宾厄姆法爵早在前一年对此就有仔细的描述：

> ● 上诉审的法官们从经验中……知道他们要审判的那些案子涉及以前的判决没有处理过的争论点，或者是以前的这方面判决有冲突，或者是涉及对成文法的解释，而这种解释明显涉及真正的歧义。他们也知道……判决会涉及政策问题。⑥

---

⑤ Stevens, above n 9 at 615，援引 CJ Radcliffe, 'Law and Order', 61 *Law Society's Gazette*, 821。虽然拉德克利夫（Radcliffe）对自己观点的坚持在 1960 年代终结了英国这方面的大部分讨论，但是当今的美国法律界似乎不大愿意承认司法造法。波斯纳在 2008 年只是将法官们描述为"偶然的"立法者（见 above n 9）。他援引了约翰·罗伯茨在参议院确认任命其为首席大法官时的说法，即美国最高法院的大法官们只是裁判。大法官索尼娅·索托梅额在其 2009 年的任命确认听证会上也坚持认为法官的工作是适用法律而不是造就法律。见 R Smith, 'Judging the Judges' (2009) 159 *New Law Journal* 1154。

⑥ Stevens, above n 9 at 617–19.

⑥ Stevens, above n 9 at 621，引用 James S Reid, 'The Judge as Lawmaker' (1972) 12 *Journal of the Society of Public Teachers of Law* 22.

⑥ Bingham, *The Business of Judging*, above n 3 at ch 2.

宾厄姆法爵在1990年援引库克（Cooke）法爵说："法院不可避免的职责便是造法。这是我们作为法官每天都在做的事情。"[63] 美国最高法院大法官桑德拉·欧康纳说："我们是一个普通法法院。我们在发展前进的过程中当然会'造'法。"[64]

关于洛伯逊的观点，公允而言，洛伯逊反对的是法爵们在判决书中降低或者淡化他们享有并行使的司法裁量权，而坚持声称自己的司法说理植根于已知的法律之中；甚至在面对道德困境时，比如没有判例可循从而在洛伯逊看来不可判决时（比如该对处于永久植物人状态的人做什么[65]），法爵们依然声称自己在适用已有的规则。"英格兰的司法裁判的公布总是倾向于装模作样地相信那种投币售货机式的法哲学（投币进去，零食出来；事实放进规则里，则裁判结果就出来了）。"给法官个人定性会比较困难，而寻找基于社会基层的意识形态附庸也没用。

　　● 在许多案子中，法爵们都很容易地承认他们以一种"从下至上"的方式思考。首先是一种基本的本能认为原告或者被告人应该赢……他们自己强烈地觉得那些可接受的法律辩论对他们自己的思考形成了制约……受访谈的人中有两种比较普遍的观点。一种是他们都声称自己一种情况下的感觉很熟悉，这种情况即有时候不得不放弃自己想要的判决方式，因为不能让争辩中的观点勉强起作用。另一种是他们有一种"欺骗"感——这种说法会重复出现——因为不按常规行事。（许多人用这个词描述丹宁法爵或其他同事）或者他们以此描述一种内在的义务——"努力不骗人"……法爵们非常自由地作出判决，不受同行的影响或压力，在很大程度上根据自己个人对自己的角色的认识，同时也会考虑特定案件中当前的正义感，或者考虑当前判决对今后广泛的世界产生的可能的影响。[66]

---

[63]　ibid 34, citing Lord Cooke's speech.

[64]　J Toobin, *The Nine: Inside the Secret World of the Supreme Court* (New York, Doubleday, 2007) 97.

[65]　*Airdale NHS Trust v Bland* [1993] 1 All ER 821.

[66]　Robertson, above n 53 at 17–18.

洛伯逊还偶然发现法爵们完全透明。他"惊讶且高兴地"发现所有的法爵都愿意接受他的访谈。[67]

喀麦克、迪克森（编）：《上议院的议会角色与司法角色》，1999 年出版[68]

在该书中，迪克森研究了法爵的任职年数、获任年龄、教育背景和审案数量、上诉人的上诉成功率以及法爵们坐堂审案的天数。德鲁里和布洛姆－库珀则重新研究了"上诉审功能"，发现自从他俩的著作出版之后，上诉的本质已经发生了变化——公法方面的案件已经取代了原来的财政收入上诉案。就法爵们在一些法律领域的表现，该书包含了四个评论。

巴热特：《法爵》，2001 年出版[69]

作者在该书中认为法爵们"不为英国公众所知。本书旨在改变这一状况"。[70] 不幸的是，到 2007 年，我才是第四位通过图书馆互借服务借阅该书的读者。该书包含了历史、法务部长、枢密院司法委员会以及关于法爵们的传记信息的统计分析，还附有照片。全书有七页是关于法爵们的工作方法的。作者也对"过去和现在（退休了的以及在任的）多位法爵进行过访谈"。

勒叙厄尔（编）：《建立英国最高法院》，2004 年出版；[71]《宪法创新》（2004 年《法律研究》第 24 卷第 1 期和第 2 期）[72]

该书编入的三十篇文章和许多期刊论文起因于英国在 2003 年宣布要设立最高法院。有些文章就英国最高法院的组成、功能、工作方法与国外的

---

[67]　ibid Preface, viii.

[68]　See above n 33.

[69]　M Barrett, *The Law Lords: An Account of the Workings of Britain's Highest Judicial Body and the Men Who Preside Over It* (Basingstoke, Macmillan, 2001).

[70]　ibid 2.

[71]　A Le Sueur (ed), *Building the UK's New Supreme Court* (Oxford, Oxford University Press, 2004).

[72]　*Constitutional innovation: the creation of a Supreme Court for the United Kingdom; domestic, comparative and international reflections, a special issue of Legal Studies* (2004) 24 *Legal Studies* 1 and 2.

367 最高法院进行比较，从而提供了信息量大、引人思考的研究。这些文章和论文依然值得读，因为英国最高法院还在继续对自己的司法活动进行讨论并予以发展。[73] 正如勒叙厄尔教授承认的那样，对法爵和枢密院司法委员会的司法功能的讨论并不孤立。

布洛姆－库珀、迪克森、德鲁里：《上议院的司法：1876～2009 年》，2009 年出版[74]

这个大部头著作包含四十篇文章。其中十五篇分析了上议院上诉委员会在具体法律领域的工作表现、制度史、司法方法以及局外人的观察视角。其中展现的图景并不完整。安第纳斯和费尔格瑞弗合著的《托姆·宾厄姆与法律的转型》[75] 一书深入分析了宾厄姆法爵在任时的司法方法、他本人对其他高阶法院的司法说理的影响以及他对比较法的运用。这方面的学术分析在 2011 年还在继续，比如《从上议院到最高法院——法学家、法官和司法过程》[76] 一书收录了十二篇论文，主要是关于法爵们的表现的。

这些著作以及大法官们和上诉法官们在过去六十年里的一系列演讲、高级法官们自己撰写的论文、别人撰写的关于高级法官的论文一起表明法爵们已经被深入研究过，而且这种研究在今天仍很重要。如今英国最高法院在网络上开通了自己的博客，实际上现在有了一个滚动评论的平台。[77]

本研究

我也发现法官们超级透明而且好接近。在 2005 年时，我有一次在议会咖啡屋的一个小桌子边上和三位法爵吃午饭时，另外四位法爵挤进来和我们一起交谈。最近有一位学者向最高法院行使信息公开请求权获取了材

---

[73] 尤其见 John Bell 和 Brenda Hale 的作品，以及 Le Sueur 和 Cornes 的作品。

[74] L Blom-Cooper, B Dickson and G Drewry, *The Judicial House of Lords* 1876－2009 (Oxford, Oxford University Press, 2009).

[75] M Andenas and D Fairgrieve, *Tom Bingham and the Transformation of the Law* (Oxford, Oxford University Press, 2009).

[76] J Lee, *From House of Lords to Supreme Court—Jurists, Judges and the Process of Judging* (Oxford, Hart Publishing, 2011).

[77] 已经有海量的评论。

料。但我在过去已经通过向行政主管和登记处处长打电话，而在几分钟内就获得了同样的材料。2003 年时我与两位法爵在一起有四天，后来我在 2009 年再次对他们进行访谈。[78] 我观察（或者对话）了十一位法爵，包括两个五人组的合议庭，以及在上议院上诉委员会进行秘密会议的三位。另外五位不同的法爵带我去过枢密院。我观察过一位法爵主持议会的一个特别委员会。此前，我与四位法爵会过面，并与其中两位详细讨论过他们的工作。有两位法爵曾经邀请我参加"英国－加拿大司法会议"。在 2008 年时，我参加过关于英国最高法院的几个非公开研讨会，[79] 并在 2010 年参加了最高法院未公开的一周年纪念研讨会。我在 2009 年四次参访英国最高法院，并在法院内外观察两位大法官的工作，还与行政主管、登记处处长以及其他大法官交谈。2010 年时我再次去了最高法院。本章包含两位受访谈的大法官及其同事的原话，还有另外两位大法官对本章先前草稿的评论，以及其他大法官公开发表过的讲话（比如 2009 年候普法爵接受访谈时说过的话）。

按才配位——合议庭人员的选定

库克法爵说与国外的最高法院相比，在伦敦哪些法官被选定审案更重要。他以枢密院人员构成不同于生死攸关的刑事判决结果为例来说明这一点。[80] 布洛姆－库珀与德鲁里在 1972 年时写道："局外人都不知道组成合议庭的五人是怎么选定的。但有时候在局外评论者看来那五个人似乎合适

[368]

---

[78]　在英国最高法院，我避开宾厄姆法爵和黑尔女法爵，因为在公共领域有许多关于他们的传记信息以及他们的观点。关于宾厄姆法爵可见前注 75；关于黑尔女法爵，可见其学术作品、工作博客、报纸文章以及 E Cruickshank, *Women in the Law* (London, The Law Society, 2003) and C McGlynn *The Woman Lawyer—Making the difference* (London, Butterworths, 1998)。1996 年《每日邮报》曾发起一项运动反对她担任法律改革委员，因为她"两次结婚"，"立场顽固"，是"女权主义者"，铁心要"颠覆家庭价值观"。也见 C Dyer 在 2004 年 1 月 9 日《卫报》第 14 版对她的描述。她曾经是著名学者布伦达·霍吉特 (Brenda Hoggett, 也译布兰达·霍格特)（当时她随第一任丈夫姓）。

[79]　会议由伦敦大学皇后玛丽学院勒叙厄尔 (Le Sueur) 教授和玛勒森 (Malleson) 教授组织，其中一些参加者后来成了著名的大法官、律师和学者。这个会议研讨了将要成立的英国最高法院的实践以及程序。

[80]　在 2001 年的一个演讲中。

程度最低，而且有时候选定的五人合议庭似乎具有某种特定的偏见。"⑧ 他们建议法爵们应该像美国最高法院的大法官们那样全部上场组成合议庭审案。十年后，由于帕特森的研究，我们终于知道了合议庭的组成人员是如何选定的。⑧ 如今，最高法院的行政主管和登记处处长乐于讨论合议庭组成人员的选定。但在 2005 年和 2008 年，法爵们明显自己也不理解选择合议庭成员的标准。一位非常有经验的法爵在 2008 年时说"我们有空上场审案时就说一声"，而且说七人合议庭和五人合议庭的召集是一种"秘密"。

369

上诉许可合议庭

帕特森报告说决定上诉许可的三人组合议庭是由司法办公室的首席书记员安排的。由于受案件排期的限制，首席书记员的选择余地通常很小。通常不会专门努力选定一个全部由具体业务领域的专家法官组成的合议庭，也不会就这三人的组成与审理案件的五人之间进行任何协调。在 2005 年时，首席书记员布伦丹（Brendan，不是法律专业）确认说他选定这样的三人时没有得到任何帮助，而且"这取决于他们什么时候会面"。到了 2011 年时，三位大法官由登记处处长选定。⑧ 她说被选定的人可能是专门领域的法官，并且强调说虽然她草拟合议庭组成的轮换搭配安排，但最终要由最高法院院长或者副院长批准。

全员审案

帕特森报告说在选定合议庭成员方面几乎没有操纵的空间，而且如今在最高法院依然如此。首席书记员会与枢密院司法委员会进行沟通。但如今登记处处长一个人做这两个人的事情。登记处处长和行政主管联合草拟合议庭组成人员名单交给院长批准。与以前一样，对来自苏格兰的上诉案进

---

⑧ Blom-Cooper and Drewry，前注 4 第 153 页，指的是斯蒂文兹对著名案件 *Hedley Byrne*［1964］AC 465 的评论，见 RB Stevens' comment, 27 *MLR* 121。这个案件的判决扩展了过失侵权的法律规则。但起初召集的以衡平部法官为主的合议庭可能会作出不同的判决。

⑧ 迪肯森（Dickson）行使信息公开请求权，参见 B Dickson, 'The Processing of Appeals in the House of Lords' (2007) 123 *LQR* 571)。但是我发现布伦丹（Brendan）并不避讳谈如何选择法爵，也发现英国最高法院行政主管杰妮·柔伊（Jenny Rowe）以及大法官们都不避讳就这方面的程序进行解释。

⑧ 就这些解释，我很感激路易·德·曼布若（Louise de Mambro）和杰妮·柔伊。

行终审时必须有一位或者两位苏格兰的大法官（其中一位给出领衔判决）。新获任的大法官不审理自己以前在上诉法院审判过的案子。曼斯（Mance）法爵不审理他妻子在上诉法院审判过的案子。偶尔会有个别大法官不能到位，因为其正好在（中国）香港终审法院，[84] 以及有演讲活动或者在主持面试。[85] 为了后勤方面的简便，有些合议庭会整合在一起去枢密院司法委员会审案。布洛姆－库珀与德鲁里说衡平法官们过去不会参与刑事案件的审理。但在 1970 年代末期，情况就已经不是这样了，而且现在也不是这样。

帕特森评论说一个案子的审理可能是从单个的一位专门领域的法官开始，然后由上诉法院的一两位专门领域法官审理，再然后到了法爵们这里——具体由哪些人审理就会像中彩票一样很偶然。在选定合议庭组成人员时，法院会试图因案制宜进行特定的安排，但是仍然有可能一个案子由五位不是专门领域专家的大法官审理的情况。过去并没有固定的专门领域法爵组成的合议庭，[86] 因此这种情况下律师的准备工作会比面对基层法院时要困难得多。从帕特森进行访谈的 1970 年代到他在 2004 年进行评论期间，[87] 律师们都抱怨过他们直到开庭审理前很短一段时间才知道案子会由哪几位法爵审理。不过，如今这种信息会在最高法院网站公布。御前大律师理查德·戈登（Richard Gordon）[88] 倡议就宪法上重要的案件采用固定的合议庭，因为如果不这样就会有一种危险，即"在特定的法律领域没有专长的法爵们判决一些案件，但这些法爵们可能并不都能理解相关判例法的动态及其字面意思"。本研究样本中的一位法爵在 2008 年对此回应说：

- 我认为戈登关于法爵"没有专长"的评论是基于一种错误的认识，在人权法这一语境下尤其如此。"没有专长"的法爵必然仅对法律进行字面文意的解释？这种认识也是荒谬的。

最高法院到了 2010 年时已经审理了许多人权案件（仅 2000～2007 年

---

[84] 在这些惯例被废除之前，其会贯穿在调查程序中。萨维尔（Savill）调查在 1998 年被宣布。萨维尔法爵在 2009 年下半年重返审判工作之前主要忙于这个调查。

[85] 对家事部部长和一位大法官的访谈是于 2009～2010 在英国最高法院大楼内进行的。

[86] 关于这个话题，见前注 72 中 Bell 的作品，其信息量非常丰富。

[87] Paterson, above n 49 at 61 and Gordon, in Le Sueur, above n 71.

[88] 评论勒叙厄尔的著作（前注 71）。

的四百七十五个案子中就有一百个人权案）。⑧ 这一事实也佐证了这位法爵的上述观点。这意味着全部大法官都是人权法领域的专家。实际上，这个法院为英国造就了人权法。⑨

布伦丹·基斯（Brendan Keith）在 2005 年担任首席书记员时告诉我说他已经挑选好了下一个审判季的合议庭组成人员，但还有待两位资深法爵批准。"我了解我们的法官们。比如尼科尔兹（Nicholls）法爵喜欢什么不喜欢什么等等这些情况。这样我就可以安排他们去审理适合他们的案件。"一位法官指出，那时候并不缺刑法方面的人。两位法爵以前在刑事案件领域作为大律师执业过，还有四位法爵以前则担任过司法总管（一位英格兰人、两位苏格兰人，还有一位北爱尔兰人）。他们对于枢密院司法委员会很有用，因为这个机构过去审理了许多刑事案件。2009～2010 年，行政主管和一位大法官告诉我说选定五人组成的合议庭成员时先选定在该案所涉法律领域有专长的人（布伦丹确实也是这么做的），然后再把其他人随机加进来。

当七位或者九位法官一起审理某个宪法上的大案时，布伦丹说宾厄姆法爵宁愿大多数资深法爵都上堂审案，以避免被指责在安排部分法官时存在偏颇。然而，就在那次午餐时，几位资历较浅的法爵问尼科尔兹法爵下个审判季的安排是什么。尼科尔兹法爵提到会有一个非法用刑案而且已经选定了审案法官。⑨ 其中一位说很遗憾自己资历不够因而不能参加这个案子的审理。但尼科尔兹法爵说他这么推定那被选中的七位必然是最资深的法爵并不正确。在 2005 年的访谈中，有一位法爵（现在是大法官）承认由谁审判的重要性，并认为法爵们应该改变做法。

- 不能参加自己感兴趣的案件的审理会令人沮丧。我认为终审

---

⑧ V Zeno-Zencovich, 'The Bingham Court' in Andenas and Fairgrieve, above n 35 at 824 – 25. B Dickson, 'Year end' (2010) 160 *New Law Journal* 65, 其中说 2009 年有 24% 的案件是人权案。

⑨ 兹诺－兹诺维奇（Zeno-Zencovich）说英国最高法院与斯特拉斯堡一直保持着持续的对话机制，而且欧洲没有其他顶层法院这么频繁地使用斯特拉斯堡的判决作为裁判理由。安第那斯与费尔格瑞弗（Andenas and Fairgrieve）转述宾厄姆法爵的一个判决是如何劝说欧洲人权法院推翻自己本身的判决（above n 35 at 835）；当然，英国最高法院也努力做过同样的事情，比如在其审理的案件 *Horncastle*［2009］UKSC 14 中。

⑨ *A v SS for the Home Dept*［2005］UKHL 71.

法院应该少审理一些案件，但应该有更多的法官参与案件的审判过程。我认为案子仅仅由五个人审理还会有很大风险……而且案子到了上诉这个层次不应该这样。我觉得我们法院审理的上诉案太多。上诉法院在多数情形下非常有能力。除非有十分有力的理由，比如因为要就具体问题重塑法律或者要消除错误，我认为终审法院不该去动一个案子。而一旦要动，则应该以一种全面的模式进行。第二次上诉是很昂贵的事情。我质疑我们是否真应该朝一个传统的最高法院发展。

371

那时候似乎不可能在做法上有任何重大变化。2003 年的咨询报告中全员坐堂审案这一观念被取消了，而且没给出理由。洛伯特·斯蒂文兹用嘲讽的风格展现了这个报告中明显的保守主义：

● 显然，将要新设立的英国最高法院不会像美国最高法院那样实行全员审案制度。美国人那么做的理由是"防止合议庭的组成情况影响案件的结果"。但这对不讲政治的英格兰法官们而言并不重要……这种神话变得更加深入人心了。[92]

合议庭规模大一些的优点是可以减少洛伯逊揭示的那种彩票效应，但它会减少上诉案的审理数量。不过有人认为这反而是一个优点。在本书写作的 2011 年，非常奇怪的是，大法官们依然没有清楚地公布通常的五人合议庭是怎么设计或者选定的，但他们在网站上公布了大一点的七人或九人合议庭的组成人员的选定标准。这是对局外人的回应，因为曾经有局外人在最高法院一周年纪念的非公开研讨会上向菲利普斯法爵提出应该这么做。[93] 七人制或者九人制合议庭如今继续和 2009 年之前一样是一种趋势，但这个趋势最近已经升级了。但是必须说明的是，最高法院的大多数合议庭如今还是由五人组成。

---

[92]　R Stevens, 'Reform in haste and repent at leisure: Iolanthe, the Lord High Executioner and *Brave New World*' (2004) 24 *Legal Studies* 1 – 35, 33, 该文援引了前注 51 所指的咨询文件。

[93]　这是在 2010 年 9 月。由更多法爵进行审理的案件标准是其判决可能会背离判例，或者不同的判例之间存在冲突，具有宪法上的或者公共重要性以及重要的人权问题点。注册官在回应我的电话询问时强调说合议庭人员组成必须由菲利普斯法爵或者候普法爵批准。

那位想要参加 2005 年那个非法用刑案审理的大法官告诉我说他后来在 2010 年又没能参加一个他很感兴趣的案子的审理。这个案子是关于婚前财产协议的，合议庭由七位大法官组成。他对自己没被选中感到失望。他为此游说过院长。院长同意把这个案子的合议庭人数由七人改为九人。他说："院长对于合议庭的人数规模和组成的看法具有无限的灵活性。"我在 2009～2010 年访谈到的所有大法官都赞同要更多运用人数多、规模大一些的合议庭。在最高法院 2010 年判决的五十八个案子中，有十个案子的合议庭是七人，五个案子的合议庭是九人。[94]

如今人们对于最高法院合议庭的组成仍然有浓厚的兴趣，而且主张大法官应该在每个案子中都全员坐堂审案，或者至少应该让合议庭成员的选定标准更加透明。[95] 一位大法官在 2009 年的谈话反映了他及其大法官同事们的想法：

> ● 有较长一段时间我都在倡导扩大合议庭的人数规模。美国和加拿大的最高法院大法官都是全员坐堂审案。过去在五人制合议庭里，判决中的多数意见和少数意见人数比通常是三比二……如果采用九人制合议庭形成五比四的局面，那么我们就不会遭受同样的批判，因为人员组成不同的合议庭并没有做出不同的判决。因此我们确实更加经常用人数更多的合议庭审案。当我们给予上诉许可时，我们会说明这一点。[96]

在 2010 年的一个会议上，[97] 黑尔女法爵说她已经听到有人说最高法院如今更多使用七人制和九人制合议庭是因为大法官们想要让判决显得更加决然。但正如上面那位大法官指出的，黑尔解释说导致这样变化的原因是三比二的局面会比较尴尬。参加审案的大法官人数越多，则判决越权威。但是

94　B Dickson, 'A marque of quality' (2011) 161 *New Law Journal* 153.

95　关于这方面的有用的分析，见 R Buxton, 'Sitting en banc in the new Supreme Court' (2009) 125 *LQR* 288.

96　克拉克（Clark）法爵在 2010 年 11 月的一个演讲中也说在案件"具有真正的公共重要性"时他喜欢规模大的合议庭，但更长期来看采用规模小的法庭也可以；规模小的法庭审理的案件少一些，但所有大法官都会坐堂审案。

97　2010 年 10 月 20 日，在（美国）圣母大学伦敦法学中心举行，主题为"追求到的幸福：纪念英国《人权法》实施十周年——探索式的邂逅"。

● 如果全员审案，则会有一种风险，即看起来我们似乎在哲学立场上存在分歧。如果我们总是全员审案，则可能会显得我们有几位大法官总是赞同而另外几位则总是全部赞同。如果只是随机组合，则人们对谁被任命为大法官就不会这么有兴趣。

在 2010 年，另一位大法官也赞同这种认识，认为过于频繁地采用九人制合议庭并不明智，"因为那意味着不可能推翻本院判决，这会使判决固化"。

枢密院——帝国遗风

在 2009 年时，我问一位大法官怎么会有充足的时间去安排更大的合议庭。他解释说（除了减少枢密院司法委员会的工作之外）他们过去曾经尝试过在枢密院的案子中只用三位大法官组成合议庭进行审判，因为上诉到枢密院的"许多民事案件没有提出真正的法律争议、所涉争议金额也不大而且在英格兰会被认为不值得第二次上诉"。然而，2010 年之后，由于加勒比海地区英联邦国家的反对，大法官们在枢密院又恢复了五人制合议庭。有些微不足道的小案子不能被消除，因为在有些情况下这些小案子的上诉不需要获得枢密院的允许。在 2008 年，另一位法官评论员说一些来自加勒比海地区的为期两天的刑事上诉案"如果是在伦敦的上诉法院就会在一个上午之内被踢出法院，因为会被裁定不允许上诉"。大法官们发现时间被浪费在枢密院实在令人沮丧。但是他们知道如果增加上诉许可条件就意味着相关英联邦法域的国内法可能要被修改，而且还需要英国外交部磋商。[⑱] 我 2010 年在枢密院观察时，几位大法官正在审理一个案子。这个案子的当事人双方曾经是老朋友。他们对簿公堂至今花费的诉讼成本已经是争议金额的三倍并且已经在自己所在国家的高等法院诉讼了十三天，然后在本国上诉审，最后闹到了伦敦的枢密院司法委员会。有一位大法官说他认为如果来自牙买加和特立尼达（Trinidad）的上诉案"消失"了，那么会找到"其他一些解决方案"来处理来自剩下的几个小国的上诉案："因

373

[⑱] 有人在闭门研讨会中让大家注意到 2007 年的一个案件，这个案件涉及"影响到两个人的一个失效的成文法制度"。也有人在研讨会上批判说偶尔有来自苏格兰的一些上诉比较浪费时间（但英国最高法院不能拒绝这些案件）。

为这样而浪费大法官们的时间简直是荒谬——最糟糕的案子是就一起卡车碰撞案的上诉！"

（上议院）上诉委员会

正如布雷克和德鲁里在 2004 年指出的，上诉法院运用的是一种自我否定的命令，而且很少作出准许上诉的裁决，从而把这种准许与否的决定留给最高层的法官们。他们在 1972 年对英国上议院上诉委员会与美国的和加拿大的最高法院的对比进行了评论。这两个国家的最高法院都能控制自己的"案件量"（dockets）。前述变化了的情况则是发生在他们进行了这种对比之后。对这种筛选过程⑨进行了最好的分析的是迪克森⑩和勒叙厄尔⑩。勒叙厄尔认为这种案件选择的突出重要之处在于它使得法院能界定自己的宪法功能和权力。普通法系国家的顶层法院应该不仅关注纠正错误，而且还要关注澄清法律、发展法律并就整个法制系统进行司法管理。法院在选择案件的过程中设定其目的。然而，正如布洛姆－库珀与德鲁里在 1972 年指出的，法爵们在某些法律领域根本没有机会受理数量足够多的上诉案来使他们能够发展出一个连贯的法哲学体系。这一点在当时的刑法和债法方面尤为突出，而且形成了"灾难性的"后果。⑩

自 1998 年以后，几乎所有的上诉申请都通过书面方式予以裁决。自 2000 年以后，每一个上诉申请都附有司法助理制作的一份三到四页长的备忘录。⑩ 这个备忘录勾勒出了主要的争点，并就下级法院判决书的相关段落予以特别提示。这些都包括在给法官们的案件文书材料中。这与布洛姆－库珀和德鲁里描述的 1960 年代的情形大不相同。当时的法爵们由于

---

⑨ 2007 年，在上议院二百零七个上诉申请中有五十二个适用全面审理，见 *Judicial and Court Statistics* 2008，Cm. 7697；在 2009 年则有六十二个上诉是全面审理。正如勒叙厄尔（Le Sueur）指出的，美国最高法院审理大约 1% 的上诉申请，加拿大最高法院则审理大约 14% 的上诉申请。

⑩ Dickson, above n 82.

⑩ Le Sueur, above n 71 at ch 12.

⑩ Blom-Cooper and Drewry, above n 4 at 399–400.

⑩ 布洛姆·库珀和德鲁里建议为大法官们配备司法助理（书记员）。他们的建议在当时超前了三十年（直到三十年后才被采纳施行）。

"大量啰唆的上诉请求而且是当事人亲自出庭"[104] 而大受折磨。勒叙厄尔说，在刑事上诉案中，由于下级法院将上诉问题向上级法院移转，上诉要关注的问题比较集中。但在民事上诉案中，法官们倾向于挑选案件，而不是挑选问题。在美国最高法院，允许就某一问题点而非其他问题点进行上诉很普遍，而且律师们也受益于过去那些可接受的上诉提问的模式。在2008年的学术研讨会中，好几位律师呼吁要有类似的透明，并要求法院将明确的拒绝理由公布在网上。但法院还没有这么做。在2010年，有一位大法官说"如果我们继续这么唠叨"，他们可能会改变程序以提供理由，但这会增加他们的工作负荷，而且会让他们受到那些没有被准许上诉的当事人的批评和挑战。"此外，有时候难以解释说一个案子可能提出了具有一般公共重要性的问题点。但是由于事实，摆在我们面前的申请并不适合考虑这样的问题点。"[105] 勒叙厄尔谈到了上诉申请的增加，并误以为法爵们承受的压力越来越大。因此他建议照搬加拿大最高法院的做法，即用成熟有经验的律师来帮助筛选上诉申请，其优点是"他们比书记员更成熟、更易于拒绝上诉申请"。[106] 这个评论的危险在于错误地描绘美国/加拿大的法官书记员和英国司法助理的角色。英国的司法助理仅仅是准备案件小结。美国最高法院大法官金斯博格（Ginsburg）看来对美国的上诉请求会议（petition conference）过程进行了近距离的描述，其描述详尽到了咖啡冰和瘦牛肉干。[107]

> ● 每一个请求，无论多么卑微，都在法官书记员的备忘录预本里被小结和解释了。大法官们并不是仅仅浏览一下备忘录，然后按照书记员们的说法来投票表决。当然不是这样的……大法官们的确会快速阅读书记员的备忘录，但同时也基于判断力。这种判断力则是基于他们大量的有关法律和生活的经验，以及关于最高法院大法官们之间的协洽的经验。有疑问时，大法官会亲自检查并进行研究。

---

[104] Blom-Cooper and Drewry, above n 4 at 398.

[105] 这在2010年仍然是一个被抱怨的问题。见 H Tomlinson and O Gayner, 'Hilary Term 2010' (2010) 160 *New Law Journal* 698。

[106] Le Sueur, above n 71 at ch 12, 290。挪威最高法院的上诉申请许可裁定会出现在法律报告中。

[107] Ginsburg, above n 26.

类似地，英国的司法助理们并不筛选上诉申请。很难想象他们会这么做。因此英国和美国在这方面的程序相似，但程度不同。[108] 勒叙厄尔似乎建议任命律师来发挥像劳动争议上诉裁判所的登记官那样的案件筛选作用。然而，没有证据表明大法官们用于考虑上诉申请的时间太多，也没有证据表明大法官们工作量过大。他们的全面审案与其在枢密院的业务合起来也是处于不断变动的状态之中。[109] 如今的英国最高法院有一些变化，其目标是增强透明度。如果上诉申请是以电子形式提交，则公众也可以看到。此外，大法官们在 2009 年改变了他们的做法，以便他们都能研究当事人的上诉申请。任何一位大法官都可以表达看法，但最终是否准许上诉的决定是由被指定的三位大法官作出的。

戈登曾经担心法爵们会错过一些重要的案件并处理一些不适合的案件。他建议在上诉申请处理阶段就多考虑一些细节问题和/或专业问题。[110] 黑尔女法爵在成为大法官之前评论过同行们选择上诉案的标准。她说："那位资深法爵说自己在加入上议院上诉委员会之前，每个人都有自己的做法。"如今真正的标准是看申请上诉的案子是不是他们喜欢处理的重要事项。如果是，那么他们会受理这个案子进入上诉程序，即使案子本身没有上诉获胜的希望。[111] 在 2008 年，一位法爵（现在是大法官）在发给我的邮件中说：

- 我们在选择案件时的确设定目的，但可选项非常有限——也就是那些有人请求准许上诉的案件（以及刑事案件中下级法院转交上来的具有一般公共重要性的法律点）。那是一个随机进行自我选择的群体。经常会错过当时的一些最重大的问题，因为没人想上诉。

另外一位大法官在邮件中说：

- "一般公共重要性"这一表述可能被看作一个公式。这个公式

---

[108] 美国最高法院每年的八千五百个上诉申请中只有大约 85% 被筛选出来进入庭审辩论程序。见美国《首席大法官年终报告》。

[109] 从历年《司法与法院统计数据》里图表中的近似水平的直线图示可以看出这一点。

[110] In Le Sueur，前注 71 第 326 页。

[111] Hale，前注 40 第 37 页。

装作为我们的决定给出了一个理由。但实际上由于这个表述太宽泛、太模糊（尤其是那神秘的"在当时"），它实际上避免了伪装。但是我们可以举例……我们更加可能就一个涉及每星期支付一百英镑社保金的案子裁决准许上诉，但较少可能会就一个仅涉及"一次性的解释问题"的争议金额为一千万英镑的商事合同纠纷案准许上诉。但是也有些商事纠纷点具有一般公共重要性。比如，在合同本身的效力受到责难时合同中的仲裁条款效力如何。我们有一位同事喜欢选取一些专利纠纷上诉案，其目的在于使对《欧洲专利公约》的解释和谐化。就有些主题（比如巨额离婚财产纠纷、为了时效目的而确定知晓的日期、职业过失导致的纯粹经济损失、人为的避税、出于增值税考虑而确定是一次供货还是两次供货），我想我们有时候倾向于认为我们已经尽力尽可能好地处理，因此进一步的上诉不必然会进一步澄清法律。

在一个星期一的10：00，有一位法爵带我去一个上诉委员会。霍夫曼法爵也来和我俩一起。他还穿着莱卡骑行短裤和短袖衫。10：15，上诉委员会已经裁决了全部五个上诉申请。他们以为我会对这种速度感到吃惊，但其实我在上诉法院已经领教过法官们如何在审前十五分钟内预先合议完十个案子。[12] 这些法爵们已经提前阅读过上诉人的申请材料、司法助理整理的备忘录以及下级法院的判决。他们就每个决定都会在一个表格中进行勾选填写。其选项是准许上诉申请、拒绝上诉申请，或者请另一方当事人反对，或者是要求口头听询（布伦丹说这个选项每年差不多只有六次被选中，而且这个程序的口头陈述仅限十五分钟）。每次都由资历浅的法爵先给出自己的意见。

10：04　案件一：一致同意准许上诉，因此没有讨论。

案件二：合同纠纷，有一位法爵认为不该准许上诉。另一位表示需要更多指引。第三位则说有一位上诉法官给出的判决很实际。另一位上诉法官给出的则是技术型判决。最后裁决不准许上诉。

10：07　案件三：关于机构的案件，裁决不准许上诉。一位法爵说"约翰·代森（John Dyson）法官在上诉法院对此案的处理已经非常令人满

376

---

⑫　Dickson（Dickson, above n 82）曾经猜测就一个诉请的讨论时间是三十分钟，但现实情况是讨论只有三分钟。

意"。另一位资深法爵则一边填写表格一边说："毫无疑问，这不是一个欧盟法问题。"

10：09　案件四：一位法爵说这个案子有两个具有公共重要性的法律争点，但不太清楚上诉法院是否应该作出相反的判决。另一位法爵说他弄不清法律问题是什么。有一位法爵建议要求被上诉人提出反对。"随便你。""那我可不会坚持了。"另一位则在填表时说："好吧，我勾选这项。没有欧盟法问题。"

案件五：另一位法爵说："我将不会准许上诉。这方面的法律严苛，而且意在如此。"其他两位对此表示赞同。没有讨论。

戈登在 2004 年建议应该由在专门领域有专长的法官裁定上诉申请。本研究表明如今在某种程度上已经是这样了。他说他们应该决定一个有专长的、中立的"法院之友"是否应该就此得到通报。当然这一点如今已经在做了，而且英国最高法院的大法官们还说他们欢迎甚至来自多方的参与（法爵们过去也这样），[113] 但口头发言仅限十五分钟，要不就进行书面参与。一位大法官说："如果让他们闭嘴那就会很不理智——他们对审判过程很有帮助。"[114] 戈登法爵还认为案件管理应该像位于法国斯特拉斯堡的欧洲司法院那样从早期阶段便由一位法官单独进行。一位资深法爵在 2008 年就此回应，并表示不赞成，因为"下级法院里要求的那种案件管理在这里没必要"。[115] 虽然明显如此，但我在下文会建议：口头听审的时间和内容确实需要予以规定。

全面审理

每一位评论者都指出法官们喜欢保留口头听审。这与其他国家的最高

---

[113]　在上议院案件 *A v SS for the Home Dept*（*No 2*）［2006］2 AC 221 中，法爵们允许十七位第三人（不是案件当事人，但案件与其相关）参加诉讼。见 Dickson, 'A Hard Act to Follow: The Bingham Court, 2000 – 8' in Blom-Cooper et al, *The Judicial House of Lords* 1876 – 2009（Oxford, Oxford University Press, 2009）。

[114]　比如在英国最高法院审理的犹太人学校案（［2009］UKSC 15）中有九位第三人参与诉讼。在英国最高法院 2009 年判决的十七个案件中，九个案件有第三人参与诉讼。也可见 Dickson, above n 89。

[115]　有个别例外，比如其援引的上议院案件 *Kirin-Amgen Inc v Transkaryotic Therapies Inc*（*No 2*）［2004］UKHL 46 以及枢密院司法委员会案件 *Christian v The Queen*［2006］UKPC 47。

法院相反。比如美国最高法院审案时律师的口头陈述只有三十分钟。[116] 欧洲法院可能是十分钟，甚至没有，[117] 在 1960 年代以前，[118] 法爵们便要求当事人或者其律师提交书面纲要，但是布洛姆－库珀和德鲁里在 1972 年指出"诉状仅仅被看作一个预先陈述。有时候法爵们似乎根本不读这个"。整个程序"完全与口头辩论匹配"，而且"律师要花大量时间阅读法律依据（其中一些很长）"。[119] 他俩建议学习南非法院要求当事人或者律师在开庭审理前提交"庭辩纲要"，即一个关于各自观点和法律依据的完整小结，并一般禁止再口头提出新的论辩。打印出来的诉状（printed case）如今包含了庭辩概要，通常不超过二十页，但有时候会长达六十页，而且本研究发现法官们如今真的会读这些材料。[120]

帕特森认为法爵们对口头交流的依赖大大多于对书面材料的依赖。法官们不断告诉他说口头方式让辩论具有灵活性。更令人惊讶的是，2004 年戈登的报告说"法律辩论的重要性体现在法庭上。法律对辩论陈述的时间很少有限制。如果有限制，那也没有被坚持遵守"，而且"通常不会参考对案件/诉状的陈述"。他担心在这种制度下基本人权和宪法问题的"决断是基于进行一些微妙的、基于大律师们的更高级的法律论辩技巧"。[121] 帕特森在 2011 年出版的实证研究中重新回顾了这一点。他访谈了二十二位前任大法官或法爵后发现他们都有在听审口头辩论之后改变原来意见的经历。戈登并不是建议废除口头辩论，因为法爵们要求的法庭证据质证会检验辩论的可靠性。他建议的是口头辩论要有时间限制，以鼓励法院和律师们关注真正的问题，并建议就哪些问题应该被辩论予以指引。

---

[116] 参见 2007 年 10 月 1 日生效的《美国最高法院规则》第 28.3 条，其规定"几乎不会允许有额外的时间"。

[117] Rules of Procedure of the Court of Justice, 1 - 1 - 2007, Art 44（a）.

[118] 是指十七世纪——这不是印刷错误，但过去有许多大法官和评论者不这么认为。见 R Stevens, above n 9 at 12。每位上诉人都有义务为每位法爵提供足够的副本。

[119] Blom-Cooper and Drewry, above n 4 at 404.

[120] 有研究支持了这一点。见 A Paterson, 'Does Advocacy Matter in the Lords?' in J Lee, *From House of Lords to Supreme Court—Jurists, Judges and the Process of Judging*（Oxford, Hart Publishing, 2011）262。该研究者还发现有些法官会预先与其司法助理讨论案件。我也观察到了这种现象。

[121] Richard Gordon Q. C. , in A Le Sueur（ed）, *Building the UK's New Supreme Court*（Oxford, Oxford University Press, 2004）316 - 17.

帕特森说在 1970 年代时上诉审平均需要三到四天，如今平均需要两天。[122] 这样的审理过程会考验最强的出庭律师的毅力和能力。巴瑞特评论说"英国最优秀的法官的出场使得审理具有了一种自然的权威气氛"。[123] 我坐在那些精英律师的后面观审时经常看到他们的丝质律师袍在颤抖，因为五个顶尖的法律界大佬在轮流挑战他们。戈登把这种场面比作希区柯克的电影《鸟》[124] 中的一个场景，而吉布（Gibb）则说布朗尼－威金森（Browne-Wikinson）法爵在 1990 年代"终结了无礼和攻讦的传统"。[125] 帕特森在 2011 年说宾厄姆法爵在任时"终于确立了法庭上的交谈风格"。他饶有兴趣地描绘了一些前任法爵们的咄咄逼人的表现，其中最有名的是布兰登（Brandon）法爵和坦普尔曼（Templeman）法爵——后者的绰号为斯德·威榭斯（Sid Vicious）。[126]

法庭对发言的个人没有时间限制，但对案子的时间有限制，这是基于出庭律师们的估计。在 2005 年，有些法官抱怨说律师们对挑战《狩猎法》一案[127]的时间估计极差，以至于他们不得不让财政部首席大律师把一些口头辩论转为书面。在另一个案子中，他们抱怨说律师们在寻求案件排期时低估了时间（需求）。他们为此怪罪上诉人的律师，但当我进一步询问时，上诉人的律师则怪罪那些明显为法爵们看好和喜爱的公诉方律师。[128] 一位法官说时间不成比例的案件排期是他的工作中最令人沮丧的一面：

> ● 那个有名的《狩猎法》案……原定的是两天。坦白地说，审理这个案子至少要三天。压缩审理以便这个案子在两天里审结实在令人沮丧。而星期一的一个案子无论如何应该不超过一天，但实际上安

---

[122] 参见 *Judicial and Court Statistics* 2008，英国最高法院在 2010 年 7 月的第一份年度报告中重复了这些数据。

[123] Barrett, above n 69 at 122.

[124] Richard Gordon QC, above n 121, at 319.

[125] F Gibb, 'The law lord who took the rap over Pinochet', *The Times*, 19 October 1999, Law, 3.

[126] Paterson, in J Lee, *From House of Lords to Supreme Court—Jurists*, *Judges and the Process of Judging* (Oxford, Hart Publishing, 2011) 256 – 59.
译者附注：斯德·威谢斯是英国著名的贝斯乐手，是"性手枪"（Sex Pistols）乐队的成员。

[127] *Jackson v Attorney General* ［2005］UKHL 56.

[128] 帕特森（Paterson）评论了"主要行动者"由于法官们对其信任而具有的优势，并援引一位法官的话说这让他们享有"不公正的优势"。见 Paterson, in J Lee, above n 126 at 265.

排了两天。这很荒谬。一个案子是简短明了的一个问题点，另一个则涉及宪法方面的改革……案子审理时限的长短应该根据我们的审理需要而定，而不是根据他们对我们的发言时间长短来确定。

尽管如此，另一位法官指出他们并不都抱怨律师们估计的时间太短，而且这方面也有相反的观点。大法官们如今已经意识到外国法院对口头辩论时间的限制，但他们没有进行改变的想法。比如曾在中国香港、新西兰以及一些太平洋岛国从事过审判工作的库克法爵说：

> ● 我承认自己非常偏爱上议院上诉委员会的做法……有充分的时间进行口头劝服是一项宝贵的财富……只要口头辩论运用得有技巧，而且能刺激律师和法官双方进行司法询问，并揭示法官当下的思考方式，则它更能够改变基于阅读文书材料而产生的预先印象。[29]

帕特森评论说 1970 年代的法爵之间的交流是以自己的同事们为目标。[30] 他在 2011 年时没再重复这一点。而且根据我在 2005 ~ 2010 年的观察，也没迹象表明现状依然如此。但法官们对口头庭辩的热情没有减弱。我在与三位大法官一起吃午饭时问他们是否在读过案件文书材料之后已经就将要开庭审理的案子形成了决定，一位说："没有呢，否则还要律师出庭干啥子？"另一位说："没有。我确定没有拿定主意。这些要上诉审的案子都有一些可争论的、有趣的问题点。"第三位大法官也赞同这种说法。但 2005 年时，大法官们已经在考虑如何起草英国最高法院的程序规则。这也导致他们在访谈过程中提到对口头辩论这一传统的考量。

> ● 我们之间一直在讨论是否应该坚持现有的制度……只要有宾厄姆法爵在这里，这里就会继续强烈认为我们的审判制度以口头庭辩为中心，而且口头庭辩不应该受到限制。但我认为也许有一天会实施比较严格的时间限制。如今的口头庭辩与交给我们的书面诉状之间有很大的重复，而且比较冗长，有点像是认为"你们法官说已经读过了打

---

[29] Lord Cooke of Thorndon, 'Final Appeal Courts: Some Comparisons' 2001 年 12 月在威灵顿维多利亚大学新西兰公法中心的演讲。

[30] A Paterson, *The Law Lords* (London, Macmillan, 1982) 89.

印出来的诉状，但我不信，因此我要全部再说一遍"。我觉得这样有点浪费。

到 2009 年 12 月，大法官们依然钟情于口头庭辩。有一位大法官说："那是这个工作中最有乐趣的部分！"然而，英国最高法院的一些口头陈词既不是"辩论"，也没有必要。在 2009 年 8 月份的两个案子中，律师的开场陈词居然是枯燥地详细复述有争议的立法条文。在第一个案子（涉及《欧洲人权公约》第 6 条）中，主审的候普法爵偶尔试着推进上诉人继续下一步的程序。当时和我一起观审的还有英格兰法律专业的学生以及来自美国的优秀的法律专业学生。律师这样复述法律条文及其缺乏灵活互动的出庭技巧让我在这些学生面前觉得尴尬。这些美国学生已经习惯了美国最高法院的做法。他们评论说这样的复述和重复毫无意义。而与学生谈话的一位大法官的助理则对此更加批判。他说那个犹太学校案的开场陈词也是两小时复述法律条文。"这个为期两天的案子本来可以一天就审完。"他说中殿大律师界资助的学者们（也就是前来伦敦参访的美国最高法院的前任书记员们）评论说这里使用的外部材料太多了。在接下来的一个星期里，在一个税务纠纷案件中，候普法爵又多次试图催促上诉人的律师向前推进程序，但这位御前大律师似乎被固定在了一条铁轨上不能偏离。这个案子的排期有两天，但在第一天结束时他还没说完。

> ● 候普法爵："你明天 11:30 之前必须说完。"
> 上诉人律师："好的，我尽量。"
> 候普法爵："这不是一个请求。（这是一个要求！）"

后来，另一位大法官和我不明白为什么这些御前大律师如此低能。这位大法官自己以前主持过出庭律师培训。他认为受过培训的年轻律师们都不会像这样。我认为如今明显有一种需求，即更加细致的案件管理。如果一个案子排期是两天，但对律师发言不作时间限制，则被上诉人的机会就会被不公正地缩减（比如这个税务案），甚至会偏离正道（比如《狩猎法》一案）。我建议大法官们就审理过程中的每个阶段设定时间限制，即上诉陈述、被上诉人答辩、上诉人答辩都要有时间限制，而且应该向律师明确表示希望他们就哪些问题点发言并禁止复述。在 2010 年的一场谈话中，一位司法助理再次提出了这一点，并指出目前打印出来的诉状（Printed Case）的复述仍然太多！一位大法官对此表示赞同，说："我们已经十分耐心了！"在 2008 年关于英国最高法院的非公开研讨会上，一些律师和一些法官也建议改善案件管理，要求审理需要超过一天的案件必须事先合理说明为什么需要更多时间（也就是说审理原则上不超过一天），而且要对当事人的陈述予以时间限制，对早期阶段的问题点予以简化，并且上诉裁决组应该确认哪些问题需要在审理时予以发言处理。

帕特森访谈的那些 1970 年代的法爵们认为他们比前辈们更加注重礼节，而且资深的法爵们也比前辈们更加善于礼貌地控制法庭上的啰唆。他们认为那些寡言少语的"院长"们，比如拉德克利夫（Radcliffe）和威尔博佛斯（Wilberforce）对于律师而言比较不那么令人紧张为难。律师们认为主任法官对同座审案的其他法官有主导性影响，但 1970 年代的法爵们否认了这一点。我的一位受访者赞同我的一个观察，即他们这一代法爵不像二十年前的前辈们那么直言。他说自己现在的审判风格与以前在上诉法院担任主任法官时的审判风格"很不一样"。当年他可以通过自己的干预来对法庭辩论施加很大的影响。

> ● 基本上你就让律师自由言说，几乎不打断他们的发言。我有时候认为法官们应该尝试引导一下辩论的思路。难点在于不是每个人都想要思路相同的辩论，因此即使是主任法官也不能对审理方式有过多要求和规定。宾厄姆和尼科尔兹，尤其是尼科尔兹，几乎不会打断律师的发言，而是任由其发挥。我在 1979~1984 年经常来这里……那一带法爵中真正有风格的几位是迪普洛克、坦普尔曼和布里奇（Bridge）。这几位很急于和律师们论辩。他们自己也会相互争辩，这时候你就可以作壁上观。[131] 但现在不是这样了。我知道宾厄姆认为法官如果就让律师按照自己的方式来，而不是采用事先安排的方式，那么法官们更可能深入理解双方的辩论并产生新的认识。

这位法爵关于 1979~1984 年法爵们的描绘与图宾（Toobin）在 2007 年对美国最高法院大法官的描述一致："通常，当大法官们相互交谈时，

---

[131] 帕特森在 2011 年说布兰登法爵和坦普尔曼法爵"会时常互相以令人不愉快的方式批评对方……他俩任何一个人的观点被拒绝之后就会给人脸色看"。

律师在很大程度上就是观众中的一员。"⑫

英国顶层法院依然有一些低效率的情形会让局外人惊讶。澳大利亚一位大法官在评论本章草稿时说：

> ● 让我吃惊的一件事是法爵们没有听审庭辩的文字记录。在我们这里，大法官们在审理结束次日上午 11：00 之前会拿到这样的文字记录。这意味着我在审案时不必做笔记，可以在必要时专心听审，或者在不必要时迷糊一下。我在写判决书之前总是会阅读这些文字记录，并在撰写判决书的过程中与其核对，以确保处理了所有必要的论点。我认为没有这样的流水式文字记录的话工作质量一定不高。

此外，英国最高法院依然存在玛蒂诺（Martineau）在 1990 年强调过⑬的上诉法院具有的一些魔鬼般的缺陷，即案件审理的时间长度由律师控制、审前合议太少、律师技能差以及秘书辅助太少。⑭ 本书关于上诉法院的那一章对这些缺陷已有论述。

律　师

帕特森与六十一位律师（其中八位后来成为法爵⑮）访谈时发现他们的目标就是利用任何合法手段劝服法爵们作出对其客户有利的判决，而不考虑他们自己对法律的现状或其更好的合理发展的看法。⑯ 他觉得法官作为中立的裁判员这一传统的、对抗式的模式并不够用。"法庭上的争斗与其说是在受雇的顶级律师之间，倒不如说是在这些律师与法爵们之间。"⑰ 律师们珍视就不同法爵的个体特点量体裁衣地设计庭辩这一技能，但曾经

⑫　J Toobin, *The Nine: Inside the Secret World of the Supreme Court* (New York, Doubleday, 2007) 195.

⑬　J Martineau, *Appellate Justice in England and the United States* (Buffalo, Hein, 1990).

⑭　一位上诉法院法官说："高级法官们没有个人助理和秘书辅助，这简直是丑闻。……普通法系没有第二个最高法院的资源配备如此糟糕。"

⑮　阿克纳（Ackner）、玛纳尔德森（Donaldson）、厄尔温－琼斯（Elwyn-Jones）、斯林（Slynn）、茹瑟欧（Russell）、布里奇、坦普尔曼（Templeman）、斯曼曼（Scarman）。

⑯　A Paterson, *The Law Lords* (London, Macmillan, 1982) 49.

⑰　ibid 51.

令他们沮丧的是根本不能提前很久知道合议庭由哪些人组成。到 2011 年时，帕特森的研究结论认为由于现在所有的法官席都是"热点席"，那里的大法官们已经提前阅读过案件，而且就口头辩论的审理时间也缩短了，⑬因此像过去那样量体裁衣设计辩论的可能性非常有限。在他 1982 年的作品中，帕特森认为学者们在论述司法创造力时忽视了律师们在这方面的巨大影响。正如法官可能会采纳律师的辩论观点甚至用词，其也可能将这观点和用词推荐给自己的同事们。一位律师说："人们在试图告诉法官们该如何写判决书。"⑬ 在 2007 年的法律学者协会会议上，黑尔女法爵提醒在座的听众不要低估了律师辩论观点的质量和影响力。⑭ 帕特森的观点也同样适用于上诉法院。那里的法官们会保持与律师的对话。但是，如今的区别是法官们已经读过庭辩概要，而且以一种不为外界所知的方式让庭辩概要成为全部判决的基础。帕特森在 2011 年的整个作品中都讨论了律师庭辩是否重要，而且他与律师和高级法官的访谈也表明就这一问题的答案并不统一。

　　戈登不赞成法律专业人士仅限于专门领域的专家。他赞成在大多数案件中额外任命一个由专才组成的"法院之友"团体，因为这样的"法院之友"有利于协助非专才组成的法庭"穿越判例法的沼泽去发现法律中的趋势和模式"。⑭ 这一点如今已经通过鼓励参与而得到实现。这延续了一种开始于宾厄姆法爵的趋势，标志着英国最高法院理解其判决的更广泛的意义和影响。⑭

⑬　Paterson, in J Lee, *From House of Lords to Supreme Court—Jurists, Judges and the Process of Judging* (Oxford, Hart Publishing, 2011) 262.

⑬　Paterson, 1982, above n 136 at 64.

⑭　所有的研究者都评论说律师辩论没有被录音，但美国最高法院和欧洲司法院有对律师辩论进行录音。帕特森在其著作 *The Law Lords* (London, Macmillan, 1982) 第 82～83 页的结论部分指出判决书是律师与法官之间以及法官与法官之间口头交流的产物，他批判"这对就上议院的司法判决过程进行研究构成了严重的妨碍。缺乏庭审记录更是固化了一种观念，即司法判决的真正工作（……）是最后判决日的言论和讲话。这种状态在智识上危险，在学术上不合理"。英国最高法院的程序如今被摄录——既有声音又有真实的移动影像。

⑭　Gordon, in A Le Sueur (ed), *Building the UK's New Supreme Court* (Oxford, Oxford University Press, 2004) 323.

⑭　就此观点见 B Dickson, 'A Hard Act to Follow: the Bingham Court 2000–8' in L Blom-Cooper, B Dickson and G Drewry, *The Judicial House of Lords* 1876–2009 (Oxford, Oxford University Press, 2009)。作者在该书第 264 页有详论。

司法助理

有一种普遍的神话，即美国最高法院的书记员们作判决、写判决书。我听说有人坚持认为英国的司法助理也应该这样。帕特森发现法爵们在一个方面认识不一致，即法官以自己已经读过但律师尚未有机会辩论的观点和材料进行判决这一做法是否合理。不过他们如今已经不这么做了。[143] 法爵们过去共同使用四位司法助理，但如今大法官们一共有八位助理，其中有些人是辅助一位大法官，有的则辅助两位大法官。[144] 这些司法助理是很聪明的律师，只不过他们早期有职业中断。这个职位任期通常是十个月。与美国法院的书记员不同，这些司法助理不写判决书（他们风格特异[145]，而且不再"属于"书记员，就好比高等法院商事庭的判决书虽然是特若罗普法官从律师提供的文本那里复制粘贴过来却不属于律师一样）。英国的司法助理们制作态度中立的案件上诉申请备忘录以及判决书的媒体简报（由大法官审核过），并帮助大法官们准备讲演和讲座文稿。法官们的需求也不同。有一位法官与斯旦因法爵共用一位司法助理，但他认为斯旦因那边要求很高难度不小，因此觉得自己不该再用这位助理。在 2007 年，司法助理们发给我一个联合说明：

383

> ● 司法助理与法爵之间的互动因不同的法爵和不同的案件而有所不同。比如，有些法爵较少使用司法助理……另外，对司法助理的使用程度也取决于律师提出的观点的合理程度。司法助理的角色并非政治性的，而且他们也不就当事人的请求或者案件本身的优劣正式表达看法。

在 2009 年，有一位司法助理说当一位大法官想要增加自己的法律说理时便把他叫过去帮忙。另一位说一位大法官让他去研究一下律师没有提到

---

[143] 过去就此存在争议。丹宁法爵最近试过，但遭受了批评。参见 A Paterson, *The Law Lords* (London, Macmillan, 1982) ch 3；以及其在 2011 年的新作（见 above n 76 at 260–61）。

[144] 行政主官杰妮·柔伊（Jenny Rowe）就大法官们的要求询问了他们本人。

[145] J Toobin, *The Nine: Inside the Secret World of the Supreme Court* (New York, Doubleday, 2007) 156.

的法律论点。有两位大法官过去在税务案件中大量使用司法助理——这位助理本来就是税务律师。他被大法官们叫过去一起讨论。"我们一起讨论问题。我喜欢告诉他我的一些观点并与他探讨。他很聪明。"[146]

判决的形成

帕特森说 1970 年代的法爵们每次在审理过程中休息时都会讨论案件。两位或者更多位法官可能会在午饭时讨论，然后整个合议庭会在重新开庭之前再一起讨论。这比上诉法官阿登（Arden）曾提出的以"内在处理"来降低判决书的冗长程度走得更远。[147] 有一位法爵在 2008 年说：

- 帕特森发现法官们"不停地讨论"，但我的经历与此相反……与上诉法院不一样，这里没有事先的会面来兜售自己预先的观点并分派判决书写作任务。在案件审理过程中几乎没有集体聊谈，但有时候偶尔有一两个人在去上诉委员会办公室的短途中会作一些评论。我们不在一起吃午饭。每两个人之间会有一些聊谈，而且偶尔有时候案子非常清楚以致我们只是讨论让律师向我们讲哪方面的问题。如果没得聊，我们就一直等到律师们离开时为止。

如今大法官们能提前简短碰面。他们有会议室，不用像过去那样在议会图书馆或者走廊里耳语。候普法爵[148]解释说，"我们如今可以私密地简短交流对案子的本质的理解以及我们打算如何处理审案过程"，但与上诉法院不同，"我们情愿在审理前让自己不在任何程度上圈于某种观点"。审理结束后，他们马上进行合议，按照资历由浅到深的顺序依次单独发言，除非主审大法官插话或者说"这方面没啥可说的"。[149] 帕特森在 1982 年指出法爵们之间如果没有出现多数派意见则会有进一步的讨论。如果大家都基

---

[146]　帕特森在前注 76 其作品中确认了这一点。

[147]　Arden LJ, 'A Matter of Style? The Form of Judgments in Common Law Jurisdictions: A Comparison' 28 June 2008, Judiciary website.

[148]　J-Y Gilg, 'Supreme Craftsmanship', interview with Lord Hope, *Solicitors Journal*, 8 December 2009.

[149]　信息来自英国最高法院的一位大法官。帕特森的《法爵》一书为持续的讨论设定了高基准。出现这种惊奇不同寻常，因为在临时讨论中已经交流了观点。见该书第 90 页。

于实质上相同的理由而意见一致，则会一起决定由谁撰写领衔判决（leading judgment，在英国最高法院指第一个判决意见）。这取决于他们的专长和工作负荷，但这并不妨碍任何人单独撰写意见。"这里的主要意图就是应该有人负责撰写判决书的第一稿作为其他人判决意见的基础。"⑲ 其中一位的任务是描述案件事实。⑳

在接下来的几个星期里，领衔判决意见会在合议庭成员之间传阅。帕特森说有时候法官们会暂缓一下，以看看其他同事会写出什么意见。候普法爵说草稿会来回改动许多遍，因为当你看到其他法官的判决后可能想扩充自己的观点或说理论证。另一位则解释说：

> ● 每次口头辩论听审结束后……我们就会立即讨论并确定由一个人写出一份其他人都有可能附议的判决意见。这是一个极端。另外一个极端是主任法官可能会说"显然我们都得就这个案子写判决书"。于是马上就有经由各种方式形成的中间立场。我们达成了某种临时的共识。但很清楚的一点是，实务上通常要求有一位法官的发言必须包含全部的重要事实和重要问题，而其他人只在愿意时就个别事项予以补充。而且比较理想的是领衔意见应该是多数派的意见（但令人遗憾的是有时候领衔意见是异议意见）……但是差异有其模式。有时候大家都赞同，都认为最好用一个判决意见来处理；有时候就是各种不同的意见和不确定性。而且也有法官会说自己目前暂时弄不清楚自己的想法，需要看到别人的判决草稿之后再考虑一下……有时候我们在办公室里转来转去，发现不能达成一致。这令人不满意，也不会令人感到高兴。我们会一起待上十秒钟，然后说"就这样吧"。

候普法爵说在首次碰面之后，主任法官通常会决定由谁写领衔判决意见。但是在本研究中，多位大法官表达了沮丧。

---

⑲ 候普法爵。

⑳ A Paterson, *The Law Lords* (London, Macmillan, 1982) 92–93. 帕特森在 1970 年代的描述与如下的现代描述非常相似，也与候普法爵在 2009 年的描述相似。巴瑞特在 2001 年评述说法官们在审后讨论中不会试图去动摇彼此的决定，但是帕特森发现 1970 年代的情况与此相反。此外，法官们在休息时间讨论案子后也可能会被彼此说服。

● 当你开始处理一个案件时不知道会由谁写判决书……这是这里与上诉法院的重要区别……有时候你会觉得自己很想写领衔判决意见，却发现没有分配你写。有时候会比较沮丧……因为秘书辅助太少。有时候你想很快把判决书写出来，并希望劝服你的同事，但你发现没能很快达到这个目标。

（过去是三位法爵共用一位秘书，如今在英国最高法院这种秘书配置比例变动不定）另外一位大法官还在为判决准备过程中的重复劳动感到沮丧。这种重复是事先工作分配（上诉法官阿登就此呼吁过）不当造成的。这位大法官早在 2007 年就写道：

● 我觉得我们都以为新的最高法院是产生变化的良机。我相信我们中大多数人会继续在那里工作并有机会变得更加协洽，而且少浪费时间做重复劳动。为此，新的规则有意用开放的语言来表述。

但到了 2009 年 12 月他就失望了。"我们还有很长的路要走。我们将自己（英国最高法院）塑造成对法律职业界和下级法院最友好的形象来让别人接受。"他抱怨要准备复数判决（multiple judgements）、重复事实和问题以及主任法官也应该立即决定由谁写领衔意见（因为如果不这样，大家都会在一个星期里写自己的判决）。他说在犹太人学校案中，九位大法官的判决书堆积起来有四英寸厚。[152]

单一判决与清楚

"如果你的愤怒多于你自然的恣意，那你就写一份单独的异议判决。"一位法爵引述另一位法官的说法，从而引发他的同事大笑。[153]

前一章讨论了关于单一判决、复合判决与个别判决（inidividual judgments）的争论。这些争论不出意料地在英国最高法院重新燃起。[154] 大

[152]　这就是缺乏本书上诉法院那一章讨论过以及爱德华兹在此讨论过的协洽。

[153]　在伦敦大学皇后玛丽学院的闭门研讨会上。

[154]　See Arden LJ's speech, above n 147, and J Lee, 'A defence of concurring speeches' [2009] *Public Law* 305.

法官们乐于就此表达意见。上面被引述的那位法官来自中国香港。"那里的法院文化更多使用单一判决解决问题。但我们这里的解决方法也好，只是没有实施。"在 2008 年，有些上诉法官和上议院法爵强烈表示由于最高法院的唯一职责是确立判例，它应该给出清楚明确的判决而不是复数判决，因为复数判决中的相互冲突的说理会导致法律不确定。[153]

布洛姆 - 库珀和德鲁里在 1972 年建议法院给出单一的"法院判决意见"，并由法官们轮流撰写。[154] 如果法官被分派写一个单一的判决书，那么他会理解并接受多数派法官的观点。巴瑞特说一旦草稿被传阅开来那么差异会在口头上消解。[157] 在枢密院的案子中，同样是这些法官，他们会给出单一判决意见。但在 1833 年[158]法律职业人员和法官被任命之后，这个规则的意义就不那么大了，不过其被认为强化了权威和确定性，因为枢密院的判决从技术意义上讲是对王权的咨询建议，那么提供相互冲突的建议就不恰当。但是"强制而成的一致会导致一些索然无味，而异议意见越来越多被看作是完善法律的一种方式"。[159] 而且从 1966 年起可以有异议意见。[160] 帕特森在 1970 年代发现大多数人认为法爵们应该避免复数判决，在刑事上诉案中尤其应该如此（鉴于 1970 年代的不负责任的刑事案件判决，比如 *Hyman* 案和 *Majewski* 案的判决，直到如今依然令人吃惊）。[161] 但资历浅的法爵并非必须遵从资深同事的意见并放弃自己的意见。复合判决很稀少。一

386

---

[153] 除了犯罪案（见下文）以及案件 *Boys v Chaplin* 之外，另一个例子是 *Pettit v Pettit* [1970] AC 777 和 *Gissing v Gissing* [1971] AC 886 案。这两个案子"使关于拟制信托的法律在接下来将近四十年里持续存在争议"。引自 Carnwath LJ in 'The Devil we know or a new start?' *Counsel*，June 2008，p. 6。

[154] L Blom-Cooper and G Drewry，*Final Appeal*（Oxford，Clarendon Press，1972）154，402. 该书第五章题为"司法中的个人主义"，但主要讨论的是异议判决。

[157] 他曾评说随着上诉数量持续增加法官们会有动机给出单一判决。然而，巴瑞特（Barrett）以及勒叙厄尔（Le Sueur）的假定都错了。如今也不是这样。

[158] 《司法委员会法》，见 M Barrett，*The Law Lords: An Account of the Workings of Britain's Highest Judicial Body and the Men Who Preside Over It*（Basingstoke，Macmillan，2001）170 – 71。其起源于 1620 年代的只给出一个判决意见这一实践。

[159] ibid 171.

[160] 库克（Cooke）法爵在 2001 年的演讲中就死刑案中的第二个异议意见进行了解释。在那个死刑案中，斯坦法爵拒绝认可应该只有一个异议意见这一规则。

[161] *Hyam v DPP* [1974] UKHL 2 and *DPP v Majewski* [1976] UKHL 2. 上议院在这两个案件中迥然相异的说理思路使关于杀人和以醉酒作为辩护理由的法律在好几年里都处于不确定状态。破产法律师则觉得 *HIH* [2008] 1 WLR 852 一案颇为烦人。见 Neuberger，'Top Dogs: Britain's New Supreme Court'，BBC Radio 4，8 September 2009。

半的人说在判决草稿传阅之后他们会收回自己的异议意见，认为这样的异议达不到目的。如果异议意见公开发表了，那么这位异议法官实际上是在向将来的法官、法律改革机构或者议会发出呼吁。所有法官说自己是有表达自由的个体。大多数法官说资深法爵不必担当调解人。偶尔主任法官会再次召集合议庭试图达成一致或者减少像在 *Boys v Chaplin* 案中那样有好几个差异很大的判决意见。这个案子中显然没有这样的努力，[162] 但这也是因为这种努力使得后勤方面太难做。有人认为法爵审理案件时可以达成统一判决，但瑞德等人不这么认为。法爵们没有时间[163]"就一个联合判决（joint judgement）召集一个委员会会议。这么办的话我们永远做不完手头的事情"[164]。这就怪了。如果法官们如今没有时间做复数（multiple）判决，从而使得上诉法院的复合（composite）判决具有合理性，那么过去的法爵们怎么能以没时间作复合判决来说明复数判决具有合理性呢？帕特森的结论认为 1970 年代的时代精神是"自由主义"，[165] 法官们之间的磋商或者讨价还价不如美国的大法官们之间那么普遍。这些美国同行被要求作出单一的法院判决。洛伯逊注意到 1980 年代中期以前的资深法爵迪普洛克更喜欢单一的多数派判决。但洛伯逊看到了这么做的问题：

● 法爵们之间真的很少有争论，因为他们并不应对彼此的观点……英国法爵们的这种索然无味地进行断言的趋势不同于美国或者澳大利亚。在那里，法官可以对同事的说理进行残酷的抨击。英国的这种索然无味的趋势在变得更糟……因为法爵们已经是期待一个案子通常只有一个代表多数派合议庭的意见……无论这对于法律的确定性多么有益……它都降低了对问题的真正辩论与讨论的深度。学术界和律师界都会认为这尤其没啥好处……这也会给法爵们自己带来问题。

387

---

[162] ［1971］AC 356. 这个案子曾经让国际私法方面的律师饱受折磨几十年。

[163] A Paterson, *The Law Lords*（London, Macmillan, 1982）108.

[164] Ibid, 98.

[165] A Paterson, *The Law Lords*（London, Macmillan, 1982）96 - 108. 拉德克利夫（Radcliffe）法爵和瑞德（Reid）法爵认为阻却异议意见简直是"胡说"。拉德克利夫说他自己在 1949 年成为法爵时，异议意见不会被看好，因为当时的司法界认为显露差异会削弱司法权威，但当他在 1964 年退休时便没人支持这种认识了。瑞德曾经认为异议意见是一种危险，但后来的法院则将单一判决意见看作像成文法一样。见 J Lee, *From House of Lords to Supreme Court — Jurists, Judges and the Process of Judging*（Oxford, Hart Publishing, 2011）324。

他们有时候会发现自己被理解为支持某种解释立场，而他们后来不得不收回这种立场。⑯

法爵们在 2005 年告诉我说宾厄姆法爵急于让自己不像迪普洛克法爵那么不灵活，因此大多数判决都有复数意见，而且

  ● 拒绝了英国最高法院应该努力做出单一判决这一建议……候普法爵说："我们不想学在卢森堡的欧洲法院。欧洲法院给出的是一个让人觉得舒缓的、没有法官署名的判决书。这样的判决书并没有真正包含有创意的想法。这种风格的判决无助于推动普通法向前发展。"⑯

同时，不少法官（从地区法官到大法官）希望能做出一份单一判决或者单一多数派意见判决。厉和其他人引用了黑尔女法爵的一个判决：

  ● 在前两个问题上，多数派的意见与霍夫曼法爵的意见一致。因此我们其他持同样观点的人说得越少越好。这里的判决内容和理由毫无疑义，也没有争论的余地……的确，我们需要很多理由才会采用国外的一些最高法院的做法，即给出一份单一的多数派意见判决，而且合议庭每位法官都促成了这个判决意见的形成，而且接受了这个判决，不再需要有任何限定或者解释。律师和学者们会觉得这其中没什么好琢磨的，但将来的诉讼当事人会为此感谢我们。⑯

上诉法官卡恩沃斯（Carnwath）在 *Doherty* 案中对复数判决的苦恼已经广为法律界所知。我见过他每次一有机会就向顶层的法官们当面抱怨：

  ● 摆在我们下级法院面前的上议院判决意见是法爵们的六个有实

---

⑯　D Robertson, *Judicial Discretion in the House of Lords* (Oxford, Oxford University Press, 1998) 77 – 78. 该书涵盖的时间段为 1986 ~ 1995 年。

⑯　J – Y Gilg, 'Supreme Craftsmanship', interview with Lord Hope, *Solicitors Journal*, 8 December 2009.

⑯　In *OBG v Allan* [2007] UKHL 21 cited by Lee, above n 76.

质内容的意见。这让我们不得不费力对这六个意见进行比较分析才能得出一个结论。上议院有必要这么做吗?[169]

纽伯格（Neuberger）大法官也像黑尔女法爵那样认为，如果能像美国最高法院那样采行单一多数派意见作为判决并允许有个别附加内容，则可以避免出现欧洲法院那种风格的判决。

> ● 可以给出异议和附议判决。这样无损于法官的独立性和可问责性。公众和议会可以清楚地看到法律在未来的可能发展方向。多数派的意见判决给出判决理由。这样避免了在五个或者更多判决意见中搜寻判决理由，而且可以清楚地呈现法律为什么是法院已经宣称的那样。[170]

388

女上诉法官阿登曾经呼吁通过图表、新闻通稿、更好的文内小标题以及缩短篇幅等方式让判决书更加具有可读性、更加易懂。她鼓励在审理前和审理后通过"内在交流"和"通常考虑一份单一的多数派意见判决"来让判决书不那么冗长。

> ● 无论什么时候有附议或异议都应该明确给出理由……并声明赞同哪些观点或不赞同哪些观点……此外，在表达判决意见时应该避免重复领衔意见中的事实或引用……要尽早决定由谁撰写领衔意见。在看到这个领衔意见之前，法官们通常都不愿意传阅自己的判决意见。[171]

---

[169]　*Doherty v Birmingham City Council* ［2006］EWCA Civ 1739. See *Counsel* in June 2008，'Devil we know or new start?' at 6. See also the mess in *SS for the Home Dept v AF* ［2008］EWCA Civ 1148 中也是一片混乱。时任上诉法院民事部主官、上诉法官克拉克（Clarke MR）和上诉法官塞德利对此有评论（见 Lee, above n 76 at 306 - 07），上诉法官沃勒（Waller LJ）在 *Grundy v British Airways plc* ［2007］EWCA Civ 1020 中再次发出这样的声音（见 Carnwath, above n 155）。

[170]　Hale, 'Insolvency, Internationalism and Supreme Court Judgments' speech, 11 November 2009. 她在 2010 年英国最高法院一周年纪念研讨会上重复了这一呼吁。见最高法院网站。

[171]　Arden LJ, above n 147 at 10.

在 *R v Forbes*[172] 案中，法爵们在这个刑事上诉案中就法律做出了一个单一的陈述，并表示他们以后也想这么做。[173] 但实际上他们只是在百分之五的问题中这么做了。[174] 而且在迪克森看来，就何时使用复数判决并没有一贯的立场。我分别让两位法官解释一下为什么与上诉法院相比我们的顶层法院很少使用复合判决。他们都谈到了上诉法院强烈的协洽性。另外一位法官告诉我说有一次主任法官已经决定手上的一个案子应该给一个单一判决，并让一位非专门领域的法官写判决书，这导致这位法官觉得自己不得不加上自己单独的判决意见。还有一位法官向我书面对比上诉法院的情况，表示"希望上议院上诉委员会和新的最高法院中能融入更多的协洽"。在 2007 年的法律学者协会会议上，黑尔女法爵说上诉法院的工作量大，那里有协洽性和共同的方法；更重要的是，上诉法院会有三位法官连续三个星期在一起审理不同的案子；谁先作出领衔判决意见已经是事先决定了的。但顶层法院没有制度化的审前讨论，也不会事先决定由谁先判。这种非常不同的程序自然会导致有多个不同的判决。在 2010 年最高法院一周年纪念研讨会上，黑尔女法爵呼吁"以更加协洽的方式进行判决书的写作。这是世界上其他地方的通行做法，这些地方的复数判决是常规"。在 2010 年 10 月的会议上，她说："我们没有给出联合判决书或复数判决书的传统，但这使得大律师界不能将判决意见分开来理解。"然而，姑且不论其喜欢推动复数判决书的使用，甚至她自己也承认这并不总是可行。"在今天上午的 *Radmacher* 案，有九位大法官坐堂审理。九个人都写了判决书。院长觉得这样看上去不好，于是试着写了一个判决书让其他人都签署。他从来不会让我去签署！"[175]

在审理案件之外的发言中，大法官们会参考国外的判决形成机制，并

389

[172] ［2001］1 AC 473, Le Sueur（上注 71）对此有讨论。

[173] R Munday, '"All for One and One for All" the rise to prominence of the composite judgment within the civil division of the Court of Appeal' 61 (2) *Cambridge Law Journal* 321 – 50, 342. 洛杰（Rodger）法爵指出这是由宾厄姆法爵作出的；宾厄姆当律师时曾经是 *Heaton's Transport* 案上诉人的律师之一。就这个案子故意作出单一判决是为了消解当时高度紧张的政治对峙，这场对峙当时已经导致码头由于罢工而瘫痪。见 Lord Rodger, 'The Form and Language of Judicial Opinions' (2002) 118 *LQR* 226 – 47, 233。

[174] Lee, *From House of Lords to Supreme Court—Jurists*, *Judges and the Process of Judging* (Oxford, Hart Publishing, 2011); B Dickson, in L Blom-Cooper, B Dickson and G Drewry, *The Judicial House of Lords* 1876 – 2009 (Oxford, Oxford University Press, 2009) 262.

[175] ［2010］UKSC 42.

且有时候会让他们对那些机制的不喜欢更加为业界所知。⑯ 美国的金斯博格大法官说他们的最高法院的 40% 的全体一致率已经是"高比例"。库克法爵对此感到吃惊，并指出在英国的法爵之间这个全体一致比例是 75%。⑰ 这个高比例会让那些倡导单一判决的人更加沮丧。2000～2008 年，仅有 5% 的案件是单一多数派判决。其他法爵的做法让寻找一致的判决理由这一问题更加糟糕。勒叙厄尔教授说：

> ● 判决中的发言顺序依照法爵的资历……而不是按照逻辑来进行……根本没有努力去给出一个综合分析……要弄清楚多数派意见是什么，必须有很高级的法律技能。⑱

更令人困惑的是，正如黑尔女法爵指出的，判决书对案件事实的陈述并不必然出现在领衔判决中。⑲ 但英国最高法院如今会说明这一点。以前的时候，判决意见会直接上传到上议院上诉委员会的网站上，整个判决书没有小结或者案件概要。

英国最高法院的情形正在发生改观吗？

对相关问题的不断讨论已经促使足够多的大法官意识到问题的存在，并开始改变一些做法。但他们做得不够，还不足以让包括一些大法官在内的批判者感到满意。已有的变化包括：

——采用更多复合的"法院判决"，或者单一判决，或者单一多数判决。英国最高法院第一年的五十七个案子有三十一个判决是这样的。⑳

---

⑯ 洛杰法爵对美国最高法院判决中使用脚注以及其冲突型的语言风格感到惊恐。而英国法爵们的判决用语彬彬有礼而且不使用脚注。见 Lord Rodger, 'The Form and Language of Judicial Opinions' (2002) 118 *LQR* 226 - 47。

⑰ 在 1952～1968 年是 90%。见 L Blom-Cooper and G Drewry, *Final Appeal* (Oxford, Clarendon Press, 1972) 178。

⑱ A Le Sueur, 'Developing mechanisms for judicial accountability in the UK' (2004) 24 *Legal Studies* 73, 90.

⑲ Plenary session, SLS conference, 2007.

⑳ Brenda Hale, *Judgment Writing in the Supreme Court*, 在 2010 年 9 月 30 日周年纪念会上的演讲，见英国最高法院网站。黑尔女法爵将联合撰写的判决意见称为"复数判决"(plurality judgments)，并就此以其与纽博格法爵共同撰写的判决书作为例子进行阐述。

——运用清楚、全面的媒体通稿。通稿会交叉引用判决书中的一些内容。这个做法确实很好，因为任何人都可以从最高法院网站上看到这些通稿，而且意味着纳税人也能理解判决的内容。而在过去，大法官们的判决书会让法律专业学生，甚至让上诉法官读起来也感到绝望。

——先印发领衔判决意见，然后是多数派判决意见，最后是少数派判决意见。每部分都有清楚的标示，并说明案件事实描述在判决书的哪部分。

——运用审前计划和安排。

——许多大法官分别承认即使作出的是复数判决，也应该清楚地表述判决理由，哪怕是说理的路径并不相同。

这并不足以让前面被引用的那位大法官满意。难怪他提到了犹太人学校案。但这个案子有一个很出色的媒体通稿，从而让普通读者不必去阅读那份长达九十一页的判决书（五对四）。法官们没有努力按照上诉法官阿登关于遏制冗长的判决书的建议去做，而且显然也几乎没有什么"内在交流"。那位大法官也抱怨了这一点。这个案子的事实陈述是在候普法爵的少数派意见中。为什么不让当事人提交一个事实概要，然后复制粘贴到判决书的前部呢？特若罗普法官在高等法院商事庭就是这么干的。

在顶层法院的感觉

新获任的法爵们对于告别上诉法院的那种协洽风格、进入这个顶层法院后在这里的相对孤立感到惊讶。到这里任职就意味着离开上诉法院和高等法院里的法官同事以及对其有帮助的个人的书记员，从而切断了由于管理职责而与司法界其他层级人员形成的关系。在1990年代中期，还有一位新上任的法爵告诉我说他怀念上诉法院并经常回去看看。后来的两位新任法爵也经历了同样的惊奇。

● 当我弄清楚我的新工作的情况时……我说："你可能以为我会很兴奋，但实际上我因此陷入了深深的郁闷……"我的朋友们都在皇家司法院。我每天和他们一起在律师学院（Inns）午餐，一边吃饭一边八卦法律界的事情。我已经掌握了上诉法院的工作节奏。那里工作辛苦，但我已经学会了如何应对……我在那里有好几年是主任法官，因此可以决定我自己就哪些案子给出领衔意见。而且由于我在公法（行政诉讼）方面的经历，我会审理大多数公法案件。

- 我第一次来到这里时绝对讨厌这地方。我觉得这里很怪异，几乎有几次我就要申请回到上诉法院去……部分原因也在于这个建筑。[180] 我真的很讨厌上议院这建筑——而且到处都是戴着白领结的服务人员，于是你感觉像在一个豪华酒店。这些服务人员都对你很恭敬，但你不会知道他们在心里到底怎么看你。我觉得这地方很不自然，而且我不喜欢我们的最高级别法院是立法机构的一个附属品。因此我原则上赞同设立最高法院。但我这里的同事们无一例外都很令人愉快，而且很体谅人。这一切都与上诉法院的氛围不同。在上诉法院你会忙得要死，因此大家必须抱团，否则活不下去。

他注意到来自北部的法官更是漂泊。

- 他们在伦敦过着单身汉一样的生活，与朋友隔绝了……他们的生活更加隔绝。

另外一位大法官让我注意到北部来的法官的"僧侣般"生活。一个苏格兰的法官说他在大律师学院附近租了（买不起）一栋单元楼，没有租金补贴。与议会议员不一样，法爵们从来都没有伦敦住房补贴。他每个星期有十个小时在车上和路上，每个星期四 23：00 回到家，然后星期天 17：00 从家里出发返回伦敦。他跟我说："你一定得把这个写进书里面去。"但他同时补充说："担任法爵是一个巨大的荣耀。我必须在我们的团队中全力以赴、尽心尽责。对此我并不后悔。"另外一位新人必须调整自己以便适应自己在这里的新人身份。

- 在来这里之前，我是主任法官……当由我写判决书时……我可以自由地按照需要设计判决的论点和说理。但在这里，我现在是新人。

---

[180]　西敏斯特宫（英国议会上议院和下议院所在地）。

有一位英格兰的法官在上诉法院工作之后并不觉得这里工作量太大。这并不令人吃惊。

> ● 这里的假期很慷慨……长达十四个星期……我把其中两个星期用于工作……通常会有一两个判决需要自己去做。我现在不像以前在上诉法院时那样每天工作那么长时间。我再也不用周末时还加班六小时，但我不确定这里的资深大法官们是不是也这样，因为他们会超出自己的业务份额来写一些领衔判决意见。

但是另一位大法官就此评论说：

> ● 我过去在爱丁堡的工作和现在是一个层级……但那里的工作压力大，而且在审判工作之外还有许多行政事务。离开那里之后，我现在感觉轻松了许多。但这里也需要不断努力，以便跟上进度。我当然没有摆脱周末加班的习惯，如今我在周末通常从15:00工作到20:00……主要是撰写判决书以及为下星期的案子进行阅读。和在爱丁堡时相比……我如今的周末休息时间比较少。如今的时间要求比以前高，但压力小一些。这是很好的平衡。在没有压力的情况下考虑问题——这正是这个工作所需要的。

有一位法官用他的半个夏天去准备他受邀进行的讲演、准备组织司法交流活动，并帮助起草《英国最高法院规则》。他描述了自己在审判季的一个星期的工作情况。

> ● 星期一到星期四我们几乎总是在坐堂审案。星期五则几乎从来没有审理过案子。有些同事和我有时候星期五也会来法院工作。有时候则只是把材料带回家看……我通常是7:30到法院……星期一的审案通常从11:00开始。其他三天则从10:30开始。一个工作周通常在做几件事情：一是进行审前阅读；二是参加审案和讨论，这需要决定由谁写判决书；此外就是在思考和写作，并需要考虑上诉许可申请。

392

大法官们处于众多智识巨人之间，所以不得不注重加强自己在法律专业方面的自学。

- 我觉得自己以前对来这里工作感到有点担心，因为我总认为同事们比我聪明许多。我过去认为在上诉法官群体中我该是最聪明的几个人之一了。但在这里我得努力跟上别人。

- 每次提升司法职位时我都知道要就自己不太熟悉的法律领域加强学习，而且必须用心努力才跟得上这里的节奏……公法领域非常广泛。我起初当法官时对公法几乎一无所知……因此我审理公法案件也是一个很大的学习经历，而且也增强了我对公法的兴趣……我觉得这里如今大约三分之二的案子是公法案件，尤其是人权案像潮水一般涌进来。这给法官们与政府部门之间的关系造成了各种各样的新问题。这些问题很有意思，而且也很重要。

英国最高法院如今仍然有潮水一般涌进来的人权案件。[182]

法爵们的办公室和走廊里过去陈设着一些展示议会事务的显示屏。置身于西敏斯特宫（议会大厦）强化了他们的工作的政治本质。前面第一位法爵承认这有某种好处，但依然讨厌这种格局。

- 法官们与立法者擦肩而过，而且能知道一些政治压力……这对于法官也是一种学习。法官太过于孤立于政治也是一种危险。如果我们受限于象牙塔之内，那么我们进行自我教育就更重要，这样可以让我们在更广泛意义上与公众生活中的问题保持关联。我来到上议院上诉委员会工作后在这方面有意而为的第一件事情就是拿着《经济学家》杂志一页一页读完。

- 在这个建筑里也有一些价值……法官们能每天了解到立法过程以及全国民众关心什么问题。

在 2003 年答复关于最高法院的咨询时，法爵们的意见并不一致。但 2008 年时在任的法爵只有两位反对搬出西敏斯特宫。

---

[182] 2009 年的六十二个判决中有十八个关于私法的，24% 是关于人权的。见 B Dickson, 'Year end' (2010) 160 *New Law Journal* 65。

2005 年对法爵的四天观察

星期一

9:00 宾厄姆法爵进来了。他来向我研究的那位法官咨询关于不动产转让的法律问题。

393

10:05～10:20 观看上诉委员会快速处理上诉申请，如上所述。

11:00 就一个成文法条的技术型解释而全面审理一个案件中的小事情。

13:00 在自助咖啡厅与三位同事一起吃午饭。他们不再像帕特森在 1970 年代进行研究时那样在法院餐室吃饭，而是"在资助最好的英国餐厅里吃饭"，一位法爵开玩笑说。另一位强调说："我们如今不都在那些绅士俱乐部会面了。"他怀疑是否有任何一位法爵还是这类俱乐部的成员。我知道这是个错误。其他人也很快纠正了他的说法。"当我妻子不做饭时，我就去我的俱乐部吃晚饭"，"甚至到布伦达（黑尔女法爵）的俱乐部吃饭"。这就让他们的俱乐部会员资格合理化了。如果黑尔女法爵这么做，那明显没问题。法爵们（以及司法界高层和大律师们）的谈话会经常提到黑尔女法爵，把她作为一个"酷"的、人性化的现代法官的象征。有一位法爵在访谈中不无崇拜地说："布伦达啊！她是我们中的女王！"⑱ 在电梯里，我们遇到了阿克纳（Ackner）法爵，他已经从法官岗位上退休了，但仍然活跃在议会。他正弓着背挂着拐杖走路。如今在英国最高法院不可能偶遇那些著名的前辈法爵了。

13:45 高级法律报告员拿进来一个判决书草稿进行核对，然后带我去上诉委员会办公室。她问我是否准备写一份事实报告。

15:15 "律师离开。"我们离开，然后他们继续进行预先讨论。一位戴着白领结的看门人赞扬法爵们的辛劳，并说："我不知道他们怎么做得到。周末要读星期一的案子。晚上要读其他案子，还要写判决书。"后来，法官告诉我说他们已经达成一致意见，而且由他写判决书。

---

⑱ 布伦达·黑尔曾经认为讽刺杂志《私眼》将自己的名字给女王用只是个笑话而已，但这不是笑话。

译者附注：《私眼》确实曾经以布伦达作为英国女王的诨名。男笑星斯丹利·巴克斯特（Stanley Baxter）扮演的布仁伦公爵夫人（Duchess of Brenda）大体上是以英国女王为原型。

星期二

9：30 九位法爵用一个小时讨论了 *Jackson* 案（即《狩猎法》案）之后，我再重新加入他们。他们很高兴大家都有时间表达意见。他让我看了打印的案卷材料：两卷，另加九卷附件材料——成文法规定、议会发言记录摘要、阿斯奎斯（Asquith）的生平、卫德与布拉德雷（Wade and Bradley），以及本尼恩（Bennion）的学术文章。他还给我看了他召集的 9 月份的加拿大司法交流活动的"团队"。我去问布伦丹（Brendan）关于按才配位的问题。

13：00 在公共咖啡厅，自由民主党领袖查尔斯·肯尼迪（Charles Kennedy）议员在我们前面排队准备付钱。我们仔细看他。有人问："这真是他吗？"另一位说："是的。""没有我原以为的那么高大魁梧。"我为这 394 种反讽的场面而微微发笑：英国的两位顶级法官完全忘记了自己的身份之重要（普通法系之母的造法机构中五位合议庭成员中的两位）而为一位议会明星一惊一诧，而这位明星不过是人数为一千三百九十三位投票者（上议员和下议院合计）中的一员。

他们叫了另一位法爵和我们一起。然后尼科尔兹法爵也加入我们的小桌子旁。他刚刚安排完下一个审判季的许多人权案的合议庭组成。他们问我觉得谁会被任命为新法爵，他们以为我可能在上诉法院听到了一些风声。他说他们在法务部长的办公室开会时都就此被征询过意见了。

16：15 当一位法爵带我去看他主持一个议会分委员会时，[184] 我知道我在目睹正在消失的历史。一位政府部长匆匆进来接受质询，并说自己必须很快离开去见司法总管。法官认为这位部长过来毫无意义。"我想让他离开。"他是这里的新手。他后来说："当我接受这个工作时，我就知道这事儿很难办。"

星期三

9：00 法官给我看了枢密院要开庭审理的一个案子的材料。霍夫曼法爵又敲门了，仍然穿着莱卡骑行装，但这次的短袖衫是亮绿色的。

---

[184] 《2005 年宪法事务改革法》的实施导致所有的议会工作岗位被取消。关于对法爵选任委员会的工作及其对立法的其他贡献的赞扬，见 Lord Hope, D Hope, 'Voices from the Past—The Law Lords' Contribution to the Legislative Process'（2007）123 *LQR* 547 – 70。

9：30 去会议室见一群来自不同国家的外国学生。⑱ 这些学生的履历都很出色。法官注意到一个澳大利亚的名字，问："你父亲是不是我以为的那个人？"他想让我看他主持这个活动，因为他认为这种活动也是他工作的重要部分。第二天，他在林肯大律师学院招待了一群荷兰的来访者。在楼下，我与五位法官一起等那古老的戴姆勒车带我们去看附近的枢密院。他们跟我开玩笑说这车可能又会在路上出故障。他们曾经有过这种经历，不得不在两个车道中间慢慢步行到唐宁街那边的枢密院。"巡回审判时使用的戴姆勒车过去常有故障。"一位法官说。在车里，有人问大家是否知道美国最高法院的大法官提名对象最近是谁。没人知道。"冈萨雷斯（Gonzales）＊ 对于布什来说不够右翼！"他说。他们都笑话美国同行面对的那种高度政治化的大法官选任制度，似乎认为这在英国不可思议。两位法官表示希望这里以后新的选任制度不会有什么大变化。

唐宁街一号是著名建筑设计师索恩（Soane）的建筑瑰宝。⑱ 这里便是枢密院司法委员会以前的所在地。法官们在桌旁就座。律师们则从高处看着法官们。这个来自牙买加的上诉案是关于杀人这一重罪的一个刑法规则。这是对英格兰老刑法的一种侵蚀。上诉人援引的第一个资料是 1975 年版的《斯密斯和霍根论刑法》。初审判决描述了被告人的口音。这就构成了那个被判死刑、在岛上监狱多年等候上诉的被告人的图景。我不知道被告人是否晓得自己的命运在离布莱尔首相内阁办公室不远的地方悬于一线。这个程序有点像超现实的大英帝国遗风，但是我知道被告人在这群自由的白人手里比在那个几十年还没成立起来的假想的加勒比最高法院里有更多活命的希望和机会。⑱ 但这五位法官并不都是英格兰人。他们一位是英格兰人、一位是爱尔兰人、一位是苏格兰人，另外两位是南非人。被上

---

⑱ 这是由大律师公会组织的"飞马项目"（Pegasus Programme）。

＊ 即阿尔伯托·冈萨雷斯（Alberto Gonzales），曾任德克萨斯州最高法院法官、小布什政府的白宫法律顾问（2001～2005 年）以及司法部长（2005～2007 年）。——译者注

⑱ See M Binney, 'Soane's Privy Council merits more than a judicial review', *The Times*, 30 July 2007. See further P Dean, *Sir John Soane and London*（Farnham, Lund Humphries, 2006）。
译者附注：Sir John Soane（1753～1837），英国建筑师，以新古典主义建筑闻名。他的建筑以清晰的线条、简洁的风格、明快的细节、近乎完美的对称以及对光线的把握而著称。这种建筑风格的主要影响始于乔治王时代末期，止于 19 世纪哥特式风格兴起时。英格兰银行大楼是他的经典作品，对后来的商业建筑产生了广泛影响。林肯大律师学院的索恩博物馆展示其生平和设计的作品及影响。

⑱ 牙买加的案件如今依然会上诉到枢密院司法委员会。

诉人援引的法律依据包括美国判例。那位苏格兰法官对他的质问很深入。审理在 11:15 结束。我步行回到西敏斯特宫议会大厦。

议会大厦的外面是交通行业工人与普通工人工会的示威。示威者带了个鼓乐队。示威就在议会大厦前面，阻塞了人行道。法爵们的办公室正好面对这一幕。我走进一位法爵的办公室之后，感到示威和交通的噪声都从开着的窗子里进来，充满了整个房间，但这并没有妨碍他写判决书。房间上方正在播放议会议事进程的大屏幕电视也没能打扰他。政治透过法官的窗户和电视屏幕"不绝于耳"，象征了西敏斯特宫议会内的权力"不分立"。我们和飞马项目的学生一起吃午饭。那天下午，委员会一号室内挤满了一个普通法上的犯罪案上诉人的二十位支持者。这个房间宽八码长十二码，其中的普金（Pugin）墙纸曾经给法务部长额文造成过巨大麻烦。[18] 此外还有"埋葬哈罗德"这样一幅不祥的画像。窗户很高很长，但仍然没多少光线进来。两位资深法爵对上诉人的律师进行了提问。这位律师是典型的巧舌如簧，曾在中央刑事法院将陪审团玩弄于其三寸巧舌之下。法官们说他是最差劲的律师。他一开始就不好。他刚开始陈述事实，宾厄姆法爵就说法官们已经读过了。有一位法官看上去是恼怒了。于是这位律师承诺第二天不会用这么多时间。另外一位法官说他对这个案子中的律师评价不高，但被上诉人的律师除外。他是一位财政部首席大律师，法官们很了解他而且对他称赞有加。

396

星期四

9:00 我与一位司法助理会面。她从剑桥和哈佛毕业后得到这份工作。在这里干十个月之后她就会去读博士学位。她带我去看法爵们宣布判决时令人好奇的过程。

9:45 他们单独在上议院办公室。拄权杖的人进来了。他们在一位大主教读祷告文时跪下。宾厄姆法爵侧步走到旁边，然后在上议院议长的坐席入座，从而代表着上议院的成员，因为在技术上按照传统，上议院必须

---

⑱ 在 1998 年因为花费五万九千英镑用于购买墙纸装修司法部长的公寓而受到抨击。见 1998 年 3 月 4 日 BBC 新闻频道。关于奥古斯特斯·普金（Augustus Pugin, 1812–1852）为议会设计的墙纸的更多信息，可参见议会网站关于普金墙纸的导览视频。

译者附注：奥古斯都·普金是十九世纪英格兰建筑师、设计师、设计理论家。英国议会大厦重建时，哥特式风格的内饰设计是他的代表作之一。

"接受"法爵们的判决意见。公众被允许进来了。御前大律师们站在大律师席。法爵们简短发言。我回到还在审案的那个委员会办公室。那位恼怒的法官面带怒气看着上诉人的律师。与这形成对比的是，黑尔女法爵在提问时还在微笑，并且不时有欢乐的插话。

13:00　在我与法官们从后门退出时，一位法官细心地催我往前走，以便我不能听到其他人的讨论。午饭后，他需要时间进一步考虑如何说理。他想在表达预决意见时显得连贯。有一位资历浅的法爵解释说这位财政部首席大律师在任何刑法难点的案件中都作为法院之友得到过案情简报，并认为他并不容易懂。

14:00　我明白大家为什么都喜欢这位律师了，因为他善于咨询。

14:45　后来，另一位法官说他就只审理了两天便感到沮丧，但时间安排方面没有灵活性。上诉人的律师跟我说他认为这个案子应该安排更长的时间进行审理。但是法爵们喜欢的那位财政部首席大律师坚持就两天，而且轻蔑地说："我们懂，我们经常在法爵们面前出庭办案。"律师赞扬了黑尔女法爵的热心和幽默。看来她扩大了自己的粉丝群。

16:00　审理结束，但法官们这次不能马上进行传统的讨论，因为其中一位赶着离开去参加一个学术活动。其他人担心该如何重新安排合议，因为这是本法律年的最后一个星期。

法爵们期待在已经提议设立的最高法院作判决。两位把他们的发言稿给我看。他们的发言如今已经作为论文发表了。受访的法官则抱怨说有人批评英国最高法院的运行成本来自普通法院经费，而且认为"政府处理这个宪法上的变化的手法非常可悲，简直低能得令人难以相信"。

397

●　选址不错，如果能把现址上的建筑拆除重建的话更好。过去曾就一个二十一世纪的新法院建筑进行过国际设计竞赛。但如今选定的是 1908 年建成的一个老建筑。这个建筑是德旺郡公爵（Duke of Devonshire）送给米都尔塞克斯（Middlesex）郡政府的个人礼物，其作为最高法院毫无表现力。⑱⑨ 像南非等国家都能花巨资建造新的宪法法院，英国却不能或者不愿新建最高法院大楼。这是又一件令人匪夷所思的事情。

⑱⑨　其曾经和现在都是新哥特式风格，而且有一些新艺术时代（1880～1910 年）的元素。

另外一位法爵说英国最高法院的建筑是

● 毫无特色的维多利亚时代哥特式风格，而且我们必须保留其中的米都尔塞克斯军团战争纪念馆。我们需要的是一个具有现代化风貌和活力形象的最高法院。它是标志性位置和建筑中的经典。我见过加拿大和以色列的最高法院。我们的最高法院为什么不能那样？但我们现在拥有的是一个世代传下来的王冠法院旧楼，其过去的设计则是为了恫吓以前的重罪犯人。[⑩]

最高法院——2009 年 12 月

然而到了 2009 年 12 月时，一位大法官的唯一遗憾是失去了法爵的"品牌"。另外一个曾经反对搬迁的法官承认"如今我们都被这里的舒适和方便所诱惑。这里比以前的上议院好多了，电梯很快。我们也不用到处找地方吃午饭"。有一位告诉我说他星期五依然去议会吃鱼片油炸薯条，因为他怀念那种体验。法爵们以前的女清洁工们过来送圣诞卡——她们也怀念这些法官大人们。"如今你原来的办公室给一些女爵们使用了。"

新地方有好几个会议室。这会让审前碰头会和审后会议都更加方便，因为不必腾空法庭。他们很自豪这个地方吸引了公众来参观。"我们这里已经完全满啦！你们玩过地下室的玩具了吗？"12:30，我数了一下在场人数，发现总共有四十位访客在观看一个苏格兰案子的审理，其中包括中小学生。犹太人学校案则凭票入场才能进法庭旁听，另外还有五十人通过视频观看。考虑到这个最高法院大楼没有标识，而且 2010 年时的最高法院网站只是显示相关游览参访信息"很快"会发布，这样的公众参与局面已经是了不起。一位大法官说我的学生不能在一号法庭的后面旁听真是遗憾。"在美国不会这样。"虽然二号法庭内的白色空间和人像画强调了独特的现

---

⑩ 英国传统拯救组织（SAVE Britain's Heritage）说其竣工于 1913 年。他们认为其是"全国最精致的复古哥特式非宗教建筑"。在 2004 年，英格兰传统协会（English Heritage）说其主要法庭的内部"在质量和饰物的完整性方面，没有同时期的其他法庭能与之媲美"。见 M Binney, 'A stern judgment on their Lordships' refurbishers', *The Times*, 15 January 2010.

398 代性，但在一号法庭时布朗（Brown）法爵不得不恳请律师们"在这个空旷的房间里发言时大声一些"。与彩色玻璃艺术品和西敏斯特宫战争纪念馆一样，这里面的这些辉煌但无关司法的历史遗迹让最高法院的象征元素变得模糊不清。[191]

国际化

我和大法官们一起的时间使我感觉这个最高法院的特色并不是英格兰式。在 2005 年时，法爵中有三位南非裔、两位苏格兰人以及一位北爱尔兰人。他们的谈话和法院外活动中有许多方面表明他们在发展普通法、人权和司法独立的过程中活跃在国际舞台上。在英国最高法院开幕那天，加拿大首席法官贝弗利·麦克拉克林（Beverley McLachlin）和南非大法官凯特·欧瑞耿（Kate O'Regan）强调了法爵们在国际上的声望。[192]

● 几个世纪以来，上议院的大法官们在司法说理和判决书写作方面向我们展示了金标准。他们也是司法独立这一理想的象征。

● 一些详尽的公法案例的判决确立了公法中的公正原则合理原则以及晚近以来被认可的比例原则。这些判决在英联邦国家受到尊崇并被援引。这些公法原则的基础是一个深层的宪法原则，即法院作为一个独立于政府的机构应该保护公民的权利免受侵害。

除了《托姆·宾厄姆与法律中的转型》[193] 一书中收录的五十一篇论文之外，还有二十来个案件也证明了英国最高法院在国际上发展普通法和促进人权方面的作用。澳大利亚前任大法官柯比（Kirby）说："判决书（对澳大利亚）没有约束力，但它们在许多领域仍然继续被援引。这一事实是

---

[191] 更多详情可见网站。媒体对这栋建筑的关注大大超过了对创设于此的法律机构（英国最高法院）的关注，这反映了英国民众缺乏宪法意识（甚至宪法这一概念）。

[192] 'Views from Canada and South Africa: we owe a great debt to the work of the judges', *Timesonline*, 1 October 2009.

[193] M Andenas and D Fairgrieve, *Tom Bingham and the Transformation of the Law* (Oxford, Oxford University Press, 2009).

对上议院的最高致敬。"⑭ 安第那斯与费尔格瑞弗（Andenas and Fairgrieve）谈到关于自由和反恐的判决时说，"宾厄姆法爵通过他的司法说理来进行劝服。他的判决是比较法上的渊源，是有说服力的法律依据。这在全世界都如此"。⑮ 兹诺－兹诺维奇（Zeno-Zenovich）详细阐述了最高法院的国际会议。⑯ 在 2000～2007 年的四百七十五个判决中，有二百五十个是关于跨国法或者国际法的解释或者运用的，其中包括一百个人权案件和五十个欧盟法的案件。此外，还有一些案件援引了美国、加拿大以及英联邦国家的法律。作者列举了二十四个运用比较法材料的案件，指出"比较法学者会在上议院的判例报告中发现了一个可用于课堂和案例书的宝藏"。⑰ 安第那斯与费尔格瑞弗认为，宾厄姆是发展和促进比较法方法的先锋。⑱ 他们谈到宾厄姆愿意运用欧洲人权法来发展普通法。迪克森也提及宾厄姆对外国判决，包括对非普通法系法院判决的使用。⑲ 这些大法官与其他国家的大法官通过对其他法律制度进行参访来自学其他国家的法律，并相互援引彼此的判例。⑳ 高级法官们在思想交流、参观互访、会议和出版方面的国际交流比外界所知道的要密集得多。

"不讲政治"的自我形象

随着时间的推移，法官们已经远离政党标签，而他们的二十世纪前半

---

⑭ Kirby, in ibid 719－20.

⑮ MAndenas and D Fairgrieve, 'Lord Bingham and Comparative Law' in ibid 831 and 839.

⑯ V Zeno-Zencovich, 'The Bingham Court' in ibid 823.

⑰ ibid 827.

⑱ 援引外国的判决这一趋势开始于 1960 年代。来自新西兰的库克（Cooke）法爵在 2001 年对此评论说："在我曾经参加的一些合议庭里，要么没有英格兰人，要么只有一个英格兰人。"

⑲ B Dickson, in L Blom-Cooper, B Dickson and G Drewry, *The Judicial House of Lords* 1876－2009（Oxford, Oxford University Press, 2009）.

⑳ 例外的是美国最高法院一些比较孤立的大法官们。在 2005 年，美国众议院的一个决议批评最高法院在 *Roper v Simmons* 543 US 551（2005）案中使用关于少年犯死刑的外国法。见 J Toobin, *The Nine: Inside the Secret World of the Supreme Court*（New York, Doubleday, 2007）198。有些议员呼吁弹劾肯尼迪大法官（Justice Kennedy）。金斯伯格和奥康纳大法官（Ginsburg and O'Connor）因为坦承在形成自己的判决意见时查询过外国判例而收到过死亡威胁。见 J Toobin，前注 64 引著第 249 页。波斯纳详述了美国的法律评论期刊文章就最高法院援引外国判决是否合理而展开的讨论。见 Posner, Posner, *How Judges Think*（Cambridge, Mass, Harvard University Press, 2008）347。

期的前辈则并非如此。[201] 2005 年时，在我看来法爵们似乎花费大力气让自己远离政党政治。前面讲过的他们几位在车里的谈话典型地表明了他们对美国同行及其提名过程中的那种明显的政党政治姿态感到厌恶和可笑。[202] 库克法爵就此也说：

> ● 美国遵守形式上的三权分立……但在现实中……没有哪个民主国家的政治与司法之间的关系如此紧密。然而我甚至不知道我大多数同事的政治立场是什么。来自工党的法务部长额文法爵在许多方面都被认为比其保守党前任玛可法爵更加保守，但他在任命宾厄姆为资深法爵以及任命伍尔夫为司法总管方面都发挥了重要作用。而这两位在司法方法方面可能在不同的程度上比额文本人要自由。

在 2007 年，宾厄姆法爵说："我们的工作和职责纯粹是司法性质，是努力找到正确的法律并将其准确适当地适用于事实。我们并不会用很多时间担心我们的判决是否会为公众所喜欢。"[203] 因此顶层的法官们认为自己严格疏远政治。本研究中的各级别法官都如此。更令人惊讶的是有些法官在更广泛的意义上认为自己不讲政治。他们作出的人权法方面的判决对英国的不成文宪法进行了深入的塑造，而这种变化在大多数国家要经过艰难的宪法修改才能实现。许多判决，比如在 *Belmarsh* 案，激怒了政府内阁部长和议会议员。这在 2011 年本书写作时尤其突出。当时英国最高法院的一个判决[204]让人有机会申请从"性犯罪登记名录"中移除名字。有些法官认为

---

[201] 见 JAG Griffiths, *The Politics of the Judiciary*, 5th edn（London, Fontana, 1997）；K Malleson, 'Appointments to the House of Lords: Who Goes Upstairs' in L Blom-Cooper, B Dickson and G Drewry, *The Judicial House of Lords* 1876 – 2009（Oxford, Oxford University Press, 2009）。在这本书中，宾厄姆法爵就当代所有高层法官缺乏公共行政管理经验感到"遗憾"，见 T Bingham, 'The Law Lords: Who Has Served'（该书第 125 页）。

[202] 关于政党政治公开质询对美国最高法院大法官被提名人公开宣称的理念的影响，见 A Kavanagh, 'From Appellate Committee to UK Supreme Court: Independence, Activism and Transparency' in J Lee, *From House of Lords to Supreme Court—Jurists, Judges and the Process of Judging*（Oxford, Hart Publishing, 2011）。

[203] Gibb 在 2007 年的访谈，见前注 3。

[204] M Fricker, 'Fury as paedophiles get the right to dodge sex offenders' register for life', *The Mirror*, 17 February 2011.

自己作为个人以及作为集体都比较客观，并希望候任的法官们也如此，而且不希望公众还有兴趣对候选人进行公开的查证。有些法官倾向于否认自己具有广泛的政治角色。这正如二十世纪的一些法爵否认自己作为法官具有造法功能一样。

2003 年关于英国最高法院的咨询报告把大法官们的这种"政治中立"立场视为当然。英国政府在承认司法审查日益增多时也强调："我们的制度必须全力将一种危险最小化，这很重要。这种危险即法官的判决被以为是出于政治动机。"[205] 斯蒂文兹等学者过去和现在都对此深表怀疑。他将政府的这种说理比作《爱丽丝梦游仙境》里的情节，因为"如果我们总说法官们不讲政治，那他们就真的不讲政治了"。[206] 他们的论文强调议会至上，但《欧洲人权公约》和《欧洲共同体法》要求法爵们适用基本法并作为宪法法院。[207]

自 1981 年以来司法审查案的数量在增长，尤其自《1998 年人权法》以来，有人认为法爵们已经形成了一个宪法法院。英国最高法院的设立使得这种认识成为一种担心，即担心法官们会攫取更多权力。纽伯格法爵在2009 年曾提议过这样的权力，但很快被宾厄姆法爵否定了。后来的英国最高法院首任院长菲利普斯法爵也否定了这一点。[208] 但纽伯格法爵的确也提出了不可否认的一点：

401

> ● 根据《欧洲人权公约》我们能够将看起来不符合该《公约》的成文法解释得符合《公约》。这比以前更有权力。在这种程度上

---

[205] Department of Constitutional Affairs, *Constitutional Reform: a Supreme Court for the United Kingdom* (2003, on the archived DCA website) 11.

[206] R Stevens, 'Reform in haste and repent at leisure: Iolanthe, the Lord High Executioner and *Brave New World*' (2004) 24 *Legal Studies* 1 – 35, 31.

[207] See also D Woodhouse, 'The constitutional and political implications of a United Kingdom Supreme Court', also in *Constitutional innovation: the creation of a Supreme Court for the United Kingdom; domestic, comparative and international reflections, a special issue of Legal Studies* (2004) 24 *Legal Studies* 1 and 2.

[208] In 'Top Dogs: Britain's New Supreme Court', BBC Radio 4, 8 September 2009. 纽博格法爵当年说英国最高法院在具有了独立的身份之后"会开始变得更有权力，而且大法官们会觊觎并为最高法院获取更大的权力"，并"会导致司法与行政冲突这一真实的风险"。

……这意味着我们能改写立法。[209]

结果是有人主张最高法院大法官的任命过程应该公开。内政部前任部长约翰·帕滕（John Patten）（保守党党员）主张为此应该举行公开的任命确认听证，就像美国最高法院大法官获任过程中参议院司法委员会的听证程序那样。[210] 在英国政府宣布成立英国最高法院后，也有人重申了这一点。[211]

多恩·奥利弗（Dawn Oliver）研究了这些主张，但强调了其问题。[212]她质问该采用什么样的标准。议会委员会不会像一个专门的司法任命委员会那样有能力判断候选人是否适合担任大法官。听询可能会关心法官的信仰和政治立场，但这些在英国司法制度中不应该具有重要性。听询还可能弱化大法官的任期保障。我们的制度已经确保法官们视野开阔而且不会受偏见影响。这在总体上有效。戈登·布朗（Gordon Brown）担任首相时的英国政府几乎要建议学习美国的最高法院法官任命听证制度，但这激怒了英国的一些宪法专家和法官。于是政府很快表示不会照搬美国的制度。[213]

> ● 采用这种（美国式）方式会使人民强烈认为司法任命过程被政治化。这种认识会影响人们对司法独立的信心。[214]

目前，政府部门和大多数利益相关方似乎接受法官们坚持的一种认识，即法官不讲政治。几乎没有人同情或者赞同约翰·帕滕的建议，甚至纽伯格法爵本人也不赞同。他后来在 2009 年的讲演中承认很难看到英国最高法院会有权力在类似美国 *Marburry v Madison* 案那样的时刻就立法

---

[209] 他们在上议院案件 *Ghaidan v Godin-Mendoza* [2001] UKHL 30 中便是如此。其在该案赋予同性恋伴侣与配偶相同的权利。他们说只要对立法措施的解读不违背其精要，则这种解读在文字上没有限制。高等法院法官和上诉法院法官具有相同的权力。

[210] *The Times*, 16 March 1999.

[211] R Cornes, 'Shaping the Supreme Court—the power of the presidency', *The Times*, 1 October 2009. 也见 Gibb 在同版面的论述以及 Pannick 在一周后的论述。

[212] D Oliver, *Constitutional Reform in the UK* (Oxford, Oxford University Press, 2003) ch 18.

[213] 见 2007 年司法部咨询文件《英国的治理》。司法总管菲利普斯在 2007 年 9 月 12 日题为《司法独立》的演讲中婉拒了这一建议。

[214] 2007 年白皮书《英国的治理：司法任命》第 4.36 段。

的合宪性进行审查。他还认为司法任命听证"极可能会导致司法界高层被　402
政治化"。㉑

结　论

法爵们和大法官们一直比其他法官得到了更多研究。他们的行为、角色和任命一直是学者、执业律师和政治人物讨论的话题。当英国政府在2003 年宣布要成立最高法院后，他们的职业行为便受到了更集中的评论。如今，关于他们的学术研究和新闻材料以及司法演讲是如此之多，以至于难以及时完全掌握这些信息。具有反讽意味的是，公众总体上并不理解他们的工作，也说不出其中一位的名字。不过，2011 年的两部纪录片让为数不多的观众对他们了解多了一点。这些顶层的法官认为自己不讲政治。这在政党政治意义上的确如此，但在更广泛意义的政治上则并非如此，因为他们判决的许多案件都与人权有关。无论他们是否喜欢，都已经身不由己地被吞吸进这方面激烈的政治争议中了。他们有巨大的权力。他们造就普通法。他们对与人权公约不符的英国立法进行重新解释，或者宣布其违反人权公约。他们能够宣布违反欧盟法的英国议会立法无效，而英国的不成文宪法这一事实更加强化了他们的权力。

已有的对法爵和大法官的研究以及他们的发言和写作使得他们的工作方法已经为学界所熟知。例如，我们知道通常的合议庭组成人员的选定是基于按才配位的经验基础，同时受法官们的时间空当的影响，并需要满足苏格兰和北爱尔兰的需求。他们的行为完全透明，而且积极回应关于更多透明化的要求。他们已经将更大的合议庭的组成人员选定标准发布到法院的网站上。大法官们如今都认为合议庭由谁组成对案件审理的结果实在重要，因此他们都说自己有时候想参加大的合议庭审案。尽管如此，法院网站仍然需要提供更多信息，比如上诉申请被拒绝的完整原因。这个问题以

㉑　Neuberger, 'The Supreme Court: is the House of Lords "losing part of itself"', speech, 3 December 2009, para 31. 澳大利亚高等法院前任大法官科比重新研究了法官的理念和背景在司法选任过程中的透明性这一主题，见 Kirby in 'A Darwininan Reflection on Judicial Values and Appointments to Final National Courts'; A Kavanagh, 'From Appellate Committee to UK Supreme Court: Independence, Activism and Transparency'。这两篇文章都收录于 J Lee, *From House of Lords to Supreme Court—Jurists, Judges and the Process of Judging* (Oxford, Hart Publishing, 2011)。

及其他一些真正重要的问题，比如合议庭规模、合议庭组成人员的选定、审理的形式（时间长度、口头抑或书面辩论）以及判决的形成都不受《（最高法院）规则》或者《业务指引》的制约，因此英国最高法院的设立使得大法官们不得不深入思考这些重要的实践问题。在写这一章时，我实际上是在描写一个"移动"的目标，因为最高法院在继续改变其实践中的做法以回应批评者。

英国的大法官在最高法院审理案件时比以前作为上诉法官在上诉法院审案时少说许多话。英国最高法院如今依然有1990年代上诉法院具有的那些缺陷：审前会议太少、律师们对听审时间的支配控制太多以及有些律师技能差。与上诉法院一样，最高法院也喜欢保留口头庭辩，但太多时间被浪费在律师就立法或者诉状的复述上。任何一位观察者都能看到这一点。甚至连学生们和大法官们自己的司法助理都评论说这方面很有改进的空间。有人会以为在顶层法院出庭的律师也是顶级水平，但实际上律师们的能力参差不齐。这和我们在其他法院看到的情形一样。应该对当事人而不是对案件时间给予限制。应该禁止在口头庭辩中复述。法院应该列明其希望被处理的问题，以便让当事人进行辩论。

曾有普遍的传言认为司法助理们分章撰写判决书，但实际上他们并不干这活儿。不过大法官们觉得这些司法助理们脑子里和口头上蹦出来的好一些想法的确很有用，而且还有一个真实的情况是律师们对于判决的形成具有巨大作用，而且他们的口头辩论可能会改变法官原来的主意。从帕特森以及其他人的著述来看，审前准备、审理中的合作以及判决的形成会因为谁领导法院而有变化。瑞德法爵对于单独分开的判决持自由态度，而且他那时的法爵们通常不会预先阅读打印好的案件描述。但是迪普洛克法爵对于审前阅读有严格的要求，他有时候会完全不考虑一些辩论，这显得他们似乎在审前阅读之后便提前作出了预判决。他喜欢单一判决，尤其是他自己作出的单一判决。在宾厄姆领导时，法院又回到了自由主义风格，但每位法官都阅读打印出来的诉状。局外人，比如他们在上诉法院的那些朋友们要求更多作出单一判决或者复合判决，但是总存在一些永恒的争论，即虽然公众和上诉法院可能觉得这样的判决对使用者更加友好。但是如果法官们运用多种进路的、很好的说理，则更有利于法律本身。

关于上诉法院的那一章很明显地表明上诉法官之间存在协洽。这无疑会有助于形成单一判决和复合判决，但审前合议也可以这样。在本章，新任大法官们似乎十分怀念以前在上诉法院的那种协洽，以至于他们有时候甚至考虑重返上诉法院。纽伯格法爵真的这么干过。同样明显的是，有些大法官对如今不存在像上诉法院里被认为理所当然的审前合议、判决计划和审后合议感到沮丧。我发现几乎每一位大法官都有这种想法，因此纳闷为什么他们现在还没有改变自己的一些做法。尽管如此，黑尔女法爵解释说她和纽伯格法爵在实践中坚持自己的强硬观点，并在判决书写作方面进行合作。而且统计数据表明现在有一种趋势：朝着单一判决和复合判决发展。毫无疑问，黑尔女法爵本人会继续推进复数判决的形成。

新法爵们曾觉得搬离议会犹如鱼儿离开了水。到了 2008 年时，只有两位大法官不想搬到新的最高法院建筑。但他们 2009 年搬进去之后便很快喜欢上那里面极好的设施。

这个顶层法院非常国际化。它不但服务英国的三个司法区（英格兰和威尔士、北爱尔兰、苏格兰），而且其许多业务关涉国际法，尤其是欧盟法和人权法。它是国际思想交流方面的一个重要枢纽。其他国家和地区的法院遵循其判例。其甚至已经劝服欧洲人权法院改变其判决说理方式。尽管如此，英国的大法官们固守其平常心，而且不以为自己重要。这令人既感动又惊讶。在 2008 年阅读本章较早的版本时，一位法爵给我发邮件说：　404

> ● 你这一章的部分内容合理地给人一种印象，即资历浅的法爵有许多牢骚，但他们不采取任何行动来促成改变。我认为我们都感觉将要设立的新最高法院会是一个促成改变的很好机会。我可以说大多数想到那里继续任职的人都会用这个机会让最高法院更加协洽，并更少浪费时间做重复的工作。新的最高法院规则是有意以开放的方式和文字起草而成，目的是促成这些变化。

这种灵活性显然使得大法官们能在一些重要方面改变他们的实践，以回应他们在讨论后形成的偏好，同时也以此回应 2003 年以来的许多关于"改善"顶层法院的建议。英国最高法院的实践和程序依然处于发展和进步的过程之中。　405

第十六章　法官眼里的法官

　　在这里，高院法官和我们一起吃午饭。更高级别的法官也会来我们这里参访。有时候我们去参加讲座或者司法研习局的研讨会时，也会与高级别的法官会面。但在 1997 年以前我觉得很孤立……这在过去会是一个问题……我过去从没遇见过高院法官或更高级别的法官……如今我们与高级法官之间仍然存在一种屏障，但不像以前那么糟糕了。当我们从各自的地方第一次来这栋建筑时，我们在餐室里受到冷遇。有一个巡回法官说："我们不介意你们来餐室……但我们介意你们的副手们（代理地区法官）。"这是 1996 年……如今利物浦和曼彻斯特的巡回法官有自己的餐室。

——郡法院地区法官

　　显然，一名裁判官也想被称为法官——但谁会要那样的工作啊？

——治安法院地区法官

　　本书对法官的同事们的工作情况的描述比法官们自己就同事们的描述还要清楚。本章研究法官们之间的关系以及他们对不同级别法官的认识，并研究他们是否谋求升职。此外，本章还研究前文提到的法院内存在的餐室歧视。这一现象曾经导致一些有管理职责的法官采用令人绝望的方法去纠正这种情形。

层　级

　　与欧洲大陆国家的法官不一样，英国的法官不是从本科法律教育后就直接开始从事司法工作直到退休为止。在英国，法官不能指望因为通过考试而升职。在 1980 年代，地区法官成为巡回法官或者巡回法官成为高院法官都是少有的事。本研究样本中一些老法官解释说法官在过去被认为是律师退休后从事的工作。① 如今法官的升职依然不常见，例外的是上诉法院法官是从高院法官升任上来。但上诉法院法官中的极少数才会成为英国最高法院大法官。大多数地区法官以前当过非诉律师。大多数巡回法官以前是大律师。大多数高院法官是从大律师行里 10% 的精英御前大律师招录而来。本研究中的大多数法官仅仅和与自己同一层级的法官交流。有些人过去没遇见过其他法官，这在过去实属正常。我问七十七位法官如何看待法官的层级差异，而且我还会观察法官如何与其他法官交流。

地区法官和巡回法官

十三位地区法官中有四位通常只在工作时与其他法官见面。一位是单干，他要穿梭于几个小型的乡村法院之间，大多数日子里用电话与一位已退休的同事交谈。当我邀请他外出时，法院的辅助人员感谢我把他从一个人的蔬菜汤午餐中拯救出来。五位地区法官有时候与巡回法官们一起吃午饭。三位地区法官见过巡回法官和高院法官。

我在对地区法官进行访谈时才发现大多数郡法院的地区法官非常讨厌巡回法官。当我问地区法官他们怎么看待自己与巡回法官之间的差别时，九位给出了消极或否定的回答。五位地区法官认为工资差异不合理，四位认为地区法官"工作量更大"。另外四位认为巡回法官"下班早"。② 一位说巡回法官们是"老朽"，另一位说他们"死板"，也有一位说他们更"活跃"。有一位说地区法官们以前从事非诉律师业务所以比较实际，但巡回法官以前是讲究圈子文化的大律师。我在观察地区法官时觉得他们的身份意识几乎不明显——在工作日与我的谈话中也不明显，与其他人交谈时也不明显。但关于这一话题的专门访谈则显露了他们的烦恼。这种烦恼在他们作为非诉律师时就已经形成了，其针对的是一些大律师的自大情结。本书在前面几章中提到过这个现象。一位年轻的地区法官说：

---

① S Shetreet quoted Denning, Scarman and Ensor: *Judges on Trial* (Amsterdam, North Holland, 1976) 78.

② 额文法爵参访过布里斯托王冠法院，但发现其在星期五下午时便已经人去楼空。1950 年代以来的一些案例表明法官们在星期五下午时会让法院的其他管理人员接受陪审团的裁决。S Shetreet, *Judges on Trial* (Amsterdam, North Holland, 1976) 217.

● 这在当非诉律师时就开始了……大律师总认为自己更好一些，或者至少给人这种印象……有些巡回法官继续这样。我们为了自己做的工作而相互争斗。有些巡回法官试图只挑拣自己想做的审判业务。地区法官们对此有些讨厌。

造成工资差异和业务类型不满的原因是地区法官如今的业务产生于1980年代巡回法官在郡法院的业务。因此地区法官觉得他们自己现在的工资应该更高一些。本研究和统计数据表明高等法院的许多业务已经下放给巡回法官，但是地区法官们很少认识到这一点。

许多地区法官抱怨公众、法院服务署以及高级法官们不把他们看作法官。这种身份敏感具有历史原因。地区法官们以前被称为登记官，其管辖事项范围比现在窄很多。在 1996 年，法务部的一位公务员说他们是"数豆子的人"。③ 此外，司法界只有他们没有被收入《名人录》，但"裁判所法官"却被收录进去了。他们只是在《2005 年宪法改革法》之后才由女王任命。在 1970 年代的法院建筑中，地区法官的餐室与其他法官的餐室是分开的。这和非诉律师与大律师之间的层级隔阂一致。当大律师们在 1973 年就一些新法院建筑发表质询意见时，他们特别说明他们的餐室要与非诉律师的餐室分开。④

● 过去曾经有社会地位差别……巡回法官以前是大律师，地区法官以前当过非诉律师。他们是有些差异的两种动物。你与这两类人都不会太有联系，以免被认为是在招揽生意。（资深巡回法官）

下文会继续讲到"餐室事件"。四位地区法官和一位治安法院地区法官在回答他们与巡回法官的差异这一提问时都说到了"分开的不同餐室"这一问题。

如果说郡法院的地区法官与其他层级的法官有些分离，那么大多数治安法院地区法官与上层法官则是完全分离的。有一位曾经担任非诉律师的

---

③　G Lingard, 'The other Gordon, yesterday's man?', Association of HM DJ's *Law Bulletin*, Vol 21 No 2, summer 2010.

④　R Hazell, *The Bar on Trial* (London, Quartet, 1978), citing the Bar Council *Annual Statement* 1973–4. 这不仅关系势利，而且关涉禁止大律师招揽案源或者招揽生意这一行业规则。

治安法院地区法官从没有见过高级法官。六位中有五位在日常工作中从没有遇见过其他法官，两位只遇见过业余法官。他们认为自己和巡回法官之间存在巨大差别。有一位说这种差别在工资方面很大，在身份方面更大。三位说工作差异也很大。"我们不能换着干彼此的工作。"大多数治安法院地区法官还看见了地位差异："巡回法官是从牛津/剑桥大学毕业的，我们都是从政府保障房出来的！"有一位曾经是大律师的治安法院地区法官同时是一个王冠法院的兼职法官，他提到了巡回法官们的自负和王冠法院里分开的餐室。治安法院的地区法官们觉得自己被排除在司法身份和层级之外，而且排除到了几乎不为人知的地步，甚至连新获任的地区法官也敏锐地注意到了这一点。

> ● 当我们的职位名称在 1999 年由"受薪裁判官"改为地区法官时……很多巡回法官会说我们"不像正儿八经的法官而像裁判官"。可能对于他们很多人来说我们根本不存在。我去参加女法官协会的成立仪式时，他们许多人明显不知道我们治安法院地区法官的存在。

我与司法界其他人士的访谈验证了他们的这种担心。这些人士自发地以为关于"地区法官"的访谈提问是指郡法院的地区法官。这种分离也有历史原因。大多数治安裁判官不是法律专业人士，而是专职的受薪裁判官（这是治安法院地区法官过去的名称），他们从来没被认为是法官。在 1980 年代之前，治安法院由另一个不同的政府部门进行行政管理，而且在 2005 年设立女王陛下法院服务署和地方上的法院理事会⑤之前，他们由当地管理。大多数治安法院的案件由业余法官审理。这也难怪大多数律师和法官不会将法官这个词与治安法院里的任何裁判者联系起来。

高等法院的一些地区法官⑥更加不为人知，以至于好几位治安法院地区法官和郡法院法官要我向他们解释高等法院地区法官的层级和管辖事项。有一位地区法官怀着自信将这两类法官的权力进行了比较，但弄错了。治安法院地区法官们问为什么这些人在列队参加西敏斯特宫（议会）

408

---

⑤　Courts Act 2003.

⑥　即在高等法院家事部首席注册处坐堂的那些法官。在 2011 年时，其中十八位被列入《名人录》。

的法务部长早餐招待会时排位高于自己。⑦ 高等法院的两位地区法官告诉我说他们去参加这样的招待会时一定会"盛装出席",以便其他法官注意到他们的独特级别,并能意识到他们的级别高于其他的法官。

虽然地区法官们对巡回法官的评价比较负面,但接受访谈的三位巡回法官中只有两位对地区法官有负面评价。其他人都否认地区法官存在任何社会地位或者身份差别。但许多巡回法官意识到地区法官们的敏感。有一位巡回法官曾经担任非诉律师,更早时是大律师。在工作中他不止一次抱怨一些在他面前出庭的大律师的表现。他说:"大律师们真自大。"

> ● 我与地区法官们有一些社交来往。在女法官协会上,我有许多机会认识地区法官们……他们的社会经济背景似乎略微有些多元化。显然其中许多人以前担任非诉律师……在许多方面,他们露脸的机会比我们多,因为他们与民众的距离更近,而且人们说他们的压力小得多。但我不太信这一点。他们工资比我们低。有人说那是因为他们的工作业务比我们少……在我看来,他们在岗位上似乎没有安全感,似乎认为所有的巡回法官都看不起他们——这种情况的确存在,因为有些巡回法官确实看不起地区法官。

有两位非诉律师曾经担任过地区法官。他们的反思更能说明问题。这不仅是指曾经当过非诉律师身份的法官,而且指两类法官之间平和关系的另一个障碍——本书前几章提到过这一点——即地区法官的案子可能会被上诉到在同一个法院楼里工作的巡回法官那里。这会让人觉得不怎么舒服。⑧

> ● 工作业务差异在变小……差异是在非诉律师转任法官与大律师转任法官之间。如今非诉律师转任过来的法官人数很少。八百名法官中有六十到七十位以前是从非诉律师转任过来,而且不在一个群体。以前当过大律师的法官们往往彼此熟识……我获任之初,以前当过非诉律师的法官被同行们嫌弃。如今我有时候觉得自己是不合群的那个。在伦敦的民事司法中心,我是十多位巡回法官中唯一不合群的那个。我觉得地区法官和巡回法官之间真的没有社会地位和身份方面的

---

⑦ 法律年开年仪式。

⑧ Access to Justice Act 1999.

差异。但的确有这么一个问题：如果你审理的上诉案件是从地区法官手上过来的，那么确实很难在社交层面对他们友好。

另外一位巡回法官在伦敦之外地方上的城镇法院坐堂审案。他以前也担任过地区法官。他讲了一些自己担任有出庭资格的非诉律师时令人吃惊的被排斥的经历，而且他如今仍然被排斥。

● 我们不属于大律师们的俱乐部或者圈子……我想成为法官的原因之一在于我觉得社会需要更多的具有不同方式和风格的人……有个例子是射击训练（shooting brigade）小组，以及被问"你会去某某法爵的聚会吗？"在地方上，人们会觉得你成为法官后应该参加这些活动。因此有法官不做这些事、不来自于那种背景是好事。（关于地区法官与巡回法官的差异）虽然我们有类似的案件管辖……但地区法官们并不总是利用他们拥有的机会。我不认为存在社会地位方面的差异。有些巡回法官可能认为我是个暴发户。我起初担任兼职法官时，有老派的人明确告诉我说我不是他圈子里的人。有一次其他律师办完案子后被法官带出去吃晚饭，但没有带我去，因为我当过非诉律师。我曾经办过一个耗时十七天的抚养案……我们都在为此加班，我根本不知道这个晚饭的事情。我们离开法院时，一位御前大律师问："我们要不要一起乘出租车去吃晚饭？"我问："什么晚饭啊？"她很愤怒他们这样对我，于是自己也没去参加那个饭局。如今可能是因为人们还没习惯我在这个城市这一事实，于是当新任主任法官来这里时……他们又没邀请我。人们不记得我，因为我不在那个圈子里。我想他们对社会分层可能有不同的认识。这无关非诉律师和大律师之间的差异，而只是因为他们的生活背景不同。即使大律师们以前可能只是上过普通的综合中学……但也可能一直优秀而且出色。

有一位曾经是大律师的巡回法官为巡回法官们辩解。他说地区法官们的态度"都是因为钱和嫉妒"。另外一位巡回法官则捍卫工资差异，说"他们声称自己的业务在巡回法官的层次，但巡回法官在干高院法官们过去做的事情"。这个说法不失为公正。然而，三十二位巡回法官中有十二位坚持认为他们与地区法官之间没有社会地位和身份差异。典型的说法是：

● 我认为如今在这方面已经没很大差别了……在过去……地区法官中有许多人以前担任非诉律师，有些巡回法官认为自己优越一些。这种想法让我烦……我们只是不同。我觉得许多人如今已经没有那样的想法了。

有一位新任的巡回法官（也是御前大律师）说他们与地区法官之间没有社会地位差别，但"整个司法界都充斥着势利"。

法官和业余裁判官

有时候法官和治安裁判官能和谐地共同处理工作事务，但有些地区法官和巡回法官瞧不起业余法官。这种恶意是相互的。伦敦的治安法院地区法官说地方上的治安裁判官很讨厌他们。有一位说他甚至不被允许坐在治安裁判官的办公室的尽头，也不准连接那里的电源来使用笔记本电脑。另一位说他曾被称为"雇工"。有人告诉我现在伦敦的一个法院的高级法官不许治安法院地区法官与业余裁判官交谈。而这些业余裁判官们则认为存在一场预谋，即预谋用治安法院地区法官取代他们。在某法院，有一位治安法院地区法官抱怨一位业余法官坚持要和法官们一起吃午饭——他硬是挤过去，然后开始插话。另一治安法院地区法官轻蔑地说："如果其他法官不和他讲话，他就不肯离开。他总是表现得自己是一位地区法官，告诉其他法官法律是什么，并与地区法官们就他们的量刑进行争论。"她"确信"这位业余裁判官一定已经审案超过了八十天的上限。⑨ 在家事案件中，业余裁判官既偏颇又低能。郡法院一位地区法官嘲笑一个从业余裁判官那里送上来的案子早已经被莫名其妙拖延了一年。在其他地方，有一位巡回法官说："我们干得好一些。有些业余裁判官偏向权力（即警方和社工机构）。"居迪（Judie，也译朱迪）法官笑着说："业余法官们评议案件时连门也不关！"治安法院地区法官波尔曾作为书记员培训过业余裁判官。他说和业余裁判官一起坐堂审案时

● 根本没法让他们同意你的裁决说理。我把案子带回家撰写判决说理部分，然后问他们是否有异议。在听他们评议案件时，我有时会怀疑他们早已经忘记了培训时学过的关于如何进行判决的内容。

---

⑨ 即给治安裁判官们推荐的最长半天坐堂审案。

高级法官与下层法官

地区法官们并不讨厌高院法官。相反，他们对高院法官满怀敬佩。我问十九位地区法官和治安法院地区法官他们对巡回法官与更上层的法官之间的差别有什么认识。有一位法官回答说这两者之间存在"巨大空档"。一位治安法院地区法官说：

> ● 许多巡回法官甚至不能在走路的同时嚼口香糖，简直是低能。但高院法官不这样。高等法院是一个不同的世界。那里的法官年薪十六万英镑，每一分钱花给他们都值得。他们几乎是"春蚕到死丝方尽"。我也许可以当公交司机或屠夫……我和木工有许多共同点，和高院法官也一样有共同点。

他对巡回区新来的主任法官的平易近人印象深刻。主任法官邀请他去法官小舍一叙。但他当时不方便，于是回复说："我来见你，我会提早让我审理的杀人案休庭。"这位地区法官对此受宠若惊。"这在五年前根本不会发生，而且他乘坐的是普通商务用车，没有摩托车骑警开路护卫。"另外一位治安法院地区法官直到我见她前的一个星期才有机会遇到一位高级法官。当时她在出席法务部长的早餐招待会。"我在那里见到了三位高院法官。他们真有魅力。到了那个层次，他们不需要证明什么，不是吗？"我后来带她去参加中殿大律师学院（Middle Temple）的一个新书发布会。我们在那里和几位上诉法官交谈。她有些诚惶诚恐，而且第二天将这次经历讲给同事听。五位地区法官认为高院法官"有智识"或"有才干"。"他们真的是精力充沛、值得尊敬。"

411

与此类似，九位巡回法官认为高级法官们"资历和能力都很高"。七位巡回法官认为高院法官的工作"负荷大、责任重"。许多巡回法官承认不是所有人都有那份才智去做高院法官的业务。

> ● 你得比一般人聪明许多……你面临很大的压力。你有人辅助，是因为你面对的是出庭技能最好的大律师（这个印象不准确），但同时也有更难的问题……比如司法审查、移民与难民申请案以及《人权法》……中的问题。他们必须在没有许多判例可用的情况下就问题作

出重要的回答，而且判决很敏感，时间很紧。巡回法官中当然有些人也有这种能力，但我想这样的人不多。高等法院的那群人会有一些升任到上诉法院，最后继续升任到最高法院。当然，拔尖的人很快就会冒出来，但你需要尖子中的尖子，以便对其进行合适的任命。

司法界基层总体上认为国家花在高级法官身上的钱值得。在一个王冠法院，一位常驻法官整理好新近放到他桌子上的案件材料后，将一个针对一位八十三岁老人的奸杀案分派了出去。他说："这个案子让人看到一个人的非人性可能给另外一个人造成的不可承受的痛苦。这个案子中的女受害人遭受了令人发指的伤害。这种案子至少应该交给一位明星级的法官审理。这就是高院法官要做的事情。"

有五位巡回法官说如今的高级法官比以前"旧圈子"里的法官容易接近，他们很少有层级区分意识。另外两位巡回法官也有相同的回应："他们如今也来餐室吃饭。五年前不会有这种事情。"一位新近获任的曾经是大律师的法官说：

● 我没感到任何界分……也没感到高院法官觉得或者表现得比我们优越。如今的氛围与我在 1976 年开始执业时非常不同。那时候人人都知道自己的位置（都不会逾越自己的位置）。

另一位说：

● 如今的高院法官……平易近人，而且能腾出时间见我们。这让我吃惊……他们每天都和我们一起吃饭，或者邀请我们去法官小舍，因此真的有很好的联系……不是职场上的应付而已。我们与他们的差异主要是在智识方面。不过也可以想象得到他们中有一两个人与理想型的高院法官有些差距。

上面的第一位法官后悔在高院法官每年有四到六个星期在他所在的王冠法院时他与这些高院法官只是偶遇。大一些的法院的一些巡回法官每天都会在餐室里遇到高院法官。但小规模的郡法院的法官则很少有这样的机会。有一位说："让他们来这里看看无律师当事人的诉讼，这会对他们有好处。"这又是个严重错误的印象，即高级法官们不审理无律师当事人的案子。一些巡回法官当年作为大律师时与当时同样是大律师但现在是高院法官的人在一个律师行。在这种情况下他们会有正常的社交往来。

目前最大的高级法官群体是在高等法院王座部。他们在一个法律年里有一半时间穿梭在巡回区之间，从而能见到郡法院的地区法官和巡回法官。高等法院的主任法官们在联络和管理三个审判部门的法官时会在管理会议上见到这些法官，并认识自己巡回区内的许多法官。但是，高级法官们与巡回法官的联系可能比其与地区法官的联系要频繁一些。有些巡回法官说他们一年有四到六次被邀请去法官小舍与高院法官一起吃晚饭，但只有一位地区法官提到过这样的邀请。十六位高院法官中有两位说他们工作的一部分内容就是会见巡回区里的地区法官以及和他们一起吃午饭。在更上一层，十位上诉法官和最高法院的大法官中有九位说他们在培训会议上偶尔会与地区法官会面，或者在自己履行管理职责时每星期与地区法官会面。有一位说在行使管理职责时只要他自己愿意就可以每个星期五都去一个不同的郡法院。由于二十六位高级法官中的大多数人并不经常有规律地会见地区法官，我很惊讶地发现其中二十四位就巡回法官与地区法官之间的差别表达了看法。他们在巡回区时明显感受到了那种氛围。其中十位高级法官谈到地区法官们对身份的敏感，而且他们也知道那两类法官之间关系紧张。有一位高级法官的说法很典型：

> ● 地区法官们对于自己的地位有些敏感过度。当我自己以前作为兼职法官审理民事案件时，我被要求去审理一个上诉案。原审由一位地区法官主持。我想我当时允许了上诉。但后来有人告诉我说我不应该接受这个审判任务，因为我是个兼职法官。我感觉到他们认为自己在底部。我认为这真是不幸。

另一位说：

> ● 有些巡回法官些微觉得自己比地区法官高一等。但如果你发现有位地区法官曾经是伦敦市中心的一个大律所的合伙人，你就会发现他比这个城镇里任何一位巡回法官都有能力。因此我认为这种身份差别是历史原因造成的。那时候地区法官是登记官，而且不被称为

412

"法官"。

上诉法院的一位管理法官会见过许多地区法官。他很清楚有能力的地区法官会被分派去干巡回法官做的事情。

> ● 这是一个敏感的领域……地区法官们很清楚自己的低等身份……理论上，他们的业务管辖没有限制……全国各地有不同的法官……这可以理解，因为如果你发现有的地区法官非常能干，那么不用他（去办高价值的多渠道审理程序案件）就是浪费资源。当你需要巡回法官审理刑事案件时也是如此……这不简单。

高院法官通常太礼貌而不会在智识上将自己和巡回法官进行区分，但巡回法官会这么做。大多数高院法官否认他们与巡回法官在社会地位方面存在差异，并指出唯一的差别在于从事工作的类型不同。而且这两类法官之间的差别正在变小，因为如今高等法院的许多案子由巡回法官审理。"这好比去看全科医生。过去由医生干的事情我曾经找护士干，而现在我则去健康护理专业人士那里。"二者之间差别在缩小的另外一个原因是越来越多的巡回法官后来升任到高等法院。

413 在访谈之外，全部各类法官都说巡回法官们的能力参差不齐。

> ● 巡回法官这个群体以及整个司法界法官们的能力参差不齐。有些人你会觉得他会升任到高等法院。还有些人，比如像我，应该是巡回法官，但够幸运而到了现在所处的位置（高院法官）。

在关于上诉法院的那一章，我们已经看到上诉法官十分重视让巡回法官在上诉法院刑事部发挥作用。

有些巡回法官和高院法官谈到了他们在生活方式上的差别。巡回法官总体上固定在一个地方，而高院法官则常常是"人在旅途"。有一位巡回法官说后者的法院外工作负荷与频繁的差旅生活"让人羡慕不起来"。一位曾经担任巡回法官的高院法官回顾这样的生活时伤感地说："晚上半夜回家就得去自己的床上一个人睡觉。"相反，也有些高院法官不能忍受巡回法官的工作模式。

● 他们干的工作与我们不同，但在许多方面比我们的工作更难……他们会审理一些耗时长得可怕的诈骗案和毒品案，但我们不会有这种案子审理……我不想当巡回法官，因为我不喜欢自己的工作那么单调。我会很讨厌每天坐在同一个地方审理同样类型的案子。那会单调得让我变傻。巡回法官中有很多人有能力做高院法官的业务。与以前相比，如今有更多巡回法官升任到高等法院……这就证明了一些巡回法官的能力。这种变化很有好处。

另外一位高院法官说："巡回法官更像圣人。他们一直重复做同样类型的事情。我觉得我们的工作的乐趣在于多样化。"上诉法院和最高法院的法官也这么说。本书前面的章节清楚地表明，虽然一些资深的巡回法官和高级法官工作很努力，但有些人说那是他们选择接受越来越多的挑战——这从他们当律师时的成就也可以看出来。高级法官们享受法律给他们带来的智识挑战。地区法官和巡回法官也高兴，因为他们在审判岗位上没有非诉律师的那种商业压力或者大律师的办案压力，而且能匀出时间来享受更多法院外的生活。

升 职

法官们大体上理解升职的要求，而且他们知道越来越多同行已经成功升职。由于《2005 年宪法改革法》创设了一个新的、被认为是以能力为基础的法官任命制度，整个司法界的层级可能会因此松动。巡回法官与高院法官中间的隔层可能被打破，因为如今所有高级司法岗位都要申请才可能获任。然而，如果提出申请的巡回法官很少，则这种隔层不会被打破。地区法官和巡回法官之间的障碍也是这样。

地区法官想成为巡回法官吗？

由于许多地区法官将自己的工作描述为"世界上最好"，他们中很少有人愿意升职并不令人惊讶。尽管他们都相对年轻，但十三位地区法官中只有一位想成为巡回法官（而且后来如愿以偿了）。十位地区法官不想从事刑事审判。

414

● 我热爱这份工作的原因是生活质量很好。我乐意在我和上诉法院之间有个巡回法官。我对刑事业务完全没兴趣。

● 我考虑过申请成为巡回法官，但由于对刑事业务没兴趣，所以排除了这种可能。后来又有成为巡回法官的机会，而且只审理民事案件或者家事案件，于是这次我认真考虑了，因为我觉得就作判决而言我合格，而且我乐意审理一些耗时长一点的案子，而不是许多小案子。但是我后来还是退却了，因为我断定就自己的性格和兴趣而言，我已经处于适合自己的层次。在这个层次上，我与人们比较近，能处理不同情形下这些人的问题……我在适合自己的位置上最高兴。我认识到这一点可能也是有点自卑情结。以前的时候城市里的非诉律师都敬畏我。……从加入司法界之后我发现自己有优势……除了严重犯罪或者移民案件，没有什么是我不能应对处理的。

● 我不需要更多钱。我喜欢有掌控力，而且喜欢我在做的事情。我喜欢有空余时间与家人和朋友在一起。

与此类似，六位治安法院地区法官中有四位对升职没兴趣，有两位半心半意考虑过升职。下面这位的说法很坦率。

● 我基本不太可能去申请成为巡回法官……如今御前大律师们都在申请，因此竞争会很激烈……一个顶级的御前大律师闭着眼睛也能做巡回法官的事情。我不想有人认为我完全不擅长我自己做的事情。当然，我相信我现在的工作干得很出色。这是因为我的竞争对手是业余裁判官。如果我工作努力一些、辛苦一些，也能成为巡回法官……但我认为这么干会影响我的家庭生活。

有一个很奇特的后续发展——研究者们应该主动防止影响他们的研究对象。但通过向地区法官们这么提问关于升职的事情，本研究促使一位地区法官（不是上面那位）和一位治安法院地区法官去申请担任兼职法官，而且是把这作为今后担任巡回法官的第一步。他们不顾另外一个事实，即有一位同行坚持认为自己如果从治安法院升任到王冠法院就会像鱼儿离开了水一样没法过日子。

巡回法官们想成为高院法官吗？

三十二位巡回法官中有二十一位对此没热情，理由是自己智识有限、不喜欢频繁的差旅、工作太辛苦、不利于家庭生活、不喜欢住在伦敦。⑩

- 高等法院对法官的智识要求以及工作辛苦程度意味着那不是我想要的工作。去担任高院法官对于我来说无异于退步到以前，因为我如今为不再处于以前那样的工作压力下而感到轻松。高院法官主要处理民事案件。那从来不是我喜欢的业务……因此我绝对不会申请担任高院法官。（新任巡回法官）

- 任何人有了家庭，尤其在有了小孩之后都干不了高等法院的工作。我不认识有能这样两头兼顾的人。在高等法院工作的法官不宜同时有家庭生活。（男性巡回法官，他说因为有小孩而不想升职）

- 我目前在干的工作正是我想要的工作……我不会再去过那种到处短期工作和生活的日子……我觉得我能力不够强大。（御前大律师）

- 首先，我觉得去高等法院工作的话生活就会很痛苦。但是，第一，我觉得高等法院也不会需要我……在那里工作就得有半年住在伦敦，那会很昂贵……我目前也做一些高等法院民事案件的审理，而且我作为代理法官在高等法院王座部审理过案子……第二，那里工作很辛苦，工作负荷比我想象的要大，而得到的不过是一点身份地位、一个爵位，就这么回事儿。但你的生活会很不愉快。（御前大律师）

- 我目前在干的工作非常令人满意……我自己是自己的老板，自己做主。除了我有时候选择去伦敦，许多时候我都能够在家里。我可以被邀请到伦敦去上诉法院，这个我喜欢……但要我四处出差我就没兴趣了。此外，我也不喜欢那里的业务类型。我喜欢刑事业务。在这里我审理杀人案、强奸案和严重的刑事犯罪案件。为什么要抛开这一切，然后被粘在纽卡斯尔（Newcastle）或者更糟糕在伦敦呢？搬到伦敦去住意味着巨大的花费。薪水会增加三万英镑……但除掉税收和住宿费用就不值了……人们接受去伦敦的皇家司法院工作的唯一理由是可以得到一个爵位。

415

---

⑩ 试比较这些与律师们就吉恩提问的回应的相似性，参见 Professor Dame Hazel Genn, *The attractiveness of senior judicial appointment to highly qualified practitioners—Reportto the Judicial Executive Board* (London, Directorate of Judicial Offices for England and Wales, 2008, Judiciary website)。

● 我曾经很想成为高院法官，因为我那时觉得自己会合格。现在我意识到自己达不到那标准……如果我真有机会去高等法院工作，那我会失去很多，会失去与人们深入交往的机会。

● 也许大多数巡回法官说不想成为高院法官的原因是那里工作太辛苦、负担太重，但我暗自认为每个人的虚荣心都想要一个爵位和三万英镑的薪水上浮，以及身份地位的提高……我自己不会去申请成为高院法官，因为那样的话我会离家太远。你一年得有六个月住在伦敦、纽卡斯尔，或者与别人的狗或者自己的老婆住在法官小舍里。

以上是男法官的想法。两位女法官说等孩子长大后她们会考虑申请成为高院法官。

● 当孩子们还在家、年纪还小时，我恐怕不会去高等法院工作，我接受目前这个工作的原因之一是可以不用到全国各地出差。我以前是大律师时经常这样。我很喜欢晚上一个人睡。如果你是高院法官，你得搬到伦敦或者纽卡斯尔去住。

三十二位巡回法官中有九位说他们乐意被任命到高等法院。有一位在本研究期间获任了。还有一位正在申请。有三位认为自己年龄太大而不会被考虑。四位则刚获任巡回法官。

大多数地区法官和巡回法官的升职意愿都不强。这反映出他们对自己目前的工作比较满意。这并不意味着司法界人士向上流动的这一新趋势不会加速。然而，需要记住的是，大多数大学老师都不会申请担任系主任或者院长。大多数大律师也不会申请成为御前大律师。各个行业都这样。法官们的上述反应也反映了一总体状况。鉴于在 2006 年以后的法官任命制度下依然可以从执业律师中选任巡回法官和高院法官，我猜测以后也会按照这种渠道进行招录。《2005 年宪法改革法》不会催生一个法律专业学生毕业之后就成为终生法官的司法界。

高院法官想升为上诉法官吗？

高院法官的升职意愿强一些。十六位高院法官中有十一位承认他们想升到上诉法院，但同时对此也有不同程度的保留。鉴于其中的十四位已经

416

是成就很高的、工作狂式的大律师，这并不令人惊讶。后来其中有四位在本研究期间升到上诉法院。其中一位起初的升职意愿有些勉强，但后来在我们访谈期间（参见第五章）收到了让其加入上诉法院的邀请。另外两位后来也升职了。还有两位高院法官是新近获任的，因此考虑升职事宜还太早。有三位则情绪激昂地表示他们拒绝升任到上诉法院。

● 我得到的是二等学位，因此我认为我有个不错的二等脑子……如果你有一流的脑子，那么要么做学问，要么当上诉法官，那都是很令人兴奋的事情。如果你没那脑子，就得努力跟上……我在目前的工作上已经把脑子用到极致，而且我喜欢这样。我获任目前的岗位时年纪已经很大了。我不想在我走下坡路的几年还要比现在更努力更辛苦地工作、折磨自己。

有一位的表态模棱两可。上诉法院对她这位家事法官来说意味着能更加深入法律问题，但生活方式会不一样。

● 有点像爬梯子一样……你会部分认为如果不往上爬就会失败。我升任到上诉法院就意味着有机会多做法律，而不是一直审理自己手头的案子……上诉法院的工作负荷很大。（"你会一直在伦敦"）那样有好处，也有不好。（"好处是什么？"）这个审判季，我忙得停不下来，到处跑。这样一段时间后你会严重失去方向感。所有的文书材料都等着处理。你弄不清哪是哪。你可以坚持到一定程度，但这样比较傻。不好的是成为上诉法官就没机会在法官小舍遇到所有这些好人，也没有机会到外地去，而且也失去了自己出去的自主和自由。

上诉法院法官想成为最高法院大法官吗？

八位中有六位说有这种想法，但有几位认为自己机会很小。另外两位排除了这种可能。三位已经荣升了。两位对在顶层法院的生活有些怀疑，因为他们珍视上诉法院里的同事团体。

● 去那里你就远离了主流的混乱，同时还要让许多法院运行。

417

但这就像是一个纯粹的学术问题一样根本不现实，我不认为它会发生。

> ● 我想我可能会愿意升职。这意味着生活方式会很不一样。上诉法院这里的生活方式挺好，很有协洽味道，有三十五人，因此有些轻松。大家在这里相处得挺好。上议院上诉委员会那里要小得多，我不清楚那是怎么运行的。

两位大法官以及我在 1990 年代交谈过的两位法爵都提到了这一点。有一位怀念在上诉法院的生活，而且以种种理由想返回上诉法院。我们在前面的章节中看到有两位大法官曾经受法务部之邀而成为法爵，但他们很快就想逃回上诉法院与老朋友们舒适地在一起。

法官的社交与工会

大多数地区法官会在多个法院审案，而且会在彼此的办公室里或者在午饭时与其他地区法官闲聊工作或者个人生活。下面这位法官会回家吃午饭，而且有时候会回家干家务活（有一次还带着我）。除此之外，他去审过案子的那些法院也各不相同。这很典型。

> ● 法院各不相同。我知道在有些法院里地区法官在巡回法官的餐室里不受欢迎。他们在那里有单独的餐室……有些法院的法官们每天都会在三明治午餐时间在其中一人的办公室会面……这已经成为他们的习惯。有些法院的法官们每天下班后都会出去一起坐一坐聊一聊。在这里呢，我们很有协洽意识，经常一起讨论怎样改善一些事情。

在全国范围或者层次上，地区法官之间最协洽，因为他们的组织⑪最活跃也最能容纳成员。每位地区法官都参加该组织的年会。此外还有司法研习局组织的为期一天的业务培训日，这个活动有晚宴。每位地区法官每年都会参加本巡回区的两三次会议和培训。大多数地区法官不会积极组织这些活动，但都对这样的活动表示赞扬。有人说巡回法官对此很羡慕。地

---

⑪ 女王陛下地区法官协会（简称"地区法官协会"）。

区法官们还参加其他培训项目。有些人是培训讲师，为此他们会在英格兰和威尔士全境内经常出差。有一位一星期里多数日子都与地区法官、巡回法官和高院法官吃饭，而且一年内在地方上或者全国层面与法官们有十五次会面。所以无怪乎十三位地区法官中有十一位说他们有许多机会与其他地区法官见面。与这形成对比的是，治安法院地区法官有些孤立。他们表示希望有更多机会见到其他法官。下面这位伦敦的治安法院法官的说法比较具有代表性。

> ● 我们有幸能在办公室互相串门……我们在培训项目中遇见其他法官。大伦敦地区每个季度也有会议……此外还有区域会议……我们有一些社交活动，有每年的餐会。他们有全国范围的自己的群体组织，而且每年聚会三到四次。我们明确向司法部和司法研习局表示有必要让那些一个人在岗位上的人一起聚一聚。曾经有一个周末每个人都来了……这真是好极了。

418

另外一位治安法院地区法官觉得有必要至少与王冠法院的法官们多见面。

> ● 我已经建议有必要与王冠法院的法官们每年会面一次……我们可以把那些太严重、不宜在这里审理的案件交给王冠法院……但我们这个建议从来没有得到反馈。[12]

那些曾经在大律师行工作过的巡回法官整体上在工作中更加具有协洽意识。他们不仅进出彼此的办公室询问法律问题和量刑事宜以及闲聊，而且通常会一起在餐室吃午饭。两位不能这么做的法官对此有抱怨。他们大多数人都有在大律师行工作时就认识的法官朋友。下面这位北部法官的说法也很典型，不过也反映了为什么有些从非诉律师转任巡回法官的人觉得被曾经是大律师的法官们排除在圈子之外。

> ● 每年在约克举行的培训和巡回区晚宴都很有趣……圣诞假期和夏季假期有餐会，因此以前是大律师的那些法官们会去……星期五晚

---

[12]　见本书第八章。

上的大律师行社交活动，法院的教会礼拜会邀请法官们吃午饭。高院法官过来时，他们会与君王司法代表吃晚饭，并且会邀请其他巡回法官。司法研习局的培训也是重大的社交场合……东北巡回区的法官们彼此很熟。

东南巡回区的巡回法官人数比其他巡回区多。2011年，总共六百八十九位巡回法官中有三百零七位在东南巡回区。与之相比，威尔士只有三十六位巡回法官，而且他们之间不怎么熟识。下面这位从非诉律师转任的伦敦的巡回法官见到其他同行的机会比以前担任地区法官时少得多。他说：

> ● 有一些社交场合……比如巡回区法官协会的年度晚宴。有时候……尤其是向将要离岗的人道别时，会有伦敦的巡回法官晚宴。以后应该有更多业务会议。地区法官们每年有四个业务会，而巡回法官们大概只有一个。

然而，三十二位巡回法官中有二十七位不想有更多机会去结交其他法官。大多数巡回法官对巡回法官理事会给予积极评价，但并不参加其会议。他们知道一些批评，而且有些人希望这个理事会像一个强势一些的工会一样。不过也有其他人批评这个巡回法官理事会太像工会。⑬

大多数巡回法官和地区法官都属于一个全国范围内的在线虚拟法院网络，即曾经的菲利克斯网。法官们在这个网络中阅读并就法律或者程序问题交流，或者只是加入这个网络。我在1995年注意到这个网络构成了一位住在酒店、在一个小型王冠法院办案的一位孤单的法官的社交网络，即曾经的菲利克斯网在很大程度上打发了他的孤单。菲利克斯网也可能促成了本书前几章提到的法官同质化以及业务实践与法律解释方面的和谐化。其他内网平台也促进和简化了法官们的社交。大多数地区法官和巡回法官每天都会登录这些网络平台。比较典型的是，一位巡回法官说他喜欢其中一些高质量的聊天，不过其中98%的内容对他来说没什么用处。菲利克斯网及其后来的替代网络可能也在全国范围内促进了法官之间的协洽与团结，因为它为少数法官就养老金、就一些政府部长们对法官的批判，以及就媒体

---

⑬ 详情见司法界网站，www.judiciary.gov.uk。

对法官们的攻讦等问题提供了在全国范围内发牢骚的平台。

高院法官们在工作中与其他法官的交流是在皇家司法院内的走廊里进行的。我将这样的走廊戏称为"乐趣走廊"。

> ● 这个走廊很特别……王座部法官们会举行茶叙。这种茶叙的参
> 与人员比较混杂，茶叙本身也很沉闷……但是主要的交流平台还是在
> 这个走廊。我们昨天在这里举行了一个退休话别会。以前这走廊里的
> 常客都回来了。我们一个审判季会举行两次三明治午餐会。人们会带
> 着三明治在不同的办公室串门。有人告诉我说这并不重要。我的书记
> 员……说我应该常去那个走廊，因为那里好玩儿。当某法官在这里
> 时，他们有时候会在走廊里玩草地滚球等活动。

大多数法官，如果他们在伦敦的话，每星期会有两三天去大律师学院吃午饭。商事庭的法官们每两个星期聚一次。行政庭的法官们则以研讨会的形式聚会，而衡平部的法官们则在星期二有茶叙。法官们出差时对法官小舍里的人员也慢慢很了解。在伦敦，法官们经常受邀参加晚间的学术活动和大律师行的聚会。在巡回时，法官小舍生活的一部分内容就是每星期两次与君王司法代表和/或其他法官的社交活动。但这些都穿插在辛苦的工作之中。与地区法官和巡回法官不同，高院法官们没那么多培训机会，他们连参加司法研习局的学术研讨会都比较少。上诉法官的社交生活模式与巡回法官们的一样。上诉法官们也一起工作，而且是新实行的每三星期三人一组。高院法官在上诉法院刑事部审理案件时也这样。

法官理事会依法成立于 1873 年，其在当时是旨在代表高级法官的法定组织。[14] 它在 2002 年被重新设立。这时候它代表的是各级法官，包括治安裁判官和裁判所的法官在内。它还协助法务部长依据《2005 年宪法改革法》履行一些职责。[15] 但包括四位高院法官和一位上诉法官在内，其成员

---

[14]　其在 1980 年代几近消亡，但在 1988 年时恢复。时任司法总管莱恩法爵强烈反对法务部长玛可提出的试图更改出庭权的计划。

[15]　详见司法界网站（www.judiciary.gov.uk）：独立、行为准则、福利、就业条件、预算、法律与政策改革、信息技术、与法官学院和司法任命委员会的联络互动。理事会也是欧洲巡回法官理事会网络的代表成员。根据地区法官沃克（Walker）在 2006 年夏季版的地区法官协会会刊《法律板报》（Law Bulletin）中的叙述，这个欧洲网络主要关心的是对司法独立的威胁。其有自己的网站。

人数不多。二十六位高级法官中的大多数人说不知道这个理事会干了些啥事儿。连曾经是其成员的人也不知道。只有六位对其给予积极评价。另外二十位，包括几位理事会成员，都对其予以批评，或者由于对其了解不多而难以评论。最积极的评论如下：

420

> ● 这个理事会在进行广泛咨询后设立……其目的在于扩大其在整个司法界的代表性……其如今头重脚轻，管事儿的人比办事儿的人多——它必须这样，因为它是在公共领域代表司法界的正式机构。这是个有用的机构，但法官们不够了解和理解其工作。

但是有一位巡回法官对这个理事会以及他参加的其他管理群体十分批判：

> ● 任何组织只要成员超过十人就会低效率，超过三十人肯定完全没效率。我每个审判季去参加三个会议……高院法官们的会议有大约一百名成员。上诉法官们的会议大概有三十位成员。法官理事会也是大概有三十名成员。这都完全是浪费时间，因为首先人多了就不能进行有效有意义的讨论。司法总管在两种情形下，以及司法次长在上诉法官会议上，都基本上就是介绍正在发生的事情，然后每个人都点头赞同。他们具有代表性这种认识在一定意义上正确，因为他们所说的一切都会几乎无例外地被表决通过。只有一两位自大的法官会提问，或者一两位聪明的法官会表达观点，但这些观点都不会被注意或者被重视。所有这些机构都只是创造一种荒谬的团体感……除此之外并没啥其他用处。

作为对这些法官的担忧的回应，法官理事会在 2011 年被改组。其代表成员如今包括裁判官和最高法院大法官，而且会举行一些为期一天的会议。

餐室里的政治

有些王冠法院、郡法院以及组合的法院楼设有法官餐室。但皇家司法院内没有，因此高院法官和上诉法官会自带三明治作为午饭，或者去他们的大律师学院吃午饭。法爵们曾经在议会的咖啡厅吃午饭，但英国最高法院的大法官们现在有了他们自己的餐室。一些现代型法院建筑为地区法官和巡回法官分别设立餐室。地区法官们对此憎恨已久，而且也给现在那些具有管理职责的巡回法官造成了持续的尴尬。一位非常资深的地区法官（本章开头引用了他的话）描述了他所在的法院在这方面的立场。在一个组合的法院楼里上班的一位常驻巡回法官（现在已经是高院法官了）对他那个法院的历史是如此敏感，以至于他让各个层级的法官都围着一张大桌子混坐在一起，而他自己则走动着给大家倒咖啡，把自己弄得像服务员一样。同一巡回区的一名审理家事案件的巡回法官对人为分设餐室导致的不便感到恼火。

● 在这地方，巡回法官们和地区法官们在不同的房间吃午饭。在许多方面，我与地区法官的工作联系更为密切。分室而食在我看来有些怪异……我会和地区法官们打电话聊天。

有一个分设餐室的法院的常驻法官解释说他在 1993 年到任时认为这有问题，于是开始设法让地区法官和巡回法官混在一起吃午饭。他起初要求每天都有一位地区法官和一位巡回法官互换餐室吃午饭，但大家都不喜欢这么干。后来他邀请所有的地区法官都去巡回法官的餐室吃午饭，但地区法官们并不希望自己的餐室因此被改头换面留给行政人员使用。新任的"强势"的地区法官中有人对此抱怨。于是这位常驻法官又设计出一种制度。他让两类法官先一起共享酒水，然后再去各自的餐室吃午饭。但这样弄不下去，因为后来没人去享用酒水了。他知道司法总管和高级主任法官都反对分设餐室。

421

● 我还在为此努力……我觉得地区法官们真的是在以不参与来回应我的努力。那种紧张关系依然存在，但当我们举行每月一次的午餐会时一切正常。不过他们没要求多举行这样的午餐会。因此这仍然是难办而且容易触动情绪的领域。

那些只有一个餐室的法院里则有一些分裂的模式。在四个法院的餐室里，常驻法官坐在餐桌的头边，地区法官们坐在对着常驻法官的另一边，巡回法官则坐在地区法官与常驻法官之间的位置。有一位巡回法官对此进行评论，但"不是因为有啥期待，而是因为地区法官们也有他们自己的闲谈"。他当时在一个他偶尔会去审案的法院，而且这法院非常友善。在一个大城市的组合的法院楼里，我与一位受指定的家事法官和地区法官们一起喝咖啡。我问她为什么我从没在餐室见过这些地区法官。

> ● 他们被邀请过，但总体上倾向于不去。少数去的那些地区法官似乎是那些曾经是大律师的人或者当前审理刑事案件的人。其他地区法官只在市长大人过来时或者圣诞午餐会时才会去餐室与巡回法官们一起吃午饭。

在一个大城市的郡法院，有一位受指定的民事法官以前当过非诉律师。他在这个法院承担管理职责。他不高兴地区法官们坐在餐桌的另一头，而且有时候他们只顾谈论他们自己的事情。⑯ 地区法官们每个星期在餐室吃饭两到三次，否则就到图书室吃饭。这让这位受指定的民事法官伤心。在重新对这栋法院楼进行设计时，他对餐室进行了规划。他自己拒绝坐在餐桌的头边。厨房员工会先摆好桌子，并把法官们预定的冷食拿上来。我有一次陪他提前溜进餐室。他提前过去是为了换位置以便让地区法官和巡回法官们混坐在一起。

> ● 在某种程度上依然存在"他们—我们"这种区分与对立感。我反对这一点，并且尽我所能改变这一点。午餐座位安排便是这种努力的一个具体例子。我情愿大家每天都在一起吃午饭。巡回法官和地区法官们在午饭时都喜欢自说自话。因此我可以看得出为什么我们吃午饭时可能不在一起。但是在一起吃午饭时也能够谈只对自己有影响的事儿。问题之一是地区法官们不那么正式：他们的时间没那么固定，上班时偶尔会出去一下，比如出去购物，等等。

在另一个地方，一位常驻法官描述了他在其他巡回区里经历过的餐室安排以及围绕这种安排而存在的政治。他遗憾自己所在的法院餐室不能容纳一张圆桌。"如果用方桌，迟来的人可能会被排除在一边。"

---

⑯ 在大多数法院里，我们是在一起谈话。我觉得任何新鲜的陌生人都可能会有同样的、令人烦扰的吸引力。

劳动争议上诉裁判所将其反歧视目标表现在餐室里的一个具有象征意义的陈述中。在一个炎热的夏日，法官们吃午饭时没穿外套，直接以衬衣示人，而且围着唯一的那张大桌子有位子就坐下来。旁观者根本看不出来谁是巡回法官、谁是高院法官以及谁是业余法官。

422

女　性

在三十个有餐室的法院里，我是餐室里唯一的女性。在另外十个法院，唯一的女性是一位女法官。在五个法院有两位女法官。女性多于两位的地方只有高等法院家事部首席登记处。这并不令人惊讶，因为在这一代法官这里，家事法是女性的事情。好几个法院里也有女法官，但她们不去餐室吃午饭，而是情愿继续伏案工作或者回家快速处理家务琐事。有一位女法官以前作为大律师时也这么干过，但后来有意改变自己的习惯，以便于交际。

　　● 我如今通常大多数工作日都会去餐室。作为一名家庭妇女和母亲，我过去常常在午餐时干许多事情，以便让自己的生活世界井井有条。但我如今觉得自己不能这么干。我现在比较喜欢八卦。我想知道周围正在发生什么。

由于缺席餐室午饭的女法官们不在本研究样本中，我不知道她们不去餐室是因为她们情愿午餐时间继续工作或者回家处理家务琐事，还是因为由于没有女同事在一起而在餐室里觉得隔阂，或者是因为不喜欢足球、大律师行的八卦以及小圈子里的笑话等这些男人的话题。两位女法官不喜欢餐室的氛围，但还是去那里吃午饭，而且与其他女法官组成小小的互助组。

　　● 我遇到过一位地区法官和一位巡回法官。这两人在许多方面相似，因为都是母亲、都已婚而且相互理解和同情。但真正发挥组织作用的人却是我……我们从中受益良多。
　　● 我做过的一件事对我有帮助。另一位女法官和我一起开始了这个历程。她比我早两年获任巡回法官。我获任时眼泪汪汪。她说我要是有事可以给她打电话，她会随时接听……我们后来每两三个月见一次……我们互相吐槽一些事情并相互支持。但她不是我的私人朋友。这听起来很傻。我从没去过她家。她也没来过我家。我对她的个人情况了解极少。我们只是互为彼此的司法支持网络。我们能理解彼此，因为我们都是各自所在法院里通常唯一的女法官……我很感激并珍视这种友情，而且一直努力维持下去。我这里现在有一位年轻的女同事，她新近被任命为兼职法官。她第一次坐堂审案。我让她过来和我一起。于是她坐堂审案那段时间和我一起。我听她讲自己在白天工作中的起起落落。

在研究中，我遇到的大多数女法官都是英国女法官协会的热心支持者和参与者。

结　论

在司法培训中，法官们的名签只有姓和名，没有头衔职级。这是期待大家互相直接以名相称。⑰ 层级低的法官对此感到困惑，因为他们的职场是严格讲究等级的法律行业。在这个行业里，大律师们习惯于对法官极尽尊敬与讨好之能事，也习惯于运用执业规则、假发和象征手段宣示自己相比非诉律师的高级与优越。以名称称呼和平等主义是 1990 年代的司法总管托姆·宾厄姆法爵大力推动的结果。他总是跟别人说"叫我托姆"。他的继任者菲利普斯法爵以及现任伊戈尔·贾奇也是这样；后者经常跟别人说"叫我伊戈尔"。这种友善的性格使得他担任高级主任法官时不辞劳苦经常到各巡回区尽可能多地会见法官，并努力记住他们的名字。但在 1999 年，参与我的试验研究的一位地区法官发现自己的培训对象是各级法官，其中包括法爵们，而且这些法爵们让她直接叫他们的名字。她觉得这让人放松——考虑到地区法官们对身份的敏感和 1990 年代末期之前他们被其他级别的法官低看，她的这种感受并不令人惊讶。司法界努力向外界展现的形象以及高级法官们努力促进的平等主义似乎没有成功。

---

⑰　这是基于安全考虑。在培训会上，只有我的名签标明了职业头衔。

英国没有"职业生涯"式的司法界。法律职业中的大律师与非诉律师之间的传统分野、隔阂无疑强化了这种状态。狄更斯（1812～1879 年，英国作家）之前年代的法律界层级在 1970 年代的司法界依然反映出来了。直到我撰写本章、研究访谈录和实地调研笔记时，我才发现地区法官们觉得自己与巡回法官有多么疏远。不过并没有直接证据表明巡回法官看不起地区法官。郡法院的地区法官们憎恶一个事实，即他们处理的案子是巡回法官们在 1980 年代处理的那类案子，薪水却比巡回法官少。他们认为巡回法官的工作小时数比自己短，并且认为自己由于以前担任非诉律师而比巡回法官更加接近普通民众。对地区法官的访谈以及对一部分曾经担任非诉律师的巡回法官的访谈表明他们非常讨厌大律师的那种优越感。有些地区法官和治安法院地区法官认为级别比他们高的法官不把他们当作正儿八经的法官，而且他们直到最近些年才被正式称为"法官"。地区法官与巡回法官之间的关系由于另一个事实而变得更加困难，这个事实即巡回法官们会对同一个法院楼里的地区法官初审的部分案件进行上诉。雪上加霜的是，有些法院楼为这两类法官分别设立了不同的餐室。这里的憎恶更深。一些地区法官即使没去过这样的法院也知道这个情况。有一位新任的巡回法官说司法界充斥着势利。我确信他是指曾担任非诉律师的地区法官与曾担任大律师的巡回法官之间的这种状态，而不是指高级法官们。一些承担管理职责的巡回法官们对此感到头疼。他们想出许多办法让地区法官与巡回法官混在一起吃午饭，但地区法官总体上不支持这种努力。地区法官们积极通过广泛受到赞扬的女王陛下地区法官协会在全国层面互相支持。大多数治安法院巡回法官和高等法院地区法官更加觉得孤立，而且确实如此，而其他级别的法官也真的没意识到他们的存在。

424

与上述情形形成鲜明对比的是，曾是大律师的巡回法官们在伦敦以外通常会参加巡回区内的许多活动。他们和他们的法院同事是从当地大律师行招录过来的，而且保留了他们之间的社交纽带。40% 以上的巡回法官都在东南巡回区，伦敦的巡回法官之间不怎么熟识。大多数巡回法官在他们自己的组织（即巡回法官理事会）中并不积极。这无疑是因为他们许多人在巡回区内已经有很好的社交网络。当然，这也意味着曾任非诉律师的巡回法官觉得被排除在这个封闭的"老男孩"圈子之外。所有层级的法官都承认巡回法官这个群体内的不同个人之间的智识差异程度最深。有些人认为他们没有那种智识或者毅力成为高院法官。

基层法官崇敬高级法官。地区法官对高级法官的心态则是敬畏。这也是因为基层法官与高级法院和巡回法官之间的级别差距比地区法官与巡回法官之间的差距大得多。大多数巡回法官并不羡慕高级法官们巨大的工作负荷以及频繁的差旅生活。许多人认为现代的高院法官比其前辈们更加好接近。大多数高级法官在巡回审案时与基层法官有交流，但他们与巡回法官的交流更多。尽管如此，高级法官们也令人惊讶地清楚地区法官们对身份的敏感。高级法官们并不会在智识上将自己与巡回法官进行区分。实际上，上诉法院的法官们非常欣赏在上诉法院刑事部参加案件审理的巡回法官。

作为学者，我已经习惯于多元化的工作环境。但我发现自己参访过的法院以及法院午饭时间很少有女法官。大多数女法官都不去法院餐室吃饭，因此不可能知道那是否因为她们在那里感到不自在。大多数女法官是英国女法官协会的热心支持者。在职场多元化方面，女法官们现在所处的阶段相当于女学者们在 1970 年代和 1980 年代初所处的阶段。

在皇家司法院，大多数高级法官（尤其是高院法官）都是在走廊里与其他人互动交流。有些专门领域的法官会定期举行会议。大多数高级法官每个星期大约有两天与其他人一起在大律师学院吃午饭。他们经常受邀参加学术活动、大律师行的社交活动，或者与最高法院大法官一起参加法律界的仪式活动。在巡回审案期间，高院法官会与法官小舍的人员变得很熟识。他们会在法官小舍里住几个星期，而且会与当地法官和/或君王司法代表以及其他人一起出席正式的社交活动。这是他们巡回工作的一部分。法官理事会起初是为高级法官设立的，不过在 2002 年改组重设之后代表全体法官。其目的在于向司法总管反映法官们的观点，然后由司法总管代表法官们表达出来，但大多数高级法官不知道这个机构干了些啥事儿，而且/或者对其持批评态度，因此这个机构或者组织对他们而言并不重要。

《2005 年宪法改革法》可能会导致更多巡回法官升至高等法院，但可能不会催生欧洲大陆国家那样在大学法律专业毕业之后就成为终生法官的那种"职业生涯"式的司法界。在我看来，地区法官对司法界高层与司法界其他成员之间的鸿沟的描述似乎正确。司法界高层占据着一个不同的世界。这个世界以皇家司法院（高等法院和上诉法院）为中心。这里的高级法官们工作辛劳，而且他们塑造法律。上诉法官和高院法官是相同的社会群体和职业群体中难以区分的要素，因为他们都来自顶尖的大律师行，而且在上诉法院一起工作。那些升到英国最高法院的法官们继续在同样的法院外活动中与前同事们保持联系。司法界高层的同质性在一个事实中表现出来，即大多数高院法官真的想要升职。这与地区法官和巡回法官们的想法不同。大多数上诉法官也愿意升职到最高法院，但担心那里不会有上诉法院的那种协洽氛围。

425

426

第十七章　行业之器①

国家在伊拉克打仗烧钱，法院当然没钱再多雇一位导引员。

——巡回法官

信息技术设备不行、行政辅助人员压力大、法官们可以查阅的书籍太少、案件排期匆忙、办公空间不够用，以至于法官被要求绕到楼下的等待室领取下一个案子的材料。

——吉恩教授②

目前对皇家公诉署、取保候审服务中心和法院的效率要求对司法行政管理产生了实实在在的影响。当前诸如监禁时间限制或者审案取消等问题相对孤立，但这些问题无疑会越来越普遍……法院已经被压缩到辅助人员不够、房产维修不够、审案天数不够的境地。这些都不利于按照社会期待的方式向社会输送正义。

——司法总管贾奇法爵③

---

① 此处是扩展使用丹宁法爵所说的律师的"行业之器"（'tools of trade'），参见 Denning, *The Discipline of Law* (London, Butterworths, 1979) ch 1。

② H Genn, *Judging Civil Justice* (Cambridge, Cambridge University Press, 2009) 51. 见该书第 11 章引用保罗·柯林兹（Paul Collins）法官的叙述。法院员工（辅助人员）薪水很低。而这位法官自己的年薪在 1992～2007 年从十二万五千英镑被削减到八万英镑。见 13 February 2007, BBC news。

③ *The Lord Chief Justice's Review of the Administration of Justice in the Courts*, February 2010 (Judiciary website). 其前任菲利普斯法爵在 2007 年题为《司法独立》的演讲中说："我们对司法资源的脆弱感到非常担忧。"法院资金是司法独立的一个国际标准。政府内阁忘记了《2005 年宪法事务改革法》背后确保的与法官们的紧密沟通。菲利普斯法爵是从报纸上知道政府打算设立司法部这个计划的。法官们长期以来一直批判民事法院必须自筹资金这一政策。见 P Darbyshire, *Darbyshire on the English Legal System*, 10th edn (London, Sweet & Maxwell, 2011) ch 6 and Genn, above n 2 at 46。

简　介

在本项目的试验研究阶段，一位王冠法院法官、一位地区法官和一位高院法官都告诉我说我不会有耐心当法官。我在伦敦的一个王冠法院同座观察一位巡回法官的工作时发现在开始审案之前我们就是在法院内外等人、等文件和等陪审员。"星期一最糟糕，而 8 月份简直是可怕。8 月份实际上在 7 月就开始了。"在大多数案件中，文书总是不完整——这是皇家公诉署或者法院办公室的缘故。材料的排列没有逻辑顺序。即使是标明"紧急"的邮件，也要八天才能送过来。这位巡回法官的书记员没有"常识"，没受过业务培训。因此这位巡回法官说"这简直让我快疯了"。由于工资低，法院员工的替换率很高，"他们避开了工党"。他的一个原本排定在星期一开庭的性侵儿童案被推迟到星期二下午，因为连接儿童证人室的视频设备出故障，而且法院里没人知道该怎么修理，证人室的孩子们整个星期一都在里面等待。④ 星期一就这么浪费了。公诉方律师对关于证据可接受性的基本规则很无知，根本不知道怎样剔除无关的证据。案件的排期没有协调。这位巡回法官的一位被告人被安排到另一个日期的另一个案子、在另一位法官面前出庭。这位巡回法官发牢骚说："只要有个电脑系统发现排期过程中有重名时发出提示就可以避免这种情况了！"

取保候审中心的主官在法庭上道歉说中心没有对涉案强奸犯出具量刑前报告的原因是人手不够。巡回区的主任法官已经送过来一份备忘意见，让法官们只在必要时才要求有量刑前报告。法官解释说："有时候伦敦就是没钱办这些事儿了。伦敦的取保候审中心已经处于崩溃状态。"（他在 2010 年也这么说过）在审理时，陪审员们在四天时间里的迟到时间累计达 3.75 小时，结果是一个本来应该两天审完的案子用了一个星期才审完。法庭里并非总是有书记员在场。有时候没有导引员。空调让法庭里总是很冷。法庭的墙面有薄木板装饰，还有几个毛玻璃的窗户。整个法庭都因此永远显得沉闷，冬天时尤其如此。电灯是低瓦特的灯泡。律师抱怨说这里

④ 全国防止侵害儿童协会（NSPCC）的研究表明儿童侵害案中的儿童证人的等待时间超过了一年。见 NSPCC, *Measuring Up? Evaluating implementation of Government commitments to youngwitnesses in criminal proceedings* (2009)。

的光线水平低于法定最低标准。

下雨时走廊里会有接漏雨的盆子——这还是在法院楼比较豪华的一头。在另一头——"临时"的一头——是法官们的毛灰墙办公室。在前往这些办公室的过程中，他们得闪躲避开那些注定要蹲牢房的被告人。大律师行已经抱怨过这里的扩音设备。另外一位法官说这个扩音设备是这里的法官和律师们的"共同敌人"。一位御前大律师说自己"太老"但还记得当地政府在1970年代就说要用十八个月拆除这栋法院建筑。法官们还重述了新近的一些问题，比如街头枪击事件、没有安全保障，更不用说法院的被告人席看守中有一位居然是毒品交易者。我在2002～2010年至少每年一次去看这位法官，但发现这个法院的情况变得更糟。到2008年时，他已经不再去法官餐室吃饭了，因为有五位法官在那里遭遇了食物中毒。他已经决定在2010年退休。相反，伦敦之外的两位南部地区的法官还没有退休的想法。其中一位说他不会在伦敦干同样的工作，因为那里"生活质量差"。

在郡法院，那位参与我试验研究的地区法官抱怨没有秘书帮助。她不得不亲自撰写信函，认为这"与巡回法官的待遇不一样"（她不知道巡回法官们其实也没有秘书）。她最终有了自己的听写式电话（dictaphone），但得自己手动输入指令。有些年长的法官说"我们不是秘书"。她把磁带送到给茨赫德（Gateshead）去处理，但有些因此丢失了。她所在的法院每星期收到八千至一万份邮件和传真，但没有足够的员工来处理它们。另外一位地区法官说他不再要求发出去的指令在八个星期内被遵照执行；他要求十个星期，因为指令到达邮件传达室就需要一个星期。就那些限时三天内必须遵照执行的指令，他则给予两个星期的时限。

虽然本研究证实伦敦以外的法院情况不会这么差，但这个令人沮丧的局面的重要意义在于40%以上的地区法官和巡回法官都在伦敦和东南巡回区坐堂审案。这些地区的法院以及为法院提供辅助服务的机构普遍运营资金不足。把钱花到这些鲜为人知的机构不会吸引到选票。在工党执政的年代，我们会看到这样的新闻标题比如"法官被告知有九千万英镑经费缺口，法院因此面临关闭"。⑤ 如今在保守党与自由民主党联合执政时期，情况还在恶化。2010年10月，司法部宣布关闭四十九个郡法院和九十三个

---

⑤　F Gibb, *The Times*, 4 September 2008, 20.

治安法院。与法院员工、法院使用者以及政府机构一样，法官们也会因为这样的预算削减而大受其苦。但这里还有一个大的原则问题：政府已经将民事法院应该自筹资金这一政策永久化，但法官们一直强烈反对这一点，因为他们认为民事法院也是公共服务机构（因而也该得到公共财政支持）。本章研究法官们的栖息地——法院建筑——以及他们的行业之"器"。这里主要是指法院建筑、设施、信息技术、工作与服务条件，以及其他机构和律师反映的情况。

法院建筑

2000 年时，法院系统的建筑物维护有三千八百万英镑资金项目没落实。到 2008 年时这个数额攀升到了两亿英镑。[6] 本研究中的法院大楼情况不一，[7] 但除非对那些几乎是脏乱差的法院用房，法官们在这方面没什么抱怨。至于薪水、辅助人员和信息技术设施方面，法官们理解身在公共服务机构就不能有许多期待，尤其不能期望达到他们以前作为律师时享受的标准。[8] 但法官们的确代表法院辅助人员和法院使用者（尤其是其中有孩子的家庭）就这些人的待遇和遭遇进行过抗议。

法爵们曾经的办公地即西敏斯特宫曾经由普金*进行过奢华的装修。但有些法爵们就自己在立法机构所在地办公感到不自在。他们如今非常喜欢议会广场对面的最高法院，因为这里为他们以及法院使用者和参访的公众提供了一切必要的设施。但最高法院的成本为七千七百万英镑，因此每个人都在为这笔费用和成本买单。皇家司法院是高等法院和上诉法院的所在地。这里第一个令人惊讶的事情是这两个法院都没有退庭休息室。当法官们从法庭出来后，他们必须到法庭后面的走廊里进行合议。

429

---

⑥　ibid. Gibb 讨论了老鼠肆虐、凋零破旧的法院大楼。

⑦　数据由地方区域持有，从而妨碍了全国范围内的评估。NAO, *HM Courts Service-Administration of the Crown Court Report by the Comptroller and Auditor General HC* 290 *Session* 2008 - 2009, 2009.

⑧　美国费城的法官们也这么认为。见 PB Wice, 'Judicial Socialization: the Philadelphia Experience' in JA Cramer, *Courts and Judges* (Beverly Hills, Sage, 1981)。

*　奥古斯都·威尔比·诺斯摩尔·普金（Augustus Welby Northmore Pugin, 1812 ~ 1852 年），十九世纪英格兰建筑师、设计师、设计理论家。英国议会大厦重建时，哥特式风格的内饰设计是他的代表作之一。——译者注

比较现代一点的家事法庭则没有窗户，看上去阴郁，而且也是毛灰墙。商事庭过去是在一些狭小的办公室里处理案件。这种情况现在才有所改观。虽然皇家司法院按照维多利亚时代的标准有些奢华，但法官们提到了一笔小账：十个灯泡都坏了之后才一起换掉。虽然上诉法官们就自己宽大的办公室和古色古香的办公桌没什么好抱怨的，但新获任的法官必须等一年才能有自己的办公室。有一位法官的办公室在锅炉房附近的地下室。另外一位法官的办公室则是由清洁工的储物间改造而成的。还有一位法官的办公室有内涝。有一位不得不搬办公室，因为她办公室的天花板塌了。皇家司法院没有餐室或者会客厅。法官们在自己的办公桌前吃三明治，或者到马路对面的大律师学院吃饭——那里有便宜、友好、美味的快餐小店。他们对此不介意。

　　大多数郡法院、王冠法院以及组合法院都提供适合的现代化设施，但也有例外。一个老的王冠法院的一位法官说法官专用入口是一个潮湿的门廊。这里安装了一个自动喷水设备，因为法官们厌烦了每次经过这里时都要小心翼翼以避免踩到在这里露宿的吸毒者和他们使用过的海洛因注射针头。"司法总管去年来参观过。我注意到保安人员把那些吸毒者赶走了，但他们没为我们这么做过。"在一个维多利亚时代的郡法院，一位法官指出那里没有等候室。如果有家室的人带着孩子来，则不得不在入口处的楼梯底部等候。等久了孩子就会哭。在另外一个地方，郡法院隐藏在一个廉价的写字楼里。这栋楼的下面是一个小赌场，对面是一个亮蓝色的夜店。这个法院以前的所在地是一个希腊复兴风格的建筑，有许多古希腊朵瑞可（Doric，也译陶立克、多利斯、多立克）式的柱子，但如今已经变成了一个葡萄酒酒吧。[⑨] 我曾开车好几次路过一个郡法院，但后来发现它就在与一个教堂相连的一间办公室里。有些家事法庭就在附楼或者相邻的法院楼里——这给家事案件中苦闷的家庭及社工带来了新的困扰和更多不便。

　　直到 2004 年之前都没有关于法院建筑设计的规划，也没有普遍使用建

⑨　拯救英伦古迹协会（SAVE Britain's Heritage）在 2004 年的出版物《沉默中的法院：英国的古老法院楼宇的未来》足以让建筑发烧友抑郁。鲍街的治安法院楼和紧邻的警察局（因是伦敦历史上的第一个警察局而举世闻名）后来都关闭了。法院楼宇关闭的原因可能是配额使用，也可能是其内部不符合现代使用需求。令人遗憾的是，那些内部最引人入胜的楼宇如今作为主题公园或者电影取景而使用，或者就任由其凋零腐朽。

筑设计师。因此，即使是新建的法院也有一些问题。不恰当的设计给法官们的工作造成了影响。他们抱怨说主事者没有事先向他们咨询。在三座新的法院楼里，法官办公室与法庭中间隔着一层或者两层楼，这导致法官们每次进入法庭都会迟延十分钟。在另一座新法院楼里，座位离法官最近的陪审员几乎看不到证人。在一个1970年代的法院，被告人家属席和受害人家属席都离陪审席太近，以至于他们可以怒视并恫吓陪审员。在中部，我听说有一座法院楼本来打算用作诈骗案审理中心，但一直没有投入使用，因为里面的大柱子限制了法庭内的视野。这个法院楼后来被卖掉改成一个购物中心了。

如果法官们的想法能对法院楼的楼面布局设计产生影响，他们就感到满足了。一位受指定的民事法官自豪地向我展示了他所在的装修过的民事司法中心，并说他对自己的设计"着迷"。他是民事法院财产委员会的成员。他说如果主事者不就本地的法院建筑设计向他咨询，那他会大闹。但是他的巡回区主任法官威隶则担心会出现一座不实用的新法院楼。这座法院楼本来由一栋写字楼改建而成，计划在2004年投入使用。但是由于其改建设计存在缺陷，法官们拒绝搬进去。被告人在自己的席位上听不到法官的程序指示。公众区正对着陪审席（又是这样）。法官座位之间距离太小。没有自然采光，也没有律师更衣室。威隶法官希望家事法庭的等候室能与刑事法庭的等候室分开，"否则你收养孩子的那一天会因为与犯罪分子同室等候而败兴"。然而，最终来做设计的人也没有法院建筑设计的经验。几年后这座楼也还没有投入使用。在皇家司法院，一位高院法官说法庭内部设计通常都糟糕，尤其是新法庭。他说："他们从没想过向在里面上班的人问问该如何设计法庭——比如托马斯·摩尔（Thomas Moore）大楼便是这样。"

此外，经常有一些历史悠久、形象威严、具有世界级的历史声誉的法院楼，比如鲍街的治安法院，也被空置而变得凋零，甚至被变卖给酒店娱乐行业。威隶法官曾经在他巡回区里的一个重要的老建筑里作为第一位高院法官在那里工作了十一年。他发现里面漂亮的古典式天花板有一处是用聚苯乙烯砖补上去的。屋顶漏水，屋檐的浮雕已经损坏了。本地工匠制作的法院家具也损坏了。本来是为了省钱而疏于维修，最终却导致破损程度和维修成本都增加了。这种情况在各巡回区都存在。一位伦敦的常驻法官说主事者五年前拒绝花五万英镑对自己所在的王冠法院的屋顶

431　进行修缮，结果不得不在 2008 年花费二百四十万英镑进行维修。⑩

在访谈中，七十七位法官中有四十三位说他们对法院设施感到满意。与下面这位治安法院地区法官一样，他们都意识到这方面还有缺点，但也都知道法院缺钱。

　　● 我所在的法院由音乐厅改建而成。设施不是很好，但员工们对此感到很高兴……我去的其他法院甚至没有一个办公室可以提供给我……这意味着我虽然带着自己的笔记本电脑但在需要时甚至没有地方坐下来在电脑上写点东西，也没有地方接打私密电话。因此情况不那么好。但我没有真正的怨言。

有十七位法官的回答不一。他们大多数是高院法官。虽然他们大都喜欢皇家司法院的建筑，但很遗憾那里没多少可用的公共空间。在他们外出巡回审案时，随同的书记员没有办公设施，只能在他们房间的角落里凑合。他们遇到过一些混合的法院楼。比如下面这位法官就有这样的经历。这里引用他的原话可以生动说明 2011 年法院楼的状况。

　　● 就司法建筑的提供，并不存在一个统一协调的模式。结果就是比如这里有一个 1989 年建成的相当现代的王冠法院大楼，同时还有四个非常可让人接受的法院。这个法庭是很大，但另外三个法庭太小。建成时各方一致认为其太小不符合要求，于是我们使用老市政厅的两个旧法庭。我们有一个完全不合适的民事司法中心，也是一个现代建筑，但是建在一栋写字楼里，完全是一片混乱。在第三栋建筑里的是治安法院。因此没有这样的司法中心。除此之外，我们还有许多建筑供裁判所使用，但有些裁判所却安置在宾馆的房间里。不过，把它们免费或者低价设置在一些空置的法庭里可能更加经济实用。这方面根本没有协调。⑪ 我们如今在巡回区里正在做的事情就是协调这些。皇家司法院的建筑很好，但那里难以适合二十一世纪的司法业务。那些

---

⑩　他在年度报告中重复了这一点。贾奇法爵在 2010 年批评了"持续的资金投入不足导致维修滞后持续存在"。

⑪　贾奇法爵说："如今正在开展一些工作，以便查看就功能而言法院和裁判所二者在哪些方面可以共用楼宇。"

旧式法庭也很好，但确实不适于现代生活。我们的办公室也是这样。

虽然法官们看得到为法院使用者提供现代设施的必要性，但当历史建筑被变卖导致法院关闭，或者这种关闭给法院使用者造成不便时，法官们对此表示过抗议。法官小舍比较破旧，但他们对此并没有怨言，也不怀念以前有仆从和专车的日子。他们也知道法官小舍的工作人员要一人干多个人的活儿。

用餐

在一些老旧的郡法院里，地区法官和巡回法官也没有公用设施或就餐设施，因此他们也在自己的办公室里吃盒饭午餐。新一些的王冠法院和组合的法院楼里有餐室。法官们在餐室里付钱吃饭，但菜单在各地似乎都一样。菜品的样式和质量不一。冰山莴笋是常有的品种，而且食物质量也不如大学食堂里的菜式。唯一的例外是中央刑事法院，那里的法官通常是伦敦市中心的贵客，午餐也比较正式。法官们吃午饭时周围会有一些穿着银色长袍的服务生。这些服务生要招待好伦敦的客人和名人。⑫

温度

法院服务署的相反逻辑似乎既适用于法院建筑物的修缮，也适用于供暖。西部地区的法庭开了空调就像冷藏室。布里斯托法院内的温度通过中央空调系统进行设定。在另外七个法院里，低温的空调让陪审员和法庭速记员用上了外套和取暖器。一个郡法院的法官解释说法院服务署为了节省开支将所有的中央取暖设施都按照供暖季节的日期进行设置，因此员工们为整栋楼购买了取暖器，"这是一笔巨大的开支"。

安全保障

安保措施也比较随意。但必须认真对待安保措施。在 1980 年代，我教过的一个学生以前是警官。他在鲍街的治安法院被枪击中了膝盖骨。正如攀尼可在 1981 年指出，有人杀害了对其量刑的法官。也有人用投掷物攻击

432

---

⑫　中央刑事法院的院长和副院长有住宿，而且要出席伦敦城的晚宴。曾经有人告诉我说宾厄姆法爵穿着法袍就没法用餐。

法官。⑬ 这种情况比较普遍。因此很久以前人们就被禁止携带玻璃器皿进法院，而代之以塑料制品。在一个郡法院，法官们告诉我说墙上的一个小窝是被一个扔向一位地区法官的玻璃瓶砸出来的。有时候王冠法院的法庭内的公众区域前排会被封闭，以防止有人从那里抛掷物品攻击法官。

许多法院在前门进行安全检查，但在其他入口没有。在皇家司法院，一位上诉法官给我指出了所有的不安全入口，并提醒我说乔伊安·布瑞斯韦尔（Joyanne Bracewell）女爵曾经被一位手持左轮手枪的女人当面威胁过。⑭ 我们发现自从一位高院法官被拳击之后，紧急申请处被从真正的 101 室撤离到其他地方了。女上诉法官黑尔说曾经有一位无律师当事人试图在上诉法院抓住她。

> ● 我们正在结束对另外一个案子的判决宣读时这个女人向法官席这边过来了。我必须等主任法官允许（他很快允许了）才能离开。但还算及时，所以我能不失尊严地退下。⑮

433

"父亲的权利"组织的成员曾在家事法官前面的草坪上示威。家事法官曾经遭受过他们的绑架威胁。家事案件可能导致暴力反应。我们在乔尔（Joel）的法庭见过这种情形。在一个郡法院，如果法官觉得案子的当事人有可能反应激烈或者有可能被监禁，那么他们会用一个红点对这个案子的卷宗进行标记，然后把这个案子的审理安排在一个更加安全的法庭里进行。有一位法官指出法院里几乎没有数据安全设施，连碎纸机也没有。有关家庭和家事的秘密文件材料在法院里随处可见。审理民事案件的地区法官们一直都意识到安全风险，因为常常有情绪激昂的人出现在他们的办公室里。⑯

> ● 诉讼当事人可能就出现在你背后看你在写什么。由于我们不穿法袍，人们可能会在我们面前过于情绪激昂。如果你正好坐在桌旁，

---

⑬ D Pannick, *Judges*（Oxford, Oxford University Press, 1987）6 and 138 – 39.

⑭ 这是在上诉法院。见 2007 年 1 月的新闻媒体关于她的悼文。也见 E Wilson, 'Terror as Mad Woman Aims Gun at Judges; eighty cops fail to find her in court', *The Mirror*, 14 February 1997, 11。

⑮ 由 F Gibb 进行访谈。见 F Gibb, *The Times*, 11 November 2003。

⑯ 本书第十一章对此有论述。

他们可能真的会放任情绪发泄。这样可能会失控。

在一个郡法院，一位当事人向他的妻子泼电容酸。另一个郡法院遭受被扔进邮筒的燃烧瓶的袭击——就发生在我到达这个法院前不久。

中央刑事法院审理全国最大最集中的黑社会组织杀人犯。我有一次从前面的正门进去。这个入口不向公众开放，配有许多安保设施而且有警察看守。但我进去时没人拦住我或者要求我出示身份证件。通常我从后面的市长大人入口处进去和法官们会面，但在这个入口有时候也没人对我进行检查，也没有安全门。我本来可以进去射杀一排法官。我注意到在另一个王冠法院我可以偷带一支枪进去。法庭内不允许录音录像。但我在这几年的研究中出入法院时只有一次被安保人员用 X 光机发现了我的录音录像设备时被拦住。在另外的九十个场合，这些设备根本没有被发现。

治安法院地区法官也同样意识到安全风险。"在这地方只有傻子才会在午餐时间出去。这附近挺乱的。"电容酸事件正好发生在一座组合的法院楼里，而且有警察在场。我在 1970 年代研究治安法院时注意到家事审判中通常有警察在场。但由于他们的出现被认为不恰当，后来在1980 年之前警察就被撤出家事法庭了。如今的法院很少有警察出现，除非是在普瑞斯顿（Preston，也译普勒斯顿）这样的地方由警察外围保护来自东欧的那些脑袋有标价的大毒枭。有些法院有护卫人员，但法官们知道这只是名义上的护卫，因为这些人没有能力应对暴力行为或者群体事件。在一个审理重案的王冠法院，[17] 警长撤走了警察，在法官的抗议下才又恢复了警力布置。

434

法院员工（辅助人员）

七十七位法官中只有三十六位认为自己有人数足够且能力合格的员工（辅助人员）和行政团队支持。[18] 许多法官让我注意这些非审判人员的低工

---

[17] 是本书关于王冠法院的那一章中莫蒂默法官所在的法院。

[18] 国家审计署（NAO）的 2009 年报告第十六段指出："司法部的招聘程序并没有满足在法院的辅助人员的需求，反而给其增加了压力，而且降低了法院的业务绩效。"

资和高替换率。⑲ 各级法院（包括上诉法院）的年度报告中都有这方面的数据。一位上诉法官的书记员说她之所以能在这个收入不高的岗位上继续干下去，是因为她的养老金计划能补贴她。我从其他高级法官的书记员那里也听到同样的故事。法官们对这些人总是彬彬有礼，而且与他们有很融洽的工作关系。他们为员工的低工资感到恶心，因此在员工罢工时会表示支持。

大多数巡回法官和地区法官都没有秘书帮忙。伦敦地区的一个郡法院由于员工替换率高（因为伦敦市区的工资高一些）而大受其苦。所有的法院员工，包括工作部门助理，都非常年轻。从他们的名字也可以看出这一点。一些本来应该由这些辅助人员决定或者拒绝的事务还是被呈交给法官办理，因为他们要么没有信心，要么没有经验自己处理这些事务。法官们会因为辅助人员的能力不够或者接受培训不够⑳而受苦，但他们都不抱怨。有一堆材料被辅助人员交给一位法官，但材料上面明明写着该案不排给这位法官。我们在关于郡法院和家事法庭的两章中已经知道交给法官的每一堆文书材料都有错误。在西部的一个法院，一位"好姑娘"被从案件排期办公室调离，但替换她的却是一位"衬衣都不扎进裤腰"的小伙子。法官们说这似乎已经成了一个政策，即辅助人员刚刚工作上手就被调走。在本书关于郡法院的那一章里，一位巡回法官想当然地认为一家被告人银行早已经将证据送到了法院。银行声称其的确这么做过了，但法院却丢失了证据。原告不清楚法院办公室的混乱状况，因此坚持认为银行的律师在撒谎。另一位法官指出法院的文档管理一团糟，因为法院服务署没有将文档整理作为法院的一个工作衡量指标。在其他地方，法官们在传阅《邮报》刊登的信件。这信件是关于法院对案件文档管理不当的。法官们如果对这些不生气，就会看到这些事情滑稽的一面，并在他们的内部网站交流这样的故事来取乐。其中提到有些法院公函以法官的名义发出，但其中包含一些严重的用语错误。

在一个比较大的法院，一位案件排期官同时兼职为法官提供辅助。一

---

⑲ 这是伦敦的情况。但在全国范围内，法院服务署的人员替换率或者跳槽率比较低，但其病休天数高达每年十一天。见国家审计署 2009 年报告第十八段。

⑳ 国家审计署 2009 年报告第十七段指出："法院辅助人员对培训的质量和频度持批判态度。在 2007 年，司法部得出结论认为这些培训项目之间没有协调好，而且对其评估也不充分。"

位法官指出，由于没有导引员，法院每星期会浪费一个工作日的时间。导引员和书记员的缺乏很普遍。有时候两个人会同时在两三个法院干这样的工作。

在找到一位书记员之前，陪审员们被迫一直等候宣布其裁决结果。一位常驻法官说："有一位法官自己收受了陪审团的裁决书，但陪审团根本没有正确填写表格！"高等法院首席登记处的卡罗琳法官没有书记员。她直接走下法官席去给案件排期办公室打电话。在其他地方，有一位新任的巡回法官描述了1970年代的法院辅助人员配备："我开始在大律师行执业时，每个法院都有自己的书记员、两位导引员、自己的警员、自己的皇家公诉署书记员以及另外一两名辅助人员。"

有一位高院法官将一天的阅读时间中的四五个小时用于整理文件文档。他说："我打赌美国的法官们不必做这样的事情。这就像医生一样。医生应该给病人看病，而不是处理行政事务。"王冠法院的许多法官因为那些随意堆积的材料组成的案件文档而受苦。

- 案件的历史应该放在文档的外部。这样便于接手案子的法官很快回溯案情，以便弄清楚发生了什么……摆在我面前的案件文档的保管令人绝望，以至于有一个四人案中实际上只有两人待审的案子在我面前——我起初不知道另外两人已经认罪，于是我浪费了许多时间去弄清楚全部情况。

有一位治安法院的地区法官总结了治安法院的辅助人员裁员。

- 人力资源越来越少，因此难以高效率地处理行政事务。法律咨询员（legal advisors）们被要求去做行政事务。不妨干脆在他们背后绑上一把扫帚，让他们能同时扫地。

信息技术和视频连接设备

法院的信息技术现状让人难以开口。七十七位法官中有四十九位对向他们个人提供的信息技术设备感到满意，这其中包括了一些自称是信息技术盲的法官以及两位从未使用过信息技术的最高法院大法官。法官们可以使用全部的英国法律数据库，[21] 但似乎没有接受过充分的使用培训。我发现大多数法官似乎不知道怎么使用 Lexis 或者 Westlaw 法律数据库，而有些法官甚至根本不知道在他们的法院能使用这些精致复杂的法律数据库。文字处理设备够用。长期使用司法界内网菲利克斯网（1990 年代早期就投入使用，现在已经被 ePoc 取代）[22] 的法官发觉其有助于协调全国范围内的司法实践。例如，一位常驻法官与一位警长发生争议时便给网内其他法官发邮件询问他们是否允许警察携带随身武器上法庭作证。

436　　但是喜欢使用信息技术的法官们则感到沮丧。一些高院法官说他们出去巡回审判时必须携带两三台笔记本电脑，因为那台与安全服务连接的笔记本电脑根本不能用来获取其他服务。一位提到了她的纸版法庭日志。"法院甚至连十五年前大律师行里使用的那种电脑日志都没有，虽然那种日志现在已经落后了。这实在是见鬼！"虽然我们大多数在大型机构工作的人能想当然地随时有现场技术员为我们解决信息技术难题，但法官们只能拨打求助热线。他们只有互相帮助，而且这样居然能奏效！在信息技术方面自学比较好的法官为那些不会此类技术的法官进行培训。接受培训的人对此表示赞赏。这方面得大量依靠自学。在一个组合的法院楼里，每个人都在这方面依靠一位自学精通的辅助人员。我们在郡法院那章已经讲过有一位喜欢信息技术的巡回法官在王冠法院让别人在自己的笔记本电脑上安装某软件之后打不开自己的民事判决书模板，但是她试着按照操作说明一步步解决问题，而不是等十天让别人来帮助她。

　　在本研究过程中，王冠法院的电脑正在安装 LINK 系统。安装这个系统是为了将刑事司法机构和律师联系起来。[23] 法官们对此很热情，但发现提供的培训没什么帮助。一位巡回法官说有人离开了培训现场，因为觉得"没用"。"他们学会了如何给蒸汽机车刷油漆，但没人知道该怎么用 LINK 获取他们常用的数据库。"他也没有光盘驱动器运行光盘版的 Archbold（这是刑事业务法官必备的百科全书）（他可以在 Westlaw 上找

---

[21]　eLIS: see K Davis, The Association of HM District Judges *Law Bulletin*, Vol 20, summer 2009, 4.

[22]　P Atkinson, 'The Judicial Portal' *Law Bulletin*, Vol 20, winter 2008 – 09, 22.

[23]　国家审计署 2009 年报告第二十段指出这个已经用了二十年的案件管理软件是"在老掉牙的电脑上运行"。

到 Archbold，当然他并不知道这一点）。另外一位经常出差的巡回法官发现她的 LINK 系统密码只有在她所在的法院才能被有效使用，出了那个法院就用不了。

伍尔夫法爵在 1990 年代中期设计了现行的民事司法制度。他当时以为所有的民事案件文档很快就会实现电子化处理。但十年后，我在两个法院发现法官们在试用试验软件，不过后来发现这个软件不起作用。一位法官说无纸化办公的梦想已经沉寂在一潭死水里了。电脑系统花了四十分钟处理了四个案件的文档。但他在这四十分钟里可以作出十个基于纸版材料的案件管理决定。另一个法院的那位法官在我进行研究的那个星期都没能成功运行那个软件，而且也没人来提供技术帮助。地区法官们很沮丧自己不能打开案件管理软件而必须依靠书记员。在 2001 年，一位审理民事案件的地区法官曾羡慕地看着一位美国法官管理自己手头的案件。[24]

地区法官协会主席欧德姆（Oldham）曾经在 2009 年说关于法院电子化文档的建议已经被搁置，因此法院继续使用并处理纸质文档。这些纸质文档经常被弄丢。如今管理和更新这些文档的辅助人员不够。他鼓励当事人将电子版的案件小结和指引草案用电子邮件发到法院，并同时抄送给对方当事人。这意味着至少法官在审理前可以获得这些文档。但并非所有法官都这么做了。[25]一位治安法院地区法官说："我看着一个取保候审的家伙。但任何系统都不能告诉我他在撒谎，因为他说他没有撒谎。可是我就知道他在撒谎。这完全是一团糟。"在高等法院，法院的电子邮件系统不能发送伦敦城律师们通常交换的那类型格式的文件，一位商事庭法官和一位衡平庭法官对此感到尴尬。商事庭法官特若罗普解释说皇家司法院里有二十五个信息技术系统，而法院服务署和司法界都被同一个系统供应商的合同锁定。家事部斯丹福法官自己购买了笔记本电脑，因为法院提供的电脑功能不够强大。但她自己的笔记本电脑不能连接上法院里的打印机。她在外出巡回审判时也不能连接到法官小舍里的打印机。她在巡回审时不能阅读邮件附件。她的书记员可以打开这些附件，但不能打印。斯丹福最后用了自己的私人电子邮箱。但这违反了规定，因为私

㉔　这两个案件管理软件系统（The CaseMan and FamilyMan systems）是如此老旧，以至于其运行平台是 1990 年代中期流行的 DOS 系统。见 S Gailey，'Service Upgrade Projects'，*Law Bulletin*，Vol 20，winter 2008 – 09，23。

㉕　D Oldham，'Online justice'（2009）159 *New Law Journal* 615.

人邮箱不安全。

地区法官们自己设计审判指令的模板并相互交换。在高等法院，有一位辅助人员为自己的法官编写了软件程序。那位资深的司法次长解释说："如果你等法院服务署来办这事儿，那就得永远等着。这就是我们办事儿的方法！"那些担任司法信息技术工作组成员的法官感到非常沮丧。

- 在这方面我们已经严重落后于其他国家和地区……伍尔夫法爵推行改革时向法官们作出的承诺还没有兑现。
- 真见鬼！我应该从我的法庭和办公室都能很快联网获得需要的电子材料。但这里的硬件设施非常不靠谱……民事审判业务这方面还会继续落后于刑事审判业务。设施差劲！我还认为应该让公众能在法院更多连接和使用在线资源。现在的情况太糟糕。与伦敦城的大律所相比，我们还生活在石器时代。
- 我需要有人向我解释说明这些玩意儿怎么用，并需要有人在旁边帮助我。最好有好一点的培训。我曾经接受过三天培训。但六个月后他们才给我送过来设备。这时候我已经忘记了他们培训时讲的内容。

许多人都怀疑："我想不出政府主持推进的哪个信息技术项目是及时按照预算成功实施了的。"

在好几个王冠法院，法官们担心儿童作证的视频连接质量差，声称这会导致被指控的侵害儿童的被告人被判定无罪的可能性升高，即使法官们坚信其有罪。在某法院，当数字摄录试验设备被拆除时，法官们非常失望。这个设备在他们看来很有用，因为它能用来对儿童证言的相关内容进一步予以精确的定点分析。但由于这个试验设备每年耗费三万英镑，法院服务署觉得其太昂贵而决定不予采用，并同时寻找更加划算的其他设备。

438

其他机构与律师

有六十位法官所在法院的顺利运行都有赖外部机构。我问他们对这些外部机构有什么评价。其中二十四位表示满意，但他们大多数对自己的回答有所保留和限定，并且意识到所有这些机构都资金不足。正如在本书中从头到尾都可以看到的，这样导致的拖延浪费了法院的大量时间。

皇家公诉署和起诉工作、对青少年犯的量刑

在王冠法院那一章，我描述了许多案件的审理怎样由于缺乏准备而被耽搁或者拖延。与此相伴随的是一种风气，即出庭律师就此不道歉也不承担责任。公诉方律师会说："我不知道有这回事儿。"许多令人瞠目结舌的缺点都有不少借口，比如未能向被告人出示视频证据，或者未能在开庭前十五分钟进行披露，或者在最后时刻提出公共利益豁免申请，以及让法官用一整天阅读本来三个月前就可以呈交的材料。在一个法院，一位资历浅的法官问常驻法官能否下令审理第四个案子，因为前三个都由于视频质量太差而导致审理进行不下去。治安法院的情形也一样。一位任职书记员已经十五年的人说如今的情形更加令人沮丧。与以前相比，更多案件在开庭前没有完全准备就绪，而且人们乐于承认自己没作准备。案子必须延期审理，因为法庭证据没准备好。波西亚法官在一个少年犯重新犯事儿之前都不会签发转办令。

曾经有人提议皇家公诉署和司法界之间定期举行联席会议。参与试验研究的那位法官对此不赞同。他认为皇家公诉署应该在公开的法庭审理中解释自己的行为。他劝服一位议员在议会就被浪费的诉讼成本提问。皇家公诉署经常将起诉失败归责于警方。王冠法院的法官经常为这样的低效率感到沮丧。大多数人要求在公开的庭审中得到解释。但一位常驻法官说："律师们或者皇家公诉署有些事情没做好，是因为他们都在超负荷运转。我们就此生气也无济于事。如果他们的人能力不够，那不能责怪他们。"

王冠法院那一章有许多关于公诉方律师怎么差劲的故事。法官们会私下评论公诉方的低能：为什么公诉方律师不核实一下被告人所说的车站厕所被锁这一说法？为什么他们没提到刀具上的指纹？在访谈中，皇家公诉署是最可能受批判的机构。在一个案子中，一个十五岁的受害者被足球流氓攻击。一位常驻法官就此给警长写信。"警方好几个月都没就此案安排受害人指认犯罪嫌疑人，而且在搜集证据方面也很慢。"这位法官给警长的信甚至根本没有得到回复。一位高院法官说皇家公诉署"非常低能。虽 439
然政府努力在改善其业务水平并且说它已经提高了不少，但这个机构仍然

毛病很多。资金短缺是一个问题。其工作人员甚至不能起草一份像样的普通的起诉书"。这种看法比较典型。

取保候审中心

在访谈中，最普遍的观点是取保候审中心"资源不足、人手不够。但我对他们的忠勤工作深感敬佩"。许多法官说他们与当地的取保候审中心有很好的工作关系，但也指出人手不足意味着取保候审报告的撰写或出具会发生延迟。这是量刑中的一个严重缺陷。有一位法官刚刚处理过二十个量刑案，其中十个案子没有取保候审报告。有些法官抱怨说一些接受培训不够的取保候审工作人员会作出非法或者不恰当的建议，比如建议具体的刑期长短——这是法官的权力。

儿童与家事法庭咨询与支持服务机构与儿童案中的监护人

一位地区法官解释说在设立儿童与家事法庭咨询与支持服务机构（CAFCASS）之前监护人都是自雇者（自主就业），但 CAFCASS 让他们成了低工资的雇员。

> ● 如今你有时候得不到监护人。伦敦在这方面的情况比较糟糕。一些重大的公法案件中没有人代表孩子们——这是受伤害的孩子。这就是我很恼火的原因。

2003～2005 年，在全国范围内，法官们必须等十四个星期才能拿到 CAFCASS 报告。但我的研究对象中有些法官等了十八个星期。[26] 几乎所有的家事法官都对这种长时间的拖延以及由此导致的正义的扭曲表示担心。这种拖延和扭曲不利于就孩子的未来作出裁决。

社工

我们在家事审判那一章已经看到有一位法官的三天时间都被浪费于等

---

[26] 截至 2010 年 7 月时拖延情况更加糟糕。国家审计署在 2010 年 7 月的报告中指出，"到 2010 年 6 月时，CAFCASS 在处理的公开的公法案件比 2008 年 11 月时多了四千六百件，增长了 44%"。见 NAO（2010），*Cafcass's response to increased demand for its services*, summary, para 23。

待一个抚养案开庭。导致浪费的原因是社工让案件中的母亲去了另一个法院。不过法官发现这一点时并不算太迟。但案子仍然不能开庭，因为这次陪同那位母亲正确来到这个法院的那位社工有恐高症，而法庭不过是在二楼。法官在给为此等候了好几天的律师们签发法律援助经费支付令时评论说这样的拖延不仅浪费时间而且浪费钱。在其他地方，有位法官对地方政府的社工机构工作人员感到愤怒，因为社工机构在一对侵害儿童的夫妇生养了一个婴儿的情况下没有采取任何措施将这婴儿安排被抚养或收养。在另一个案子中，一位容易受害的母亲生了一个孩子。地方政府知道这位母亲的情况，但一个月里都没有采取任何措施，而且两个月后也没有采取措施开始全面的程序。

440

囚车服务

保安公司在运送被拘押待审人员方面的拖延也导致巨大的成本和代价。在本研究开始前，中央刑事法院的首席书记员就警示过我这一点。他说由于这个原因他有时候急于在中午之前让案子能开庭。莫蒂默法官曾经就保安公司导致的拖延进行过正式投诉。另一位常驻法官说星期一上午不可预测。被拘押待审的被告人不能到庭。保安公司解释说他们需要到好几个地方去载运这些被拘押人员。这位常驻法官对此大笑，直接反驳说："那样的话你们本来就应该提早出发！"一位高院法官说：

> ● 如今大多数监狱都由私营公司管理。运送被拘押人员也由这些公司来办理。但这些公司完全低能，浪费了价值上百万英镑的时间和金钱。

律师

从前面几章可以看出，律师的质量各有不同。律师越好越值得信赖，法官的业务就越容易。法官必须确信律师们已经对案子做了充分彻底的准备，否则法官就不得不在午餐时间慌忙地自己研究案子。在上诉法院是这样，在王冠法院或者郡法院也是这样。法官需要就案件的进度相信律师的陈述，并运用自己的职业经验去理解律师们怎么工作。比如，有一位治安法院地区法官在律师与被告人谈话时从 14：00 一直在等。她解释说这种情况下批评律师并不恰当，因为涉案的孩子在 14∶30 才被从拘留所送到法院来。法官只有在能相信律师们已经提供了全部重要相关信息时才能表示会怎样恰当量刑。伦敦的一位法官说："许多律师经验不足。你要是问他们希望怎么把案子审理下去，他们会两眼茫茫一脸茫然地看着你。"

政策与计划

关于刑事法庭的那几章表明频繁的政策变化和层层累进的不可行的立法让法官们大受其苦。这些政策设计和立法都是为了削减成本，或者是为了吸引选票而炮制出来，也是为了象征政府"对犯罪严厉"。法官们以前也是执业律师。他们具有急切的公正观念，并且拒绝那些相互矛盾的、惩罚性的、官僚式的要求。波西亚法官认为自己对青少年犯的量刑权"毫无用处"，并且觉得她不能就此获得行政部门的注意。但她所在的法院频繁进行持续的改革试验，比如"简单快速简易的司法"。在波西亚看来，这种要求立即披露辩护的官僚式做法与对抗式的正当程序原则相冲突。为此，当他看见被告人挑战公诉方说"那你得证明呀！"时，她会暗自为被告人欢呼——被告人当时被要求在收到公诉方的全部起诉披露之前先披露自己的辩护。此外，波西亚对于允许嫌犯在警察拘留所里通过电视在她的法院"出庭"也感到怀疑。业余法官怎样才能每天处理五十个案子？波西亚的怀疑论可以小结为她最近的一个评论："一切都是为了省钱。"

441

司法人手

在某郡法院，法官们过去多次要求增加一位兼职法官。在另一个郡法院，地区法官在这个乡村地带形单影只、一个人在处理许多积压下来的旧案，因为他的同事退休后还没有新法官被任命过来。在伦敦市中心，也有一位巡回法官退休后的职位空缺还没有填补。有时候要一位兼职法官都比较困难。伦敦的一个重要的王冠法院缺乏高院法官审理严重的诈骗案，因为他们都忙着审理恐怖分子案件去了。在伦敦的另外一个王冠法院，2007 年 2 月缺少了四位巡回法官，这导致审理日期被安排到 9 月。东中部缺少两位法官，导致有些审理无法继续。两位律师被告知他们将会被任命为法官，但仍有悬念。有一位法官抱怨说有些法官处理的都是性侵害案件，而不处理其他案子。有些案子需要资深的巡回法官审理，但这样的巡回法官却审不下去案子，于是中西部巡回区的两位法官去那里救场。在家事案件那一章，我们看到三个不同巡回区的巡回法官们由于法官短缺几乎难以应对审判。到2009年时，退休法官留下的岗位替补被普遍延迟，有的延迟了几个月甚至几年。这样的延迟成了家常便饭。而与此同时，成功申请法官岗位的律师们却要等好几年才能获任到审判岗位开始工作。我们在关于法官招录的那一章也已经看到过这种情况。

工作条件

职业危险

律师获任全职法官之后，工作模式就从频繁的差旅以及法院里的频繁上下走动变成一天到晚坐在椅子上。法官们认为由此导致的体重增加和背部毛病是职业危险。有一位新法官体重增加了三公斤多。"这得去健身馆花很多钱减肥！"另外两位法官增重十二公斤。还有一位增加了九公斤多，于是他买了个健身器在家使用，而且每天游泳两千米。有三位法官在治疗背部毛病（其中一位因此病休，后来几年都不再全职担任法官）。有两位法官在用医事理疗。有一位频繁使用笔记本电脑的法官开始反复有肌肉拉伤。法官们没有商业医疗保险，因此生病时只能和普通人一样排长队等待接受国民医疗服务（National Health Service）——这又是在浪费司法资源。虽然本研究中低层级法院的法官没有抱怨情绪压力，但那些在高等法院审理严重刑事案件的法官们有这种抱怨。我们在前面的章节已经看到高院法官、上诉法官以及家事法官的工作负荷很重。在2007年，法官们有了一个咨询热线来帮助他们处理情绪上的需要和压力。[27]

442

㉗　F Gibb, 'Advice line is set up for lonely judges', *The Times*, 26 March 2007. 本研究中的法官没人遭受过该文讨论的澳大利亚的法官们的孤独与隔绝。

工资、养老金和福利

法官的工资情况透明，在司法界网站（www. judiciary. gov. uk）可以查得到。律师们都知道高级法官和巡回法官在获任时就意味着其收入要减少一大截。但有些新闻媒体对此完全没有概念。在 2011 年，高级法官司法总管的年薪不到二十五万英镑。巡回法官的年薪则不到十三万英镑。而 2010年伦敦有十一位中小学校长的年薪为十五万英镑以上，且一位小学校长年薪为二十万英镑。[28] 法官们以前作为御前大律师执业时年薪至少为二十五万英镑。顶尖的御前大律师每年收入可达到六百万英镑。即使那些依赖法律援助业务的顶尖律师也是如此。具有反讽意味的是，与他们经常审判的有组织犯罪的成员相比，高院法官的薪水很少。研究样本中的法官没人抱怨薪水低。偶尔会有法官说："我希望你意识到我们干这行是为了服务公众。"有些法官们为一些巡回法官提出的涨工资要求感到尴尬。

● 一些贪心的法官觉得自己的工资应该大幅提高。他们没有意识到做这行工作是一种荣耀。他们这样要求是自私的……而且似乎缺乏服务公众的驱动力。这种公众服务意识正是从事这行工作的先决条件。

法官们都喜欢漫长的假期。但我们已经看到许多家事法官和高级法官的工作小时数很长，有时候晚上和周末都工作。许多高级法官则利用假期时间写判决书。

法官们享受不到一些福利。比如议员们有礼物和费用补贴，但法官们没有。他们不得收受礼物和费用。因此那位为本研究提供咨询的上诉法院法官塞德利将咨询费都捐给了慈善机构。与议员不一样，法官们没有伦敦住房补贴，因此被从外地任命到伦敦的高院法官以后就被认为是住在伦敦。他们用自己的税后收入来支付在伦敦的住宿费用，在周末时则回到在伦敦之外的家。这样做的人包括巡回区的主任法官们。一位西部的主任法官可能有很多时间在伦敦，但没有伦敦住房补贴。虽然他们在外地可以住在法官小舍，但并不能保证他们的家庭成员也总是能一起住在那里。

443

---

[28] 'Union outraged at head teacher £ 200000 pay package', 13 July 2010, BBC News website.

岗位流动性

与资深法官不同，新获任的巡回法官通常会被任命到他们曾经执业地区之外的地方，因此他们上下班在路上就要花几个小时。我遇到过好几位新法官被要求在两个巡回区工作。还有一位以每八个星期为一个轮回在五个法院工作。法官们从其归属法院到其他地方之间的差旅费用可以报销，但过夜住宿费用除外。有些法官说这样的工作模式不利于他们的家庭生活。有一位新法官上午把孩子送到学校，然后开车一个半小时去上班。她的家事法庭业务有时到17:55才完成，有时候则到19:00才结束。这样的下班时间才能让她完成一个星期里排定的案子，也是为了方便当事人。但这样做就意味着她不得不大量依靠她丈夫去照顾孩子们，而她丈夫是大律师，也很忙。

高等法院有一位主任法官曾经是巡回法官，并担任过常驻法官。他强烈认为法官们的工作岗位应该四处流动，但有管理职责的法官则应该在固定岗位。

- 长期在一个法院审案会有危险。这方面我自己有经历……如果你作为一位常驻法官负责一个法院的运行……那么你有两个功能……第一是要管理法院的运行，确保审判业务进程快速高效而且尽可能公正。第二是作为法官审理案件。这两个功能相互影响……你必须给法院、法院的法官们以及来你面前的人留下你自己的印记。你也有你自己的个人好恶……甚至可能对某事特别反感，但他们不会告诉你说你错了。没人会来你办公室跟你说"看看这小结，简直糟透了"或者"你处理这事儿的方式很不公平"。我见过一些法官在岗位上很长时间了。他们对事情的影响力很大。某些方面这种影响是良性的，有些方面则不是良性的，尤其是当他们所处的位置能影响到别人的职业生涯时。让法官们四处挪动真的很好……可以让负责法院运行的人有机会走出去到其他地方坐堂审案……并只在有限时间内负责一个法院的运行。

- 法官岗位的流动性还有另外一个优势。没有必要由常驻法官一个人去批评皇家公诉署的低能和低效率。你得让其他法官也有兴趣。如果其他法官认为"他在这位子上会干十五到二十年。那么我就乐见其成，并自己做好自己的事儿就行了"，这样的话，他们就不会有兴趣确保法院高效运行，但如果他们认为常驻法官岗位五年后就会空缺，那么就会表现出兴趣，并真正参与一些重要的事情。许多巡回法官把获任法官当作半退休。他们觉得这是体面轻松的工作，是乡绅式的风格。但这种认识如今不行了。人们得工作、得干活儿，而且工作方式必须十分积极主动。

结 论

444　本书中的一些故事，尤其是参与试验研究的那些法官们的故事，看起来像是我编出来的。但是任何人都可以通过坐在法庭观察而再现本研究的这些方面的体验。由于法院运行状态不好，预算问题便更加突出。国家审计署在 2009 年的报告中批评了法院系统的行政管理。他们发现没有对辅助人员的管理模式、没有令人满意的培训计划、没有中央统一管理的财产目录，但有一些陈旧的信息技术设施。如果让我今天来重复过去的实地调研，则会发现如今的情况更糟糕，因为工党政府在本书报告的调研之后宣布大幅削减司法部的预算，而后来的保守党和自由民主党联合政府则再次削减了司法部的预算，并威胁要关闭上百个郡法院和治安法院。尽管研究表明伦敦在法院设置、设施配备、辅助人员和辅助机构配备方面在全国最差，但伦敦以外的地区也有令人惊讶的不足。需要记住的是，40% 的地区法官和巡回法官都在伦敦地区和东南部地区坐堂审案。尽管如此，各地都在浪费钱。北部的一个法院空等"途中堵车的证人"。在中部的一个法院里，警方证人在等待一个为期两天的案件审理时在法院里闲逛了两天。常驻法官让这些人回去干自己的事情——"但他们不会谢我！"

法院建筑的情况也是多种多样。皇家司法院富丽堂皇，但在一些方面并不适合现代社会。公众不知道皇家司法院辉煌的法庭后面并没有退庭休息室，也没有公用设施或者用餐设施。大多数郡法院、王冠法院和组合的法院楼里的设施充足够用。但许多新建的法院和新改造而成的法院以及皇家司法院的一些法庭在建筑设计或者装修设计过程中没有咨询法官们的意见。这种咨询很有必要。有些法院楼或者法庭的布局设计导致了问题，或者导致这些建筑根本不能作为法院使用。不可原谅的是，关于法院设计的规划直到 2004 年才确立。有些法官仍在一些老旧的法院楼里工作。那里没有餐室，也没有为法院使用者提供合格的设施。有些在建筑设计方面很重要的历史建筑被变卖用于与其不符的用途，或者任由其空置凋零。与此同时，一些法院则被置换安排在一些看上去就不好的写字楼里。法官们就法院房产缺乏协调使用作了一些解释。法庭内空调温度通常很低，即使在仲夏也这样。法院楼修缮和供暖方面的成本控制根本是基于错误的计算。安全保卫措施效果不好。当然，我们在本书中看到打错经济算盘不仅仅限于楼宇修缮。我们已经看到虽然法官的时间和法院的时间本来应该在经济上也很珍贵，但法官们无法高效利用这些时间来继续自己的工作，因为他们经常要等这等那，比如等候被拘押的嫌犯、等候律师（常有人准备不足）、等案件文档材料，以及等被社工错误指引到错误法院的诉讼参与人，等等，不一而足。

法院辅助人员的低工资导致他们的替换率很高，在伦敦尤其这样。这导致基层法院的司法辅助并不可靠。辅助人员人手不够，以及未能建立令人满意的司法信息技术系统导致案件文书"归档"混乱和文书丢失。此外还有更多的法院时间和法官时间被浪费。将错误填写的表格返还给法院办公室或者返还给律师则是另一种形式的浪费公共资金。

445

信息技术硬件、软件和培训的供给缺乏一致性和协调性，从而也造成浪费。在民事审判方面，伍尔夫法爵在1996年预言的案件电脑化管理似乎已经被放弃了。法官们不得不相互培训，并开发自己的软件。但法院系统的信息技术和技术支持达不到如今任何机构的标准。法官们被提供了精致的法律数据库，但大多数人没接受过数据库使用培训。其他设备失灵也浪费了更多时间。高院法官为缺乏基本的比较专业的信息技术设施而感到尴尬。许多法官和法院使用者由于法院的信息技术落后而遭遇不便。

所有服务于法院的其他机构都资金不足，从而导致案件准备或案件陈述差劲或不合格。这进一步导致审理延期和累积式的资源浪费。一些法院的法官人手不够也导致案件积压。同时，成功申请法官岗位的律师却要等好几个月才能走马上任。暴力罪嫌疑犯有时候必须被释放，因为对其拘禁已经超过了法定时间限制。

与公众认为的法官权贵形象相反，高级法官们和一些基层法院法官的收入比以前当执业律师时少了很大一部分。但没人就此抱怨。他们觉得从事司法工作是一种公共服务，而且他们对辅助人员的待遇之低表示同情。大多数法官的年收入不如伦敦的一些中小学校长。此外，法官们不得收受礼物，而且没有伦敦住房补贴，因此他们如果被从伦敦以外的地区任命到高等法院就不得不用自己的税后收入支付在伦敦的住宿费用。新任巡回法官通常被任命到不同的巡回区，并需要在工作岗位上多处流动。

446　　　法官们很少抱怨他们所处的混乱的工作环境。这真令人惊讶。如果他们抱怨，那通常也不是代表们自己，而是出于对法院使用者、法院辅助人员以及广大纳税人的同情。

第十八章　2011 年之后的法官世界

　　我进行这项研究，是因为被妖魔化的法官形象与真实的法官并不相符。法官们很清楚自己这个群体的公众形象：老男人、白人、特权阶层、不接地气、总体上装腔作势。然而，如今由于法官职位需要通过申请才可能得到，那么很可能法官们是为了把审判业务做好，而不仅仅是为了摆脱不好的职业形象。

　　英国司法界的人员构成情况在国际上依然是一种尴尬。由于 2006 年之前的"老男孩圈子"内的招聘方式，以及英国人不同寻常的喜欢购买私立中小学教育，此外还有作为法官之源头的律师界的层级制度，英国司法界的男性比例畸高，[①] 而且司法界高层（3598 名法官中的 161 位高级法官）[②] 大多数都在私立中小学接受过精英基础教育。由于法官是从执业律师中招录过来的，法官的平均年龄比律师们要大。这与法国不同。法国的法官直接从大学毕业生中招录而来，而且在见习法官和普通法官阶层女法官居多。英国法官的假发会让男法官看上去比实际年龄老十岁，而且将其固化成狄更斯时代的人物。法官们讲话用贵族腔——他们在私立学校或者大律师行就养成了这种腔调。

　　然而，本书表明公众对法官印象的其他方面不仅与现实不相符，而且过时了。这是新闻媒体懒惰的结果。对于媒体而言，这个戴假发的群体是软柿子。少数法官的不当言行会在人们的集体记忆中存留几十年，从而让人们更加倾向于认为"所有的法官都这样"。人们通过想象去了解王冠法院的法官，因为这些法官常出现在新闻中。郡法院的地区法官们经常被问"这星期你把多少人判进了牢房？"，但与治安法

---

① 根据 2010 年的司法统计数据，上诉法院法官中 8% 为女性，高等法院法官和巡回法官中 15% 为女性，地区法官和治安法院地区法官中 25% 为女性。

② 不包括裁判所的法官们。

院的地区法官、所有的家事法官以及大多数民事法官一样，这些地区法官几乎从没有进入公众的视野。这些法官都不戴假发，但他们完全从法官的公共形象中缺席。对于受法院判决影响的大多数人而言，能触动其生活的法官正是这些法官以及业余的治安裁判官。学者们和新闻界一样关注司法界高层，也关注判决书，但本书关注的是司法界所有类型的法官。

虽然司法界大多数人都有幸福的婚姻，但本书研究范围内的法官有的有残疾，有的已经离婚，有的是寡妇，有的小时候是寡妇的孩子或者离婚人士的孩子。本研究样本中的七十七位法官中有七位经历过丧子之痛，三位要照料家中的残疾人士。法官的家庭成员和朋友使得他们在家庭生活中也低调。他们的业余爱好广泛，包括步行、园艺、音乐、旅行、家庭生活、足球，属于中产阶层的趣味。有些法官说司法职业使得他们更加富有同情心和不那么轻易判断是非。法官职业或者从事法律业务改善了他们的精神面貌，使他们对社会问题有更加清楚的认识，或者对政府政策更加持批判态度。司法经历甚至让有些法官激进化了。有一位说："我过去是保守党党员，但现在已经不是了。"

在法庭上，法官们会有一种职业性格，而且他们之间这种性格的相似性比法官以为的还要大。这是因为司法培训和司法文化中的社交。在英国的司法文化中，"法官炎"会被上诉法院嘲笑，失礼也会被上诉法院批评。显然，如今也有些装腔作势的法官。任何人只要去法庭观察一下就可以检验一位法官是否这样。但总体上而言，法官们已经表现出了他们珍视的那些素质：耐心、公正、有同情心、良好的倾听技巧、果断以及礼貌。他们会让陪审员、证人以及无律师当事人不紧张。法官们的耐心和倾听技巧令人印象深刻。他们容忍了一些在 1970 年代可能被认为是藐视法庭罪的行为。法院使用者和律师却变得远远不像过去那么恭顺。法官们有时候对于低效率的、不肯认错道歉的法律职业人士过于宽容。这些职业人士没有就其缺乏业务准备和因此造成的公共资金浪费承担责任。

法官们并非都来自具有权贵背景的家庭。如今的婴儿潮这一代法官比其前辈的社会阶层流动性更强。他们过的并不是权贵的生活。他们的午餐也可能是便当。他们乘地铁或者骑自行车或者开摩托车或者步行去上班。有些法官用通风专用小房间作为办公室。许多高层法官是在精英的大学接

447

受的高等教育。在世界上其他地方也是如此。但批评这一点则有些愚昧。我们需要最聪明的、工作狂一样的法官来处理最难的案子。高层法官们都有出色的履历。他们是经过自己的努力才获得在司法界高层的工作岗位的。他们的薪水不如一些中小学校长，而且比以前当律师时的收入少了许多。但他们认为从事审判工作是一种"回报"，是"服务公众"。国家对他们有亏欠，但他们不要求国家补偿。一位地区法官说"他们是'春蚕到死丝方尽'"。

　　关于法官形象的最不准确的描述是说他们"不接地气"。通过在法庭上与当事人打交道以及聆听当事人的经历，法官们比任何其他不是法官的人都更加紧密地接触人们广泛的生活体验。想想那位在治安法院的女法官吧。她每天都通常在不被人们看到的少年法庭努力办理许多案子，而这个少年法庭所在的地方是少年帮派争斗的中心。这地方的妈妈们会自己给孩子注射海洛因，而且曾经就在法院楼的台阶上发生过杀人案。再想想王冠法院的那位常驻法官吧。他把杀人案的材料分配给手下的法官们。这些案子包括牛排刀杀人案、一击致死案以及妓女被杀分尸后装在塑料袋里。另一个王冠法院的常驻法官透过法院的窗户可以看到有人在吸食毒品。郡法院也会面对同样如此的当事人。有一个郡法院曾经被投掷了燃烧弹。郡法院的当事人并不是主张民事权利的富人们，而是债务人、房屋被回收的人、弱势群体成员，以及生活紊乱的人们。那里的地区法官们对移民、无家可归者、国家福利补贴、毒品、嗜酒都很了解。在王冠法院，我看到过有人在毒品交易场所被踢打致死的照片。在家事法庭，我看到过被殴打虐待的婴儿在满是蛆蝇和屎尿的摇篮里的照片。我从法官那里看到很多儿童抚养纠纷案的材料，其中有许多是循环发生的家庭暴力、堕落和剥削。我看到高等法官家事部的斯丹福法官轻柔地、循循善诱地劝说一位母亲承认自己确实杀人了。在"权贵"的法官小舍里，经理凯伦女士跟我讲高等法院一位法官在整天审理多个杀害儿童的案件后脸色凝重灰暗甚至不想吃晚饭。

448

　　法官们并非不接地气。其实是新闻记者们和学者们没能进入法官的真实世界，因为他们大多数人从没去过治安法院、家事法庭、郡法院，甚至大多数的高等法院案件和上诉法院案件也不在他们的了解范围之内。新闻记者们会在王冠法院旁听，或者去皇家司法院报道名人案件。学者们则在书桌旁阅读法律案例报告并进行写作。

重现的主题与 2011 年的法院状态

律师

这里研究的七十七位法官中大多数曾经是执业律师。他们理解律师，有时候会迁就律师，但这并不意味着法官会容忍粗心大意的律师。法官们会适用自己作为律师时的标准。本研究表明普通法系法官在很大程度上依赖律师详尽周到的审前准备。高等法院一位法官曾经解释说："我们作为法官的确依赖高质量的律师。我们自己没有时间对案件进行研究。"在每一层级的法院，法官们都会珍视"值得信任的律师"。高等法院的一名法官说很难想象如果这个国家的律师不可信，那么生活会是什么样子。

律师的层级、大律师与非诉律师的分野

本书的研究对象包括了一些曾经担任过非诉律师的法官。这些法官自认为比其他法官稍逊一筹。他们过去在律师界的职业层级中成长起来。哈泽欧在 1978 年对这个职业的层级制度有描述。律师界的执业规则、礼仪和用语都强调大律师比非诉律师高级一些。比如，大律师在业界习惯上被当面尊称为"我的博学的朋友"，而非诉律师仅仅被称为"我的朋友"。然而，大律师的考试或者教育在过去以及现在都没有在任何方面使他们优于占执业律师总人数的 90% 的非诉律师。大律师们依然在抱怨以前当过非诉律师的那些出庭律师的出庭技能差劲。但本书有很多例子表明一些大律师也不称职，其中甚至包括一些御前大律师。非诉律师从 1972 年起开始有资格担任兼职法官审案，但他们在审判岗位上没有超越地区法官这一级别。2006 年之前的法官招录通过法律界的裙带关系进行。那时候司法部会就岗位申请人的情况咨询在任法官。人们通常会垂青那些与自己是一个群体的人，即使实验心理学家把他们归为一种毫无意义的群体。③ 想当法官的非诉律师们知道这一点。本书表明他们为了让自己被合适的法官认识（以便在申请法官岗位时能得到这些法官的支持）而颇费精力。他们中许多人成

③ *Mind Changers：Henry Tajfel's Minimal Groups*，27 February 2011，BBC Radio 4. 群体身份"具有非常强大的力量"。

为巡回法官之后依然觉得像是局外人。几十年以来都有人在努力招录非诉律师担任巡回法官及以上层级的法官职务，以便让司法界的人员构成多样化一些，但这种努力并不成功。2011 年 3 月，司法任命委员会（其法定职责之一在于促使司法界人员构成多样化）发布了九十八个兼职法官招录广告。但在上一次 2000 年的招录中，只有 20% 的申请人当过非诉律师。司法任命委员会在 2011 年发布了《1998～1999 年和 2008～2009 年非诉律师获任法官职位统计报告》。这个统计数据让人更郁闷：1999～2009 年，没有一位执业的非诉律师被任命到高等法院。申请巡回法官职位的非诉律师比例一直稳定在 12% 左右，但这些人实际获任的比例则从 10% 下降到了 6%。在司法任命委员会成立之前，非诉律师获任为地区法官的比例为 89%，但在其成立之后下降到 68%。司法任命委员会在 2009 年的报告《司法岗位申请的障碍》中发现：

> ● 大律师和非诉律师的申请意愿存在巨大差别。问卷中有 49% 的大律师想申请法官职位（而且 20% 表示"非常可能"申请），但在非诉律师中只有 22% 的人想申请（但只有 6% 表示"非常可能"申请）。

本书揭示了英国这种不同寻常的法律职业分野带来的更多问题，并证实了以前的一些研究发现。比如，到王冠法院出庭的大律师们直到最后时刻才进行审前准备（或者根本不准备）、迟到的案情简报以及北部法院里频繁的辩诉交易。在家事案件和其他许多案件中，这种职业分野意味着双重律师（double lawyers）。在复杂的儿童案件的审理中，专业人士越多则审理进度越慢。司法部长在 2010 年关于法律援助的咨询报告中重申我们的法律援助制度在全世界最昂贵。他没有提到我们继续在为双重律师买单。执业律师们认为大律师和非诉律师之间的这种分野是理所当然的，因为他们大多数人没有体验或者经历过正常的法律制度。有些评论者预言《2007 年法律服务法》在进一步瓦解律师行业的法律服务垄断，而且这个过程会终结大律师界单独或分立的职业地位。但是早些年就《1990 年法院和法律服务法》以及《1999 年司法法》已经有类似的评论。如今大律师界和非诉律师界都在发展壮大。④

450

---

④　P Darbyshire, *Darbyshire on the English Legal System* (London, Sweet & Maxwell, 2011) ch 13.

司法界的层级

法官们并非同质。没有任何迹象表明司法职业会朝着生涯化方向发展。司法界的层级反映了律师界的层级和分野。有一位治安法院地区法官说司法界高层与其他层级之间存在鸿沟。他这么说大体上正确。很少有人跨越这个鸿沟。司法界高层都是属于同一个群体。这个群体区别于其他人的标志是他们的聪明才智、非凡成就和工作负荷。高等法院和上诉法院由于招录了一些工作狂才能运转。这些人七十多岁了还有夜班。他们喜欢具有挑战性的法律问题，并喜欢巡回审案的差旅生活。伦敦的（高等法院）商事庭有一些世界上最聪明能干的法官。不少国家来这里打官司是为了争取案件由这个法庭管辖。这个法庭相当于是英国吸引客户的促销产品。

法官们指出巡回法官们具有广泛的能力。有些巡回法官像是高级法官，而且许多巡回法官在高等法院审案。但巡回法官们喜欢晚上在自己的床上一个人睡觉。郡法院的地区法官大多数曾经担任过非诉律师。他们对巡回法官的讨厌只在访谈时才表现出来。在 1996 年之前，有些地区法官被禁止到巡回法官们的餐室吃饭。这样的餐室传闻会让现在的有管理职责的法官感到尴尬，但是传闻在继续传播。在本研究进行期间，治安法院地区法官与其他法官之间没有联系和往来。巡回法官甚至不记得有这样一个法官群体。巡回法官们很难想象单独一位治安法院地区法官怎么能在没有陪审团的情况下审理刑事案件。但这两类法官审理的是同类型的案件。高等法院的地区法官对所有人来说都是个谜，这个群体不为大家所了解。

纠问式程序与不拘泥于法律的地方

普通法系的审判程序被描述为对抗式。法官在审判程序中是一个中立的裁判员。法律专业学生学了几年法律之后以为争端到了法院里都是根据法律解决。本研究表明治安法院总体上是一个"不拘泥于法律的地方"。这里很少有法律争议，因为一些通常的犯罪行为，比如盗窃、刑事破坏等广为人知、争议极少。法官们在审案时采用的是"多做少说的实干方式，其中有些是对抗式，有些是纠问式"。家事法庭也是不拘泥于法律的地方。家事案件审判程序（尤其在涉及儿童时）比较独特——多方当事人、多个法庭、多位律师、多种问题，从而可能持续好几年。孩子既是当事人，也是争议的对象。

无律师当事人

自助式诉讼在小额诉讼程序中有用，因为这个程序本身就是为没有律师代理诉讼的当事人而设计的。这也是不拘泥于法律的地方。这种情况下的诉讼规则让法官在审判时具有灵活性，并且采用纠问式。但是无律师当事人在所有类型的民事案件中都普遍存在。我们的对抗式程序是基于一种预设，即当事人向法院提供法官需要的一切，包括证据、证人证言、法律以及法律辩论。自助式的诉讼在大一些的案件中并不奏效。无律师当事人会让程序进度变慢。这些当事人良莠不齐，会犯错误。由于不理解法庭程序，他们会浪费法院的时间以及其他诉讼参与人的时间。当法律援助被削减时，无律师当事人便会增多。在过去，法官们得自己找办法解决这些问题。正如一位巡回法官所说："你得照看好他们的利益。"他们在皇家司法院设立了司法助理。有一位曾经被当时的状况恶心坏了的地区法官设计了"裁判技艺"培训项目，但这样的培训对于这里的所有法官而言都来得太晚了。皇家司法院内部有咨询和支持服务，但其他法院得到的服务则不够。有些无律师当事人变得更加执着于打官司。这些人和一些强势的"麦肯锡之友"会成为一种烦扰，但法院对此非常包容。在 2010 年 7 月份的《业务指南》中，法官们提醒"麦肯锡之友""没有独立的权利为诉讼当事人提供帮助"，而且"没有权利担任出庭律师或者进行诉讼"，并认为法院应该"审慎批准""麦肯锡之友"的出庭请求。[5]

在 2010 年 11 月，让法官们惊慌的是，英国政府建议进一步削减法律援助。在 2011 年 2 月，由司法总管领头的法官理事会预计：

> ● 这些建议会导致无律师当事人的诉讼案件大幅增长。这会严重影响司法质量，尤其是当法院系统本身在面临关闭、预算削减、非审判岗位裁员等问题时，这种影响会更加突出。[6]

451

---

[5] 2010 年 7 月的司法界网站，www.judiciary.gov.uk。

[6] 司法界 2011 年 2 月 24 日的新闻通稿《法官理事会协调回应》；A Hirsch, 'Legal aid cuts will cost more in the long run, say judges', *Guardian*, 24 February 2011。

从削减法律援助而省下来的资金会由于诉讼成本的增加而被抵消。法官们说这一问题在家事法庭尤其突出。这个法庭本身已经在巨大的工作负荷中挣扎。法官们估计无律师当事人以后会每年增长五万名。没有完结的旧案会累积起来。换句话说，人们会在没有胜诉希望的情况下把案子提交到法院，因为没有一个行之有效的良好的咨询制度来事先过滤掉一些完全没有胜诉希望的案件。

司法资源及其对司法独立的威胁

在司法方面投入资金不会吸引选票。许多人的眼里和心里都没有法院事务。许多法院的工作环境很清苦。法院大楼建筑设计差或者陈旧狭小。巡回审案时住宿用的法官小舍破旧不堪。信息技术系统内部缺乏调和，而且落后于外部世界几十年，还缺乏技术支持。郡法院的案件材料丢失。王冠法院以及治安法院有时候案子根本审不下去，因为警察或者证据工作人员或者律师或者其他专业人士没准备，或者因为取保候审中心（在伦敦）没钱了。尽管如此，2009 年的司法和法院数据表明，2005～2008 年王冠法院的被告人数量从七万八千人增加到了十万一千人。在家事法庭，事关拯救儿童的案子的平均延迟时间长达五十六个星期，但涉案儿童需要被尽早安排抚养或者收养。这样的延迟胜过丑闻。本书表明这个制度明显贯穿着错误的经济核算。这个判断在 2009 年得到国家审计委员会的支持，也得到了 2011 年的《家事司法报告（临时）》的支持。

法官们就自己的工作环境和条件没有抱怨，因为他们明白法院的辅助人员得到的薪水很少，而且公共机构如今普遍资金短缺。家事法官和高级法官们工作很努力很辛苦，根本没有时间抱怨。但情况却变得更加糟糕。2010 年 10 月，财政大臣宣布司法部必须把预算额削减 23%，此外还将固定资产经费削减 50% 以及将行政经费削减 33%。在工党执政期间，司法部已经将预算砍掉了一百万英镑。2010 年 12 月，司法部宣布关闭 49% 的郡法院和 93% 的治安法院，理由是有些法院缺乏必要的现代设施。但这些法院当初是为了向公众提供方便易得的本地司法服务而设立的。这个理念如今在有些城镇已经一去不返。2010 年 10 月，时任高级主任法官戈尔丁（Golding，上诉法官）指出了财政大臣上述提议中的"重大错误"。[7] 他说

---

⑦　比如，阿博格温尼（Abergavenny）治安法院被列入了关闭名单，因为据说其从 1999 年开始就没再被使用过了。但是经过重新装修后，在 2010 年被重新投入使用。

452

糟糕的公共交通意味着许多当事人和法院使用者根本不能在上午 10：00 之前到达他们当地的法院。

2011 年 2 月，英国最高法院院长菲利普斯法爵在一个讲演中对预算削减导致的一个更糟糕的结果表示担忧，这个结果即英国最高法院的独立性遭受威胁。在规划最高法院时，福尔克纳（Falconer）法爵曾向议会保证财政部会直接为最高法院支付费用和款项，但《2005 年宪法改革法》并没有这么规定。后来，这个费用由全英国境内的民事法院系统共同分担。但这也没奏效，因为英格兰和威尔士的法院根本没钱可付，导致法务部长不得不最后出面补齐差额。这样一来，最高法院并非独立。预算被削减了。菲利普斯法爵院长说他们不介意削减预算，因为过去一直是十一位法爵，并不需要增加大法官人数，甚至可以永久缩减大法官的员额。但真正的问题是最高法院在资金方面未能独立于政府行政部门。最高法院有一半的案子是公法（行政诉讼）案件。像 *Belmash* 案这样的人权大案会激怒政府部门。他说一些工党和保守党的政治人物都批评法官们"既不是民选产生，也不用被问责"。

英格兰的法制是制度吗？

在 2011 年 3 月份的《家事司法报告（临时）》中，戴维·诺格罗夫（David Norgrove）在第 3 页、第 13 页和第 14 页说：

> ● 信息技术设备和管理信息的缺乏令人吃惊。这样的结果之一便是我们对设备的性能和成本一无所知。简言之，这个制度不是制度。……在整个系统层面都缺乏管理信息。这简直令人难以相信。我们就设备或系统的性能、流程、成本或者效率都没有数据，从而不能支撑这个制度的运行。……这便是这种境况的症状。但不能允许这种情况继续。

与许多实证研究一样，本研究也发现这个制度的一些要素并没有按照人们的期待运行。过去人们常说法官们的时间很宝贵，其他人的事务安排因此都围绕着法官的安排进行。毫无疑问，1972 年之前的确如此。那时候的法官要出差到不同城镇的巡审法院，那里的审判活动每季度几次。但如今法官的审判活动安排取决于其他人，而且每次审理都会被耽搁或者直接

"崩溃"。法官提供的好像是一种服务，但这种服务要在其他人都准备好时才能实现。2005 年引入的刑事案件管理规则似乎并没有如愿将王冠法院的业务向前转移。仅仅是要求"司法文化转变"并不会带来这种转变。全国的审判崩溃率自 2005 年以来稳步增长，如今已经达到 42%。本研究证实了北部地区一些法院里盛行的辩诉交易之风。那里的法官们会在法庭外面等待辩诉交易成功，而且默认辩诉交易在被告人进入法院大楼时就开始了。在 2010 年 11 月，司法部长发布了一详尽的咨询报告，题为《英格兰和威尔士法律援助提议》。⑧ 他说律师和当事人如今就崩溃的审判得到的法律援助资金比就早期的辩诉交易得到的还要多，却不管是否产生了额外的工作量。有时候前者的金额是后者的两倍。他提议将辩诉交易中的法律援助资金额度提高 25%，以此鼓励在审理阶段的早期进行辩诉交易。经验丰富的雅恩利（C Yarnley）律师在 2010 年 6 月 14 日的《泰晤士报》公开信中说："许多被告人的智力和毅力都有限。这个提议的结果是很多被告人会面对着'快点认罪，我们就让你回家并承诺给你宽大量刑'这样的诱惑。被告人屈从这种诱惑的可能性很大。"

到处都在浪费钱。在 2001 年，上诉法官奥尔德指出律师们得到的报酬不是基于其为庭审所作的准备，而是基于审判过程的拖沓冗长。控方律师与辩方律师的报酬失衡。在本研究中，准备差、无头绪的律师，以及紊乱的控方都导致王冠法院的工作时间被浪费。2010 年，在题为《法律援助：改革出庭律师的阶梯式费用》的咨询报告中，司法部就统一协调辩方律师费（低一些）与控方律师费再次进行了咨询。在这个报告中，他们指出，辩诉双方律师的计费标准是控方证据的页码数。本书第九章对这个问题有清楚的描述。陪审员们面对的是许多页没有整理或者编辑过的控方的证据文本。司法部的这份报告指出，2008～2009 年，国家支付给御前大律师及其领头的辅助律师的法律援助资金报酬达到了五千二百万英镑。自 2004～2005 年以来，控方证据文本的页码数已经增加了 65%。司法部提议用"衡量业务复杂性的更好指标"来替代这种制度。

王冠法院的每位常驻法官都通常会准许被告人在最后时刻临时请求撤换其律师团队，有时候是多次撤换。这浪费了法律援助资金，而且会将案件的审理推迟一个月。

---

⑧ （CP12/10）Cm 7967.

本研究表明用一些简单的解决方法便可以节省大量资金。那个在王冠法院半途而废的案子中，受保护的证人之所以突然说出了关于被告人的细节，是因为没有人曾经想过指示证人只需要回答提问就可以了。又如，在那个家事案件中，可以有措施来确保那位残疾的母亲能到达正确的法院，以便抚养案的审理能顺利进行。这些简单的措施容易做到。

家事法庭的程序也没有如愿发挥作用。时间限制落空了。由于准备和召集多位专家和多位律师存在困难，父母亲与小孩之间的联系与探视被中止了好几年。现行的制度让孩子们的整个童年都紊乱了。局外人觉得一定有比现行制度更好的办法来决定孩子们的未来。

在郡法院，《1998 年民事程序规则》鼓励法官们运用替代型争议解决方式。但我在郡法院从来没有发现有法官努力劝说律师或者当事人相信使用替代型争议解决方式会对他们更好。茹珀特·杰克逊（Rupert Jackson）爵士在他 2010 年的成本报告中认为替代型争议解决方式的使用不够。他说应该向所有的律师、法官、公众、小企业主提供关于替代型争议解决方式的更多信息。地区法官协会在 2010 年呼吁所有的地区法官都接受调解方面的培训。[9] 纽伯格法爵后来的讲话支持了这一提议。关于替代型争议解决方式的司法培训如今已经被引入，但这离《1998 年民事程序规则》要求法官推进替代型争议解决方式的使用已经有十二年了。

本研究还表明有些案件的诉讼成本畸高。《1998 年民事程序规则》要求法官和律师们控制诉讼成本，但这并没有奏效。因此司法部长在 2011 年 3 月就旨在应对民事司法问题的一些激进的措施进行了咨询。[10] 这也是为了准备《法律援助、量刑与惩罚犯法者法草案》。

许多法律书把辩护披露规则和沉默权描述得似乎它们的运行如人所愿。但在本研究进行期间，一份常规的辩护陈词不过是没什么用的几句话而已。被告人不提交辩护陈词时法官们通常也不会采取什么措施。王冠法院系统至少有一位法官甚至不知道自己有权就此采取措施。虽然自 1990 年代早期以来规则已经被改变，但司法部在 2010 年关于法律援助的报告说要对辩护披露规则再次进行审查。

本研究显示了观察式研究相比纯粹基于统计数据的研究具有的价值。

---

⑨ *New Law Journal* news，April 2010.

⑩ 《在郡法院解决争议：创造一个更简易、更快捷、更成比例的制度——英格兰和威尔士民事司法改革咨询》（咨询文件 6/2011 号）。

455　虽然案件进度统计数据表明 2005 年以来的管理制度似乎在王冠法院有改善，但法官向我展示了他们是怎样操纵数据的，并说他们知道对违反程序规则的当事人进行惩罚不会起作用。

为什么继续当法官？

尽管有些法官工作辛苦、工作日上班时间长，而且法院资金短缺（因此吉恩说法官们是"英雄"），但我研究的七十七位法官中除了三位以外都热爱司法工作。一位治安法院地区法官说自己是"世界上最幸运的人"。巡回法官们说他们有"英格兰最好的工作之一"，并认为是"这个世界上最好的工作"。一位治安法院地区法官说喜欢"能够带来变化——向公众表明这个国家的制度并非总是对他们不好"。一位巡回法官说喜欢"在确保结果公正方面发挥我的作用"。一位高院法官说喜欢"给家事案件中的孩子们的生活带来变化"。高等法院的一位法官说"这工作棒极了，让我非常有收获"。商事庭的另一位法官说"希望我们正在促进国际贸易中的确定性"。

在这个国家里，我们认为法官们的正直、独立和聪明是理所当然的。我们生活在这样的国度真是幸运。但这里也有一些问题。我们也认为这些
456　问题也是理所当然的。

图书在版编目（CIP）数据

坐堂审案：英国法官的职业生活／（英）佩妮·达
比希尔（Penny Darbyshire）著；韩永强译. 北京：
社会科学文献出版社，2018.7

书名原文：Sitting in Judgment：The Working
Lives of Judges

ISBN 978 - 7 - 5097 - 9682 - 5

Ⅰ.①坐…　Ⅱ.①佩…②韩…　Ⅲ.①法官 - 工作 -
英国　Ⅳ.①D956.162

中国版本图书馆 CIP 数据核字（2016）第 212843 号

坐堂审案
—— 英国法官的职业生活

著　　者／〔英〕佩妮·达比希尔（Penny Darbyshire）
译　　者／韩永强

出 版 人／谢寿光
项目统筹／高明秀　张金勇
责任编辑／许玉燕　赵子安

出　　版／社会科学文献出版社·当代世界出版分社（010）59367004
　　　　　　地址：北京市北三环中路甲 29 号院华龙大厦　邮编：100029
　　　　　　网址：www.ssap.com.cn
发　　行／市场营销中心（010）59367081　59367018
印　　装／三河市东方印刷有限公司

规　　格／开本：787mm × 1092mm　1/16
　　　　　　印张：37.5　字数：625 千字
版　　次／2018 年 7 月第 1 版　2018 年 7 月第 1 次印刷
书　　号／ISBN 978 - 7 - 5097 - 9682 - 5
著作权合同／图字 01 - 2014 - 3063 号
登 记 号
定　　价／168.00 元

本书如有印装质量问题，请与读者服务中心（010 - 59367028）联系